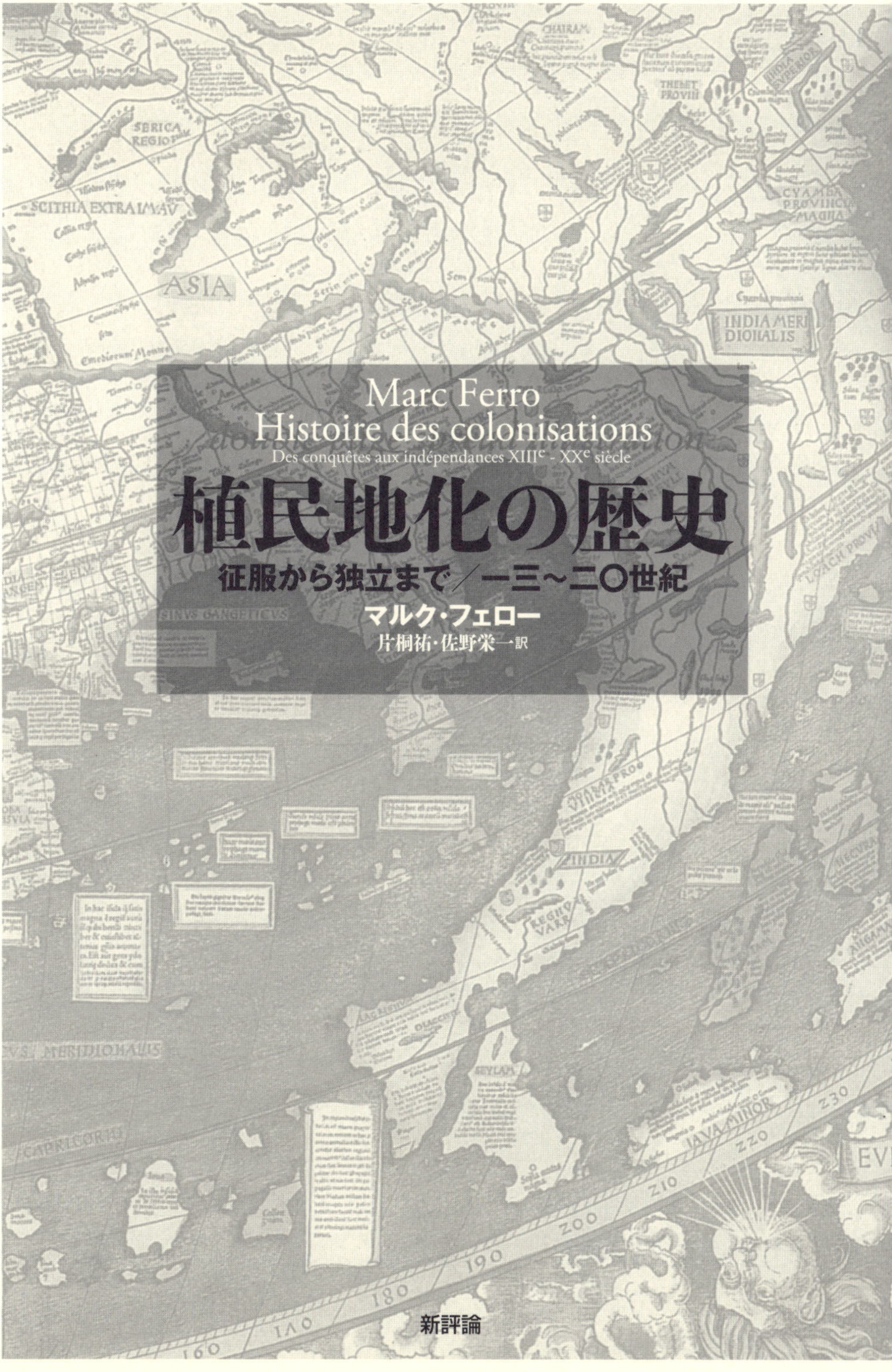

Marc Ferro
Histoire des colonisations
Des conquêtes aux indépendances XIIIe - XXe siècle

植民地化の歴史

征服から独立まで／一三～二〇世紀

マルク・フェロー
片桐祐・佐野栄一訳

新評論

植民地化の歴史／目次

挿入地図一覧

凡例

1 本訳書は Marc Ferro, *HISTOIRE DES COLONISATIONS, Des conquêtes aux indépendances XIIIe-XXe siècle*, Éditions du Seuil, 1994 の全訳である。原著はその後 Points Histoire 叢書の一冊としてポケット版（一九九六年／増補版二〇一二年）が出版されている。本訳書では初版本を底本とし、ポケット版での修正・増補を含めて訳出した。

2 原則として、原文のイタリック体および《 》はそれぞれ傍点と「 」で表記した。

3 著書名、新聞・雑誌名、映画名は『 』で、論文名は「 」で表記した。

4 ［ ］および（原注）は著者のもの、〔 〕および＊印は訳者のもの。

5 人名、年号など表記上のあきらかな誤りは、とくに断らずに修正した。

6 巻末の年表および索引項目は原著をベースに訳者が追加・調整した。

植民地化の歴史

——征服から独立まで／一三～二〇世紀

Le traducteur a bénéficié, pour cet ouvrage,
du soutien du Centre national du livre.
翻訳者はこの作品の翻訳にあたりCNLフランス国立書籍センターの援助を受けた。

Marc FERRO
HISTOIRE DES COLONISATIONS
Des conquêtes aux indépendances XIIIe-XXe siècle

亡きジャン・コーエン*に捧ぐ

「アルジェリア友愛会」**の頃、オラン市にいたわたしたちは、
植民地化の行く末について尋ね合ったものだ。
政治学から詩学に移り、
傑作『詩的言語の構造』***をものにしたこの友に。

＊　1919～94。著者がオランで教職についていた時代の同僚。

＊＊　1954～56。本書 452～453 頁参照。

＊＊＊　Jean Cohen, *Structure du langage poétique*, 1966.

緒言

植民地の時代には、ばら色の人生が広がっていた…。たしかに、入植者たちは猛烈に働いたものだ。故国を離れるまで生活に打ちひしがれていた彼らだからこそ、神がいざなってくれた国で身を落ち着け、その地を耕し、子を産み、家族を増やしたかったのである。だが、「攻撃を仕掛けてくる反逆者や無頼漢などから身を守ることも必要だった」。それだから、入植者の栄光はどれほど大きく、征服者となる苦悩はどれほど賞賛に値したことか！

今日ではトーンが変わってしまった。賞賛の代わりに、後ろめたい気持ちがつきまとうようになったのだ。フランスでは極左、イギリスでは旧自由党員だけが唱えていた反植民地主義が、今やすべての議会席を占めている。ミス・トーンを発する者など、今ではほとんどいない。「歴史」の法廷では、黒人奴隷貿易のおぞましい大罪、強制労働の悲劇的結果などが順番に裁かれている。フランス、オランダ、イギリスが植民地進出をした土地を振り返って見れば、そこには植民地化によって汚されてないオレンジ、すえてないオリーブなどひとつとしてないというわけだ。

こうして、ヨーロッパ人の歴史的記憶は、自尊心のなせる最後の要求として、このうえない特権を確保した。すなわち、自らなした悪行の数々を陰鬱に語り、いささかも妥協することなくそれらを自己点検するという特権である。

とはいえ、この大胆な試みにも問題がないわけではない。一九三一年の「博覧会」*に人力車がなかったのは「人権擁護連盟」〔一八九八年のドレフュス事件**に際して設立された団体。フランス革命時の人権宣言で謳われた自由・平等・正義の擁護を目的とする〕の「おかげ」だった、と反植民地主義の伝統が主張するとき、わたしはいぶかしく思う。それより数年前のマルセイユ〔地中海に臨むフランス第二の都市〕の見本市のときすでに、アンナン人〔フランス領インドシナ時代のヴェトナム中部の人々〕たちは、見本市会場で苦力《クーリー》〔アジアの未熟練肉体労働者〕の真似までする気はない、「それを強制するなら会場に火を放ってやる」と公言してなかっただろうか。

* モロッコ総督ルイ・ユベール・リヨテ（一八五四〜一九三四。フランスの軍人）が中心となって開催したパリ万国植民地博覧会のこと。一九三〇年前後は植民地博覧会が盛んな時代で、次にでてくるマルセイユの見本市（一九二二）もそのひとつ。ただしこちらは国内植民地博覧会。

** ユダヤ系軍人のドレフュス大尉（一八五九〜一九三五）がスパイ容疑で逮捕された冤罪事件。

要するに、あのアンナン人たちも、あの黒人たちも、あのアラブ人たちも、歴史のなかで大事な役割を果たしているのである。彼らも発言の場をもつべきなのだ。というのも、彼らは前記したおぞましい大罪を忘れずにいるが、その一方で、また、小学校の担任教師や医師《トゥービブ》を、マラリヤや「白衣の神父会《ペール・ブラン》」*のことを、感慨に浸りつつ思い起こすからである。植民地化にしても、これと同じようなとらえ方をされた。同様に、独立に向けた闘いは単なる「脱植民地化《デコロニザシオン》」ではなかった。

たしかに、これまでのヨーロッパの伝統からして、植民地化の歴史は宗主国による視点そのものにほかならない。すでにフランツ・ファノン〔一九二五～六一。フランス領マルチニック生まれの精神科医。FLN（アルジェリア民族解放戦線）の思想的指導者のひとり〕がとらえていたように、「入植者が書いた《歴史》はその宗主国の延長であるがゆえに、それは略奪された国の《歴史》ではなく、自分の本国の《歴史》なのだ」。

そこで、本書では別の仕組みを用いたいと思う。

まず最初に、これら植民地社会の過去を考慮に入れることがもちろん必要であろう。そもそも、植民する側《コロニザトゥール》と植民される《コロニゼ》側の関係は、それら植民地社会の植民地化以前の過去に大きく依存しているのである。今日では、かつてのように、それらの民族は「歴史」をもったことがなかった、などとは誰も考えない。もはや「暗い世紀」とはいわれず、「不透明な世紀」（リュセット・ヴァランシ）といわれる。それらの民族と関係をもっていたヨーロッパ人らにとっても、その時代の実態が判然としないからである。

このような先住民族がいまだ植民地化されてなかったことを理由に、彼らが似ていたとか、一様だったということはできない。そしてまた、ある植民地化が別の植民地化と異なる場合もありえたことは事実だが、その一方で、征服された社会の対応も、自らの過去およびその固有のアイデンティティーとの関係でさまざまに変化したのである。

さらに、植民地の現象をヨーロッパ中心に見る過去のヴィジョンを歴史分析がなおも採用するのはなぜなのか、理解しがたいところがあろう。たしかに、この五世紀のあいだ、ヨーロッパ人たちはそのような過去を体現し、世界の画一化を固定させてきた。しかし、ヨーロッパ以外の植民化もまた、この地球の今ある姿を作りあげることに一役買ってきたのだ。

ヨーロッパ以前にも、もちろんギリシア人やローマ人の植民地化があった。また、地中海沿岸、ブラック・アフリカ、西アジアの一部からインドまで征服したアラブ人やトルコ人の植民地化もあった。そのインド自体も、紀元後まもなくセイロン〔現スリランカ〕、インドシナ半島、スンダ列島〔マレー諸島のうち、マラッカ海峡からモルッカ諸島までの島群〕を植民地化していた。中国人についてはいうまでもない。彼らは一五世紀にアフリカ東岸を踏査し、チベットを植民地化した。さらに日本人がいる。彼らは、ロシア人がサハリン（樺太）に、またフランス人がカナダに到着するまえの時代に、エゾ（北海道）を征服し植民地化していたのである。

じつをいえば、本書の計画とは、領土拡張、植民地化にまつわる全現象を一覧表にしたり、ヨーロッパ人による植民地化現象を一般に広めたりすることではない。そうではなくて、時代や地域を考慮に入れつつ、ヨーロッパ人による植民地化現象を他の諸国の植民地化現象と突き合わせることなのである。

このように世界的な現象として植民地化をとらえる方針を採ったのは、「歴史」のヨーロッパ中心的ヴィジョンを再生産しないよう慮ったがゆえである。そして、この方針が以下の三方針を導きだす。

第一の方針は、植民地化を帝国主義と、つまりある種の支配形態と切り離しがたい現象として考えることである。ただしこの支配形態は、植民地化の相貌をとることも、そうでないこともあった。実際、一方で、インド、アンゴラ、アンティル諸島〔中央アメリカの東方、西インド諸島の主島群〕のように、一六世紀から二〇世紀まで切れ目なく従属状態におかれた住民にとっては、従属関係に継続性があり断絶はなかった。帝国主義の時代つまり一九世紀末以降にこの従属関係が新たな形態をとったとしてもやはりそうである。しかしもう一方で、一九一四年直前のオスマン帝国（オスマン・トルコ）〔一二九九～一九二二〕、イラン、中南米のある国々などのように、植民地になっていない、歴史的・地理的な集合体がほかにあり、これらの地域は帝国主義を奉じる列強諸国と闘う歴史を生きてきた。

第二の方針は、植民地化の歴史から独立に向けた民族の闘いの歴史へと時間軸に沿って画一的に経過させるような、一般的な歴史解釈には従わないことである。この二つの歴史が同時に生起することもありえた。たとえば、ベナン〔旧称ダホメー。西アフリカの共和国で一九六〇年にフランスから独立〕でもビルマ〔現ミャンマー。一九四八年にイギリスから独立〕でも、あるいはヴェトナムでも同時的でありえたのである。また、植民地に関する言説が敗北し征服された人々の心象風景を覆い隠すことが確かにありえたとしても、だからといって、被征服者たちが隷従していたとき、自分たち自身の歴史の支配権を取り戻す考えまで失ったわけではなかった。この点からしても、本書では「脱植民地化《デコロニザション》」という表現を慎重に使いたい。というのも、この語にはヨーロッパ中心主義が紛れ込んでいるからである。

第三の方針は、ヨーロッパの伝統が閉じ込めているいわばゲットーから植民地化の歴史を救いだすことである。植民地

＊「白衣の神父会」は、アルジェの大司教ラヴィジュリー（一八二五～九二）によって一八六八年に創設されたアフリカの宣教師会。会員の着衣が白で統一されたことからこの名称が一般化した。「白衣の修道女会」（スール・ブランシュ）とともにアフリカでキリスト教布教に努めた。

化をめぐる諸問題を分析した結果、わたしたちの急務と思われるのは、まさにこのことだ。フランスの歴史の記憶ないし過去をたどった大著〔ピエール・ノラ編『記憶の場』（一九九二）を指すと思われる〕のなかで、植民地社会がまったく問題となっていないのはじつに暗示的ではないだろうか。不作為か怠慢か、はたまたタブーか。

おそらくヨーロッパによる植民地化に関していえば、数多くの研究が、植民地化のフィードバック現象、とくに経済面での現象を見事に分析している。セビーリャ、ボルドー、ブリストル、ナント*などの諸都市についての研究がそれである。

しかしながら、植民地と結ばれる関係の型はみなそれぞれに固有のものだったのではないか、この関係の型同士を比較するべきではないのでは、等々の問いはほとんどなされていない。そこで、帝政ロシアの例から〔本書二三八頁以下および三九一頁以下参照〕、民族の問題と植民地化の問題は異なっているのではないか、という問いが第一に立てられる。この問いを別の形にすればこうなる。隷属下におかれた民族の特殊な地位、つまり植民地のエリートが中央権力に加担しないこと、これこそが民族の問題と植民地化の問題を区別するメルクマールになるのではないか、と。

しかし、とりわけ次のような第二の問いは開かれたままである。ほかならぬヨーロッパでも、ある政治体制下では、国内の服従した民族の扱いは、植民地の住民の扱いとは異なっていたのではないか…と。そうした体制下で人種差別が時とともに強まったことも、指摘されている。ナチスが敷いた体制と同じような体制が作りだされてしまったのか。このような設問は提起する価値があるだろうか。いくつかの証拠がこの設問へといざなう。

まず、インドにおけるイギリスの威信を示す映像、とくにロンドンの国立映画資料館に保管されている一九一一年の『グランド・ダーバー』〔インド総督などによる公式接見〕があげられる。これを見ていると、似たような冒瀆的場面があることにはっとさせられる。あの隊列行進、あの鉄兜、あの規律、中心の皇帝ジョージ五世〔イギリス国王。在位一九一〇〜三六〕へと広がる巧妙かつ美学的な構成の舞台空間、立ち並ぶ衛兵のために遠巻きに眺める観衆、こんな戴冠式を目にすると、否応なく、その二〇年後にヒトラー〔一八八九〜一九四五。ドイツの政治家。ナチス・ドイツの首相一九三三〜四五〕の儀式が表現したものの前兆のごとく思えてくる。これは偶然だろうか（原注）。

もうひとつ、これと逆向きの対比もある。エメ・セゼール〔一九一三〜二〇〇八。フランス領マルチニック島の詩人、政治家〕が一九五五年に記したこの一節である。

「二〇世紀のきわめてキリスト教的なブルジョワがヒトラーの何を許さないかといえば、それは、彼の犯罪、人間に対する犯罪、人間に対する侮辱それ自体なのではない。そうではなく、白人に対して犯罪を犯したことなのである。[…]それまではアラブ人、インドの苦力、アフリカの黒人にのみ行なわれていた植民地主義者のやり方を、彼がヨーロッパに適用したことなのだ」（『植民地主義論』＝Césaire 1955）。

最後の類似点は最近の例だが、ほとんど人権冒瀆といっていいものである。西オーストラリアの首相が、一九世紀に略奪されたアボリジニたち〔本書四八頁および二三三頁参照〕に彼らの土地の幾分かを戻す、という最高裁判決の是非をめぐって、これを住民投票にかけようとの提議を行なったのだ。州都パースの聖公会の大司教は「州政府はナチスの手法を用いている」と明言した…。公正さと正当な権利への訴えを踏みにじってこのように「民主的な」意思を利用すること、これもまた、全体主義におなじみの手口であり、わたしたちの時代の抱える問題のひとつではないだろうか…。

以上の前提が本書の仕組みを説明する。

本書が取りあげる諸問題は、それぞれ歴史に登場する時点から描かれる。一二・三世紀から現在の千島列島紛争まで、さまざまな征服、領土分割、敵対が吟味される。あるいは、敗者のヴィジョン、彼らの抵抗、植民地化の黒い伝説とばら色の伝説**、入植者の運動、新たな社会の形成などが取りあげられる。

おそらく本書のこの仕組みは、一般に流布する解釈といくぶん趣を異にする。一般的解釈は、まず地理上の発見があり、次いで一九世紀までの植民地拡大を経て、最後に「脱植民地化」にいたるというものだ。しかし、いくつかの複雑な現象は、本書の仕組みのほうがより理解しやすいかと思う。とくに、ある民族の性質、その民族が歴史に登場したり消失したりする経緯、今日までゆっくりと形づくられてきた民族的メンタリティー等々の複雑さについては、分かりやすいと思っている。

こうした歴史のさまざまな主役たちの視点に立つことによって、わたしはこう考えた。植民地化とその結果が引き起こすさまざまな問題を説明するのに、これら種々の記憶を交差させるだけで充分なわけではない。そうではなく、事実関係の「歴史」と同じように想像力もまた「歴史」であるという

* セビーリャはスペイン南部、アンダルシア地方の都市で、一五・六世紀の植民地貿易の中心地。ブリストルはイギリス西部、イングランドの貿易港。一六・七世紀に植民地貿易で隆盛を迎えた。ボルドー、ナントはフランス大西洋岸の港湾都市。一八世紀の三角貿易の主役を果たした。

（原注）フィクションが明るみにだすもうひとつの類似点については本書二六〇〜二六三頁参照。

** 黒い伝説は、スペイン国内での宗教裁判や新大陸での植民地化の残虐さを誇張する言説。スペインに敵対するヨーロッパ諸国が一六・七世紀に流布させた。ばら色の伝説（ないし白い伝説）は、逆に植民地化のプラス面を誇張するもの。

限りにおいて、種々の記憶は、植民地化にまつわる問題の本質的与件となる。さらに、記憶というものは、たとえ誤ったものであろうと、「歴史」の要素であるとともに原動力ともなるのだと。

比較研究的な性格をもつ本書が、慣例的な形式構造に従わず、状況や問題を理解するために構成されているのは、まさにこの理由からである。

第1章 植民地化あるいは帝国主義

黄金あるいはキリスト教

「植民地化」は、他国の土地の占領、その土地の開墾、入植者の定住と結びついている。植民地という用語をこのように定義すると、その現象はギリシア時代にまでさかのぼる。「植民地化」と同じように、アテネの「帝国主義」、さらにローマの「帝国主義」といういい方をすることもある。表現の違いによって、意味するところが変化したのだろうか。

もっとも、西洋歴史学の伝統によれば、植民地という事象は大航海時代に始まるとされる。たとえば、一九九一年に出版されたシャルル・ロベール・アジュロンほか『フランス植民地の歴史』(Ageron et al. 1991)だと、「植民地開拓に向けた真の試み」は一五世紀の探険家をもって嚆矢とする。すなわち、ジャン・ド・ベタンクール〔一三六〇頃〜一四二五。フランスの航海者、探険家。一四〇二年にアフリカ西北岸沖のカナリア諸島に到達〕が、カスティーリャ王エンリケ三世〔在位一三九〇〜一四〇六〕から、カナリア諸島を封土として与えられたときである。同書によれば、アメリカ大陸の探険と発見はそれより遅く、ブラジルのリオ・デ・ジャネイロ湾やフロリダ半島沿岸が占領されたのは一六世紀中葉のことであり、アンリ四世〔フランス王。在位一五八九〜一六一〇〕治世下に、サミュエル・ド・シャンプラン〔一五六七〜一六三五。フランスの探険家。西インド諸島、カナダを探険し一六二〇年初代カナダ総督に着任〕の働きによってカナダへと関心が向けられたのは、さらに時代が下ることになる。このような見方は、ポルトガル、スペイン、イギリスについても当てはまる。つまり、歴史学の伝統では、これらの国の領土拡大を、西インド諸島という遠隔地の発見と、アフリカやインド、アジアにいたる途中の海外中継地の設置とに結びつけているのである。

このように、入植者や植民地といった用語は、ローマ時代から一五世紀にいたる期間においては歴史学の語彙から姿を消している。ただし、この一二〇〇年間でも、ヴェネチア〔イタリア北東部、アドリア海の北端〕とジェノヴァ〔イタリア北西部の港湾都市〕が地中海の対岸や黒海方面に築いた植民地および中継地に言及するときはこの限りでない。しかしその場合も、当該の土地はつねに遠隔地である。

とはいえ、ロシアの場合は一考に値するだろう。「植民地化は、われわれの歴史の根本的な構成要素である。わが国の歴史の展開は、国家と《ルーシ》つまり《ドニエプル川〔ロシア南西部〕のロシア》以来の社会が経験してきた拡大と変化を同時に物語るものだ」とクリュチェフスキー〔一八四一〜一九一一。社会・経済史を重視したロシアの歴史学者。主著『ロシア史講話』〕は一九一一年に書いている。ノヴゴロド*の、次いでスーズダリのウラルとそれ以遠への侵入は早くも一二世紀から始まり、モルドヴァ(モルドヴィン)人〔オカ川とヴォルガ川に挟まれた地域の土着民族〕や、さらに多くの民族を服従させるにいたった。このような侵攻は、タタール人の侵略（一二二〇）によって中断されたが、クリコボの勝利**（一三八〇）を経て一三九〇年には再開された。

しかしこれらの侵入は、本来の意味での「植民地的」遠征といえるのかどうか疑問が残る。ともあれノヴゴロドは、一一世紀初頭にペチョラ川〔ロシア北西部〕まで配下の者を派遣している。ドヴィナ川〔北ドヴィナ川のこと。ロシア北西部、アルハンゲリスク州を北上し、白海に注ぐ〕の東にあり、ザヴォローチェの地といわれたこの地域は、租税の対象となるキツネや黒テンの毛皮が豊富だった。入植者たちは、ポサードニキと呼ばれる大都市の役人から指示を受けながら、マチゴールィ〔アルハンゲリスク州、北ドヴィナ川の支流クロポルカ川沿いの地方自治体〕、ウフタ・オストロフ〔ロシア連邦中北部のコミ共和国中心部のウフタ市と思われる〕に居住していた。

一二世紀までは、この拡張政策にはこれといった障害も生じなかった。ところが、一一六九年にロストフ・スーズダリ公国がキエフ・ロシアから解放され、ノヴゴロドとその植民地とのあいだの交通を遮断するようになると、事態は一変する。公国は植民地の離反をうながし、入植者もスーズダリ側につく。それと同時に、ロストフ・スーズダリ公国は、ウラル地方の、今日ペルミ〔ロシア連邦中部にあるペルミ州〕と呼ばれる地域にその頃集中していたブルガル人〔九世紀に王国を興したトルコ系部族〕を攻撃してゆく。ブルガル人自身もまた、当時の年代記には「ユーラ」とか「ユーギア」と記されている「土着民」と争っていた。まもなくロシア人〔＝ノヴゴロド、スーズダリ〕が、モルドヴァ人の領土を征服するにいたった。

タタール人が出現したのは、まさしくこのときであった。一二二一年に建設されたニジニ・ノヴゴロド〔ロシア連邦西部、ヴォルガ川とオカ川の合流点にあり、モルドヴァ人からの防衛を目的に作られた〕、かつてのモルドヴァ人領土であるドヴィナ川流域の地方と、タタール人は次々と襲っていった。もちこたえたのは、西側にあるノヴゴロドの街のみであった（一二三二）。

このようにロシアの場合を見てくると、シベリアへ向けての領土拡張とタタール人やトルコ人の諸国に対する征服とでは、むろん克服すべき困難は異なるのであるが、両者のあいだには大きな食い違いと同時に類似点もまた存在することに

* ノヴゴロドは北西ロシアの古都。一二世紀から一五世紀に自由都市として栄えた。征服、植民活動も早くから行なわれ、一四世紀から一五世紀にはフィンランド湾沿岸からウラル山脈の東にいたる広大な地域がノヴゴロド領になった。スーズダリはロシア西部、ウラジーミル州の古都。ここを首都として一二世紀前半にロストフ・スーズダリ公国、ついでウラジーミル・スーズダリ公国、一三世紀にスーズダリ公国、そして一四世紀にはスーズダリ・ニジェゴロド公国が成立した。

** モスクワ大公国のドミトリー大公（在位一三五九〜八九）の率いるロシア諸公連合軍と、キプチャク・ハーン国のママイ・ハーン軍との会戦。ロシア側が勝利。ママイ・ハーン（?〜一三八〇）はキプチャク・ハーン国の有力者。

なるだろう。領土拡張と植民地化はほとんど同義である。しかしその一方で、西洋では両者を入念に区別してもいる。つまり、海上空間の介在が、国内の問題である前者と、植民地の問題である後者とを、区別するものとされているのである。

香辛料の道、という説明はどれだけ有効か

この海上空間の介在は、正しい弁別基準になるだろうか。ここで、スペインとポルトガルの場合が問題となる…。たしかにこの両国にとっては、アメリカ大陸が征服・植民地化の対象であったと考えられている。しかし、国土回復運動《レコンキスタ》の結果として、グラナダ〔スペイン南部〕の彼方にあるリーフ山脈〔モロッコ北部で、地中海に沿う〕やアフリカ大西洋沿岸地域へと最終的に進出していったことは、それと異なるだろうか。ここにいう国土回復運動《レコンキスタ》とは、ポルトガルのアルガルつまりアル・ガルブ〔ジブラルタル海峡に面する最南部の地方〕から、タンジール、マザガン〔いずれもモロッコの町。タンジールは北部、マザガンは大西洋岸の港町エルジャディダの古称〕にいたる征服活動のことである。すなわち、ドン・セバスティアン〔ポルトガル王。在位一五五七〜七八〕が二度試み、一五七八年には、「三王の戦い」といわれるアルカサル・キヴィルの戦い*で、壊滅的な敗北を喫した遠征を指す。このような試みは、ロシア人の侵攻がヴォルガ川を越えてまでも行なわれたのとまったく同様に、古くから連綿と続く企てのなかに位置づけられるものであって、そこに断絶はない。となれば、すでに明らかであるように、植民地化の歴史を大航海時代、すなわちインドへ向かう航路探索の時代から始めるわけにはゆくまい。なるほど、大航海時代のさまざまな発見は、植民地化という現象の規模を拡大し、ときにはその性格を変貌させることもあった。しかし、領土拡張は植民地化より以前のことである。オスマン帝国を迂回する必要性と、それにともなって生じた諸結果だけでは、植民地拡張という現象の多様な広がりを説明することはできない。

アラブの伝承が物語るのは、まさにこの植民地化の時期に関わることである。その伝承によれば、ヨーロッパの領土拡張は、「帝国主義」の最初の現れである十字軍とともに始まる。一方、西洋の伝承では、十字軍はキリスト教徒の土地から奪われた聖地を奪い返す試みと見なされている。したがって、いずれにせよ植民地化をめぐるヨーロッパの歴史は、必然的にキリスト教信仰の周辺から出発することになる。

地中海世界はローマ帝国の分裂後に細分化され、「異民族《バルバロイ》」の侵入により分断されていたが、七世紀以来、アラブ人のイスラームがその大部分を再統合していた。一方、地中海の東西両側には、ビザンティン帝国〔おおよそ今日のトルコ、ギリシア、アルバニア、ブルガリア、旧ユーゴスラヴィアをカバーする〕とカロリンガ家の帝国〔七五一年以降メロヴィング家に代わってフランク王国を支配し、西ヨーロッパの大部分を版図とした〕が、ムスリムやアラブ人に対抗して、キリスト教徒による抵抗の両極を形成していた。とはいえ、イスラームの旗を掲げる者たちにいわせると、西ヨーロッパの野蛮国

家のほうは、ほとんど物の数ではなかった（原注）。地中海世界を再統合する真の障害として立ちはだかるのは、ビザンティン帝国だけである。つまり、ムスリムからすれば、ビザンティンこそ、キリスト教という時代遅れの宗教に支配された帝国が生き残った姿そのものなのだ。しかし、アラブ帝国もまた、七世紀以降の数百年間に、シーア派とスンニ派による教義上の、あるいは派閥上の内紛の圧力を受けて、解体が始まる。この解体の要因は、経済圏が分散していることや、地中海からインド・極東にまでおよぶ広大な世界が統括困難だったことにも由来していた。

こうしてアラブ帝国が弱体化すると、キリスト教圏の周辺地域が徐々に支配から脱するようになった。まず地中海の西側でアストゥリアスの王国**が成立し、東側でもバグラト朝の国家統一があり、しばらくのあいだアルメニアとグルジア〔現ジョージア〕を「自由にした」。これを解放というべきか、それとも脱植民地化というべきか。キリスト教徒の伝承によると、次に到来するのは、「キリストの墓を奪還するための」十字軍の時代である。しかし、当時のアラブ人歴史学者イブン・アルアシール〔一一六〇～一二三四〕のほうは、初期の十字軍遠征をこのように描いている。

「フランク***の最初の《帝国》〔傍点は引用者〕の出現、イスラームの地への侵入は、四七八年〔西暦では一〇八六年〕に突発し、彼らはトレドを奪った…。次いでシチリア、アフリカを、そして四九〇年にはシリアを攻撃した」。

それだから二〇世紀になっても、シリアにおけるフランク諸国家の建設****は、将来の「侵略」の前兆と受けとめられてしまう…。この侵略を決定的にしたのが、イスラエルによる侵略である。

* 三王とは、モロッコに対する十字軍的征服の野望に憑かれた狂信的ドン・セバスティアン、モロッコのサード朝第四代スルタンのムタワッキル（在位一五七四～七六）、その王位簒奪者と見なされる第五代スルタンのアブド・アルマリク（在位一五七六～七八）をいう。アルカサル・キヴィルはジブラルタル海峡から数十キロ南方。

（原注） エジプトのアラブ人の年代記には、ポワチエの戦い（七三二）のみがかろうじて言及されている。この戦いが歴史的記述に現れるのは、はるか後年のことである。

** スペイン北西部、ビスケー湾に面する地方。七一八年のコバドンガの戦いでイスラーム軍を破ったペラヨ（在位七一八～三七）により建国。

*** アラブ側は、西洋キリスト教世界のヨーロッパ人全体を「フランク」（表記はファランジ、ファランジャ、イフランジ等）と呼んでいた。

**** 第一次十字軍（一〇九五～九九）によって成立したいわゆる十字軍国家（エルサレム王国、トリポリ伯国、アンティオキア侯国、エデッサ伯国）のこと。

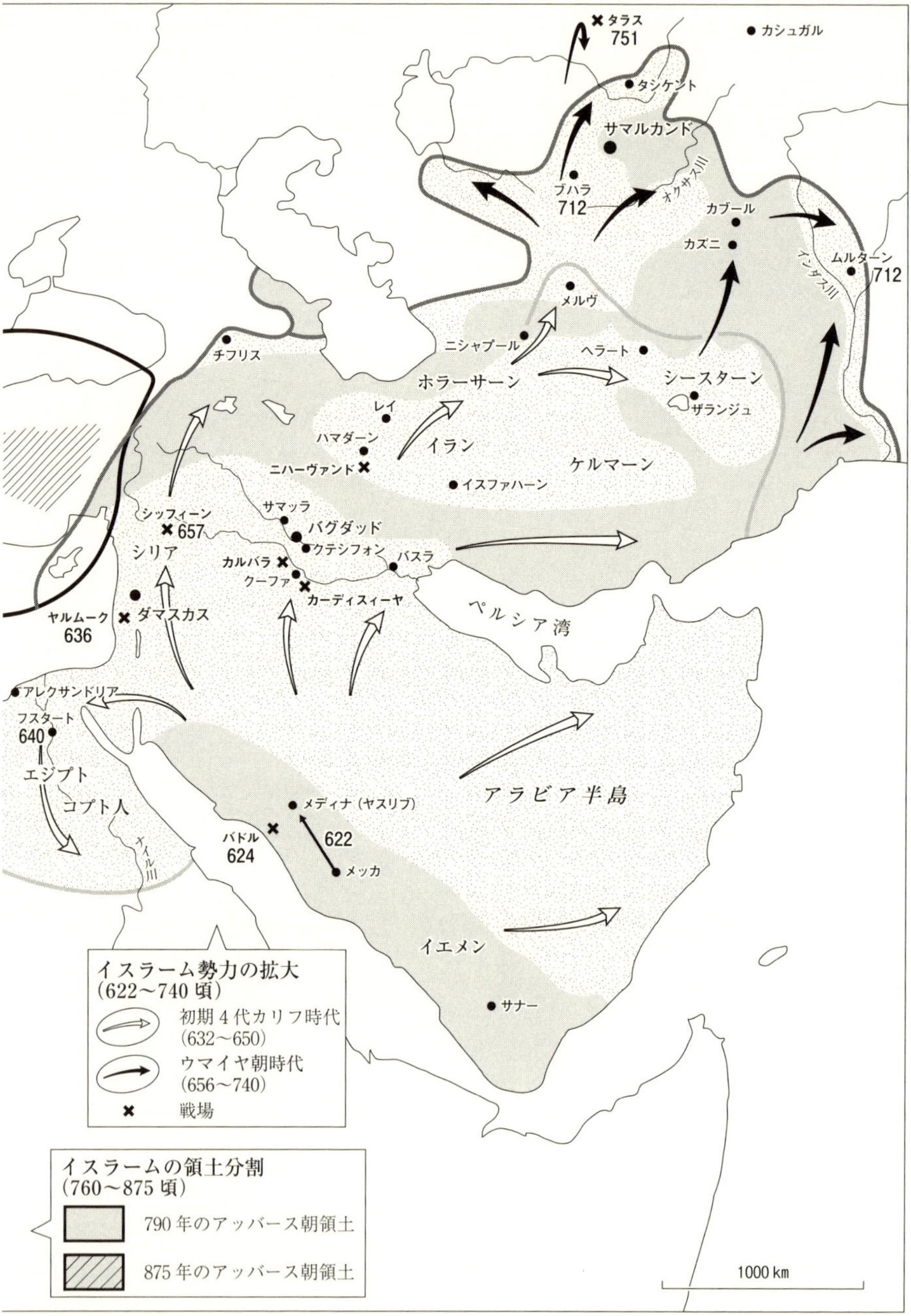
タラス
751
カシュガル
タシケント
サマルカンド
ブハラ
712
オクサス川
カブール
カズニ
ムルターン
712
インダス川
メルヴ
ニシャプール
ヘラート
チフリス
ホラーサーン
シースターン
ザランジュ
レイ
ハマダーン
イラン
ニハーヴァンド
ケルマーン
イスファハーン
サマッラ
シッフィーン
657
バグダッド
クテシフォン
シリア
カルバラ
バスラ
クーファ
カーディスィーヤ
ヤルムーク
636
ダマスカス
ペルシア湾
アレクサンドリア
フスタート
640
エジプト
コプト人
ナイル川
アラビア半島
メディナ（ヤスリブ）
バドル
624
622
メッカ
イエメン
サナー
イスラーム勢力の拡大
（622～740 頃）
初期 4 代カリフ時代
（632～650）
ウマイヤ朝時代
（656～740）
戦場
イスラームの領土分割
（760～875 頃）
790 年のアッバース朝領土
875 年のアッバース朝領土
1000 km

7〜9世紀のアラブ帝国

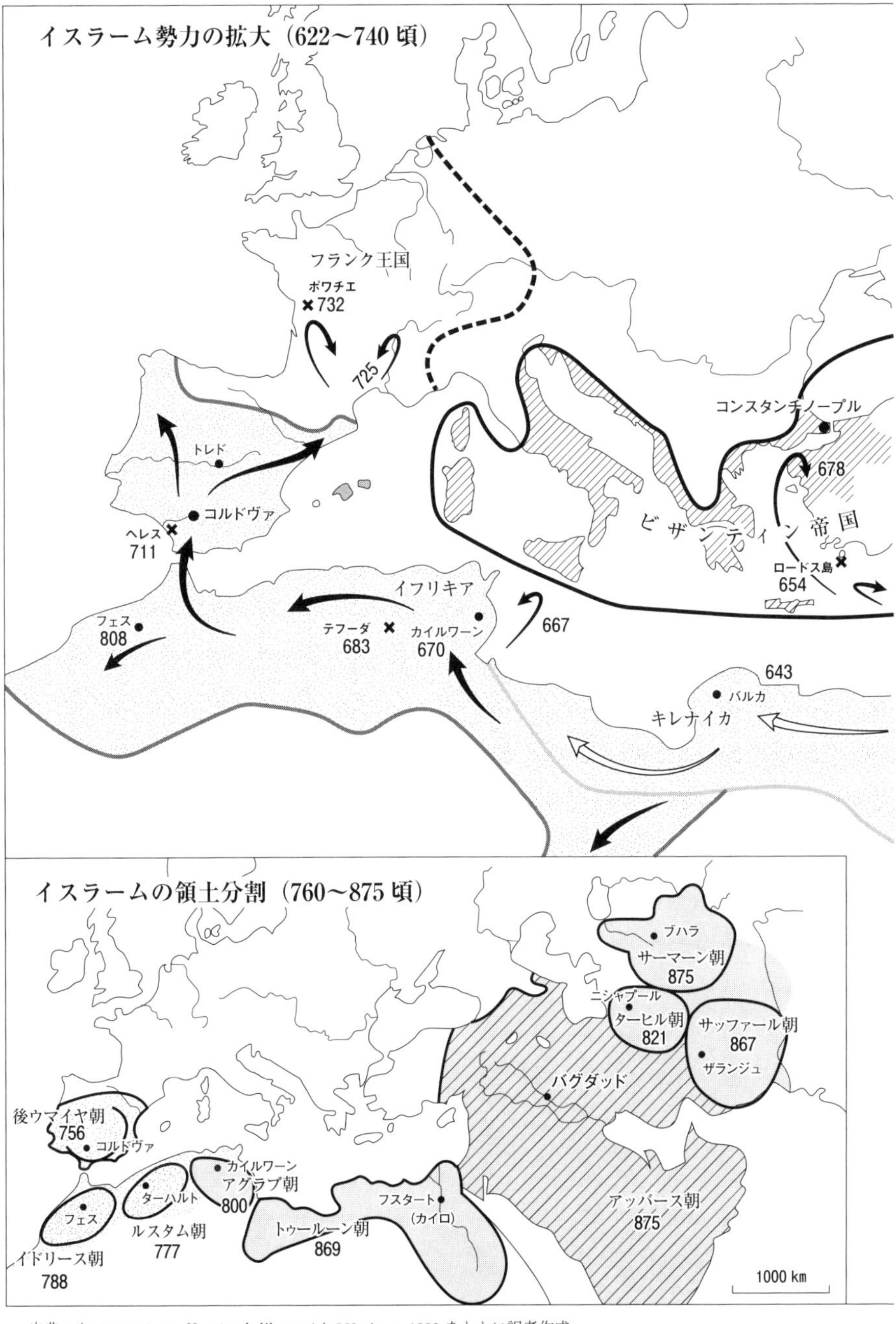

出典：l'Atlas Hachette, *Histoire de l'humanité*, ©Hachette, 1992 をもとに訳者作成。

さらにまた、最後の十字軍遠征は、一二七〇年聖王ルイ（ルイ九世）〔フランス王。在位一二二六〜七〇。第八次十字軍で病没〕のチュニス〔チュニジア北東部の首都〕遠征と考えられがちだが、それより三世紀後に教皇とスペインのフェリペ二世〔在位一五五六〜九八〕の支援を得て、キリスト教徒の艦隊がレパントの海戦（一五七一）でイスラームに勝利した史実を指すとき、「第一三次十字軍」という表現をすることもあった。このあいだには、トルコ人がアラブ人に取って代わり、その帝国を破壊してアラブ人を服従させるという劇的な勢力の転覆が起こっている。ところが、アラブ・イスラームの伝承では、アラブ人の偉大なる遺産を破壊したのは、トルコ人ではなく、帝国主義の時代にふたたび襲来することになる西洋人であったかのように見なし、今日なお、この転覆を入念に糊塗している。

事実はどうかといえば、アラブ人を打ち破ったオスマン・トルコが、のちに彼らになり代わって新たな「聖戦《ジハード》」を繰り広げたのである。その結果生じたのが、一四五三年の東ローマ帝国すなわちビザンティンの滅亡であり、次いでハプスブルク家の中心都市ウィーンへの進軍（一五二九）である。スレイマン一世〔第一〇代スルタン。在位一五二〇〜六六〕のこの時代ほど、イスラームのオスマン帝国が強大なときはなく、フェリペ二世の仕掛けたいくつかの戦いとレパントの海戦は、このイスラームの再拡張をくい止めるくさび役を果たしたことになる。

イスラームのこの動きを征服というべきか、それとも植民地化というべきか。

四つのルート

キリスト教徒側の反撃は、場所と形を変えて行なわれた。一方では、周知のごとく、マルコ・ポーロ〔一二五四〜一三二四。イタリアの旅行家〕の旅行以来よく知られていたインドや中国と交易を始めるために、オスマン帝国を迂回する新しいルートを開拓しなければならなかった。しかしながら、ヴァスコ・ダ・ガマ〔一四六九〜一五二四。ポルトガルの航海者〕の遠征に宗教的含みがなかったわけではない。というのも、「第一のルート」であるアフリカ周りでカルカッタに到着した彼は、「キリスト教徒と香辛料を探し求めてやって来た」と明言しているからである。のみならず、ポルトガル人と同じくオスマン・トルコ人もまた、大航海時代の発見によって可能となった交易を、聖戦《ジハード》の一形態と見なしていた。それを証明するように、当時彼らは「スエズに運河を掘ろうではないか。そうなればインドやシンド〔インダス河下流のパキスタンの一地方〕にたどり着き、異教徒ども〔イスラームから見たキリスト教徒〕を駆逐して、貴重な食料品をもち帰ることができる」と語っていた。

こうしてみると、「大航海時代」と植民地化の歴史の起源を研究するにあたって、聖戦という背景を無視するわけにはゆくまい。なるほど、フェルナン・ブローデル〔一九〇二〜八五。フランスの歴史学者。主著『フェリペ二世時代の地中海と地中海世界』〕が示したように、一五八〇年前後には、商業および政治活動の主要な舞台は、地中海から大西洋に移行した。しかし、それでもやはり、かつて衝突した名残はムスリムの記憶にくっきりと跡をとどめていた。彼らはほかの世界に眼を向けながらも、このように争い合った過去と断絶していなかった。その理由はこうである。バーナード・ルイスの論証によると、イスラームにおいては、唯一の支配的言語であるアラビア語をムスリムが用い、コーランをあまねく通用せしめているがゆえに、偉大な過去の記憶はなおのこと鮮明に保存される。これに引き換え、「異教徒〔キリスト教徒〕の記憶や知は二五以上の言語に分散してしまう」。

他者であるキリスト教徒をこのように判断するイスラームのやり方は、数世紀へだてても、見いだされる。インドにイギリス人が、ブラック・アフリカにフランス人が、カフカス〔ヨーロッパ南東部、黒海とカスピ海に挟まれた地域〕にロシア人が、植民する側として現れる場合がそうである。それだから、一七九八年のアレクサンドリア〔同年五月、ナポレオン・ボナパルト（一七六九～一八二一）が対イギリス戦略としてエジプト遠征を行なった〕や一八三〇年のアルジェ〔フランスによるアルジェ占領〕で、キリスト教徒がふたたび出現したとき、ムスリムにとって彼らは相変わらず軽蔑し無視すべき異教徒であり続けた。そのキリスト教徒が居すわって支配し、植民地化すること、それこそがトラウマを生み、稀に見る激しさをともなって表出されるのである。

「われらはお前たちよりもっと強力な太守《アミール》を屈服させたのだ。奴らはわれらが槍のまえに跪き、その妻どもはわれらが敷物となった。

われらが馬の疾駆は、ジェマナの山々を震えあがらせた。

われらはヴトルーやダマスカスに宿営地を設けた。

われらはこの地方から、ハイエナさながら、われらを攻め立てる敵をことごとく撃退した。

われらは何が昨日あったか分かっている。明日起きることも残らず分かっている」。

イスラームの戦いと愛の歌

のちに生起する戦争がなぜあれほど激烈になるのか、それを説明してくれるのは、まさしく、この遺恨ではないだろうか。

「第二のルート」にあたるアメリカ大陸踏査の試みについていうと、その性格は前述のものといくぶん関係している。クリストファー・コロンブス〔一四五一～一五〇六。イタリアの航海者〕自身の書き遺したものがそれを物語る。いうまでもなく、黄金そのものが、というよりむしろ黄金を探し求めることが、最初の航海中ずっと念頭にあったことを彼は証言している。たとえば、一四九二年一〇月一五日の『航海日誌』にはこう記す。「さらに足を伸ばし、多くの島々を訪ねて黄金を発見するために、わたしはここで立ち止まりたくないのだ」*(二七頁)。

しかしコロンブスは、自分や配下の船員が個人として裕福になることばかりを期待したわけではない。「この試みの重要性を理解させるために」、出資者であるスペイン王（イサベル一世とフェルナンド二世）に富をもたらしたいとも望んだ。彼にとって富が重要であるのは、まずもって、それにより彼の発見者としての役割が承認されることになるからだった。いやそれ以上に、この黄金への渇望は、ほかならぬキリスト教伝播という宗教的使命感によるものであったろう。一四九二年一二月二六日の『航海日誌』で、彼は次のように意図を説明する。いわく、「両陛下が三年を経ずして軍勢を整え、聖なる家の征服を試みるだけの黄金を発見できれば、と願っている」。

エルサレムの奪還、これこそ十字軍の理想にとり憑かれたコロンブスの目的のひとつであった。「第三のルート」、すなわちアフリカ内部を通ってインドにいたるはずの、半信半疑に思われていた道についても、事情は同じだといってよい。ジュヌヴィエーヴ・ブーションの研究が示してみせたように、プレスター・ジョンの王国（一五・六世紀に流布した、エチオピアをキリスト教王国と考えるプレスター・ジョン伝説のひとつ）を経てインドにいたる目的は、モーロ人（北西アフリカのムスリムに対してヨーロッパ人が付した呼称）の帝国を背面から攻撃するために、エチオピアと同盟を組むことであった。エチオピア女王エレニ（?～一五二四）もまた、紅海やインド洋方面への出口をことごとく制圧しているイスラームの包囲網を緩めなければならない、と考えていた。女王の抱くこのような政治的懸念は、コプト教会の大主教による宗教的思惑と一脈通じる。エジプト人に自分の任命権を握られている大主教としては、ローマ教皇庁に歩み寄りたかったのである。こうして、エチオピア教会の大主教マテウス（?～一五二〇）が使者となり、エチオピアを発ち「インド経由で」リスボンへたどり着くことに決まった。

マテウスは、インドでアルブケルケ（一四五三～一五一五。ポルトガルの第二代インド総督（一五〇九～一五一五））と会見がかなった。アルブケルケは、「第三のルート」を築く利点を十二分に理解したが、それと同時に、ポルトガル王がエチオピア皇帝と関係を結ぶことにさほど実りがないことも見てとった。それはともかくとして、マテウスがエチオピアを出発するときの記述は、エジプトの密偵がいたるところにいたことや、エチオピア人がアラブ人に対して抱いていた恐怖を物語る。ダミアン・デ・ゴイス（一五〇二～七四。ポルトガルの人文主義者。『マヌエル王年代記』（一五六六）で知られる）の伝える物語によれば、女王エレニは、マテウスと若い従士ヤコブに推薦状を託し、「バルナーガス」すなわち沿岸地方の総督に宛てて、「両名は、女王の用件でこの総督のもとを訪れた商人、ということにして、できるだけ内密に必要なすべてのことについて援助を与えるよう」依頼したという（ジュヌヴィエーヴ・ブーション Bouchon 参照）。

「マテウスはしばらく意のままに行動し、誰にも決して計画を打ち明けなかった。何を任務としているのか、どこへ行かなければならないのか、一言も洩らさなかった。彼は与えられた任務をより確実にまっとうするために、自分は皮革商人だということにしておいた。しかし、ときおりインドの宝石を購入し、密かに女王に送っていた。このような隠れ蓑を使って、彼はさまざまな国のさまざまな地域を駆けめぐった。敵の策略から身を守り、ルシタニア〔ポルトガルの古称〕に敵対する諸国を越えてポルトガルに到達し、密命を帯びた使者としての任務を果たすために、彼は隠れ蓑を確実に利用した。何といっても、任務遂行の手だてはこれ以外になかったからである…」。

「第四のルート」は、北方ルートとして一五世紀初頭から使われ始めた。モンゴルの軛のもとに暮らしていたロシア人のなかには、狩猟の案内役や護衛兵として北京に派遣されて中国の富を発見し、また、サマルカンド〔中央アジア、ウズベキスタン共和国の古都〕を経て帰還するときにはインドの富を目の当たりにする者がでてきた。その情報がトベーリ〔一三～一五世紀の北東ロシアで、モスクワ公国に対抗したトベーリ公国の首都〕にまで伝わった結果、アファナジ・ニキーチン〔?～一四七二。トベーリ公国の商人〕などは、早くも一四六六年から、インドへ向けて最初の遠征を行なっている。この当時、中国およびインドの物品とロシアあるいはバルト海の物品との交流は、アストラハン〔ロシア南東部、同名州の州都〕、ブハラ〔中央アジア、ウズベキスタン共和国中部の都市〕、ヒバ〔ウズベキスタン共和国中西部の都市〕を中継点として、細々と保たれているにすぎない。しかし情報が伝わった後世になると、ゾートフ*がロシア宮廷にこう書き送るまでになる。「われわれにとって、これらの街は、すこぶる有用でありましょう。なにしろそこには、中国とインドの富があるのですから」…。

一五世紀にあって、この第四のルートばかりは、十字軍にまつわる臭みがみじんも漂っていなかった。しかし後代にはこれも一変する。帝国主義の時代にツァーリ**は、ほかならぬ東方正教会の教義をかかげて、極東を植民地化しようとするからである。

社会的原因――貴族の没落

大航海時代と植民地化を説明する与件としては、すでにいくつか知られている。宗教的情熱、冒険心、富への欲望、征

*（二五頁）『航海日誌』はコロンブス自身によるものではなく、スペインのドミニコ会士ラス・カサス（一四七四～一五六六）が自分の記録文にコロンブスの日誌を引用したもの。コロンブスは一四九二年八月三日にスペインのパロス港を出帆し、一〇月一一日陸地を発見、翌一二日に上陸している。

* ニキータ・ゾートフ（一六四四～一七一七）であろうか。彼は、ピョートル大帝（一世。一六七二～一七二五。在位一六八二～一七二五）の家庭教師を務め、個人秘書官などの役職を果たした。

** 一般には一八七〇年代から第一次世界大戦までを指すが、ここではもっと広く解釈しているようである。

服者となって過去を埋め合わせること、などである。しかし、このような理由だけで、一五・六世紀という重要な時代の飛躍を説明できるだろうか。

なるほど、意識的か無意識的かはともかく、個人の行動に関しては説明可能だろう。だが、ある能力をもつ人間を、別の者より以上に、行動へと向かわせるような、さらに強力な与件もまた存在した…。

一四世紀および一五世紀には、英仏百年戦争〔一三三八〜一四五三〕を代表とする紛争が度重なり、その結果として通商要路の変更がもたらされていた。ことにイタリア・フランドル〔オランダ南部、フランス北端部ベルギー西部にかけての地域〕間などは、部分的に陸路を断念しなければならなくなったから、ジェノヴァ〔イタリア北西部〕、バルセロナ〔スペイン北東部〕、リスボン〔ポルトガル西部〕、ブリュージュ（ブルッヘ）〔ベルギー北西部〕、アントウェルペン（アントワープ）〔ベルギー北部〕、アムステルダム〔オランダ西部〕と、海路で迂回することになった。こうした事情から、当時セウタ〔アフリカ北西海岸、モロッコ国内にあるスペイン領の飛地〕が戦略上のポイントとなった…。このルート変更のおかげで、大西洋岸の港は殷賑《いんしん》をきわめた。とりわけリスボンは、早くも一四世紀から、そこの「商人仲間」がブリュージュに進出するほどであった。そのため、リスボンにはイタリア人、ことにジェノヴァの商人が絶えず行き交っていた。彼らは東方交易への関心をもちながらも、それなりの規模の遠征を組織するほど資力はなかった。そればかりか東方遠征は、周知のようにオスマン帝国に阻止されたり、ヴェネチア人に捕まって投獄されたりする危険もはらんでいた。

イベリア半島には、その資本がある。ところで、北方諸国へいたるルートには森が広がるばかりであったが、南方ルートにおいては、交戦しつつもイスラームとの関係は命脈を保っていた。加えて、モロッコ南部までは航海が容易であった。一方、この時代には、フランスとブルゴーニュ*と神聖ローマ帝国が分裂しているのに引き換え、カスティーリャとポルトガルは強大化の途上にあった。領地をもたず、しかも没落しないための企てを必要とする、ポルトガルやカスティーリャの貴族の次男・三男が、一攫千金の交易事業に利得を嗅ぎつけた。彼らは商人と手を組んだのである。

かくして、ルネサンスへとつながるまさしく科学的・技術的な与件と、経済的ないし宗教的与件のほかに、この社会現象が介在してくる。これについて、ポーランドの歴史学者マリアン・マロウィストは次のように問いかける。ポルトガル、スペイン、ジェノヴァにとっての海外植民地開拓、フランスにとってのイタリア戦争〔一四九四〜一五五九。イタリア支配をめぐる、フランスとハプスブルク家を対立軸とする抗争〕、ゲルマン人にとっての、さらにはポーランド人やロシア人にとっての北方や東方への領土拡大、これらの行動は、それに先立つ数十年間の戦争で衰弱した貴族による勢力挽回の欲求という、同一の起源に端を発する平行現象なのではあるまいか、と。

貴族が体面をかなぐり捨てて商人と手を結んだのは、まずポルトガルとスペインにおいてである。時代が下って一七世紀になると、もっと古くから発展していたヨーロッパの国々、とりわけオランダ、イギリス、フランスが堅固な政治システムを擁してポルトガルとスペインのあとを引き継いでゆく…。とはいえ、オランダやイギリスの進出は、ポルトガルやスペインの植民地開拓、ポーランドやロシアによる東方への領土拡張とは同じ原因系をもっていなかった。もっと小規模なフランスの進出にしてもそうである。

　一五世紀および一六世紀のカスティーリャの人口増加は、マズーリ地方〔ポーランド北東部〕やロシアとまったく同様に、国外移住の動きを助長した。人口急増もそれなりの役割を果たしたわけである。さらに、よく知られているように、一七世紀においてオランダがポルトガルを容易に打ち破ったのは、一面では、オランダが余剰人口を抱えていて、自国民だけでなくドイツ人住民の一部をも動員することができたからである。

植民地拡張と帝国主義——断絶はどこにあるのか

ジョアン二世〔在位一四八一～九五。アフリカ南下政策を推進し、トルデシリャス条約（一四九四）に調印〕以来、ポルトガル王国は大規模な遠征計画に関わってきた。それらは国土再征服と十字軍の政策に代わるものだったが、結局は悲劇的な結末を迎えた。すなわち、ポルトガルの歴史を通じてもっとも惨憺たる敗北となった一五七八年のアルカサル・キヴィルの戦いである。これに関して、マノエル・ド・オリヴェイラ〔一九〇八～二〇一五。ポルトガルの映画監督〕は、傑作映画『ノン、あるいは支配の虚しい栄光』（一九九〇）のなかで、ポルトガルがイベリア半島統一、モロッコ植民の試みに失敗したことと、地理上の発見にいたる航海の急増およびその活用とのあいだにあるつながりを見抜いている。これらの航海は、場所を変えながらも、キリスト教布教と征服という活動を継続しつつ、それまでの歴代君主が抱いた目標に代わるものなのである。

　ポルトガル人が自らの地理上の大発見を賞賛することは、モーロ人との対峙を回避させる役割を果たした。いってみれ

＊　バロア家系のブルゴーニュ公国のこと。ブルゴーニュ、ブルグントなどの南の領土とアルトワ、フランドルという北の領土にまたがっていた。

ば一種の忘却療法だが、この現象は数世紀にもわたって続いた。なぜこれほど長く異教徒モーロ人との戦いを忘れたのか。それは、その後ポルトガルが第二の屈辱を味わうことになったからである。アルカサル・キヴィルでの敗北の復讐をレパントの海戦（一五七一）で果たしたのは*、ポルトガルではなくその好敵手たるスペイン王国の王族であった。彼らはその後、ポルトガルを占領してイベリア半島を統一することになる…。こうして異教徒モーロ人との対決が忘却されるという現象が生じた。その様相と経緯については、リュセット・ヴァランシが『記憶の寓話』（Valensi 1992）のなかで分析している。

さて、このようなバランス回復作用と置換の機能は、交易の発展、キリスト教の布教、植民地開拓、諸民族の隷属などの機能に取って代えられる。そしてついには、異教徒との戦いという動機がどれほど重要なものであったかを西洋の歴史的記憶は忘れ去ってしまう。わずかに一八世紀のレーナル神父〔一七一三～九六。フランスの歴史学者、哲学者〕が、主要な争点が何だったかを喝破した（G・ブリスヴェール〔歴史家ジョルジュ・ボワヴェールの誤記と思われる〕）。ところが忘却への意志はその争点の痕跡すらも消去したのである。

この争点は、いわゆる帝国主義時代のフランスでも見いだされる。そこでは同じ種類の置換によって、第三共和政〔一八七〇～一九四〇〕はセダンの敗北**、帝政のヨーロッパ政策の破綻、アルザス・ロレーヌの喪失などを忘れ、消し去るために、帝国主義的征服政策へと方向転換を行なった。インドシナ半島東部およびチュニジアへの植民地進出を推進したジュール・フェリー〔一八三二～九三。政治家、首相（八三～八五）〕を風刺する、アンシ〔一八七三～一九五一。本名ジャン・ジャック・ヴァルツ。アルザス生まれのフランスの作家、風刺漫画家〕の挿し絵は、このことをよく物語る。すなわちその科白いわく、「わたしは子どもを二人亡くした。だから召使いを二人よこしてくれ」と。

同じような交換操作は帝政ロシア（一七二一～一九一七）にも見られる。ここでは、一九世紀、中央ヨーロッパに自分の意志を押しつけることに二度まで失敗したツァーリが、その支配欲を、カフカス、次いで極東へと向けることになった。クリミア戦争（一八五三～五六）ののち、この拡大政策のステップは、カフカスの征服完成と「平定」、タシケント〔ウズベキスタン共和国の首都。古くから東西交易路上にあり、政治的・経済的要地〕の征服（一八六五）、サマルカンドの征服（一八六八）、ヒバおよびコーカンド〔ウズベキスタン共和国東部。インド・中国間の隊商路の町〕の征服（一八七六）、そしてアムール川、ウスリー川流域地方〔ロシア沿海州およびハバロフスク地方と中国東北地方との国境地域〕の征服という成果を収める。

一八九七年には、フランツ・ヨーゼフ一世〔オーストリア皇帝。在位一八四八～一九一六〕との協定によってバルカン地域〔ヨーロッパ南東部、黒海、マルマラ海、エーゲ海、イオニア海、アドリア海に囲まれた半島地域〕における紛争に再度決着がつけられたので、ツァーリは関心の対象を極東や太平洋に移して、やむなく押しとどめた汎スラブ主義をこちらで「埋め合わせ」ようとする。中国への干渉や日本との紛争は、「戦争の危険性」をはらむと予想されていたのではなく、まさしく植民地を求める軍事遠征として提示されていたのであった（一九〇四～〇五）。
帝国主義につけ加えられるもうひとつの特徴は、領土拡張への激しい欲望である。これは一八八五年から九〇年にかけてのアフリカ分割がもっとも分かりやすい。しのぎを削るフランス、イギリス、ポルトガル、ベルギーの諸列強にとって重要なのは、いつ横取りするか知れぬライバル国の企てをあらかじめ封じるために、地図のうえで可能な限り土地を確保しておくことだ。こうして、いわゆる「クロスカントリー・レース」といわれる状況が始まる…。

じつは、この手の行動は帝国主義時代のはるか以前から現れていた。たとえばカナダ占領時に例をとれば、サミュエル・ド・シャンプランが、一六一五年の報告書のなかで、自分の野心を正当化して、「われわれがここに入植しなければ、イギリス人かオランダ人〔すなわちプロテスタント〕がケベックにやって来るでしょう」と国王に書いている。したがって、たとえそこにほかの目的、つまり、東部太平洋や日本にいたる道の発見、移民や開拓、インディアンの改宗などがあったにせよ、フランスの最初の植民地は「予防的な」領土だったわけである。

帰属先のはっきりしない領土を他国に先立って占拠することの手口は、植民地開拓の時代でも帝国主義の時代でも、同じような論拠を用いて、正当化されたり批判されたりしている。プーフェンドルフ〔一六三二～九四。ドイツ法学者、哲学者〕やジャン・ジャック・ルソー〔一七一二～七八。フランスの啓蒙思想家、文学者〕の頃からすでに名目上の占領は糾弾され、たとえばルソーは『社会契約論』（一七六二）のなかで、「先占権を正当なものとするためには、空虚な儀式によるのでなく、労働と耕作によってこれを占有しなければならない」、と記しているのである。ところが一八〇五年、アメリカ合衆国はルイジアナにおける河口の占有は流域全体の権利となる（ジョン・クインシー・アダムズ〔一七六七～一八四八。アメリカ第六代大統領（一八二五～二九）〕と見なし、権利の拡大解釈による併合という手口を使った。このような連続体理論は海岸の後背地《ヒンターラント》にあたるところの占有にも適用された。

連続体《コンティニュイティー》や後背地から「勢力圏」までは程度の違いしかない。その違いを合法化してくれたのがいわゆる権利である。最後の「勢力圏」という表現は、一八八五年にイギリスとドイツで結ばれた協定〔ベルリン協定〕で使われたとされる。

＊　ドン・セバスティアンが戦死したアルカサル・キヴィルの戦いは一五七八年、これに対しレパントの海戦は一五七一年である。この時系列に沿えば、レパントの海戦による復讐劇は成立しない。原著者の記憶違いがあったものと思われる。

＊＊　一八七〇年普仏戦争の折、フランス北東部セダンでフランス軍はプロイセン軍に破れ、第二帝政が崩壊する。

領土拡張の諸段階ではこうした類似点、すなわちバランス回復作用／置換、代替政策、征服欲などが見られるが、この類似点は相違点より大きいだろうか。ここで、多民族を支配・統治する過程では同じような発展段階が見いだされる、という補助線を引いてみる…。すると、地理的発見の時代と帝国主義の時代とが接近しないだろうか。よく知られているように、サヴォルニャン・ド・ブラザ〔一八五二～一九〇五。イタリア出身のフランス探険家。ブラック・アフリカ西部を探険し、フランス領コンゴを建設〕やスタンリー〔一八四一～一九〇四。イギリスの探険家。ナイルの源流を探険し、ヴィクトリア湖を確認〕のごとく、一九世紀においては地理的発見と開拓者の時代がまずあって、その後これを引き継いだ政府の時代がくる。ところで、一五・六世紀でも同じことが認められるであろう。ディオゴ・カン〔生没年不詳。一五世紀のポルトガルの航海者。一四八三年、コンゴ河口に到達〕、クリストファー・コロンブス、マゼラン〔一四八〇～一五二一。ポルトガルの航海者。最初の世界周航（一五二一～二二）を統率〕等々が君主たちから援助を受けたことは周知のとおりだが、伝統的な歴史ではそういう彼らの最終的な企てばかりに眩惑されて、彼らに先行した開拓者たちの行為はほとんど考慮されてない。

領土拡張と探険旅行とは、じつのところ、ルイス・フェルナン・ゴメス〔生没年不詳。ポルトガルの商人、航海者。一四六九年、国王アフォンソ五世（在位一四三八～八一）と西アフリカにおける取引請負契約を結ぶ〕、ウスターシュ・ド・ラ・フォッス〔生没年不詳。フランドルの商人。体験記『アフリカ西海岸の旅一四七九～一四八〇』を著す〕といった一介の商人や冒険家たちが、ささやかな試みを数十も重ねたすえの結果なのである。西周り、東周りのインド方面ルートに代表される、夢のような計画の産物、あるいは、新たな技術手段のおかげで生まれることのできた力強い意志の成果と何ら変わるところはない。また、バロス〔一四九七～一五六二。ポルトガルの歴史学者。ポルトガル領ギニア総督、インド植民地統轄庁長官を務めた〕によれば、ポルトガルの船乗りたちがベナン王国*を訪れ、この国からプレスター・ジョンの王国に到達可能だと認識してはじめて、ポルトガル王室は、アフリカ侵入もしくは迂回を目指するディオゴ・カンの大計画に財政負担することを決めたのである（ジョン・ソーントン『大西洋世界形成におけるアフリカとアフリカ人 一四〇〇～一六八〇』＝Thornton 1992 p. 35 参照）。

クリストファー・コロンブスについていえば、たとえばフェルナン・デュルモ〔生没年不詳。ポルトガルの商人。一四八七年、ジョアン二世の命で大西洋探険に出発〕のごとき先駆者がいた。このデュルモはポルトガル国王ジョアン二世から、カナリア諸島とアゾレス諸島〔リスボンの西方一五〇〇キロ付近の北大西洋上に点在〕以西で発見した土地についてはもれなく先取特権を有する、というお墨付きを得た。両諸島は地理上の発見の、のちには征服の、まさに交差点となってゆく。ただし、デュルモ以降の発見や征服に同じような成功がついてまわったわけではない。

このように、二つの時期をもつ領土拡張が一六世紀と一九世紀のどちらにも見られるのである。

市場か国旗か

以上見たように、帝国主義の時代には、地理上の発見の時代が甦ったかのごとき行動が認められる。しかしながら、一八七〇年以降になると、新しい時代が始まったという意識が一般化している。この時代の特徴はどの辺にあるのだろうか。

まず最初に指摘すべき特徴は、たとえばアルジェリアやセネガル**でのフランスのように、ヨーロッパ諸国が植民地の支配力を増大させたのは必ずしも明確な政治的意思の結果ではないということである。これは領土拡張の成否に関係なく、一八七〇年までの領土拡張が一世紀前から連綿と続いているにもかかわらず、そういえる。つまり、支配力の増大は、当時の情勢に流された結果なのである。二番目の特徴は、オーストラリア、ニューカレドニア***、とりわけアルジェリアのような新しい植民地には、体制反逆者、軽犯罪者、政治犯が居住することが多く、そのためこれらの植民地は世論の評価がはかばかしくなかったということだ。はたしてポルトガルの初期植民地も同じだったろうか。

フランスの場合、新たに取得した領土がある独自性をもち始めると、植民地の評価に変化が現れる。たとえば、コーチシナ〔フランス領インドシナ連邦のうち、南部の直轄植民地（南部ヴェトナム）を指す名称〕がそうである。ここは、イギリスに対抗して太平洋西部にしかるべき拠点を所有するよう海軍が求めた場所である。ほどなくアルジェリアでも、アブド・アルカーディル〔一八〇八〜八三。アルジェリアの政治家で対仏反乱の指導者〕を向こうにまわして「英雄的な」戦いを繰り広げて以降、似たような変化がでてきた。すなわち、「軍の一部が《植民地化する》のと同時に、世論の一部では、植民地に対する考えが軍国主義化する」とラウール・ジラルデ〔一九一七〜二〇一三。軍国社会、フランス・ナショナリズムの専門家〕が書くように、派遣された軍隊がアルジェリアを祖国と見なしたのである（Girardet 1972）。

ところで、一六・七世紀の場合と同じように植民地の理想と布教的使命が絡み合っているのだとすると、おそらく新しいのは意味の横滑りが起こったということだ。文明化がキリスト教的なものでしかありえない以上、その横滑り以降、キリスト教化は文明化の義務と同義語になるほかはない。それだから、『カトリックの使命』〔一八六八〜一九六四年に発行された、信仰普及を目的とする週刊会報〕のなかで、布教地サイゴン〔現ホーチミン〕の使徒座代理区長ミシ

* 現在のナイジェリア西部に一三から一八世紀頃あった王国。一四八五年前後のポルトガル人来訪以降、ヨーロッパと直接交易した。

** セネガルは一五世紀半ばポルトガルが拠点を設け、一六世紀にオランダがゴレ島（首都ダカールの沖合）に、イギリス人がガンビア（西アフリカ西端）に拠点を築いた。フランスの進出は一七世紀半ばである。それから英仏の激しい争奪戦を経て、一八一四年イギリスがガンビアを、フランスがサン・ルイ島（北西部、セネガル川河口）、ゴレ島などを領土とすることで落ち着いた。

*** 南太平洋、オーストラリアの東にあり、ローヤルティなどとともにフランス海外領を形成する。一八五三年フランスはここを流刑地として占領し、政治犯を送り込む（本書二三一頁参照）。

ュ〔一八〇五～七三。パリ海外伝道協会に所属し、カンボジア、ヴェトナムで政治的に重要な役割を果たす〕が「改宗の飛躍的増加を長らく阻んできたあの反逆者ども」と口をきわめて非難する一方で、アルジェの大司教に任じられた「白衣の神父会」創始者ラヴィジュリーはこう語った。この地にやって来たのは、「キリスト教文明という偉大な仕事の一助とならんがためであり…これが古代蛮族の無知蒙昧と無秩序に新しきフランスを出現させるにちがいない」と。文明化すること、植民地化すること、自国の文化を行き渡らせること、広がること、これらが帝国の主要な原動力である。植民地化とは空間を越えて広がる、ひとつの民族の「繁殖力」となった。

プレヴォ・パラドル〔一八二九～七〇。フランスの新聞記者、政治家〕にとっては国威発揚の究極的手段、ルロワ・ボーリュー〔一八四三～一九一六。フランスの歴史学者〕にとっては文化生殖力というように、帝国主義はイデオロギーを原動力とする。なるほどそうだ。しかし、この原動力はもっと物質的な目標にかならず支えられている。そもそも、かの植民地政策という成功を博した新機軸が、きわめて広範囲に用いられてある種の定式となるのは、こうした目標があるからである。その植民地政策をはっきり打ちだしたのが、トンキン〔トンキン湾に臨むヴェトナム北部地域。フエ条約〔一八八三・八四〕によりフランスの保護領となる〕の征服に臨んだジュール・フェリーであった。

「植民地政策とは産業政策の産物である。富める国にとって…輸出は国家繁栄の欠くべからざる要因である〔…〕。かりに、工業国どうしのあいだで工業関係の分業、適性による分配のようなものが確立していたならば〔…〕ヨーロッパは自己の境界を越えてまで自国製品の販路を求めることはありえなかったであろう。ところが、誰もが糸を紡ぎ、鉄を鍛え、精製し、砂糖を作り、そして輸出したがるのだ」。

かくして、合衆国、ロシア、ドイツという新興の工業大国が台頭すると、この海外領土拡張が必然的な道筋となる。ジュール・フェリーはこのほかに、当時すでに識別されていた二つの理由をつけ加える。ひとつは人道的論拠であり、これにより「優等人種」は、いまだ発展の途に就いていない「劣等人種」に対する義務を果たすことが要求される。もうひとつは国家主義的論拠で、彼はこう強弁する。

「フランスがこうした事業から手を引いてみたまえ。たちどころにスペインかドイツがわれわれの後釜に座るだろう。《炉辺閑談》政策などは頽廃の道に足を踏み込むことにしかなるまい…。行動せずして威光を広げる、それは降参するも同然だ」。

じつは、フランスよりはるか以前に、イギリスもいくぶんこれと似た問題に対処しなければならなくなった。イギリスにとって七年戦争*の勝利は植民地との関係を変える最初の一大転機となったが、それまでこの国は、プロテスタントでかなり統一のとれた、いかにもイギリス的な、商取引中心の小帝国であった。一七六三年にパリ条約を締結すると、いずれもカトリックのケベック、フロリダ、トバゴ島〔カリブ海東部、西インド諸島南東端のトリニダード島とともにトリニダード・トバゴを形成する〕やそのほかの領土を獲得し、その結果たちまちイギリスは力と見合わぬ、そして何よりも不均質な、大帝国を支配するようになった〔リンダ・コリー『ネーションを作りあげるイギリス諸国　一七〇七〜一八三七』＝Colley 1992参照〕。

七年戦争以前のイギリス帝国といえば、さほど経費もかけずに制圧が可能なうえ、帝国がイギリス人の身の処し方に影響をおよぼすこともまずなかった。ところが戦争後は、主として軍事的な負担がたちまち重くのしかかった。とりわけ、敵対する先住民族を抑え込んだがゆえに、帝国を維持することそれ自体がイギリス的自由の原理と相容れなくなった。バーク〔一七二九〜九七。イギリスの政治家、作家、政治思想家〕が懸念したのもそこである。

パリ条約の直後にギボン〔一七三七〜九四。イギリスの歴史学者。『ローマ帝国興亡史』の執筆は一七七〇年からだが、一七六四年のローマ訪問時に着想を得たとされる〕がローマ帝国凋落の著作を書いたのは、はたして偶然であろうか。

一方で、イギリスは別の原因による大きな衝撃も味わった。すなわちアメリカの独立である。その独立をめぐっては、イギリス本土においても大西洋の向こうでも世論が割れたから、イギリス人どうしを対立させた内戦、といってもいいだろう。その埋め合わせとしてイギリス人は、スコットランドの忠誠を確認した。**そもそもスコットランドの開拓者たちといえば、ウォーレン・ヘスティングズ〔一七三二〜一八一八。イギリスの植民地行政官、初代インド総督（一七七三〜八五）〕やゴードン***などのように、イギリス本土以外の帝国領の各地で重要な軍事的役割をそれまで果たしてきていた。かくして、イギリス植民地のあとを受けて大英帝国が成立し、

* 七年戦争（一七五六〜六三）は狭義にはシュレジエンをめぐるオーストリアとプロイセンの戦争だが、世界史的に見れば、オーストリア側についたフランスとプロイセン側についたイギリスとの、海外植民地をめぐる権力闘争の一環でもあった（北アメリカ大陸の戦争をフレンチ・インディアン戦争、インドの戦争を第三次カルナータカ戦争とも呼ぶ）。オーストリアとプロイセンはフベルトゥスブルクの和約で、フランスとイギリスはパリ条約で、終結をみた。フランスはインド、カナダ、西インド諸島でイギリスに敗北している。

** 一七〇七年、スコットランド議会は大英連合王国の一部となることを投票によって決定した。しかし、その後もイギリスから分離と独立を求める人々の運動はやまず、一七一五年と四五年にはジャコバイトの反乱、一八五三年にはスコットランド人諸権利擁護国民協会の設立、一九三四年にはスコットランド国民党の結成、と続いている。

*** チャールズ・ジョージ・ゴードン（一八三三〜八五。別名ゴードン・パシャ）ではないかと思われる。中国の太平天国の乱鎮圧に勇名を馳せたのち、スーダン赤道州の総督、インド総督などを歴任し、最後はスーダンで戦死を遂げた。ゴードン姓はスコットランドの伝統的一族の名である。

この大英帝国は復讐心の強い愛国主義につき動かされて、それまでの放任主義に対して反動的姿勢をとるにいたった。具体的には一七八四年の「インド法」、一七九一年の「カナダ法」、一八〇〇年のアイルランドとの「連合法」であるが、これらは再建・支配政策をあからさまに示したものだ。それはまた、帝国主義がもつ性格的特徴のひとつでもあるだろう。

もうひとつの特徴は、この再建・支配政策と部分的に矛盾し、部分的に共鳴する。すなわち、アメリカを失ったがゆえに、また工業国となったがゆえに、世界のほかの地域との経済的関係について従前の見方を転換する必要がでてきたという点である。これはイギリスにとって未曾有のことだった。重商主義型の海外交易を独占することで通貨を蓄積することのできたイギリスだが、今や必要なのはむしろ市場と原材料である。イギリスに必要なのはまず、もうひとつのアメリカだ。オーストラリアがそうなってくれるだろう。次は、もうひとつのインドだ。そのために狙われるのは中国である。さらに必要なのがアフリカだ。アンティル諸島や北アメリカに奴隷を提供していたアフリカとは別のアフリカである。

この頃イギリスは、数年の間隔で次のような出来事を経験した。北京に最初の大使節団すなわちマカートニー〔一七三七〜一八〇六。外交官〕使節団を派遣（一七九七）。「アフリカ協会」*を設立（一七八八）。マンゴ・パーク医師〔一七七一〜一八〇六。イギリスの外科医、探険家〕にニジェール川〔アフリカ西部〕の源流までアフリカ中央部を探険することを勧め（一七九六）、カナダ北部で「北西会社」〔イギリス領北アメリカの毛皮取引を扱った一種の協会〕を創設（一七七九）。その一方で、ジェームズ・クック〔一七二八〜七九。イギリスの探険家、航海者〕がオーストラリアのボタニー湾〔東海岸シドニーの南部〕に上陸（一七七〇）。これらは偶然の出来事だろうか。そうではない。こうした急激な展開は、国家間の長い抗争の時代に続いたのであるから、植民地の再開を告げるものだったのである。それを帝国主義の再開といってもいい。

マンゴ・パークの例は単純にして明快だ。彼の説明によると、「アフリカの地理をよりよく知らしめ、彼らの野心に、彼らの商取引に、彼らの産業に、新たな富の源泉を開くことに成功した場合に限り」、一日一五シリングの棒給を出資者たちから受け取ることになっていた（Park 1980）。

今や、産業化の必要性と市場の要請が支配への要求とせめぎ合っている。だが少しずつ支配への要求が産業化の必要性と市場の要請より優位に立ってゆく。

シュンペーターかホブソンか**

一九世紀初頭のイギリスでは支配への意志が幅をきかせていた。たとえば、一九一九年、ジョセフ・シュンペーターは、一九世紀のイギリス帝国主義を総括して、「国家が、際限なく拡張を強行しようとする、無目的な〔強調は引用者〕傾向を示す」場合、そこには帝国主義がある、と断じたほどである。つまり、武力的ないし侵略的活動が、「自らの力を消耗し尽くしてしまう以外には、いかなる終焉の手段ももたない」ことを明示しているとき、そこには帝国主義がある、ということである。シュンペーター以後しばらくして、マックス・ウェーバー〔一八六四〜一九二〇。ドイツの思想家〕が手段としての合理性と名づけたものも、同じ現象を指している。

シュンペーターは証明のための例としてディズレーリ〔一八〇四〜八一。イギリスの保守党政治家、首相、小説家〕を選んだ。一八七二年に水晶宮〔一八五一年のロンドン万国博に際して作られた会場〕で演説して以来、ディズレーリは、帝国主義の領土拡張を礼賛するひとりとして、また、領土拡張の権化として受け止められていた。かつては「われらの首にかけられた石臼のごとき、いまいましい植民地」などと発言したこともあったのだが、水晶宮での演説後の彼は、各植民地が自治的単位となってひとつの関税同盟を形成するような、「帝国連合」を構想した。つまり、植民地の無主地はイギリス人に充てられ、ロンドンにある中央機関がそれらの手続きを統括するというものだ。演説から数年後、ジョゼフ・チェンバレン〔一八三六〜一九一四。イギリスの自由党政治家。植民大臣としてボーア戦争を推進した〕がディズレーリのこのやり方を受け継ぐことになる。

ところで、注目すべきことに、ディズレーリの演説の際に用いられた帝国の「保全」ということばには、事実上の領土拡大が含まれていた。このように変化した理由は、市民の目を日常的な心配事からそらせるのに、この「保全」という帝国主義のスローガンがあきらかに有効だということにある。かつての保守党指導層はそうした市民の心配事に対応できなかったし、そもそも彼らには政治路線と呼べるような路線などなかった。こうして、帝国主義のスローガンは好評を博した。なぜなら、利害のからんだ関係諸団体には例外なく利益をもたらしたからである。とりわけ保護関税は、ドイツ人輸出商のダンピング政策に脅かされている実業家にとって有益であった。しかしまた、スローガンが好評を得たのは、もたざる者たちの自尊心と誇りをくすぐったためでもあった。

ここで、次のような対比が見てとれるだろう。すなわち、一九世紀初頭のイギリス世論は、ともすると植民地拡張を奴隷貿易と混同しやすく（本書二六八頁以下参照）、また植民地拡張をアメリカ独立にからむ屈辱感と重ね合わせた。そのために、植民地拡張に対して敵対的になる。その一方で、帝国主義に対しては、それがイギリスの国益を満たし守ってくれるため好意的になる。具体例をあげるなら、インド国境地域に

* 「アフリカ内陸部発見を促進する協会」の略称。植物学者バンクス（一七四三〜一八二〇）の提唱により創設された。

** シュンペーター（一八八三〜一九五〇）はオーストリアの経済学者。『諸帝国主義の社会学』（一九一九）では、ホブソンの経済的な『帝国主義論』（一九〇二）に代わって、もっとも体系的な帝国主義論を提示した。ホブソン（一八五八〜一九四〇）はイギリスの経済学者。

おいては、帝国主義が「略奪者」や山賊からイギリスの利益を守るとされた。また南アフリカでは、ボーア戦争*のとき、「俺たちの反逆者どもを話題にしない乞食など、ロンドンではひとりもない」といわれた。これと同じ反応は、二〇世紀初頭のフランスで見られるだろう。つまり、アルジェリアとモロッコの国境付近で、「くそモロッコ兵《サロパール》」がアルジェリアの「われらが入植者たちを攻撃する」ときのことである。

さらにロシアでも、カフカスや中央アジアの辺境には似たような状況があった。であるから、イギリス、フランスの帝国主義者の主張とぴったり符合することばを見いだすことができる。一八六四年、公爵ゴルチャコフ〔一七九八～一八八三。ロシアの政治家、外務大臣〕はこう述べた。

「ロシアの状況は、国家組織がしかるべく確立していない遊牧民と接触するあらゆる文明国のそれだ…。彼らの襲撃や略奪行為を未然に防ぐには、彼らを従属させ厳しく管理しなければならない…。しかし、さらに遠くにはまた別の遊牧民がいる…。となれば、こちらもまた、さらに遠くまで行かざるをえない…。アフリカにおけるフランス、アメリカにおける合衆国、インドにおけるイギリスに起きたことがこれである」（ゲオルギー・ヴェルナツキ『黎明期から一九一七年までのロシア史原史料』第三巻＝Vernadsky 1972 vol.3 p. 610 所収〔全三巻〕）。

先にディズレーリの定義した「帝国の保全」が、ここでもやはり問題となる。

支配ということばのもつ象徴的意味合いは、支配による文字どおりの物質的利益と同じように重視されていた。それは大英帝国史に現れたいくつもの状況が立証している。たとえば、遠くは一八一五年から一八六三年にかけて、イオニア諸島**の領有は防衛不可能であるため意味がない、とロンドンの政府内部で判断されていたにもかかわらず、イギリスはその保護領制を維持し続けた。また近くは、サッチャー〔一九二五～二〇一三。イギリスの政治家、首相（一九七九～九〇）〕がフォークランド諸島***の防衛のために軍隊を派遣している。それでいて、一九四七年から一九六二年のあいだで、インド全域、カリブ地域、ブラック・アフリカを失ったことは、さほど反響を呼ばなかった。同じ逆説的状況はロシアでも見られる。ここでは一九九〇年から九一年の帝国喪失に市民は無関心であったのに対し、千島列島の防衛ということになると、行動に立ちあがるのである。

一般市民が領土拡張を支持することは、たとえ強い反対運動があるにしても、帝国主義時代に特徴的な点である。市民によるそうした支持は、一九世紀に発展した大発行部数の新聞を通じて現れた。産業の飛躍的発展の落とし子であるこの新聞では、とりわけイギリスの『デイリー・メイル』紙、ドイツの『テークリッシェ・ルントシャウ』紙、ロシアの『ノーヴァエ・ヴィレーミャ』紙、フランスの『ル・プチ・パリジャン』紙と『ル・マタン』紙がよく知られていた。新聞が使われたということは、ジュール・フェリーのインドシナ半島派兵のごとく、特定の軍事行動が世論を操作して秘密裏に行なわれているにしろ、帝国主義が大衆的な現象になったことを意味する。それ以前の世紀の領土拡張は必ずしもそうではなかった。

それでもなお、経済的関心が帝国主義の根本的支柱、原動力のひとつであることに変わりはない。このことは一九〇二年、ジョン・ホブソンの『帝国主義論』****によって、次いで一九一〇年、ルドルフ・ヒルファディング〔一八七七～一九四一。ドイツの経済学者〕の『金融資本論』*****によって、明確に位置づけられた。その後、この両著作に着想を得て一九一六年に出版されたレーニン〔一八七〇～一九二四。ロシア革命の指導者〕の著作『資本主義の最高段階としての帝国主義』によって、こうした考えが一般化された。この著作は、一九二〇年にドイツ語とフランス語に翻訳されている。

とはいえ、ホブソンとレーニンの命題にはひとつの違いがあった。前者ホブソンがイギリスの帝国主義のうちに見ていたのは、「住民を犠牲にして、公的な圧力を使って、余剰商品をばらまき、余剰資本を投資するための私的な市場を確保し育成しようという、高度に組織された産業、金融面での利害関係の意思」である。換言するならば、対抗する強国と競うために国の資本を集める必要性が帝国主義を推進する力である以上、帝国主義は重商主義への回帰のひとつである、とホブソンは考えていたのである。これとは逆にレーニンのそれは、資本主義的独占形態の発展の最終段階に位置づけられた。またカウツキー〔一八五四～一九三八。ドイツのマルクス主義理論家〕は、各国の帝国主義間での抗争がこの段階ではもはや採算に合わなくなると

＊　南アフリカ支配をめぐってイギリスとボーア人のあいだで行なわれた帝国主義戦争。第一次は一八八〇～八一年、第二次は一八九九～一九〇二年。

＊＊　ギリシアの西岸に沿う七島とその属島からなる島群。ナポレオン没落の一八一五年にイギリス保護下の独立国となり、六四年、ギリシアの正式領土となる。

＊＊＊　南アメリカ大陸南部、パタゴニア沖の大西洋上の諸島。その領有権をめぐって一九世紀以来イギリスとアルゼンチンとの係争が続いていた。サッチャー政権時の一九八二年四月には最新兵器を使った戦争が勃発、六月にアルゼンチンの敗北が決定した。その後一九九〇年に両国は外交関係を正式に回復したが、現在もなお双方が領有権を主張している。

＊＊＊＊　経済的帝国主義論の祖となったホブソンは、その著『帝国主義論』で、資本主義経済の生産力によって産みだされた余剰商品・資本が、はけ口を外国市場に求める結果として帝国主義が導かれ、とりわけ過剰な資本の輸出が帝国主義の原動力である、とした。

＊＊＊＊＊　ヒルファディングはその主著『金融資本論』で、銀行資本と産業資本との結合たる金融資本が近代資本主義の新しい資本形態として成立したことを証明しようとした。

見るのに対し、レーニンのほうではその抗争が不可避になるとし、両者は論争した。

おそらく重要な点は、レーニンにとって、帝国主義は多様な姿をもち、歴史的発展のさまざまな段階で生じるもの、とするところだろう。たしかに、帝国主義は資本主義に先立って存在した（古代ローマ帝国の例）。しかし、オーストリア・ハンガリー帝国、ロシア帝国等々が形成されたときのごとく、帝国主義は資本主義が発展するなかでも存在した。したがって、ロシア人に対するバルト諸国〔リトアニア、エストニア、ラトビア〕の民族解放闘争が、その後イギリス人に対するアイルランド人やインド人の民族解放闘争と等価なものとなっていったように、民族解放闘争は帝国主義に対する普遍的闘いの一部分にほかならなかったのである。一九一六年の時点でレーニンが考えていたのは、一九一四年の第一次大戦によって植民地拡張と帝国主義との違いが最終的に明らかになるということだ。

しかし、さらに決定的な、もうひとつの相違があった。一九世紀末の帝国主義と二〇世紀の帝国主義は、それまでの征服ないし支配の精神とも、それ以前の世紀の植民地拡張の精神とも異なっていた。それは、一九世紀末および二〇世紀の帝国主義が、先行する時代のどんな帝国主義よりも深く金融資本と結びついており、かつまた、植民地化ないし領土征服だけがその存在の表現形式でない、という特徴をもつからである。たしかに、植民地化と領土征服は帝国主義的なものとなりうる。だが、一九世紀においては、そして、第一次大戦にいたるまでは、帝国主義は政治的独立と折り合えるような行動手段を有しているのである。中国あるいはオスマン帝国における金融資本の浸透がその事例であり、ロシアにしてもそうである。

歴史上の時期によって、植民地化はさまざまに異なる形態をとったが、それでもやはり互いに重なり合うところはあった。たとえ、「帝国主義」を推進する表向きの理由がどうであろうと、領土拡張の原動力となってきたものは他民族に対する支配の確立であった。アラブ人の時代にその帝国主義の口実にされたものは宗教だった。異教徒討伐のキリスト教徒遠征に際しても、それはまた宗教であり、一六・七世紀にカトリックとプロテスタントがそれぞれ信仰拡大を確実にしようと思ったときにも、それは相変わらず宗教だった。

こうしたあらゆる形態の十字軍には、政治的利害が絡まっていただろう。それが初めて自律性を顕示したのは、カール五世〔神聖ローマ皇帝（在位一五一九〜五六）、またカルロス一世としてスペイン王（在位一五一六〜五六）〕と闘うためにトルコと「居留民保護協定」を結んだフランソワ一世〔フランス王。在位一五一五〜四七〕の時代である。そして、三十年戦争*以降になると、その政治的利害が徐々に露わになった。この戦争のとき、枢機卿リシュリュー〔一五八五〜一六四二。フランスの政治家、宰相（一六二四〜四二）〕が神聖ローマ帝国に対抗して、ユグノー〔一六世紀から一八世紀フランスにおけるカルヴァン派新教徒に対する蔑称〕であるスウェーデン国王〔グスタフ・アドルフ（在位一六一一〜三二）〕と手を結んだ。

経済的利害はというと、いわゆる帝国主義時代よりかなり以前に現れている。それがとりわけ顕著になるのは、「航海条令」[**]（一六五一）の発布にともない、海外で拡張された領土からもたらされる商品による利益ばかりでなく、その海外の領土そのものまでがイギリス国民全体の専有だと見なされたときである。帝国主義は国民全体、国民国家を代表して行動すると主張するから、この航海条令を帝国主義の根源のひとつと考えることもできるだろう。

帝国主義の時代以前には、重商主義という考えも登場した。これは国家と海外事業を結びつけ、貿易の独占と金や銀を最大限徴収することをめざしたものである。重商主義の最初の理論家となったのはボダン〔一五三〇〜九六。フランスの法学者、思想家。主著『国家論』（一五七六）〕であり、やがてコルベール〔一六一九〜八三。フランスの政治家〕が実地に適用した。

重商主義者たちは、植民地在住者に「一本の釘すら」生産することを禁じた。しかし、合衆国でもスペイン語圏アメリカでも、これが植民地在住者に反乱の口実を与えるようになったため、このような形での本国と植民地との関係には終止符が打たれた。一方、先住民族に対しては重商主義的政策が実際に適用された。ゆえに、のちに引用するインドの織物の例でも示されるように、植民地支配を受けた民族に壊滅的な打撃を与えた。にもかかわらず、重商主義的政策は部分的に生き続け、産業革命の時代になると力ずくの拡大さえ図られた。帝国主義は資本主義の最高段階である、とレーニンが書きえたのは、まさにこの意味においてである。

イギリスの植民地化には、以上見てきたように、あらゆる傾向とそのさまざまな形態とが含まれている。

イギリスの植民地化は、ひとつの社会集団の富を保証するものであった。その集団は、自分たちの土地とその土地に埋蔵される富を、財政活動や商業活動と結びつけ、それによって世界制覇をなし遂げた。とはいえ、産業資本は銀行資本から長いこと切り離されたままだった。

このように、一九二九年の世界恐慌以降に「大英帝国の特恵関税」が真の総合政策となったときを別として、イギリスの産業は大英帝国のおかげでとか、大英帝国のために、というよりむしろ、大英帝国に寄り添って発展したのである（ケ

---

* ドイツを舞台に一六一八年から四八年までヨーロッパ諸国を巻き込んだ宗教戦争。ボヘミアにおける新教徒弾圧を発端とする宗教的対立だが、最終的にはオーストリア、スペインの両ハプスブルク家とフランスのブルボン家との敵対関係が軸となった。

** 航海条令（もしくは航海法）はイギリス政府が発布した海運・貿易に関する諸法令の総称。一六五一年のものは、オランダの仲介貿易に圧力をかけ、イギリスの海運保護と貿易発展のために制定された。その主たる規定内容は、イギリスおよびその植民地に輸入されるヨーロッパ以外の商品は船員の大半がイギリス人であるイギリス船で輸送すること、ヨーロッパの物産はイギリス船もしくは生産国の船で輸入することであった。

イン＋ホプキンス『イギリス帝国主義』＝Cain et Hopkins 1993参照）。

帝国主義政策の推進役を果たしたのは、たいがい大資本家である。たとえば、一八八二年にエジプト遠征が行なわれたのは、市場を獲得したり領土を併合したりするためでなく、エジプトの支配者層が負債も払わずに安閑としていられないようにするためだった。そうでもしないと、前例を作ることになりかねない。同様に、金本位制によってイギリス金貨《スターリング》の優位性が確保されている時代にあっては、シティ〔ロンドン旧市部。金融・商業の中心地区〕にとって、ドイツ人による南アフリカの金採掘をボーア人〔オランダ系白人〕が援助することは、やはり阻止しなければならなかった。

効果の比較

一六世紀から一八世紀の植民地拡張と、それを引き継いだ帝国主義とでは、効果という面で根本的な違いがある。すなわち、帝国主義の場合は、産業革命によって宗主国と植民地との関係を根こそぎ変えるような行動手段を獲得したのである。

これに対し、初期の型の植民地拡張は、植民する側と植民される側との経済的、軍事的、技術的格差が少なく、したがって交易の量も少ないという意味では、それ以前の型の植民地化（トルコ人、アラブ人、さらにローマ人などによる植民地化）と近いといえるだろう。植民地（少なくともアジア）とヨーロッパとの生活水準の格差は、初期においてはおよそ一対一・五でしかなかった（ただし、このような格差を数値化して比較することに意味があるかどうかは別問題である）。ところが産業革命と帝国主義による効果がさまざまな形で現実化すると、植民される側の生活水準はいきなり悪化した。前記の数値化と同じく、これまたポール・ベロック〔一九三〇〜一九九九。ベルギーの経済学者〕の算定によるものだが、その格差は一八六〇年頃に一対一・九、一九一四年頃に一対三・四、一九五〇年頃に一対五・二と推移した（Bairoch 1980）。植民地時代の末期以来たえず格差が拡大していることを、ここでもう一度注目しておこう。

たえず増大するこの格差の原因は、なによりも、植民地化による必然的な構造変化と力関係の変化にあった。

別の面から見た数字をあげると、一八世紀までは、ヨーロッパ全体の消費のうちヨーロッパ地域以外で生産される物資の消費率は、わずか二パーセントから一〇パーセントにすぎなかった。

さらにつけ加えるなら、初期の植民地化は、スペイン語圏アメリカを例外として、征服ないし支配した社会構造をごくわずか損傷した程度にすぎなかった。もっとも、そうした土地では社会基盤が脆弱であった。であるから、たとえばインドでは、商品をポルトガル人に売ろうがアラブ人に売ろうが、インド社会の受ける影響にさしたる違いはなかった。ポルトガル人のほうが好都合だったのは、彼らから最新式の武器が手に入るからである。

さて、経済的諸側面から帝国主義への要求が高まるにつれて、「第二次」植民地化（二〇世紀）が起こり、根源的な構造変化がもたらされた。この間に生じた構造変化のうちきわめて重要だったのは次の二つ。すなわち、ひとつは植民地化された地域の産業の破壊であり、もうひとつは耕作者自身の食用にしない農産物への特化である。

インドにおける織物の例はこの前者の構造変化を象徴する。一七世紀には、薄手の綿織物はインドの輸出品の六〇から七〇パーセントを占めていた。ところが、工業化したイギリスは、インド人労働者三五〇人分の生産能力をもつ織り機を開発したうえ、その支配的な地位のおかげで、自由に自国の綿織物をインドにもち込むことができるようになった。結果として、一世紀経たないうちに、インド更紗の産業はほとんど姿を消してしまった。このような産業破壊の過程は、そのほか多くの植民地で見いだせる。

しかも、このような産業破壊のプロセスは、耕作者自身は食べない農産物へ過度に栽培特化することによって、第二の変化の様相を示すことになる。新旧を問わず植民地は、帝国主義によってこの変化を押しつけられたのである。

ブラック・アフリカは、この第二の構造変化を如実に示す。そこでは植民地化によって、古くから社会的基盤を築いてきた農作物依存型経済と新しい市場経済との衝突が惹起された。たとえば、アンリ・ローラン〔一九一八〜二〇一三。フランスの民族学者〕が指摘するごとく、コートジボワール〔西アフリカ〕では、植民地行政がアニ人〔一七世紀末以降、東のガーナ方面より移住した部族〕に対して、カカオ豆の栽培を強要したために、この地域特有の抵抗が現れた。つまり、夜になるとアニ人が自ら植えたその木に熱湯をかけるのだ。彼らが、この食品によって金銭が得られることを認知するのは、ずっとあとになってからである。

そもそも植民する側は、アニ人を手仕事に不向きだと、あるいはより極端に、およそ仕事というものに不向きだと、見なしていた。しかし、事実は違う。彼らには煩瑣な礼儀作法があり、それを遵守していると、とくに上層階級の場合、人前で働くことがむずかしい。そのために、じつに積極的なところも見せる彼らが、「怠け者」と規定されたのである。

植民する側が期待する「進歩」に対して適応できないと、それがもっと別の、文化的「抵抗」という形で現れることもある…。その例として牛がある。マダガスカル島のマシクル人〔西北部沿岸地帯に住むサカラヴァ人の農耕民〕やバラ人〔西部と南部の平原に居住〕、あるいはフルベ（フラニ）人〔セネガルからカメルーンにかけての西アフリカ全体に散在して居住〕においては、牛の交換には特別な意味がある。すなわち、この家畜は貨幣経済とは別の社会的価値をもち、財産として特殊な交換機能の一部をなしているのである。したがって、彼らにとって牛を売ることは零落の印にほかならない。ベテ人〔西アフリカのコートジボワールの西部からリベリア東部にかけての森林地帯に居住する〕たちのあいだでも事情は同じく、牛を飼うことは、相当額の持参金を確保しておくことを意味する。

綿花栽培もまた、牛の場合と同じような意味合いをもった。ただし、フルベ（フラニ）人やバンバラ人〔西アフリカ、マリ共和国の西に居住する農耕民族〕の場合は失敗し、ミニアンカ人〔マリ共和国南部に居住〕やセヌフォ人〔コートジボワールの北部山地を中心に居住〕の場合は成功した。なぜかといえば、フルベ、バンバラの場合は以前から形成されていた歴史的社会の構造が植民地化によって解体されたのに対し、ミニアンカ、セヌフォの場合は前者ほど自己のアイデンティティーの意識に固執することなく、したがって、変化にはより柔軟に適応しやすかったからである。

西洋の技術を借用することは、進歩に対する憧れと伝統に立脚した抵抗との相剋に身をさらすことでもあった。その好例はヤムイモの栽培に見られた。コルホゴ地方〔コートジボワールの北部山地地方〕のセヌフォ人の耕作者のなかには、ごく早くから、牛につなぐ犂を取り入れる者がいた。この新しい栽培方法は、鍬で盛り土をする代わりに、犂で畝を作って行なわれた。しかし、手間が省ける点では非常に歓迎されたが、ヤムイモは、これまでのようには太くならず、むしろ細長くなってしまったので、消費者からそっぽを向かれた。そのため、犂も放棄される結果になった。

植民地化と「新植民地主義《ネオ・コロニアリズム》」とのはざまで

植民する側による統治とその波及効果は、いくつかの典型的な状況を生みだした。なかには、脱植民地化したあとですら、その特徴が部分的に残存したものもある。これらは次のような三タイプに分けて例示できる。

第一は旧タイプの植民地化。資本主義発展段階での自由競争における領土拡張タイプを意味する。一八三〇年に征服されたアルジェリアの場合がその最後の例である。

第二は新タイプの植民地化。これは産業革命と金融資本に結びついたもので、一八七一年以降フランスが征服した領土の大部分はこのタイプの植民地化に属する（もっとも、東アフリカや南アフリカなどにおける大英帝国やドイツの領土拡張政策と同じく、ほかにいくつか考慮すべき点はある）。代表的なのはモロッコである。

第三は植民地化なき帝国主義で、オスマン帝国内におけるケースがその例である。一時的な形ではあるが、一八八一年のエジプトにおける事件がその例証となるだろう*。より純粋な形式による発展を遂げるのは、ラテン・アメリカである。すなわち、入植者を定住させるという着想なくして発展を遂げるのである。このラテン・アメリカの地では、アルゼンチンでもペルーでも、ロンドンの金融資本が君臨し、のちにその地位をアメリカが引き継いだ。このような国家の御旗をかかげない帝国主義は、二〇世紀後半の国家独立運動後にも生き残っている。

かくのごとく、さまざまな形の帝国主義と植民地化が重なり合い、入り組み合っている。

いわゆる脱植民地化、民族の独立、民族の解放、という諸現象に際しても、この事情は変わらない。大半は一九四五年から一九六五年のあいだに解放されはした。だが、ヴェトナムやアルジェリアでフランス人が敗北し、インドとインドネシアでイギリス人やオランダ人が敗北することによって、たとえ狭義の植民地化のほうは終息したとしても、西洋による支配は、あるところでは新植民地主義《ネオ・コロニアスム》**と称され、またあるところでは植民地なき帝国主義と称されながら、何らかの形で生き残っている。

じつのところ、この現象はヨーロッパ人が海外領土を失う以前にも存在していた。とりわけラテン・アメリカにおいて、アメリカが国旗なき植民地を樹立していたのは事実である。それは、たとえば一九一五年のハイチにおけるように***、「必要な」場合にはしかるべき場所に海軍を派遣する充分な体制を整えていたおかげで可能になっていた。一九六五年以降のブラック・アフリカにおいてフランスがときに用いた政策も、いくぶんこれに近い。

ところで、「脱植民地化」はしばしば主権の交替だけで終わっている。なるほど政治権力は別のところに移った。しかし、あらゆる種類の経済的つながりが残存しており、かつての従属関係が、別の形式をとって、しかも宗主国の利益とその地域の新興「ブルジョワジー」の利益とが結合する形で、存続している。そればかりか、この宗主国と植民地という関係が断ち切られたことによって生じた人の移動が、大きなものとなり、古くからのさまざまな関係が、その形態を変えながら、そのまま続いている。たとえば、アルジェリアにはフランス人海外派遣員が送られ、フランスにはアルジェリア人移民労働者がやって来る。これと同じような人の流れは、イギリスとカリブ諸国やインドとのあいだに、またドイツとトルコとのあいだなどにも見ることができる。

時を同じくして、一九六〇年代以降、経済のグローバル化

＊　エジプトは、一八六九年スエズ運河を開通させるが、この工費返済のために国家財政が破綻し、英・仏・独・墺の財政管理下におかれることになった。この事態に対し、一八八一年青年将校の反乱が勃発、それを契機にアラービー運動と呼ばれる民族運動が起こって、一八八二年「ワタン党」による新しい政府が樹立された。しかし、イギリスがこれに武力介入し、最終的に同国の植民地となる（本書三八三頁訳注＊頁参照）。

＊＊　先進国が新興独立国や開発途上国の主権を形のうえでは尊重しながらも、実質的には政治的支配と経済的搾取を強化する体制。

＊＊＊　この年ハイチの独裁者ギヨーム・サム（一八五九〜一九一五）が暗殺されると、アメリカは直ちに自国の権益保護を名目に海軍を派遣、ハイチを占領した。

が進展した結果、さまざまな国の経済が複雑に絡み合い一体化するにいたった。そのため、旧植民地諸国の一部は、今日、かつて経験したよりさらに劣悪な、従属ないし貧困状態に陥っている（本書第11章参照）。

一方、旧植民地大国はどうかといえば、かつて自らの支配を正当化するために拠り所としていた自由主義のドグマが、現在では逆に、日本あるいは旧植民地の台湾、シンガポール、韓国といった金融や工業の新勢力にとって有利となり、自ら生みだしたものに反撃されるにいたっている。

とはいえ、植民地化のさまざまな経過の分析を、経済的ないし技術的支配の遺産として生じた諸結果にのみ限定するわけにはゆくまい。

というのも、「新植民地主義」へ回帰したことによる結果は、これまでとは異なるさまざまな形態をとっているからである。それは世界経済において徐々に増大する石油の役割や、異文化どうしの接触や、それにより強まった人種差別と密接な関わりをもっている…。

文明化と人種差別主義

「わたしはこの民族を信じている…」と一八九五年にジョゼフ・チェンバレンはいったものだ。彼はイギリスの栄光を嘉《よみ》して帝国主義の賛歌を歌いあげ、フランス、スペインなどの競争相手を凌ぐ努力をしているイギリス国民を言祝いだのである。「劣等な」国民に対して、イギリス人は自国の優越する作法と、それから科学ももたらしてやった。「白人の重責」は世界を文明化することにあり、イギリス人がその範を示したというわけだ。

この確信と責務が示す意味とは、つまるところ、ほかの国民はすべて劣った文化を体現する者と見なし、劣った彼らを教育・育成することは、白色人種の「前衛」たるイギリス人の義務であるとの結論に帰着する。ただし、彼らと親しくならないよう、充分距離をとりつつである。フランス人にしても先住民族を幼児扱いし、彼らを劣った人間と考えていた。それは確かにそうだった。しかし、フランス人の場合は共和主義的な確信というものがあった。そのため、必ずしも行動と一致しているわけではないが、少なくとも表向きの発言としてはイギリス人と違うことが多かった。

にもかかわらず、フランス人やイギリス人やそのほかの植民する側はみな、われこそは科学と技術を体現するものであり、この知識のおかげで、服従させている社会もまた発展しうるという確信をもっていた。そして、その確信こそが、彼らに同族意識を抱かせ、ヨーロッパに帰属している意識を与えたのである。

大事なのは、何はともあれ、文明化することだ。

さて、西洋の歴史と法学は、文明とは何かをすでに法文化していた。文明とキリスト教との関係についても然りである。具体的には、アメリカのヘンリー・ウィートン〔一七八五～一八四八。法律家、外交官〕、イギリスのラサ・オッペンハイム〔一八五八～一九一九。国際法学者。著書『国際法』で知られる〕、ロシアのデ・マルテンス〔帝政期ロシアの国際法学者の代表として知られるフョードル・マルテンス（一八五四～一九〇九）のことであろう〕らが中国、シャム〔タイ王国の旧称〕、アビシニア〔エチオピアの旧称〕、オスマン帝国との「不平等」条約調印に際して、相次いで、権利の根拠を定義していたのである。

それゆえ、ある文化概念、文明、ある価値体系には明確な政治的経済的機能があったわけである。つまり、今あげた中国、シャム、アビシニアなどの国々は、ヨーロッパ人に対して、文明を定義する権利（事実上それはヨーロッパの優越性を確保する権利である）を保証しなければならなかった。いや、それだけではない。さらに、それら国々を保護することは征服者ヨーロッパの存在理由ともなっていた。もちろん、倫理的見地からの存在理由ということである。

このようにヨーロッパが文明を定義する権利を握ったとなると、文明に順応しない者は犯罪者か違反者、つまり処罰すべき人間となる。インドを例にとれば、イギリス人はある社会集団全体を「犯罪部族」と呼称し、そのゆえに、伝統的風習や現行の法的慣習を植民地法にとって代えることを目的とする介入が正当化された。ただし、「犯罪部族」と呼ばれたからといって、必ずしもその社会集団が部族であったわけではない。しかしいずれにせよ、その社会集団に所属する者は、当該集団との関係を完全に絶たなければ、「犯罪者」と規定されたのである。こうして、一八七一年の「犯罪部族法」、一九一一年の「犯罪カースト・部族法」は、イギリスによるインド支配体制の決定的転換点を画した。その結果、サティ（寡婦の殉死）〔亡夫の葬式のとき、その身体を焼く火のなかに妻が身を投じて殉死する、ヒンドゥーの古い慣習〕が有罪と見なされるとともに、タグ〔北インドの秘密暗殺教団〕やそのほかの「辻強盗」も一掃されることになった。また、カーストと部族を十把一からげにする「犯罪カースト・部族法」のせいで、たとえば、「世襲的盗賊」* と定義されたマドラス地方〔南部、ベンガル湾に面する地域〕の「クラヴァール」のような集団はインド社会から締めだされてしまった**（マリー・フルカッド『イギリス領インドにおける犯罪部族なる集団―植民地の暴力、伝統的暴力』＝Fourcade 1994 参照）。

* 同族間の結婚によって犯罪者の「遺伝的な素質」が保持されるカースト、「保釈できない種類の犯罪を体系的に実施する、常習犯の集団」のように規定されると、犯罪は家系、部族、カーストの世襲的特質となる。

** 「犯罪部族」「犯罪カースト」と認定されると「矯正居留地」に移動させられたり、終生移動を禁じられ、警察に監視されたりした。

このような抑圧方法は人種差別らしき臭いを秘めてはいないだろうか。

ところで一九世紀とは、ダーウィン〔一八〇九～八二。イギリスの博物学者、進化論者。主著『種の起源』は一八五九年に刊行〕の思想がまさしく魅惑という名にふさわしい力を発揮した時代である。その何よりの証左は、マルクス〔一八一八～八三。ドイツの共産主義思想家。『資本論』は、その一部が経済学批判として一八五九年に、続いて第一巻が六七年に刊行された〕の著作にある。というのも、マルクスの階級闘争とはダーウィンの分析した種の闘争の人間版にほかならないからである。植民地化についていうなら、ダーウィンの科学万能主義的な信念の「第三の側面」*として現れた。すなわち、白人が善意から劣等人種を滅ぼすか、さもなければ、その人種が「人間」である限りは、彼らを教育するというものである。だとすれば、名前すら与えられなかったブッシュマン〔南アフリカ地域に住む採集狩猟民族。名称はオランダ語の「藪の民」に由来するとされ、「サン」という呼称のほうが好まれる〕やオーストラリアの先住民族アボリジニ〔「原住民」「土人」の意。現在は「オーストラリア先住民族」の呼称に代わりつつある〕の場合、白人は彼らを根絶やしにすることになる。

この頃の思想的潮流の一方には、理性と進歩の賛美者たちがいた。彼らは、歴史的に社会の発展は不可避であり、かつその不可避性を理性で理解することが可能であると信じていた。またもう一方には、本能を理性の上位におき、行動の欲求を生命の本質的与件と考える人々がいた。ダーウィンの進化論の流行はこの両派を糾合したのだが、まさしくここに、帝国主義者が強い信念をもつ源があった。

イギリスの場合、理性と進歩を賛美する前者の潮流は、オックスフォードの新理想主義**によって盛んになった。この派の人々は全世界を、その精神力と意志によって活気づけられる一個の有機体である、と解釈していた。当然のことながら、社会組織としては、イギリス人の帝国がもっとも高い段階に達していることになる。スペンサー・ウィルキンソン〔一八五三～一九三七。軍事史家、ジャーナリスト〕がその主たる唱道者のひとりであった。彼らの発言は、イギリス人ではアルフレッド・ミルナー〔一八五四～一九二五。政治家、植民地行政官〕、トインビー〔一八五二～八三。経済学者、社会改良家〕、ジョン・サンダーソン・ホールデーン〔一八九二～一九六四。遺伝学者、生理学者。新ダーウィン主義を創始したひとり〕、ドイツ人では歴史学者ランケ〔一七九五～一八八六。近代歴史学研究法の創始者〕の弟子たちに強い影響をおよぼした。

「帝国はまずもって自国民の心のなかにしかるべき地位を占めなければならない。[…] この地位は、力は正義を凌駕するとの主張からは生まれない。それは専制政治の信念だからである。正義は力を超越するとの主張からも生まれない。それは皮相な熱狂家によく見られる誤謬だからである。この地位が生みだされるのは、全世界は叡智によってのみ認識しうる秩序をもった何かであり、思考のメカニズムによって明らかにされる秩序と不可分の秩序をもつ何かである、という確信からなのである」

（スペンサー・ウィルキンソン『国民の覚醒』＝Wilkinson 1896

参照)。

いうまでもなくイギリスの歴史学者たちは、大英帝国にひとつの歴史的到達点を見ていた。だが、奇妙なことに、彼らはマルクス主義者、とりわけドイツ人フランツ・メーリング〔一八四六～一九一九。マルクス主義歴史学者。主著『ドイツ社会民主党史』(一八九七～九八)〕に対して、同様の歴史的な発展過程を考えながらも異なるモデルをもって反論した。マルクス主義者たちは奴隷制、封建制、社会主義の前触れとしての資本主義という発展段階を規定するが、これに対しイギリスの帝国主義者たち、ことにジョン・ロバート・シーリー〔一八三四～九五。歴史学者。主著『イギリス膨張史論』(一八八三)は帝国主義理論に大きな影響を与えた〕や『大英帝国の起源と運命』(一九〇〇)のジョン・アダム・クラム〔一八六二～一九一三。スコットランドの歴史学者〕は歴史発展の別の局面、都市国家、封建国家、階級国家、民主的国民国家、を切り離して考えた。そうすることによって、イギリスこそが、宗教改革時代に生まれた自由と寛容の理想に合致する、歴史の最上位に君臨するものとなる。

こうした潮流に加わったのが、「生の哲学《リーベンスフィロソフィー》」＊＊＊に代表される、人間の偉業や能動性を礼賛しようとする考え方である。こうした哲学を唱導したのは、ヴィルヘルム・ディルタイ〔一八三三～一九一一。ドイツの哲学者〕、オスヴァルト・シュペングラー〔一八八〇～一九三六。ドイツの歴史哲学者〕、マックス・シェーラー〔一八七四～一九二八。ドイツの哲学者、社会哲学者〕らである。彼らはいずれも帝国主義者であり、ニーチェ〔一八四四～一九〇〇。ドイツの思想家〕とまったく同様に、外的世界認識のほうに関心を向ける、社会ダーウィニズム的な思想を歓迎した。さらに、この生物学主義的流れ〔生物学主義とは、生命現象に特有の原理をほかの科学領域に適用しようとする立場〕の周囲には、科学至上主義者、社会科学者、優生学者らがいた。彼らは、ゴビノー〔一八一六～八二。フランスの作家、外交官で優越人種論者〕のような思想を抱き、ギディング＊＊＊＊のように、来たるべき超人を讃えていた。彼らこそ、イギリスの新理想主義とドイツの生物学主義とを結び合わせた立役者である。その「橋渡し《ゴー・ビトウィーン》」を行なった人物としては、ヴィルヘルム二世〔ドイツ皇帝およびプロイセン王。在位一八八八～一九一八〕の臣下となったイギリス人ヒューストン・スチュアート・チェンバレン〔一八五五～一九二七。著作家。ゴビノーの影響下に人種主義的な著作『一九世紀の諸基盤』(一八九九)を

＊　第一の側面は進化論一般の影響に関するもので、事象の歴史的見方や科学的把握の重要性が浮き彫りになったこと。第二の側面は、ここで取りあげられたマルクスに代表されるような思想界への影響を指すと思われる。
＊＊　一九世紀後半に自然主義、実証主義、唯物論への反動として起こった哲学的思潮。精神的なものの優位を説く。
＊＊＊　理性中心の合理主義哲学に対して、情意的なものを含む非合理な生の活動から哲学を作ろうとする思潮。
＊＊＊＊　イギリスの詩人T・S・エリオット(一八八八～一九六五)の詩『四つの四重奏』のなかの一篇『リトル・ギディング』のこと。エリオットはこの詩のなかで、イギリスの歴史の果てに完全な存在が来ることを詠っている。

執筆した〕がいる。

以上の系譜を見れば、帝国主義とナチスの人種差別主義との関係もとらえやすくなるだろう。

帝国主義の時代の征服者たちは、当時の思潮を操って、領土拡張こそ政治の最終目標である、と人々に思わせることができた。ただし、その半面でこの成功はひとつの危険をもたらした。すなわち、降伏した民族が戦勝者と同じ掟に従う必要がなくなった瞬間から、この国外における他者への抑圧が本国における独裁へと転化しやすくなる危険である。かつてバークがいち早く感じとったように、その典型がアイルランドの場合であった。

大英帝国はローマ帝国に並ぶといわれたが、それは自治領に限る。つまり、こうした自治領でのイギリス人は、本国のランカシャー〔イングランド北西部〕に居住する市民のようでいられたのである。それ以外のところでは、被征服民族の風習や制度を破壊することによってのみ生きながらえ繁栄しうる支配者のごとくであった。これに対しフランス帝国は、大英帝国と截然と異なった。表向きのことばにおいて、法が万人にとって同じであるフランス帝国たらんとしたのである。とはいえ、領土を海外県、保護領、植民地のどれで呼ぶにしても、この平等路線は、植民地在住者やさまざまな利害と衝突することになった。海外のフランス人たちにとって、先住民族に対する自らの優越性を本国人にわざわざ証明しなければならないのは、承服しがたかったからである。

ブルターニュ人、鉱山労働者、ウェールズ人あるいは戦争の犠牲者たちの境遇という国内問題*から、ファショダ〔スーダン南東部。コドクの旧称。イギリス・フランス植民地獲得闘争の頂点をなしたファショダ事件（一八九八。本書一三一頁参照）の故地〕やベチュアナランド〔アフリカ南部、現ボツワナ共和国。一八八五年にイギリスの保護領として成立、九五年にはイギリス領ケープ植民地に編入される。本書二二六頁および二二七頁訳注＊＊＊参照〕の成りゆきという国際問題へと、政治的状況を左右する中心問題が移ったとき、帝国主義と民族の二分法が現れた。植民地拡張は貧困、階級闘争、過剰人口という国内問題すべてを解決してくれるものとなり、それがすべての国民に関わる利益であり、党派を超えるもの、と強調された。それだけではなく、植民地では行政官や入植者は左派でも右派でもなく、何よりもフランス人でありたい、イギリス人でありたいと願う。その人間を規定するのは、その人間の活動とか社会的役割ではなく、まさしく人種なのだ。人種こそがエリートを規定し、抑圧を正当化する。

おそらく、人種云々という理論は植民地化以前にも、帝国主義以前にも存在しえたであろう。しかし、それらはほとんど反響を呼ばなかった。それらに肉体と生命を与え、大きく広げたのが帝国主義にほかならない。

この人種理論はヨーロッパ大陸でも適用された。ただし、こちらの場合は、同じような論拠を用いながらも、人種差別的イデオロギーが独自の全体主義を瀰漫させた。そしてそれによって、「選良」（エリート）すなわち「優れた人種」による、残りのヨーロッパ人への全面的な支配権が正当化されたのである。

＊ 独自の言語・文化を有するフランス西部のブルターニュ地方は、一九世紀末の鉄道開設により孤立性が破れ、民族主義運動が活発になった。ウェールズもこの頃、アイルランドやスコットランドの自治権運動の影響で独自性回復の動きが表面化していた。鉱山労働者についてはその労働条件が問題となり、一八九八年に労災保障法が成立している。戦争の犠牲者の問題は、一八七〇年から一八七一年の普仏戦争に関係していると思われる。すなわち、フランスはその敗戦の結果、アルザス・ロレーヌを喪失し多くの難民を抱えたうえ、パリ・コミューンの内戦が起こって多くの犠牲者をだした。

第2章
主導権

まずはポルトガル人

「たとえ地球がもっと広かったとしても、やはり人々はこれを経巡ったことだろう」——自負に満ちたこのポルトガルの表現は、今日なお伝統が讃えてやまぬ、偉大な探険家たちの航海の有りさまを物語る。ヴァスコ・ダ・ガマからフェルナン・メンデス・ピント〔一五一〇頃〜八三。ポルトガルの冒険家。インドに二〇年以上滞在し『東洋遍歴記』（一六一四）を著す〕にいたるまで、海上であろうと陸上であろうと、「かの地に文明をもたらそうとして」、彼らは地球の深奥部や最果ての地へと到達した。

ゴメス・エアネス・デ・ズララ（アズララ）〔一四一〇頃〜七四。ポルトガルの軍人、文学者〕は、一五世紀中頃に書かれた『ギニア発見・征服年代記』のなかですでに、こうした探険旅行の「いくつかの理由」をはっきりと述べていた。まず誰よりも、探険を組織したエンリケ航海王子〔一三九四〜一四六〇。ポルトガル王ジョアン一世（在位一三八五〜一四三三）の第五子。ポルトガル海外進出の立役者とされる〕自らが、「神にお仕えする気持ちに駆り立てられている」…。王子の考えはこうである。これらの国々にもキリスト教徒がおり、さまざまな商品をもち帰ることができよう。たとえキリスト教徒がいなくとも、異教徒の勢力がどこまでおよんでいるかが分かるであろう。ひょっとして、どこか異国の領主が、信仰の敵に対するわが戦いを援助しようと思うかもしれぬ。われらが主イエス・キリストの信仰を広げんとする願いはかくも強いのだ、と。

ポルトガルに関係するのはそれだけではない。クリストファー・コロンブスが一四八四年頃、西周りでシパング（日本）に到達するのに必要な物資を提供してくれるよう頼み込んだ相手は、これまたポルトガルの国王ジョアン二世であった。当時の探険旅行はことごとくポルトガルから出発していたからである。しかし、国王がお抱えの宇宙地誌学者《コスモグラフ》たちに意見を求めたところ、彼らは常軌を逸した計画だとして王を思いとどまらせた。フェルナン・ブローデルも記したように、「ポルトガル人は昔から空想よりも科学的に確実なことのほうを好んできた…。彼らはそれでアメリカを取り逃がした。ブラジルを発見したときは、あとの祭りであった」。

事実関係をいえば、初めて南方へと乗りだしていったポルトガル人たちは、航海の安全を保障してくれそうなものは残らず揃えていた。なかでも大事なのは、風配図つきの海図である。たとえば、一四八五年にさかのぼるペドロ・レイネル〔一五世紀末〜一五四二頃。ポルトガル王室お抱えの地図学者〕の海図は、ヨーロッパ沿岸やアフリカ大西洋沿岸から、ギニア湾〔西アフリカ中央部〕を越えて、ディオゴ・カンが最終的に達した地点にいたるまで、細大もらさず記していた。サンタレン子爵〔一七九一〜一八五六。ポルトガルの政治家〕の言を借りるなら、イタリア人の手で発達してからの製図法は、とりわけポルトガル人にぴったりの技法となったのである。おかげで一六世紀には八葉の地図からなる最初期の地図帳が生まれた。もうひとつ、航海の安全を保障してくれたものは、さまざまなタイプのカラベル船〔一四世紀から一七世紀にかけて使われた小型、中型の快速帆船〕である。これはギル・エアネス〔一三九五頃～?。ポルトガルの航海者〕が一四三四年ボハドル（ボジャドール）岬〔西サハラ沿岸〕を越えたときに使った、バルカ船〔三本マストの帆船〕に代わるものであった。カラベル船の帆の表面積は従来の船の倍あり、船首を風向きに接近させて帆走することができた。すなわち、帆船に風が必要不可欠なのは当然だが、その風に逆らいつつジグザグに進むよう帆をたえず変えて、帆走できたということである。さらに、海戦に適した大型のガレオン船〔軍艦や商船として使われた大型帆船〕が出現すると、ポルトガルはヨーロッパの船舶建造の中心となった。

　アフリカ西海岸に住む黒人にとり、白人航海者、ことにポルトガル人やイタリア人の航海者がやって来ることは、臼《きゅう》砲《ほう》や蠟燭などを発見することを意味した。他方、ポルトガル人にとっては、黒人が地面にあるものをそのまま食べたり、藁葺きの家に住んでいたりするのを見て、たちまち優越感が芽生えた。ムスリムと接触する程度が下がるにつれて黒人たちの肌の色がそれだけ濃くなる、ということにもポルトガル人は気づいた。黒人の多くはマリ*の王様の臣下と自称していた。

　ポルトガル人がガンビアで初めて出会ったアフリカの王のひとりバティマンサ〔生没年不詳。バディブ地方の王。一四五六年、エンリケ航海王子の支援を受けたイタリア人探険家カダ・モスト（一四三二～八八）と親交を結ぶ〕もまた、自分はマリ皇帝の臣下だといった。しかし、ポルトガル人は格別関心を寄せなかった。出会ったアフリカ人が貧しいことから、後背地へ踏み込むことも、そこを占領することも益なしと考えたのである。すでに彼らポルトガル人は、マデイラ諸島〔リスボンの南西約一〇〇〇キロ、アフリカ沿岸より約八〇〇キロの太平洋上の島群。南アメリカ、アフリカとポルトガルを結ぶ航路の中継地〕やアゾレス諸島を自国の周辺のごとく見なして領有しており、暗黒海〔大西洋の古称〕とボハドル岬も越えていた。だが、北東の貿易風が大西洋に向けて吹くため、それまではこの岬を越えると戻ることができなかった。カラベル船のおかげで、彼らは一四四五年にはベルデ岬〔アフリカ大陸最西端にある大西洋に突出したセネガルの半島〕、次いでギニアのいくつかの川に達し、さらに一四六〇年にはシエラレオネ〔西アフリカ南西部。ギニアの南部に接する〕まで足を延ばすことができた。ジョアン二世**（五七頁）が王座に上るわずか二年前の一四七九年には、アルカソバス条約を結び、これによりカスティーリャの継承問題にけりをつけ、勢力圏をイベリア半島以南に限定した。したがって、ギニア湾はポルトガル

＊　一二世紀から一五世紀まで西アフリカのニジェール川流域を中心に栄えた帝国。最盛期の一四世紀には今日のマリ、セネガル、ガンビア、さらにモーリタニア（サハラ砂漠南西部。大西洋に面し、内陸部で今日のマリと接する）の一部にまで、その版図が拡大した。

に帰属する運命にあったわけである。一四八三年、ディオゴ・カンはザイール〔中部アフリカ南部。現コンゴ民主共和国〕に到達し、コンゴ王〔第五代ンジンガ・ンクワ（在位一四八二〜一五〇五）のこと〕に使節を派遣した。一四八七年から一四八八年にかけてバルトロメウ・ディアス〔一四五〇頃〜一五〇〇。ポルトガルの航海者〕は、のちに喜望峰〔南アフリカ共和国南部〕と呼ばれることになる嵐の岬を廻り、現在のポート・エリザベス〔南アフリカ共和国南部、東ケープ州の港湾都市〕にあたる「牛飼い湾」付近に達した。この辺りの黒人たちが牛を飼っていたのでこう呼ばれたのである。こうしていよいよ、ポルトガル人はインドめがけて突進する。

クリストファー・コロンブスがルカヨ諸島（バハマ諸島）〔西インド諸島北西部で、キューバの北方に位置する〕の一小島に到着した頃から、すなわちヴァスコ・ダ・ガマがインドに達する少し前から、ポルトガルとスペインのあいだでは新たに発見した土地をめぐって競争が熾烈になってきた。これに終止符を打つべく、教皇アレクサンデル六世〔在位一四九二〜一五〇三〕があいだに入る。これがトルデシリャス条約（一四九四年七月）である。締結にあたっては、ポルトガルの領土の境界をアゾレス諸島の西方一〇〇レグア〔約五六〇キロ〕ではなく、ベルデ岬の西方三七〇レグア〔約二〇七〇キロ〕に定めようとして（こちらの場合だとブラジルの一部がポルトガル領になる）、喧々諤々の議論がたたかわされた。*ポルトガル人がこのように西側に境界を動かしたのは、主義主張によるものなのか、それとも六年後の一五〇〇年に「発見される」ブラジルという土地がこの地域に存在することを予感していたからなのか、今もって謎だ。たしかに、ギニア湾のサン・トーメ・プリンシペ〔西アフリカ、ギニア湾にあるサン・トーメ島、プリンシペ島。現在は両島を中心として群島国家を形成〕が一四七一年に発見され、一四九三年には早々とユダヤ人や犯罪者によって植民地化されていた。それ以来、さまざまな手がかりから、このブラジルの存在は想定されていたかもしれない。ともあれ、サン・トーメは無人島で、ここが大航海時代の冒険と結びついた、最初の植民地となった。

ヴァスコ・ダ・ガマがインド洋に達した一四九八年前後、インドではカリカット〔南西部ケララ州（マラバル地方）北部〕のザモリン〔カリカットの支配者の称号〕、グジャラート〔西端部の州〕のスルタンといった地方領主が威をふるっていた。ただ制海権は彼らでなく、アラブ人の手に握られたままであった。カリカットに着いたヴァスコ・ダ・ガマは、インド洋の支配権はわが国王にあり、と主張した。むろん、ザモリン側はこれを認めない。コーチン〔カリカットの南約一五〇キロにある港町〕にいるザモリンの敵対勢力のほうは、目を見張るばかりの艦隊をもつこの新参者と手を結んだ。ザモリンはエジプトのスルタンに援軍を要請した。スルタンは応じてくれたものの、軍の総大将は一度海戦に勝利しただけで引き返してしまった。そこで勢力を盛り返したアルブケルケ〔ポルトガル第二代インド総督（在任一五〇九〜一五）〕側のポルトガル人は、ゴア〔インド中西部アラビア海に面する州。ゴア（古ゴア）はアルブケルケが攻略した当時、第二の首都として栄えていた〕、次いでソコトラ島〔アフリカ東端アシール岬の北東に位置するインド洋上の島）、ホルムズ（オルムス）島（ペルシア湾入口）およびマラッカ（ムラカ）（マレー半島南西岸にある港町）を掌握し、インド洋の西部全海域の支配権を手にした。ゴアはこの支配態勢の要だから、城塞堅固でたえず補強されていた。そしてアルブケルケがその中心人物だった。

　ポルトガル人の望みは、土地ではなく海上交易を制覇することにあった。インドの富に眩惑された彼らは、インド交易の独占を目論み、その海域の通行権をほかの国々に認めようとしなかった。それゆえ、ポルトガルの許可のない者は誰かまわず積み荷を没収された。「カルタ」という通行証をもたぬ船は、すべて海賊として扱われ拿捕されたのである。そうやってポルトガルは、リスボン経由で、カリカット産のキャラコ地、コショウなどの香辛料を山ほどヨーロッパにもたらした。

　無骨で、インド生活に不慣れなポルトガルの船乗りたちが、こうして、にわか成金になりおおせた。このあたりの事情は、詩人カモンイス（一五二四～八〇。ポルトガルの代表的詩人のひとり。インド、マカオ（中国、広東省南部）などに滞在し、インド航路発見を主題とする叙事詩『ウズ・ルジアダス』（一五七二）を書いた）が最初に証言を残している。そのカモンイスから隔たること数世紀、ポルトガル人が最終的にインドを去ったあと、今度はインドのある作家が、ウッラール（西インドのカルナータカ州の港町）の女王ラニ・アバッカ（生没年不詳。トゥルナドゥと呼ばれる南西部の支配者で、一六世紀後半にポルトガルの支配に抗して戦ったとされる）の戦いを語ろうと思った。一六二三年に女王はポルトガル人を撃退したことになっているが、この年号は信用できない。それはともかく、その物語のなかで、ポルトガル人は女性蔑視の輩、芸術文化を理解できず、腕力にものをいわせることばかり考える、太って粗野な人物として描かれている。太っていることを除けば、これは航海者たちの自己イメージと違うのではないだろうか。ところで、注意を引くのは、インド人がこうしたポルトガル人の欠点を列挙しながらも、彼らの専売特許たる貪欲さを除外している点である。その理由はむずかしくない。ポルトガル人による略奪に言及したならば、認めざるをえなくなるからだ。たとえ束の間であれ、彼らを追い払う代わりに、彼らの掟に服し、むざむざ身ぐるみ剝がれねばならなかった、と。さらにまた、

＊＊（五五頁）　ポルトガル王アフォンソ五世（在位一四三八～八一）とカトリック両王――カスティーリャ王イサベル一世（在位一四七四～一五〇四）とアラゴン王フェルナンド二世（在位一四七九～一五一六）の通称――とのあいだで締結。カスティーリャの王位継承問題に介入していたアフォンソはイサベルの継承権を承認した。また領土問題では、カナリア諸島とその対岸はカスティーリャ、そのほかの大西洋上の諸島とベルデ岬以南の沿岸部はポルトガル、とそれぞれの勢力範囲を定めた。

＊　最終的な境界は、ベルデ岬の西方三七〇レグアに決まった。アゾレス諸島の西方一〇〇レグアという境界は、その前年に同じ教皇が発布した大教書（インテル・ケテラ）による決定を指す。

自らの繁栄がもはや追憶でしかなく、落ちぶれた現状であったことをも浮き彫りにしてしまうだろう。

　ポルトガル人がインド地域に到達したときに遭遇したのは、またしてもイスラーム…。ヴァスコ・ダ・ガマがカリカットに着いた一四九八年といえば、まだイスラームの残影がポルトガル人の脳裏に焼き付いていた。たとえば、一四四三年フェス（フェズ）〔モロッコ北部の都市〕の土牢で死んだフェルナンド聖王子〔一四〇二〜四三。ジョアン一世の第六子でエンリケ航海王子の弟。一四三七年の北アフリカ遠征で捕囚となる〕の悲劇的な最期であり、ポルトガル人も参戦したグラナダの攻囲戦*などである。ジュヌヴィエーヴ・ブーションが指摘しているように、じつをいえば、ケララ州の海岸でムスリムが手にしているもの以外はろくに価値がなかった。それだから、前述した海上通行禁止令にインドの住民は驚いたのであって、このことはすでにマルコ・ポーロも記していた。ペドロ・アルヴァレス・カブラル〔一四六七頃〜一五二〇。ポルトガルの航海者〕**は、一五〇〇年カリカットで和平交渉が行なわれたとき、陸地にとどまったポルトガル人と引き換えに現地人有力者を何人か自分たちの船に人質とした。「これら貴顕の人士は船中にあって飲み食いもさせてもらえなかった」。その身代わりをムスリムが引き受けた。ポルトガルの年代記作者たちが触れていることだが、コーチンでも同じように、人質となって船に乗せられた現地人は交代で陸地で身を清めたり食事をとったりしたという。そもそも、総じて海にまつわることは、バラモン〔カースト制最上位の祭司階層〕から胡散臭く見られていた。いわんや商売をや、である。

　そうしたわけで、商取引は徐々にマピラという新しい共同体が扱うようになった。このマピラは、マラバル地方の港の最貧地区にあり、カースト制から逃れようとしてイスラーム化した者たちが所属していた。彼らは海を生業の場とし、他国人と接触するという理由で、インド社会の最下層におかれていたために、そこから逃れようとしたのである。マピラの成員となったのは、このほかに、往時も現今もイスラームが容認する一時婚《ムータ》〔シーア派において一定の条件下で認められる〕から生まれた人々である。「ナヤール〔南マラバル海岸のカーストのひとつ。このカーストは一夫多妻婚で、夫婦の関係は性的なもののみにとどまる〕の女が特定の地区に足を踏み入れでもしたら、そいつはムスリムになる」、との俗諺があるが、これは、自らのカーストから追放された女性たちは改宗する以外にないことを物語っている。

　一方、不可触賤民《パーリア》の、もしくはカースト制下層部の男性が改宗することは、社会階層を上ることであった。結果的にはそれが外国人共同体の力を増大させることにつながった。たとえば、行きずりのアラブ商人が土地に根付き、ついにはインド社会のなかにしかるべき地位を占めるような事例も出現するようになったわけである。もちろん、上層階級のヒンドゥー教徒たちに儲けの一部を差しだすことで、船旅の穢《けが》れを大目に見てもらうのが交換条件ではあった。

　とはいえ、アラブの地理学者イブン・バトゥータ〔一三〇四〜六八〕が記しているように、ポルトガル人が到着する一世紀まえまで、ヒンドゥー教徒の大多数はムスリムの所有する現世的富貴に対して軽蔑の念を隠さなかった。

これまたインドの沿岸で活発な活動をしていた中国人の認めるところでは、よそ者のアラブ人がインドにやって来ると、人々は彼らに戸口の外で椅子を与え、離れ家に泊めたという。むろん、穢れを避けるためである。食べ物はバナナの葉にのせてだされ、残り物は犬や鳥に食べさせた。イブン・バトゥータによれば、「異教徒［彼の目から見たヒンドゥー教徒］はわれわれを目にするや、たちまち道を変えた」。

ところが、デリー〔一二〇六年以降、歴代ムスリム王権の首都〕からムスリムが押し寄せたことがバラモンの反発を招き、それと同時に、インドの王族のなかでイスラームに帰依する者が登場すると、情勢が変わった。その王族とは、具体的にいうと、グジャラート地方〔インド北西部。その南西部はアラビア海に面する〕からマラッカにいたる地域、すなわち香辛料のルートに沿う地域の者たちである。こうして、ドラビダ系〔ケララ、タミル・ナードゥ、カルナータカ、アーンドラ・プラデーシュの南インド四州に居住する〕のインドのバラモン教徒連合は少しずつイスラームに包囲されていった。インド北部では、この連合体はデリーに根を下ろす地元勢力と衝突した。北部以外の場所では、同じイスラームを信仰する者たちと連帯を強めつつある商人や船乗りによる、さまざまなイスラーム共同体によって取り囲まれていた。これら共同体のなかでもグジャラートの人々は、以前から徐々にケララのマピラより優位に立っていたのだが、ケララのマピラのほうは、兵士あるいは艦隊の乗組員となってしだいにインド社会に同化していった。コーチンとカリカットのあいだで抗争が勃発すると、彼らはときに仲裁役を演じることもあったし、同じ仲裁役をポルトガルに対して演じた時期もある。ヴァスコ・ダ・ガマが相手にしたのは、このケララにいるマピラの人々である。

ポルトガル人としては、陸地のモーロ人〔イベリア半島ではムスリム全般を指す呼称として用いられる〕すなわちインドのムスリムとは、いざとなれば話し合いの交渉もやむなしという覚悟だった。とりわけケララのモーロ人に対してはそういう気持ちであった。一方、海上では、メッカのモーロ人すなわちアラブ人を、一戦交えてでも追放したかった。

ところが、アルブケルケは通商路を残らず押さえ、マラバ

＊　一四九二年、カトリック両王はナスル朝グラナダ王国ムハンマド一二世（在位一四八二〜九二）を降伏させた。これによりほぼ八〇〇年にわたるイベリア半島のイスラーム支配が終わる。

＊＊　一五〇〇年、カブラルは第二回インド向け艦隊の司令官に任命され、リスボンを出帆した。しかし大西洋を迂回してブラジルを発見することになる。その後、本来の目的地インドに到達し、カリカットのザモリンと友好関係樹立を試みるも現地人の急襲を受け失敗し、さらに南方のコーチンに商館を建設した。

ル海岸北のゴアを自らの帝国の中枢部とすることによって、独占体制を敷こうとした。そこでにわかに、マラバルのムスリムはアルブケルケと敵対するようになる…。

アルブケルケとカナノールのママール

インドには「王族は蟹のごとし、おのが親まで喰らう」という諺がある。インド人どうしのもめ事をポルトガル人が、なかでもアルブケルケが、なぜあれほど見事に利用しえたのか。その理由の一半は、これで説明がつくだろう。しかしそもそも、アルブケルケに道が開かれたのは、ドゥアルテ・パチェーコ〔生没年不詳。ポルトガルの軍人、探険家。一五〇四年、アルブケルケ艦隊の船長としてコーチンでザモリン軍を破る〕が勝利した賜物であって、その勝利がコーチン王国復興を導いたのだった。とはいっても、この王国は相変わらずカリカットのザモリンからの攻撃に脅かされていた。ザモリンは、エジプトのスルタンおよびヴェネチアとの隠密の同盟を後ろ盾にしつつ、ポルトガルの事業が発展してゆくのを敵意のこもったまなざしで眺めていたからである。

　ところで、ジュヌヴィエーヴ・ブーションの教えるところでは、これよりまえに、フランシスコ・デ・アルメイダ〔一四五〇～一五一〇。ポルトガルの初代インド総督（一五〇五～〇九）〕が、交易のさらなる掌握を目して、位置的に船荷を押収しやすいサンタンジェロの要塞〔一五〇五年、カナノール（カリカットの北方）に築城〕を建設していた。インド人商人の不満はそれで頂点に達する。彼らはコーチンで教会に逃げ込んだコラム〔コーチンの北方にある港町〕の商館長《フェイトール》と一二人の仲間を殺して焼いた。直ちにこれに対する報復が行なわれた。総督の息子は商人たちの船団を壊滅し、二七隻の船が香辛料、宝石、馬、象などの高価な積み荷とともに炎に包まれた。ポルトガルの船乗りたちは燃えあがる炎の明かりで夜食を摂ったという。カナノール〔カリカット北方にあるマラバル海岸の港町〕のムスリムは復讐を呼びかけ、この要塞の攻囲戦は襲撃と応戦を激しく繰り返した。ムスリムの援軍としてカリカットの船団も呼びかけに応じたが、ポルトガル人砲手の腕前のおかげで、国王マヌエル一世〔在位一四九五～一五二一〕の船団の優越性が後世に残されることになった（一五〇五）。陸上での攻囲戦のほうはもっと手こずった。ムスリム側が、砲弾の力をそぐ巨大な綿の玉で防御したからである。それもポルトガル人がこの玉に火を放つことを考えつくまでだったが…。

　それでもまだポルトガル人は、ディウ〔西部、カーティアーワール半島の北端沿岸に面する島〕に投錨するイスラーム船団を外洋で打ち破らなければならなかった。これは一五〇八年に実現し、アルブケルケの艦隊はそののち長らくヘゲモニーを確保した。こうしてディウを占領した結果、国王マヌエルにインドへの道が開かれた。

　インドの諸王国とイスラームの共同体は、カナノールのママール〔生没年不詳。一六世紀に活躍した、マラバル海岸のムスリムの首領〕に鼓舞されて、アルブケルケの野望を防ぐ手立てを見いだした。一方のアルブケルケは、セイロン島や極東産の香辛料輸送船団を支配下におけばうまく処理できることをつとに見通していた。そこで彼は、船団の行く先まで視野に入れ、船団の航路そのものを制圧しようと考えた。こうしてマラッカ海峡の船団到着地点を奪取し、駐屯部隊を据えてこの地を押さえた。

ところで、インド人商人たちは監視の網をかいくぐって自らの独占状態を守るため、モルジブ〔セイロン島の南西約七〇〇キロに位置する群島〕の経路を使っていた。その辺りにさまざまな利権をもつカナノールのママールとの衝突が問題となるのもここだった。カナノールのママールには、アルブケルケと戦うために別の切り札があった。つまり、かなりの数のポルトガル人がアルブケルケの好戦的な征服政策に疑問を抱き、アルメイダの時代を懐かしんでいたのである。アルメイダの時代には交易が、といっても交易のみに限られるのだが、キリスト教徒とインドとの交流を盛んにし、戦争はたまさか勃発する程度でしかなかった…。これに対し、アルブケルケの場合は、カナノール、ディウ、マラッカなどの領土占領が政策の基本方針であった。そうした領土は、いわば領土的帝国を作りあげる前提条件にほかならない。いずれにせよ、アルブケルケの採った政策の結果として、ポルトガル人は、反目しあうインド王族らのあいだに割り込むことになったが、これこそムスリムのママールにとって渡りに船だった。彼の敵対者たちとポルトガル人がともども弱体化したからである。ただし、このあたりの駆け引きにかけては、アルブケルケの右にでる者がいなかった。かといって、ママールはすべてを失ったわけではない。モルジブの中継地を確保していて、アラブ世界との香辛料取引の独占権は手放さなかった…。

アルブケルケはひとたびインドに商館を根付かせると、こんなふうに思いをふくらませた。マムルーク〔この時期、ブルジー・マムルーク朝がカイロに首都を定めていた〕の艦隊を壊滅させ、石割り職人の大群を使ってエジプトを廃墟にしてやる。エチオピア人の助言をたよりに、山を穿ち、ナイル川の水源を干上がらせてやろう。それと同時にアデン〔アラビア半島南端、アデン湾に面する都市〕からメッカにあるマホメット（ムハンマド）〔五七〇頃～六三二。イスラームの預言者〕の亡骸を奪いに行ってやろう、そうしたら、そいつとキリストゆかりの聖地〔エルサレム〕と交換するのだ。

十字軍、ここでもまた十字軍がつきまとう。

スペイン人の自負

「すでに述べたごとく、わがスペイン人は征服の六〇年間におびただしい土地を発見、踏破し、改宗させた。いまだかつて、いかなる国王もいかなる国も、われらがなしたごとく、かくも短期間のうちに、これほどのものを踏破し支配したことはなかった。いかなる国王もいかなる国も、武器、航海、聖なる福音の宣教と偶像崇拝者の改宗を通じて、われらの仲間が行なった業績と功徳を、実行したこともなければ、それに値することもなかった。スペイン人がまことと賞賛にふさわしいのはこの理由からである。この天賦の才と力を彼らに与えたもうた神の讃えられんことを。インディオたちに唯ひとつの神、唯ひとつの信仰、唯ひとつの洗礼を受け入れさせ、偶像崇拝、人身御供、人喰い、男色およびその他われらが善なる神が忌み嫌い、罰される忌まわしい大罪の数々を彼らから一掃したことは、われらが歴代の国王陛下とスペイン人の大いなる栄光であり名誉である。また、かの地の肉欲的なる男どもの昔ながらの慣習であり快楽である、一夫多妻制も同じく一掃した。インディオたちにはアルファベットと鉄の使い方を教えてやった。アルファベットがなければ人間も動物のごとくであり、鉄の使い方は人間になくてはならぬ。同じくまた、いくつもの好ましい習慣、芸術、よりよい生活ができるための洗練された生活態度も教えてやった。これらはみな、そしてどれをとっても、その一個だけで、彼らから奪った羽根飾りや真珠や黄金にまさる価値がある。しかも、彼らがこういう金属を貨幣として使うことができぬだけに、なおのこと価値がある。たとえ彼らから何も奪わず、鉱山や川や墓所から取りだすもので満足したほうが望ましかったにしても、そうなのだ。貨幣こそはこの金属の本来の使用法であり、また真の活用方法なのだから。インディオが海や陸のなかから引きだした六〇〇〇万ペソを上回る金銀、そして真珠とエメラルド、それらは彼らが所有していたわずかな金銀などをはるかに上回る。ここにあげたすべての事柄のなかで悪い点があるとすれば、それは採掘抗のなかで、真珠採取や輸送で彼らを働かせすぎたということぐらいである」（ロペス・デ・ゴマラ〔一五一一〜六六。スペインの歴史学者〕『インディアス通史』より。ルッジェロ・ロマーノ『植民地征服のメカニズム—征服者たち（コンキスタドーレス）』＝Romano 1972 p. 112–113 所収）。

インディオとの出会い

誇らかだが非難がましいところもあるゴマラのこの歴史的記述は、おそらく、征服とその暴力を正当化する最初の理論的文章のひとつである。

そうした征服と暴力をもたらす初期の接触の現実を、少なくとも感じられたままの現実を、よりいっそう説得的にするには、スペイン人とインディオの出会う過程をたどってゆくことだ。当然のことながら第一証人となるのは、出会いに先行するクリストファー・コロンブスその人である。

「この王とその仲間たちは、母親から生まれたときのように丸裸で暮らしており、彼らの妻もこれと変わらず、いささかも恥じらうことはなかった」。「彼らはみなカナリア諸島の者のように黒くも白くもない…」。最初にコロンブスを驚かすのはこの特徴だが、彼らに所有という感覚、物の価値という感覚がないことにも驚く。「彼らはどんながらくたをもらっても、代わりに、もっている物は何でも与える。鉢や割れたガラスのかけらでさえ、引き換えにもらう…。どんな物を与えても、少なすぎるなどとは決していわず、代わりにすぐ、もっている物を残らずくれる…」。「彼らは他人の財産を欲しがらない…。彼らはヒョウタン一個と同じように黄金をくれるのだ…」。

ところが、インディオが何かをこっそりもってゆくようなことがあると、コロンブスは彼らの鼻や耳をそぎ落とした。コロンブスたちの目には、これら善良な未開人はみな盗人のように映った…。

「キリスト教徒は天からやって来る。そしてカスティーリャ王国もそこにある。そう彼らはみな信じていた」とはクリストファー・コロンブスの判断である。しかし、これはじつはコロンブス自身の考えをインディオに当てはめているだけなのである。あるインディオが「あの人たちは天からやって来て黄金を求めている」と自分の王に語ったともいわれるが、彼らの言語を解さぬコロンブスに、彼らのいうことがどれだけ理解できただろうか。彼は自分が信じるがゆえに、そう信じるのであり、結局は、自ら信じる宗教をもち込み、代わりに黄金をもち去った…。

宗教をもち込むというからには、コロンブスは彼らを自分と対等の、そしていずれ改宗させる人間だと見なしていたことになる。しかし、インディオとしてもむざむざと身ぐるみ剝がされるわけはなく、またコロンブスのほうも、「彼らは命令されることに向いている」ということばが示すように、必要とあらば剣を使ってでも服従させるに如かず、とすでに考えていた。とすれば、まだキリスト教徒になっていない者は奴隷になる以外にない。女性にしても同じことだ。コロンブスに同行したミケーレ・デ・クーネオ〔一四四八〜一五〇三。コロンブスの第二次航海（一四九三）に乗組員として参加、日記を残す〕はこう語る。

「船にいるあいだに、わたしはまことに美しいカリブ女を捕らえ、船室に連れてきたが、しきたりどおり彼女は裸だったから慰んでやろうという気になった。わたしは欲望を遂げようとした。けれども、彼女のほうは望まず、手をつけないほうがよほどましだと思えるくらい爪を立ててきた。それを見て一本の綱をつかんで彼女を打ち据えると、前代未聞のわめき声をあげた。君だってわが耳が信じられなかったことだろう。だが最後の最後には、蓮っ葉女の修行場で育ったのじゃないか、と思えるほどの和合となった」。

ツヴェタン・トドロフ〔一九三九〜二〇一七。ブルガリア出身のフランスの思想家、文芸批評家〕による『アメリカ大陸の征服──他者の問題』（Todorov 1982）〔邦訳は『他者の記号学』〕の意義は、初期の地理上の発見者や征服者たち《コンキスタドーレス》の文章そのものに、植民地化の歴史の本質的特徴がすでに胚胎していることと、また、それらの特徴が拡大の一途をたどるということを、明らかにしている点にある。征服者たちの文章には、改宗、不平等交換、性的暴力、つまり他者に対するひとつのヴィジョンが見つかる。このヴィジョンが、同化させたいもうひとりのわれわれ自身か（この場合はキリスト教徒化することになる）、あるいは奴隷か、どちらかを二者択一的に作りあげるわけだ。

さらにこれに、ひとつの戦術が加わる。この戦術はさまざまなケースで一貫しており、たとえば南アメリカのスペイン人、中央アジアおよびカフカスのロシア人、マグレブ諸国〔北西アフリカのモロッコ、チュニジア、アルジェリア〕のフランス人、インドのイギリス人というように、一六世紀から一九世紀にいたる征服の大部分に見いだされる手法である。すなわち、組織力のある抵抗勢力が現れると、征服者は、まず交渉で解決しようとし、しばしば敵対者の一部を味方につけようとする。いうまでもなく、ゆくゆくは徹底的に潰すことを目指している。敵対者とはその土地の有力者であって、征服者と手を結ぶことで彼らは住民に対する支配を確保することになる。

征服者たち《コンキスタドーレス》──コルテス、ピサロ、バルディビア

スペイン人の海外進出はイスパニョーラ（サント・ドミンゴ）島〔現ドミニカ共和国、ハイチのある西インド諸島の島〕の占領をもって端緒についた。一五〇九年、クリストファー・コロンブスの息子〔ディエゴ・コロンブス（一四七九〜一五二六）〕によりキューバ島の征服が開始され、一五一四年ディエゴ・ベラスケス〔一四六五〜一五二四。スペインの征服者でキューバ総督（一五一一〜二四）〕によって完成された。そしてこの島から、夢のような財宝を秘めるという噂の大陸《ティエラ・フィルメ》に向けて、数々の探険隊が船出していった。

一五一九年二月一八日、エルナン・コルテス〔一四八五?〜一五四七〕は船一一隻、船員一〇〇名、兵士六〇〇名、大砲一〇門、馬一六頭とともにコスメル島〔メキシコ南東部でメキシコ湾に突きだすユカタン半島北東部沿岸〕に上陸した。海から現れ、馬上の姿はケンタウロス〔ギリシア神話中の半人半馬の怪物〕さながらの男たちに、現地の部族は圧倒され降伏した。そこでコルテスはビヤ・リカ・デ・ラ・ベラクルス〔「真実の十字架の富める町」の意。メキシコ東部にある現在のベラクルス市〕を建設した。町の名のなかに黄金と十字架が隣り合わせているわけだから、いかにも象徴的である。こうして、コルテスはディエゴ・ベラスケスの指示を無視し、国王の名において居留地を作りあげた。そして、もはやキューバに引き返すことのないように、自らの船団を破壊した。まるで自主独立の地だといわんばかりの振る舞いであった。ディエゴ・ベラスケスから知らせを受けたカール五世（カルロス一世）は、コルテス討伐の船団を派遣するのだが、その

あいだにコルテスはひとつの王国を破壊して手中に収めていた。

コルテスはまずトラスカーラ人を破り、彼らを抑圧しているアステカ人に対抗して同盟を組む。* モクテスマ二世〔在位一五〇二〜二〇。アステカ帝国第九代皇帝〕としては、征服者コルテスが首都メヒコ〔現メキシコ市〕へ進軍するのを思いとどまらせたい。そこで、ケツァルコアトル〔古代メキシコの神〕の財宝を海の彼方からきた神〔コルテスを指す。当初モクテスマはコルテスをケツァルコアトルの神の再来と誤認した〕のところに運ばせたうえ、カール五世に服従すること、今後貢ぎ物を納めてゆくことを理解させる。だが、モクテスマの真意を嗅ぎつけたコルテスは、二時間のうちに三〇〇〇人以上を処刑する。ようやくモクテスマと会見がかなったコルテスは、偶像を壊すことを求め、さらに彼を幽閉する。それからまもなくコルテスは、モクテスマを鎖につないだまま、モクテスマの名のもとに統治を始める。そのような形で数ヶ月間に六〇万ペソ相当が集められた。カール五世にはその五分の一が送られ、残りは兵士たちに分配された。兵士たちは喜びにわれを忘れ、あげく偶像という偶像を残らず破壊していった。しかしモクテスマの命令に背いてアステカ人の反乱が起きた。その結果、スペイン人たちは可動橋を使っての逃亡を余儀なくされ、宿営地で火矢の攻撃を受けた軍隊の敗残兵はトラスカーラ人のところに難を避けた。

二度目の征服もまた討伐といえるものだった。コルテスはメヒコの潟に所有している一三隻の小船団を一隻ずつ遡上させ、この町を組織的に攻囲した。ヴェルナー・ヘルツォーク〔一九四二〜。ドイツの映画監督、俳優〕の映画〔『アギーレ——神の怒り』（一九七二）〕では、舞台を別のところに移して、この場面が再現されている。コルテスは水補給の水路と糧道を断ち、アステカ人のカヌー一五〇〇隻を壊し、六万七〇〇〇人を処刑したが、五万人以上がそれ以前に飢餓や病気で死んでいたといわれる。最終的に見つかったかなり貧弱な戦利品をまえにして、征服者コルテスの失望は大きかった。それでも、皇帝カール五世によってヌエバ・エスパーニャ〔メキシコ〕総監と認めてもらえるだけの価値はあった。すぐさまコルテスはアステカの丘上祭壇《テオカイ》をアッシジの聖フランチェスコ〔一一八一ないし八二〜一二二六。イタリアの聖人。フランシスコ会の創立者〕に奉献する寺院へと変えた。

こうまで易々と勝利したわけをどう理由づけたらよいだろうか。

コルテスの勝利は、トラスカーラ人の首長クシコテンカトル〔一四二五頃〜一五二二頃〕と手を結んだおかげだった。クシコテンカ

＊　トラスカーラ人はメキシコ中央部の同名州を中心に住んだ部族。一六世紀初頭に三〇万を数えたといわれる。アステカ人は長期間にわたる移動ののち、一三世紀にメキシコ盆地に定着。一五世紀にはこの地方最大の勢力となり、他部族の征服に乗りだした。

トルはメシーカ人〔アステカ人に含まれる一部族。メシーカ人、アコルワ人およびその近隣諸部族をまとめてアステカ人と呼ぶ〕と敵対し、チョルーラ〔メキシコ中央部の古都〕の住民から除け者にされていたからである。

「卑劣で破廉恥なトラスカーラ人、罰を受けて当然のあのトラスカーラ人の奴らを見るがいい。奴らはメシーカ人に負けると気づいて、身を守る人手を探しにでかけてゆく。こんな短期間にいったいどうやって、トラスカーラ人はこれほど堕落することができたのか。あんなに野蛮で信仰もない者どもに、誰ひとり知らぬよそ者〔コルテスらを指す〕に、どうして降伏したのか」（前掲書＝Todorov 1982 所収）。

コルテスの勝利はひと握りの部下を使って得たものであったが、じつは、この部下たちはアステカ人に対抗する仲間を、すなわち打ってつけの一時的同盟を、他部族からすぐさま手にした。まずはトトナコ人〔マクロ・マヤ語系の先住民族で、ベラクルス州北部を中心に居住〕との同盟、それからメヒコ陥落後はトラスカーラ人のうちの好戦的な古部族との同盟である。この同盟で六〇〇〇人近い戦闘員が確保された。一方、コルテス手持ちの戦闘員は五〇〇人もいなかった。彼がこれほどうまく同盟を操ることができたのは、ドニャ・マリーナ〔?〜一五二七。マリンツィンないしマリンチェともいわれる。一五一九年のマヤ人との交戦の際にコルテスに贈り物として差しだされた先住民族の女性奴隷のひとり。通訳を務めた〕の功績といわれている。すなわち、アステカ人によってマヤ人に売り渡され、コルテスの愛人となったドニャ・マリーナである。自らの名誉を汚した仲間、アステカ人らへの復讐に燃える彼女は、高貴の血筋のゆえにその土地の政治的地勢を知っており、勝利を導くに必要な情報を与えることができたのだった。

楽に勝利した理由はまだある。まずは長剣「エスパーダ」と馬があげられる。メシーカ人は人間よりもむしろ馬を殺そうとした。また、火器の威力も大きかった。ただ火器は錆びつき、火薬も湿ってしまうことが多かった。さらに、上着を貫く弩《おおゆみ》、および矢を通さない毛裏つき上着「エスカウピル」の功績もあった。ほかの征服者たち、とくにペルーでのフランシスコ・ピサロ〔一四七五頃〜一五四一〕なども、同じような武器、備品で成果をあげることになる。

しかしながら、スペイン人がときとして絶対的多数の敵をうまく破った理由は、こうした技術的、政治的与件だけでは説明しきれない。マヤ人とアステカ人は、前代未聞の出来事が繰り返されるのを目の当たりにして、神々がもはや自分たちに語りかけてくれない、という感情を抱いた。これもひとつの理由になる。「彼らは神々の恩寵を求め、スペイン人そのほかの敵を制覇し、勝利を与えてくれるように祈った。だが、手遅れだったのだろう。彼らの神託所にはもはやことばが返ってこなかった。そこで彼らは神々が啞になったか死んだものと見なしたのである」（同上書＝Todorov 1982）。ところで、歴代のアステカ王はお抱えの神官を介して、人間とではなくこれらの神々とだけ交信していた。モクテスマがスペイン人に送った主たる伝言は、伝言のやりとりをなくすようにして欲しい、というものだった。

　モクテスマは、スペイン人が到着したときの様子を聞くと、「まるで死んだか唖になったかのようにじっと動かなかった」。「彼はスペイン人にこう知らせる。望むものは何であろうと認めるつもりだが、自分との面会は断念するように、と。というのも、国王なるものは決して公の場に姿を見せてはならぬから…。ところが、異国人が立ち去るよう、アステカ人が黄金なり宝石なりを与えれば与えるほど、目のくらんだ異国人は国の奥深く入り込み、王を捕らえようとした…。人間とではなく神々と交信することに慣れた王は、お抱えの神官と呪術師を呼び集める。彼らには、超自然的な出来事と感じられたこの征服が、この敗北が、予見されなかったはずがない」。だからある意味では、アステカの過去を現在に組み込むことしか方法がなかった。*

　ところが、スペイン人たちは敗者に対して、敗者側がとった手続きに見合う形式は一切とらなかった。つまり、物的・技術的優位性を利してわが物顔に振る舞い、同盟した部族とうまく意を通じ、彼らをスペイン式に仕込むことによって、未開人と名づけている者たちの世界に同化する能力を自ら断ったのである。

　ペルーで見いだされる状況もこれと似通う。大国家ケチュア〔ケチュア人はクスコ（ペルー南部、アンデス山脈中の首都）周辺に住んだ農耕民族〕あるいはインカ帝国は、移動してきた諸民族からなる文字どおりのモザイクで、中心地クスコの周囲にこれら諸民族をまとめていた。しかし、帝位を争って敵対する兄弟、ワスカル〔在位一五二七〜三二。第一二代インカ皇帝〕とアタワルパ〔在位一五三二〜三三。実質的な帝国最後のインカ皇帝〕との対立に代表される内部抗争が、帝国を蝕んでいた。フランシスコ・ピサロは、憧れているコルテスの偉業を自分でも夢見て、同じやり方をとる。パナマを出発した彼は、ディエゴ・デ・アルマグロ〔一四八〇?〜一五三八。スペインの征服者〕とともに、途方もない財宝があると噂される南方諸国を探険すべく、二隻の船を雇う。配下の者を一二名ばかり連れて、現在のグアヤキル〔エクアドルの太平洋岸の都市〕の遺跡に到達すると、インカ帝国の自然地形について情報収集してパナマに戻り、いったんカール五世から許可を得たうえで、かねて

＊　トドロフを参照すればこうなる。モクテスマが頼った神官や呪術師（占い師）によれば、時間は繰り返すと見なされ、過去は未来と同じものであり、現在も過去に支配されている。したがって、スペイン人の征服による「現在」の敗北は「過去」に予言されたものか、同種の事件の繰り返しにほかならない。そう考えることで敗北はひとつの必然として受け入れられる。

1492年のアメリカ大陸先住民族分布

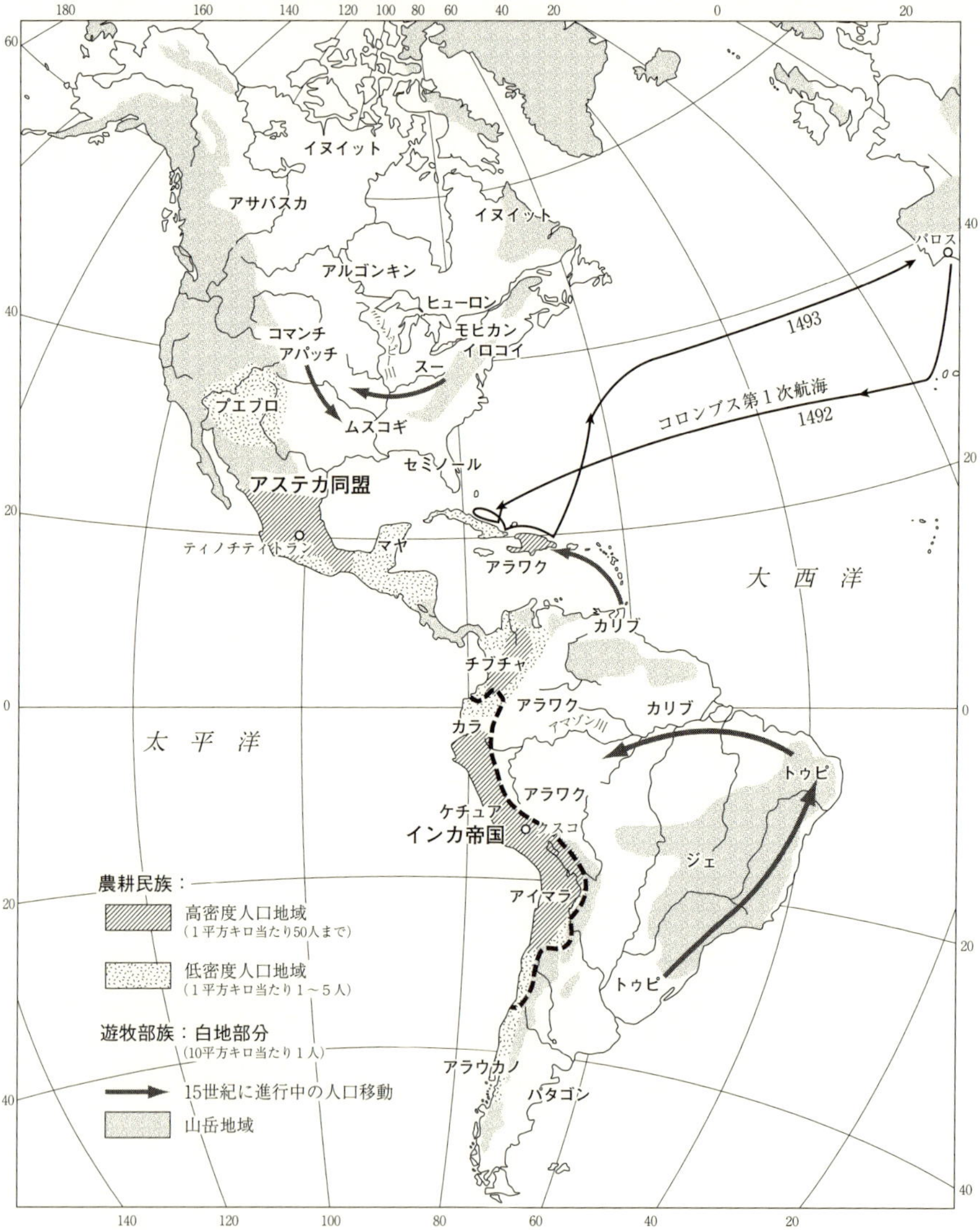

出典：Jean Meyer, *L'Europe et la Conquête du monde*, Paris, Armand Colin, 1975-1990, p. 104をもとに訳者作成。

計画の大遠征を準備する。

遠征隊が動きだすのは一五三二年、ちょうどアタワルパが兄弟のワスカルを破ったときである。フランシスコ・ピサロはカハマルカ〔ペルー北部山地の町〕でインカ軍と遭遇し、首領との折衝を企てる。彼の腹は、コルテスがモクテスマに対してやったように、不意をついてアタワルパを監禁することだ。策は成功する。そして、侵略者たちが黄金に飢えていることを知ると、獄中のアタワルパは身代金として、今いる部屋が背丈まで埋まるだけの黄金を支払うことを約したという。むろんピサロはこれを受け入れたが、ひとたび身代金が支払われると、兄弟殺しの罪を犯した廉でアタワルパを処刑した。

兵士らの眼前で、威儀整然と火刑に処せられたアタワルパの死は、人々の脳裏に焼き付けられていった。モクテスマの場合もそうだが、この死も権力がスペイン人の手中に移ったことを顕示するはずだった。すでにピサロは、ヨーロッパの五〇年分に相当する生産高の金と銀を分捕っていたが、それでもなお彼は算盤をはじいていた。インカの国はこんな具合に貴金属を提供し続けてくれるだろう、と。しかし、それには国中を支配しなければならない。実際にどうだったかというと、インカ帝国はクスコが陥落してからでさえ（一五五三）、アステカ帝国のように一挙に瓦解することはなかった。ピサロは国の頂点にアタワルパの異母弟マンコ・インカ〔在位一五三三～四四。ワスカル、アタワルパの弟で、スペイン人の傀儡として帝位に就いたのち、山岳地に亡命政権を樹立〕を据える。ところがマンコ・インカはピサロとアルマグロの反目を利用して臣民の蜂起を謀った。そのうえ、ピサロは海岸沿いのリマに首都をおいたため、もともとの国の中心部とつながりが途絶えた。結果的にこれが征服の完成を遅らせた。

山岳地帯にある亡命政権の帝国が破れたのは、ようやく一五七二年のことだ。一七八一年、「最後のインカ〔「王」の意〕」であるトゥパク・アマルー二世〔一七四一～八一。本名コンドルカンキ。トゥパク・アマルー一世（?～一五七二。最後のインカ皇帝）の子孫を自称し、インディオの反乱を主導した〕が世を去り、それとともに彼の思い出もアタワルパ同様、インディオの記憶のなかに生き続けることになる。

中央集権化されたこれらの帝国は一挙に倒れた。つまり、エルナン・コルテスとフランシスコ・ピサロは帝国の頂点を奪うことによって組織全体を支配することができたわけである。ただし、武器をとっての抵抗そのものは、ペルーの場合はあと半世紀続く。もう一方のメキシコでは、ユカタン半島のマヤ人がさらに長期間抵抗した。ユカタンはさほど恵まれた地でなかったから、おそらく骨折って征服する気がなかったのであろう。ピサロと袂を分かったディエゴ・デ・アルマグロとペドロ・デ・バルディビア〔一五〇〇～五四〕には、ユカタンと同じ幻滅、ユカタンをさらにしのぐ数々の障害がつきまとう。それは、ペルー南部からチリの征服を試みたときのことである。二人は、マプチェ人、アラウカノ人*（七一頁）の抵抗に遭った。

これらの部族は中央集権的な国を形成していなかった。だが、スペイン人の馬を奪うやたちまち乗りこなすコツを覚えるほど、恐るべき戦士であった。少なくとも、一五五三年にトゥカペル〔チリ中部ビオビオ州の町〕でバルディビア軍を初めて破ったときはそうである。征服者たちはそれでも少しずつ腰を落ちつけた。とはいっても、金も銀も稀少な土地だったから、北アメリカ極西部にあるイギリス植民地の農場経営者ふうの農場主となって定住したのである。彼らにとっての幸運は、チリの戦略的位置がホーン岬〔チリ最南部、ホーン島南端〕の近くで重要だったこと、したがって彼らに必要な援軍を国王が派遣せざるをえなかったことである。

スペイン人征服者たちにとってメキシコ、ペルーに次ぐ第三の拠点はラプラタ川〔ウルグアイとアルゼンチンの国境を流れ、大西洋にそそぐ河口部分〕であった。この川は、大西洋と太平洋を結ぶ謎の通路を探し求めていたフアン・ディアス・デ・ソリス〔?〜一五一六。スペインの探険家〕によって発見された。一五二七年、その広大な河口をセバスチャン・カボット〔一四七四〜一五五七。イギリスの航海者〕が遡上し、サンクティ・スピリトゥスの砦を据えた。彼はパラグアイに到達し、その辺りのインディオの銀がペルーのポトシ〔ボリビア南部のアンデス山中にある銀鉱山。発見は一五四五年〕産のものであることを発見した。そこで、パラナ川とウルグアイ川〔両河川とも南アメリカ中央部をおおよそ南北に平行して流れる。より内陸部がパラナ川〕が合流したこの河口は、リオ・デ・ラプラタ〔「銀の川」の意〕と命名された。

一五三三年、スペイン王室はペドロ・デ・メンドーサ〔一四八七〜一五三七。軍人、探険家。ラプラタ領初代総督（一五三四〜三七）〕率いる大征服軍団を送り込んだ。メンドーサはヌエストラ・セニョーラ・サンタ・マリーア・デル・ブエン・アイレ〔現在のブエノスアイレス。当初の建設は一五三六年。先住民族によって一度破壊され、一五八〇年に再建されている〕を建設したが、それより北部地域ではインディオのグアラニー人〔ラプラタ川河口一帯を中心に広い範囲に居住した先住民族で、グアラニー語を話す諸部族の総称〕と衝突した。グアラニー人もまた、その頃に建設されたアスンシオン〔ブエノスアイレスの北に位置する、パラグアイ川に沿う貿易港。一五五七年に建設〕を中心とした、現在のボリビアとパラグアイの高地を征服しようとしていたからである。彼らは投げ縄の巧みな手強い戦士であり、スペイン人は甚大な被害をこうむった。グアラニー人は東側から進出してきたときに、アラワク人〔カリブ海からアマゾンにいたる地域に散在する部族〕を撃退しており、かつてのインカ帝国の一部を征服したところで、スペイン人とぶつかったのである。こうして征服者どうしの両陣営がにらみ合った。インディオのほうでは、異国人への抗戦を目して同盟関係の再編が急遽行なわれた。その結果グアラニーでもっとも行動的なチリグアノ人〔ボリビアからパラグアイにかけて居住する焼畑農耕民〕の肝いりで諸部族の結集を見た。これらインディオを破るために、スペイン人はなおも厄介な遠征隊を組織しなければならず、パラグアイ経由でブエノスアイレスからリマにいたるルートを事実上掌握するのには一世紀以上かかった。

このようにして征服された広大な空間は（これにやがてフィリピンが加わる）、ひと握りの者たちによってスペイン王国に併合された。ひと握りの者とは、アンダルシアやバスク

〔ピレネー山脈西麓のフランス・スペイン国境地域〕の船乗り、小貴族出身の征服者たち、無一文になった最下級貴族《イダルゴ》、あるいはイタリアで戦乱の冒険に身を投じた経験もあるにわか兵士たち、こうした人々である。この点で、チリを征服した遠征隊の例はいかにも雄弁だ。ペドロ・デ・バルディビアの配下一四三名の内訳は、騎士《カバレーロ》四名、最下級貴族三四名、先住民族との混血の者六名、奴隷一名、「有徳の士」九名、それに身分の定かでない者八六名、である。大半はエストレマドゥーラ〔ポルトガルと隣接するスペイン西端の地方。コルテスやピサロなど征服者たちの多くはここを出身地としていた〕出身で、残りはとくにカスティーリャ出身が多い。征服から一世紀後には、この少人数が五万から一〇万人に達する。この数と彼らの到来が引き起こした一千万ほどの死者の数、すなわち、一一〇〇万から一〇〇万以下に減ったといわれる先住民族人口の激減、とをつき合わせてみよう。そうすれば、故意の大量虐殺かどうかはいざ知らず、これほど少数の人間がこれだけ多数の犠牲者を生んだことは、歴史上絶えてないことに気づくはずだ。

　南アメリカの状況がこうであるならば、キリスト教国スペインが別種の冒険家を産みだしたことも、なるほどとうなずけるだろう。別種の冒険家とは、すなわち宣教師と殉教者である。

教会の登場——極東における布教

征服者たちの残虐な行為を弾劾するテキストは、国家や関係者の行動にほとんど影響をおよぼさなかった。しかし教会は、植民地化の暴虐に反対する立場をしだいに明確化するようになる。植民地化を問題視する聖職者の例として、まずフランシスコ・デ・ビトリア〔一四九二～一五四九。スペインの神学者、ドミニコ会士。植民地化と交戦権についての著作を執筆し、国際法理論の先駆者とされる〕とラス・カサスがいる。それを引き継いだのが、フランシスコ会士ファン・デ・シルバ〔?～一六一六。フィリピン総督（一六〇九～一六一六）〕である。彼は、神学者で法学者のドミニコ会士ドミンゴ・デ・ソト〔一四九四～一五六〇〕から影響を受け、スペイン王フェリペ二世に何回も「覚書」を献上していた。彼には、アレクサンデル六世の勅書に従って新世界で果たすべき魂の使命があった。とはいえ、こと信仰に関しては、いかなる強制もご法度のはずである。「群狼のさなかの牝羊のごとき」使徒たちを遣わせたもうた、キリストのご指示にこそ従わなければならない。

*（六九頁）アラウカノはチリ中央部の先住民族の総称で、その主な構成グループとして、ピクンチェ人、マプチェ人、ウィリチェ人らがいた。したがって、このような並記にはいくぶん疑問が残る。

ところがメキシコでは、インディオに福音を勧めるまえに皇帝モクテスマを殺めてしまった。そのような所業におよぶこと、「それは、おのが不公正きわまる宗派を広めんとしたマホメットの忌まわしき先例に倣うことだ」。たしかにインディオは、兵士が付き添っていないときの説教師を虐殺したこともある。「しかし教会は、生まれいづるために、殉教者の血を必要とする」。ちょうどフロリダやペルーで可能になったように、「甘美な」手段もいろいろと必要なのだ、とファン・デ・シルバは「覚書」でいい添えている。

この種の議論はローマ〔教皇庁〕でも繰り返され、早くも一五六八年には教皇ピウス五世〔在位一五六六～七二〕が、布教聖省*のもととなる委員会を設立した。罪深い暴力を予防すべきことはなるほど大事だが、もっぱら聖座〔ローマ教皇庁あるいはローマ教皇庁政府〕による監督のもとで世界におけるカトリック布教活動を調整することもまた必要であった。一六五九年、アレクサンデル七世〔在位一六五五～六七〕の「教書」は、福音書を所持する者が政治的権力と共謀することを一切禁止した。それはまた、布教すべき地域の伝統を尊重することを勧め、その地域の言語を使用することも定めていた。

イエズス会士は、誰よりも数多くかつ巧妙に、とりわけ極東において、この「教書」を実行に移した。フランシスコ・ザビエル〔一五〇六～五二。スペイン人イエズス会士〕もその例である。彼は、未踏の世界と考える日本に初めて足を踏み入れたひとりであり、もともと、この国で培われている道義観に惹かれていた。モルッカ諸島〔インドネシア北東部、セレベス島・ニューギニア島間の島々〕では、現地人の関心を引こうと、マレー諸島〔アジア大陸の南東部とオーストラリア大陸との間に散在する島々の総称〕の歌を口ずさみながらジャングルを歩いたこともある。日本では京都までの数百キロの旅路で、雪中を素足で進んだ。

だが、日本でも中国でも、イエズス会士の誰もが、彼と同じような行動をとるとは限らない。

キリスト王国の拡大

中国や極東諸国の初期宣教師たちは、キリスト教を普及させるために、病院、学校などを建てた。つまり、本来の宗教教育よりはむしろ社会活動を行なうことによって現地社会に浸透したわけだ。仏教が導入されたときも、いくぶんこれに近い形である。ゼンマイ式時計、光学器械、楽器などの技術的性格を帯びた新奇なものとか、数学や天文学の教育などがこの浸透にもっとも貢献した。しかし、やがて宗教上の衝突が生まれるようになった。いずれにせよ、このようにキリスト教を極東諸国に適合させる形態には、知識人向けのものと大衆向けのものとが混在した。たとえば、知識階級の場合だと、宣教師による教育のなかでも倫理や自己規律の方法に関わること全般に関心がもたれた。ディエゴ・デ・パントーハ〔一五一七～一六一八。スペインのイエズス会士。中国におけるマテオ・リッチの布教を援助した〕が『（七つの大罪に対する）七つの勝利』（一六〇四、北京）を刊行したのは、この関心とつながっている。マテオ・リッチ〔一五五二〜一六一〇。イタリア人イエズス会士〕によれば、一五九九年、彼が南京に立ち寄ったとき、「宗教団体を設立して、そこで倫理に関係する諸問題について講演するのが習わしだった」という。これとは逆に、一般庶民にキリスト教を根付かせる元になったのは、とくに病気の治療のような、宣教師の実演する摩訶不思議な技であった。

イエズス会士の活動は一七世紀前半に頂点を迎えた。中国では、明朝時代〔一三六八〜一六四四〕の末には不安定な時期が始まり、それが新体制の到来をもたらした。新体制は外国人宣教師に対してしだいに猜疑を深め、一七七三年にはイエズス会は解散させられた（石澤良昭とジャック・ジェルネの論文より。アラン・フォレスト＋坪井善明編『カトリックとアジア社会』＝Forest et Tsuboi ed. 1988 p. 17-34: p. 34-46 所収）。

宣教師への迫害は、国の問題に干渉しようとしたためなのか、それとも報復を招くほど熱心な福音伝道のためなのか、はたまた、明代の中国で起きた体制転換のためだったのか。

一六四三年〔多くの資料では一六四二年〕ローマで『シナ帝国誌』を刊行したポルトガルのイエズス会士アルヴァーレス・セメード〔一五八五〜一六五八〕によれば、マテオ・リッチが中国に入った一五八三年から一七世紀中葉までに、中国国内での迫害数は五四にのぼるという。この数字から一八世紀全体のおおよその迫害数を想定できるであろう。

福建省〔中国南東部、台湾海峡に面する〕における迫害のように、宣教師どうしの対立から生まれた例もある。最初にこの地に定着したのはイエズス会士であった。彼らは、中国人が先祖を祭る伝統的儀式が宗教とはまったく無関係であり、したがってキリスト教徒に改宗した中国人も参加しうる、と考えていた。あとから来たフランシスコ会士とドミニコ会士は、逆に、それらの儀式を「仰々しく」て血なまぐさいものであり、迷信と変わるところがないと見なし、参加を禁じた…。こうして、キリスト教は中国の祖先の信仰について無知であり、孔子〔前五五一〜前四七九。中国の思想家〕を敬うところがない、との噂が広まってゆく。やがて、キリスト教に改宗した若者が、ある偶像の無力ぶりを証明しようとその頭部を破壊するにおよんで、逆上した群衆が教会を荒らしたすえ、くだんの若者を竹竿で打ち据えた。宣教師たちは福安《フーアン》〔福建省北部〕の施設から退去しなければならず、改宗者たちは棄教を強制された。またイエズス会士たちは逗留を禁じられた。しかし、ドミニコ会士ディアス〔生没年不詳。一六四二年、同門のカピリャス〔一六〇七〜四八。スペインのドミニコ会士〕とともにスペインから中国に渡った〕はしぶとく福安の広場に舞い戻り、キリスト教を禁じる掲示文を破った。

＊　現在の福音宣教省。非カトリック諸国での宣教およびそれに関する教会の活動を司る。一六二二年、グレゴリウス一五世〔在位一六二一〜二三〕により創設。

受難者となったのは、同門のカピリャスであった。中国当局によると、騒擾を煽ったこと、祖先崇拝に異議を申し立てたこと、そして何よりも、修道会を作ろうとして若い娘たちに結婚を断念させたこと、これらが罪状であった。一六四八年、カピリャスは斬首刑に処せられた。

対立の核心は中国の典礼に関わっていた。一七〇四年、一方の教皇クレメンス一一世〔在位一七〇〇～二一〕は中国人キリスト教徒に対し、一切の伝統的儀式に出席することを禁じてしまった。そこで中国皇帝は、中国の儀式に反対しない宣教師に限り滞在許可証（「印票《インピアオ》」）を与えることに決めた…。しかし、これで中国側の不満の種が消えたわけではない。なかでもこんな非難が声高に叫ばれていた。キリスト教は男女とも子どもを作ることを拒むがゆえに、必然的に親への敬愛をなおざりにする、それでいて男女混合の共同体にみんな集めている、と。それだから、中国人改宗者が教会建築のために金銭を惜しげもなく使えば使うほど、キリスト教徒のやり方はみな良俗に反する行為と見なされた。迫害は拡大し、宣教師は地下に潜って大半は中国人改宗者にかくまわれた…。

当局は彼らにすさまじい拷問を課した。なかでも「拶子《ザンジ》」〔昔の拷問用刑具の一種〕といって一本のひもに繋いだ五本の木の棒に指をはさみ、このひもを引っ張る拷問が女性に対して行なわれた。これに耐えた者も多い。男性の場合は、足首を一枚の板で固定し、ハンマーでこの板を叩く「夾棍《ジアグン》」〔足を挟んで責める刑具、あるいは拷問用の挟み棒のことであろう〕という拷問が課された。結局、仲間の改宗者や宣教師の名を漏らさずにいられなくなるのだが、こうして迫害を受けた者たちの勇気は、かえって人々を敬服させ、信奉者を増やしてもいった。

とはいえ、時間が経つにつれ、国家にとってもはや宣教師の布教活動のみが問題ではなくなる。一七四六年になると、宣教師たちは外国と陰謀を企む反逆者と見なされたのである。たとえば、教理問答の伝道士フォヴィレン〔?～一七四六〕は絞首刑に先立って、「中国を奪って支配するつもりなのか」と尋ねられたという…（一七四六）。

前触れともいうべき問いだった…。

日本では、この外国による支配がのっけから問題となる。日本とヨーロッパとの最初の出会いは、一五四三年のポルトガル人到来である。これは火器の導入と同じ意味をもち、そのため戦乱の時代における権力闘争の情勢を一変させた。すなわち、武将織田信長〔一五五八～一六三〇〕が火器を最大限活用し、その後継者である豊臣秀吉〔一五三六(七)～九八〕が権力闘争にけりをつけたのである。この間の一五四九年、聖フランシスコ・ザビエルが到着し、キリスト教は可能な限り広がった。当時イエズス会の巡察師として布教活動を視察したヴァリニャーノ神父〔一五三九～一六〇六。イタリア人のイエズス会東インド巡察師〕は、キリスト教布教にあたっての原則を定めるべく『日本の風習と形儀《かたぎ》〔「気風、行儀」を意味する古語〕に関する注意と助言』（一六世紀）を著し、いくつかの忠告を書き記した。それらは、挨拶、食事作法、同じ屋根の下に住む人間どうしのつき合い、といった明確かつ詳細な守則である。背景には、日本における社会的地位の機能を認識し、禅僧の振る舞い方を自分たちの模範とすべきである、との考えがあった。

　宣教師はその国の生活様式に順応しなければならないことを、ヴァリニャーノ神父は充分理解していた。だが幕府側のとらえ方は違った。神道を奉じる社会において、キリスト教は「常軌を逸した」宗教である。したがって、キリスト教は住民のアイデンティティーにとって危険であり、ゆくゆくは、政権の規範原理（公儀）にとっても、すなわち秀吉が頂点に君臨する至上権にとっても、危険になる、と。それゆえ、秀吉の没後、後継者徳川家康〔一五四二〜一六一六〕はスペイン人たちのあることばに危機感を抱いた。すなわち一六〇四年一〇月五日、マニラ総督府の派遣員らに対し家康が引見を認めたとき、マニラ総督からの書簡にある次の文が俎上に載せられたのである。「わがカスティーリャ国では、皇帝も人民もみな神を崇拝しております。神父たちが貴国を訪れるのは、黄金や宝石の無意味な探索からではなく、人々の魂を救済せんがために神のお教えを広めたいとの一念からなのであります…」。

　このとき幕府側のある碩学が、「この国を衰亡させんと、体制を崩壊させんと励むためではござらぬか」、と詰問した。一六一四年二月一日、幕府の命令が下された。いわく、交易を口実に来日していながら、そのじつ、仏教信仰を破壊し、政治的規範を変えようともくろむ宣教師たちを国外追放に処すこと。

　それから二〇年ほどして、日本は西洋に対して門戸を閉ざした（一六三九）。

　この頃には、キリスト教徒の集団が火付け役になった騒乱〔島原の乱（一六三七〜三八）〕に直面して、幕府内でオランダ人と手を組んでフィリピンへの討伐隊を組織する計画も浮かんでいる。

フランスの場合——漁か冒険か

　フランスにおいては、アメリカ大陸を初めて植民地化する原動力とは、冒険嗜好とかイスラーム打倒の信念などではない。タラ漁である。オロンヌ〔フランス西部、ビスケー湾に面する〕、バスク、ブルターニュ〔フランス西部、大西洋に突きでた半島〕、カスティーリャの船乗りどうしの衝突を惹起したのもまた、このタラ漁である。それだから、早くも一四九七年の時点で、クリストファー・コロンブスはこうした船乗りとの難を避けて、マデイラ島〔アフリカ大陸北西沖〕に身を寄せなければならなかった。こうした状況下でフランソワ一世は、ローマ教皇の作った「アダムの遺言の条項」が世界分割から自分を閉めだしているとして、この条項の見直しを求めた*。ところが、国王の姿勢とは裏腹に、フランスは長らく大がかりな交易体制を築く手段をもたず、大交易体制を着想する者など一六世紀では誰ひとりとしていなかったのである。通商破壊〔敵国の通商を阻むために、国王の認可のもと、海軍力で敵国商船を攻撃すること〕でもしなければ、サン・マロ〔フランス西部、ブルターニュ半島北岸で英仏海峡に面する〕、ナントらの港町が躍進することはできない。それにしても、フランスはポルトガルとスペインに数十年も遅れて後塵を拝し、しかも、イギリスほどの覚悟もない。通商破壊より何よりも、国家そのものが植民地獲得の野望にとり憑かれる必要があったのである。

じつのところ、宗教戦争とスペイン、イギリスとの対立抗争が見られるこの時代においては、植民地戦争の目的とは、ひたすら軍事的なものである。たしかにカナダでは、フランソワ一世が資金提供した初期の冒険的探険がジャック・カルティエ〔一四九一?～一五五七。フランスの航海者〕に道を開いた。一五三五年、彼は日本にいたる進入路と信じて（滝が日本の方向にあることから、これに「中国」という名称を与えている）、セント・ローレンス川のルートを発見した。イギリスへの対抗意識からシャンプランが真の植民地確立へと布石を打つまで〔シャンプランによるケベック建設は一六〇八年〕、この状況は変わらない。しかし、移民を勢いづかせるのは漁業であり、やがて毛皮取引がこれを引き継ぐことになる。

すでにこの頃には、イギリス人もフランス人も、さまざまなインディアン部族に援助を求めようとしていた。むろん、彼らの改宗を一方でもくろみつつも、交戦におよぶことはあった。居留地の規模に関していうと、リシュリュー〔ルイ一三世治下で宰相を務めた一六二四～四二年まで〕の時代、つまりイギリス側についたイロコイ人〔森林地帯に住む先住民族で、イロコイ系言語を話す諸部族の総称〕とフランス側についたヒューロン人〔ヒューロン湖の周辺に居住した部族〕との対立の時代は、ボストン〔植民地建設は一六三〇年〕の二〇〇〇人に対して、ケベックの住民は六〇から一〇〇人を数えたにすぎないといわれる。

フランス人の到来に対して、初期のインディアンはどう反応したのだろうか。それについては、ひとつの伝承がある以外はよく知られていない。その伝承は原型が少しずつ崩れてしまったもののようだが、ブルース・トリガー〔一九三七～二〇〇六。カナダの人類学者〕が次のように要約している。モンタニエ人〔アルゴンキン諸族のなかの狩猟部族で、ラブラドル川からロッキー山脈にかけて居住〕とミクマク人〔同じくアルゴンキン族の一部族。セント・ローレンス湾の南岸地域に居住〕は、フランス人の船を浮かぶ島、大砲の射撃を雷鳴、と信じた。白い肌や赤い服にもまた唖然とした。何より目を丸くしたのは、金属とガラス玉…それと釣り鐘、ナイフ、鉄斧だった。それらと引き換えに、フランス人はウナギを、とりわけビーバーの毛皮を欲しがった。思いもかけぬ宝物だったのである。フランス人が病気（ここでは壊血病）にやられると、インディアンはニオイヒバの葉の煎じ薬を飲んで治すことを教えてやった。

ジャック・カルティエが試みた数々の探険旅行は、結局のところ、期待はずれだった。彼もその一行もセント・ローレンス川と五大湖を遡上すれば反対側の大洋に達するとばかり思っていたところが、ついに太平洋へでることなく、内陸部にとどまったままだったからである。そればかりか、イロコイ人の女性を数名フランスに連れ帰ろうとしたところ、移動中に死んでしまった（一五三六）。当然、部族のところへ戻ったときに女たちの姿が見えないために、彼らに白人への不信感を抱かせる一要因となった。それでなくとも、いろいろな病気をもち込んだ白人である。かくして、バスク地方のスペイン人漁師たちは、シカやオオカミの皮を斧やナイフと交換するためにベルアイル海峡〔ニューファンドランド島とラブラドルに挟まれ、セント・ローレンス湾につながる〕にやって来たインディアンの口から、ジャック・カルティエの部下三五名以上がセント・ローレンス川付近のイロコイ人によって虐殺されたことを知る。

フランスの植民地化はこうして道半ばで挫折した。以後、金やダイヤモンドの代わりに黄鉄鉱や水晶の見つかるこの国で〔黄鉄鉱は金に、水晶はダイヤモンドに見えたため、植民地化初期のカナダでは勘違いされたといわれる〕、新規の計画が練られるまでに数十年を要することになる。いうまでもなくその理由は、今ここに記した負の遺産ともいうべき、トラブルや失望にあった。

イロコイ人のなかの部族には、この地域から姿を消した者がいる。あるいは、白人が到来したことで大量の死者をだし、またあるいは、ほかのインディアン部族との抗争にさらされて、消えていった者もいる。

これに対しフランス人側では、一方に聖職者や行政官が、他方に商人がおり、それぞれで現地人への対処方法は異なっていた。商人は、どんな種類の商取引が可能か見きわめようとして、インディアンの風習に親しく接した。それに対して行政官は、カルティエからシャンプランにいたるまで、インディアンを居丈高な態度で扱った。そのため一六二九年には、インディアンがイギリス人によるケベック占領に協力するほど、両者の関係は悪化する。

商人たちは以前から、現地での永続的居住をよしとする連中に不快感を抱いていた。永続的居住などはインディアンを離反させるだけ、という理屈である。ところがその商人も意見を変えた。自らがそっぽを向いたりヨーロッパに引き返し

＊ スペインとポルトガルの管轄区域を定めた一四九三年の大教書（インテル・ケテラ）に対する見直し要求のことを指す。この要求は一五三三年、教皇クレメンス七世（在位一五二三〜三四）より、「すでに知られている大陸に限るもので、今後ほかの王国により発見される領土は含まれない」との言質によって実現する。その後フランソワ一世は、神聖ローマ皇帝カール五世の大使に向かって、「わたしを世界の分割から排除するというアダムの遺言があるならば、ぜひとも見てみたいものだ」と挑発したという。

たりすれば、別のオランダ商人なりイギリス商人なりが、たちまち後釜に座ることを納得したからである。

島嶼地域へのフランスの進出についていえば、まず一六二五年に、ピエール・ブラン・デスナンブーク〔一五八五～一六三七。ノルマン人の海賊〕がスペインのガレオン船と一戦を交え、その後、サン・クリストフ島〔セント・クリストファー（セント・キッツ）島の旧称。カリブ海の小アンティル諸島のリーワード諸島中にある〕に上陸した。カリブ人の住む土地を征服しようとして、リシュリューが「アメリカ諸島会社」の設立に手を貸したとき、彼の心を突き動かしていたのはまさしく政治的動機である。だが、そのカリブ人の土地には、すでにスペイン人やイギリス人が居座り始めていた。一六三九年、グアドループ島〔カリブ海、小アンティル諸島のひとつ〕のカリブ人は潰滅させられ、ほどなくマルチニック島〔西インド諸島東部、ウィンドワーズ諸島のひとつ〕、ドミニカ島〔西インド諸島〕および一四の島々も占領された。サン・ドマング〔現ハイチ〕へフランスが進出するのは、さらに時代を下る。

ジャン・メイエ〔一九四二～。メキシコで活動するフランス人歴史学者〕が明らかにしているように、植民地化初期のフランス王政は、真の意味での「植民地政策」を有していなかった。カナダは、天然資源の発見を目的とした踏査隊の時期をすぎても、「宗教的威信」の地であり続けた。「宗教的威信」の地とはすなわち、カトリック教義と相いれない異端の植民地に対抗すべき、純粋なカトリックによる植民地ということだ。それを証明するかのように、一六〇九年、レスカルボ〔一五七〇頃～一六四二。フランスの弁護士、作家、旅行家〕は将来のルイ一三世〔在位一六一〇～四三〕に向かって、こう進言した。インディアンの改宗こそは、かのアレクサンドロス大王〔マケドニア王。在位前三三六～前三二三〕にふさわしい偉業であるだけでなく、十字軍にも匹敵する大いなる事業である、と。のみならず、王政は宣教師たちを優遇した。

かりに、この時期のフランスがもつべき「植民地政策」は何かということになれば、それはスペイン帝国の奪取をめざす政策であっただろう。だがフェリペ二世の時代〔一五五六～九八〕では、どう見ても、それはむなしい夢でしかない。なるほど、熱帯の産物の魅力は歴としてあり、そこからアンティル諸島への関心が生まれる。また、やがてこの地からタバコや砂糖がもたらされ、財政面で王政の関心を呼ぶ。しかしながら、進んで事に当たろうとする人々にとって意気阻喪させる障害があまりにも多い。たとえば、カリブ人の抵抗があり、ひとつの「島」を独り占めする海賊などの競争相手がひしめいている。このような有りさまでは、利益を求める者にとってやはり期待はずれである。重商主義者の視点からみても、それらの土地を所有することはほとんど意味がない。それでもなお、「未開人ども」が大君の威光を失墜せしめるのを座視できぬがゆえに、そこに腰を据えていなければならない。

やがて、ナントやボルドーが飛躍的な発展を遂げるとともに、王政は植民地活動を海軍省の管轄下におき、中央に一本化する。これは第三共和政〔一八七〇〜一九四〇〕まで続くので、フランスの政策を特徴づけるものといってよかろう。転機はコルベールの時代〔財務総監を務めた一六六一〜八三年まで〕に訪れ、以下に示すようないくつかの方針が承認、実施された。

第一の方針は、北アメリカ以上に潜在的利益を秘めたアジアへの試みである。これはうち続く失敗、ときには惨事となって現れる。たとえば、二五〇〇名を乗せた九隻の艦隊が遭難し、生存者五〇〇名がオランダ人の手で帰還した一件などは、まさに屈辱ものだった（一六六九）。それでも、フランソワ・マルタン〔一六四〇頃〜一七〇六。フランス・東インド会社の下級職員、のちに代表〕が将来のポンディシェリー〔インド南東部、コロマンデル海岸の港湾都市。フランスのインド進出の拠点〕を委譲されるにいたって（一六七四）、ようやく最初の成果がでる。

第二の方針は、アジアと逆方向にも見えるカナダに定着することである。その目的は商取引というより、国王の植民地を永続させることにあった。そのため、農業型植民地の強化に向けて、大小さまざまな女性移民団が組織された。それでもなお、「毛皮猟師《クルール・ド・ボワ》」〔インディアン部族の土地に侵入して、猟や取引で毛皮を手に入れた者たち〕に煽られて、未知の土地へと向かう探険隊があとを絶たなかった。なかでも名高いのは、フランスの勢力をミシシッピー川まで広げたカヴリエ・ド・ラ・サール〔一六四三〜八七。フランスの探険家。五大湖周辺とミシシッピー川を探険。河口をルイジアナと命名し、ルイ一四世に献じた〕である。このようにカナダにおけるフランスの勢力は、当初の商取引上のものから、土地所有勢力、カトリック勢力となり、最終的にはある種の小軍事帝国の建設へと変貌する。ただし、ルイジアナなどは、地図上でこそイギリスの植民地を内陸部から圧迫して沿岸部に「釘付けにした」ものの、ジョン・ロー*〔一六七一〜一七二九。スコットランド人の財政家〕の時代に入ってから（一七一九〜二〇）、重要拠点となったにすぎない。

第三の方針はアンティル諸島での試みである。ここでは小規模ながら純然たる植民地帝国主義が発展する。一六八〇年以降これを支えたのは、ほかならぬ黒人奴隷売買である。また現地で、この帝国主義を盛りたてていったのは、入植者たちである。彼らは、セニュレ〔一六五一〜九〇。宰相コルベールの長子で政治家、海軍大臣〕の庇護を受けつつ、フランスの港湾都市やそれを援助・規制する王政と連携していた。

こうしてみると、フランスは一五・六世紀の初期段階に「植民地をめぐる二重の過ち」を犯したことになる…。つまり第一の失敗として、一五世紀に、地理上の発見にフランス

＊　ローは一七一六年フランスで銀行を設立して成功、一七一九年に銀行・貿易会社・国家財政を統合する、いわゆる「ローのシステム」を開始するが、翌年破綻する。そのシステムの中心である独占的貿易会社（インド会社）はルイジアナの鉱山、土地開発権を所有していたので、ルイジアナが「ローのシステム」の切り札であった。

の船乗りたちが寄与しなかったこと。第二の失敗として、一六世紀に、フランスは海外に海軍基地を獲得することができず、アジアやアフリカから莫大な利益をもたらすルートも有さなかったこと。

事実、フランスは商取引とは無縁の王政と貴族が強大であり、その国土は西ヨーロッパにおける商取引の、いわば「負の極」をなしていた。流通が活発な商取引ルートは、すでにフランスを迂回するようになっていたのである。一例をあげれば、ヴェネチアから海を通ってジェノヴァやバルセロナへ、あるいはリスボンから大西洋を通ってアントウェルペン（アントワープ）やアムステルダムへと向かうルートである。オランダ・イタリア間をとくにシャンパーニュ地方〔フランス北東部〕を通過してフランスを縦に横切る陸の街道は、今や休眠状態であった。こうした与件がすべて重なれば、フランスにおける植民地拡張は、王政を拠り所とした意欲を重んじる施策、つまり主意主義*的なものになるほかはない。そしてさらに、この王政は社会の支持をほとんど受けなかったがゆえに、自らの存続を賭けてスペインの覇権と闘う限りは、あるいは、カトリックたる王政がプロテスタントのイギリス人と争う限りは、自力で行動する以外にないのである。

次はオランダ人が…

フランスはカトリック教会の長女たることを自負していた。オランダ人は大洋の長男たることを要求していた。たしかに、植民地を建設した民族のなかで、ホラント人とゼーラント人〔ホラントはオランダ西部地方で、オランダ全体の政治・経済・文化の中心となってきた。ゼーラントは南西部〕がもっとも深く海とつながっていただろう。「オランダ共和国は海から生まれ、海から力を引きだした」（ウィリアム・テンプル〔一六二八〜九九。イギリスの外交官〕の言葉。フェルナン・ブローデル「世界時代」『物質・文明・資本主義』第三巻＝Braudel 1979 T. 3 p. 157 所収）といわれるように、水に浮かぶ島のごとく半ば冠水したこの国にとって、まさしく水は存立に不可欠の要素である。ニシン漁、塩、薫製、あるいはフリーボートすなわちフランス語で「フリュット〔楽器「フルート」の意〕」と呼ばれる舷側部分が中ぶくらみの船、荒くれ者ながらじつに質素な船乗り、どこよりも進んだ技術のおかげで誰も太刀打ちできないアムステルダムの造船コスト、これらがオランダ船団の財産の土台をなした。やがてこの船団によって、オランダは世界中の海運を制覇することになるだろう。ポルトガルやスペインと違って、オランダは国家の恩恵をこうむることが少なかった。その代わりに国家形成に貢献した諸都市が利害関係で相互につながり、統一行動をとらなければならなかった。

オランダは急成長を遂げた。その第一の起源としては、アントウェルペンの没落があった。没落が起こったのは、ゴイセン〔ゴイセン（乞食）は、一五六六年スペインの暴政に抗して団結した、新教徒のオランダ人貴族に与えられた綽名〕が戦いを起こし、一五七六年から一六〇九年の危機を迎えたときのことである。** オランダの独立はこのアントウェルペン没落によって固まったといえる。第二の起源としては、一五八〇年の同君連合〔スペイン王フェリペ二世がポルトガル王を兼位した。一六四〇年に消滅〕にともなう、スペインによるポルトガル占領があげられる。

一五九五年、ゴーダ〔オランダ西部の都市〕のコルネリス・デ・ハウトマン〔一五六五頃〜九九。航海者〕は、アムステルダムの商人たちが設立した「遠方会社」から船舶四隻、大砲六〇門、船員二五〇名を調達する。彼はインドと極東を周航し、積み荷を満載して戻って来る。人々は沸き立つ。ハウトマンがまたも出帆すると、それに続けとばかりにほかの船団がモルッカ諸島〔オランダは一五九九年以降この地で勢力を増し、アンボン事件（一六二三）で諸島全体の支配権を確保する〕を通って世界をめぐる。オリヴィエ・ファン・ノールト〔一五五八〜一六二七。航海者。オランダ初の世界周航を達成〕とファン・ネック〔一五六四〜一六三八。オランダ東インド派遣遠征隊提督〕も、こうした事業の英雄である。事業を引き受けたのはそれぞれ単独の会社だが、最終的には、援助してくれる都市と同じように個々の会社が連合してゆく…。というのも、船団と会社が競合することで、インドでは香辛料価格が上昇し、帰国して売却するときには価格が下落する結果になっていたからである。一六〇二年、ちょうど北部七州そのものが連盟をなしたように〔ユトレヒト同盟（一五七九）〕、会社はひとつに連合し「東インド会社」の設立を見る。

オランダ人が船出して世界各地をめぐるとき、彼らの目論見は単純明快そのものだ。要するに金儲けである。キリストは眼中になく、伝道などまるで興味がない。落ち目のポルトガル人を利用したのもその後釜に座るため、より正確にいえば、彼らに代わってさらに好条件で商売を始めるためである。東インド会社は、必要とあらば、厄介払いしたい競争相手に大砲をお見舞いすることも辞さない、権力絶大な企業へと成長する。それを証明するように、一六〇六年には、収益***がそれまでの一五パーセントから七五パーセントにまで上昇する。ポルトガル人、イギリス人、ディエップ〔貿易港として栄えたフランス北部の都市〕

* 主意主義とは、人間の意志は他の能力すべてに勝り、この意志によって物事を変化させうるとする考え方。

** 一五七六年は、スペイン軍がアントウェルペンを略奪し多くの犠牲者をだした年。これを機に南部と北部のあいだで「ヘントの和約」が成立し、一時的にネーデルラント全体が結束した。また一六〇九年は、宗主国スペインとハーグ休戦条約を締結し実質的な独立を得た年である。

*** オランダ東インド会社は当初より株主の出資による海商企業であった。したがって収益とは株主への配当に相当する。

の人々は表舞台から追い払われる…。ところが、東インド会社マレー諸島総督ヤン・ピーテルスゾーン・クーン〔一五八七〜一六二九〕はいち早く理解する。ポルトガル式に現地商館をおくやり方では、会社の存続はむずかしい、と。ジャワやアンボイナ島〔モルッカ諸島中の小島。香辛料産地としても知られた戦略的要地〕にある自社の小要塞も含めて、永続的植民によって補強しなければ存続不能である。それゆえに、植民地化が必要なのだった。

一六一九年、バタヴィア〔インドネシアの首都ジャカルタの旧称。ジャワ島北西岸〕の建設は、オランダ人がマレー諸島に真の意味で入植する端緒となる…。建設者のクーンは、バタヴィアのもつ地理的重要性を当然見てとっていた。であるから、オランダ人はまず、バンテン王国*のスルタンの臣下をその地から追い払う。次いで彼らは、現地人の町やモスクを破壊して新たに都市を建設し、後背地との連絡網を作りあげる。また、東インド会社はバタヴィアの町に中国人、マレー人、マカッサル人〔セレベス島の南西半島に居住〕、バリ人〔バリ島居住〕、ルソン島フィリピン人らを居住させる…。「ジャワ人」〔おもにジャワ島の中部および東部に居住するインドネシア最大の民族〕に対抗させるためである。それから数十年後、オランダ人はマカッサル〔セレベス島の港湾都市〕のスルタンを破り、モルッカ諸島以遠の交易ではそれまで彼らの主たる敵対者であったブギス人〔マカッサル人と同じくセレベス島の南西半島に居住〕に代わって、以後セレベス島南部を掌握することになる。とはいっても、いちばん大事なジャワ島の支配は、王族どうしの策謀のおかげで、一七世紀末頃になってようやく達成されるにすぎない。一六八一年のバタヴィアでは、住民三万五九八人のうちヨーロッパ人は二一八八人を数えた。

ヨーロッパ人の数は少なかった。ジャワ島と東インド諸域は移住植民地にならなかったから、数の少ない状態はそのまま続いた…。オランダ人は、ポルトガル人やスペイン人と違って、いったん財産ができると、ひたすら故国に帰ることしか考えなかった。そのうえ、東インド会社の社員であることは、大会社の社員らしい振る舞いが求められるため、行動の自由を少しばかり失うことを意味する。かといって、いったん会社を辞めてしまえば、「自由な《フレイ》ブルジョワ《ブルハー》」として、居酒屋を経営するような下級の仕事しか残っていない。利益の多い活動は、おしなべて、東インド会社が握っていたからである。

これと逆に、南アフリカ〔現南アフリカ共和国〕でのオランダ人はケープタウンを占領してそのままとどまった。一六五二年のこと、現在は国民の祝日になっている四月六日〔かつて「建設者の日 Founders Day」と呼ばれたが、現在は「家族の日 Family Day」〕、ヤン・ファン・リーベック〔一六一九〜七七。東インド会社総督〕率いる二〇〇名のオランダ人が南アフリカに駐留した〔正確には「上陸」である。人員数は女性四名を含む約八〇名とされる〕。指揮官ファン・リーベックは、要塞のなかだというので、馬をもち込み、穀物を栽培する。たしかに、親会社の東インド会社は、交易に関して厳格な独占体制を敷いていた。それでも、ここの入植者たちは聖書を思わせる質朴な生活を始め、金儲け主義の文明から逃れようと自らに「農民《ボーア》」という名前をつけた。これがアフリカにおける移住植民地の最初の例となる。

こういう形で定住したボーア人ではあったが、彼らとホッテントット人〔コイ・コイン。南西アフリカの遊牧民族〕、コーサ人〔南アフリカ共和国南東部に居住する大部族〕、カフィール〔ホッテントットとブッシュマン（サン）を除くバントゥー人の居住する一帯に、一七・八世紀の地理学者が与えた名称〕の先住民族との関係はよくなかった。これら部族は物の交換や所有に関して、ボーア人と異なる掟に従っていたからである。たとえば、ホッテントット人からすると、大地は誰の所有物でもないから、柵でこれを「守る」ことはできないだろう。しかし、紛争の種になったのはとりわけ家畜であった。クレド・ムトワ〔一九二一～。南アフリカ、ズールー人のシャーマン〕の説明によれば、コーサ人と物々交換するときには、たとえどれほど大量の金属やタバコであろうとも、一頭の雌牛は無生物と交換できないことを、ボーア人は知らなかったという。雌牛は抵当代わりになって、交換するときには、その雌牛の仔を一頭返すのがしきたりであった。コーサ人相手にこうして家畜を手に入れたボーア人は、その家畜が仔を産むや否や、コーサ人がそれをさらって雲隠れするのを見て、驚き、怒った。ボーア人はコーサ人を「泥棒」呼ばわりした。そして、このような他者への無理解が対立や戦争の源となる。

イギリス、国家による海賊行為

オランダと同じように、一五世紀末頃のイギリスでも経済力の「国有化」の動きが現れる。たとえば、フランス産ワインの輸入はもっぱらイギリス船舶による、との条例を作ることによって、国家が交易を促進し、かつこれを統制する。さらに、ヘンリー七世〔在位一四八五～一五〇九〕の勅令の結果、外国船舶に荷物を積載できるのはイギリスの貨物港が使用不能の場合に限られるようになる。

もともとヘンリー七世は、カスティーリャとポルトガルの海外進出を目の当たりにしてから、バルト海ルート〔北東ルート〕を拓くことに全力を傾注していた。それでもジョン・カボット（ジョヴァンニ・カボート）〔?～一四九八。イタリアの航海者。セバスチャン・カボットの父〕が大西洋の富をちらつかせてイギリス海軍提督の地位を手にし、一四九七年には、王旗の翻る五隻を率いて北西ルートの探索に乗りだしてゆく。彼はこうしてケープ・ブルトン島〔カナダ南東部、大西洋とセント・ローレンス湾のあいだにある島〕とラブラドル半島〔カナダ東部、大西洋とハドソン湾に囲まれる〕に達した。しかし、そこには財宝も香辛料もなく、大きな失

＊ 香辛料積出港として栄えた、ジャワ島西端のバンテン港を中心とする王国。一六世紀半ばから一九世紀初頭まで存続。

望ばかりが残った。

　一四八六年のロンドンでは、「マーチャント・アドヴェンチャラーズ組合」が設立された。この設立は、また別の要請に応えるためであった。つまり、羊毛やことに織物の市場を拡大するには、アントウェルペンより優位に立つ必要があったのである。イギリスの農村部では産業がめざましい発展を遂げて織物が作られるようになり、しかも都市部より安い原価のものが安定的に供給できたこともあって、この組合が日の目を見たのだった。イマニュエル・ウォーラーステイン〔一九三〇～。アメリカの社会学者〕の指摘によれば、「マーチャント・アドヴェンチャラーズ組合」の設立は攻守両用であり、その目的とするところは、島国イギリスが近隣ないし遠隔地諸外国に唯一売り込める製品である織物の輸出を保護することにあったという。それに北西ルート開拓という要請もあった。アルハンゲリスク〔北ドヴィナ川河口ほど近くにあるロシア北西部の港湾都市〕に着岸したリチャード・チャンセラー〔?～一五五六。イギリスの航海者〕の探していたのがこのルートである。一五五五年、「海路ないし船舶によっては一般に達することのできない、未知の地方・領土・島・所有地・領主所領」の発見に関して、「マーチャント・アドヴェンチャラーズ組合」に免許状が与えられた。ほどなくこの会社は「モスクワ会社」と呼ばれ、ロシアやその近隣諸国との交易独占権を得た。一五五七年には、ツァーリと条約を結んだジェンキンソン〔?～一六一一。イギリスの商人、探険家〕がヴォルガ川を下ってカスピ海に達した。それから彼は、さらにペルシア（イラン）を通り、インドへの別ルートを発見した。

　一六世紀末においてもなお、イギリスにとっての問題はもっぱらルートと通商であった。だが、エリザベス朝期（一五五八～一六〇三）に転機が訪れる。この頃ウォルター・ローリー〔一五五四?～一六一八。イギリスの軍人、航海者。北アメリカ東岸、南アメリカ・ガイアナ、オリノコ川などの探険で知られる〕が海の帝国主義ともいうべき理論をこう唱えたのだ。「海を制する者は交易を制す。交易を制する者は世界の富を制し、ゆえにまた、世界そのものも…」。

　ふと魔が差して、探険家や航海者が盗人へと豹変したケースもある。たとえばフランシス・ドレーク〔一五四三?～九六。イギリスの航海者。一五七七年から一五八〇年にかけてイギリス人として最初の世界周航を達成。スペインの無敵艦隊を破ったことでも知られる〕は、教皇絶対主義〔プロテスタントや英国国教徒がカトリックに対して用いる侮蔑的表現〕のスペインに対して彼らしい略奪戦を仕掛けた。このときは、フランス人の私掠船船長ギョーム・ル・テスチュ〔一五〇九頃～七二。船乗り、製図師〕と組んで、ペルーからパナマに黄金を運ぶ雌ラバの一団を捕らえた。そしてチリやペルーの沿岸でも略奪を繰り返し、太平洋、インド洋と渡って戻って来た…。女王エリザベス一世〔在位一五五八～一六〇三〕から暗黙のお墨付きをもらっていたおかげである。さて、そのドレークが、テルナテ島〔インドネシア東部、モルッカ諸島の小島〕でポルトガル人に抗して立ちあがったスルタンの後ろ盾となったことから、イギリス最初の海外居留地が生まれた。イギリス女王はこの獲物を嘉《よみ》して、彼を騎士に叙した（一五八一）。

ここまで述べてきた企ては、アンティル諸島、インド地方、北大西洋、ロシア等々と、めざす方向が最初から分かっていた。つまり、利益への欲望をかき立てる場所である。その利益追求の企てに、イギリス人入植者を根付かせるという植民地建設の考えがつけ加わった。発案者は、イートン高〔パブリック・スクールの名門〕、オックスフォード大学卒の貴族ハンフリー・ギルバート〔一五三九?～八三。ウォルター・ローリーの異父兄で航海者〕である。彼は、「いかなる君主にもキリスト教徒人民にも現に所有されていない、異教徒の、もしくは未開の国々に植民すること」を考えた。この自説の実現を目して、ギルバートは最初の植民地をニューファンドランド島〔カナダ東端〕に築かせた（一五八三）。彼の思惑どおりにゆけば、その地に、イギリスは無為徒食の輩を送り込み、自国製品を売りつけ、自国に必要な食糧を見いだすだろう。

　こうしてみると、一六世紀からすでにイギリス帝国のもつ二重の独自性が現れるといってよい。二重の独自性とは、海軍基地および入植者の定着である。換言すれば、一方に商取引の植民地があり、他方に信仰のための、もたざる者が定住するための居留地があることになる。これは、アイルランドへの領土拡張を、いわば自己流にアレンジして継承するような植民地化であった。そればかりか、アイルランドへの領土拡張も、ほかの海外の植民地化も、これを鼓舞したのは同じ人物たちなのだ。

　さてアメリカ大陸では、フランス人の侵入が内陸部へ向かったのと違って、イギリス人の侵入はハドソン湾〔カナダ北東部〕からヴァージニア州〔アメリカ南部大西洋岸〕にかけての沿岸居留地から始まった。ジェームズ一世〔在位一六〇三～二五。ジェームズ六世としてスコットランド王（在位一五六七～一六二五）〕は北緯三四度から三八度、四一度から四五度のアメリカ沿岸地帯を二つの会社に払い下げた。*こうして一〇四名の入植者がチェサピーク湾〔大西洋沿岸中部のメリーランド州とヴァージニア州にまたがる〕に上陸し、そこの港町は王を記念してジェームズタウンと呼ばれた。滑りだしは好調とはいかなかった。ことにインディアンとの関係はむずかしかった。一六二二年には入植者の四分の一が虐殺され、これほどの苦難に耐えてはたして生き残れるのか、と自らいぶかしむほどだった…。しかし彼らはこの困難を克服し、タバコという将来性豊かな作物の栽培を始め、イギリスでのタバコ専売権も手に入れた。

　同じ頃、ヴァージニアから北方探険隊が出発し、のちにニ

＊　一六〇六年、ジェームズ一世の下したヴァージニア特許状により、「プリマス会社」と「ロンドン会社」が設立され、一定範囲内で、つまりロンドン会社は三四度と四一度、プリマス会社は三八度と四五度のあいだで、植民地を建設できることになる。両会社は三度分の共有範囲をもつが、著者はこの分を除外して計算しているようである。

ュー・イングランド*と呼ばれる土地を見つけ、記録に書き留めた。一六二〇年、メイフラワー号に乗ったピルグリム・ファザーズ〔英国国教会に不満を抱いた分離派教徒〕が、ニュー・イングランド〔アメリカ北東部大西洋側〕にたどり着いた。当初はヴァージニアに上陸予定だったが、嵐のために場所を変えてこの地にいたったのである。ところで、コッド岬に上陸してプリマス港〔いずれも北東部大西洋岸にあるマサチューセッツ州の南東部〕を開いた移住者一〇二名のうち、ピューリタンのピルグリム・ファザーズは三五名にすぎなかった。彼らは、ことにその子孫は、この三五名が将来の合衆国の建設者となった、と信じ込ませた。もっとも、メイフラワー号の誓約という一種の協定を結び、これがカルヴァン主義的民主主義の基礎となったという限りでは、それなりに建設者ではあった。マサチューセッツの植民地は、ボストンの牧師ハーヴァード〔一六〇七〜三八〕によりケンブリッジ〔マサチューセッツ州北東部の都市。チャールズ川をはさんでボストンの対岸に位置する〕に設立された大学ともども、やがて統治機構の模範となり、これにほかの植民地が追随していった。

　このような形で新大陸に植民地を築く以前は、イギリス人にとって、海外の領土を獲得するよりも略奪や私掠行為のほうにうま味があった。そのうえ、大儲けできそうな海外領土はスペイン人が残らずかっさらったように思われていた。ところが、「無敵艦隊《アルマダ・インベンシブレ》」が敗北を喫し（一五八八）、スペインの国威が衰えてからはオランダが躍進し、展望が変わる。やがて、インドでの見通しにも変化がきざしてくる。ここではイギリス海軍がポルトガル軍を破ったのち、ジェームズ一世の大使サー・トーマス・ロー〔一五八一〜一六四四〕がムガール帝国〔一六世紀前半から一九世紀中頃までインドを支配したイスラーム王朝〕皇帝に迎え入れられた。

　スペイン、イギリスの両帝国では、異なる特徴がいくつかある。一例をあげれば、カスティーリャによる中央管理を受けるスペインの海外領土は、ばらばらの単位からなっていた。一方、プロテスタントの宗教改革を経たあとのイギリス帝国は、メリーランドのカトリック、マサチューセッツのピューリタンというように、さしあたり個々人の自主性に任されていた。

ロシアのツァーリ——納税者の増大をめざして

　ロシア人にいわせると、ロシアの「植民地化」と西洋諸列強の「植民地化」とは別物である。なるほど、一二世紀からすでにノヴゴロドとスーズダリのロシア人は、カマ川〔ヨーロッパ・ロシア東部。ヴォルガ川の支流〕を越えた地に入植者を送っていた。フィン・ウゴル系モルドヴァ人と協力して毛皮を探すためであった。今日エストニア人と同じくらい人口数の多いモルドヴァ人は、かつてのロシア帝国内部ではもっとも分散した非ロシア系民族である。しかし、ヴォルガ川に沿うサランスク〔ヨーロッパ・ロシア中東部、モルドヴィア共和国の首都〕周辺のモルドヴァ自治共和国〔一九九一年、モルドヴィア共和国に改称〕に住むのはモルドヴァ人全体のうちわずか二八パーセントにすぎない。これは彼らが完全に同化したことを表している。

　毛皮の探求は、二世紀にわたる「モンゴルのくびき」で中断されたが、ロシア人によるカザン〔ヴォルガ川沿いの、カザン・ハーン国（現タタールスタン共和国）の首都〕占領後（一五五二）、「黄金の部族」〔キプチャク・ハーン国の異称〕が瓦解すると、すぐさま復活した。

　カザン征服はタタール国をついえさせた。また、そのおかげでロシア人はウラル山脈の両斜面一帯とさらにウラル以東の地域へと手を伸ばすことができた。一〇〇〇万平方キロメートルを越えるこの地域はシベリアと呼ばれ、以後、太平洋まで広がる土地を指すことばとなる。北部のカマ川方面へ初めて進出したことは、タタール時代以前の躍進を取り戻すものだった。ただし、一五五八年の進出は、主にストローガノフ兄弟〔一六世紀から製塩業や毛皮交易で隆盛を誇った商人一族で、長男アニケイ（一四八八〜一五七〇）と次男グリゴリー（生没年不詳）を指す〕のイニシアチブに負うものだ。ストローガノフ兄弟は、「ノガイ人〔北カフカス南部に住む民族で、一四世紀から一五世紀初めにかけてノガイ・ハーン国を建設した〕そのほかの遊牧民から」自己の領地を防衛することを条件に、イワン雷帝〔四世。イワン・ヴァシリエヴィチ（在位一五三三〜八四）〕より賜った勅許状のおかげで、君主さながらだった。

「七〇六六［一五五八］年四月四日、全ルーシのツァーリにして大公たる余イワン・ヴァシリエヴィチは、われらが祖国のカマ川に沿う大ペルミの上流において…無人の一帯があり、いかなる租税も国庫に入ることなく［…］かの一帯がいまだ何人《なんぴと》にも与えられることなし［…］との嘆願が寄せられたがゆえに、かつまた、グリゴリー・ストローガノフが今般の嘆願を寄せ、かの地に新しき町を据え、開墾・耕作し、人頭税を納めぬ民を呼び集めて塩田を求めさせたき旨を述べるがゆえに、余はかの者に件の領土を払い下げしものなり…」（ミシェル・ララン＋ジャン・ソーセ『古ロシア』＝Laran et Saussay 1975 p. 208）。

　ストローガノフ兄弟はまず、カマ川のほとりにピスコール〔ロシア東部ペルミ州、カマ湖にほど近い〕の修道院を建て、そこに入植者を住まわせた。ほぼ一世紀後の一六四七年には、この地域の住民は二〇〇四人を数えた…。かつて人頭税を納めなかった人々が、これだけの数の納税者となっていた。

　修道院建設から数年して、コサック隊長イェルマーク

＊　アメリカ合衆国北東部六州を指す。一六一四年、ポカホンタスの物語で知られるジョン・スミス（一五七九もしくは八〇〜一六三一）により発見、命名された。

〔?〜一五八五〕が配下の部隊六〇〇名を率いて突如現れた〔コサックは一四〜一七世紀ロシアの国家の辺境で軍役を担った勤務人、労働者〕。ストローガノフ家は銃と大砲、火薬と弾丸を与えた…。イェルマークはウトカ川〔ペルミ地方を流れるチュソヴァヤ川の支流〕を遡上し、テュメーン（チュメニ）〔西シベリア地方、テュメーン州の州都〕を攻略した…。彼と配下のコサック兵がやって来るのを見て、クチュム・ハーン〔?〜一六〇〇。シビル・ハーン国最後の首長〕はぶちあげた。「怯《ひる》むことなく進まん。われらに神々がおわしますからには、あの異教徒めらが、われらに致命傷を与えることはできぬ…」。これを聞くや、祝宴に参じるかのように兵たちは先を争って突進した。すかさずイェルマークは、撃て、の号令を下す。

こうしてサモエド人〔シベリア、北極海沿岸地方に住むモンゴル系種族〕、ハンティ（オスチャク）人〔ウラル山脈東側、オビ川流域に住むウラル語族の種族〕が制圧され、彼らは当時もっとも珍重されたクロテンの毛皮による貢租《ヤサク》〔本書二四一頁訳注＊＊＊＊＊＊＊参照〕を納めた。彼らの土地はほかにもヘラジカ、トナカイ、クマ、キツネ、クズリ〔極北のイタチ科肉食動物〕、カワウソ、ビーバーが豊富で、チョウザメ、カワカマス、ローチ〔コイ科の淡水魚〕などおびただしい魚が獲れた…。そのような富がイェルマークの歴史的伝説を育んだにちがいない。英雄的冒険家と讃えられた彼は、やがて六〇〇万平方キロにおよぶ土地を、ささやかな贈り物としてわがツァーリに進呈したといわれる。

ロシアの歩みは、ポルトガル人にとっての喜望峰ルートを、ロシア式にひとまわり小型にしたものだ。つまり、極東の富に手を届かそうとして、残存するモンゴル帝国を北周りで迂回したのである。ロシアによるこの東方への通商拡大は、ポルトガル人がギニア湾を越える一四六五年頃に始まり、その後も途切れることがなかった。ニキーチンがインドに達するのもまた、一四六六年から一四七二年にかけてである。

もともと歴代ツァーリは東方への拡大に懐疑的だったといわれる。にもかかわらず、川から川へと要塞が築かれ、徐々に版図が拡がっていった。一五八五年にはオビ川〔シベリア西部〕とイルティシ川〔オビ川支流〕に、一六二八年にはエニセイ川〔シベリア中央部〕に、一六四〇年にはアムール川〔アジア北東部〕とコリマ川〔シベリア北東部〕にそれぞれ達した。一六三二年にはヤクーツク〔ロシア連邦東部、現サハ（旧ヤクート）共和国の首都〕が建設され、一六四九年には、ついにカムチャツカ半島にまでいたった。ついでにいえば、ヤクーツク建設はモントリオール建設より早い〔メゾンヌーヴ侯（一六一二〜七六）によるモントリオール建設は一六四二年〕。

このロシアの拡大に歯止めをかけたのが、緩衝地帯の満州＊である（ネルチンスク条約。一六八九）。そこでおのずと、想起されることがある。すなわち、これだけ広大な東方への空間をさして人手を労せずに吸収していったことが、バルト海・黒海方面への拡大に先行したことである。アゾフ占領＊＊は一七〇一年、リヴォニア占領＊＊＊は一七一〇年でしかなかった。中国や日本との国境紛争に対してロシア人は極端なまでに敏感だが、それもこの辺りに理由がある。

一六世紀には日本人も植民地化へ

日本人による領土拡張と植民地化は、西洋世界の伝統的歴史が一般に伝えるよりも古い。

ヨーロッパ中心的な歴史観によると、ポルトガル人、スペイン人、オランダ人、イギリス人らヨーロッパ人の登場が、日本人に世界を拡大するステップを提供したことになる。登場した時期は通例一五四三年、初めての「航海上の事件」（ポルトガル船の種子島漂着）が起きたとき。次いで、フランシスコ・ザビエルによるキリスト教導入が一六世紀中葉になされ、日本の将来とアイデンティティーに関わる諸問題が生起したとされる。同じくこの歴史観によれば、それ以後の日本は諸外国に門戸を閉ざし（鎖国）、一九世紀半ばになると新たに西洋人の侵入を受けて近代化した。そして今度は、自らが帝国主義者となりうるほどに西洋を模倣しつつ、国家の力強い転換を顕示した。

しかし、ヨーロッパ中心史観から離れて日本の歴史をとらえるなら、その最初の植民地化はきわめて古いことが見えてくるだろう。日本による植民地化は、一六世紀に西洋が極東に地歩を固めようとあれこれ試みたのと時期を等しくするのである。

実際、同じ頃に日本は中国のくびきを脱しながら、国の周辺にある種の植民地体制を敷いた。まず北方では、すでに鎌倉時代（一三世紀）から、将軍がエゾの島（一八六九年以降は北海道）のアイヌ人と接触した。首長制組織のこの民族には、叙事詩『ユーカラ』に表現されているような独自の文化があった。一四・五世紀になると、本土北部の日本人一族が

* 原文は「満州帝国」となっているが、溥儀（一九〇六～六七）を皇帝とする満州帝国の成立は一九三四年だから、記述の誤りであろう。なお、ネルチンスク条約は清とロシアで初めて結ばれた条約であり、ロシアはアルグン川以南への進出をあきらめるのと引き換えに清との通商交易を開始した。

** アゾフはロシア南西部アゾフ海に注ぐドン川河口の町で、トルコの要塞があった。一六九六年にピョートル一世軍によって占領され、一七〇一年の条約で最終的にロシアへの帰属が決まった。

*** リヴォニアは現在のラトビア、エストニアに相当するバルト海東岸地域で、この当時はスウェーデン領。一七一〇年の占領とは、北方戦争中（一七〇〇～二一）の一七一〇年にエストニア、リヴォニアからスウェーデン軍がロシア軍により一掃されたことを指すと思われる。一七二一年スウェーデン・ロシア間で結ばれたニスタット（フィンランドの現ウーシカウプンキ）の和議ではいずれもロシア領となった。

エゾの島に少しずつ支配を広げ、一六〇四年には徳川家康が首都から松前家に対して北方交易の独占権を授けた。そして、そこに居住する日本人商人に対するのと同時に、この地域に暮らすアイヌ人に対する監督権をも認めた（オーギュスタン・ベルク「北海道の農民―ある植民地化の文化連鎖」『アナール』＝Berque, *Annales* 1974-6 p. 1425–1449 参照）。

アイヌ人はもはや自らの生活様式すら守ることができなくなる。稲田をもつことを禁ぜられ、伝統的活動に閉じ込められ、年貢を納めるようになった。やがて一部のアイヌは流浪の民や社会の除け者《パリア》と化した。彼らは蜂起した。なかでも一六六九年のもの〔シャクシャイン（一六〇六頃～一六六九）の蜂起〕が有名だが、結局は鎮圧された。

これと同じ頃南端で、日本人は琉球王国に手をかけた。とりわけ彼らは（すでにして）朝鮮に目を向けていた。じつのところ、一五世紀初頭まで朝鮮と日本は、中国との依存関係において、同等の立場にあった。日本が初めてこの関係を断ち切るのは、中国式でなく日本式の日付記入をした書簡を朝鮮国王に送ったときである。次いで一六世紀後半、日本の新しい指導者らは中国への従属体制から脱却し、朝鮮を支配下におこうとした。将軍秀吉は朝鮮半島へ遠征軍まで派遣した（一五九二）。

その後継者石田三成〔一五六〇～一六〇〇〕は遠征軍を引きあげた。しかし一六〇七年、朝鮮国王の通信使を受け入れたことは、朝鮮との隷属関係を認知したものと受けとられた…。

こうして日本は、琉球における拠点支配における領土拡張をからめた政策を発展させていった。そのあいだ、ポルトガル人はマカオ・日本・リスボン間に一種の三角貿易を整え（二宮宏之「現代」『日本の歴史』＝Ninomiya 1990 p. 301–325 参照）、これが極東における輸送を活性化させた。それから三世紀を経過した明治時代になっても、日本はこの支配と拡張の記憶を失っていない。

第3章

帝国のための抗争

予兆…

予兆ということばを使えるだろうか。

植民地帝国という表現こそ存在しなかったが、中世末期の都市国家には、独自の特長をもちながら近代資本主義の諸特徴もそなえた、ことばの本来の意味での植民地帝国があった。それも大航海時代よりかなりさかのぼる。それだから、フェルナン・ブローデルも、ジェノヴァやヴェネチアのような新興都市の活動のことを、一二世紀以降の「ヨーロッパの拡張」と表現したわけである。ある意味で、こうした攻撃的な小世界は対外交易へと向かっており、もはや地元とだけ排他的関係を結んでいるのではなかった。

今や経済活動のほうが農業生産をしのぎ、こうした群小の都市国家はまもなく二つの集合体、すなわち、イタリアという南部とネーデルラント〔現在のベネルクス三国（ベルギー、オランダ、ルクセンブルク）と北フランスの一部〕という北部を形成し、シャンパーニュ地方を結節点とする通商ルートの軸でつながった。このふたつの都市群は相互に補完しあったり競争しあったりするが、境界部に森林をもつ北部に対し、南部はビザンティンとアラブ世界の富を有していた。それゆえ、少なくとも一二世紀から一四世紀のあいだは、北部より商業の盛んなこれら南部の諸都市が優位に立ち、とりわけイタリアのヴェネチアとジェノヴァの二都市が、ブリュージュ〔ベルギー〕やハンザ同盟諸都市〔北海、バルト海沿岸のドイツ諸都市を中心とする〕をはじめ、リスボン〔ポルトガル〕、フェス〔モロッコ〕、ダマスカス〔シリア〕、アゾフ〔ロシア〕を外縁とする、あの最初の小経済世界を牛耳った。このヴェネチアとジェノヴァは、アマルフィ〔イタリア南部〕とピサ〔イタリア中部〕を退けてから、商業拠点を有し、外部世界の領土としてベルベル〔北アフリカの古称〕沿岸から黒海のカッファ〔現フェオドシア。クリミア半島南東のジェノヴァ植民地〕にいたる海岸をもっていた。これはポルトガル帝国の前触れのごときものだが、違うのは地中海世界の内部に限られていたところである。

ヴェネチアは十字軍の時代にビザンティン帝国を手に入れる寸前までいった。だが、もう一方のジェノヴァもパライオロゴス家〔ビザンティン帝国の最終王朝を築いた家系〕の復興に手を貸した。どちらの都市が優勢になるのか。どちらでもない。というのも、反目したそれぞれが、東方に根を張ったイスラームという壁にぶち当たるからである。これを包囲すべく、はやくも一二八二年に、ジェノヴァ人のヴィヴァルディ兄弟*〔生没年不詳〕のような人々がアフリカ周辺に探険隊を組織する。企ては失敗に終わり、弱小国家ジェノヴァにとってあまりにも高くつく…。だが、アフリカ探険という構想は途絶えることなく続いてゆく…。

この二都市を受け継いだのがポルトガルである。一四一五年のセウタ〔北アフリカ、モロッコ北端。一六世紀末にポルトガルがスペインに移譲し、現在も同国領〕占領によって、ポルトガルにアフリカへの道が開かれる。エンリケ航海王子の活動や、一四八七年嵐の岬（喜望峰）に達したバルトロメウ・ディアスの快挙には国中が沸き立つ。ところで、ジェノヴァ・リスボン間、フィレンツェ・フランドル間での交易は多岐にわたるが、製糖用農作物の移送などは、航海用に開発された品物とまったく同様に、そもそもイタリア人の十八番である。

リスボンが優位を確保できたのは、急速に力をつけてきたブルジョワジーのほかに、土地所有貴族が存在したためである。この貴族こそ、海のかなたの要塞を管理し、委譲された土地を開拓した人々である。ヴェネチアにしてもジェノヴァにしてもこうした貴族はいなかった。

スペイン・ポルトガルの敵対

地理上の発見がなされた当初からすでに、ポルトガルとカスティーリャ〔スペイン〕の敵対関係は一触即発の状態にあった。ポルトガルは、一四七九年にスペインと結んだアルカソバス条約で、ブラック・アフリカ交易の独占権を手にしていた。そして一四八一年に、すべての資材をわざわざリスボンから運んでサオ・ダ・ミナ（サン・ジョセ・デル・ミナ）〔西アフリカ、ガーナにある現在のエルミナ〕城を建設することによって、この独占権は盤石となる。しかし、一四九二年以降、アメリカ大陸でカスティーリャ人が成功した。そのために、かつてカリストゥス三世ボルジア〔ローマ教皇。在位一四五五～五八。スペイン、アラゴン地方出身〕時代の一四五六年に、大西洋においてポルトガル人のものとされていた、もうひとつの独占権が見直されることになった。当時は教皇庁こそ「世界的な」権威を有する唯一の国であった。かくして、同じスペインの出自で、養子縁組によってカリストゥス三世の甥となったアレクサンデル六世ボルジアが、「大教書《インテル・ケテラ》」により両国間の勢力圏を定めた。すなわち、アゾレス諸島の西端から一〇〇レグアまでの土地、「インド方面およびその他いかなる方面でも、すでに発見されているか、もしくは今後発見される陸地および島」の権利をスペインに対して認めたのである。しかしこの境界線は、ポルトガルの度重なる抗議を受け、トルデシリャス条約（一四九四年七月）によって、西に二七〇レグア〔約一五二〇キロ〕押し戻された。一五〇六年には、ユリウス二世〔ローマ教皇。在位一五〇三～一三〕がその文言を追認することになる。

この頃のポルトガルは海路の支配権抗争でみごと勝ち残っ

＊ ウゴリーノとグイドのヴィヴァルディ兄弟は探険家で商人。一二九一年ジェノヴァを出港し、モロッコ南西部のヌーン岬を越えて、そのまま行方不明となったといわれる。著者のいう「失敗」がこのことだとすると年代の訂正が必要になる。

補完システム（17 世紀以降）

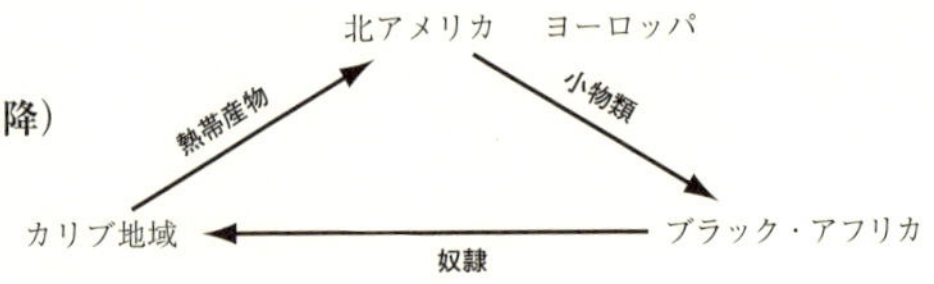

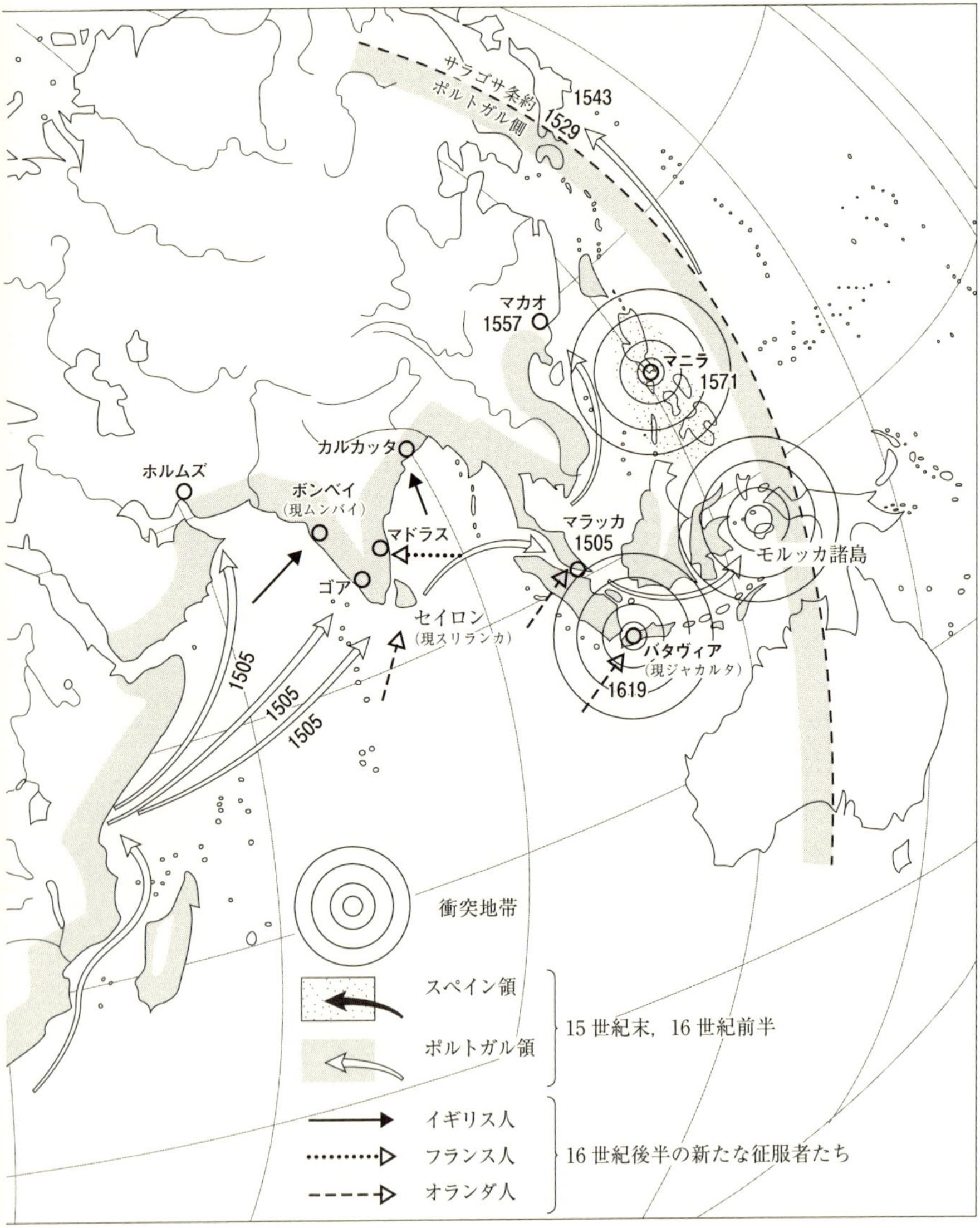

世界分割と三角貿易（15〜18 世紀）

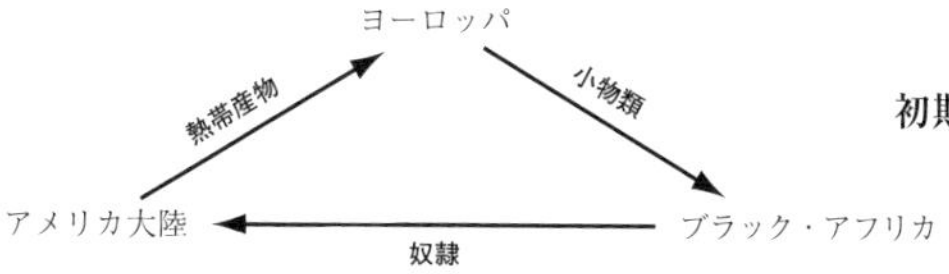

初期システム（16〜17 世紀）

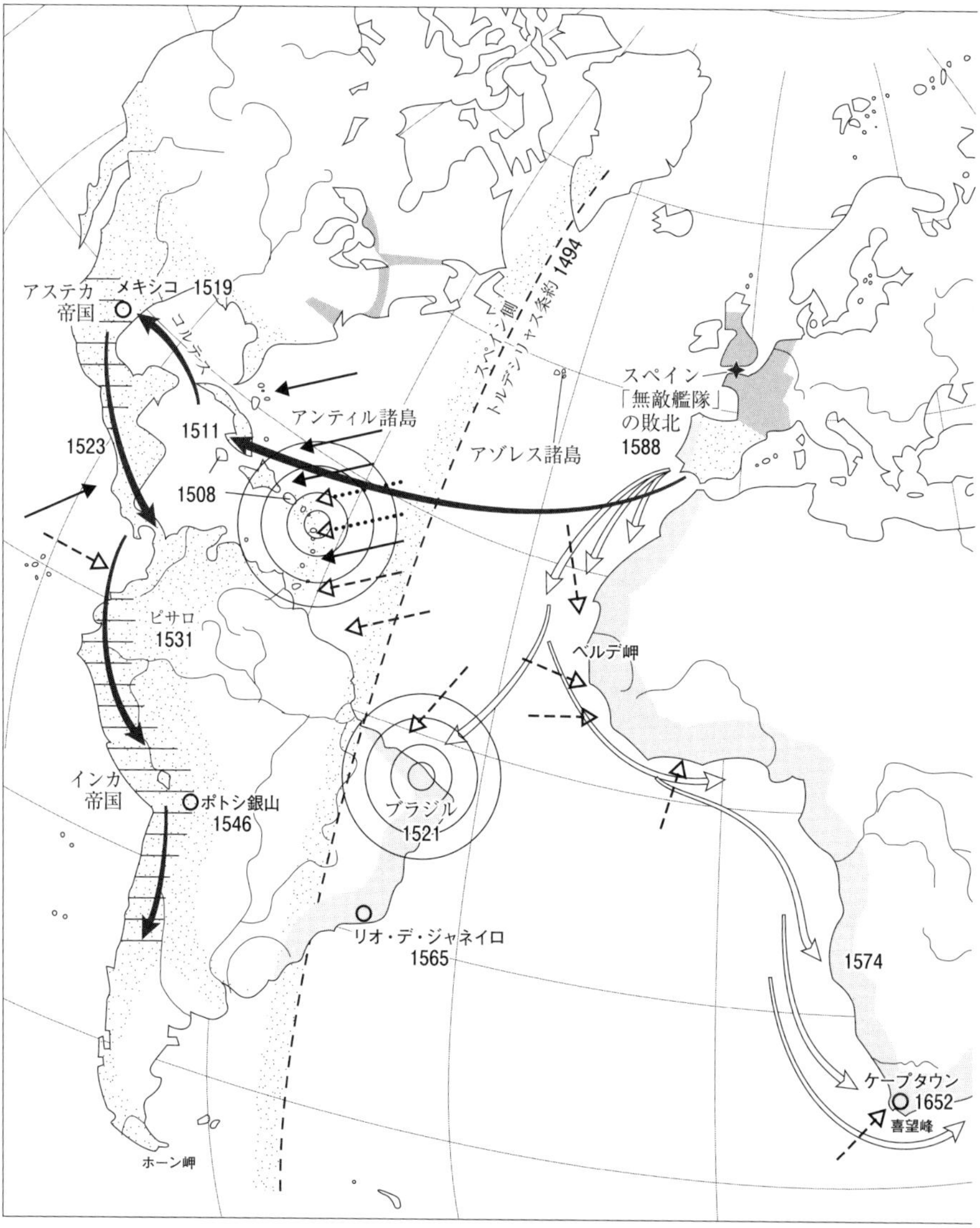

出典：l'Atlas Hachette, *Histoire de l'humanité*, ©Hachette, 1992 をもとに訳者作成。

たようだ。事実、彼らは喜望峰を周ってインドに達するとともに、アラブ人船乗りのインド洋支配をうち砕いた。香辛料や金は西洋より東洋のほうが潤沢にありそうだったから、アルブケルケの栄光はクリストファー・コロンブスの栄光をしのぐほどに輝かしい。そのポルトガルの独占権を打破するために、王カルロス（のちのカール五世）はフェルナン・デ・マガリャンエス（マゼラン）とひとつの協定を結んだ（一五一九）。西周りつまりホーン岬〔チリ最南部〕やモルッカ諸島を経由してインドに達する道をつける、というものだ。

とはいえ、すでにしてアメリカ大陸は、スペインにその宝を差しだしていた。また、ポルトガル人がブラジルに達したといっても、一四九二年に国土回復運動《レコンキスタ》による統一を完成していたスペインの覇権は、この新大陸で揺るぎなかった。

アメリカ大陸におけるスペインとポルトガルの抗争は、一六・七世紀にそれぞれの帝国が編成されても、終わらなかった。一七六三年、ポルトガルはコロニア・デル・サクラメント〔現ウルグアイの町。ラプラタ川を挟んでブエノスアイレスの対岸にある〕の領地をスペインから取り戻すことに成功した。一七七四年には戦争の嵐が吹き荒れ、サン・イルデフォンソ条約*（一七七七）とエル・パルド条約**（一七七八）ののち、ポルトガルはサンタ・カタリナ島〔ブラジル南部〕を奪回した。しかしその代わりに、ギニアのフェルナンド・ポー島〔アフリカ中西部、赤道ギニアのビヨコ島のこと。一四七二年、ポルトガル人フェルナン・ド・ポー（生没年不詳）により発見〕を失った。これをスペインは二〇世紀まで領有する。ポルトガルは、この二つの条約によって、またしてもコロニア・デル・サクラメントをスペインに渡したが、教皇庁がいくつかの国から取りあげておいた領土、つまりウルグアイの七つの「レドゥクシオン」（原住民教化集落***）は取り返した。この地からはやがてイエズス会士が追放されることになる。

過ぎ去りし栄光を誇るポルトガルは、スペインやオランダのせいでその栄光もやがて色あせてゆくだろう。それでもブラジル、ティモール島〔インドネシア、マレー諸島東端〕、インドのゴアへと領土を拡げ、のちになるとさらにアフリカにまで足を伸ばして踏みこらえる…。

オランダ・ポルトガルの敵対

スペインとポルトガルの王冠はフェリペ二世というひとりの人間の頭上に載っていた〔スペイン・ポルトガル同君連合〕。それでいて両国の敵対関係は、この連合の一五八〇年から一六四〇年まで延々と続いた。ポルトガルの属領に攻撃が仕掛けられようがどうしようが、カスティーリャにすれば、しょせん対岸の火事でしかないというわけだ。その証拠に、イギリス艦隊と同盟を結んだペルシアのアッバース一世〔在位一五八八〜一六二九〕は、ホルムズ島をポルトガル人から奪取し（一六二二）、アラブのオマーンもまた、ポルトガルからマスカット〔現在のオマーン首長国の首都〕を奪っている。オマーン湾岸で、アルブケルケが手に入れた土地は、もうさほど多くは残っていない。

ところが、ポルトガル人にとって致命的な脅威は、スペイン人でなく、オランダ人からやって来たのだった。じつをいうと、オランダの海外領土拡張は、オランダ人とオランダ連合州がフェリペ二世のスペインに対して繰り広げた抗争の一環であった。それゆえ、ポルトガルが国家としての独立性を失っていたにしても、イベリア半島の両国が統一されたことは、やはりポルトガルの属領を攻撃するまたとないチャンスだった。オランダは、マラッカ（ムラカ）やセイロン（スリランカ）ではオランダ東インド会社が海外支店をもつにすぎなかったが、スンダ列島ではポルトガル人を叩いてひとつの帝国を築きあげた。さらに、アフリカ南端を経由するルートの安全を確保するため、ポルトガル人から喜望峰を奪取した（一六五二）。これが南アフリカにおいてボーア人が植民地を開拓する端緒となる。

西のほうでは、ウィルケンス〔一五七一〜一六三三〕やピエト・ヘイン〔一五七七?〜一六二九〕らの私掠船がブラジル沿岸を荒らしまわり、****ギアナ、セルジペ州、マラニョン地方〔いずれもブラジル北東部〕でわが物顔だった。しかし、一六二一年に設立されたオランダ西インド会社はこれを野放しにしておいた。オランダの支配するこのブラジルは、一六三七年にレシフェ〔ブラジル北東部ペルナンブコ州の州都〕に到着するマウリッツ・ナッソー〔一六〇四〜七九。オランダ領ブラジル総督（一六三七〜四四）〕の時期に絶頂期を迎えた。もともと寛容な気質のナッソーは、都市計画家および学者としての使命をも帯びて、イベリア半島のユダヤ人とマラーノ〔カトリックに改宗させられたイベリア半島のユダヤ人〕の移民団を引きつれてきた。そして、この移民団の者たちが砂糖やタバコの交易を組織した。キュラソー（クラサオ）島〔カリブ海のオランダ領アンティル諸島中の島〕でアメリカ大陸初のユダヤ教徒の集会が始まったのは、こうした経緯による。

一六四〇年になると、スペインから解放されたポルトガル人が蜂起する。そのためオランダのブラジル駐屯部隊は、船

* 対英同盟を結んだスペインとフランスの秘密協定。スペイン・ポルトガルの争奪戦の的だったバンダ・オリエンタル（南アメリカ、ウルグアイの地域）はスペイン領有であることが確認された。

** スペイン・ポルトガル間の条約。ポルトガルはブラジルの権利を得る代わりに、ビオコ島とリオ・ムニ（赤道ギニアの大陸部の名称）の領有権をスペインに譲渡した。

*** インディオへの布教を目的にイエズス会士が作った現地住民の村落。なお、『ラテンアメリカを知る事典』（新訂増補、平凡社、一九九九）によれば、レドゥクシオンについて「とくにパラグアイで活発な展開が見られた」とあり、また本書第7章にもパラグアイのレドゥクシオンに言及した小項目「パラグアイにおけるイエズス会士たちの挑戦」が見られるので、ウルグアイはパラグアイの誤記の可能性もある。

**** 一六二四から一六二五年にかけて、ウィルケンスは司令官として、ヘインは副司令官として、オランダ西インド会社の所有する船団を指揮し、ポルトガル領を攻撃した。

で退却しなければならなくなる。それでもオランダ人は、キュラソー島とギアナ〔南アメリカ北東部。イギリス領ギアナ（ガイアナ）、オランダ領ギアナ（スリナム）、フランス領ギアナの総称〕の一部であるスリナム周辺だけは握って離さない。

さてインドネシアではどうか。そもそも、この地のポルトガル人は真の意味で根をおろしていなかった。だから彼らは、マラッカに拠点をおいてはいたものの、アチェ〔スマトラ島最北端〕やセレベス島では踏みとどまることができなかった。オランダにとって歴史的な年となる一五九六年、コルネリス・デ・ハウトマンのオランダ船隊がここに「連合東インド会社」をおいた。こうして、ポルトガル人は徐々に駆逐された。もっとも、ポルトガル人にとって真の障害ということになると、それはオランダ人ではなく、インドネシアの王族たちである。これら王族は、ポルトガル勢力に逆らい、スラバヤ〔ジャワ島東部海岸地域〕地方の商活動を壊滅させていたのである。排除されたポルトガル人は、ティモール島に残るのみとなった。一六一三年には、またしてもオランダ人がクパン〔ティモール島南西部の港町〕付近に居座ったため、ポルトガル人は島の北部と東部へ後退を余儀なくされた。一六四二年、オランダ・ポルトガル双方のもち分の境界が条約で定められた。にもかかわらず、以後二世紀にわたり、両者は断続的に戦闘を繰り返して対立するのである。最終的な分割が実現したのはようやく一八五九年のことで、これは一九〇四年の条約で締結された。* それからインドネシアは、日本軍による全島占領を経て独立し、島のオランダ人地区を取り戻すことになるのだが、西の部分** は相変わらず「ポルトガルの一地方」であり続ける。それもさほど長いことではないのだが…。

オランダに憤るイギリス

このようにオランダ連合州は、世界各地で勢力を伸ばしながら、一六二五年前後にその全盛期を迎えた。アムステルダムの獲得したヘゲモニーはその後もゆうに半世紀続き、ここは近代の「ウォール街」となる。エマニュエル・ウォーラーステインが指摘しているように、オランダの主導権を特徴づけるものは、おそらく、オランダ人が経済分野の大部分において優位を確保したことであろう。たとえば、船上での塩漬けや魚類の薫製、鯨油から作る照明用の油や石鹸の製造、風車を使ったきわめて集約的かつ近代技術的な農業、自国の園芸植物を輸出しつつ安価なスウェーデン小麦を購入する才覚、これらは元来オランダ人の十八番であった。この持ち駒に、フランドルの伝統を受け継いで評判の高い繊維産業が加わった。以後この繊維産業は、ライデン〔南ホラント州〕を中心地として、イギリスのイーストアングリア地方〔イングランド東部。産業革命まで繊維産業が盛んであった〕と張り合う。

さて、隆盛をきわめるバルト海交易やイギリスとの有利な繊維取引に加えて、その後はヨーロッパ随一の造船業や、インド地方とくに東インド〔インドネシア〕産の原料を使う産業が力強く動きだす。一六六一年当時のアムステルダムには、六〇もの砂糖精製工場が稼働し、フランスやイギリスに向けて輸出していた。この砂糖と香辛料の輸送は、当時最大の船団によって護衛された。輸送を行なったのは、国に繁栄をもたらした二つの巨大会社、すなわち、どちらかといえば通商のほうに関心を寄せ、ふだんは平和主義的な「東インド会社」と、より攻撃的、好戦的な「西インド会社」である。後者の「西インド会社」は、ニュー・アムステルダム〔現ニューヨーク〕を建設し（一六二六）、ブラジルとキュラソー島にオランダ人植民地を開いた（一六三四）。

イギリス人にとって何が問題かといえば、自分の勢力圏内でオランダ人商人のために破産の憂き目を見ることであった。事実、オランダ商人は、イギリス商人よりも安くバルト海沿岸地方の産物（船舶建造用木材、小麦、亜麻）を販売できた。そればかりか、彼らは大西洋、地中海、インド洋、バルト海といたるところに進出し、世界各地へ勇躍しようとするイギリスの商人や航海者たちの行く手を阻んでいた。目のまえに広がるこの世界から、オランダ人を追い払わなければならない。

そのような決意がいよいよ具体化したのは、イギリスで内乱が終わり〔一六四二〜四九年のピューリタン革命後、共和政が成立する〕、国家的統一らしきものが戻ったときのことだ。この統一は、オランダ人による経済と海上のヘゲモニーに終止符を打つことが目的である。その結果、三度にわたるイギリス・オランダ戦争（一六五二〜五四、六五〜六七、七二〜七四）が勃発する。これ以後一六七二年から一六七八年までは、イギリスと同じ理由で、フランスがオランダと戦火を交える。

オランダ・イギリスが敵対する端緒は、クロムウェル〔一五九九〜一六五八。イギリスの軍人、政治家〕による航海条令発布（一六五一）にあった。条例は、海外からイギリスに入る生産物は、イギリス籍もしくは原産国籍の船によって輸送されなければならない、と定めていたのである。安価な運賃のおかげで運送人役を演じていた、海の仲買人たるオランダ人に対する「挑発」がそこにあった。数年後コルベールが発表した関税率もまた、この航海条令と同じ役割をフランス国内で果たすものであった。

第二次イギリス・オランダ戦争を終結させたブレダ条約

＊　一八五九年のリスボン条約では、勢力分界線を引き、島の西半部をオランダに譲渡することで両国の紛争にいったんけりがつけられた。しかし、この境界線は地域の現実に即したものでなかったため、一九〇四年のポルトガル・オランダ条約であらためて国境を直線化して状況の安定を図った。

＊＊　現在の東ティモールのことであるから、ここは「東の部分」の誤記であろう。なお、西ティモールを含めたインドネシアがオランダから独立するのは一九四九年、東ティモールの脱植民地化が始まるのは、ポルトガルで独立政権が倒れる一九七四年のこと。

（一六六七）では、すでにニューヨークとなっているニュー・アムステルダムをオランダは放棄し、代わりにスリナムを手にした。これだけでもオランダの支配力にひとつの歯止めがかかったことになる。たしかに、オランダの支配力は、モカ〔アラビア半島南西端の港町〕、バスラ〔イラク南東部の港湾都市〕、コロマンデル海岸〔インド南東部〕にある東インド会社の支店をいまだに動かしていた。ベンガル地方〔西ベンガル州とバングラデシュにまたがる、インド亜大陸北東部〕にはこの海外支店が二〇あまりに上ったうえ、バンコクやマラッカでもオランダの支配力は衰えていなかった。しかし一八世紀に入ると、東インド会社の配当金は最初四〇パーセントから二五パーセントに下がり、その後さらに下落していった。また大西洋では、オランダはブラジル北部を失い、ポルトガルがこれを取り戻す格好になった。スリナムはオランダに残されたが、失ったブラジル北部の埋め合わせにはならなかった。

じつは、「資本」の力が、軍事力に圧倒されていたのである。つまり、オランダは経済的能力をもちながら、またバイタリティーに恵まれながらも、自国艦隊にイギリス艦隊ほどの戦闘力がなかったために、白旗を揚げざるをえなかったのだ。もっと正確にいえば、オランダ艦隊とは別の投資場所ないし投資方法のほうが「儲かる」ようになってからというもの、オランダのブルジョワたちは艦隊の戦力に必要な配慮をもはや払わなくなっていたのである。

かくてオランダの凋落は、取り返しがきかなくなった。一七八〇年から一七八四年の第四次対英戦争に敗れたオランダは、フランス大革命（一七八九）とナポレオン〔一七六九～一八二一〕帝政期（一八〇四～一五）の戦争の結果、さらにセイロンとケープタウンを失った。しかも終始イギリスに利する形であった。このため、一八世紀からすでにオランダは、「英女王陛下の艦隊の一隻につながれた小船」とまで揶揄された。

海外ではイギリスがオランダ連合州の後釜に座ったが、イギリスの傍らにはフランスも控えていた。となれば、オランダからイギリスへの引き継ぎはおのずと紛争をはらむ。それもユトレヒト和約〔スペイン継承戦争およびアン女王戦争の講和条約〕（一七一三）からすでにそうであった。そればかりか、これ以後は海上だけに限らず、植民地領土内でさえ戦闘が行なわれた。カナダでは以前からイギリス・フランス間のつばぜり合いが始まっていたのだが、今やそれがインドに拡がり、のちにはアフリカにまでおよんだ。

狙われるスペイン植民地

東洋との交易はうま味があった。一方で、アメリカ大陸の金銀も、私掠船や台頭する大国（イギリスとフランス）にとっては抗しがたい魅力があった。一六世紀にドレークのような手本があればこそ、*スペインの無敵艦隊《アルマダ・インベンシブレ》が敗北してからは、船主や実業家と同じくヴェルサイユ（フランス王室）やウェストミンスター（イギリス王室）までもが、宝物《マゴ》をどうやって横取りするか頭を絞っていた。通りがかりを襲うのは、でたとこ勝負の愚策でしかない。

となれば、昇り調子にあるフランスの権力と、カルロス二世〔スペイン王（在位一六六五〜一七〇〇）〕の治世から没落してきたスペイン・ブルボン家の権力がひとつになったとき、ルイ一四世〔フランス王。在位一六四三〜一七一五〕がスペイン帝国に手をかけることは、当然の成りゆきであった。** さてイギリス人のほうは、この頃にはすでに、彼らの密貿易がジャマイカ〔アンティル諸島中の島。現在はイギリス連邦に所属〕からメキシコ沿岸にかけて盛んになり始めていた。加えて、スペイン王がポルトガル商人に認めた「アシエント」***も買い戻していた。こうしてスペイン領で黒人奴隷貿易を請け負うことは莫大な利益をもたらしつつあった。その結果イギリス人は、密貿易と「アシエント」契約を使うことによって、植民地を征服すること以上に、植民地の隅々にまで浸透することを願っていた。それというのも、巨利が引きだせるばかりか、戦争の危険性も最小限にくい止められるからであった。

そうした目論みが、カルロス二世の死によって、その遺言でスペイン王位継承がルイ一四世の孫息子のものとされたために、すっかり狂ってしまった。ヨーロッパは対フランス連合を築き（一七〇一）、イタリア、ドイツ、スペイン領ネーデルラント〔南ネーデルラント。ほぼ現在のベルギーとルクセンブルクに重なる〕で、また海の上や植民地で、戦争が始まった。アウデナールデ〔ベルギー、フランドル地方〕におけるブルゴーニュ公（ルイ一四世）の敗北があり、リール〔フランス北部〕が占領されたのちには（一七〇八）、フランスは本土侵攻さえ許した。ドゥ・ナン〔フランス北部〕におけるヴィラール〔一六五三〜一七三四。フランスの軍人、外交官〕の勝利がルイ一四世の苦境を立て直したとはいえ、すでにユトレヒト〔オランダ中部〕では妥協案が練られていた。その内容とは、ルイ一四世の孫息子にあたるフェリペ五世〔在位一七〇〇〜二四、二四〜四六〕においてはスペインの王位は保持するがフランスの王位継承権は放棄する、というものである（一七一三）。

ハプスブルク家とフランス王国は覇権争いで対立し、神聖ローマ帝国はスペイン領ネーデルラント、それとイタリアにあるスペイン領〔ミラノ、ナポリ、サルデーニャ〕を手にした。覇権争いとは別に、アメリカ大陸におけるスペイン植民地の行く末もまた戦争の主たる争点になっていたのだが、ユトレヒト和約では、

* ドレークは一五七七年から一五八〇年の世界周航の際、南アメリカでスペイン植民地や船舶を襲い、莫大な財宝を手にした（本書八四頁参照）。

** 後述のように、王（カルロス二世）に嗣子がなく、遺言で全領土がルイ一四世の孫に譲られたことがスペイン継承戦争の引き金となる。

*** スペイン語で「契約」の意で、スペイン政府が個人、会社、他国家に与えた商業的独占権をいう。もっともよく知られているのは、新世界植民地への黒人奴隷売買に関わるものである。他国の会社は多額の納付金を払ってこの奴隷売買独占権を取得した。

これら植民地はフェリペ五世の支配下におかれたままだった。ところが、イギリスだけはアメリカで自己勢力を拡大したのである。

まず第一に、イギリスは一民間会社〔後出の「南海会社」のこと〕のために、イギリス・スペイン両国が保障する「アシエント」を三〇年期限で獲得した。第二に、いわゆる「認可船」の権利、つまり、アメリカで自由に交易することができ、かつ密貿易も可能な船を一隻所有する権利を獲得した。やがてイギリスはこの利点をフルに生かした。認可船をブエノスアイレス〔アルゼンチン中東部、ラプラタ川沿い。大西洋から二五〇キロの湾内の都市だが、付近の川幅はほぼ五〇キロある〕の正面沖に配置し、それ以外の船はそこからブリストル〔イギリス、イングランド南西部の貿易港〕までを往復させることによって、認可船を湾の中心に据えられたいわば常設基地にしたのである。また、メシュエン〔一六五〇〜一七〇六。イギリスの政治家、外交官〕がポルトガルと条約を締結したことにより*、イギリスはブラジルで商取引をすることが可能になった。であるから、ラプラタ川ルートと平行するルートを使って、パラナグア〔ブラジル南部、パラナ州の港町〕、アスンシオン、チャコ地方〔ボリビア、アルゼンチン、パラグアイに広がる大平原〕を経て密貿易することもできるはずだった。しかし、イエズス会の布教団がその邪魔をした。それでもイギリス人は、スペイン帝国のもう一方の端で、ジャマイカを基点にしてホンジュラス〔中央アメリカ中部〕へと進出し、ミスキト人〔中央アメリカ、カリブ海に面し、ホンジュラスからニカラグアにかけてのモスキート海岸一帯に居住する〕の居住地域からパナマまでを支配下におこうとした。ただイギリス人はスペイン人と違って商取引を最優先するから、伝道をめざすことはない。

その結果、こんな状況が生まれていた。すなわち一方で、スペイン帝国の玄関口となるところでは例外なくイギリス人が密貿易の権利をわがものとし、他方で、イギリスに宣戦布告できないマドリード（スペイン王室）もまた威を振るっていたのである。両国対立の危機が剝きだしになったのは、やみくもな搾取で生じた紛争をスペイン人が解決するやり口に対して、ブリストルやリバプール〔イギリス、イングランド北西部。三角貿易の核となった貿易港〕の商人たちが抗議し始めたときのことである。もともとこの商人たちは、ユトレヒトの交渉に際して、スペイン帝国の一部を手中にできると夢見ていた連中である。ところが、スペインから実際に手にした譲歩は、彼らにとって愚弄と思えるほど微々たるものだった。**こうして好戦的風潮が高まるなか、ロバート・ウォルポール〔一六七六〜一七四五。イギリスの政治家、首相（一七二一〜四二）〕も開戦論を抑えきれなくなり、かくして一七三九年宣戦が布告された。これを好機と、スペイン側には、すかさずフルーリ枢機卿〔一六五三〜一七四三。フランスの政治家〕がついた。

このイギリス・スペイン戦争では、アンソン海将〔一六九七〜一七六二。イギリスの航海者〕の大航海が異彩を放っている。ヴォルテール〔一六九四〜一七七八。フランスの作家、啓蒙思想家〕が『ルイ一四世の世紀』（一七五一）のなかで讃えている、かの有名なアンソン海将である。アンソンはペルーに上陸する任務を負って船出したが（一七四二）、その艦隊は嵐で壊滅的打撃を受けた。にもかかわらず、彼は残った一隻のみでマニラのガリヨン船を追ってフィリピンに向かいこれを奪取し、積み荷をイギリスにもち帰った（一七四四）。この戦争当時は、メシュエン条約に基づいて締結された講和のおかげで、イベリア半島ではイギリス製品も自由に扱うことができた。

ロバート・ウォルポールとニューカッスル公〔一六九三〜一七六八。イギリスの政治家、首相（一七五四〜五六、五七〜六二）〕の時代では、こうした国家間戦争・衝突に世論の介入したことが新しい要素である。この世論は、もともとあった反スペイン感情から生まれたもので、復讐心が強く支配欲旺盛な「国粋主義的《ジンゴ》」気風となって現れる。反感の矛先は、スペインだけでなくフランスに対しても向けられる。それはフランスがカナダやインドに進出してきたからだが、事実からいえば、イギリス人入植者こそ北アメリカで急増していたのであった。ところで、一七四五年にカナダ南東部のケープ・ブルトン島をフランスから奪取したこともまた、国粋主義のお祭り騒ぎで迎えられた。スペインやフランスでこれについて無関心が支配的だったのと好対照である。たとえばフィリップ・チェスターフィールド〔一六九四〜一七七三。イギリスの政治家、外交官、文人〕曰く、「わたしの予想するに、フランスとのいかなる交渉であれ、もっとも克服しがたい困難のひとつとは、われわれがこのたび獲得したケープ・ブルトン島である。なんとなれば、ここは国民こぞって鍾愛《しょうあい》してやまぬ土地となっており、またこれまでのジブラルタルより一〇倍も人気があるからである」。

このような反フランス、反スペインの好戦的態度は、「三角貿易」の交叉点にあたるカリブ地域にも見られる。

フランス・イギリスの敵対

植民地におけるフランス・イギリスの敵対関係こそ、おそらく、ほかのいかなる衝突にもまして、フランス人の脳裏に刻まれている歴史であろう。なにしろ、「インドやカナダの喪失」とか「ファショダ事件」（一八九八）〔本書一三一頁参照〕など二世紀近くにわたる武力抗争が、頭のなかに点綴されているのだ。こういう書き方をすると、二つの確固たる植民地政策がそもそもの始まりから衝突してきたと思われそうだが、少な

＊　一七〇三年のいわゆるメシュエン条約のこと。これによってイギリスの毛織物製品がポルトガルに輸出され、その代わりに、ポルトガル産ワインの大幅な免税が行なわれた。両国はこれを機に経済的のみならず政治的にも連合してゆく。

＊＊　イギリス側はこのとき通商・軍事の拠点ジブラルタル（イベリア半島南東端の半島）とメノルカ島（スペイン東部、バレンシア湾沖合の島）のほか、スペインおよびその植民地との貿易に関する最恵国待遇を獲得した。

くともフランスの旧体制《アンシャン・レジーム》に限っていえば、場当たり的な政策を次々と打ちだしたにすぎない。実際には、ようやく帝国主義の時代になってから、両陣営がひとつの帝国を築こうとして絶えずぶつかり合った。そして後世なって、「歴史」を回顧的に解釈するヴィジョンがこの対立を一八世紀までさかのぼらせたわけである。

一七世紀からナポレオンの失墜まで、散発する抗争の折々に見られるのは、むしろこの対立の構築であり、フランス側ではとりたててイギリスを狙ったわけではない。フェリペ二世の時期には、狙われたのはどちらかといえばスペインで、フランスは、できることならその帝国の一部を手にしたかったようだ。しかし、その後のフランスは、イギリスによるスペイン分割を懸念して、スペインと同盟を結ぶ。一七世紀に入ると、インドのオランダ人領地が最初に狙われ、対立する英仏は武力紛争を繰り返す。オランダが急激に凋落し始める一六七〇年前後、ルイ一四世は、ともかくイギリスはフランスの同盟国である、ただし脆弱な同盟国である、と考えていた。これで分かるように、イギリスの力に対する過小評価は、きわめて早い時代から現れている。

フランス・イギリス間の抗争におけるもうひとつの特徴として、両者のカナダでの抗争が性質を異にした点をあげてよかろう。すなわちカナダでは、教皇絶対主義らしき臭い、あるいはそういって悪ければ、ともかく宗教的な臭いが抗争につきまとっていたのである。したがって、ある種の宗教戦争がいまだ続いていたともいえる。これに対しインドでは、目的は領土的というより、ひたすら商業的なものであった。

アンティル諸島では、フランスとイギリスの敵対関係は、おのずと入植者たちの利害関係のなかに分別しがたく溶け込んでいる。ただし、その利害関係は必ずしも各当事者の祖国とは結びついていない。

フランス・イギリスの歴史的敵対関係を特徴づける点は、もうひとつある。イマニュエル・ウォーラーステインが強調しているように、国内抗争が対外的抗争ほど重要でなくなるときに両国の敵対関係が激化するという点である。つまり、君主と封建領主・有力諸侯との抗争対立に、あるいはさらに宗教的諸問題に、国家の利害が取って代わるときこそ、国家間の敵対が激化するのである。

こうして国内の対立は国家間の抗争へとシフトし、植民地では、現地で搾取するために設立されていた各国のインド会社が、自社の利害よりも自国政府の利害を優先するようになった。

フランス・イギリスが抗争するこの時代、オランダの凋落は動かしがたかった。それでもオランダは、「東インド会社」のおかげでインド洋交易だけはまだ牛耳っていた。ところが、この会社もまたイギリスの「特許会社《チャータード・カンパニー》」と競合することになった。イギリスの「特許会社」は国家の債権者となることが多く、その立場からして国の援助を受けやすかった。* このため、「南海会社」の乱脈財政** や、アウラングゼーブ〔ムガール帝国第六代皇帝。在位一六五八～一七〇七〕の死後（一七〇七）にインドを見舞った激動や、ムガール帝国の崩壊*** があったにもかかわらず、一七二〇年から一七四〇年のあいだ会社の事業は拡大を重ねて止まるところを知らなかった。

とはいえ、マラーター王国**** の台頭で「特許会社」がボンベイ〔現ムンバイ〕やカルカッタにもつ支店は危機にさらされたばかりか、「イギリス東インド会社」さえも、アウラングゼーブの衣鉢を継ぐデカン高原の豪族《スーバブ》たちと連合せざるをえなくなった。「フランス東インド会社」のほうは、一七二三年にマエ〔マラバル海岸の港町。多くの資料では支店設立は一七二五年か一七二六年〕、一七三九年にカリカル〔南東部沿岸〕と基礎をおき、イギリスの会社とほぼ重なる区域を扱っていた。この「フランス東インド会社」は、「イギリス東インド会社」がロバート・ウォルポールの手の内にあったのと同じように、大臣フィリベール・オリィ〔一六八九～一七四七。フランスの政治家〕の弟ジャン・ルイ・オリィ〔一七〇三～五一。フランスの政治家〕が意のままにしていた。だがそのうちに、これらの会社の係官が従来より積極的なやり方を現地で始めた。しかもそのやり方は、商取引の枠を越えた。幕を開いたのはフランス側である。

ルノワール〔一六八三～一七四三。フランス東インド会社長官（一七二一～二三、二六～三五）〕は、マエに「フランス東インド会社」の拠点を築き、ローのシステムが破綻した時期（一七二〇）〔本書七九頁訳注*参照〕に会社の会計を守りきった。彼は行政官であるとともに思慮深い商人でもあった。それに引き換え、ルノワールの後継者となったデュマ〔一六九六～一七四六。フランス東インド会社長官（一七三五～四二）〕は、インド人に対して商人でなく、いかにも植民地官僚らしく振る舞った。このデュマは、太守《ナワーブ》たち***** と交渉したかと思えば、太守どうしの争いにまで介入した。また、マラーター同盟〔半独立的マラーター諸侯の連合〕に脅かされている王族ドスト・アリー〔生没年不詳。一七三二年、伯父のあとを襲って太守となった〕の娘や妻を救っ

---

* 特許会社の多くは国王への財政援助の見返りに法人格と貿易独占権を得た。すでに触れた「マーチャント・アドヴェンチャラーズ」や「モスクワ会社」、そして「東インド会社」も特許会社である。

** 一七二〇年のいわゆる「南海泡沫事件」を指す。イギリスの「南海会社」がスペイン領の「アシエント」を獲得して株価が急騰すると、多くの「泡沫会社」が誕生し、イギリスは空前の株式ブームに踊った。しかし、画餅にすぎない「南海会社」の利益は株価を暴落させ、その結果、一般の株式会社設立が禁止された。

*** 歴史的事実としての崩壊は一八五八年であるが、実質的には一八世紀に実権を失っていた。その時期については一七二〇年代あるいは一八世紀半ば等、諸説見られる。

**** シヴァージー（一六二七～八〇）により一六七四年に創始された、デカン高原の中・西部地域の王国。アウラングゼーブと敵対した。

***** ムガール帝国時代では地方知事、地方長官の称号とされたが、帝国弱体化とともに有名無実化し、有力者は自由にナワーブと称した。

たりもした。ことほどさようにデュマは、「東インド会社」の枠を逸脱するもっぱら政治的な活動を先駆的に行ない、本国の大臣たちに支援を訴えた。彼の後継者デュプレックス〔一六九七～一七六三。フランス東インド会社長官（一七四二～五四）〕にしても事情は変わらなかった。とはつまり、彼らの政策こそが、「イギリス東インド会社」の報復を呼び起こしたということである。

フランス東インド会社長官として在任した一七三五年から一七四一年まで、デュマの胸算用はこうだ。現地人の義勇軍すなわちセポイ（シパーヒー）を組織し、これをフランス人将校に統率させる。そしてこの部隊を、同盟した王族用に使いつつ会社の支店を要塞化しよう。こうして自分は権力者となり、太守の地位を授かるのだ、と。デュプレックスの目論見は、これをさらに一歩進めた。「東インド会社」が交易だけ扱うことや、一ヶ所ないし数ヶ所の軍事的占領だけに甘んじることはない。インドの王族らを保護してやるならば、彼らはそれと引き換えに開発すべき土地なり租税収入なりの権利を譲渡するだろう、と考えたのである。

ある意味でデュプレックスは、一世紀後のエジプトやモロッコで繰り返されるような保護領制の発案者であったといえる。

デュプレックスは、シルカル地方（ヤナム、マスリパタム）やコロマンデル地方（ポンディシェリー、カリカル）〔いずれもインド東南海岸でベンガル湾に臨む都市〕の海岸地域で、カルナータカ〔現在のマドラス州の一部〕の太守《ナワーブ》を味方につけた。これに対しイギリス側はこの領土拡張政策に不安を募らせ、ポンディシェリー攻囲の陣を敷いた。このときはカルナータカの太守がデュプレックスの危急を救った。それから一年後、マエ・ド・ラ・ブルドネ〔一六九九～一七五三。フランスの軍人、植民地行政官〕がやって来た。彼は、イル・ド・フランス〔現在のモーリシャス島。インド洋西部、レユニオン島とともにマダガスカル島の東に位置する〕とイル・ド・ブルボン〔現在のレユニオン島〕をインド方面ルートの一大基地に仕立てた功労者であった。ラ・ブルドネはマドラスを包囲し、マラーターからこれを奪還した。ところが、マドラスをカルナータカの太守に委ねることはせず、人質の身代金と引き換えにイギリス側に返還することにした。そのためデュプレックスはラ・ブルドネの降伏条約を反古にし、彼をバスティーユに投獄させた。デュプレックスはその後も、イギリスの海将ボスコーエン〔一七一一～六一〕にポンディシェリーを攻撃されながら、なんとか退けていた。しかし、エクス・ラ・シャペル（アーヘン）〔ドイツ西部〕の講和条約*（一七四八）の結果、彼はマドラスをイギリスに返還しなければならなくなった。

こうした経緯あったにもかかわらず、またもデュプレックスは、インド王族を仲立ちにしてカルナータカとデカン高原の相続騒動に介入する。イギリスも負けじと干渉するから、フランス・イギリス両陣営の衝突は不可避となる。しかし、イギリスのクライヴ〔一七二五～七四。軍人、政治家、初代ベンガル知事〕はデュプレックス側の傭兵相手に連勝を重ねる。じつはデュプレックスは広大な領土を掌握していたのだが、彼の征服はいかにも犠牲が大きかった。であるから、パリでもロンドンでも、双方の「東インド会社」は妥協点を探っていたのである。フランス政府委員のゴドゥーはデュプレックスが慎重さを欠いていると結論を下し、ついにデュプレックスは本国に召還された（一七五四）。ゴドゥーの名を冠した条約は、領土征服を目論む政策の終焉を告げるものであった。**

それでもなお戦争は再開した。今度はベンガルの太守シラージュ・ウッダウラ〔在位一七二九～五七〕が惹起した。彼はカルカッタのイギリス軍を屈服させ、一四六人のイギリス人を空気の通わぬ「真っ暗な穴」に閉じ込め、その三分の二を窒息死させたが（一七五六）、クライヴは九〇〇人のヨーロッパ人兵士と一九〇〇人のセポイ軍を率いてカルカッタ、シャンデルナゴル〔西ベンガル州。フランス領インドの経済的中心地〕を奪還し、プラッシー〔北東部、ベンガル地方の村〕の戦いで太守を破った（一七五七）。さらに彼は、援軍に来たムガール帝国軍をも撃退し、ベンガル、ビハール〔北東部〕、オリッサ〔東部〕の各州を「東インド会社」の保護領とした。これがイギリス人によるインド支配の端緒となる。

その後、ラリ・トランダル〔一七〇二～六六。フランスの軍人、行政官。ゴドゥーの後任総督（一七五五～六一）〕とビュシー〔一七二〇～八五。フランスの軍人、行政官で総督（一七八三～八五）〕は、再度インドにおけるフランスの地歩を固めようと試みた。しかし、それも失敗に終わり、パリ条約（一七六三）のときにはフランスはインドに五つの商館を残すばかりだった。しかも軍事的見地からすれば、すでにこれらの商館すらも喪失同然であった。ところが世間の目にはそう見えなかった。商館が残ったことだけでもショワズール〔一七一九～八五。フランスの政治家。パリ条約締結当時の外務大臣〕の外交手腕のたまものと映った……。

フランス側が敗北した理由はどこにあったのか。それは、デュプレックスが東インド会社を隠れ蓑にして行動したがゆえに、求めうる援軍が限られており、「はったりをきかせて」成功をことさら大きく見せねばならなかった点にある。むろん、カルナータカをフランス保護領とし、デカン高原をフランスの勢力圏にしたことは紛れもない。そのことからすればデュプレックスの成功を疑う余地はない。その証拠に、一七五〇年までは、インド人どうしのいざこざでデュプレックスがいずれ身動きできなくなると見たイギリス側が、少な

＊　フランス・スペインと、オーストリア・イギリス・オランダ・サルディーニャとのあいだで結ばれた条約。これによりオーストリア継承戦争が終結する。

＊＊　ゴドゥー（生没年不詳）はデュプレックスの後任として一七五四年インド総督になり、同年、後出のイギリス・インド総督のサンダーズといわゆるゴドゥー条約を結んだ。これによりイギリスとフランスの東インド会社は、商館の業務を越えて獲得された特権の放棄等を約した。

英仏抗争期のインド（1700〜61）

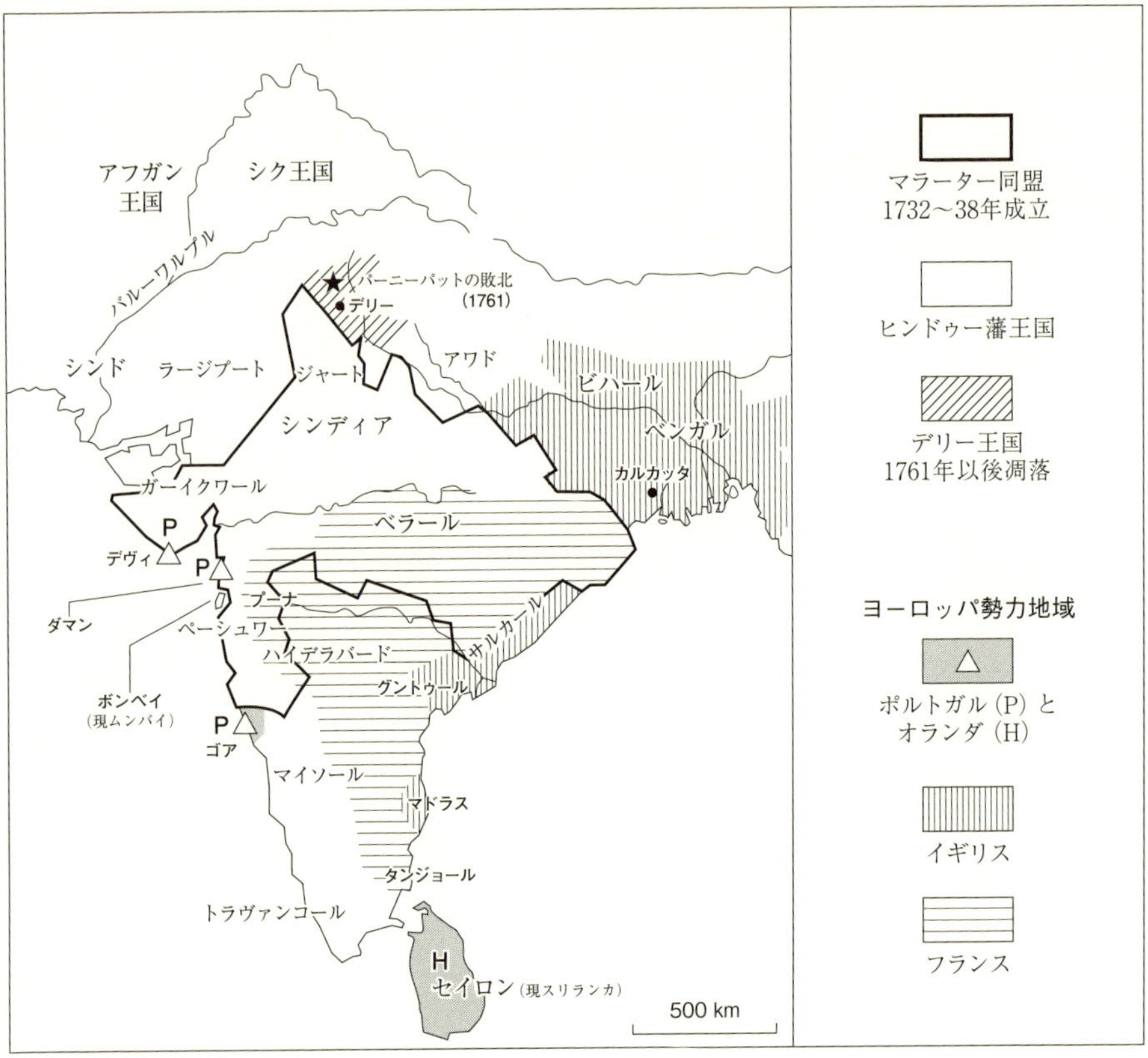

出典：l'Atlas Hachette, *Histoire de l'humanité*, ©Hachette, 1992 をもとに訳者作成。

くとも彼を放任しておいた。だが、ムザッファル〔?～一七五一。デカンの太守〕とビュシーがデカンの中心都市に進軍するにおよんで、イギリスの総督トーマス・サンダース〔生没年不詳。在任一七五〇～五五〕も腰をあげた。以後、デカンでもカルナータカでも、デュプレックスは道行く先々でこの総督にでくわした。そもそもこれだけ広大な領土はフランス人にとって大きすぎる獲物だった。

マルク・ヴィジエ〔フランスの歴史学者〕がその著『デュプレックス』(Vigié 1993) で示している見解によれば、たしかにデュプレックスは植民地軍の考案者であるとともに、新しい政策の唱導者でもあった。ただ、前後の見境がなくなる欠点があり、そのイギリス嫌いには病的なところが覗えた。「イギリスはインドにいるポルトガルの民を奴隷状態におとしめている。オランダの民はうなだれ、やがてはその軛に甘んじることだろう。イギリスはわれわれをもまた服従させたがっている」、とデュプレックスは記している。この彼の目には、パリにいる上層部の慎重な現実主義は惰弱さの証、愛国心の欠如、そして裏切りでしかない。

上層部を批判的に見るこの点からしても、デュプレックスは先駆者のひとりであった。というのも、彼が本国に召還され挫折を味わうのと軌を一にして、「失われたインド」や「イギリス人がわれわれから奪ったインド」なる神話が生まれてゆくからである。しかし、じつは彼の行動こそ、まだ本気でインド征服を考えていないイギリス人を反フランスの動きへと誘ったのだ。デュプレックスは、レーナル神父のような国王寄りの人々からは賞賛され、ヴォルテールのような国王の植民地政策に反対する人々からは批判された。一八七〇年以降になると、つまりフランスがまたも帝国獲得を欲望し始める頃だが、人々はデュプレックスの生涯を回想することによってイギリス人への憎悪を蘇らせた。かつまた、モンカルム*〔一七一二～五九。フランスの将軍〕と同じように、人々はデュプレックスを英雄へと祭りあげた。事実、一八八一年から一九一三年のあいだに、デュプレックスとフランス東インド会社にまつわる著作は一四作も出版されている。

北アメリカにおけるフランスとイギリスの敵対関係は、入植者どうしの対立である。だが双方の状況で根本的に異なるのは、総体的に見て、フランス側では首都パリが入植者の運命にほとんど関心を寄せなかったのに対し、ロンドンは逆にアメリカ大陸にいる英語圏の人間を保護しようと懸命になっていたことだ。この違いはなぜなのか。

＊ モンカルムはフレンチ・インディアン戦争（一七五五～六三）さなかのフランス領北アメリカ（カナダ）に派遣され活躍したが、一七五九年、アブラハム高原の戦いでイギリス軍に破れ、戦死した。

まず、フランスの世論にとっては、これらの地域の開拓から生ずる利益が限られていたことがある。「あんな雪ばかりのわずかな土地に何ほどの価値があろうか」とヴォルテールは疑問を投げた。外務大臣ショワズールもまた、一七五八年に、オランダ王国の一リュー四方〔一リューは約四キロ〕のほうがカナダ全体より価値がある、と断じた。これより少し時代が下ると、モールパ伯爵〔一七〇一〜八一。フランスの政治家〕がこう記している。「この植民地の位置する緯度から鑑みて、アメリカの島々と同じだけの富をもたらすことは無理だ。そこで行なわれている栽培がフランス王国と同じものだとしても、やはり無理だ。ただし、ぶどう酒は別である」。以上は土地をもつ者の見方である。また、七年戦争時代（一七五六〜六三）のことだが、モンカルム侯爵がフロントナック要塞〔オンタリオ湖北端〕陥落のあとで援軍を呼びかけると、海軍大臣ベリエ〔一七〇三〜六二〕はすげなく答えた。曰く「母屋に火がついたら、厩《うまや》に構ってはおられん」。

イギリス人は、北アメリカに対して、フランス人と違う見方をする。彼らにとっての入植者とは、自分たちに安価な原材料（とくに木材）や毛皮を送ってくれるだけでなく、ゆくゆくは加工品を売りつけることにもなる労働者であり顧客にほかならない。とすれば、いわゆる「独占」貿易制はイギリス企業家にとって有利に働くはずだ。むろん、アメリカの入植者が自分自身では「ただ一本の釘さえも」製造せず、本国イギリスからこれら製品を購入する、という条件つきである。

かくして、カナダで宗教上の対立が克服されて以後、イギリス政府は海を越えて入植者を続々と送り込む。それに引き換え、フランスのブルボン家は依然としてわれ関せずの態度であり続ける。その結果、一七四〇年頃には、イギリス人の北アメリカ入植者数が一〇〇万近くまで伸びるのに対し、フランス人入植者は、ルイジアナの数千人を別にして、全体ではせいぜい八万人を数えるにすぎない。

一八世紀の場合、移民の動機として宗教的迫害はさほど重要ではない（しかも、一六八五年にナントの勅令*が廃止されると、フランスのプロテスタントはアメリカ大陸行きを望んだが、国王ルイ一四世はこれを禁じた。ただし、アメリカ大陸への渡航希望者が多数いたという証拠はどこにもない）。理由はむしろ経済的次元のものである。すなわち、アイルランドの農作物危機、戦争によるファルツ選帝公領〔ドイツ西部。一六八八〜九七年までファルツ戦争の主要舞台となる〕の荒廃こそ、移民をうながす根本である。業者は渡航を引き受けたのは、各地の移民代理業者である。イギリス人かオランダ人で、フランス人はいなかった。あふれかえる移住者の出身地がアングロ・サクソンやゲルマンの諸地方であるのは当然の成りゆきだ。こうして、アルスター地方〔アイルランド島北東部〕に移住した先祖をもつスコットランド系アイルランド人、およびライン川流域のスイス人とドイツ人が、北アメリカにひしめくことになる。

北アメリカに渡ったこれら入植者が内陸部に進むと、オハイオ川〔アメリカ北東部を北西に流れるミシシッピ川の支流〕沿いに定住するフランス人とぶつかる。フランス人の住みついた地所は、西部地方に向かうルートを遮っているからだ。これが第一の衝突理由となる。第二の衝突理由は、とくにボーアルネ総督〔一六七一～一七五九。フランスの軍人。ヌーヴェル・フランス（北アメリカにおけるフランス植民地の総称）の総督（一七二六～四六）〕の頃、一部のフランス系カナダ人が、五大湖ないしハドソン湾から太平洋に到達できそうなルートをしらみつぶしに踏査していたことにある。太平洋という「西部の海の探索」のために、ラ・ヴェランドリー〔一六八五～一七四九。フランスの探険家〕のような人々が、草原を通って初めてロッキー山脈に達していた。ところが、彼らはそうやって領地として標識を立てておきながら、それを活用することがなかった。そのために、イギリスの「ハドソン湾会社**」が横取りを画策するのである。

もうひとつ事実をつけ加えておこう。フランスの「インド恒久会社」が幅を利かすルイジアナ***では、南部のカロライナ・ジョージア地域からイギリス人が移住し、フランス人と衝突した。この衝突がインディアンを介した武力抗争と化し、イギリス側がナチェス人やチカソー人〔いずれも当時ミシシッピー州に住んでいた南東インディアンの部族〕をフランス人に対して蜂起させた。結局、会社にはルイジアナを守りきる力がなく、一七三一年、この地を開発する特権を、やむなくルイ一五世〔在位一七一五～七四〕治下の国王政府に返還した。

フランス人と衝突した原因は、ロンドンの政策というより上記のアングロ・サクソンの進出にある。もっとも、イギリスが自国の入植者たちを支援し、世論も彼らを鼓舞してフランス人への怒りを爆発させたのに引き換え、ヴェルサイユのほうは素知らぬ顔ではあった。最初の攻撃は、エクス・ラ・シャペルの条約（一七四八）の直後に行なわれた。イギリス領ノヴァ・スコシアのハリファックスからフランス領アカディア****に向かって攻撃が開始された。その一方で、南西方面のマサチューセッツからセント・ローレンス川方面にも入植者

＊　アンリ四世が一五九八年に発した、プロテスタントの信仰権利を認めた法令。

＊＊　ルパート王子（一六一九～八二）を初代総督として一六七〇年成立。ハドソン湾地域、ニューファンドランド、アカディア（ノヴァ・スコシア）を範囲とする、広大な土地を支配していた。

＊＊＊　ルイジアナの交易独占権はルイ一四世によって金融家アントワーヌ・クロザ（一六五五～一七三八）に与えられたが、クロザはこの特権を一七一七年に「インド恒久会社」の前身である「西洋会社」へ譲渡した。

＊＊＊＊　七年戦争の開始前後では、ほぼ北緯四五度を境として、ノヴァ・スコシア半島の南の部分がイギリス領ノヴァ・スコシア、北の部分および隣接する今日のニュー・ブランズウィック州がフランス領アカディアと呼ばれた。ハリファックスは、境界線近くの大西洋岸にある。

が進んできた。彼らはセント・ローレンス川方面と大西洋方面とを分ける稜線に達した。時を同じくして、とくにアイルランドやドイツからの入植者たちがイリノイ方面に拡がってゆき、ピッカウィラニー砦〔イリノイ州、北緯四〇度付近〕を築いた。また、ジョージ・ワシントン〔一七三二～九九。アメリカ初代大統領（一七八九～九六）。英仏植民地戦争で民兵中佐、のち民兵軍司令官となる〕に率いられたヴァージニアの入植者たちは、ジュモンヴィル〔一七一八～五四。フランスの軍人〕率いるフランス人と戦闘におよんだ。その後、ジュモンヴィルが謎めいた殺され方をし、フランス側はネセシティ砦〔オハイオ川沿い〕で降伏することになる。*

フランス人がイギリスに抱く遺恨は、総督チャールズ・ローレンス〔一七〇九～六〇。イギリスの軍人。在任一七五六～六〇〕のとった措置により、さらに募った。ローレンスはフランス領アカディアを奪取したあと、そこの住民たちを四散せしめる「大壊走」に着手したのである。これで住民一万人中の七〇〇〇人までがニュー・イングランドやそのほかのアメリカ内イギリス植民地に追放された。

七年戦争（一七五六～六三）で軍事行動が再開されたとき、イギリス側は大型艦一五八隻を保有し、フランス側の約六〇隻をはるかに凌いでいた。このためフランス側の小型艦艇三〇〇隻はたちまち拿捕され、フランス海軍は六〇〇〇人の水兵を失った。イギリス軍はこうして海戦で圧勝すると、その勢いを借りてラゴス〔ポルトガル南部の港湾都市。ここでの海戦は一七五九年〕でボスコーエン提督がラ・クリュ〔一六九六～一七六四。フランスの軍人〕を破り、さらにはフランス本土上陸を企て、ベル・イル島〔フランス西部、ブルターニュ半島南岸〕を占領した。

このように、フランス王国海軍は本国の海岸を防衛することすらおぼつかない。となれば、数で圧倒されているカナダのフランス人のために、必要最小限の援軍も派遣不可能だ。それでも、モンカルム侯爵の軍事的才能のおかげで、イギリスも楽勝とはいかない。イギリス人たちはカナダとルイジアナの分断を目的に、まずデュケーヌ要塞〔オハイオ川の分岐点にある今日のピッツバーグ〕やフロントナック要塞を占領するが、その一方で、東部においてはボスコーエン提督の艦隊が北アメリカにおけるフランスの威信を象徴する要塞ルイブールを占領する（一七五八）。さらに、ジェームズ・ウルフ〔一七二七～五九。イギリスの軍人〕がモンカルム侯爵に仕掛けた天王山決戦で両指揮官はともにケベックを目前にして倒れ、この地はイギリスの手中に落ちる。そしてついに、フランスの総督ヴォードルイユ侯爵〔一七二四～一八〇二〕がモントリオールでイギリス人入植者たちに包囲されて降伏を余儀なくされる（一七六〇）。

ルイ一五世の政府は、大陸進出という固定観念に以前から憑かれていたのだが、パリ条約（一七六三）のときには海外領土をあきらめた。すなわち、イギリスにカナダを明け渡し、ルイジアナを同盟国スペインに返還するのである。アメリカ大陸の広大な領有地のうちでフランスに残っているのは、もはやカリブ海地域の一部にすぎない。カナダよりもこちらのほうをフランスは気に入ったわけだが、この選択についてはあとでまた触れよう。

当時のフランスの重農主義者ブルラマク**は、フランスが敗北した原因を分析して、こう見てとった。「地方総督、太守、司令官、この三者間の権限構成がまずかったこと、さらに、プロテスタントのための寛容を拒否したこと、外国人のための移民政策がなかったこと、修道会が推進する過度の領土拡張政策、原住民向けの政策の欠如。そしてむろん、本国政府の盲目ぶり」。

歴史を客観視できるだけ時がへだたると、一七六三年は、初期のフランス植民地帝国の終焉を告げる年と見なされるようになる。しかし、当時の見方は別である。第一に、フランスは最重要とされたアンティル諸島を確保した。第二に、大臣たちは再度カナダに地盤を築く目算があった。ショワズールとヴェルジェンヌ〔一七一九～八七。フランスの外交官、政治家。一七七四年、ルイ一六世（在位一七七四～九二）の外務大臣となり、ショワズールの対英政策を引き継ぐ〕は、じつは、そのために腐心していたのである。

ちょうどここで、合衆国の独立戦争（一七七五～八三）が始まる。逆説的なことに、ヴェルサイユの王室はイギリスに報復するために、かつてフランス敗北の原因となったイギリス人入植者と手を組む。そんな有様では、カナダのフランス人が距離をおいて傍観したとしても、けだし当然ではないだろうか。

対立の残滓とあらたな決闘場

フランス・イギリスの敵対関係は、インド地域へのルート発見とともに出現した。その関係は、一七七六年に起きたアメリカ大陸の事件〔アメリカ独立〕で決着がついたわけではない。まして、フランス革命（一七八九）や第一帝政〔一八〇四～一四。ナポレオン一世の支配によるフランス帝国〕や一八二一年までのスペイン植民地の独立***とともに終了したのでもない。敵対関係はその意味の一部を失ったにすぎない。

フランスはインド、カナダ、ハイチを失い、フランス植民

---

* 指揮官ジュモンヴィルが殺されたのは確かだが、降伏したのは兵員数で劣るワシントンのほうである。

** モンカルム配下の軍人であるシャルル・フランソワ・ド・ブルラマク（一七一六～六四）のことと思われる。彼は『カナダの回想』（一七六二）を残している。

*** パラグアイ（一八一一）、アルゼンチン（一八一六）、チリ（一八一八）、コロンビア（一八一九）、メキシコ（一八二一）など。

地という直轄領地は瓦解した。その崩壊ぶりは、スペイン領土の瓦解に負けず劣らず、壮観このうえない。スペインにしても、もはやフィリピン、キューバ、それといくつかの小領土を残すばかりだったからである。にもかかわらず、奇妙なことに、パリ条約やフランス革命や第一帝政によって、もっとも打撃を受けたのはイギリスである。イギリスはこれらの危機をことごとく切り抜けた。とはいえ、世界中の植民地が反旗をひるがえしたばかりとあって、「世界にまたがるイギリス帝国」との理由でアメリカの独立に異を唱えるわけにはいかなかった。懸案の海外移民政策も考えなおすべき時期がきていた。

そのうえ、本国との経済的紐帯が強い植民地、とりわけ砂糖の採れる島々には、また別の脅威が迫っていた。こうした植民地はそれまで莫大な利益をあげており、たとえばフランス側の植民地などは、カナダとインドを喪失したのちの一七六三年から一七八九年にかけてかつてないほど繁栄していた。しかし一八〇〇年以降になると、黒人の反抗や奴隷制・黒人奴隷売買の廃止があって、これら領土の将来を脅かしかねない状況だった。それだから、すでにして…パリやロンドンの人々は自問自答していた。あの植民地を独立させたうえで、うま味のある取引ができるのなら、そちらが得策ではなかろうか、と。

一八一五年以降は、インドとインドネシアだけがイギリスやオランダにさらなる利益をもたらすという状況である。植民地をめぐる旧来の敵対関係は、記憶のなかではまだ生々しかったものの、もはや差し迫った現実性を有してなかった。

そればかりでなく、フランスが征服政策を復活させたとき、その場はアルジェリア、アンナン、セネガルそしてやがてチュニジアと、かつての競争相手イギリスの勢力拡大域から遠く隔たっていた。ところが、イギリス人もまたオーストラリア、ニュージーランド等々の遠隔地を奪取してゆき、こうして両者は太平洋で衝突する。

大分岐点——エジプトあるいはアルジェリア

ナポレオン・ボナパルトのエジプト遠征（一七九八）は、その「伝説」を取り払い、冒した危険、回避した陥穽、非合理性などを含めて考え合わせるならば、領土拡張の典型的変遷を描いている。ボナパルトはフランス学士院会員として軍を引きつれ、学者の一団に囲まれてエジプトに姿を見せる。一団とは、数学者二一名、天文学者三名、技師一七名、博物学者一三名、印刷工二二名、等々である。そのなかにはモンジュ〔一七四六〜一八一八。フランスの数学者〕、ジョフロワ・サン・ティレール〔一七七二〜一八四四。フランスの博物学者〕、ベルトレ〔一七四八〜一八二二。フランスの化学者〕らの著名人が目白押しだ。ボナパルトの思惑とは、これぞ文明ともいうべき軍隊を率いて上陸することで、黄金もキリストも問題ではない。それればかりか、「余は、マムルーク〔アラブ軍に組織された黒人以外の奴隷軍人〕よりさらに、神とその預言者とアルコーランを敬う」とまで彼はいい切る。アルコーランすなわちコーランである。

以上がボナパルト事件の第一の特徴だが、長期的な歴史情勢の流れのなかにこの事件を定着させてみれば、おそらく第二の特徴が浮かびあがってくるだろう。残念ながら伝統的な史料編纂官は、出来事の物語を年代順に裁断することによって、たとえば、旧制度《アンシャン・レジーム》、フランス革命（一七八九）、第一帝政（一八〇四）、王政復古（一八一四）、といった具合に切り分けることによって、そうした長期的な情勢の流れを隠蔽してしまう。

さてその第二の特徴に関係して、一七九七年、これまたフランス学士院において、エジプトをフランスへ割譲させるというショワズールの計画をタレーラン〔一七五四～一八三八。フランスの政治家、外交官〕がまた引っ張りだしてきた。エジプトは当時もてはやされた国で、クロード・エチエンヌ・サヴァリー〔一七五〇～八八。フランスの旅行家、東洋学者〕のあとを受けてヴォルテールが『エジプト・シリア紀行』のなかで描いてもいた。* そこで当然のことながら、一七八四年にマイソール〔インド南部〕のスルタンとなった同盟者ティッポ・サヒブ** 〔一七四九～九九〕と合流するために、インドへのルートを再開することが必要となるだろう（イヴ・ブノ『ナポレオン統治下の植民地をめぐる錯乱』＝Benot 1992 参照）。

新たな状況という意味では、瀕死のオスマン帝国（オスマン・トルコ）を解体しようとする考えが浮上して、上記のインドへの計画と結びついた点があげられる。オスマン帝国については、エカテリーナ二世〔ロシア皇帝（在位一七六二～九六）〕とヨーゼフ二世〔神聖ローマ皇帝（在位一七六五～九〇）〕も、「ギリシア帝国」のようなものを後釜に据え、事のついでにどこかの部分をかっさらおうと計算していたようだ。スペインとフランスにしても、それぞれ分け前を取ろうとするだろう。スペインにはエジプトもしくはバーバリ地方〔アフリカ北西部沿岸〕が分与されるだろう。しかもボナパルト自身、一八〇二年にアルジェ遠征を準備した。「かの地の略奪行為はヨーロッパの、そして現代の、恥辱であるゆえ」というのが、その理由であった。そしてまたも一八〇八年、エジプトをイギリス人の手から引き離すために、ボナパルトは再征服を思い描く。こうして、「病める人」オスマン帝国をめぐってフランス・イギリスの敵対関係が生まれるの

* ヴォルテール（一七七八没）の作品にこの著作名は見あたらない。おそらくヴォルネー（一七五七～一八二〇）の著した『エジプト・シリア紀行』（一七八七）の間違いであろう。ただし、ヴォルネーだとしても、サヴァリーの『エジプト便り』（一七八八～八九）より刊行年は先行する。

** ティッポ・サヒブは一七八三年、フランスと同盟してマイソールからイギリス勢力を追放した。しかし一七九二年、コーンウォリス（一七三八～一八〇五。アメリカ独立戦争時のイギリス軍の指揮官でベンガル総督）率いるイギリスとマラーター・ニザム（藩王国）との連合軍に敗れ領土の半分を失い、さらに一七九八年、ボナパルトの援軍を期待して再度戦端を切るが敗北・戦死。

だが、ナポレオンは最初何度か勝ち戦をしただけで、オスマン帝国に手をかけることはできなかった。ナポレオン軍を打ち破ったイギリス軍にしても、代わりに進出を図りながら、結局はムハンマド・アリー＊（一七六九～一八四九）によって退却を余儀なくされる。そこでイギリス軍は、現地に残っていたフランス側と二国間同盟を画策する。

エジプト遠征とアルジェリア計画には、何にもまして、植民地化の歴史における転機が如実に現れている。事実、計画を推進した者たちは、植民地化は奴隷売買と奴隷制に抗する闘いにほかならない、とおおっぴらに謳っていた。彼らはこうして、一九世紀にアフリカを征服する一番手となるのである。

ひとつの挿話――エジプト帝国主義のはかない栄光（一八二〇～八五）

フランスとイギリスがエジプトに狙いをつけていたちょうどその頃、エジプトのほうはオスマン帝国の支配を脱し始め、かつての路線を取り戻しつつあった。すなわち、南方のスーダンへと向かうアラブ帝国主義、アラブによる植民地化である。この時代、ロシア人がカフカス地方に進出してきてからは、エジプトの白人奴隷の主たる供給源が減少しつつあった。奴隷供給源としてのチェルケス人＊＊やグルジア人を奪われたイスラーム諸国は、奴隷確保のために別の供給源へ目を向けざるをえなくなっており、そのためナイル川流域に沿った交易が新たに活気づいてきた。エジプトがエチオピアに進出した主要な動機のひとつはそこにある。それに、エチオピアの奴隷、なかでも女子奴隷はザンジ（黒人）より高値だという事情もある。

エジプトの副王ムハンマド・アリーには、エチオピアで獲得した黒人をヒジャーズ地方（聖地メッカ、メジナを擁するサウジアラビア北西部）で活用できるとの見通しがあった。そればかりか、彼らを自軍に編入する計算もあった。黒人以外のニザーム・ジャディード（ヨーロッパ式訓練を受けたムハンマド軍に与えられた名称）がアラビアの暑さに耐えられなかったからである。エジプトにとってはワッハーブ派（一八世紀中葉のアラビア半島に生まれた復古的立場のイスラーム改革派）から聖都（メッカ、メジナ）を奪い返すことも重要であった。南方とヒジャーズ地方を押さえた暁には、ムハンマド・アリーはカイロ、スーダン、聖都の主となり、大アラブ帝国を甦らせることも夢でなくなるだろう…。

エジプトによるスーダン征服はオスマン・トルコによる支配の時代に、副王の名ですでに始まっていた。その征服は、ナイル川の水源地域に当たるダルフール（スーダン西部。一八七四年のエジプトによる征服まではダルフール王国があった）まで達するのに数十年の歳月を要したとはいえ、ともかくも国の大部分は一八二〇年から一八二六年のあいだに征服された。一八二四年にエジプト人はハルツーム（スーダンの首都。白ナイルと青ナイルの合流点にあたる）を創設し、租税制度を定めたため、数多くの反乱を引き起こした。また、オスマン・トルコ語〔現代トルコ語文語のもととなった言語。行政用語、文学用語として広く用いられた〕を行政上の言語として課した。

オスマン帝国では、伝統的に指導者の多民族登用が確立していた。植民地化した地域においても、その原則は変わらない。実際、スーダンの総督の出自はさまざまである。たとえば、一八二一年から一八八五年まで、すなわち、スーダンがオスマン帝国に支配されていた時代と自立したエジプト***に支配された時代において、二四人の総督のうちには、チェルケス人八名、クルド人二名、トルコ人五名、ギリシア人二名、アルバニア人一名、イギリス人一名（将来のゴードン・パシャ〔一八三三〜八五。軍人〕）、そして一名だけエジプト人がいる。課税の基本は土地である。課税単位は水車《サーキヤ》の数とし、生産物の多寡に応じて年一五ピアストル〔スーダンの補助貨幣単位〕から一三二ピアストル払わなければならない。灌漑されてない土地はこれよりずっと課税が少なく、ナツメヤシの実で納税することもある。

黒人兵士はスーダンを離れると病死しがちなので、兵士自身の出身地を植民地化するために配属された。軍事訓練を積んだ彼らは、ある種の傭兵集団を形成してゆき、これがやがて「ヌビ」と呼ばれる。黒人軍を擁さないエジプト副王《ヘディーウ》にとっては、まことに有能な部隊であった。のちのちこれがタンガニーカ〔大陸東部タンザニアの北西内陸部〕のドイツ人、コンゴ〔中部アフリカ〕のベルギー人にとって、傭兵としての役割を果たすだろう。アミン・ダダ〔一九二五〜二〇〇三。ウガンダの軍人、政治家。イギリス植民地軍に入り（一九四六）、のち大統領（一九七一〜七九）〕はその後裔のひとりである。

エジプトの領土拡張政策は、最終的に白ナイルの水源地域の探査として具体化した。もろい黒人部族が相手であったから、ハルツーム下流域での測定は難なく終わった。また、この地域に多いゾウが冒険家や旅行者を惹きつけ、一八六〇年代のヨーロッパでは「スーダンへの旅」がまるで文学の一ジャンルであるかのように流行した。

ところで、ムハンマド・アリーの後継者たるアッバース・ヒルミー一世〔ムハンマド・アリー朝第三代副王（在位一八四八〜五四）〕やムハンマド・サイード〔同第四代副王（在位一八五四〜六三）〕が抵抗しようとしたのは、この押し寄せるヨーロッパ人たちである。だが、一八六七年に

* ムハンマド・アリーはオスマン帝国の元傭兵隊長で、エジプトのムハンマド・アリー朝の開祖（在位一八〇五〜四九）。ナポレオンによるエジプト侵攻に対しアルバニア兵を率いて戦い、またイギリスの干渉を排除した。一八〇五年にオスマン帝国よりエジプト副王として認められてからは、エジプトの近代化を積極的に進めた。

** チェルケス人はカフカス北部の黒海岸地域に住んだアディゲ、チェルケス、カバルダ三民族の総称。中世からイスラーム諸国で奴隷として使役された。

*** 一八四〇年、副王ムハンマド・アリーは地位の世襲を認められ、エジプトは実質的にムハンマド・アリー朝となる（本書三八七頁訳注＊参照）。

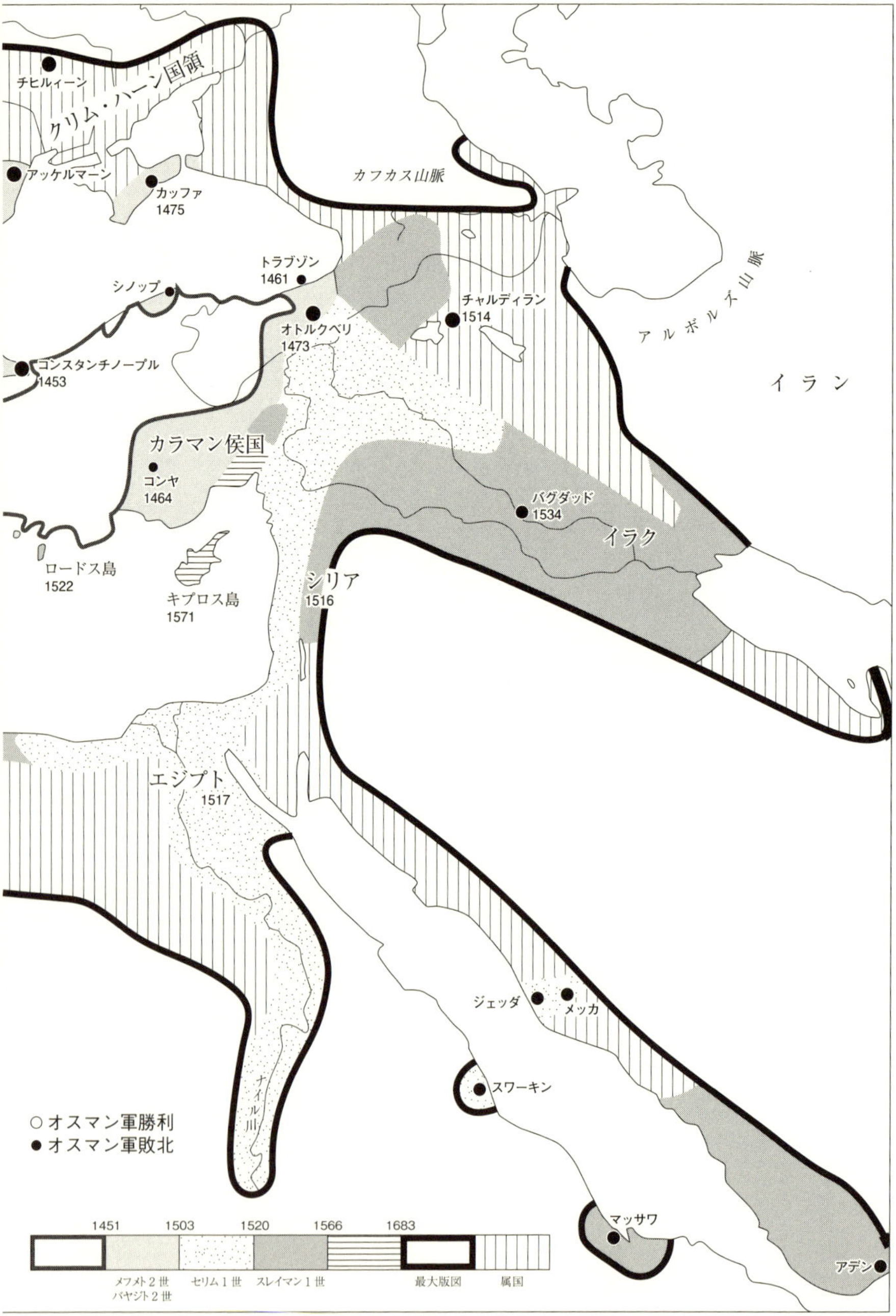
チヒルィーン
クリム・ハーン国領
アッケルマーン
カッファ
1475
カフカス山脈
トラブゾン
1461
シノップ
オトルクベリ
1473
チャルディラン
1514
アルボルズ山脈
イラン
コンスタンチノープル
1453
カラマン侯国
コンヤ
1464
バグダッド
1534
イラク
ロードス島
1522
キプロス島
1571
シリア
1516
エジプト
1517
ジェッダ
メッカ
スワーキン
ナイル川
○オスマン軍勝利
●オスマン軍敗北
マッサワ
アデン
1451
1503
1520
1566
1683
メフメト2世
バヤジト2世
セリム1世
スレイマン1世
最大版図
属国

15〜17 世紀のオスマン帝国

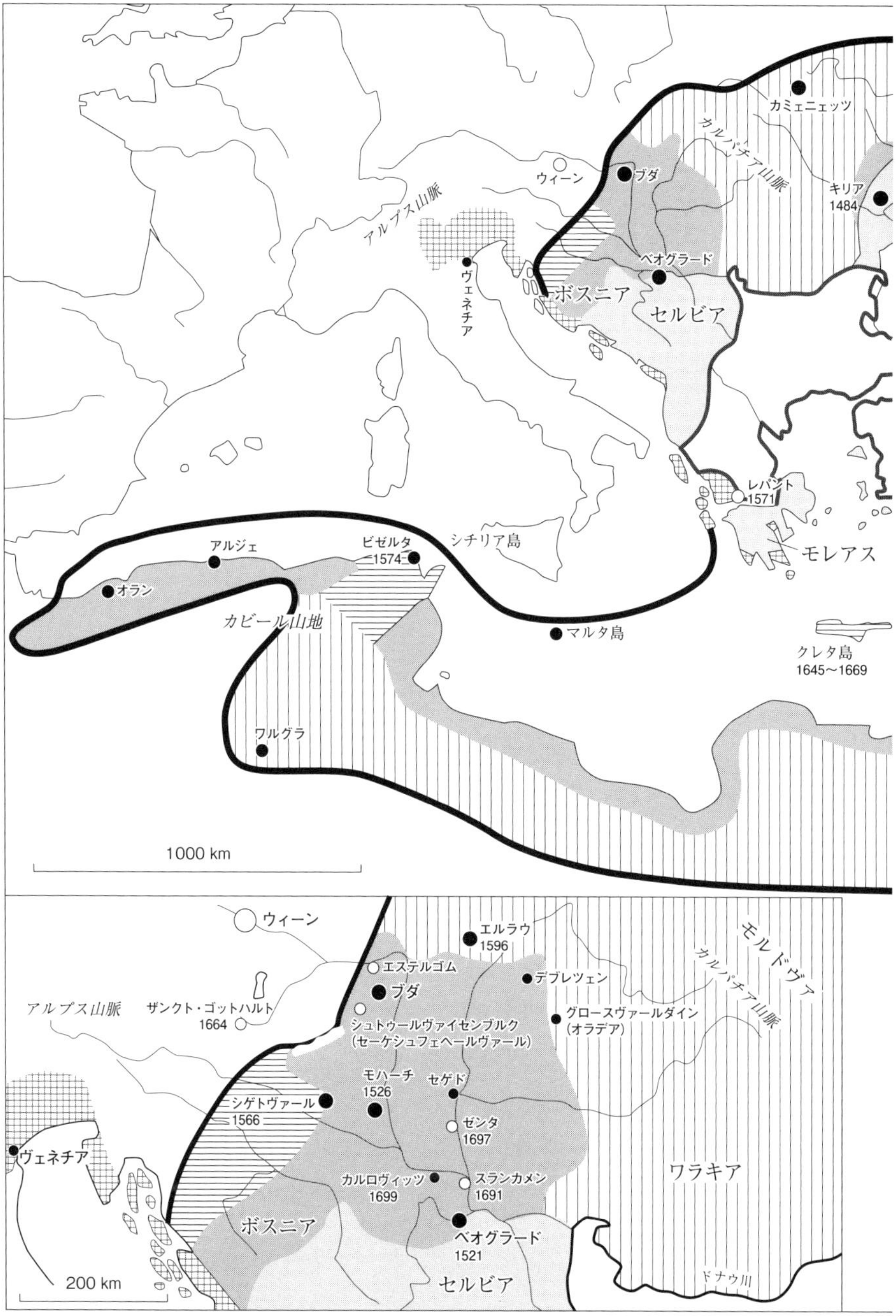

出典：l'Atlas Hachette, *Histoire de l'humanité*, ©Hachette, 1992 をもとに訳者作成。

エジプト副王《ヘディーウ》を世襲したイスマーイール・パシャ〔在位一八六三〜七九〕は国の近代化を願うあまり、当時のほかの君主と同じように、鉄道と蒸気船の魅惑に屈した。やがて彼は、レセップス〔一八〇五〜九四。フランスの外交官。一八五八年イスマーイール・パシャからスエズ運河独占権を獲得〕の業績となるスエズ運河の建設にのめり込んでゆく。

運河建設という世紀の大事件、これでイスマーイールはエジプトの強大さをまざまざと見せつけた。と同時に、そうすることで、以後この国が現代の「列強」の仲間入りをすることを証明した。開通式には王族のほか、イプセン〔一八二八〜一九〇六。ノルウェーの作家〕やフロマンタン〔一八二〇〜七六。フランスの画家、小説家〕やゾラ〔一八四〇〜一九〇二。フランスの作家〕らの作家、音楽家が招かれた。一八六九年、ウジェニー皇后〔一八二六〜一九二〇。ナポレオン三世（在位一八五二〜七〇）の后〕が運河を渡る船列の先頭に立ち、一八七一年には、この日のために作曲されたヴェルディ〔一八一三〜一九〇一。イタリアの作曲家〕のオペラ『アイーダ』の上演がカイロで始まった。

エジプトは「西洋の誘惑」に屈しつつあった。

イスマーイールは、ヨーロッパの狙いが帝国主義的なものだということを痛いほど分かっていた。それだから、アメリカの技師や軍事顧問に助けを求め、南部の高スーダンを狙うフランス人とイギリス人に速度で勝ろうとした。一八七八年の万国博覧会に際して、彼はこうぶちあげた。わが国は、エジプトのアフリカ帝国がチャド湖〔大陸中央部〕まで拡がるような一枚の地図を、大西洋までの道を開く計画書を付してお見せしよう、と。

事実、ソマリア〔大陸東端〕方面に遠征しただけで多少の成果が手に入った。しかし、一八七五年から一八七六年にかけてエチオピア軍がエジプト軍を破ったから、差し引きするとその成果も微々たるものといっていい。

これより以前のこと、エジプト副王《ヘディーウ》のイスマーイールは奴隷売買にけりをつけようとして、イギリス人のゴードン・パシャにその役目を託していたのだが、このハルツームの総督*は、その役目をまるで十字軍さながらの任務に変えた。ところで、奴隷売買は一〇〇〇年近くもまえからこの国を養ってきたもので、奴隷がいなくなると肝心の隊商のほうが壊滅してしまった。エジプト近代化の名のもとに投じた費用もついには負債を生み、やがてそれが致命傷になって経済の大部分がヨーロッパ列強の管理下におかれてしまい、エジプトはこの債権者の手に落ちた。一八七九年、エジプト副王《ヘディーウ》は退位する。まもなくアラビ・パシャ〔一八三九〜一九一一。軍人、政治家〕**がヨーロッパのエジプト支配に抗して立ちあがると、それを機に一八八二年には、イギリス人が国を占領する。

エジプトによる植民地化とオスマン帝国による傷跡の残るスーダンのほうは、イギリスの属領となった。こうした状況のなかで、救世主《マフディー》を自認するムハンマド・アフマド〔一八四四頃〜一八八五。終末論的な聖戦（ジハード）を目的とするマフディー（スーダンに成立したイスラーム教団）の指導者〕はハルツームの攻撃・奪還に立ちあがった。ゴードン・パシャは、防御を目して戻ったものの、貧弱な部隊を率いていたため、町に入ったあげく斃《たお》された。それはイギリス全土をどよめかせるほど壮烈な死にざまだった（一八八五）。

アルジェリアとチュニジア——それぞれの領土拡張タイプ

もともとアルジェリア征服とは、何よりもマルセイユの政治的、商業的目標に応えるものであった。つまりそれは、この国の植民地化が、いわば前帝国主義的な、古いタイプの領土拡張に属することを意味する。しかし、この支配も性質を変える。やがてアルジェリアが、民間資本でありながら国家がその利益を保証するような、フランス資本の独壇場となってゆくにつれて、支配の性質が変わったのである。こうなると、植民地と領土拡張は予算を食い潰すものだったという、広く流布している見解も怪しくなる。そうした判断は問題の一側面しか考慮に入れてない。実際、植民地は国家にとって高くついたにせよ、本国の民間人には莫大な利益をもたらした。

それとは別に、故意に伏せられた要因もある。すなわち、アルジェリアに入植したフランス人市民を富ませることに、国家の出費が一役買ったことである。彼らが本国にとどまっていたならば、同じような特典を得ることも、同じようなやり方で財を蓄えることもなかっただろう。この点を明らかにするには、全面征服***から一世紀経た時点の、官僚も含めた在アルジェリア・フランス人の生活水準の向上率を試算すること、つまり本国フランスの水準と比較することが有効ではないだろうか…（本書四八一頁参照）。

アルジェリアの「県」****は保護貿易制度でくまなく固められていた。それゆえ、アルジェリアを産業革命以前の状態にしておくことは、本国フランスの産業に投資された資本に対して、リスクの少ない販路を確保してくれるものでもあった。

こうしてフランスがアルジェリアの植民地化を進めているとき、フランス以外の外国人は蚊帳の外におかれていたのだ

---

* ゴードンは一八七一年にスーダンの赤道州知事に任ぜられると奴隷売買に激しく反対し、スーダンのエジプト総督と対立した。その結果一八七六年にこの職を辞任したが、翌七七年、スーダン、ダルフール、赤道州およびそれ以外の紅海沿岸地域の総督に就任した。

** アラビ・パジャは一八八二年、陸軍大臣就任を機に反乱を起こしたがイギリス軍のまえに敗北し、セイロンに追放された。

*** フランスのビュジョー将軍（一七八四〜一八四九）がアルジェリア総督に任命されて、制限占領から全面征服へと政策転換が図られたのは一八四一年。そして一八五七年、ランドン将軍（一七九五〜一八七一）によるカビール山岳地方の平定をもって征服が完了した。

**** 一八四八年のフランス共和国憲法は、アルジェリアをフランス領の不可分な一部と宣言し、本国の法体制下におくことを約した。その結果、アルジェ、オラン、コンスタンチーヌの三県が設置された。

が、チュニジアの場合はそうではない。こちらでは、イタリアのマッチョ〔一八二六〜一九〇五。チュニス領事（一八七八〜八一）〕、フランスのルスタン〔一八三三〜一九〇六。チュニジア弁理公使（一八八一〜八二）〕、イギリスのリチャード・ウッド〔一八〇六〜一九〇〇。チュニス領事（一八五五〜七九）〕、とヨーロッパ列強がそれぞれの領事を介して勢力を確立しようとしのぎを削っていた。

勢力確立のやり方は、相手国の公共事業権委託を手に入れ、いずれ償還不能になりそうな借款を太守《ベイ》に契約させるというもので、チュニジアとエジプトではとくにこの手口が使われた。チュニジアではもともとフランス・イタリア間の敵対関係が熾烈である。それがあからさまになるのは、イタリアのルバッティーノ社がイギリスの某社からチュニス・ラグーレット〔チュニス北方約一〇キロにある港町〕間の鉄道営業権を買い取り、競争相手であるフランスのボーヌ・ゲルマ鉄道会社を蹴落としたときのことだ。もっとも、フランスの優位そのものは動かない。というのは、その頃すでに、フランス・イギリス・イタリア三国によるチュニジアの保護領化をめざす財務委員会が設けられており、フランス人ヴィクトール・ヴィレ〔一八二一〜八九〇。一八六九年財務監督官としてチュニジア入りし、上記の委員会を設置〕が副委員長に就いているからである。結局、フランスの関係者は現地チュニジアの取引相手ハイルッ・アッディーン〔一八二〇〜八九。チュニジアの政治家、改革主義者。フランスによる財政管理のもと一八七三年宰相に就任、税制の改革や小作制度の改良に努めた〕を宰相に据えることに成功し、そのあげく九万ヘクタール弱のエンフィダ〔チュニジア北部にあるアッディーンの所領〕の土地を首尾よく獲得する。こうして、チュニジアの土地と株に投資する者たちが寄り集まる、一種の財政コンソーシアムができあがる。そのメンバーは、のちに「植民地党」〔一八八九年に結成された院内圧力団体。一八九三年には一〇〇人を超える議員を擁した〕の中心グループを形成することになるわけだが、この頃は「ガンベッタ〔一八三八〜八二。フランスの政治家、首相（一八八一〜八二）〕のもとを足繁く訪れていた」。もちろん彼らは、政界で何が画策されているか熟知し、自らも画策に手を貸しているはずだ。このあたりの政治的つながりは、ジャン・ガニアージュ〔一九二三〜二〇一二。チュニジア史を専門とするフランスの歴史学者〕が突き止めている。

ところで、イギリスがキプロス島〔東地中海の北東〕の領有を目論んだときに（一八七八）、ソールズベリはウォディントン*に向かって、「カルタゴ〔チュニス近郊にあった古代都市〕を蛮族の手に委ねておいてはいかん」と放言したのだったが、この一句がその後かなりの効果を生みだしていた。また、ソールズベリの前任者であるディズレーリがこの考えを追認してもいた。それゆえに、ウッドはチュニスそのものが現地人の手に帰すことを危惧したものの、その懸念はなんとか回避できそうな情勢であった。事実、フランスの狙いを嗅ぎつけたイタリアがすぐさま対抗して入植者の派遣を増やし、まもなくその数はフランス人一〇〇〇人に対し一万人となった。これには、ビスマルク〔一八一五〜九八。ドイツの政治家、ドイツ帝国初代宰相（一八七一〜九〇）〕もソールズベリの後継者のグラッドストン〔一八〇九〜九八。イギリスの政治家、首相（一八六八〜七四、八〇〜八五、八六、九二〜九四）〕も嬉しさを隠せなかった。フランス・イタリアの敵対関係が生まれることにまんざらでもなかったからである。とはいえ、ビスマルクには、アルザス・ロレーヌを失ったあとのフランスが、事情はどうあれ、行く手にまたもドイツを見いだすのはいささかそつあり、という思惑もあった。彼はフランス大使にこういった。「梨は熟した、今度はそちらが取り込む番」。

これより数十年前まえ、理屈のうえではアルジェリアの宗主国であるトルコ宮廷は、この国の喪失が取り返しのきかぬものだとは、毛ほども考えてなかった…。以来、じわじわと拡がるフランス人入植者を狙って、チュニジアからアルジェリアへの一時的侵入が相次いだ。一八七一年から一八八一年までの期間で、侵入回数は二三七九といわれる。二三八〇番目の侵入はフランスにとってまさに僥倖となった。というのは、「危険分子フルミル人**」を始末する願ってもない口実をフランス軍に与えてくれたからである。フランス軍があっさり成功したことには誰しも驚いた。すると今度は、トリポリタニア〔リビアの地中海沿岸から内陸部にかけての地域〕から介入しようとするトルコを阻止しようとして、ドイツが動きを見せた。イタリアがこれに抗議し、チュニジア南部に動揺が起きたため、フランスは二度目の遠征軍を派遣しなければならなくなった。しかし結局、太守《ベイ》はバルドー条約***に調印した。フランス国内では、クレマンソー〔一八四一〜一九二九。フランスの政治家、首相（一九〇六〜〇九、一七〜二〇）。一八八〇年代は左翼急進派として与党の植民地政策に反対した〕の反対を押し切って、ジュール・フェリーが議会から条約批准をもぎ取った。

続いて一八八三年にはマルサ協定が結ばれ、フランスによるチュニジアの保護領制が確立した。保護領という新しい方式は、対抗する列強諸国に向けても太守《ベイ》に向けても一定の譲歩をするもので、総督（フランス人）はフランスの外務大臣が兼務することになっていた。したがって本国で保護領を管轄するのは海軍省でなく外務省である。そうすることで、チュニジアが他国であり、かつ「主権を有する」国家であるという擬制が強調されたわけだ。

チュニジアの場合、列強の敵対関係が表面化することはほとんどなかった。それは、フランスの領土拡張が行なわれた

---

* ソールズベリ（一八三〇〜一九〇三）はイギリスの政治家、外務大臣、首相（一八八五〜八六、八六〜九二、九五〜一九〇二）。アフリカ分割、ファショダ事件、ボーア（南ア）戦争などの外交に主力を注ぎ、イギリス帝国の威信と権益を守ることに意を払った。ウォディントン（一八二六〜九四）はフランスの考古学者、政治家。文部大臣、首相（一八七九）。ソールズベリとウォディントンは一八七八年のベルリン会議でともに外相の地位にあった。

** フルミル人はアルジェリアのコンスタンチーヌ地方に近い、チュニジアの山岳地帯に住む牧畜、狩猟民族。彼らはチュニスの太守の支配下になかった。しかし、しばしば彼らがアルジェリアに侵入し略奪を働いている、との理由でフランス軍の派遣が行なわれた。

*** 一八八一年。フランスに対して、チュニジア国内の数ヶ所を、当該地の秩序が安定するまで占領することを承認。

場所が、イギリスやドイツの狙う地域から遠く離れていたからである。実際に障害となるのはイタリアだけである。高揚したアラブ・ナショナリズムが暴発するエジプトで、英仏の敵対関係が激化しそうになった直後だけに、イギリスはチュニジアでのフランスを半ば見て見ぬふりをしていた。と同時に、フランスは、エジプトから身を引きつつあった。

モロッコの場合にもチュニジアと同じ情勢が見られるが、二つ相違点がある。第一に、ドイツ皇帝ヴィルヘルム二世〔在位一八八八～一九一八〕がそれまでと違った態度をとると、それに煽られてフランスの状況も変化したこと。態度が変わった理由は、一八八〇年代から世紀の転換期までのあいだに、ドイツ皇帝の野望が抑えがたくなったことにある。それには、アフリカ分割で不満を残したことがからんでいるだろう。皇帝はフランスを脅して英仏協商（一九〇四）に揺さぶりをかけた。*このため、フランスによるモロッコの信託統治領化には三〇年ばかりかかった。第二の相違点とは、フランスの経済・金融関係者が「結局のところ、モロッコには彼らの意向を強要しているのに対し、チュニジアではまだ押しつける手段をもたなかった」（ジャック・トビー『帝国フランス』＝Thobie 1982）ことにあるだろう。

一九〇六年あたりまで、とりわけシュネデール〔一八〇五～七五。フランスの実業家、政治家〕やパリバ銀行のような金融関係者・グループは、チュニジアの場合と同じ手口を使った。つまり、スルタンへの融資、当該国の財政掌握、自社製品に向けた市場の開放等々を行ない、その一方で、フランスの介入に道を空けるべく外交官らがきれいに地ならしをする手順である。財政状況を注視していたデルカッセ〔一八五二～一九二三。フランス外務大臣〕は、シュネデールの資金ではスルタンの実質必要額に足りないと判断し、今般の立て役者である金融資本のパリバ銀行に賭けた。こうしてフランスの銀行の利害が政府の政策と一蓮托生となる。それでスルタンに対する彼らの融資条件はきわめて厳しい。それでも、軍事的に占領することが貸付を保証するいちばん確実なやり方だ、と考える者もいる。「フランス領アフリカ委員会」**などは、植民地官僚のリヨテに助成金までだした。この頃、国境の彼方のオアシスでは、フィギグ〔アフリカ北西部で二列に分かれたアトラス山脈の南側サハラ・アトラス山脈の北辺、アルジェリアとの国境付近の町〕、コロンベシャール〔現ベシャール。フィギグの南西約一〇〇キロにあるアルジェリアの都市〕、ベルゲント〔アルジェリアに近い、アトラス山脈中の集落〕といった地域の首長たちが仕切っていたのだが、その首長たちの協力を、アルジェリアのオラン地域〔モロッコに隣接する地中海沿岸西部〕から札束にものをいわせて取りつけようという腹だった…。「わたしはドリルばりに前進する」とは、アルジェリアで総督ジョナール〔一八五七～一九二七。在任一九〇〇～〇一、〇三～一一、一八～一九〕の支持を受けたリヨテのいい草である。

思い起こしてみれば、たしかにアルジェリアでは、一八四四年にモロッコのスルタンが介入してくれたおかげで、アブド・アルカーディルはフランス軍に抵抗を続けることができた。また、軍事的敗北を喫したとはいえ、スルタンの介入はアルジェリアの領土拡張を西部方面に限定せしめていたのである。しかし、その西部方面のアルジェリア・モロッコの国境は実際には確定していなかった。というより、モロッコの部族にしろアルジェリアの部族にしろ、ララ・マグニア協定***の境に従うことが形式的に決められただけで、実質的な領土の境界線は一本としてなかった。あれこれ難癖をつけられた由縁もそこにある。一九六〇年以降、両国が独立してからでさえ、それが続いている。

ところで、かねてよりこの地域はリン酸塩の埋蔵量豊富との世評が高かった…。

一八八〇年のマドリード会談****以降、モロッコの開発を国際管理下におくことを、フランスとしても受け入れざるをえなくなった。つまり、スペイン、イギリス、ドイツとの共同管理である。そこでデルカッセは、イギリスにエジプトでの自由行動を許すことによってモロッコから遠ざけ、スペインには思いどおりにリオ・デ・オロ〔大西洋とモーリタニアに挟まれた地域で、スペイン領サハラを構成する〕を占領させてやった。残るはドイツである。

そのドイツとは、アルヘシラス会議*****の開かれる一九〇六年以前から対立感情が激しくなっていたのだが、一九一一年、ヴィルヘルム二世がモロッコの港湾都市アガディールの正面に一隻の砲艦を据えるにおよんで、いよいよ対立が深まる（アガディール事件＝第二次モロッコ事件）〔本書一五九頁訳注**参照〕。このドイツは、ヴィルヘルムのタンジール港訪問（一九〇五）によって、以後半世紀にわたるアラブ人の好意を揺るぎなくしていた。なにゆえの好意かといえば、フランスやイギリスの帝国主義者たちの欲望とは好対照に、ドイツ皇帝が植民地なき権力というものを体現していたからにほかならない。

帝国主義時代における、白熱する植民地獲得競争

一九世紀も末頃になると、一方では発展途上の金融資本、

* 一九〇五年三月、皇帝ヴィルヘルム二世はモロッコのタンジール港を突然訪問し、マドリード国際条約（一八八〇）に基づくモロッコの独立と領土保全を尊重すべきとの声明を発表する（タンジール事件＝第一次モロッコ事件）。また同年五月には、フランス首相モーリス・ルヴィエ（一八四二〜一九一一）に外務大臣デルカッセの更迭を要求し、実現させている。

** アフリカ中部、西部、北部におけるフランスの影響力と商取引の拡大を目的に一八九〇年に設立。

*** 一八四五年締結。前年度のタンジェ協定を基にして、アルジェリア・モロッコ間の国境線を定めた。

**** ヨーロッパ列強とアメリカは、モロッコの保護および門戸開放に関するマドリード条約を締結。

***** タンジール事件による情勢を打開するために開かれた国際会議。モロッコの領土保全、門戸開放、列強による経済利権の機会均等などが定められ、モロッコは実質的にフランス・スペインの勢力圏に組み込まれた。アルヘシラスはスペイン南西部の港湾都市、アフリカへの連絡港。

産業資本のあいだに競合があり、他方ではそれぞれの国家のあいだにも競合が生まれていた。このため、産業の盛んな大国どうしで、自国の製品や資本の販売・投資めざして敵対関係が先鋭化した。植民地化はこうした投資を拡大する一形態にすぎないのだが、領土独占のプロセスにあっては、植民地化こそがもっとも確実な投資拡大手段だと人々の目に映った。そうかといって、どんな場合でも植民地化から最大の利益があがると考えられたのではない。たとえば、一八七〇年から一九一四年までのフランスを例にとると、フランス植民地帝国の外で何よりも経済・金融の伸長が見られた。具体的には、一八八二年以前は主としてオスマン帝国において、一八九一年以降はとくにロシアにおいて、投資が行なわれたのである。この植民地帝国外への投資は、半植民地的支配の構想と相容れないわけではない。現実に、状況さえ許せば長期的展望に立った半植民地的支配を推進しようとする構想があった。それを実証する状況が、一八八一年から八二年にかけてのエジプト危機、一八八二年のチュニジア財政危機、一九一八年のオスマン帝国分割、さらに内戦期ロシアの「勢力圏」分割計画と諸外国の干渉（一九一八〜二〇）である。

フランスが海外で政治的支配権を確立したことと、フランスの商取引の変動グラフとのあいだに絶対的な相関関係はないにしても、少なくとも、そうした植民地を相手とした輸出額の上昇と輸出額全体の低下との逆相関関係は認めうる。

こうしてみれば、フランスにとっては、植民地進出が一八七一年以降のさまざまな失敗を埋め合わせてくれたのと同時に、植民地進出はいわば経済的な安全装置ともなった。その点でもまた代償の役割を果たしたといえよう。

ブラック・アフリカの分割

ブラック・アフリカでは、まずコンゴをめぐって、私人としてのベルギー国王レオポルド二世〔在位一八六五〜一九〇九〕、その代理人スタンリー、そしてフランスを代表するブラザらがしのぎを削った。ベルリン会議（一八八四〜八五）はその利害対立を調整する目的で開かれたものであるが、お膳立てしたのは事実上ビスマルクである。彼は、国際紛争のなかで調停役として認められたいと願い、同時にまた、獲物の分け前に与ろうと目論んでもいた。

フランスはレオポルドの「協会」*がコンゴを放棄する場合にそなえて、先買権ないし優先権をすでに獲得済みであった。しかし、マココ条約**の調印が下院で華々しく批准されるにおよんで、フランスの膨らんだ野望が鮮明になり、イギリスとポルトガルが条約締結に異を唱えた。ポルトガルは、自らの「歴史的」諸権利を引き合いにだしてきた。たしかにポルトガルでは、ブラジルを失って以来（一八二五）、ある階層に民族意識が高まり、縮小の一途をたどってきた帝国の再生が必要と考えられていた。他方また、植民地のサン・トーメやアンゴラの経済活動が活況を呈したにもかかわらず、一八七三年から一八九六年にかけて、ほかのヨーロッパ諸国と同じくポルトガルも大不況に見舞われた。これがある種の小帝国主義を甦らせる誘因となり、あらためてアフリカに殺到するもととなったのである。ベルリン会議ではこうした事情が力説され、ポルトガルにも、国力といささか不釣り合いなほど広いものであったが、かつての立場に鑑みて戦利品の一部を手にすることが許された。イギリスやドイツにすれば、フランスの勢力をやみくもに拡大させるよりは、ポルトガル領が内陸に向けて増えるほうが好ましかったにちがいない。問題の舞台は、アンゴラとモザンビーク〔大陸南部、インド洋に面する。アンゴラとともにベルリン会議により旧ポルトガル領とされた〕である。

　ベルリン会議に参加した列強一四ヶ国は、大筋のところで一種の「紳士協定」を定めた。ヨーロッパの列強は、他国に通知せずに無秩序な土地取得をしないことを約し、抗議ができるようにしたのである。アフリカの民族や国王はというと、無価値の物《レス・ヌリウス》と見なされ、これらの論議のどれひとつとして相談を受けることはおろか、知らされることすらなかった。

ベルリン会議からもっとも利益を得たのは、むろんレオポルドである。彼にはコンゴの最高所有権者という肩書きが公認された。そのせいで、カタンガ〔コンゴ南部シャバ地方の旧称〕併合も許される、と彼は判断した。レオポルドに対して優先権のあるフランスは、彼を放任しておいて後日そのお宝を回収する腹案であった。しかし実際には、一九〇八年にベルギー王国がレオポルドの遺産としてこれを受け取った。***

　ベルリン会議の結果、ヨーロッパの列強は、領土を狙ってアフリカへと殺到した。のちのちヨーロッパ人どうしで国境確定の協定を結べば事は済むと考えての行動である。このときの境界が、一世紀経てアフリカ諸国が独立してからも残ることになる。イギリスはそのうち三〇ほどをポルトガルと、二五をドイツと、一四九をフランスと協定調印した…。アフリカ人との「条約」についていえば、フランスは一八一九年から一八八〇年のあいだに一一八の条約を締結し、それから一九一四年までにさらに一二六以上結んだ。スタンリー個人にいたっては、二五七の条約締結を数えた。

　ドイツの場合は、すでに自国の勢力範囲を南西アフリカ

*　「アフリカの探検と文明化のための国際協会」のこと。コンゴを支配するためにレオポルド二世が一八七六年に創設した私的組織。

**　一八八〇年、ブラザがコンゴのテケ人の王マココ（一八二〇頃～九二）と結んだ条約。これによりテケ人居住地域のフランス保護領化が決まった。

***　レオポルドは「コンゴ自由国」の個人所有を認められたが、あまりに過酷な搾取体制を非難されて、この年やむなくベルギー王国にこれを譲渡した。彼の没年は翌一九〇九年。

植民地化以前のアフリカ政治地図（10〜16 世紀）

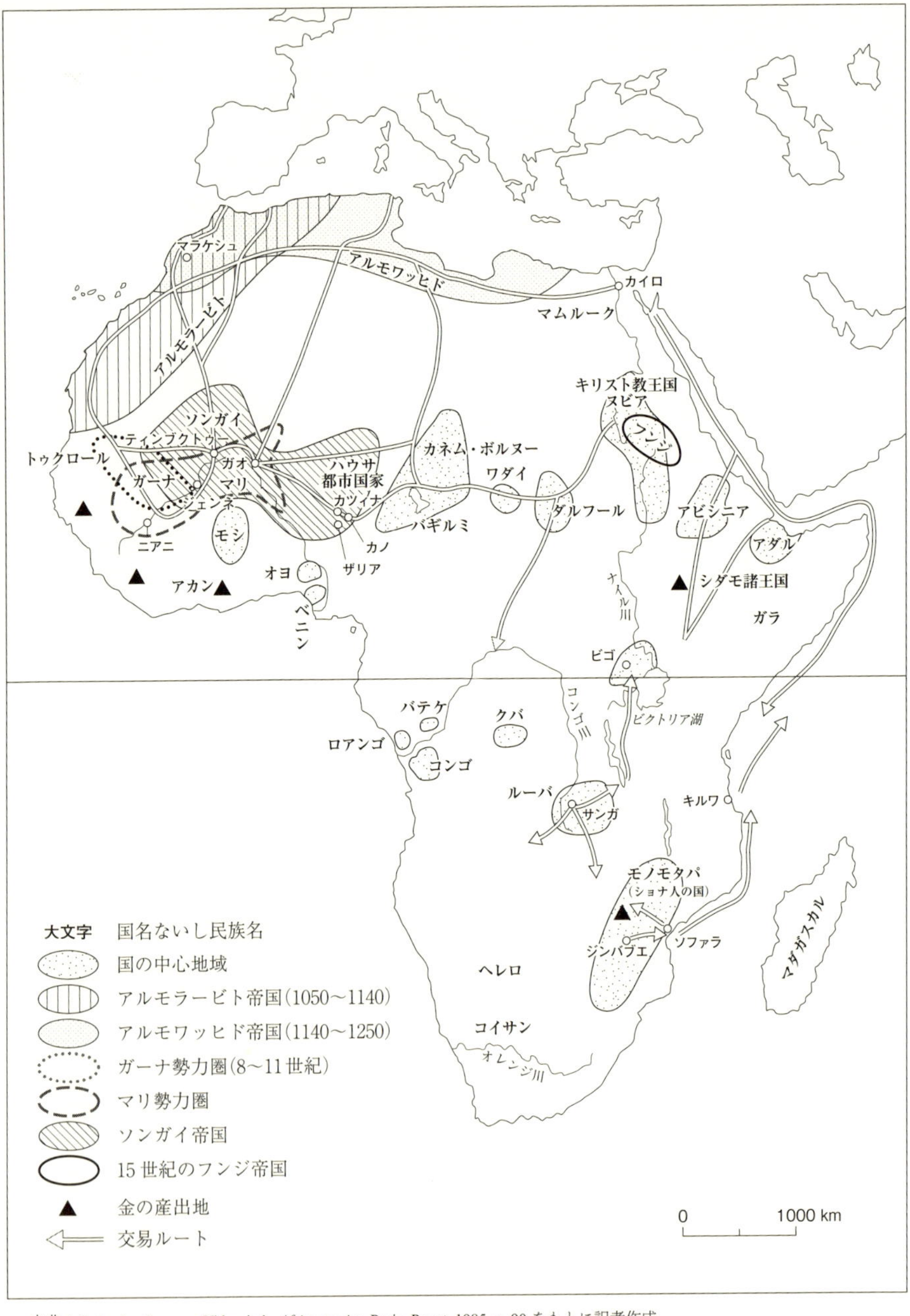

出典：Catherine Coquery-Vidrovitch, *Afrique noire*, Paris, Payot, 1985, p. 90 をもとに訳者作成。

〔現ナミビア〕に定めていた。それを証明するように、まず一八八二年、この地域にブレーメン〔ドイツ北西部〕の商人リューデリッツ〔一八三四～一八八六〕が上陸、ほどなくドイツ船団が宣教師を連れてきた。次いでカメルーンとトーゴ〔いずれも西アフリカ、ギニア湾に臨む〕においては、一八八四年に探険家ナハティガル〔一八三四～八五。一八八二年からチュニスの総領事〕が何かと画策した。また東アフリカでは、カール・ペーター ス〔一八五六～一九一八。ドイツの探険家、植民地政治家〕がひと握りの部下を率いてザンジバル島〔アフリカ東海岸、タンザニアの北東沖合、インド洋上の島〕を発ち、この地域を占領した。もう少し西の内陸方面では、「ドイツ東アフリカ《ドイッチェ・オストアフリカニッシェ・ゲゼル》会社《シャフト》」*のドイツ人が「帝国イギリス会社」のイギリス人と衝突し、タンガニーカとニヤサランド〔タンザニアの北西隣、現マラウィ共和国の旧称〕との分割が行なわれた。これに対し、イギリス人は独自にウガンダ〔東アフリカ、赤道直下の内陸国〕に進出し、次いでザンジバルを併合した（一八八一～九〇）。

一方フランスは、セネガルからチャド湖とニジェール〔大陸中央部〕に向かって進み（一八八三年、ボルニ・デボルド〔一八三九～一九〇〇。フランスの将軍〕はバマコ〔大陸西部マリ共和国の首都〕を建設する）、「王立ニジェール会社」**のイギリスが低地ニジェールに進出しているため、「黒い大陸の要衝」であるチャド湖方面へと突進した。この湖を中心にして、フランスはアフリカにある領土全体の接続点を築くつもりであった。つまり、北アフリカ、セネガル、ニジェール、ガボン〔大陸西部、ギニア湾沿い〕、コンゴをそのほかのフランス領と一本の絆でまとめるという構想である。

すでに述べたように、ベルリン会議は実質的なブラック・アフリカ分割に着手したわけではない。まして、内陸部における勢力圏などは承認すらしていない。会議はただ「ルール」を作成したにすぎない。しかし、このルールは「クロスカントリー競馬」と揶揄されたおびただしい軍事行動と併合を許した。そしてヨーロッパ各列強は、可能な限り多くの土地に自国の旗を立てようと急いだ…。なるほど、ベルリンの地で列強諸国はアフリカを鷲づかみにしたといえる。

ベルリンで「アフリカの分割」がひとつの神話となり、アフリカでは征服の夢がひとつの現実となったのだ。

海の覇権を握るイギリスは、何はさておき、シエラレオネのフリータウン〔南西部の首都〕からケープタウンを経てザンジバルの先まで、できれば沿岸地方をぐるりと掌握したい。さらに、南アフリカにおけるセシル・ローズ〔一八五三～一九〇二。イギリスの政治家〕の行動と、直前にエジプトを占領したことに触発されて、ケープタウンから大湖地方〔ヴィクトリア湖、タンガニーカ湖、マラウイ湖を擁する中央部〕を通ってカイロと結ぶことが、イギリスの夢想となる。

* ドイツ領東アフリカの統治を目的としてカール・ペータースが一八八五年に設立。
** 中低地ニジェールの統治を目標として一八八六年に設立された、イギリス政府公認の特許会社。

セネガルからニジェール辺りを領土とするフランスは、チャド湖を中心にサハラ砂漠、北アフリカ、西アフリカを合流させたい。いやそれ以上に、レオポルド所有のコンゴとガボンを併合し、そこからナイル川上流地方を経由して、ジブチ〔大陸北東部、紅海に面する〕に達することが悲願だ。まさしく、フランスのこの東西ルートとケープタウンからカイロにいたるイギリスの計画とが交叉するところで、キッチナー〔一八五〇～一九一六。イギリスの将軍〕とマルシャン大佐〔一八六三～一九三四。フランスの軍人、探険家〕とのあいだにファショダ事件が勃発する（一八九八）。

ドイツには、カメルーンからタンガニーカ湖まで達するような「中央アフリカ《ミッテル・アーフリカ》」帝国を作る野望がある。ところが二つの地方のあいだにはレオポルドのコンゴが立ちはだかっている。ポルトガルはといえば、アンゴラとモザンビークに夢を馳せる。その結果として南部方面で、進出するボーア人の共和国やイギリス人と衝突する。

こうした敵対国どうしの紛争を解決した条約は一、二にとどまらない。しかし、舞台となった土地のアフリカ諸民族とはやはり無関係に事は進められた。したがって、これら現地民族はそれぞれのやり方で抵抗することになる。

最初のいくつかの条約は、キリマンジャロ山一帯〔タンザニア北部〕における紛争とザンジバルの主権をめぐって、一八八六年にドイツとイギリスとのあいだで結ばれている。これに対してアブシリ王〔?～一八八九。タンザニアの首長〕がエミン・パシャ（本名エドアルト・シュニッツァー〔一八四〇～九二。ドイツの探険家、行政官〕）のドイツに蜂起したときには（一八八八～八九）、イギリスとドイツは別々に援軍を送り、一八九〇年になって、「ドイツ東アフリカ会社」の領有地をイギリスが引き取ることを認める新条約にドイツは調印した。* この当時、ウガンダ方面への入口となるこの地域一帯は、イスラーム修道僧たちの支配下にあった。しかしその支配は限られており、カール・ペータースと結んだ協定** がスーダンからケニアに達しようとするイギリスの計画に脅威となるほどではない。

アンリ・ブランシュヴィック〔一九〇四～八九。ブラック・アフリカを専門とするフランスの歴史学者〕の見解によれば、上記一八九〇年の条約は、植民地帝国主義におけるこの段階で調印された協定として、もっとも典型的だという。たとえば、条約第一条は、スタンリーが踏査確認したとされる「ムフンビロ山地」（ルワンダ）をイギリスのものとしているが、そのような名前の山地など存在しないことが、のちになって判明した。それと同じで、ナイジェリア〔西アフリカ、ギニア湾に面する〕とカメルーンの境界を定めるはずのリオ・デル・レイ〔「王の川」の意のスペイン語〕は、そのじつ、海岸の鋸状の切り込みのひとつにすぎなかった…。勢力圏の確定もあいまいで、ドイツはウガンダとザンジバルで手放した土地と引き換えに、北海沖合にあるヘリゴランドという小島をイギリスから受け取った。「二つの王国で湯舟がひとつ」とカール・ペータースは皮肉ったものだ。たしかに、ビスマルクにとって肝心なのはヨーロッパであって、一八九〇年にはイギリスとの和解を欲していた。また、後継者カプリーヴィ〔一八三一～九九。ドイツの軍人、政治家。ビスマルク失脚後（一八九〇）、帝国宰相、プロイセン首相に就任〕にしても「王国は征服せねばならぬが、湯舟〔ヘリゴランド島〕は浴室〔北海〕に入れるだけでよい」と考えていた。ところが、ドイツのナショナリストたちは、腹の虫がおさまらない。

チャドに関する一八九〇年の第一回英仏協定にも、似たような汚点があった。つまり、国境があいまいなことと、現地人当局者が事態を知らされてなかったことである。たとえば次のような一節に、そのことが読みとれる。「両国政府の認めるところでは、国境を定めるための理念上の線を、自然の地形や正確にそれと分かる地点によって決まる線へと、将来的には徐々におき換えてしかるべきであった」。

バハルエルガザル〔スーダン南部の州〕とナイル川上流方面では、マルシャンの部隊が派遣されたために、フランス・イギリス間に一触即発の危機が生まれた。さいわい、この世紀転換期に世界制覇をめざすイギリス・ドイツ両国の海軍が睨み合っていたことが、危機を回避する助けになった。フランス側の戦略はジブチのフランス人高官レオンス・ラガルド〔一八六〇～一九三六〕がエチオピア皇帝メネリク二世〔在位一八八九～一九一三〕と共謀して練ったもので、皇帝はアビシニア占領をめざしてやって来たイタリア軍をアドワ〔エチオピア北部の町〕の戦い（一八九六）で破って勢いづいたところだった。手筈どおりにゆけば、隊長マルシャンがコンゴを出発し、西方のジブチから来る探険家ボンシャン〔一八六〇～一九一九〕と合流することになる。マルシャンは一八九八年にスーダン南東部のファショダにたどり着いた。ところが、ボンシャンのほうは少しまえに近くまで来ていながら、疲労困憊のあまり余儀なく引き返していたのだった。

そのうちに、イギリスが対決姿勢をあからさまにする。フランス側が「スーダンからジブチまで」を勢力圏にしょうと画策して騒いでいることに、イギリスは危機感を抱いたのである。こうして、兵二万五〇〇〇を率いるイギリスのキッチナー将軍がナイル川上流のマフディー教徒〔救世主（マフディー）を信奉し、終末論的な聖戦をめざす一派〕を破り、さらに兵三二〇〇を使って「エジプトの名において」ファショダを占領した（ファショダ事件）。イギリスでもフランスでも世論は燃えあがり、ヴィルヘルム二世にとっては「漁夫の利」となりそうだった。しかし、「敵兵を目前にしたら、喧嘩する理由に事欠かぬ」、とフランスの

* 一八八六年の境界線協定では、内陸部がドイツの勢力範囲と定められた。また、一八九〇年のザンジバル・ヘリゴランド条約（またはベルリン協定）では、イギリスは北海のヘリゴランド島をドイツに譲り、東アフリカのザンジバル島とペンバ島（ザンジバル島の北東五〇キロ）を獲得した。

** 個別のものを指すのか、全体を指すのかはっきりしないが、カール・ペータースがこの地域で結んだ条約、契約の類はゆうに一〇〇を超える。

デルカッセが対決姿勢を打ちだしたのに反して、イギリスはドイツとの対決不可避のゆえに衝突は望むところではなかった。そこでひとつの協定が結ばれた。マルシャンは退却命令を受け、フランスは苦い屈辱を味わった。また現実的にも、一九〇四年の英仏協商によってフランスはバハルエルガザルを失った。ただし、それと引き換えにウバンギ・シャリ〔中央アフリカ共和国の旧称〕とサハラ砂漠を獲得し、これらを司令官ラペリーヌ・ドプール〔一八六〇〜一九二〇。フランスの軍人〕が「平定する」(一九〇六)。こうして、列強はアフリカを分割し終えた。残る問題は征服することである。

新たな征服者たち

片手に剣の呑んだくれ、とはおよそ似ても似つかない。新たな征服者たちの大半は、われこそは大いなる野望を抱く者でありたい、と願う人々であった。たとえば、活動を開始した頃のガリエニ〔一八四九〜一九一六。フランスの軍人。マダガスカル総督(一八九六〜一九〇五)〕のごとく現地住民を皆殺しにしようと、あるいはアルジェリアでのビュジョー将軍のごとく現地住民を焼き殺そうと、彼らの目にはいかなる残虐非道も植民地計画の実現に必要な一手段でしかない。植民地計画とはすなわち文明普及の使命であり、一六世紀の征服者たちが好んで用いた福音伝道理念を引き継ぐのがこの文明普及なのであった。

もし本国にとどまっていたなら、彼らも平凡な人生をまっとうしていたかもしれない。だが、平凡な人生と一線を画す偉業を成し遂げるような孤独な英雄でありたい、それこそが彼らの野望である。彼らは欲得ずくの卑俗な動機などには従わない。その点は間違いない。とすれば、いっそう野心の輪郭がくっきりするだろう。要するに、彼らの大方は裕福な家柄を出自とするのである。例外的に、フェデルブ〔一八一八〜八九。フランスの軍人〕は貧しい兵士、パヴィ〔一八四七〜一九二五。フランスの探険家、植民地行政官〕は郵便局員だったが、そのほかの者は上流の家系で教養も高い。ビュジョー、ブラザ、ラペリーヌ、セルカーク〔一六七六〜一七二一。スコットランドの航海士〕、セルパ・ピントらは貴族の家柄、ガリエニ、カール・ペータース、リヨテ、ウェイクフィールド〔一七九六〜一八六二。イギリスの作家、政治家。オーストラリア、ニュージーランドの植民地化を推進した〕、ミルナーらは、それぞれ士官、牧師、技師、弁護士、医者の子息であって、生活の必要に迫られて行動したのではない。

ロシアの革命家と同じように、これらの新しい征服者たちも、ある種のインテリゲンチャである。それにとどまらず、おしなべて文筆家であり、社会科学の研究者でもある。パヴィは民族学者、ビュジョーは論客、ジョージ・グレイ〔一八一二〜九八。イギリスの探険家、植民地行政官〕は愛書家であった。セシル・ローズは、アリストテレス〔前三八四〜前三二二。古代ギリシアの哲学者〕やマルクス・アウレリウス〔一二一〜一八〇。古代ローマ皇帝、哲学者〕の本を装具のなかに忍ばせて駆けずりまわり、サン・タルノー〔一七九八〜一八五四。フランスの軍人。ビュジョーの副官を務めた〕は、『キリストのまねび』*を耽読した。リヨテは読書家で、パンフレットや文献をむさぼり読むレーニンも顔負けするほどだった。軍事論よりもボードレール〔一八二一～六七。フランスの詩人〕、バレス〔一八六二～一九二三。フランスの作家、政治家〕、ブールジェ〔一八五二～一九三五。フランスの作家、批評家〕を愛読した。リヨテの座右の銘は、シェリー〔一七九二～一八二二。イギリス・ロマン派の抒情詩人〕の一句、「生きる喜びは行動することにあり」であった。

アンドレ・ジッド〔一八六九～一九五一。フランスの作家〕は『コンゴ紀行』**のなかで、植民地官僚による現地人の横柄邪険な扱いに驚いたものだ。なぜ植民地官僚がそうした態度にでるのか、その理由は、対等な人間関係をすべて排除することによって、皮膚の色による連帯感と高尚な自己像をもちうるからである。問題になるのは、この植民地官僚が人権、人身保護《ヘビアス・コーパス》、自由、平等、などの御旗をかかげていながら、その自らの行動原理を踏みにじっていると必ずしも思ってなかったことである。

もっとも、みながみなこうした高邁な理念に感化されていたのではない。

ビュジョーは、まさにその感化されてなかった植民地官僚の代表格である。生涯を通じて、彼は、およそ社会的革新や自由思想と名のつくものには田舎貴族らしい憎悪を示した。この精力的な王政主義者は、民衆に教育を付与すべしとの発案をこきおろし、ティエール〔一七九七～一八七七。フランスの政治家、歴史学者。第三共和政初代大統領〔一八七一～七三〕〕にもこう教えてやった。「国民というものは、畑や工場で働く者たちに勉学の暇も余力も残さぬような、じつに骨の折れる仕事があって初めて生きてゆけるものです」…。また別のところではこうも書いた。「小生のいるアフリカに、絵空事をぬかす奴らをよこしてください、死なせてやります。それこそがお国のために尽くすことでありましょう」。彼の意見によれば、社会は労働、家族、祖国、宗教の四本柱の上に立脚しているのであって、これと別の考え方をする者は誰であろうと排除しなければならない。

アルジェリアでの彼は、タフナの戦い（一八三七）でアブド・アルカーディルを破った。もっとも、自信家の彼は、戦闘終結にともなう協定書のアラブ語文面を確認しなかった。***ところが、こちらの文面ではアルジェリア全域の統治は首長《アミール》アブド・アルカーディルだと認めていたのである。し

*　キリスト教信仰について綴った作品。一五世紀のドイツの宗教思想家トマス・ア・ケンピス（一三八〇頃～一四七一）の作とされる。
**　ジッドはコンゴ、チャド視察後の一九二七年にこの書を刊行し植民地支配を告発した。
***　一八三七年のタフナ協定には、フランス語協定文とアラビア語協定文が存在し、両者で境界の記述が異なっていた。また、公式協定のほかに秘密協定が存在した。本文の数行先にある「袖の下…」のくだりはこちらの秘密協定の内容である。この協定は履行されなかった。

かもビュジョー将軍が国全体の占領には反対しているということで、首長は将軍が要求する一〇万ブージュー（一八万フラン）に喜んで応じた…。ドルドーニュ県＊〔フランス南西部〕の村道とか部下の将校に充てる袖の下だったという。そんなスキャンダルも部下の人気を高めるばかりだった。誰にもまして彼は部下のことを配慮し、兵士が満足するように何よりも気遣った。鉄の規律を課す代わりに、彼らが略奪・暴行に走り、酒色に耽るがままにさせた…。そして戦闘ともなれば片時も兵士のそばを離れなかった。そこから生まれたのがあの名高いリフレインである。「きさまは見たか鉄兜、鉄の兜をさ。きさまは見たか、ビュジョー親父の鉄兜をさ」。「どこの隊長さんとて、ビュジョー将軍ほどには兵隊を集められなんだ。お情け深く、睨みもきくおかげよ。親父はこの世の果てまで兵隊を連れてったって、そう、火のなかにまで飛び込ませたって話だが」（シャルル・アンドレ・ジュリアン。同ほか『植民地化の技術者たち　一九・二〇世紀』＝Julien《Bugeaud》1947 a, c p.63 所収）。

軍事面についていうと、ビュジョーは、敵にアマーン〔「安全保障」「保護」の意のアラビア語〕、つまり降伏の許しを求めさせるために、大型の砦を足場として襲撃を繰り返す戦略にでることにした。

「ヨーロッパでは軍隊相手にいくさを仕掛けるばかりでない…。利害関係をもつ者にもそうする。われわれが税関の取引を押さえる、するとそいつらは降伏せざるをえなくなる…。アフリカではひとつの利益を、つまり農業上の利益を押さえるだけでいい…。ところがそれを押さえることがほかの土地より面倒だ。なにしろ村も農家もないときてるから。寝ても醒めても、わたしはそこらへんをじっくり考えてみた。いやはや、この国を服従させる方法は、やはりこの利益を押さえる以外に見つけられなかった」（同上書 p.65）。

こうしてビュジョーはアルジェリアを戦火と流血に染めた。ミリヤーナ〔メリヤーナの旧称。北部、モロッコ・アルジェリア・チュニジアをまたぐアトラス山脈中の町〕からシェルシェル〔北部、地中海に臨む〕のあいだを焼き尽くした一八四二年の例もある。サン・タルノーを引用しつつ、ジュリアンはこんなふうに書いている。

「戦うのではない、焼き払うのだ。《部落という部落、村という村、小屋という小屋…。何もかも焼き払うのだ。どれだけの女や子どもが雪のアトラス山脈に逃れたあげく、寒さと窮乏で死んだことか…。荒らしまわり、略奪し、家々を破壊する…。燃えあがる余炎は、縦隊がどこらを進軍しているか教えてくれる…》」（同上書 p.65）。

ビュジョーの感化を受けたペリシエ将軍〔一七九四〜一八六四。フランスの軍人、ロンドン公使、アルジェリア総督（一八五一）〕などは、一八四五年、ダフラ山地〔アルジェ・オラン間で地中海に沿う〕の洞窟で一〇〇〇人前後のアラブ人をいぶり殺した。

ビュジョーは最終的にアブド・アルカーディルを打ち破り、その援軍に来たモロッコのスルタンの息子にも勝利した（一八四四、イスリーの戦い）。本国パリは、アルジェリアの惨状が巻き起こした世論の反感に恐れをなし、善処するようビュジョーに重ねて催促した。だが、彼は素知らぬ顔で通した。

海外にいる将軍は本国政府に気兼ねなく行動すべし、という伝統を始めたのはビュジョーである。それでいてフランス政府は、「フランスにアルジェリアを与えてくれたがゆえに」、彼をイスリー公爵に叙した。

同じ軍人でも**フェデルブ**はビュジョーと異なり、もともと軍人志願ではなかった。彼は、サン・ルイ〔セネガル西部、大西洋沿岸の港町〕の商人たちの懇請を受けて、セネガルに派遣されたのだった。サン・ルイの商人たちは、一八一八年にこの地がイギリスより奪回されて以来、町の発展について思いめぐらし、本国フランスの威信がいつまでも続くことを願っていた。

さらにまた、長い一八ヶ月任期の総督を任命したならば、本国の威信が根付き、この地域だけでなくもっと広いアフリカの世界で、彼らの植民地が今まで以上に立派な役割を果たしうると期待していた。

そこで初代総督に抜擢されたのがフェデルブである（一八五四）。

理工科学校〔技術将校や各界の指導者を養成する理工系のエリート校〕卒、しがない士官、黒人解放者ヴィクトール・シュルシェール〔一八〇四〜九三。マルチニック出身のフランスの政治家〕の友人、このような肩書きの彼だが、王政下でも帝政下でも共和主義者を貫いた。とりわけ彼は自由を打ち立てる使命が自分に託されていると考えていた。簡単にいえば、マルチニックの住民と同じように、セネガル人を有色フランス人とする使命である。

ただ、フェデルブは二つの障害にぶちあたった。その第一は敵対者である。フェデルブは小さな砦を数多く建設することにより商人の安全を確保した。また、この築城作戦が奏功してムハンマド・アルハビブ〔生没年不詳。一八五八年、フェデルブ軍に敗北しフランスと平和条約を結ぶ〕率いるモーロ人を破ることができた。しかし、それが終わっても敵対するハジ・ウマル〔一七九七?〜一八六四。西アフリカ出身のイスラーム改革指導者でトゥクロール帝

＊ アジュロンは金額に関してこう記述する。「ビュジョーは、アブド・アルカーディルに三〇〇〇挺の銃の供与〔…〕を約束した。見返りとして、一八万金フランがビュジョーに支払われることになっていて、彼はそのうち一〇万金フランを本国における自分の選挙区の村道建設にあてるつもりであった」（私市正年・中島節子訳『アルジェリア近現代史』白水社、二〇〇二、二四頁＝Ageron 1979 p. 13）。

国建設者〕の版図拡大に立ち向かわなければならなかった。トゥクロール人〔セネガル北端のセネガル川中流域に住む、農耕主体の部族〕の大集団を率いるハジ・ウマルは、かつてティジャーニ教団*の教義を学び、異教徒と闘う聖戦《ジハード》の精神をメッカとスーダンから吹き込んでいた。不信心者やキリスト教徒と闘う「ムスリムのアフリカ」を体現するのがハジ・ウマルであった。一八六四年、彼はついに敗死したが、その衣鉢を継いだサモリ〔一八三〇頃〜一九〇〇。西アフリカ内陸部にイスラーム帝国を建設し、フランスの植民地支配に抵抗した民族的英雄。本書三〇四頁参照〕やラバー（ラービフ）〔一八四二頃〜一九〇〇。スーダンの傭兵隊長で中央アフリカ・ボルヌのスルタンとなる〕らアフリカの指導者たちの範であり続けた。

フェデルブの出合った第二の障害は、ほかならぬ入植者である。セネガルをプランテーション〔熱帯地方における大規模農園〕型植民地に変えたがっていた彼らは、ようやくめぐってきたわが世の春を喜び、夢のような構想をこんなふうに描き始めた。奴隷売買が消滅してアンティル諸島は大打撃を受けるはずだ。そうなったら、セネガルのプランテーションで黒人を働かせ、ピスタチオ、ゴム、なかんずくピーナッツを生産しよう。やがてこのピーナッツがセネガルの花形となるだろう。

フェデルブがモーロ人による税関略奪に歯止めをかけたり、トゥクロール人と戦っている限りは、入植者たちも彼を高く買っていた。しかし、その同じ入植者たちが、彼の同化主義政策には抵抗した。フランス民法を現地に適用して、黒人と白人が法のまえで平等になることができるとは、容認しがたかったからである。フェデルブはセネガル人が生産者として独り立ちできるように、黒人教育も計画した。何よりも彼は、白人の利益をセネガル人に優先させるということがなかった。フェデルブは「原住民の利益を行動方針とせねばならぬ」と言明し、本国閣僚の離反を招いたあげく、彼らから野蛮人呼ばわりされた。一方、入植者からは時代遅れの「ミイラ」なる綽名まで頂戴した。さらに、セネガルの民族主義者からは、以後数十年にわたって、その家族主義的《パテルナリスム》支配を糾弾された。

ダカール〔現セネガルの首都。アフリカ大陸最西端ベルデ岬にある〕を建設したフェデルブは、当時の思想を斟酌しつつ、共和国理念に合致する政策を、全征服者中おそらく誰よりも愚直に遂行しようとした人間だろう。

植民地帝国を築きあげた者たちにあって、**セシル・ローズ**はもっとも気宇壮大な計画を作りあげた。というのも、「あらゆる戦争に終止符を」打つために、「世界の大部分をわれらが法のもとにおくこと」、すなわちイギリスの法のもとにおくことを、彼は目標としたからである。その第一段階として、アフリカはアングロ・サクソン文化に従属すること。続いて南アメリカ、聖地パレスチナ、等々から合衆国までが占領され、合衆国はふたたび大英帝国の欠くべからざる一部となって帝国議会に代表者を送ること。これが彼のシナリオであった…。

セシル・ローズは、牧師の息子として、綿花プランテーションを経営する子だくさん一家に生まれた。一七歳のとき、ダイヤモンドの鉱脈が発見されたばかりだと知り、キンバリー〔南アフリカ共和国中部の鉱業都市〕に赴いた。その地で金発掘に足りるだけの資金を稼ぎ、それから一財産築くと、イギリス遊学へと出発した。当時二〇歳の彼は、オックスフォードでダーウィンの理論やラスキン〔一八一九〜一九〇〇。イギリスの美術批評家、社会学者〕の授業に出合った。南アフリカに戻って資産を殖やし、やがて世界のダイヤモンド鉱山の九〇パーセントを握るようになる。この財産を、かねてからの領土獲得計画を仕上げるために使うのである。なにしろ彼自身はほとんど散財せず、金銭に関心を寄せるのは、それがもたらす権力に関わる場合に限られていた。とかく世をはすに見たがり、どんなものだろうと、ことに良心などは、金で買えるとローズは思っていた。いきおい買収が十八番となる。とにかく彼は利益至上主義であった。彼自身が敬服するパーネル〔一八四六〜九一。アイルランドの民族運動家〕は、アイルランド自治の指導者でカトリック聖職者と不和だった人物だが、そのパーネルに、ひょっとしたら「教皇だって買収できるかもしれない」と仄めかしたことがあった。

セシル・ローズはとにかく土地を集めたがった。つまり、ケープタウンに必要なのは土地であって、現地の住民は物の数に入らない。彼いわく「優れた民族が増えているというのに、ピグミー〔熱帯降雨林に住む採集狩猟民〕などにアフリカを任せておけない…。わたしなら、ベチュアナランドからマンコアラーネ**まで領土とするのに遠慮はせぬ…」。「こういう原住民はわれわれの支配下に入るのが宿命なのだ…。原住民は子どもと同じように扱い、選挙権はアルコールと同じ理由で禁じなければならぬ」。こうしてセシル・ローズは、行政官に現地住民を鞭打つ権利を与えるストロップ・ビル法案を主張した…。当然のことながら、「特許ギャング団」との異名をとった「イギリス南アフリカ会社」（別名「特許会社」***）は、不当逮捕、戦争正当化のための挑発、伝令や使者の殺害などを常套手段とした。

セシル・ローズの計画は、まずもって、内陸のベチュアナランド併合を見越していた。ベチュアナランドはこの地域を結ぶいわば「スエズ運河」であり、これを併合することによ

* 一八世紀末、ティジャーニ（一七三七〜一八一五）が北アフリカに創立したイスラーム神秘主義教団。一九世紀中葉からハジ・ウマルによって西アフリカに勢力を拡大し、戦闘的になった。

** マンコアラーネの原綴は Mankoarane だが、該当の地名は確認できなかった。インド洋沿岸にある現スワジランドの町マンカヤーネ Mankayane のことであろうか。

*** セシル・ローズが一八八九年に設立した会社。ローズの開発・入植活動はこの会社を表看板として行なわれた。

ってオレンジ自由国〔一八五四年、ボーア人が建設。南アフリカ共和国内の中東部〕とトランスヴァール共和国〔一八五二年、ボーア人が建設。オレンジ自由国の北東部に隣接する〕の西側を通ってマタベレランド〔「ンデベレ人の居住域」の意で、ローデシア南西部の旧称〕に達するはずだった。そうなれば、南西アフリカに上陸したドイツ人の圧力を押しとどめられるだろう。さいわいなことに、ローズはケープ植民地〔現ケープタウンを中心とする南アフリカ南部地域〕の議員に選ばれ、オランダ人との同盟にこぎつけた。そして敵対するジョン・マッケンジー〔一八三五～九九。スコットランド出身の南アフリカの宣教師〕を圧倒した。マッケンジーは、ベチュアナランドの植民地政府代表に任命された男で、「人道主義的な」高級官僚グループに所属し、保護的な帝国主義政策を推進していた。つまり、ボーア人から目の敵のように差別されている先住民族を、少なくとも相対的には保護しようとする政策である。ともあれ、同盟軍に力を得たローズは、思うさま行動できるようになると、いつもの手口を使ってベチュアナランドの現地住民から土地を取りあげた。またケープタウンでは、現地住民の子孫が鉱山で働くことになるのを見越して、猫の額のような囲い地を彼らに支給した。むろん譲渡はできない。まさしく一石二鳥の策である。

オランダ人と同盟する目的はもうひとつある。つまり、オレンジ自由国やトランスヴァール共和国の指導者の裏をかいて近くのマタベレランドを「横取りする」ために、これらボーア人指導者にセシル・ローズを信用させておくことだ。本国ロンドンの政府は、当然その戦略には諸手をあげて賛成したが、これほどリスクの高い行動に対して直接関わることは避けたがった。そこでセシル・ローズは、ケープ植民地総督サー・ハーキュリーズ・ロビンソン〔一八二四～九七〕とその友人でベチュアナランド代表シドニー・シパード〔一八三七～一九〇二〕の手を借り、ローベングラ王〔在位一八七〇～九四。ジンバブエ南西部に住んだンデベレ人の王〕から彼の領土マタベレランドにある鉱脈探査の独占権らしきものを手に入れた（一八八八）。これはリンポポ川〔南アフリカ共和国北東部からインド洋に注ぐ〕とザンベジ川〔ザンビア西部からインド洋に注ぐ〕に挟まれた領土で、ブラワヨ〔ジンバブエ南西部〕を首都としてやがてローデシアと呼ばれることになる。ところが、よその土地の者が大挙して押し寄せると、たちまち先の鉱脈探査の認可内容のことで軋轢が生じた。セシル・ローズの部下たちは、地下資源探査権しかもたぬ土地でありながら、今や、土地所有者だと思い込んでいるからである。ローベングラ王も抗議の書簡をヴィクトリア女王〔在位一八三七～一九〇一〕に宛ててはいたものの、放った密使らは次々と暗殺された。そのままゆけば紛争から戦争へと火の手があがるのは時間の問題だった。だが、「イギリス南アフリカ会社」代表ジェームソン〔一八五三～一九一七。セシル・ローズの朋友でケープ植民地首相（一九〇四～〇八）〕がローベングラの小屋に火を放ってあっさり決着がついた。

ロンドンでは、一八九四年の閣議決定で、グラッドストンの後継者ローズベリー伯〔一八四七～一九二九。政治家、首相（一八九四～九五）、著述家〕がローベングラの所有地をすべて「特許会社」のものとした。しかも、国庫からの出費はほとんどなかった…。

セシル・ローズは、「ケープタウンのナポレオン」の異名をとって、ロンドンに賑々しく凱旋した。しかし、そのようにもて囃されたこと自体が、ケープタウンのオランダ人にもボーア人指導者にも不安を与え、苛立ちをかき立てた。とりわけ、トランスヴァール大統領のクリューガー〔一八二五～一九〇四。ボーア人政治家、のちのトランスヴァール大統領（一八八三～一九〇〇）〕がそうだ。そもそもクリューガーは、自分も目をつけていたマタベレランドを征服されたことが面白くなかった…。じつをいえば、ローズの政策全体は、イギリスの旗のもとに南アフリカ連邦〔一九一〇年、ケープ、ナタール、トランスヴァール、オレンジ自由の四州によりイギリス帝国の自治領として成立〕を作るために、ボーア人の共和国と協力することが最終目的であった。ことに現地住民の問題に関しては、ボーア人と同じ考えだったから、彼らに対する敵意などなかったのである。しかしその一方で、ダイヤモンドと金がトランスヴァールの生活を変えてからというもの、外国人やエイトランダース〔トランスヴァールやオレンジ地方に移住してきた人間に、ボーア人が与えた呼称〕の数が徐々に増し、それがボーア人とのトラブルを引き起こしていた。そしてセシルの兄で「南アフリカ金鉱会社」経営者のフランシス・ローズ〔一八五一～一九〇五〕がエイトランダースたちの指導者になるや否や、エイトランダースはヨハネスバーグ〔南アフリカ共和国北東部。一八八六年の金鉱発見を契機に形成〕において、トロイの馬のように危険な存在と化した。ついにローズ兄弟とジェームソンは奇襲攻撃を企てた。クリューガーの屈する姿をこの目で、との欲望がいよいよ高じたあげくの決起だったが、惨憺たる失敗に終わった（一八九六）。セシル・ローズの挫折である。

もっとも、こんな絵に描いたような失敗をしたからといって、彼は気落ちしなかった。その証拠に、かねてから計画中のケープタウン・カイロ間鉄道を一部実現した…。少なくともケープタウンからブラワヨまでは鉄道が通ったわけである。いや、何よりも、彼はそれまでの態度を一変させ、黒人の権利を擁護する立場をとるようになった…。それは、ボーア人に復讐するためだったのだが、本人の弁では、マタベレランドの一大蜂起が鎮圧されてから黒人がひどい境遇におかれたことに、心を動かされたのだという。

「ザンベジ川以南の全白人に権利の平等を」という文句に代えて彼はこう主張した。「その者に充分な教養がありさえすれば、所有地かあるいは職業がありさえすれば、つまるところ怠け者でさえなければ、文明化した人間なら誰だろうと…白人であれ黒人であれ、権利の平等を」。

「われわれより劣った民族を犠牲にしてでも、ためらうことなく決然と、ほかならぬわが民族を豊かにする目的が、植民地化にはある」。この文言のとおり、**カール・ペータース**の「ドイツ東アフリカ会社」は、その方針を公然とかかげるにあたって、未開部族の文明化などという偽善を欲しがりはしなかった。そのせいかどうか、植民地向けの会社を創立したこの男の、閃光にも似た、波瀾万丈の一生はぶざまな幕切れを迎えた。しかしそれでも、かつてのタンガニーカ（今日のタンザニア）という一番美しい植民地をドイツにもたらすことになった…。彼は、イギリスの力に魅せられ、その成功に羨望を感じていた。それだから、ビスマルクが一八四八年のフランクフルト国民議会をこきおろしたのと同じように、「ドイツ植民地協会」など「おしゃべり連中の集まりにすぎない」と見下した。カール・ペータースとしては、必要とあらば、独力でも植民地を建設したいのだ。手許の地図帳の東アフリカには空白部分が点在し、それが頭にこびりついて離れない。そこで、ビリヤードの勝負に興じながら、ヴィルヘルム一世〔プロイセン王（在位一八七一～八八）。初代ドイツ皇帝（在位一八七一～八八）〕の侍従フェリックス・ベール・バウデリン〔一八三四～九四〕に向かって、こう打ち明けた。二四人の出資者とともに「ドイツ植民会社」を作って事業を始めるつもりである、と（一八八四）。

彼の固定観念とは、ベルギー、イギリスなどの他国が、ザンジバル正面の広大な空間に旗を立てるまえに進出すること、これに尽きる。この地域では、「現地の住民はドイツについて名前さえ知らなかった…。イギリスが進出していなかったのは、この土地がもう自分たちのものだと決め込んでいたからである。つまり、スエズ運河はイギリスの事業のごとく映り、紅海はイギリスの湖さながらだったのだ〔…〕。ザンジバルのスルタン軍指揮官にしてもイギリス人であり、ザンジバルはイギリス巡洋艦数隻が大砲で押さえつけていた」（モーリス・ボーモン Maurice Baumont。シャルル・アンドレ・ジュリアンほか『植民地化の技術者たち　一九・二〇世紀』＝Julien 1947a, p. 23-24 所収）。

そうかといって、イギリスがアフリカ大陸のこの東アフリカ方面を無視していたのではない。

このような状況のなかで、ザンジバルのドイツ領事に就任したペータースは、白人四名、黒人五名、通訳一名、調理師一名、荷担ぎ三六名を引きつれ、夜陰に乗じてザンジバル島正面の海岸に上陸した。手に携えているのは雑貨、布地、古びた軽騎兵の軍服である。

肝心の目的とは、スルタンの目を逃れて内陸奥深く入り込み、軍服数着を土地と交換することだ。現地先住民族の首長たちと一二の条約が結ばれ、ペータースはドイツ皇帝ヴィルヘルム一世に一五万平方キロの土地を献呈した。「こんな協定なぞ単なる約束事にすぎないことは、わたしも承知している。だが、わたし以外の者にしたところで別のやり方があっただろうか」とペータースは述懐している。

二度目の遠征は軍事的なもので、それと察知したザンジバルのスルタンが抗議する素振りを見せるや、直ちに実行された。これに先立ち、すでにビスマルクは、ドイツ市民の保護こそ至上命令、との通知をだしていた。この主張をあと押しする形で提督クノール〔一八四〇～一九一七。ドイツの軍人〕率いる軍艦八隻が登場し、ここで正式にダル・エス・サラーム〔タンザニアの首都でザンジバル島の対岸に

〔ある港町〕の割譲をもたらした。

しかし、ダル・エス・サラームの地に残るドイツ人はもはや三人を数えるばかり…。それから二人となり、一方はマラリアで死亡、もう一方は北部で殺された。

ほどなくしてペータースは、別のドイツ人エドアルト・シュニッツァーの救助へと駆けつける。この男はエミン・パシャを僭称し、ヴィクトリア湖方面へと進んでいた…＊。ところが一八九〇年、ドイツ皇帝ヴィルヘルム二世は、ヘリゴランド島と引き換えにザンジバルとウガンダを譲渡する条約を、イギリスと結んだ。さらに国は「ドイツ東アフリカ会社」から、行政と関税関係の諸権利を残らず取りあげてしまう。

そうこうしているうちに、イギリス人を通じて、征服者ペータースの職権濫用が人の知るところとなった。たとえば、正規の裁判を経ない処刑、公金横領、出血するほどの鞭打ちや棒打ちやらをやっている…。衰弱した荷担ぎ人夫を見捨てて野獣の餌食にした、などとも取り沙汰された。カトリックや社会主義の新聞が人非人だと告発するにいたって、スキャンダルは一挙に広まった。一八九七年、ペータースは解任された。

それから二〇年後、国家社会主義者たちはペータースをひとりの先駆者に祭りあげる。しかも、第一次大戦中にはヴィルヘルム・ゾルフ〔一八六二〜一九三六。ドイツの外交官、政治家〕の覚書がドイツによる中央アフリカ掌握の見通しを広げてゆく。やがてフォン・エップ〔一八六八〜一九四七。ドイツの軍人、政治家。「国家社会主義ドイツ労働者党」の幹部〕が「ペータース団旗」を「ドイツ植民地協会」の標章として採用する。一九三六年、赤地に五つの白い星を散らした黒十字の旗には、十字の傍らにハーケンクロイツ〔ナチスドイツの国章となった鍵十字記号〕が加わる。

コンゴの植民地化は、セネガルの場合のように、軍人が進めたのではない。セシル・ローズやカール・ペータースのごとき、軍事介入するつもりの実業家でもない。そうではなく、探険精神と文明化の必要に駆り立てられた民間人がやったのである。なるほど、のちのちコンゴ問題が国際化するにおよんで、ほかのアフリカ諸地域そっくりに垂涎《すいぜん》の的として搾取されるコンゴではあるが、この地にはやはり他の植民地とひと味違った独自性がある。

＊　一八七八年、エドアルト・シュニッツァーはスーダン南部の赤道州知事に任命され、パシャの称号を得たが、一八八三年、マフディー教徒の反乱のため脱出を図る。一方、自国勢力圏拡大を狙うイギリス、ドイツ両国は、シュニッツァー救出をその足がかりとすべく、それぞれスタンリーとペータースを隊長とする救助隊を組織する。先陣争いはスタンリーが制し、一八八九年シュニッツァーはスタンリーに同行してインド洋岸のバガモヨに落ち着いた。翌九〇年、今度はドイツ植民地政策を促進する指令を受けてヴィクトリア湖へと出発した。ここに記されたザンジバル・ヘリゴランド条約（ベルリン協定）が結ばれたのはその直後のことである（本書一三一頁訳注＊参照）。

コンゴの植民地化に関わったのは、たとえば**ブラザ**のような探険家、**スタンリー**のようなジャーナリスト、コンゴ問題を仕切ろうとする**ベルギー王レオポルド**に協力した**バニング**〔一八三六～九八。ベルギーの哲学者、行政官。レオポルド二世の顧問を長らく務めたが、王の植民地政策に反対して失脚〕のような学究の徒であった。ことのほか地理が好きなこのバニングは、また一方で果断の士でもあった。

誰の関心も呼ばないこの地方を保護領化するそもそものきっかけは、オゴエ川〔中央アフリカ、ガボン共和国〕よりさらに奥の内陸部までコンゴ川を遡上できるようになったことにある。探険家たちは大なり小なり自国政府と利害でつながっていたから、彼らの関心はもっぱらこのナイル源流地域に向けられていた。そこはまた、医師兼宣教師リヴィングストン〔一八一三～七三。スコットランドの探険家〕のめざしていた地域でもある。残念ながらリヴィングストンは、一八七三年にイギリスの探険家カメロン〔一八四四～九四〕によって客死が判明することになる。

さて、ナイル源流地域である「ルアラバ」*地方は、当時まだ神秘に包まれていた。そこで、ある大新聞社主〔『ニューヨーク・ヘラルド』紙社主ジェームズ・ゴードン・ベネット（一八四一～一九一八）のこと〕がヘンリー・モートン・スタンリーにひとつの任務を託した。アメリカ人の養子になったこのイギリス人は以前リヴィングストンに出会っているので、行方不明になっているリヴィングストンを捜しだせ、というものだった。**一方、スタンリーもまたアフリカ大陸に渡ったあと、ザンジバルを発って足取りがつかめなくなっていたが、一八七七年一〇月になって、東海岸側からコンゴ川にたどり着いたことが確認される。スタンリーのたどった道は、ベルギー王レオポルドの腹心バニングが仮説として主張していたルートであった。大の探険好きで反奴隷制運動の提唱者として鳴らしたバニングだが、一方では、わがベルギーとわが国王に植民地を、と腐心してもいた。ところが、バニングの配慮を裏切るように、当のレオポルドは国王としてではなく私人として行動する決意をした。皮肉屋のビスマルクがこれを評していわく、「かのお方は、まこと、有閑人であらせられる」。

同じ頃、イタリア出身の若き海軍士官サヴォルニャン・ド・ブラザは、ガボンのオゴエ川方面への踏査探険をフランス政府に申請し、武力を使わずにその地方の部族をまんまと味方につけた。次いでコンゴ川の支流アリマ川までバテケ高原〔コンゴ中部〕を走破することに成功した。これにより、大西洋からスタンリー・プール〔現マレボ湖。コンゴ川下流〕に到達するルートのあることが証明された。ブラザはほとんど資金らしい資金もなく、ヨーロッパ人二名とアフリカ人一六名を従えるだけだった。「彼らは何もかも足りないくせして、三色旗だけは別で、これをどっさり荷物に詰め込んでいた」とスタンリーは表現している。けれども、生来の気さくさと人の良さのおかげで、ブラザはマココを含む現地の首長と条約をいくつか結び、二度目の探険旅行のときには（一八八〇）、フランスを上回る広さの領土に二六の砦を据えた。当然、これらの「征服地」はレオポルド二世の計画とぶつかった。

ブラザの旅に先立つ一八七六年、レオポルドはブリュッセルで、ある会議を招集していた。地理学者や科学者を集めたこの会議では、「わが地球上で、文明がまったく浸透しなかった唯一の地域に、その道を開くこと」との目標がかかげられた。会議後、アフリカに関わるそれぞれの国家は、植民地をめぐる政治的関心に見合った範囲で行動することになるだろう。また、相互に支援し、それぞれの国の旅行者や係官が入りやすくなるように、それら諸国の承認と参加を得てひとつの「協会」〔レオポルドの私的組織である「アフリカの探検と文明化のための国際協会」のこと〕が作られるだろう。各国家の競争意識がうまく機能するような委員会も設置されるはずだった。国の世論が植民地拡張に反対であることを、当時の国王レオポルドは充分承知していたから、領土の獲得ではなく「使命」こそが問題だとされた。できあがった「協会」は奴隷制反対という人道主義的な謳い文句をかかげ、それに好感をもった合衆国が国王に援助の手を差し伸べた。じつは、私人として行動する王の資金は、さして潤沢ではなかった。

「協会」の掌握する領土は、ブラザが一番乗りの旗を立てたところと重なり合っていた。それゆえに、「協会」はフランスに対し、先買権はフランスにあっても「協会」の事業を妨げないよう合意をとりつけていた（一八八四）。たちまち列強諸国は不安を抱き、「協会」をコンゴの諸問題を管理するいわば超国家的機関と位置づけることに決めた。一方、レオポルドの代理人であるスタンリーはといえば、ブラザ配下のセネガル人伍長マラミネ〔?～一八八六〕率いる守備隊が「協会」代表の命に服そうとしなかったため、「協会」の名で、「ブラザは領土を奪取した」と抗議文をだした。ヨーロッパに戻ったスタンリーが不機嫌を隠さないなか、今度はレオポルド本人がさらに一歩踏みだした。「協会」の実行委員会は数ヶ国から構成されるはずなのに、「協会」長である彼が、どう見てもベルギーのものでしかない「高コンゴ調査委員会」なるものを創設したのである。

そのうちに、発展が見込まれる肥沃な内陸地が見つかった。イギリス、ドイツ、ポルトガルそれぞれが介入の権利ありと考えた。こうして、コンゴの紛糾が今にも事実上のブラック・アフリカ分割へと発展しそうな雲行きになった。コンゴ

---

* ルアラバはコンゴ川（ザイール川）の本流とされる川の名。一八七一年にリヴィングストンがタンガニーカ湖の西に発見した。

** ナイル河源流の探索を続けるリヴィングストンは、一八六八年に消息を絶っていた。スタンリーは一八七一年初頭に東アフリカのザンジバルに着き、同年一一月、タンガニーカ湖畔の町でリヴィングストンの捜索隊に会っている。

内においてすら、どこかの国が思うさま牛耳るような時代はすでに過去のものとなっていたのだ。

奇妙といえばかなり奇妙なのだが、この頃「探険家」としてのスタンリーは、形だけの影響力しかない、いってみれば匿名の帝国主義の中心人物となりつつあった。デイヴィッド・ニコル〔一八五九～一九一九〕の描いた風刺画では、首吊りにされたばかりの黒人に祈りを捧げるスタンリーの頭上で、資本家の天使が彼を祝福しているが、そこに窺えるのは、ある者からすれば感嘆の的であり、またある者からすれば厳しい批判の対象であったスタンリーの実像である。スタンリーという男は、東アフリカやスーダンのイギリス人にも、コンゴのベルギー人にも、さらにはザンジバルのアメリカ人にさえも、奉仕してはばからない人物だった…。

スタンリーの行動をたどってゆくと、いかにも、そこには勝ち誇る帝国主義がいよいよ力を増してゆく姿が投影される。ことほどさように彼のエネルギーは桁外れだった。だが、『ポール・モール・ガゼット』紙〔当時のイギリスの新聞〕が問いかけたように、はたして彼の行動は「文明化すること」といいうるのだろうか。

セシル・ローズとともに**リヨテ**は、植民地征服者のなかでおそらくもっとも名誉にとり憑かれていた。誰にもまして、彼の名はひたすら植民地化と結びついている。そういうイメージが強すぎて、一九一六年にフランス陸軍省に移ったことはずっと注目されなかったが、じつは、大先達のフェデルブやガリエニにしても同じで、前者は一八七〇年に、後者は一九一四年に、それぞれフランス国土防衛の戦士となったのだった。リヨテはマダガスカルとインドシナ地域で初陣を迎えた。とはいうものの、このときはまだ、植民地軍人を体現するリヨテではないし、ましてやモロッコの化身としての彼ではない。

リヨテという人間は、何よりもがむしゃらな行動人であり、派手好みのロマンチストであった。彼の座右の銘は、「われ、創造の天分を覚えたり、しかして創造せる。統べる天分を覚えたり、しかして統べらん」という、詩人シェリーから借用した文句だ。彼はまた、骨の髄まで王政主義者で、信仰も厚かったから、教皇レオ一三世〔在位一八七八～一九〇三〕が事実上共和主義者だと分かったときには、おおいに失望した。このリヨテが共和政を受け入れるとすれば、共和政がフランスに植民地帝国を取り戻してくれる場合でしかない。

師匠筋のガリエニと同じように、リヨテは、可能な限り戦闘を回避し、武力は見せつけるだけで使わずに済むよう工夫するべき、と考える。ことにマダガスカルでのリヨテには、住民が安全に暮せるようにしなければ、との願いが妄想のようにこびりついて離れない。マダガスカルでリヨテが見たのは、「槍突き」戦術を駆使するフランス軍だ。村々は戦火に包まれ、ひとまとめにされた住民は過酷な仕打ちを受けていた…。そのような手段を用いず、漸進的拡大をめざす「油染み」戦術を使いつつ…「原住民の心に耳を澄ませ」、彼らに「ひとかけらの愛情」を注がねばならない。インドシナ半島では、トンキンの農民たちが見せた感謝の気持ちに胸が熱くなる。実際、農民たちは「野盗どもから解放され、ここ二〇年来初めて心おきなく作物の刈り入れができたと、わし〔リヨテ〕に語るのだ」。

モロッコを平定する仕事は、故国フランスを離れた海外で一か八か賭けてみる必要性と、いささか古代ローマ皇帝もどきの帝国建設願望とを、ともに満たしてくれるものだった。その故国のお役所仕事ぶり、さらに長談義と「毒にも糞にもならぬ議論」への嗜好、これこそリヨテが侮蔑してやまない点である。こういうリヨテであるから、詩人・作家として、たしかに北アフリカ奥地の美しさに魅せられる。だが、カサブランカ〔モロッコの大西洋岸〕を建設するという想いは、さらにそれを上回る。「わしはこの創造にすっかり心を奪われている。わしの道、わしの村々、わしの畑、わしの家畜の群れ、わしの苗床、それらの一部がありありと目に浮かぶ…」。

リヨテの場合、いっぷう変わっているのは、一種独特の政治的アマルガム作用〔異種どうしの融合作用〕のようなものがあって、彼本来のカトリック的かつ伝統主義的理念と、政策遂行上で必要な実践とをうまく調整してしまうことだ。たとえば、いかにも保守主義者らしく、彼はシバ地域〔モロッコ内陸部の旧称〕の暴動に直面したスルタン政権、すなわち「マフザン」〔フランス保護領化のモロッコ政庁〕の強化を図るべきだと考える。「わしの心には、暴動、革命に対する度外れの憎しみがある」と明言するのはこの保守主義者である。またリヨテは、カンボジアの仏教儀式とともに彼を魅了したイスラーム文化や、モロッコの制度も保護しようとした。こんなことばもある。「緑の屋根瓦をのせた白いクーバ〔聖者の墓の上に建てる記念堂〕にぜひとも埋葬してほしい。この地方の聖者を守ってくれるのと同じようなやつだ。だが、わしが地方の伝統を尊重しながらも心底カトリック信者なのだと思い起こしてもらえるように、二ヶ国語の墓碑銘を添えてもらいたい」と。入植者に向かっては、「制度を一掃することは条約があるからできるというわけでなく、また、そうあるべきでもない」といい切った。逆に、その制度の威信、ことにスルタンの威信を昔日のように高めることが、彼の願いであった。リヨテとしては、むしろフランス国内でこうした復興事業を成し遂げたかったことだろう。だがともかくも、この復興事業は、イスラーム世界を援助したことだけでなく…、ベルベル人*諸部族の習俗を守る約束をしたこととも、軌

＊ ベルベル人は北アフリカからサハラ砂漠にかけて先史時代から生活する、ベルベル諸語を話す人々の総称。

を一にする。

　いうまでもなく、こうした保守的政策は、そこに現代性がともなってはじめて意味をもつ。ゆえにリヨテは、医学、教育を発展させたいと願ったし、またそうした刷新がフランス人による行政の仕事となるはずだと考えた。それは入植者らの代表がやるのではなく、ひたすら行政側の仕事なのだ。こうした考え方は、議会制度的なものをことごとく嫌ったリヨテらしい考え方ではないだろうか。いずれにせよ彼はこう結論づける。そうやって計画的になされた繁栄こそが住民を保護領制の原理に賛同させるのであり、したがって、この保護領制度こそが最終的な解決策となりうるのだ、と。

　ところが、パリの事務局が、リヨテの派手好きと同性愛に気を悪くして、この冒険家の行動に待ったをかける…。「パリで一年まえから調べあげ、大金かけて確認・調整したものでなければ、［モロッコでは］煉瓦ひとつおけやしない」とリヨテは嘆いた。本国フランスの県並みに「知事によって去勢され、生気を奪われた」モロッコなど、彼の望むところではなかったろう。案の定、本国の左派は総督リヨテに不信を抱く。右派もまた、アルジェリア式の併合*に背を向けて、リヨテがスルタンを擁護することは、入植者いじめにほかならないと見なす。しかし、リヨテとしては、モロッコ地域とフランス地域とを二分し、両国双方が協力する形にすべく奮闘しているつもりなのだ。


　現地のモロッコではどうだろうか。たしかにスルタンの君主制政権は、リヨテがその権威維持に力を貸してくれたことや、モロッコ人のアイデンティティーを尊重したことを、高く評価する。しかし、スルタン政権を強化したために、その政権がいつかフランス占領軍を厄介払いにすることは明らかであろう…。ただ、スルタンにとってもリヨテにとっても予想外の展開であったのは、スペイン人に対するモロッコのアブド・アルカリーム〔一八八二?～一九六三〕の蜂起、リーフ戦争**、そしてそれらの基となる理念が波及していったことである。リヨテ自身は、スペインに抗して立ちあがったアブド・アルカリームの蜂起に、自分の政策が成功した証を見ていたのだが、事件はむしろ失敗の証へと変容してゆく。そのため、彼が築きあげてきた成果は灰燼に帰しかねないほどであった。

ロシア人とイギリス人——監視下にあるカフカスと中央アジア

　イギリスにとってインドは掌中の玉である。ゆえにイギリスは、インドを守る「天然の」防波堤にいたるまで、支配権を確保しようとする。だがヒマラヤの向こう側の北西方面から、ロシアが南進してくる。クリミア戦争〔一八五三～五六〕さなかの一八五四年以後、イギリスの危機感を煽ったのは、このロシアの進出である***。こうして、イギリス側がロシアの進出を監視すれば、ロシア側もイギリスの進出を監視するという具合に、「鯨と象」の争いといわれたこの状況が一八二九年から一九〇七年****までほぼ一世紀近く続いた。そうはいっても、バルト海をめぐる抗争や「モスクワ会社」の処遇など、これ以前にも対立の先例はあった。また、一九〇七年以降も、つまりロシアとイギリスのあいだでペルシア（イラン）を勢力圏に分割する英露協商が結ばれてからも、さまざまな痕跡が残った。さらには、一九一四年と一九四一年に両国間で対独同盟が成立していながら、イランでもアフガニスタンでも、病根はまったく消えなかった。その後遺症が、一九五〇年から一九九〇年にかけて再発することになる。

ロシアの実情はどうかといえば、歴代ツァーリの領土的欲望は決して満たされることがないようだ。事実、彼らはシベリア全域とアラスカを領有してゆき、ついに一八二一年には、「北緯五一度までの太平洋北東部沿岸における、交易および航行の独占権をロシア船舶に付与するべく」、当時のツァーリ、アレクサンドル一世〔在位一八〇一～二五〕が突如として勅令を発布する。不安を抱いた合衆国大統領ジェームズ・モンロー〔在任一八一七～二五〕は、一八二三年、「モンロー主義」〔ヨーロッパ・アメリカ両大陸の相互不干渉を主張する、アメリカの外交政策の原則〕の名で知られる教書を発表した。そのなかでモンローは、南北アメリカのどの地域であっても、ヨーロッパ列強が勢力拡大を図ってはならないことを言明する。「すでにして自治・独立を獲得し、これを保持せんとするわがアメリカ両大陸は、今後はもはや、いつの日かヨーロッパ列強の植民地となる余地あり、と見なされてはならない」。

同じ頃、グルジア王が*****〔二四九頁〕ムスリムのペルシア人による国土征服を恐れ、ロシアのツァーリに譲位した。こうして、ロシア

* 一八八一年、アルジェリアはフランス本国の管轄下に入った。しかしその後、入植者の反対により一八九六年に併合政策は廃止された。

** 一九二一年、アブド・アルカリームはスペインに抗してモロッコ北部のリーフ地方を支配下におき、一九二三年にリーフ共和国の樹立を宣言した。スペインばかりかフランス政府も危機感を抱き、同年に総督リヨテを解任し、代わりにペタン元帥（一八五六～一九五一）を派遣して平定をめざした。その結果一九二六年にリーフ軍は降伏したが、北アフリカに現地民族による国家が成立したことは、その後の民族解放闘争に大きな影響を与えた。

*** ロシアとオスマン・トルコおよびこれと連合するヨーロッパ列強とが、中近東とバルカン半島の支配権をめぐって争ったのがクリミア戦争である。トルコ・ロシア間で戦端が開かれた当初はロシア有利に展開したが、ロシアの南下政策を恐れたイギリスとフランスが参戦してからは（一八五四年三月）、トルコ・ヨーロッパ連合が優位に立った。そして一八五六年三月のパリ講和条約によりロシアの南進政策は一時頓挫する。

**** 一八二九年はアドリアノープル講和条約、一九〇七年は英露協商（後述）が締結・成立した年。アドリアノープル（現エディルネ。トルコ西部の都市）の条約では、トルコがギリシアとセルビアのトルコ領内における自治権（独立）を承認、モルドヴァ（モルダヴィア）、ワラキア両公国はロシアの保護下におかれた。

にとっては幸運にもカフカスへの道が開かれた。一、二度、ペルシアはロシアに抵抗したが、パスケーヴィチ将軍〔一七八二〜一八五六。ロシアの軍人〕がトルコマンチャーイの講和条約を押しつけ（一八二八）*、これによってツァーリはペルシア領アルメニア地方の一部を手に入れた。またトルコ人との戦争でも、やはりパスケーヴィチの力で勝利し、アドリアノープルの講和条約によってトルコ領アルメニア地方がツァーリの帝国に併合された（一八二九）。

オスマン帝国がギリシアを失い、やがてエジプトをも失おうとするこの時期に**、こうした情勢の変化がオリエント（東方）の一地域全体の均衡を破ることを、西洋列強は即座には見抜けなかった。トラブゾン〔トルコ北東部、黒海に臨む港湾都市〕のフランス領事が確認したところによれば、ツァーリは征服計画を隠蔽するために以前からいろいろ策を弄していたという。たとえば、アドリアノープルの講和条約ではアブハジア〔カフカス西端で黒海に面する〕の名はほとんど言及されていないが、その八年ほどまえからロシアはこの国を併合しようとしてきたし、実際、チェルケス〔カフカス北部〕の一部とともにこれを併合したのである。一八三〇年以降はムスリムの指導者《イマーム》シャミーリ〔一七九七〜一八七一。北カフカス、ダゲスタンの第三代イマーム（在位一八三四〜五九）〕の抵抗に遭い、これが一八五九年まで続くことになる。

ダゲスタン〔カフカス北部〕におけるシャミーリの闘争は、アルジェリアのアブド・アルカーディルの闘争を想起させる。実際に両者の比較対照は、一八四四年に『ナショナル』紙〔フランスの政治新聞〕、一九一四年に地理学者ワイコフ〔一八四二〜一九一六。ロシアの気候・地理学者〕、一九九一年には歴史学者ガマー〔一九五〇〜二〇一三。イスラエルのカフカス史専門家〕によって着想されている（Gammer 1992）。シャミーリとアブド・アルカーディルの闘争で具体的にどのあたりが似ているかというと、まず、侵略者が平野部から到来し山岳部によって阻まれる点で、両者の状況は近い。こういう場合、侵略者はどういう方法をとるか迷う。そこで、アルジェリアのデミシェル〔一七七九〜一八四五。フランスの将軍、オラン総督。一八三四年二月、アブド・アルカーディルに和平をもちかけ実現〕と同じく、ツァーリの名代フォン・クリュゲナウ〔一七九一〜一八五一。ロシアの軍人〕も話し合いで解決しようと考えた（一八三七）。シャミーリとの和平が成立し、少なくとも、平野部は相手側から巻きあげ、交換条件として、シャミーリに対抗者がでてきた場合は彼を支援することにした。山岳地帯でのシャミーリは、これで足場を固めることになった。ロシア側とすれば、全面的征服には兵力がかかりすぎるし、またその必要性も認められない、という計算もあった。その後、双方は力を回復したうえで、カフカスでいったんは結ばれたこの「勇者の和平」〔交戦者どうしの勇敢さを讃えて結ばれる「名誉ある和平」〕を反古にして交戦した。これは同じ時期のアルジェリアもそうだ。パリではアブド・アルカーディルの勇気を讃える「ばら色の伝説」が生まれていたが、それと同じように、ロシアでもシャミーリを讃える伝説があって、専制ロシアとしてはサンクト・ペテルブルク〔一七一二〜一九一八年ロシア帝国の首都）で世論を味方につけることも容易ではなかった。
　シャミーリの声望は「当該地方の住民に電撃的効果を生み」（ミシェル・ルズュール「シャミーリ時代のフランスとカスカス、フランス領事の公用文書を手がかりとして」『CMRS』XIX＝Lesure 1978 p.5–65 所収）、ロシアの征服活動について西洋諸国の警戒心を呼び起こす。「ヨーロッパの君主たちは介入せざるをえない。自由に敵対する一強国が力を誇示してカフカスの自由までうち砕くのを座視するわけにはゆくまい」（同上書）。この警戒心は、パリやロンドンの自由主義者たち自身が、専制君主たるツァーリを糾弾しつつも、事実上、当時アルジェリアやバルチスタン（パキスタン南西端からイラン南東端にかけて広がる高原地帯）を勢力下に収めていたことからくるものである――「サンクト・ペテルブルクの政府が恐れるのは、ギリシアの場合にそうだったように、自由主義がチェルケス人の心をとらえることである」（同上書）。ヨーロッパ側は、クリミア戦争のあいだはシャミーリとチェルケス人に期待をかけた。しかし、この地域に対する認識はひどく不足しており、シャミーリと共闘してロシア攻撃を目論みながら、シャミーリとの連絡の取り方すら知らなかった。それどころか、オスマン・トルコの保護領となったカフカス北部地域、およびツァーリの帝国に併合されたアブハジアを自分たちの手に取り戻すことは、シャミーリだけでなく、この地域のトルコ人にとっても大きな希望であったにもかかわらず、ヨーロッパ側はそのオスマン・トルコの宮廷にシャミーリのことを問い合わせるお粗末さだった。
　こうして、カフカスは初めて「国際紛争の舞台」となってゆく。その元はといえば、イギリスの外交官デイヴィッド・アーカート（一八〇五〜七七）が一八三〇年頃、匿名で『イギリス、フランス、ロシアそしてトルコ』という小冊子を英語とフランス語で出版し（イギリスでは三版を数えた）、そのなかで「黒海沿岸の侵略」を暴き、世論の警戒を次のように呼びかけたのがきっかけである。ロシアは地中海にいたる二つの海峡（ボッポラスとダーダネルス）の次に地中海全域の支配をめざすだろうし、そうなれば公海の自由など風前の灯となろう。「カフカス全土で怒りを爆発させるために…」一致団結しなければ

*****（一四七頁）ゲオルギー一三世（在位一七九八〜一八〇〇）のこと。ロシア皇帝パーヴェル一世（在位一七九六〜一八〇一）に王国を移譲し、自らは摂政の地位に止まる構想を立てた。

*　アゼルバイジャンのトルコマンチャーイの村で結ばれたロシア・イラン（カジャール朝）間の不平等条約。これにより、一八二六年以来の両国間の戦争が終結する。その後イランは、ロシア・イランの国境を画定するアラス川以北の割譲と、賠償金の支払い、ロシア人の治外法権を認めることになる。

**　トルコは一八二九年のアドリアノープルの講和条約でギリシア独立を承認したのち、一八三三年のクタヒア条約ではエジプトの自立を承認した。

ならぬ。「グルジア全体がモスクワの桎梏を払いのける合図を待ち、カフカスでは勇敢な幾十万もの住民が、うわべは服従を装って暮らしながら武器を肌身離さず、[…]手の届くところにロシア兵が来たらいつでも襲いかかれる、と今や誰もが思っているのだから」(Lesure 1978 所収)。

逆説的なことに、クリミア戦争はその目的と裏腹の結果に終わった。そもそもは、前述したロシア進出への不安が戦争の一因である。しかし同時に、この戦争の原因にはほかのさまざまな与件もからんでいた。そのなかでも、とくにロシアの抱く野望への不安があげられよう。ロシアは、東方正教会の名のもとに、オスマン帝国の解体とスラブ民族の解放を進めようとしていたのである。イギリスにせよフランスにせよ、ロシアを野放しにするつもりはなく、キリスト教徒の連帯も人権擁護もひとまず棚上げして、オスマン帝国側についた。もちろんオスマン帝国の保護が目的だが、そこには、自分たちだけでうまく分割しようとの計算もおそらく紛れ込んでいただろう。勝利を収めた西洋諸国は、そもそもオスマン支援のために参戦したにちがいないのだが、ロシアの進出がひとたび頓挫すると、バルカン半島におけるオスマン帝国の支配力が弱体化するのを放任した。少なくとも先の二つの海峡は、もはやロシア人の手に落ちるはずがないと思えたからであった…。

しかしながら、中央アジアとインド隣接地域の支配という、さらに根本的な争点がその後イギリスとロシアを対立させた。どちらも進出を賭けていて衝突は避けられなかったのである。ならば、ロシアの中央アジア進出はどのような目的を反映していたのか。

マルクス主義者たちの伝統的見解によれば、この帝国主義の初期段階(一八六五～八五)は封建的かつ軍事的な性格のものであって、これ以降は経済的諸要因がしだいに大きな役割を果たす、ということになる。

最初の進出については、どうやら経済的要因はほとんど介在せず、あったとしても、帝政ロシアが導入した商業活動によってもたらされたようだ。もっともこの活動は、ハーン〔アルタイ系、モンゴル系の北方遊牧民の族長〕の領土においてロシア人の商取引に好都合な条件を作りだすことをめざしながら、肝心の民間団体があとに続かなかった。たとえば、ハーンとの協定は一八六七年(ホジェント)〔現フジャンド。タジキスタン北部の州および州都〕と一八七三年(ヒバ)に始まるのに対し、ロシア人による綿花栽培が拡大するのは、ようやく一八九〇年前後である。さらに、ロシア帝政にとってこの地域は、実業界の圧力にまさる不安があった。すなわち、これらハーンの領土は独立国家として認めるにはあまりにも脆弱ではないのか、その地域がオスマン帝国のような外国の勢力下に吸収されはしまいか、と。そうであればこそ、予防のために占領しなければならない。このように、ハーンの領土を併合する根源には、外国人を遠ざけておいてこの地域の孤立状態を保持しようとの意思があった。その証拠に、大臣ギールス〔一八二〇～九五。ロシアの政治家、外務大臣〕とチェルニャエフ〔一八二八～九八。ロシアの軍人、トルキスタン総督〕の眼には、占領の収支決算は経済的にマイナスであることがいち早く明らかになった。

とにかく外国勢力を遠ざけておくにしくはない。サンクト・ペテルブルクの政府は、ペルシアに鉄道を建設するというイギリスの計画を一九一〇年までずっと拒否していたものだが、それもこれで説明がつく。同じくイギリス人の発案による、バグダッドの鉄道をカフカスにつなぐ計画を拒んだ理由にしても、あるいは一八九九年のスコット・ムラヴィヨフ協定〔中国の鉄道敷設をめぐる英露間の協定。スコット（一八三八～一九二四）はイギリス外交官。ムラヴィヨフ（一八四五～一九〇〇）はロシア外交官〕を結んだ理由にしてもそうである。その協定の表現を借りるなら、ロシアはイギリスから、ハーンの領土では鉄道を敷設せず、中国・ロシア国境地帯ではいかなる計画にも援助の手を差し伸べないとする約束をとりつけたのだった。

ロシアは、とりわけペルシアあるいはしばらくあとには満州〔中国東北部〕といった緩衝地帯への経済進出に努めた。しかし、ペルシアの場合のイギリス、満州の場合の日本などと比べると、ロシアの商取引はほとんど進展しなかった。ロシアの実業界が追随しなかったからである。商取引が多少ともうまくいったのは次の四ヶ所を数えるのみである。オスマン帝国（アナトリア〔小アジアとも呼ばれるトルコ東部の半島〕、クルディスタン〔トルコ、イラン、イラクにまたがるクルド人居住地域〕）、新疆《シンキョウ》〔中国北西部〕、ドイツが「顔を見せ」始めたペルシアおよびアフガニスタン。このアフガニスタンではロシアの交易は三倍に増加した。すなわち、一九一四年には首都カブールの輸入品は、イギリス製品が全体の六二パーセントに対してロシア製品は三八パーセントに達した。当然、この国をめぐり、ロシアとイギリスは真っ向から衝突する…。

もともとツァーリは、一八七二年と一八七三年に、「アフガニスタンは《ロシア勢力圏》の外にある」と断言していた。ところが、「ロシア人を遠ざけておくために」イギリスがインド方面からバルチスタンを占領し、カブールのアフガニスタン政権に睨みを利かせようとした矢先、イギリスの代表団が殺害され（一八七九）、ロバーツ卿〔一八三二～一九一四。イギリスの陸軍元帥。インド最高司令官〕率いる部隊がカブールに侵攻したため、ロシア側も、現在のウズベキスタンとタジキスタンにあるメルブ〔現マル。トルクメニスタンの南東部マル州の州都〕、パンジェ〔現セルヘタバート。前記と同じマル州で、アフガニスタンとの国境の町〕、およびアフガニスタンへの出口となるズルフィカル峠を占領するにいたった。一触即発の危機だ。イギリスは艦隊を派遣してウラジオストク〔ロシア南東端で日本海沿岸〕を脅かし、一八八五年の議定書*ではパンジェの町をロシアに与えたが、ズルフィカル峠はアフガニスタンのもとに残した。次いでシムラ協約**〔一五三頁〕に際しては、

* ロンドンで調印されたイギリス・ロシア協定のこと。これによりアフガニスタンの国境が画定する。

ロシア帝国とインドの国境が接しないように、アフガニスタンに帯状の領土を与えることにした（一八九五）。一世紀後、タジキスタン、ウズベキスタン、アフガニスタン、パキスタン間で紛争の焦点となるのは、アフガニスタン領となったこの「手袋の指」の部分である。

「つねにインドを念頭におくこと、しかし、決して口にしてはならぬ」と、ロシア皇帝アレクサンドル三世〔在位一八八一～九四〕は死に先立って息子のニコライ二世〔在位一八九四～一九一七〕に指示したという（一八九四）。そして、ロシアとイギリスが衝突すれば、東方やさらにそれ以遠で領土拡張を始めているドイツ人に利するだけだということも、この皇帝は承知していた。

イギリスのほうでもまた、「暖かい海」〔凍らない海〕、とりわけペルシア湾から「ロシア人を遠ざけておくこと」は政策目標のひとつであった。一八九二年にカーゾン卿〔一八五九～一九二五。イギリスの政治家。インド総督（一八九九～一九〇五）、外務大臣などを歴任〕がペルシア関連の本を書いているが、そこから判明するのは、ペルシアがブハラやヒバのおかれている状況に陥ったとしても、*イギリス人とペルシア人にとっては大した問題でないということである。実際、帝政ロシアはペルシア北部ですでに優位に立ち、革命を求めるロシアの動きをこの地に浸透させていたが、イギリスにすればインドに近い南部に、このロシアの動きに対応するだけの勢力圏をもつことができれば、それで事足りる…。ここでフランスが、一九〇四年に締結された英仏協商を振りかざして、「象と鯨」を和解させるべく介入し、その結果、一九〇七年の英露協商の成立となって、ペルシアはついに二つの勢力圏に分割されるにいたった。

イギリス・ロシアの敵対をめぐるこうした状況は一九〇七年の条約以後も残存した。事実、一九〇七年から一九一八年の期間とそれ以降に紆余曲折を経てペルシアがイランとして名実ともに独立国となったにもかかわらず〔一九三五年、正式国号として「イラン」採用〕、イギリスとロシア（ソ連）両軍は一九四一年にこの国を占領した。**しかもその一方で、イギリスとロシアは同盟の回復という名目で、オーデル・ナイセ線〔旧東ドイツとポーランドの国境となる、オーデル川とその支流ナイセ川を結ぶ線〕をめぐって和解した…。

一九〇七年の英露協商は、侵略的なイギリス・ロシアの敵対状況に終止符を打とうとするものだった。一九〇二年に日本とイギリスで結ばれた日英同盟も、この敵対状況のひとつの反映にほかならなかった。ロシア帝国に直面していた日本は、この同盟により、中国大陸における侵略政策を進めるための、いうなれば白紙委任状を得た。これが一九〇四年から一九〇五年にかけて生じた日露戦争へと発展することになる。

中国の解体(1)――インドシナ半島におけるフランス

一九世紀半ば、イギリスはアヘン戦争（一八四〇～四二）を機に中国（清）市場への道を切り開き、拠点として香港を手に入れた（一八四二、南京条約）。次いでフランスが追随し、中国にいくつかの港を開放させた（一八四四、黄埔《コウホ》条約）。同じく一九世紀半ば、ネヴェリスコイ大尉〔一八一四～七六。ロシアの軍人、極東研究家〕はロシア皇帝の名でアムール川河口を占領し、北京政府に対しこれを既成事実として突きつけた。この征服はアイグン（愛琿）条約（一八五八）によって認められ、極東におけるロシアの領土拡張の端緒となる。そのあいだ、一八五一年のクルジャ条約***によりロシア商人に新疆への道が開かれた。これはロシアが中国に強要した最初の不平等条約である。

同じ頃、インドでの敗北から立ち直りきらないフランス海軍は、「条約を無視して」宣教師らが虐殺されたインドシナ半島に関心を寄せてゆく〔一八五七年のスペイン人宣教師殺害事件を口実に、翌年フランス軍はヴェトナムに侵攻する〕。

もっとも昨日今日に始まった話でなく、すでに一七世紀中頃からこの動きは見えていた。すなわち、アレクサンドル・ド・ロード〔一五九一～一六六〇。フランス・イエズス会宣教師〕、フランソワ・パリュ〔一六二六～八四。フランスの宣教師〕、ランベール司教〔一六二四～七九。フランスの宣教師〕らは、司教座代理区長という資格を帯びて任地へ向かった。教皇直属となればゴアのポルトガル人首座司教の管轄下に入らずに済むというので、この資格を手にしたわけである。布教活動を引き受けたのは「海外伝道協会」****で、布教に備えてトンキンに在外商館を建てた…。しかし、骨の髄まで商人であるオランダ人から、布教などまやかしだといわれて、のっけから躓いた。その後、一八世紀にも新たに布教の試みがなされた。このときもまた、シャルル・トマ・ド・サン・ファル〔一七〇〇～六六。一八世紀中頃トンキンで活動した「海外伝道協会」の宣教師〕は、「商取引は伝道を大いに助けるばかりか…改宗を阻む教令の厳めしさも和らげてくれるだろう」、と考えていた。

首座司教ピニョー・ド・ベーヌ〔一七四一～九九。フランスの宣教師〕は、アンナン国王グエン・フォック・アイン（阮福映）〔大越（ダイベト）王として在位一七八〇～八二。亡命したのちグエン（阮）朝を興し初代皇帝（在位一八〇二～二〇）〕が新王朝を興して復位するのに手を貸した（一七八七）。ベーヌは、フランスがこの新王朝の保護者になれるだろうと予想していたのだ。ところが、ヨーロッパに騒擾が発生したため、フランス本国はそれどころでなくなった。グエン・フォック・アインの後継者たちは、「イエスの教え」に対して激しい憎悪を露わにし…こう吐き

**（一五一頁）　イギリス・ロシア間でパミール高原における勢力範囲を決めた協約。

*　ロシアはブハラ・ハーン国を一八六八年に、ヒバ・ハーン国を一八七三年に、それぞれ保護国としている。

**　一九四二年の一月、イギリス・ソ連・イラン間で三国同盟条約が調印され、イギリスとソ連はイランの領土保全を約す。

***　第一次イリ条約のこと。これによりロシアは、イリ（新疆ウイグル自治区の西北部）とタルバガタイ（カザフスタン東部）での諸特権を手にした。

****　中国、東南アジア向け伝道者を養成する目的で一六六三年に設立。のちに「パリ外国宣教会」へと発展し、フランス人の進出に重要な役割を果たす。

捨てた。「あんな宗教を信じるヨーロッパ人坊主は、残らず海に投げ捨てねばならぬ」。

それでもなおイギリスとフランスは、宗教擁護の名のもとに中国への干渉をやめない。代表格はナポレオン三世である。彼はリゴー・ド・ジュヌイイー司令官〔一八〇七～七三。フランスの提督、海軍大臣〕に対して、中国やインドシナ半島でも行動するよう命じた。そこでリゴーは、トゥーラーヌ〔現ダナン。ヴェトナム中部の港湾都市〕を爆撃してコーチシナの一部に進出、一八五九年二月にはサイゴン〔現ホーチミン。ヴェトナム南部〕を占領した。だがフランス海兵はここで逆に包囲され、長期戦を余儀なくされた。それから中国遠征軍司令官シャルネ〔一七九七～一八六九。フランスの軍人〕が到着し、猛烈な巻き返しにでた。その結果一八六二年、トゥドゥック皇帝〔グエン(阮)朝第四代皇帝(在位一八四七～八三)〕がついに条約(サイゴン条約)に調印した。これでサイゴン、ミト、ビエンホアの南部三省がフランスに割譲された。* 海軍相シャスルー・ローバ〔一八〇五～七三。フランスの政治家。植民地大臣(一八五八～六〇)としてコーチシナ併合とカンボジア保護領化を推進〕が、「アンティル諸島やレユニオン島〔現フランスの海外領土県。マダガスカルの東方〕なみにコーチシナを植民地とするつもりは毛頭ない」と言明していたにもかかわらず、であった……。その後、西部三省がアンナン人の反仏拠点になると、今度はラ・グランディエール提督〔一八〇七～七六。フランスの軍人、コーチシナ総督(一八六三～六八)。一八六七年に、カンボジアに近い南西部の三省を占領、併合した〕がこれを征服し、トゥドゥック皇帝は割譲を余儀なくされた。同じ頃、フランスはカンボジア国王ノロドム〔在位一八六〇～一九〇四〕にアンナンとシャムからの保護をもちかけた。国王はいくぶん渋りながらもけっきょく受諾した〔一八六三年の保護条約〕……。

じつのところ、三つの力がフランスをインドシナ半島介入へと駆り立てていた。第一は福音伝道の熱意である。これは年代的にいちばん古くからあったものだが、一九世紀全体を通じても衰えを知らなかった。第二は、士官フランシス・ガルニエ〔一八三九～七三。フランスの軍人、探険家〕の体現する、** フランス海軍の反英感情である。おそらくガルニエは、ビルマからシャム方面へと延びるイギリス植民地帝国に匹敵するフランスの極東帝国を夢想していただろう。そして第三に、繊維業界と武器密売関係者の金儲け主義がある。実業家ジャン・デュピュイ***〔一八二九～一九一二。フランスの貿易商、旅行家〕、リヨン〔フランス南東部。織物業で知られた都市〕の絹織物工場主ユリス・ピラ〔一八三七～一九〇九。フランスの冒険家商人〕などを推進役として、この業界関係者はトンキンを占領したうえ、紅河(ホン川、旧称ソンコイ川)まで支配下におこうとした。彼らの見るところでは、この紅河こそ、一九世紀ヨーロッパにおいて大いなる神話となっていたあの中国市場へ到達するルートだからである〔ホン川は中国雲南省を水源とし、トンキン湾へと注ぐ〕。

このような状況のなかで、一八七三年、フランシス・ガルニエは紆余曲折を経てハノイを占領したのち、黒旗軍****(補充部隊に近いが自主独立の体制を敷く中国系の私軍)との戦闘で果てた。しかしその後、ガルニエの後継者であるフィラストル〔一八三七～一九〇二。フランスの行政官、外交官〕の結んだ条約〔第二次サイゴン条約(一八七四)〕によって、コーチシナの割譲、アンナンの保護領化、ハイフォン〔ヴェトナム北部〕市における三要塞設置、および紅河の開放、これらをトゥドゥック皇帝は最終的に認めることになった。

商業界やサイゴンの提督たちの考えは、「われらが極東支配の将来は、トンキンへの浸透いかんにかかっている」、ということばが端的に語っている。ガンベッタにしても、一八七二年に、紅河をもうひとつのスエズ運河、すなわち、「世界の通商全般へと通じるルート」と見なしていた。

フランス第三共和政の側としては、本音をいうと、アンナンの「保護者」かつ宗主国である中国との衝突はとにかく未然に防ぎたい。フランス国内では、植民地拡張政策に異を唱える立場が「裏切り」とされながらも、拡張への反対機運が高まっているからである。ところが提督や宣教師らは行動へ走ろうとする。とりわけピュジニエ猊下〔一八三五～九二。フランスの聖職者。トンキンで布教に努めた〕がそのひとりで、彼はつねづね「トンキンはフランスの腕のなかにいつでも身を投げる気になっている」と発言していた。事実上フランスは、これらの宣教師たちと数を増したヴェトナム人信者を通して、現地の情報、つまりアンナン国やその軍隊、そして黒旗軍などの動向と情勢を手にしていたのである。だから、コーチシナ総督ル・ミル・ド・ヴィレ〔一八三三～一九一八。在任一八七九～八一〕などは、「腕をこまぬくとすれば、それもひとつの無分別になるだろう」とまでいい切った。

こうして状況がしだいにエスカレートしてゆくなかで、司令官リヴィエール〔一八二七～一八八三。フランスの軍人〕がトンキン全面占領の任務を託された。***** ジャン・デュピュイは「トンキン鉱山会社」を立ちあげたばかりだが、彼の友人たちがパリにいる代議士に配布した地図には、調査分類されたトンキンの資源が示されていた。だが、リヴィエールは数年前にガルニエが息絶えたのと同じ場所で斃れ、そのあと首をはねられた。シャルル・フルニオー〔一九二一～二〇一〇。フランスの歴史学者〕が記しているごとく、「リヴィエールの死は、愛国心の反動によって、デュピュイのもたらす大金塊を覆い隠すことだろう」(Fourniau 1983)。

* ここでは省と都市が混同されているようである。サイゴンとミトは割譲された都市であり、問題の三省とは、ザディン、ディントゥンおよびビエンホアを指す。

** ガルニエはメコン川（ヴェトナム南部）、ソンコイ川（ヴェトナム北部）を踏査し、フランス植民地建設の端緒を作った。

*** デュピュイは、武器売買をめぐって、地元当局とトラブルを起こし、フランスによる侵略のきっかけを作った。

**** 劉永福（リュウ・エイフク。一八三七～一九一七）を首領として、一九世紀後半インドシナ半島北部でフランス軍と闘った中国人農民の武装集団。一八八三年には後出のリヴィエールを敗死させ、フランスの北部介入と清仏戦争を招いた。

***** リヴィエールは第二次サイゴン条約成立後、一八八二年、ヴェトナムの保護領化を徹底させるために派遣された。

当時の首相ジュール・フェリーは、「中国人を相手に本当に交渉しているのは、ご立派な大砲たちである」と書いている。フランス政府は相手を過小評価し、「小部隊を小刻みに」投入した。結局、二万五〇〇〇の兵を擁するクールベ提督〔一八二七〜八五。フランスの軍人、中国海域艦隊の司令官〕が勝利を重ね、二度目の天津協定*（一八八五）に調印した中国は、トンキンの部隊を引きあげることを約した。

しかし、フランス部隊のほうも、ランソン〔ヴェトナム北部、中国国境に近い町で軍事上の要地〕を占領する欲望を抱えつつ、引き返さねばならなかった。これでは失敗だ。パニック、狂乱が起こる。動揺したパリでは、クレマンソーがジュール・フェリーを追いつめ勝ち鬨をあげた。じつのところ、中国はすでにフランス側に譲歩していたわけだが、協定がまだ秘密だったために、ジュール・フェリーは辞任を余儀なくされたのだ（一八八五）。それでも、植民地コーチシナおよびカンボジアとラオスを含む四つの保護国からなる、フランス領「インドシナ連合」が生まれた（一八九三）**。

この頃、抵抗のときを知らせる鐘がヴェトナムに鳴り響いた。しかし、公然と抵抗できるようになるには、さらに数十年の歳月が必要であった。

いうまでもなく、イギリスはフランスのトンキン併合に反撃を試みた。つまり、内陸部に封じ込められたビルマ王国政府が「ボンベイ・ビルマ商会」〔イギリス系木材会社〕の財産を没収したことをきっかけに、内陸部征服に向かったのである。一八八六年、一万の兵がビルマ征服を完成し、今度は、フランスのラオス侵攻に反対しているシャムに接近した。もっとも、クメール文明を再発見した郵便局員オーギュスト・パヴィ〔バンコク総領事としてフランス・シャム条約（一八九三）を締結した〕の活動のおかげで、フランスのラオス侵攻は平穏裏に行なわれたのではあった。こうしてイギリスとフランスの敵対関係がまたしても生まれたのだが、一八九六年、シャム王国の独立と領土保全を確認する英仏協約の調印でそれも終わり、シャムはフランスの保護領であるカンボジアにアンコール地方***を割譲した。

中国の解体(2)——日本とロシアの敵対

中国はヨーロッパに、租界《コンセッション》（香港、一一ヶ所の開港場など）****とともに属国（アンナン、ビルマ、シャム）の支配権も委ねざるをえなくなった。その一方で、一八九四年になると、朝鮮半島における中国の役割を移譲するよう日本が要求してきたために、中国はこの日本とも衝突し始めた（日清戦争。一八九四〜九五）。結局、武力で日本に敗北した中国は日本との講和により朝鮮半島での勢力を全面的に放棄し、朝鮮は日本の保護領に移った。また旅順を含む遼東半島〔中国東北地区南部。旅順はその最南端〕、台湾、澎湖《ホウコ》列島〔台湾海峡にある群島〕も割譲した（下関条約、一八九五年四月）。この条約に不安を抱いたのがロシア政府である。北京の宮廷が特別目をかけているロシアは、イギリスが中国内で好き勝手に動き回っても、交易という基本的活動だけならば目をつぶってやった。ところが、日本の場合は、併合した領土がロシアのシベリア横断計画を脅かす。シベリア横断計画では、四ヶ月のあいだ氷に閉ざされるウラジオストクを避けて、旅順に達するはずだからである。ツァーリは「猿公《えてこう》野郎」の日本人がお気に召さないので、干渉する心づもりだけはあったが、反日行動をとったからといって、即それが戦争につながるとも思えなかった…。しかし、大臣ヴィッテ〔一八四九～一九一五。ロシアの政治家。ロシアの全権としてポーツマス条約（一九〇五）に臨んだ〕が、実際の行動にでるようツァーリを説き伏せた。ヴィッテはこんな理屈を使った。シベリア横断鉄道が未完成のため、わがロシアは遼東半島に充分な部隊を配置していない。しかし、日本の遼東半島進出に対してヨーロッパ列強が共同干渉＊＊＊＊＊を行なえば、日本への威嚇効果は抜群に大きくなる、と。共同干渉の結果、日本は折れ、中国に遼東半島を還付した（一八九五年五月）。これが日本にとって忘れられない一件となる。

列強諸国は中国の弱体ぶりに気づいた。そして、それにつけ込んで領土上の特権を手に入れ、勢力圏を設けた。イギリスは威《イ》海衛《カイエイ》〔華東の山東半島北東端〕、ドイツは膠州《コウシュウ》湾〔山東半島南部で黄海に面する〕、フランスは廣州湾〔華南の広東省西部〕を租借したのに対し、ロシアは満州における鉄道敷設の許可を手にし、それと引き換えに日本から中国を防衛することを約した。こうしたヨーロッパの侵入に対し中国人は抵抗したが、義和団の蜂起（一八九九～一九〇〇）をきっかけに連合軍が「制裁を加えるべく」乗り込んできた。＊＊＊＊＊＊（一五九頁）北京で自国公使を殺害されたヴィルヘルム二世の怒りを抑えなだめようとして、従弟ニコライ二世も続いて中国入りするはずだった…。ところが軍隊派遣がひとたび成果をあげると、彼は「わが偉大なる計画」を実現させるべく野

＊　一度目は前年の一八八四年に李鴻章（一八二三～一九〇一）とフランソワ・エルネスト・フルニエ（一八五三～一九三五）とで結ばれた天津協定（フルニエ協定）を指す。

＊＊　一八八七年にはフランス領「インドシナ連邦」が成立するが、これにはラオスが含まれていない。

＊＊＊　古代クメール王国のあったシェムリアップ地方（北西部）のことで、都城址アンコール・トムによって知られる。

＊＊＊＊　租界とは、かつて中国に存在した外国特殊権益のひとつで、その多くは不平等条約によって開港を規定された開港場に設けられた。外国政府が中国政府から永久租借した土地を各国領事を通じて個人に払い下げるコンセッションと、外国人が中国人の地主から直接租借するセツルメントとに分類される。ここに記された「香港、一一ヶ所の開港場など」は一〇ヶ所の開港場を認めた露・米・英・仏四国の天津条約（一八五八）を指すと思われるが、香港はイギリスの直轄植民地であるから、厳密には租界に入らない。

＊＊＊＊＊　三国干渉のこと。下関条約によって日本が遼東半島の割譲を要求したのに対し、ロシア、ドイツ、フランスが東洋艦隊の武力を背景に、日本に遼東半島の放棄を勧告した事件。

望を抱いた。将軍クロパトキン〔一八四八〜一九二五。ロシアの軍人。日露戦争では極東軍総司令官を務めた〕が暴いたその野望とは、満州、朝鮮、チベット、次いでペルシア、ボスポラス海峡・ダーダネルス海峡〔いずれもトルコ北西部の海峡〕を奪取し、最終的には「太平洋の皇帝」となる、という壮大なものだ。だがニコライは考えた。このような「神聖ロシアの使命」に対して、ことにヴィッテなどの大臣たちは異を唱えるだろうから、むしろ「誰でもいいから、ベソブラーゾフ〔一八五五〜?。ロシアの政治家、宮廷顧問官。一九一七年に国外亡命〕のような人間」にこの計画を打ち明けよう、と。ベソブラーゾフは実業家でもあって、極東での領土拡大の効用を説いて止まない人間であった。

義和団の乱のあと、各列強と同じくロシアも中国から艦隊を引きあげた。ただ満州の部隊はそのまま留まった…。「これぞ保護領もどき」とフランス大使は評したものだ。

一九〇二年に日英同盟が結ばれると、さすがにツァーリも理解した。満州全土を保持する考えは延期、少なくとも一時的にはこれを断念しなければならない、と。こうしてロシア軍の第一次撤兵が行なわれた。* 配下の大臣たちにしても、ツァーリの危なっかしい「進出案」は犠牲が多すぎる、と見ていた。だが、ニコライ二世は世評以上に果断であり、「わが偉大なる計画」への野望はやはり成就させたがった。そこで、この博打まがいの計画に反対している大臣ラムズドルフ伯爵〔一八四五〜一九〇七。ロシアの政治家。外務大臣〕を、極東関係の監督役から降ろした。日本は、自国に対する雲行きが怪しいことをたちまち読みとる。第二次撤兵の求めに満足な解答が得られないため、日本は、旅順に停泊するロシア艦隊を宣戦布告なしに急襲し撃破した（一九〇四、日露戦争開戦）。ロシア側はツァーリを筆頭に、臣下の将軍や提督らを含め、誰もが日本の軍事力を過小評価していた。ロシアは敗北を重ねたあげく降伏し、合衆国があいだに入り、日本との条約に調印した（一九〇五、ポーツマス条約）。ロシアは朝鮮に対する日本の主権を認め、旅順はふたたび日本の基地となった。日本はさらに樺太南部をも併合した。これは一九四五年にソ連が取り戻すことになる。

かくて歴史上初めて、白色人種の大国が有色人種に破れた。その反響は全世界の植民地に大きく鳴り渡った。

オスマン帝国の分割

すでに触れたように、オスマン帝国の分割という考えは一八世紀末から存在した…。しかし、ロシアによるセルビア〔バルカン半島中西部〕やブルガリアへの支援、フランスによるエジプト支援、イギリスによるギリシア支援があったにもかかわらず、列強間の対立に助けられてオスマン帝国は分割されずに存続していた。帝国領土内では、こうした支援のほかに、分割を助長する列強の介入が増えてゆく。たとえばイギリスは、「スルタンがコンスタンチノープル〔イスタンブールの旧称〕を防御する援助として」イギリスがキプロス島を併合し、フランスもまた、アルジェリアとチュニジアを併合していった。さらに一九一一一年には、イタリアによるリビア併合が加わることになる…。

さてイタリアでは、フランチェスコ・クリスピ〔一八一九～一九〇一。イタリアの政治家、首相（一八八七～九一、九三～九六）。二度目の首相のとき、エチオピア侵略に失敗し辞任〕以来、帝国主義が台頭していた。このイタリア帝国主義は、チュニジアやエチオピアの獲得に失敗したために、すぐ近くのリビアに目をつけていた。当時のリビアについて述べると、西部のトリポリタニアは首都トリポリの名前とは裏腹にカルタゴ〔アフリカ北部の古代植民都市〕的であった〔「トリポリ」は「三つの都市」を意味するギリシア語〕。これに対し東部のキレナイカ〔リビア東部〕はローマやアラブに征服されながら、よりいっそうギリシア的であり続けた。そして、今もって古代ローマ帝国の面影が残るこれらの地域には、「ローマ銀行」〔一八八〇年設立のイタリアの銀行。植民地投資を多く手がけた〕の支店がいくつもあった。「ローマ銀行」は、チュニジアの場合と同じく、このオリーブ栽培用の土地で、トスカナ〔イタリア中部〕やシチリア島からやって来た現在ないし未来の入植者に供する土地を手に入れていった。

こうした状況で、イタリア政府は行動するきっかけを待っていたのである。それを与えてくれたのが、一九一一年のフランスによるモロッコ支配とアガディール事件**（第二次モロッコ事件）である。さっそくオスマン帝国と開戦したイタリアは、ロードス島〔トルコ南西岸、エーゲ海南東部〕とリビア沿岸を占領した（一九一一～一二）。とはいっても、リビアの内陸部では、クフラのオアシスに難攻不落の堅陣を張るサヌーシー派***信徒の抵抗に遭い、征服はそれ以上進まなかった。征服の再開は、一九一四年の戦争〔第一次大戦。一九一四～一八〕が終わってムッソリーニ〔一八八三～一九四五。イタリアの政治家〕の時代になってからのことである。しかし、砂漠内部に入り込むのはやはりむずかしいため、現地を平定する戦争は厄介で高くついた。それでも、フランス政府がどちらかといえば経済的な大型植民地化を援助したのに対し、イタリ

*****（一五七頁）義和団は、中国（清）の民間秘密結社である大刀会と義和拳、梅花拳などと呼ばれる武術集団が連動して行なった反帝国主義運動の担い手全体を指す。日清戦争後の一八九九年、キリスト教および列強の中国侵略に反抗して蜂起した。これに対し、日本軍を主力とする八ヶ国（日・英・米・露・独・仏・伊・墺）が連合軍を組織してこれを鎮圧した。

* 日英同盟から三ヶ月後の一九〇二年四月、ロシアは中国と満州還付条約を結び、満州から三期に分けて撤退することを約した。翌年の第二次撤兵は不履行。

** 一九一一年七月、モロッコ進出の野望を捨てきれないドイツが、フランスのモロッコ支配に対抗し、モロッコ南西部の港アガディールに軍艦を派遣した。

*** サヌーシー派は、ムハンマド・ブン・アリー・アッサヌーシー（一七九一～一八五九）により一八三七年に創設されたイスラーム神秘主義教団。サハラ一帯のオアシスに修道場を作ってオスマン帝国や諸外国勢力に対抗した。クフラはそうしたオアシスのひとつで、リビア砂漠の中央にあるオアシス群の総称。

連合国間協定によるオスマン帝国の分割（1920）

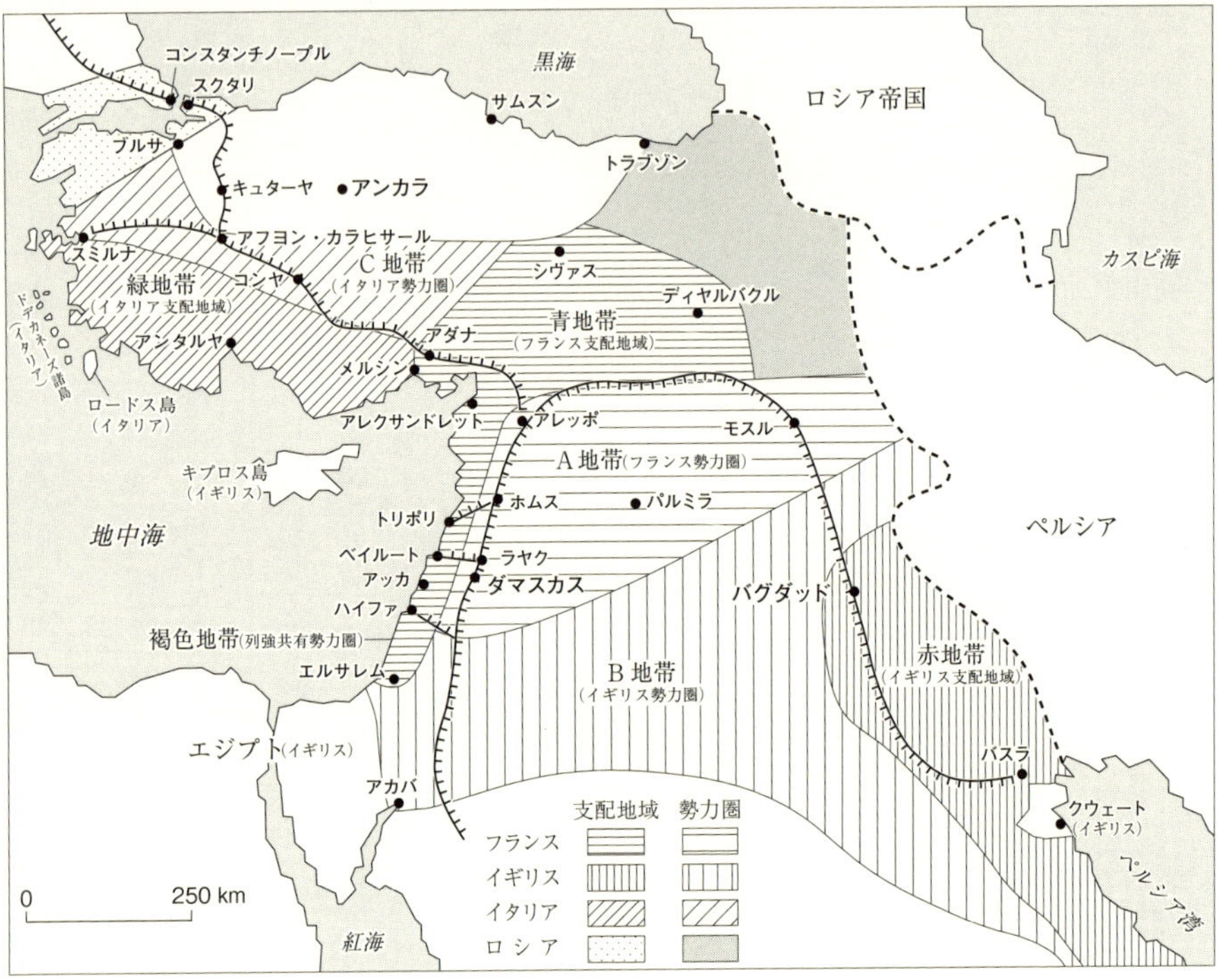

出典：Jacques Thobie, *Ali et les 40 voleurs*, Paris, Messidor, 1985 をもとに訳者作成。

ア政府は人口問題を解決するための移住を奨励したから、トリポリタニアのイタリア人はチュニジア南部のフランス人よりはるかに数が多かった。

一九一一年、イタリアがトリポリタニアへの野望を露わにしたとき、「青年トルコ」*運動は抵抗を試みた。彼らは、リビアを失うことによってオスマン帝国の他地域にも影響が伝播することを恐れた。つまり、「もはやイスタンブールのトルコ政府には西洋からムスリムを守るだけの力がない」とアラブの人々が考えるようではいけないのだ。一九〇八年のオーストリア・ハンガリーによるボスニア・ヘルツェゴヴィナの併合、一九一三年のギリシアによるクレタ島の併合があってからは、西洋製品に対する不買運動がすでに組織されていた。もちろんイタリア人を対象としても、一九一一年以降はこの運動がひときわ激しさを増した。イタリアとしては、アラブ民族主義運動が紛れ込むのは避けたかったのだが、うまくゆかなかった。一九一四年から一九一八年にかけてオスマン帝国に「背後からの一突き」を加えたのは、じつにこのアラブの反抗だった。

衰えたりといえども、オスマン帝国は今なお大国である。それだから、西洋列強が一丸となって征服欲に燃えているだけでなく、帝国内部でもアルメニア、アラブ、クルドの諸ナショナリズムが機を窺っていた。西洋列強の「帝国主義的」支配がオスマン帝国内部でじわじわ作用し始めてもいた。たとえば、ドイツ皇帝は三B政策**を提唱し、バグダッド鉄道の敷設を計画していた。また実際に、ドイツ皇帝はスルタン軍刷新の許可を手にしていた。これに対し、イギリスは税関をある程度掌握しており、さらにフランスもオスマン帝国の財政運営を「手助けしていた」…。

このように当時の列強間にはある種の均衡が成立していた。しかし、それも不安定であったため、一九一四年から一九一八年の第一次大戦で均衡が破れた。

そこでイギリス、フランス、ロシア、イタリアを主軸とする連合国側は、あからさまなオスマン帝国分割をたくらんだ。つまり、自らが後ろ盾となって擬似的自治をアラブ人に保証するような形をとったのである。そして一九一六年と一九一七年に結ばれた二つの協定で、イタリアにひとつの「分け前」***（一六三頁）が定められた。さらに、一九一七年一一月二日のバルフォワ宣言（イギリス外務大臣アーサー・バルフォワ（在任一九一六〜一九）によるもの）では、ユダヤ人に対

* 二〇世紀初頭、スルタン、アブデュルハミト二世（在位一八七六〜一九〇九）の専制政治に反対した改革運動。

** ベルリン、ビザンティウム（イスタンブール）、バグダッドを結ぶ鉄道建設を根幹とするドイツの近東政策。イギリスの3C政策（カルカッタ、カイロ、ケープタウンの三地点を結ぶ地域を支配しようとする帝国主義政策）に対抗して唱えられた世界制覇政策。

してパレスチナに「民族的郷土」*を建設することが約され、メッカのシャリーフ〔マホメットの娘ファーチマの子孫〕であるフサイン〔一八五二～一九三一。ヒジャーズ王（在位一九一六～二四）〕がひとまずこれに合意した。

「われわれ一同は、いそいそと、トルコを分割したのだ」と、ウッドロー・ウィルソン大統領〔アメリカ第二八代大統領（一九一三～二一）〕の顧問コロネル・ハウス〔一八五八～一九三八〕は公言してはばからなかった。** この列強のオスマン帝国分割案では、フランスとイギリスの許可を得て、アラブがおもに恩恵をこうむり、ギリシア、イタリア等々もそのおこぼれを頂戴するはずだった。

そこで、アラブ再生の中心人物となっていたマホメットの後裔フサインは、独立アラブ国家の首長たらんとして一九一六年に蜂起を開始した。ところが、フランスとイギリスの支配下に入るのは国境地帯がどこなのか、パレスチナにおけるユダヤ人の「民族的郷土」はどこに帰属するのか、この二点についてアラブ側に誤解のあったことがはっきりする。この当時のシャリーフのフサインや国王ファイサル一世〔一八八五～一九三三。イラク王（在位一九二一～三三）〕から見れば、将来のアラブ王国にパレスチナが含まれるのは自明のことだった。実際、国王ファイサルとシオニスト機構代表ワイツマン博士〔一八七四～一九五二。イスラエルの政治家、初代大統領（一九四八～五二）。シオニズム運動を推進し、一九一七年にはバルフォワ宣言を成立させた〕とのあいだでは協定さえも結ばれた〔ファイサル・ワイツマン合意（一九一九）〕。この協定では、ムスリムの聖地エルサレムは従前どおりイスラームの支配下におかれることが合意されていた。

第一次大戦が終わってセーヴル条約（一九二〇）によりオスマン帝国が分割されると、ひとつの反発が生まれた。アタチュルク〔一八八一～一九三八。トルコの解放運動指導者で共和国初代大統領（一九二三～三八）〕が祖国解放戦争に立ち上がったのである。彼の率いるトルコ軍はギリシア軍からスミルナ〔現イズミル、トルコ西部の港町〕を武力で奪還した（一九二二、トルコ革命・オスマン朝滅亡）。その結果、ローザンヌ〔スイス西部、レマン湖畔〕条約***（一九二三、トルコ共和国成立）でセーヴル条約は破棄された。セーヴル条約がきっかけで生まれたアルメニアの独立など、もはや問題にもならなかった。**** シリア、レバノン、イラクといった「アラブの」領土はどうかといえば、基本的にはフランスとイギリスの支配下に移ったが、これら中東各国は一九二〇年以降になると両国の占領に対して立ちあがる。サウジアラビアもそうだが、これらの地域では石油が発見されたため、垂涎の的となり始めていたのである。

中東のフランス人とイギリス人

フランス外交は、中東におけるイギリスとの敵対に目を奪われるあまり、アラブのナショナリズムを過小評価した。これは疑いようがない。

これに対しドイツは、一九〇五年にヴィルヘルム二世がタンジールを訪問して以来、アラブ人の自由の代弁役をうまく演じていた。おかげで第二次大戦のあいだ、中東のアラブ人のまなざしはおのずとドイツ人に向けられる。それだから、一九四一年にヒトラー軍が連戦連勝を遂げているとき、ベルリン体制の体質はエルサレムの大ムフティー〔イスラームの教義・戒律の問題を裁く聖職者〕、アミーン・アルフサイニー〔一八九六〜一九七四。パレスチナ運動指導者。イギリスに対抗するためにナチス・ドイツと協調した〕の思惑とはまったく矛盾しない。その証拠に、「ドイツ人とわれわれは、どちらも共通の敵がある。イギリス人、ユダヤ人、そして共産主義者だ」とアルフサイニーは語っている。

　この時期には、アラブ人にとって、もはやフランス人など存在していないに等しい。つまり、フランス人は嫌われることもなく、ひたすら軽蔑されるばかりなのだ。それというのも、一九三六年にフランスのレオン・ブルム〔一八七二〜一九五〇〕政府が向こう三年のうちにシリア、レバノンについて委任統治をやめ独立させることを約した協定〔フランス・レバノン友好条約〕に調印しながら、ついにこれを批准しなかったからである。このフランスがドイツに破れると（一九四〇）、ロンドンのイギリス政府はこう決断する。シリアやレバノンのアラブ人の要求は受け入れない、また、枢軸国ドイツの進出は断固阻止する、と。フランスのシリア高等弁務官ガブリエル・ピュオー〔一八八三〜一九七〇〕は当初こそこの路線を好意的に見守るが、やがてヴィシー政府****（一六五頁）の指令を受けてイギリスを非難し始める。いわく、イギリス人はわれわれがダマスカスと通商を行なうことを妨害している、ことに、シリアとレバノンを自由フランス

***（一六一頁）　一九一六年のサイクス・ピコ協定では、トルコの分割に関して三国（イギリス、フランス、ロシア）のあいだで密約が成立。一九一七年のサン・ジャン・ド・モーリエンヌ協定も三国間（イギリス、フランス、イタリア）の密約だが、こちらでは、イタリアが小アジア分割に参加することを保障した。

*　「民族的郷土」とはバルフォワ宣言に記された文言。パレスチナに建設されるのは、ユダヤ人の「国家」ではなく、ユダヤ人の故郷としての「居住地」にすぎないとの解釈可能性を含む。

**　同盟国の一員であるオスマン帝国の分割案は、大戦中からしばしば連合国側（仏・英・露・伊・日・米など）で協議されていたが、最終的に一九二〇年八月のセーヴル条約で確定した。これによりオスマン帝国はエジプト、アルメニア、シリア、メソポタミア、レバノン、パレスチナ、アラビア半島に対する主権と、アフリカおよび地中海諸島における権利とを放棄し、治外法権を認めた。アメリカはこの領土分割から直接的な恩恵を受けてはいないが、一九二〇年一二月にウィルソン大統領はアルメニアをアメリカの委任統治領にしたいと国際連盟に申しでているくらいだから、「われわれ一同」の意識があって不思議はない。

***　一九二三年七月、ローザンヌでトルコ（共和国）と連合国（英・仏・伊・日・ギリシアなど）とのあいだで締結された講和条約。これによりセーヴル条約は破棄され、トルコの領土保全、不平等条約の撤廃などが認められた。

****　一九二〇年九月、アルメニアはセーヴル条約に基づいて独立を宣言したが、ソ連軍とトルコ国民軍双方から攻撃され、独立運動は短期間で失敗する。

政府の側に移そうと、カトルー〔一八七七〜一九六九。フランスの軍人〕一派のド・ゴール主義者が「攻撃」するのに手を貸している、と。カトルーは実質的に何もできなかったのだが、ピュオーの後任となったデンツ将軍〔一八八一〜一九四五。フランスのシリア高等弁務官〕は、イギリスに対する敵意を剝き出しにする。それでもイギリス側は冷静に、こう判断を下す。「アラブ民族主義者の陣営から生ずる動きを封じ込めるためには、ヴィシー政府支持者であろうとド・ゴール主義者であろうと、シリアとレバノンに駐留するフランス軍とは友好的でなければならぬ」。このことが、この地方を、とくに隣接するイラクの人々の心を、奮い立たせることになるだろう。

　イギリスの読み筋どおりだった。ドイツ・イタリア軍がギリシアを占領し、イギリス・フランスのくびきからほどなく解放されるかと思われたとき、イギリスに対して蜂起したのはまさしくイラクだった。大ムフティーの呼びかけに応えて、イギリスへの敵意を隠さないラシード・アリー〔一八九二〜一九六五〕がクーデタによって政権の座に着いたのである（一九四一年四月）。イギリスはそのクーデタが起きる以前でも、バグダッド政府からイタリアとの外交関係を断ち切る約束をついに取りつけられないでいた。ドイツのほうは、クーデタ以後、シリアとトルコの境界地域にあるアレッポ（ハレブ）〔シリア北部〕に空挺部隊と軍事顧問の派遣を試み、また当時パリ暫定協定に調印したダルラン〔一八八一〜一九四二。ヴィシー政府の副首相兼外務大臣、国防大臣、提督〕の同意を得て、イラクへ直接介入しようとした（一九四一年五月）。この動きに応じて、シリアではヴィシー派のデンツ将軍が、イギリスの支持するド・ゴール派ルジャンティオム〔一八八四〜一九七五。フランスの軍人〕の部隊に抵抗して戦った。ダマスカスが連合軍に占領されたのは、ヴィシー政府派が「玉砕戦」で応酬したあとのことである。

「お行儀の良さ」ということでいえば、イギリス、フランスどちらも似たようなものといっていい。つまり、イギリスはヴィシー派のデンツ将軍を丁重に扱うとともに、ド・ゴールをサン・ジャン・ダクル〔地中海に臨むイスラエルの港町アッカの別名〕の交渉から遠ざけ、*そうやってシリアにおけるフランスの主権をイギリスの主権とすり替えたのだ。その結果、チャーチル〔一八七四〜一九六五。イギリス首相（在任一九四〇〜四五、五一〜五五）〕とド・ゴールの関係は決裂同然となった。いっぽうド・ゴールは、一九四一年八月、カイロのイギリス公使リトルトン卿〔一八九三〜一九七二〕に宛てた書簡で、自由フランス政府の存在が保証されたことを次のように確認している。

「イギリスはシリアとレバノンに興味がないこと、自由フランスがこの両国に対して結んだ約束に従って両国が独立したあかつきには、両国におけるフランスの特権的な地位をイギリスが認めること、これらに関して貴殿が与えてくださる保証が、小生には嬉しいのです」。

　イギリス軍によるアラメインの勝利以来**、中東は、アラブ・ナショナリズムが下火の頃の状況にすっかり戻ってしまった。この勝利以前に、イラクの民族運動が押さえ込まれ、ラシード・アリーの政権は崩壊し〔本書三九一頁訳注＊参照〕、大ムフティーがヒトラーのもとへ亡命したこともあった。一九四三年一一月、自由フランス政府の高等弁務官カトルー将軍は、シリアとレバノンにおいて共和主義体制と選挙を回復させると発表した。だが、力を得た民族主義者たちは、ベイルート（レバノン）で「独立と相容れない」文言をもつ憲法を改正するよう迫り、ベイルートの議会は、自由フランス政府代表ジャン・エルー〔一八八五～一九五五。自由フランス政府のシリア・レバノン高等弁務官〕の反対を無視して委任統治の条項を廃止した。***そこでエルー代表はレバノン大統領ビシャーラ・フーリー〔一八九〇～一九六四。在任一九四三年七月～一一月〕と首相リヤド・ソルフ〔一八九四～一九五一。在任一九四三～四五、四六～五一〕を逮捕させる。

すぐさまレバノン「民族主義」政府が山中に設立され、シリア大統領シュクリ・クワトリー〔一八九二～一九六七。在任一九四三～四九〕もこれに連帯した。そして何よりも、イギリスがアラブ支援をかかげて軍事行動にでてきた。こうして、またも危機が到来する。

自由フランス政府側は、紛争の原因を相手に転嫁したいから、エドワード・スピアーズ〔一八八六～一九七四。イギリスの軍人、シリア・レバノン全権公使〕とイギリスを非難した。だが本音をいえば、カトルーやマッシグリ〔一八八八～一九八八。フランスの外交官、自由フランス政府の外務大臣〕は、レバノンの憲法に盛り込まれたフランスの特権と「独立」とが相容れないことを認めたくなかったのである。ド・ゴールもまたしかり。今あげたこのフランス人たちは、アラブの要求をそのように見くびり、チュニジアやモロッコやアルジェリアでも性懲りなく同じことを試そうとしていた。ただしこちらのほうは、とても潔白とはいいがたいイギリスの手の代わりに、ソ連とアメリカの手が見えていた。

西洋に対抗する「優れた民族」、日本

日本の植民地拡張は、エゾ（北海道）からサハリン島南部の樺太へというように、北方へ入植者が定住し、単純に領土を拡張することから始まった。しかし一八八〇年以降はこの

****〔一六三頁〕　第二次大戦中の一九四〇年六月、フランスがドイツに敗北したのちフランス中部のヴィシーに成立した対独協力政府。これに対抗してド・ゴール（一八九〇～一九七〇。フランスの軍人、政治家。一九四四～四六首相、五八～六八第五共和国初代大統領）は、ロンドンで自由フランス政府を結成した。

＊　一九四一年七月、イギリスとヴィシー派のあいだでシリアにおける休戦条約が締結されたことを指す。

＊＊　一九四二年一一月、エジプト北部のアラメインの村でドイツ・イタリア軍はイギリス軍に敗北。

＊＊＊　レバノンでは、一九四三年八月の選挙でビジャーラ・フーリーを代表とする民族主義派が多数を占め、憲法を改正した。フランスの委任統治を認める特権条項が「独立と相容れない」ためであった。

動きの意図が変化した。たとえば軍事理論家の山縣有朋〔一八三八〜一九二二。軍人、政治家、首相（一八八九〜九一、九八〜一九〇〇）〕などは、日本を取り巻くいくつかの円に含まれるそれぞれの圏域は順次強化され、外部から守られなければならない、という円環理論を用いて領土拡張を正当化した。*

このような変化は、明治時代に入ってからの新しい方針、つまり、それまでの中国を中心とする秩序構成からの離脱、に由来するものだったかもしれない。いや、この変化の理由は、何よりも、植民地支配の手法すらヨーロッパ型発展モデルを模倣しようとする必要性にあったのではないか。ともあれ、このようにして帝国を築き支配することが、日本のいわば至上命令となった。至上命令ではあるが、当初は必ずしも経済的要請に従っていたわけではない。そもそも、日本が最初に襲ったのは、琉球、小笠原諸島、朝鮮半島、中国などのように、ある脆弱さ、ある可能性を見てとった地域でしかない…。はじめて具体的な形で経済的利益と外部支配の必要性とがせめぎ合ったのは朝鮮半島をめぐるケースで、外的脅威が発生した場合の国防や日本の「使命」からくる外部支配の必要性が正当化されたのはこのときである（一八九五年四月、下関条約）。

日本の場合、ある人々にとっては、天から授かった文明化の使命こそが問題であり、植民地とは家父長的に扱う外部の領地だと考えられた。またある人々にとっては、日本のアジア的性質ゆえに、ほかの民族を同化・日本化させることが重要だとされた。これはアジア諸民族のルーツが近いために可能であり、かつまた、孔子の道徳的規範に則っているために義にかなうことにもなる。すなわち、孔子は同じひとつの統治のもとで——この場合は天皇の統治だが——平等が行き渡ることを求める、というものである。

ところが、第二次大戦が近づくと、これらに次ぐ第三の考え方が台頭してくる。すでに占領した朝鮮、台湾などを越えるさらなる植民地征服が、もっぱら日本民族の優越性という名目で正当化されたのである。このヴィジョンには強烈な人種差別の臭いがこもっていた。

一九世紀におけるあのジュール・フェリーやジョゼフ・チェンバレンの演説のように、植民地政策ないし領土拡張政策を明確にした文書は、日本にもいくつかある。そのなかで、自国の主張をもっとも明瞭に述べたもののひとつは、「大和民族を中核とする世界政策の検討」と銘打たれた、一九四二年から一九四三年にかけての厖大な報告書である。厚生省〔現厚生労働省〕の研究者四〇名ばかりによって書かれたこの報告書は、ひとつの計画をまさしく表現していた。そして計画は引出しに埋もれることなく、部分的に実現されてゆく。

この計画の狙いは、アジアの「共栄圏」を日本が刷新してゆくという大義名分を立てることによって、日本によるアジアと太平洋の植民地化を正当化するところにあった。

日本人が理解する「ラース（レイス）race」という用語は、ナチスが使ったような生物学的な意味（「人種」）ではなかった。この用語は、もっと広い意味をもつ「minzoku」（民族）として、つまり、ある国民によって具現されるひとつの文化として解されたのである。この解釈によれば、日本はその文化の階梯の頂点に位置するため、東洋と西洋を統合する役割を担い、諸国を統率すべき運命にある。とはいえ、厚生省官吏の植民地化計画は、次のような考えも記している。すなわち、計画案に示されている入植者の進出は、多くの場合、「日本人町」周辺に集まる人々が行なうこととし、異民族との結婚は最小限にとどめなければならない。「なぜなら、混血児が一般に劣っているからだけではなく、こうした結婚が大和民族の精神的結束を破壊することになるからである」。こうして、一二〇〇万の日本人が朝鮮半島、インドシナ半島、フィリピンなどの外国に、また、そのうち二〇〇万人はオーストラリアとニュージーランドに進出するはずだった。それらの領土では、それぞれの民族が「しかるべき位置にあら」ねばならず、当然のことながら日本人が支配的地位を占める。「彼らはそれらの土地に自らの血を植えつけることになるだろう」（Dower 1986）が、これによって指導者層がもっとも懸念する人口問題が解消可能になる。というのも、世界の陸地総面積の一パーセント**しかない日本が、一九四二年から一九四三年頃のこの時期には世界人口の五パーセントも抱えていたからである。

　他国の植民地化を日本人はどう考えていたのか。それは、「八紘一宇」のスローガンに明示されている。すなわち、共栄圏なるものは長子たる日本が統率する一個の大家族のごときものとされ、権利および権力のこの家族的ヒエラルキーが社会関係の最低限の土台となるのである。のみならず、ほかの民族より優れているがゆえに、長子日本の役割は正当であることを、日本人なら誰しも学校で教わった。ダワーによれば（Dower 1986 p.345-346）、先の「厚生省報告書」はこう判断をくだしている。「中国人は無気力もしくはぺてん師（おべっか使い《フランキー》）、マレー人は怠惰、フィリピン人はおそらくほかのアジア人よりは優れているだろうが、それでも真の文明は有していない。朝鮮人はもっとも過酷な労働に向いている。したがって彼らはニューギニアに送ってよかろう」。

　歴史的に見るならば、二〇世紀初頭から、この大家族を構

＊　一八九〇年一一月、初の帝国議会における施政方針演説で、山縣は、「国家の独立を維持し国勢の伸張を図る」ためには、国境にあたる「主権線」と「主権線の安危に密着の関係ある区域」にあたる「利益線」を確保する必要があると力説した。

＊＊　フェローが参照したと思われるジョン・W・ダワー（一九三八〜。アメリカの歴史学者）の著書では〇・五パーセント。

日本北部国境の変動（1854～1945）

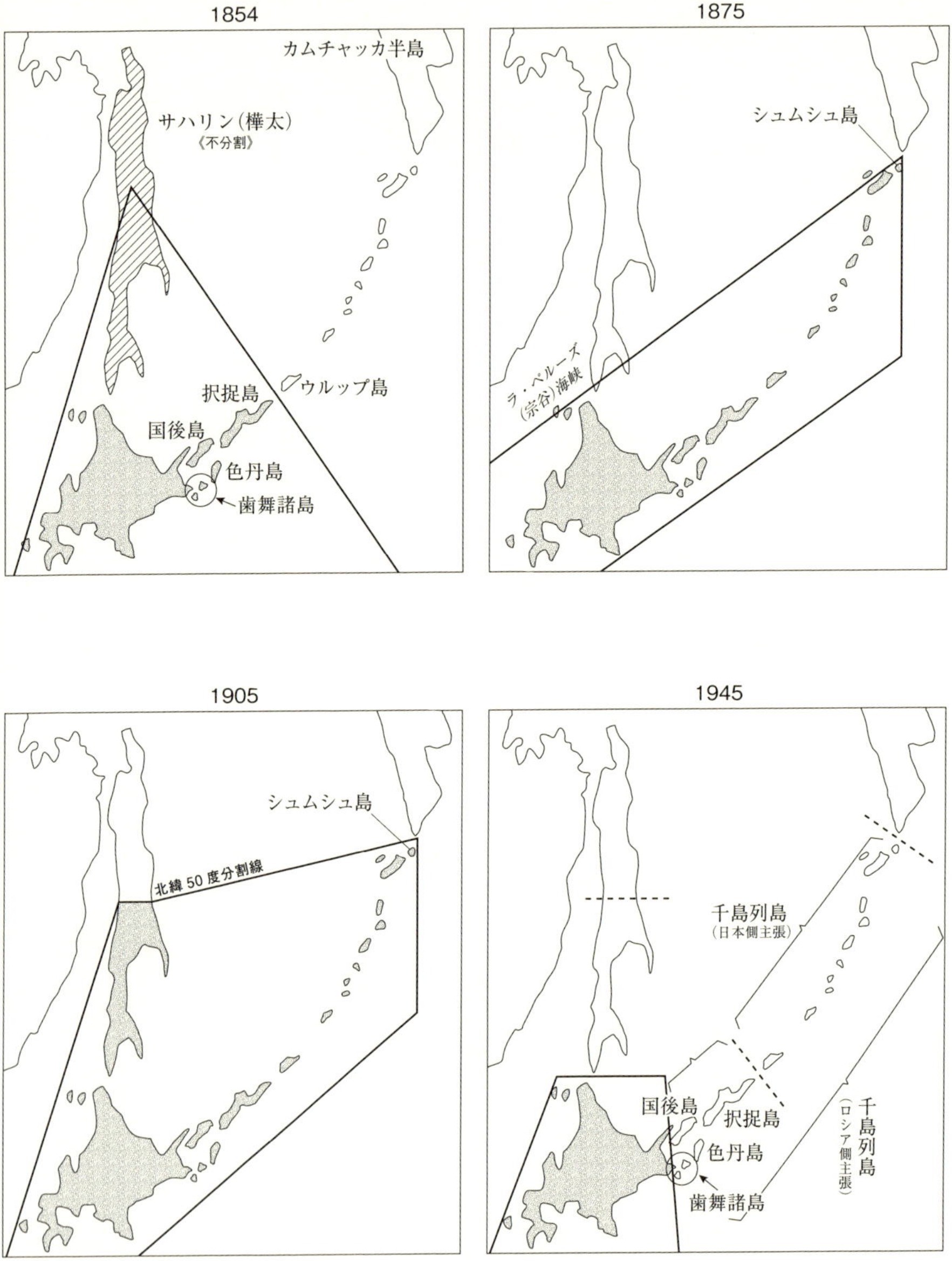

出典：Thierry Mormanne,《Le problème des Kouriles, pour un retour à Saint-Pétersbourg》, *Cipangu*, Cahiers d'études japonaises, *Inalco*, l, janvier 1992, p. 59-90 をもとに訳者作成。

成するアジア諸国は長子としての日本のやり方を認めざるをえなくなっていた。日本がそこまで伸びたのは、優れた国民教育のおかげとも、あるいは列島が孤立しているためとも考えられた。もっとも、ヨーロッパでも、イギリス人の優越性が同じように理由づけられていたのだが。

「いずれにしても」と一九四一年八月三日、大新聞『朝日』は書いている。「日本の純血がついに証明された。すなわち、国民全体のなかで精神病者は、合衆国、ドイツ、イギリスで二〇パーセントであるのに対し、わが国はわずか六パーセントにすぎないのである」*。

どう考えても人種主義的なこの優越性こそ、日本によるアジア制覇を保証し、西洋による支配を終わらせるはずだった。実際は、この計画はさらに先に進む。すなわち、ヨーロッパ的歴史・地理観に終止符を打ち、また、日本を平面地球図の中心に据えることによって極東という概念を一掃すべきときなのだ、と。おそらくそれゆえに、一九一一年以来、グリニジ天文台の経度ゼロが世界の中心としてのイギリスを象徴的に印しづけたのに対し**、京都の小牧実繁教授（一八九八〜一九九〇。京都帝国大学の地理学者。一九四〇年「八紘一宇」理念に基づく日本地政学を提唱）は、アフリカとヨーロッパをアジア大陸の西側部分とし、アメリカは「東アジア大陸」、オーストラリアは「南アジア大陸」とするよう提案した。これらの大陸をつなぐいくつかの大洋はといえば、「大日本海」という唯ひとつの名称が与えられる。これとは別に、日本中心主義《ニッポニザシオン》のさまざまな側面が現れた。たとえば、大東亜共栄圏内では西暦一九四二年が日本国内と同じように二六〇二年とされ（紀元前六六〇年の天皇家樹立に由来する年代決定による）、天皇家の創始記念日（二月一一日）と同じく天皇誕生日（四月二九日）もアジアの祝日となった。

---

* 「遂に立証された〝日本の純潔〟精神病は世界最少」との見出しで始まるこの記事には「いずれにしても」の文言は記されていない。以下に主要部分を引用しておく（旧字体は現代語にあらためてある）。「民族戦制覇をめざして強力な人口国策が展開されようとする時わが大和民族の〝血の純潔〟が世界に冠絶している事実を裏書きする厚生省予防局の精神病調査がまとまった。同省予防局が一昨年以来千葉、埼玉、群馬その他全国各地における各種遺伝性精神病の綿密な部落調査にもとづく集計で、独、伊、英、米諸国民の精神病者平均二十%に対し、わが国のそれは僅かに六%という世界に類のない低率を示し、日本民族の血の優秀性をはっきり証明している。〔中略〕これは結局歴史的にみて日本民族は他人種との血の交流がなく、血の純潔を確保したと当局はみている。〔中略〕最近ではいわゆる民族の《逆淘汰》により優秀素質者が反対にだんだん転落の傾向をたどって来たので、同省では去る七月一日から国民優生法を施行し、血の純潔確保に乗出したわけである」。

** グリニジの基準子午線は一八八四年のワシントン会議で定められた。一九一一年はフランスがグリニジ時を正式に認めた年。

ひとつの遺物――千島列島問題

二〇世紀末でもなお、日ソ対立の最後の小事件として、千島紛争が残っている。紛争が悪化したのは、北海道からやって来た日本人漁師と、カムチャツカから来たロシア人漁師とが、ロシア語でクリル、日本語ではチシマ（千の島）列島と呼ばれるこれらの島を争ったときのことである。* じつをいえば、一六四三年にオランダ人の発見した千島列島をめぐって日本とロシアが対立した問題は、一八五四年に下田条約（日露和親条約）によりいったんは解決を見た。それによると、サハリンの島（樺太）は両国共有のものと宣言され、ロシア側と日本側の境界線は千島列島のウルップ島（ロシア）と択捉島（日本）のあいだを通ることになった。つまり、日本が植民地とした北海道のかなり近くにおかれたのである。

　エゾ（北海道）に挟み込まれたような位置にある歯舞諸島**と色丹島は、エゾの一部なのか、それとも南千島***の末端なのか、そんな定義の問題をきっかけに両国の軋轢がまた生まれた。東京の政府が、歯舞・色丹の行政上の帰属を千島列島としたために（一八六九）、日本・ロシアの係争事件となりそうな雲行きになったのであった…。だが、一八七五年のサンクト・ペテルブルク条約****でけりがついた。つまりロシアは千島列島を放棄し、代わりにサハリン全土を領土としたわけで、これはロシア皇帝アレクサンドル二世（在位一八五五～八一）に有利な条約だった。

一九〇四年から一九〇五年の日露戦争の直後、戦勝国として日本は千島列島全域を領有したまま、サハリン南部を併合した。しかし一九四五年、モスクワはこの領土を奪回し、さらに千島列島も併合した。これはサンフランシスコ条約（一九五一）で承認された。当然の結果として、歯舞、色丹の二つはソ連領になる。日本側の定義による「千島列島」という表現は、エゾ（北海道）・カムチャツカ間にあるすべての島を含むからである。

　今日、エリツィン（一九三一～二〇〇七。ロシア共和国の初代大統領〔一九九一～九九〕）のロシアは、一九四五年の戦勝と前世紀の日本政府の決定を拠り所として、北海道を目の前にした歯舞までの全島を保持しようとしている。***** 日本側はサハリン（樺太）に対する権利を捨てて、サンクト・ペテルブルク条約の状態に戻ることができるならば、と望んでいるのだが…。かつての下田条約の分割線が良識的なところではあろう。しかし、はたして国家が良識で動くだろうか。

＊　両国の猟師が争ったことに関する史実は確認できなかった。ただ、ラッコ猟については目立った係争がいくつかある。たとえば、一七七〇年にウルップ島で出猟中のアイヌの長老がロシア人に鉄砲で撃ち殺され、翌年、今度はアイヌがウルップ島のロシア人二人を殺害している。

＊＊　水晶島、秋勇留島、勇留島、志発島、多楽島の五島と、多くの小島からなる。

＊＊＊　第二次大戦まで千島列島は南千島、中千島、北千島に分けられていた。南千島は択捉島以南の地域を指す。

＊＊＊＊　日本では通例、千島・樺太（あるいは樺太・千島）交換条約と呼ばれる。条約にタイトルが付されなかったので、どちらも俗称。

＊＊＊＊＊　一九五六年の「日ソ共同宣言」で平和条約調印後、ソ連は日本に歯舞諸島と色丹島を返還することが明記された。しかし交渉の過程で、日本側は前記二島だけでなく国後島、択捉島も千島列島に含まれない「固有の領土」だと主張を変え、返還交渉は頓挫した。以後も進展はない。

第4章

あらたな人種《ラース》社会

アメリカ大陸でも、アジア・アフリカでも、植民地化は新たな人種社会を出現させた。また、植民地化によって、それまで無縁だった文化が出合い、かつてない経済的・政治的関係も生まれた。こうして、アメリカ大陸のクレオール〔西インド諸島や中南米の旧植民地で生まれ育った白人〕あるいはマグレブ諸国のピエ・ノワール〔北アフリカとくにアルジェリア在住のフランス人〕など、これまで存在しなかった人間集団が「歴史」の舞台に登場した。これらの人間集団は、アフリカから強制連行した黒人奴隷を植民させることもあれば、占領地の住民とのあいだに子孫を残すこともあった。大西洋の向こうから連行された奴隷たちや、その境遇から脱出する「逃亡奴隷《マロン》」もまた、欧亜混血人《ユーラシアン》、黒白混血人《ムラート》と同じように、初めて「歴史」に登場した人々である。彼らが体験した人種差別の経緯についてはいろいろ知られている。しかし、その人種差別は異文化遭遇による産物にすぎないのだろうか。

人種間の格差が広がる帝国主義時代になると、新たに登場した象徴的人物すなわち医師や教師たちが、宣教師やプランテーション経営者に同行し、海賊顔負けに振る舞う。植民地をめぐる言説のなかで、そのような人物を誇らしげに語るのは、さてどうなのか。

さらに考慮に入れるべきことがある。植民地化の手法が地域によって変わるということだ。たとえば、アンゴラでのやり方はすぐ近くの南アフリカとも違うし、アンゴラとそっくりに思えるブラジル〔アンゴラとブラジルはともにポルトガルの旧植民地〕とも違う。また、北アフリカでのやり方はトルキスタン〔中央アジア〕でのやり方とは異なるのだ…。

奇妙なことだが、植民地化がばら色だったのか暗黒だったのか、割がよかったのか高くついたのか、その疑問にこだわりすぎると、植民地化のある機能を見落としてしまうことになる。たとえば、「危険な」あるいは危険と見なされた者たちを本国から厄介払いすること、ギアナかシベリア、さもなくば対蹠地〔西洋にとってはオーストラリア、ニュージーランド〕へ流刑にすることである。「われわれはもうひとつのシベリアとなった。ただし陽の当たるシベリアだ」と、今のオーストラリア人はいう。自力でやってゆくことを運命づけられた「犯罪者」社会はどのような生成を遂げるのか、それは混血社会の運命と同じく、「歴史」にとって興味深い試練となろう。

アメリカ大陸のメスティーソ*

征服者たち《コンキスタドーレス》の「妻」

最初の植民地化はひと握りの男たちの仕業であった。スペインでは、そもそも移民が「インディアス通商院《カサ・デ・コントラタシオン・デ・ラス・インディアス》」〔新大陸との通商や渡航を監督する機関。一五〇三年設立〕によって規制されていた。つまり、アメリカに移住するには許可証が必要であり、これを取得できるのはカスティーリャ王の臣民に限られていたのである。したがってユダヤ教からの「改宗者《コンベルソ》」は除外された。公式発表では、一五〇九年から一五五九年の半世紀のあいだに、全体で一万五四八〇人が移民に出発したとされているが、密航者も多かったから、この数字はあまり信頼できない。実質的には、一五七九年の時点で、南北アメリカですでに一五万人の白人移民を数え、一七世紀末には四〇万から五〇万人いたであろう。

当初の移民は男性に限られていた。しかし、メキシコのコルテスは、一年半以内に妻が来ることを条件に、カスティーリャ出身の移民二〇〇〇名が定住することを認めた…。一六〇四年の公式文書は六〇〇人の既婚女性が出発したと伝えているが、許可が下りたのは五〇人にすぎない。その一方で、現地でインディオの女性に惹かれるスペイン人男性もいた。たとえば、イスパニョーラ島では一五一四年からすでに六八四人のスペイン人のうち六四人がインディオを妻にしている。カスティーリャ地方では、イサベル・フェルナンド両王の登場するまで、「内縁関係《バラガーナ》」が大目に見られていた。それゆえ、アメリカ大陸ではこの形態が日常的であって、征服者たちは形ばかりの洗礼を済ませたうえで、アステカやインカの王族からもっとも美しい女性を贈ってもらった。これを率先垂範したのは、ほかならぬコルテスとピサロであった…。ここに逆説がある。つまり、実際は宗教的基準でしかない「血の純潔《リンピエサ・デ・サングレ》」〔キリスト教徒から見て、異教徒の先祖がいないこと〕なるものを案出し、ユダヤ教徒やムスリムを祖先にもつ者をことごとく追放した**国からやって来ていながら、純血を勧めるそのカスティーリャ人〔コルテスとピサロのこと〕自らが、アメリカ大陸で定住できるように、まさしく混血を強要したのである。それでいて、インディオ住民がことごとく虐殺されたイスパニョーラ島の運命など、彼らの眼中にはなかった。

「《資産家》の子どもたちは《メスティーソ》と呼ばれるはずがない。なぜなら、白人とメスティーソをはっきりと区別するのは生活様式なのだから」、と当時はいわれていた。一時的な共同生活から生まれた子どもたちは「偶発的混血」とでも呼べるだろうが…、その大部分は貧しい捨て子となって増え続け、軍隊に志願するしかなかった。ペルーでは一五七〇年頃に白人三万八〇〇〇人に対しメスティーソ一〇万人を数えたように、彼らの数はたちまち膨れあがり、そのためヨーロッパ式の武器や馬をもつことはおろか、聖職に就くこと

* 一般に中南米・カリブ海地域における白人と有色人種との混血。

** スペインのユダヤ人追放令はコロンブスの新大陸「発見」と同じ年の一四九二年、ムスリム追放令は一五〇二年。

すら禁じられた。彼らは、クレオールからもインディオからも排斥された。届け出のあった非嫡出子の割合は、黒人とムラート〔白人の父と黒人の母とのあいだの混血〕の場合、一六世紀で子ども全体の四〇パーセントに達し、一六四〇年から一六四九年のあいだにこれが六九パーセントまで上昇した。

　こうした事態に直面して、本国は厳しい対応策を講じる。独身女性の乗船も、また、既婚男性が妻を伴わずに出発することも禁じる…。一七世紀になると、船出するアンダルシア男の六〇パーセントは家族ぐるみの出発だった…。渡航者の九〇パーセント近くを占めるエストレマドゥーラやアンダルシアの者たちをもっとも惹きつけたのは、メキシコであり、ペルーがこれに続く。故郷との絆は本国にいる親戚とのあいだに残り、子孫の誰かがそれを引き継いでいった。ペルーから思わぬ贈り物をもらえそうな本国の縁者がいなくなれば、いずれこの絆は弱まってゆく…。このようにして、「アメリカ大陸の叔父さん」という伝説が残ったのである。

　同じ植民地化でもスペインとポルトガルでは根本的に異なり、南アメリカではその違いがきわめて特徴的である。まずスペインであるが、そもそもカスティーリャ王国は女性のアメリカ渡航を奨励した。たとえば、クリストファー・コロンブスの第三次航海（一四九八）の時点で、すでに三〇人の女性が含まれていた。下女を引きつれた彼女たちは、スペイン文化の普及に一役買った。彼女たちには法律上相続権が与えられているため、一人娘であればなおさら箔がついた。それゆえに、男性スペイン人と女性インディオとの関係が頻繁に見られたとはいえ、結婚となると、異なる人種どうしでは稀であった。「純血《リンピア・サングレ》」を重んじる気持ちはきわめて根強く、少なくとも最上級の職務にたどり着くには「純血」が不可欠だった。また、そうした職務が遂行される場所、つまり主としてリマ市とメキシコ市では、可能な限りこの血の純粋さが保持された。

　いうまでもなく、こうした文脈と関係して、男性インディオまたは男性黒人による性的暴行の恐怖が強迫観念となっていった。さらに時代が下った北アフリカにおけるヨーロッパ人女性にも、同じことが当てはまる。

　もっとも、一八世紀のメキシコ市の聴訴院《アウディエンシア》〔スペイン領植民地において、副王を補佐し、同時に、その権力を抑止する機能をも備えた王室機関〕における一八世紀の訴訟記録によれば、男性インディオが加害者であったのは二分の一にすぎず、残り四分の一以上は男性スペイン人であるから、「有色人種男性による白人女性への暴行」という従来の型にはまった見方は、必ずしも事実のすべてをいい表しているわけではないように思われる。また、訴訟は庶民階級の加害者と被害者に関係するものが主で、有力者に関係するものはごく少ない。彼らはうまく訴訟を回避できたということだろうか。ここで、暴行の民族的布置を見ると、実際の意味がはっきりする。つまり、ずば抜けて多い暴行は女性インディオに対する男性インディオのそれであり、男性スペイン人が同邦の女性を襲うケースはきわめて稀なのだ。だとすれば、女性インディオは、男性インディオによって社会的、人種的な二重の抑圧を受けていることになる。一方、男性インディオが手本とするスペイン人男性の加害者には、征服者によくある行き過ぎた振る舞いも見られる。暴行加害者の半数が既婚者であることを勘案すると、インディオ、スペイン人いずれの場合にも、性的欲望だけでなく結婚制度を含む社会秩序への反抗が読みとれそうである（フランソワ・ジロー『レイプと植民地社会―一八世紀のニュー・スペインの場合』＝Gireau p. 625–639 参照）。

さて、ポルトガルの植民地化政策のほうは、海外で男たちを単身居住させたという点で、スペインの政策と異なっていた（ポルトガル人女性の数が多いのはモロッコとアゾレス諸島に限られた）。そのため、ブラジルの植民地社会では、内縁関係をもつことにより、または異なる人種どうしが結婚することにより、メスティーソやムラートが溶け込みやすくなった。ブラジルに渡ったポルトガル人は女性インディオの容貌に惹かれることが多く、混血の度合いはもともと高かった。やがて黒い皮膚の愛人が女性インディオの後釜に座り、ポルトガル人の習慣にアフリカ文化の特色を数多く加えていった。こうした傾向をとらえて、「なまめかしき」人種統合といわれたこともある。またさらに、ポルトガル人は剣と十字架によってではなく性によって世界を征服した、と表現されたこともある。しかし、性とそれ以外の二つの支配手段にさほどの違いはないとすれば、これは誇張がすぎるのではないか。

ブラジルでは、時代の経過とともに、純血ではなく「混血であること」が国民としてのアイデンティティーを守る手段ともなった。とりわけイタリア人やドイツ人といった純然たる白人の移民を目の当たりにして、「生粋の」ブラジル人、つまり国を築きあげてきた「一五世紀来のブラジル人（ブラジレイロス・ディ・クワトロセントス・アノス）」は、混血性を力説し、それら白人移民と異なる国民性を強調しようとした。

男子のみの移住という排他的性格は、ポルトガル人がインドへ移民したときも、はっきりしていた。実際、一五四九年から一七五〇年までの二〇〇年間を見ると、インドに移住した女性は副王に随伴した妻だけである。歴代総督やそのほかの随員にしても同じく男性に限られた。ところで、ポルトガルが進出したインドのケララ地方の女性は、異性に大胆なことにかけては国内随一との世評が高かった。しかし、彼女らがポルトガル人男性と内縁関係をもとうとしても、洗礼を受けていなければ、キリスト教徒のポルトガル側は彼女らを排斥せざるをえない。そこで副王アルメイダの考えたもっとも手っ取り早い対策は、なかでも魅力的な女性を選んで受洗させることである。彼女たちは自分の伴侶に付き添ってマカオやモルッカ諸島などに渡った。何世代にもわたる混血はこうして形づくられた。

ブラジルでもインドでも、異なる人種どうしの内縁関係はあらゆる階層で存在した。なかには、内縁関係にあるおかげで非嫡出子の娘が持参金をつけられるケースもあったし、たいていの場合はこれにより嫡出子として認知された。当然、そうした内縁関係は社会的地位向上の手段となる。

しかし、植民地化が始まった頃は大目に見られていた内縁関係も、やがて最上流階層では不評を買うようになる。またその一方で、差別的な仕掛けが動き始める。たとえば、男性ポルトガル人にとって、改宗したユダヤ人やムラートの女性よりブラジルないしインドの現地人女性との結婚のほうが得策と考えることである。* こうして上からの反動が表面化し、クレオールの子女には、純血をいつまでも保つように圧力がかけられた…。

これと同じような変化は、さらに時代を下ったイギリス支配下のインドでも見られるだろう。ここでもまた、さまざまなタイプの植民地化に対し紋切り型を当てはめることは、問題が残る。

アメリカ大陸のインディオが混血化してゆく歴史の流れのなかで、見逃してならない重要な点は何か。それは、メスティーソの集団が生粋のインディオないしアフリカ人と関係を絶つことによって、つまりそれらと別個の集団を形成することによって、はじめて融合・同化への強い願望が生まれたということである。「肌の色による支配体制《ピグマントクラティック》」（マグヌース・マーナー『ラテン・アメリカの歴史における混血』＝Morner 1971）〔この用語の発案者はチリの生理学者リプシュッツ（一八八三〜一九八〇）〕の確立によってカーストを作ろうとする政策は失敗した。なぜならば、かつてのスペイン人対インディオという対立に代わって、ひとたび生成変化が始まると、その変化が止むことなく続いていったからである。たとえば、農場主《アセンダード》と農園労働者《ペオン》の対立が登場すると、メスティーソと生粋の白人はスペイン系インディオである「ラディーノ」集団としてひとつにまとまり、このアセンダードとしての「ラディーノ」集団とペオンとしてのインディオが対立する、という具合である。** つまり、社会的な状況と人種的関係とは複雑に絡みあっていたのだ。

ブラジルでは逆に、ムラートが社会的上層部と下層部をつなぐ中間的段階を形成した。とはいえ、一九世紀末から二〇世紀初頭には、肌の色がもっとも濃い者にとっても、混血のおかげで社会的地位を上昇させることが可能になった。またその一方で、社会に「組み込まれた」メスティーソの抵抗に対してのある種の拒否反応、換言すれば、異物であるメスティーソ集団を皮膜で包み込むような現象が見られるようになる。

「肌の色による支配体制《ピグマントクラティック》」においては、あらゆる交配、混血、そしてその変化形が定義され、豊富な語彙をなしている。すなわち、メスティーソ（スペイン人男性＋インディオ女性）、カスティーソ（メスティーソ男性＋スペイン人女性）、ムラート（スペイン人男性＋黒人女性）、モリスコ（スペイン人男性＋ムラート女性）、アルビーノ（モリスコ男性＋スペイン人女性）、トルナ・アトラース（スペイン人男性＋アルビーノ女性）、ローボ（インディオ男性＋トルナ・アトラース女性）、等々〔ヌエバ・エスパーニャ領の場合〕。ペルーでは必ずしも同じことばが使われているわけではなく、クァルテローン（スペイン人男性＋メスティーソ女性）、キンテローン（スペイン人男性＋クァルテローン女性）、サンボ（黒人男性＋インディオ女性）〔これは黒人男性＋ムラート女性の間違いと思われる〕などの表現がなされる。

いずれにせよ、アフリカのはるか昔の時代から現代までのあいだで、誰よりも黒人女性こそがその社会的地位をもっとも大きく低下させた。

黒人男性奴隷より過酷な黒人女性奴隷の境遇

黒人女性奴隷は黒人男性奴隷よりまた一段と厳しい境遇におかれた(原注)…。黒人女性の力は奴隷制においてどの程度あったのだろうか。それを測る目安のひとつは、白人男性が黒人女性をもてあそぶかまたは内縁の妻とした際に、黒人男性や白人女性がその黒人女性に対して覚える羨望の度合いであろう…。また、比較することに意味があると仮定してだが、黒人女性は、恵まれた白人女性の境遇と比べるといかにも対照的である。

ヨーロッパからカリブ海のフランス領に移住してきた人間はごく限られていた。たとえば、一六九五年から一九一五年のあいだで、ラ・ロシェル〔フランス西部の海港〕から出航したのは男性六二〇〇人、ディエップ〔フランス北部、ドーヴァー海峡に臨む港町〕からは男性一九〇〇人であった。この期間、島に住んだ女性は九〇人にすぎない。このひと握りの女性とは農園主の妻と娘、それから

＊ ここには「純度」を基準として差別化する考えが読みとれる。それによれば、「血筋の純度」の場合はポルトガル人、現地人、ムラートの順で純度が劣化する。また「宗教的純度」の場合はキリスト教徒、改宗したユダヤ人、改宗しないユダヤ教徒（およびキリスト教徒にとっての異教徒）の順で劣化することになる。

＊＊ 「ラディーノ」はメキシコのチアパス州とグアテマラのメスティーソを指す名称であるから、ここで指摘される現象は地域的に限定されると思われる。

(原注) 大西洋の奴隷売買は一六〇〇年から一九〇〇年のあいだに、一七世紀一八〇万人、一八世紀六一〇万人、一九世紀三三〇万人で、およそ一一五〇万人が対象となった。サハラ（アラブ）の奴隷売買はもっと早く始まっており、一六〇〇年以前九〇万人、一七世紀七〇万人、一八世紀七〇万人、一九世紀一八〇万人で、およそ四〇〇万に達した（カトリーヌ・コクリ・ヴィドロヴィチ『ブラック・アフリカ——継承と断絶』Coquery-Vidrovitch 1985 p. 33）。

島で生まれた女子である。妻たちは本国よりも自由な暮らしぶりで、たとえば、夫が農園を見て廻るときに付き添ったりしたが、こういうことは一七世紀のフランスではめったにお目にかかれない…。白人の妻のほかに内縁関係の黒人女性がいる、といった現実はたしかによく見かけられた。白人女性は黒人女性に辱めを繰り返して精一杯の意趣返しをした。もっとも、夫は留守がちであるから、妻の力を夫に見せつけることも容易ではない。

しかし、内縁関係の女性やムラートの女性の運命を別にすれば、一般の黒人女性奴隷の境遇は悪化の一途をたどった。

アンティル諸島に移送された奴隷の大半は、アフリカのコンゴ人、ヨルバ人、イボ人、アンゴラの諸部族*である。これらの部族では男女を問わず、キリスト教世界やイスラーム諸国よりも性的自由を享受していた。夫婦生活では男女の権利と義務が厳密に定められ、さらに女性は男性に従属したままであった。バンバラ人の居住地域〔西アフリカ、マリ共和国の西半分〕では、スペインのバスク地方と同じように、夫婦が食事をともにすることはなく、妻は夫の食事の世話をし、夫が終えてから立ったまま食べた。しかし、男性の会話に口を挟むことはある。一七・八世紀のヨーロッパ人旅行家の目には、総じて、妻たちが炊事を一手に引き受け、そのうえさらに畑仕事の一部まであてがわれているように映じる。それでいながら、アフリカ人女性が独立心にあふれた気質と行動に恵まれていることには、目を見張らざるをえない。その一方で、一妻多夫制が支配的であるため、西洋世界にはない女どうしの連帯感さえ生まれるのだが、だからといって、複数の夫のそれぞれに対して妻が敬意を払わないわけではない。その点に一八世紀のラバ神父〔一六六三～一七三八。フランスのドミニコ会宣教師、植物学者。アンティル諸島に渡り、多くの著作を残した〕は驚嘆した。

南北アメリカ大陸、ことにカリブ海地域では、奴隷売買によって、もしくはプランテーションでの出生を奨励することによって、「人的資本」を増やすことが課題となる。一九三三年、『大邸宅と奴隷小屋』のなかでジルベルト・フレイレ〔一九〇〇～一九八七。ブラジルの作家、社会学者〕は、ブラジルでは経済的利益を求めるあまり、資本を増やそうとして主人も息子も種馬になってゆく、と記しているほどだ（Freyre 1952）。しかし、短期間の例外を別にすれば、基本的には出生を増やすよりも、安あがりな奴隷貿易と奴隷買入れが優先された。そしてその場合、女性奴隷が性の対象となった場合を除けば、男性奴隷のほうにより高い価値があった。

たとえば砂糖製造を例にとると、女性奴隷の条件が悪化した理由は、彼女たちが専門的な作業から遠ざけられているためである。当初は、炉を担当する男性と圧搾機に配置される女性、植えつけの穴を掘る男性とそこに種をまく女性、この男女間に身分格差はなかった。だが、男性のほうがその適性ゆえに熟練労働者となる者が多くなったのに引き換え、女性の場合はもっぱら性的価値のみが決定的となり、したがって、年齢とともに、あるいは母親となることによって、価値が下がる。しかも、女性は鍬、糸、針といった昔ながらの道具を使わせられたのに対し、男性は家、樽、奴隷用の鉄具等々の建造・組み立てができるようになったから、やがてさまざまな技術の知識を独占してゆく…。アルレット・ゴーティエ〔フランスの社会学者〕の見事な論証によれば、黒人奴隷の男女格差は次のように説明される（Gautier 1985）。こうして専門知識や作業を分割したことが女性の従属を維持し、またさらに悪化させた。その結果として、奴隷制は男女の境遇を均等化させるどころか、かえって、白人家族のなかで、またやがては黒人家族のなかでも、女性の地位が低下するというさらなる状況へと向かわせた。分裂・断片化させられた黒人社会のなかで、もはや女性は、かつてアフリカで黒人女性が保障されていた保護と特権を享受できなくなっていたのである、と。

黒人とインディオ（インディアン）

スペインの植民地では、「エンコミエンダ」と「レパルティミエント」[**]の二重体制が敷かれていた。エンコミエンダによって、征服者たちは一定数の先住民族をスペイン王権から信託として受けとり、この先住民族が貢物を納める。またレパルティミエントによって、受益者である一定数の征服者に土地が分与される。当初、大事なのは貢物だったが、鉱山の開発や道路建設用に多くの人員を必要とするため、やがて労働力がもっとも重要になる…。そして戦争などの大量殺戮や病気が、カリブ海の先住民族、インディオ、アラワク人等々を滅ぼした。それが部分的なものにとどまった場合もあれば、全滅におよんだ場合もある…。

ところで、入植者の立場から見ると、アフリカからやって来る黒人奴隷には、牛の飼育や乗馬ができるといったさまざまな利点があった。それゆえに、イスパニョーラ島（サント・ドミンゴ島。現ドミニカ共和国とハイチ）で最初にカウボーイとなったのは、ウォロフ人〔西アフリカ、セネガルを主たる居住地域とする。一四世紀頃からこ

＊ コンゴ人は、コンゴ川（ザイール川）両岸地域、現在のコンゴ共和国（旧ザイール）、コンゴ民主共和国、アンゴラにまたがって居住するバントゥー系の大民族。ヨルバ人は、ナイジェリアからベナン、トーゴにかけて居住。イボ人は、ナイジェリア南東部の熱帯森林地帯に居住。アンゴラ地方は一〇〇以上の部族が混在するが、大半はバントゥー語系といわれる。

＊＊ エンコミエンダはスペイン語で「信託」の意。スペインの王権はこれにより、一方で貢租賦役を先住民族に課す権利を、他方で彼らを保護しキリスト教化する義務を、征服者たちに信託した。レパルティミエントは「分配」の意。エンコミエンダの異称として用いられるほかに、メキシコにおける有償強制労働制度、あるいは地方官による原地住民に課する物品強制購入の慣行を指す。

の地に王国を建設した〕とマンディンゴ人〔西アフリカ、ガンビアに居住する農耕民〕であった。南アメリカの大陸部では、ゴールドコースト〔黄金海岸。西アフリカ、現ガーナ〕やアンゴラから来た奴隷は概して手仕事がうまく、そのおかげでインディオに比べて価値が高かった。こうしてインディオは、いわゆる植民地経済のなかでアフリカ人よりさらにマージナルな存在であり続ける。

バイア地方〔ブラジル北東部〕の砂糖プランテーションでもヌエバ・グラナダ〔一七三九年に作られたスペインの副王領。現在のコロンビア、エクアドル、ベネズエラ、パナマ〕の鉱山でも、すでに一六世紀末から大多数の労働者は黒人となり、チブチャ人のインディオ〔中央アメリカ、コロンビア、エクアドルにまたがって広く居住したチブチャ語系の諸族を指す〕は少しずつ姿を消していった。スペイン政府と同じくポルトガル政府もまた、労働する人間がこのようにインディオから黒人へとゆっくり代わっていくことを奨励した。というのも、新大陸に黒人奴隷を輸送し売却すれば、入植者の支払う国税によって、ポルトガル王室には多大のメリットがもたらされただけでなく、アフリカから奴隷を送りだす時点で「アシエント」（黒人奴隷供給契約）の納付金が徴収できたからである。新たな社会では、こうして黒人がしだいに中心的位置を占めていくわけだが、このことは、地域の自警団において黒人が果たす役割にも反映してゆく。すなわち、フランス領ギアナのフランス人は、カリブ人を抑えつけるのに黒人を利用し、ニュー・アムステルダムのペーテル・ストイフェサント〔一五九二～一六七二。オランダのニュー・アムステルダム総督（一六四五～六四）〕のようなオランダ人も、同じように黒人を利用した。マサチューセッツのイギリス人もまた、インディアンを追う払うために「スコットランド人や黒人にまで」助力を求めた。

こうして黒人とインディオが反目するようになると、ヨーロッパ人は、それに乗じて、黒人の攻撃の矛先を転じさせた。たとえば、ラテン・アメリカや合衆国の独立戦争のときのように、黒人の攻撃は宗主国の人間だけでなく、とりわけインディオに対して向けられた。

反目の理由としては、もともとインディオはつねに自由であるのに対して、黒人はつねに奴隷と見なされていたことがある。インディオは、この通念を利して黒人を見下していた。一六世紀のヌエバ・グラナダで、黒人と将来を誓った娘をもつインディオの父親が、法廷に訴えでた例があるが、そのときの父親のいい草はこうだ。「なにしろ、わしらが種族は混じりっけのない血筋だとはっきりしてるから、貴族にもひけをとらん。ならば、いちばん卑しいといわれる身分の者と夫婦になれるはずもない」。とはいえ、インディオの女性が黒人の男性に身を任せることもなくはない。たとえば、「彼女は、結婚の義務によってインディオの男に、金のために白人の男に、快楽から黒人の男に、身を任せるのだ」（オーギュスト・ド・サン・ティレール〔一七七九～一八五三。フランスの博物学者。一八一六年から二三年までブラジルを調査し、膨大な動植物標本を収集した〕、一八二二）との記述例もある。ジルベルト・フレイレによれば、白人、黒人、インディオの三人種が彼らなりに協力していたことは周知の事柄だという。すなわち、少なくともバイア地方の製糖工場では、土地をもつ白人はこれを管理し、黒人は働き、インディオは海賊やほかのインディオから製糖工場を守っていた、と。またブラジル南部では、「バンデイランテ*」の時代に、内陸部に向けて進んだのは、次の文に見られるような混成の遠征隊だった。「インディオは戦闘で道を切り開きながら進み、白人とメスティーソがそのあとに続く。黒人は後方で縦隊のしんがりを務め、重い荷物を背負い、休憩の支度もする」。

黒人「逃亡奴隷《マロン》」と黒人の反抗

「新入りの黒人」にとって船旅の精神的ショックは大きく、カリブ海のどこかに上陸したかと思うとたちまち脱走したがる。それを承知している入植者はなんとかショックを和らげ、作業場に入れるまえに奴隷をなじませようとする。だが、黒人の絶望はあまりに深く、新しい主人の殺害を試みるよりも、自らを傷つけたり首を絞めたりするほうが圧倒的に多い。石に頭をぶつけて潰した者もいれば、一七三四年にフランス軍に包囲された、デンマーク領セント・ジョン島〔ヴァージン諸島中の一島。一九一七年以降はアメリカ領〕の逃亡奴隷のように、集団自殺したグループさえある。一九世紀のセント・ヴィンセント島〔西インド諸島東部、小アンティル諸島のウィンドワード諸島中の一島〕でイギリス人に攻撃された逃亡奴隷にも同じ行動が見られた。「たった一軒の住居で三〇人が首を吊った」と『サン・ドマングの歴史』(一八一四)のなかでマランファン〔生没年不詳。フランスの軍人〕は伝える。同じ時代のグザヴィエ・エマ〔一八一五〜七六。フランスの作家〕は、「わたしの知っている地主のところでは、四〇〇人いるニグロのうち、気がついたら翌日には三八〇人が首を吊っていた」と証言する。イボ人のなかには、「故郷に帰るために」首を吊る者もいた…。これに対する最初の弥縫策とは、彼らをひとまとめにすることだった。絶望感を軽減するには、「コンゴの人間」あるいはほかの種族の者たちを集めて生活させることだ、と入植者は考えたのである**。しかし、上記の例でも分かるように、自殺や逃亡は主人に対する抵抗形態のひとつである。とりわけ、すでに奴隷状態に「なじんだ」者にとっては、マロナージュすなわち逃亡は、自らの自由を勝ちとるために、あるいは、ある種の地位

* 一六・七世紀に、おもにサン・パウロ市を出身とする農園主が組織した遠征隊をバンデイラと称した。彼らは内陸部の先住民族を捕らえて沿岸部の砂糖プランテーションに奴隷として売りさばいた。バンデイランテはバンデイラの構成員をいう。

** ここではコンゴ地方に居住する多様な種族を「コンゴの人間」とひとくくりにしている。言語が異なるため黒人どうしのコミュニケーションは限られ、ここでとられた対策は効果が薄かった。

向上を手にするために役立つはずだ…。

黒人奴隷の身分格差という事情もある。すなわち、耕作専門と定められた「農耕用黒人」と、「有能な黒人」ないし「日雇い黒人」とのあいだでは、格差が大きくなっていった。そうなると、「有能な黒人」や「日雇い黒人」は解放奴隷の身分に溶け込もうとする。たとえば、「フランス語が堪能のうえスペイン語も多少は使える、とのふれ込みで、ひとりのムラートが居酒屋にやって来た。自由の身で仕事は靴直しだと称した…」（イヴォン・デバシュ「奴隷逃亡―アンティル諸島の奴隷脱走に関する試論」『社会学年報』＝Debbasch, *Année sociologique*, *1961* p. 1-195所収）といった具合である。しかし、「農耕用黒人」にしても逃げだす点では変わらない。主人たちは黒人に不満がたまることを危惧したが、不満の根底には、とりわけ経費節約による不充分な食事と虐待がまずあった。しばしば黒人たちは、ストライキのようなものでそれとなく知らせておいてから、姿を消した…。

頻繁にあったケースは、脱走者が近くの地主のところに隠れ場を見つけるというもので、当の地主は口をつぐんで見て見ぬふりをした。だが、そのあとは、どうなるのだろうか。

外部に逃げ場のあることは稀であるし、小さな島などでは逃げ場そのものが存在しない。しかし、ドミニカ島やセント・ヴィンセント島が自由の地だと教える情報ネットワークが瞬く間に広がる。脱走者たちの頭のなかでは、何はともあれ、かの地にたどり着くことがすべてだ。奴隷たちはスペイン人のところに逃げ込むことも試みた。スペイン領では行政がずさんなので、自由をもらい受けたり買ったりすることが期待できたからである。げんに、とくにサント・ドミンゴ島では、フランス領と一連の協定が取り交わされていながら、犯罪者引渡し協定は形式的なものにすぎないために、引き渡される危険性は事実上薄い。あるいはまた、ギアナのスリナム地方にゆくことも試みられた。ギアナでは、奥地にたどり着けば、そこに逃亡奴隷の作りあげた大集団がいくつも見つかると、誰もが知っていた。

その一方で、奴隷制を擁護する社会と労働力である奴隷とのあいだには、ひそかな戦いが進行していた…。逃亡奴隷とは、どのような理由があろうとつねに、「主人から奴隷という財産（奴隷本人）を盗んだ」者であり、したがって、既成の秩序をゆるがす敵にほかならない。主人は奴隷を奴隷市場で金を払って購入したがゆえに、逃亡を罰したうえ、仕事場に復帰させようとする。しかし、ゆくゆくは自由になれるということをちらつかせて、ときには許してやらねばならない。いや、ジャマイカでときにイギリス人がやったように、思い切って交渉で解決することさえ必要になる。

ところで、公の権力も、あるいは奴隷を抱える地主たちの権力も、実権をわがものにしようとしのぎを削っていた。しかし、その目標とするところは同じでなかった。一七五〇年、ギアナ〔フランス領ギアナ〕のある警察条例はその違いをこう強調する。「主人たちは、奴隷の違反を自身に関わる個人的なものとしか考えていない。あたかも、《公衆に対する奴隷の行動に留意せよ》という明確な条件付きの条例に反発して、《自分たちには奴隷を所有する自由が認められていない》、といわんばかりである」。このため、奴隷を所有する有力者の便宜を図って「黒人法典」*が修正されるのだが、これも一八世紀末になると、黒人奴隷の逃亡という現状にそぐわないことがはっきりした。そこでプランテーション経営者は、次のように、別のやり方を採り入れる。

「いろいろ気配りしたり、逆に、何らかの懲罰を与えたりして、わしのニグロのひとりにへそくりを蓄えるようにしてやれば、奴はわしの思うがままだ。誇り、自尊心がこのニグロを押さえつければ、奴は以前よりも細心になり滅多なことでは仕事をしくじらない…。奴にとって一番辛いのは、町にでる時間を取りあげられることだ。この脅しはじつに効き目がある」。

奴隷には菜園も与えられたが、それに精をだす可能性などほとんど考えられなかった。結局は地主が利を得る。実際、同じ屋根のもとで奴隷たちと一緒に暮らし彼らを養ってゆくより、奴隷たちにある程度、自立した生活を与えたほうが安あがりなのである。

「逃亡奴隷」の反乱

アメリカ大陸では黒人の反乱が多発した。しかし、ハイチを独立に導いた反乱を別にすれば、どれも成功しなかったために、「歴史」に記載してもらえなかった。とはいえ、すでに一六世紀から、サン・ドマングでは三件、イギリス領のアンティル諸島では一六四九年から一七五九年のあいだに少なくとも一〇件の反乱があったと見積もられている。のちの合衆国南部では一七世紀と一八世紀で六件である。フランス領のアンティル諸島、ブラジル北部およびプエルトリコ〔西インド諸島にあるアメリカ合衆国の自由連合州〕では、ハイチの独立以降、反乱が増加した。

たしかに、これらの反乱は所期の目的を達成せずに終わった。しかしながら、ギアナでの反乱はいくつかの「逃亡奴隷社会」を産みだした。それらは生き残ることはなかったにし

＊　一六八五年三月に発布されたフランスのカリブ海植民地の治安法典で、主人の奴隷扶養義務や奴隷の罰則規定を定める。一八〇二年、植民地法典へと引き継がれた。修正についていえば、ルイジアナに適用するため発布されたもの（一七二四）が、主人の扶養義務の軽減、奴隷の罰則規定強化、といった点で重要である。

ても、コロンビアやギアナ〔この場合はオランダ領ギアナ、すなわちスリナム〕で、紛れもなく実在した。もっとも長く存続したのはギアナのボニ〔逃亡奴隷の首領の名に由来するといわれる〕の集団で、オランダ人相手に蜂起し、フランス人が支援した。もっと具体的な例をあげれば、一七一二年、フランス人水兵がスリナムに侵入して大地主が逃げだしたとき、これに乗じて奴隷たちが主人の家を荒らし、森に脱走した。一七四九年には、彼らのリーダーであるアドク〔生没年不詳〕が独立を手にした。二番目の例は、おそらくムスリムと思われる黒人リーダー、アラビ〔生没年不詳〕の率いたものである。彼は、逃亡奴隷をそれ以上受け入れないことを条件に、独立した社会を作る自由を認められた。三番目の逃亡奴隷社会は、黒人リーダーを補佐するオランダ人を得て、一七六二年に誕生した。

しかしながら、ボニは地域から白人を追放しようとしたために、ボニに主導権を握られることを恐れた黒人の一部が、オランダ人と手を結んだ。やむなくボニはフランスと協定を結び、マロニ川〔フランス領ギアナとスリナムとの国境をなす〕上流地域にとどまらざるをえなくなった。以後、あのボッシュ人、すなわち森の黒人《ブッシュ・ニグロ》がそこで生き延びることになる。彼らの文化は、とくに宗教についていえば、もともとアフリカから来たファンティないしアシャンティ〔いずれも西アフリカ、ガーナの部族〕系の諸教混交であり、これにインディオの食習慣が混入している。またその言語にはアフリカ、オランダ、イギリス、フランスなどの単語が混在する。

ハイチでは一七九一年八月に奴隷ブクマン*〔?〜一七九一。ジャマイカ出身の逃亡奴隷でブードゥー教の神官〕が大蜂起を起こし、一八〇四年、この島は植民地の被支配者たちのなかで初めての独立国家となった。この蜂起の日は、二〇〇年後の今日でも祝祭の日であり続ける。この勝利の背景にはつねにブードゥー教が存在したが、この宗教こそ、トゥサン・ルヴェルチュール**〔一七四三〜一八〇三。ハイチの独立運動指導者〕の時代に、ボナパルト軍やナポレオン軍***を破る力を黒人に与えたのである。

このようなわけでハイチでは、フランス大革命とブードゥー教こそが、黒人奴隷に自由をもたらした原動力と見なされている。また、この自由を言祝いだカトリック教会は、今日、アリスティド神父〔一九五三〜。一九九一年、解放の神学をかかげて独裁政権を打倒、ハイチ初の民主的選挙による大統領となる〕の庇護のもとに、ハイチの伝統と「カイマン森の誓い」〔本書一八七頁訳注*参照〕を継承するのは自分たちだと主張している（シャルル・ナジュマン〔一九五三〜。フランスの映画監督。ドキュメンタリー映画『カイマン森の誓い』を制作、ブードゥー教の信者たちが祭儀をとおして二〇〇年前の記憶を守っている姿を記録した〕の一九九二年の映画を参照）。

奴隷たちが史上初めて獲得したこの偉大な勝利は、ハイチの人々にとって「歴史の終わり」****を意味したろうか。いや、ハイチの民は、ヨーロッパ人による植民地化が作りだし、もたらした西洋式の文物を、逆手にとって利用するにはほど遠かった。ハイチの人々はそれを一顧だにせず、農園を荒れるに任せたまま、アフリカの生活様式をこの地に甦らせた。そうすることによって、ほかのカリブ諸民族が羨望する、あの独立の瞬間を永遠のものとするかのように、いわば歴史の流れのなかに身を固定したのだ。

アメリカ大陸では、逃亡奴隷の反乱、脱走という極端なものから仕事の手抜きにいたるまで、黒人の抵抗はさまざまであった。この「仕事の手抜き」から「怠惰なニグロ」なる神話が生まれたが、東南アジアでも同じ神話が「怠惰な原住民」という表現に見いだされる。また、逃亡奴隷の子孫にあっては、メキシコ中央東部のクヒーヤで調査されたごとく、あらゆる種類の文化的融合がありえた。たとえば、子どもを背負う、頭に荷物をのせる、円形の家屋を建てる、複数の妻をもつ、別々のところに「愛人《ケリーダ》」がいる、などである。もちろん、こういった生活様式はほかの共同体との関係で衰退したり変貌したりする。しかしまた、祭りのような表現形式のおかげで生き延びてもゆく。その表現形式とはすなわち、「歌や踊りなどアフリカを表現する芸術的活動、とりわけ音楽的活動が生き残ってゆくための、制度的枠組みとしての表現形式」(ロジェ・バスティッド『黒いアメリカ大陸—新世界におけるアフリカ文明』=Bastide 1968)である。ニュー・イングランドでは、この祭りを奴隷の主人たちがうまく利用して、総督の権力を相対的に貶めることさえあった。どういうことかというと、総督はたいてい王族の末裔であって、白人のあいだでその優越性を認知されているのだが、奴隷の主人たちは祭りのときに、総督のまえに率先して奴隷の違反者を引きだし、それによって共同体メンバーに対する奴隷の怨恨を総督に転嫁したわけである。

生き残ってきた表現形式のなかには「宗教的な」ものもあ

* 一七九三年八月一四日、ブクマンは奴隷監督を集めた「カイマン森の誓い」を主宰し、黒人奴隷蜂起への態勢づくりに入った。そして八月二二日、北部の黒人奴隷は一斉蜂起し地域一帯のプランテーションに広がった。これが今日いわれるハイチ革命の始まりである。ブクマン自身は九月初旬、行軍途上で捕まり、処刑された。

** ルヴェルチュールは前記ブクマンの処刑があったのち蜂起に合流、反乱軍の組織化に努めた。その後、全島を支配下においたが、一八〇二年、ナポレオン軍に逮捕され、翌年アルプス山中で獄死した。

*** ナポレオン・ボナパルトを表記する場合、一八〇四年一二月に始まる第一帝政以前はボナパルト、第一帝政以後はナポレオン、と区別される。したがって、一八〇二年一月から翌三年一二月までの派遣軍はボナパルト軍、独立後一八〇九年まで残留した徴集兵の部隊はナポレオン軍ということになる。

**** フランシス・フクヤマ(一九五二〜)の著書『歴史の終わりと最後の人間』(一九八九。邦題『歴史の終わり』三笠書房、一九九二)を踏まえていると思われる。この書の論点のひとつは、自由主義・民主主義の最終的勝利によって歴史の発展はそこで止まるというもの。

る。白人が強いところでは「缶詰さながら」に保存されたが、ハイチのように白人がいなくなったところでは、形を変えていった。このハイチではブードゥー教が変貌し、ある種の民族的な農民宗教となったのに対し、ブラジルやトリニダード島〔西インド諸島最南端のトリニダード・トバゴ共和国の主島〕では本来のアフリカ的特徴をよりよく保存している。

キリスト教に帰依した奴隷についても触れておこう。プロテスタント諸国では、黒人の宗教教育が完全な場合に限り、彼らを教会の一員として認めた。それと比べると、カトリック諸国のほうは、黒人がアフリカの遺産をよりよく保存し、さまざまな形の宗教的混交《シンクレティズム》を生みだした。つまり、いずれのケースでも、キリスト教に帰依させることはアフリカ的信仰形態《アフリカニスム》を消失させることを意味していた。しかし、黒人は本当に「白人の魂」を手にしただろうか。これこそ、フランツ・ファノンが『黒い皮膚、白い仮面』(Fanon 1952/1972)のなかで論じた問題であるが、これについてはハースコヴィッツ〔一八九五～一九六三。アメリカの人類学者〕とフレイジャー〔一八九四～一九六二。アメリカの社会学者〕のあいだでも「学問的」論争の焦点となり、人種差別と民族の同化をめぐるきわめて多くの課題を提起した。

クレオールの誕生

一五四七年、エルナン・コルテスは遺言にこう書き込んだ。「万一スペインにて身まかりし折は、わが亡骸をメキシコに戻し、わが町ココヤにあるフランシスコ会の無原罪の御宿り女子修道院に埋葬されたし」。なるほど彼は、メキシコを自分の真の祖国と考えた最初の「クレオール」であった。*

本国人といわゆるクレオールとは、以後少しずつ懸隔が大きくなっていくのだが、コルテスがこうして先祖代々のものでない土地と一体化したことは、その最初の兆候と見てよかろう。ただ、もともとスペイン人であるメキシコのクレオールの場合は、本人が意識して取り入れたわけでもないのに、周囲の風土、文化、さまざまな特徴をそれと気づかずに体に浸み込ませていった。その一例として、『植民地メキシコのスペイン人』のなかでソランジュ・アルベーロは、メキシコではフランシスコ会士の服の色が変化していったことを指摘している(Alberro 1992)。すなわち、貧しい者の修道服としては伝統的なベージュ色が厳としてありながら、フランシスコ会士はわざわざ青色を採用した、と。なぜかというと、この青は、メシーカ人が太陽と戦争の神ウィツィロポチトリと結びつけた象徴的な色であり、スペイン人に破壊されたウィツィロポチトリの神殿が初期フランシスコ会修道院の土台になったという背景があるからである。

この種の「裏返しの植民地化」はあらゆる種類の借用物に読みとれる。たとえば、キルティングの裏地をつけた綿製の胴着「エスカウピル」は、「イチカユイピリ」がスペイン語化したものだが、衣類から料理にいたるまで、そのリストには次のようによく知られたものが並んでいる。すなわち、ココア、タバコ、いんげん豆、トウモロコシのトルティーヤ〔トウモロコシ粉による円形パン〕などである。なかでもとくに、トルティーヤはトウモロコシの収穫、製粉、調理が小麦のパンに比べはるかに労力が少なくて済むため、スペイン人はこれを食料とすることによって、たちまち例の「怠惰」にとり憑かれてしまった。こうしてインディオの習慣は、まずどこよりも、人里離れた村々でスペイン人に「感染してゆく」。しかし、スペイン人の子どもがたいてい現地人の乳母に育てられ、スペイン人に食事をだすのも現地の料理人だったために、都市部でもまたしかり…であった。伝統的な時間の使い方にしても、いろいろな新しい習慣の影響を受ける。たとえば、すでに一八世紀から指摘されていたことだが、クレオールはほとんど朝から晩まで食べどおしだった。朝、ココアを飲み、九時に朝食をとり、一一時になにかしら口に入れ、正午少しすぎて食事。午睡を終えるとまたココアを飲み、さらにあとで夕食となる。このように繰り返し飲食する習慣が広まったのには、ヨーロッパと違って、塩漬け加工、薫製がほぼ皆無という具合に、食物保存と相容れない諸条件が係わっている。つまりクレオールは、果物や野菜など取れたてのもので暮らし、先々の食料生産の段取りをつけることはなかった。兄弟分のスペイン人のように長い時間のなかではなく、彼らクレオールは短い時間のなかで、現在を生きたのである。

　クレオールには、服装でそれと分かるという特徴もあった。服装は社会的、民族的帰属の指標のひとつである。インディオの大半は裸であったが、しかしメスティーソと同じように扱われたい者は靴と靴下をはき、黒人とムラートの女性は目立つように金ピカの衣装に凝る。とすれば、生粋のスペイン人はさらに上手をいって、武器を所持したり、宝石で身を固めざるをえない。そういうこれ見よがしの贅美は、インディオの簡素さとはおよそ対照的なのだが、古代アステカやインカの宮廷をしのばせるには必要なアイテムだ。そのうえ、本国のカディス〔スペイン南部の港湾都市〕に上陸するときには、スペインよりも気前のよいアメリカ大陸を見せつけてやらなければならない。

　かくして、アメリカ大陸のクレオールは、一方でその社会的地位が求める特徴によって、もう一方で意識的であるなしにかかわらず征服された先住民族の文明から借用したものによって、少しずつ本国人との違いを際立たせていった。

　たしかにインディオたちは、表向きキリスト教徒に改宗さ

＊　コルテスはスペイン西部のエストラマドゥーラ地方の生まれで二〇歳の頃にイスパニョーラ島に渡った。したがって、クレオールには属さない。ここは比喩的な意味に解すべきであろう。

せられたが、そのじつ土着の神の偶像を崇拝し続けた。いやそればかりか、彼らインディオは、混血の者たちや、ときにはクレオールとその聖職者たちをも、自分たちの文明に感染させることができた。そしてその結果、「裏返しの植民地化」のメカニズムが確立した。

クレオール・アイデンティティーの父とされる者たち、すなわち独立運動のイデオロギーを鼓吹した司祭たちは、往々にして、メキシコのイダルゴ〔一七五三～一八一一。メキシコ独立運動の指導者。大農園主の息子として生まれたクレオール〕やモレロス〔一七六五～一八一五。メスティーソでメキシコ独立運動の指導者〕のごとく、誰よりもインディオやメスティーソ寄りの人々であった。はたしてこれは偶然だろうか。

英印混血人《アングロ・インディアン》——植民地における関係の推移

植民される側と植民する側との関係が提起する問題、つまり異教徒どうしの結婚に関わる問題については、イギリス支配下のインドは当時の具体的状況を教えてくれる恰好の例である。

さて、早くも一七九三年、「イギリス東インド会社」を監視する政府の監督局長ヘンリー・ダンダス〔一七四二～一八一一。スコットランドの法律家、政治家〕は、「ヨーロッパ人の優秀さを信じる原住民に対し悪しき影響をおよぼすと思われるがゆえに」、インド在住のイギリス人が増えすぎては危険である、と注意をうながしている。この意見は増加する欧亜混血人《ユーラシアン》をターゲットにしているのだが、これより一〇〇年前には、同じ東インド会社がほかならぬ彼らの増加を望んでいた…。ところが、一七九一年の決定によって根本的な変化が訪れ、混血の者は会社内で職務を遂行する権利を認められなくなった。

この決定は、状況を一変させるとどめの一撃となる。

一七九一年の時点で援用された理由とは、インド人がこれら欧亜混血人を蔑視しているため、また、東インド会社の威光があらゆる点でそこから影響を受けるため、というものである。さらに、貴族なみに暮らす会社の重役たちにとっては、混血の人間が上級職にたどり着くのは容認しがたい、ということもある。口にこそされなかったが、理由はもうひとつある。つまり、ロンドンでは、フランス革命のさなかに黒白混血《ムラート》の手によってハイチの反乱が起きたことに衝撃を受け、ムラートのことは肝に銘じておかねばならない、とイギリス人は思っていたのである。

こうして決定打が繰りだされて以後、イギリス人男性の欲求不満のはけ口は、とりわけビルマ人女性に向けられた…。彼女らは、すこぶる魅力的かつ徳操堅固と評判が高かった。英国国教会が婚外交渉を厳しく咎めたものの、聖職者らはどう対処したらよいか分からず、以後お咎めなしの婚外交渉が増えた。ヴィクトリア王朝時代（一八三七〜一九〇一）にいたると、カーゾン卿が、現地人女性と結婚する者は出世が妨げられることもあると心得るべし、と発言し、禁止事項の範囲は微妙に変化した。いずれにせよ、愛人を囲っている者もまた同じ処遇を受けるだろうから、どんな場合でもそれをひけらかさないほうが無難である。さもないと違反者は配置換えになる恐れがある…。しかしこれが裏目にでる。その後、とくに周辺地域の多くの軍人や民間人がインド人の愛人をこれ見よがしに自慢したのだ。そうやって彼らは、むしろボンベイ、デリーなどの中心都市に異動させられることを期待したわけである…。「さりとて、こういう規則のために、有能な役人が愛人と結婚できないようなことがあってはなるまい…」と評する人も当時はいた。

じつは、ここにはのっぴきならぬ問題が横たわっていた。今日あきらかになっているのは、複数のインド人女性と同居するイギリス人男性の数が、時の経過につれて減少したことである。ひとりのイギリス人女性と同居する複数のインド人男性という稀なケースについては、小説や映画によるものを除くと、特別言及するようなことは知られていない。

一九五一年の人口調査で一一万一六三七人を数えた欧亜混血人について、自らも同じその混血であるハーバート・アリック・スターク〔生没年不詳〕は、一九二六年の『インドの人質』のなかでこう書いた。「イギリスがわれらの父祖の地であるなら、インドはわれらの母の地である。イギリスは聖なる追憶であり、インドは生ける真実である…。イギリス、それはわれらが伝統であり、インド、それはわれらが日々の生活なのだ」。

欧亜混血人社会には、地方議会にそれぞれ代表二名を送る権利をもつ公認の地域コミュニティーが複数あった。これらの地域コミュニティーの状況はどうだったのだろうか。それについては、一定の読者数をもつ『アングロ・インディアン・レヴュー』＊（発行部数三〇〇〇）の内容を分析したものと、一九二六年から一九五九年の期間に行なわれたある調査とをつき合わせれば、おおよそ察しがつくだろう。たとえば欧亜混血人に対する呼称は、「混血《ハーフ・ブリード》」に始まり、「気取り屋《シーシー》」「東インド人《イースト・インディアン》」「印欧混血《インド・ヨーロピアン》」「印亜混血《ユーレイシアン》」と変化し、最終的には「英印混血《アングロ・インディアン》」に落ち着いた。呼称がこのように変転するあいだ、つねに彼らはイギリス人からもインド人からも、あからさまな軽蔑を受け続けた。それゆえに、イギリス人は混血よりもむしろ生粋のインド人に意見

＊「全インド・アングロ・インディアン協会」が発行する月刊の会報。一九二八年から一九四一年までカルカッタで、一九四一年から現在まではニューデリーで発行されている。

を聞く、というような状況が生まれていた。

各地域のコミュニティーはこうした屈辱を受け続けたが、なかには法的地位をそなえることが急務だと感じるコミュニティーもでてきた…。こうして、衣服や食事、とくにイギリス式朝食《ブレックファースト》を通じて、あるいはイギリス式教育を導入することによって、地域コミュニティーが西洋化していった。また、若いアングロ・インディアンが役所、郵便局、ことに鉄道会社へ入り、近代的生活への道が開かれていった。鉄道会社では大半の職務を彼らが占めた。しかし、いうまでもなく、彼らのなかで最重要ポストに就きうる高等教育を受けた者はごくわずかだった。

第一次大戦直後、独立に向けた政治闘争が盛んになる時期には、アングロ・インディアンのおかれた立場は不安定だった…。彼らは、イギリス式の生活習慣を少しずつとり込んできたがゆえに、恐れを抱く。たとえば、国が独立しインド化すれば、自分たちの立場が危うくなりはしまいか、生活水準が全体的に降下すれば、イギリス人の牛耳る世界で働く自分たちこそ真っ先にその影響を受けるのではないか、と。また、彼らの多くは、信者としてのお勤めをおろそかにしていたために、宗教的不寛容の風潮が復活することを恐れたし、ヒンドゥー教徒やムスリムによってその不寛容が異教徒に向けられることも懸念した。何より怖いのは、やっと逃れることのできたカースト制度がらみのタブーや義務が復活することだった…。

アングロ・インディアンのこうした境遇には、インド地域におけるイギリスの威信の変質がいくらか投影されている。

一八世紀のこの地域でイギリス人といえば、まずは商人であるが、その数は少なかった。兵士にしてもほんの一握りにすぎない。しかし、一七四六年の英仏抗争からこれが変わった。たとえば、マドラスのセント・ジョージ要塞には、この一七四六年の時点で二〇〇名だった兵士数が、一七四八年には五六九名、フランス軍によるマドラス包囲戦のあった一七五九年には一七五八名、そして一七六九年には二五九〇名となった。民間のイギリス人は当時わずか二五三名である。その後はこれら軍人に加え、しだいに多くの東インド会社職員が増えてゆく。

ところで、この軍人たちは一時的駐屯の形で兵舎か野営地に暮らしていた。これに対し、東インド会社職員は代官《ナワーブ》や地主《ザミンダール》などのインド人と関係をもつことで少しずつ裕福になり、インド式の成金趣味を身につけていった。こうして二つの流れが対立する。ひとつは、もっぱら国王に仕えて伝統を体現する軍隊という社会的地位のゆえにヨーロッパ化する軍人の流れであり、もうひとつは逆にインド化する民間人の流れである。しかし、情勢は変わってゆく。ベンガル総督コーンウォリス〔在任一七八六～九三〕の影響下で、自らの富と権力を笠に着て女王陛下の軍隊を利用する山師連中や、その山師の手口を使ってしだいに顰蹙を買うようになった役人が現れたからである。ある報告によれば、インド人社会にイギリス人があまりにも溶け込みすぎたことに不幸の原因があったという。やって来るイギリス人女性が徐々に増えると、インド人の踊り子《ノーチ・ガール》を鑑賞する代わりに、舞踏会や「パーティー」を催すようになった。その結果、彼女らは「家庭《ホーム》」をイギリス化してインド社会から切り離すのに一役買った。これ以後のインドでは、イギリス人の姿を思い浮かべるとき、かならずこんな戯画的な特徴が付きまとった――「少佐はいつものパジャマをまとい、いつものサンダルをはき、それからバンガローのベランダにでて、一杯の紅茶を飲む」。

かくして、インド社会とイギリス社会の隔たりは大きくなり、それとともに人種差別が広がっていった。

さらに、小説家アニー・スティール*〔一八四七～一九二九。イギリスの作家〕の教えるところでは、インド的なものを身につけることは危険であり、みだらで、かつ滑稽になるという。それを証明するように、彼女の小説の登場人物のひとり探偵ストリッククランドが、意中の女性ミス・ユーガルに近づこうとして遊行托鉢僧《サンヤーシ》に化けると、彼はたちまちコミカルな人物となる。

「このストリッククランドという奇妙な男に、人々は近づかないようにしていた。警官たるものは原住民自身と同じくらいインドについて知ってなければならぬ、などという例の《ばかばかしい》理屈を唱えていたからだ。というわけで、彼はあんまり臭いのよくない界隈を難儀してゆく。そういう所は、メンツを大事にする人間なら、ふだんどおりの調査をやろうとは誰も考えないのだが…。そのうち彼はアラハバード〔インド中北部、ウッタル・プラデーシュ州の都市〕のサット・バイに入ることを許され、サーンシ〔パンジャブ地方のカースト制度における低階層のひとつ〕のトカゲの歌やハリファックの踊りを知る。これはかなり変わった、宗教的なカンカン踊りのようなやつである。いったいどうしてストリッククランドは自分の事務所にじっとしていないのだろう、と人々は噂したものだ」。

ともあれ、インドを理解しようと努める必要はない、というのがイギリス人のいつわらざる胸の内だ。インドはひとりの女性のようなもので、理解されるのではなく押さえつけられることを求めているのだ、と彼らは内心考えていたからである。これがフランソワーズ・サガン〔一九三五～二〇〇四。フランスの作家。心理小説の名手〕

＊　インド・パンジャブ地方に二〇年以上滞在したスティールは、インドを舞台にした物語を多く書いた。しかし、ここに引用される探偵ストリックランドの登場する小説は、彼女の作品でなく、後出のラドヤード・キプリングの短編『ミス・ユーガルの馬丁（サイス）』（一八八七）であろう。

なら、女性としての自らの胸の内を声にだしたことだろう。

インドでは、これより数十年経過しても、イギリス人の苦しみの数を上回る舞踏会やピクニックの頻度は、インド人の苦しみの数を上回ると思えるほどである。そのことは、アニー・スティール、アリス・ペリン〔一八六七〜一九三四。インド生まれのイギリスの作家〕、あるいはラドヤード・キプリング〔一八六五〜一九三六。インド生まれのイギリスの作家、詩人。『ジャングル・ブック』（一八九四）で知られる〕の作品を読むと納得がいくであろう。これらの作品に描かれるインドは、虎、密林、舞踏会、コレラ、それとセポイ〔とくにイギリス軍インド兵を指す〕に五分されているが、そうした作品に登場するインド人はいわば特別出演であって、それ以外の作品に登場するのは馬丁のインド人しかいない。ないしは、もっと時代が下った映画において裏切り者や信用のおけない人物として出演するインド人しかいない（『ガンガ・ディン』〔キプリングの同名の詩に着想を得た、ジョージ・スティーヴンス監督（一九〇四〜七五）のイギリス映画（一九三九）〕参照）。いや、もっと端的にいって、真のイギリス人を定義づける規律、肉体的力、組織、道義心などと正反対のものを表象するためにこそ、インド人は存在する。クローカー〔一八四八〜一九二〇。アイルランドの小説家〕の小説のヒロインにとって最悪の恥辱とは、セポイの反乱*に際して、大虐殺を逃れるためにひとりのインド人に身を任せたことにあった。それゆえに、彼女はいっさいの尊厳を失った…。

ピエ・ノワールとアラブ人

「諸君、君たちの新しい祖国フランスを愛したまえ」と先生はいったものだ。一九三九年、アルジェではフランス大革命一五〇年を記念する式典が行なわれ、アラブ人とモーロ人の若者たちが、前者はサン・キュロット〔長ズボンと短い上着。大革命時の過激共和派の服装〕を着用し、後者は頭上に三色の王冠を戴いて、練り歩いた。

その理由は、ジュール・フェリーが宣言したように、「フランスはできる限り多くの場所に、自国の言語、風習、国旗、守護神を運びたい」からである。

今日では、オーレス山地〔アルジェリア北東部〕、アトラス山脈〔モロッコ、アルジェリア、チュニジアをまたぐ〕で人々はこう自問している——ほぼ一世紀にわたるフランスのアルジェリアにおける威信は、ラクダの尾についた一匹のダニほどの効果もなかったのではないか、と。

たしかに、マグレブの生活空間のなかには、昔からフランスによる植民地化をほとんど経験していない、不可侵の領域も多々ある。たとえば、フェスの市場《スーク》〔アラブ諸国の市場〕や回教寺院《モスク》や宗教学校《メデルサ》〔イスラームの宗教学校〕はキリスト教徒の目に隠されていた。また、オラン〔アルジェリア北西部〕の人々の口の端にのぼったように、リヨテの時代の、アスファルト舗装の美しい並木道を配したヨーロッパ人の町は、暮らしぶりもゆったりで、現地人の界隈や黒人の市場から遠く離れていた。その町が別の現地人の町と隣り合わせで並んでいることもあったが、交番で分けられた二つの町はいがみ合うか知らぬふりをした。フランツ・ファノンはそんな町を『地に呪われた者』(Fanon 1961) のなかでこう描いた。

「入植者の町はいたるところ石と鉄でできた固い町だ。それは照明もまばゆく、アスファルトで舗装された町だ。ごみバケツは、見たこともないような、想像もできぬ残飯であふれている。たぶん海岸以外のところでは、入植者の足の肌は決して見えない。足が頑丈な靴に守られているのだ。そのくせ、彼らの町の通りはすべすべして、くぼみも砂利もない…。現地人の町はいかがわしい所だ…。肉、靴、光に飢えた町なのだ。それは、うずくまった町、アラブ野郎の町…」。

「植民される側が入植者の町に投げるまなざしは、情欲のまなざし、羨望のまなざしだ。所有する夢だ。入植者の食卓に座り、入植者のベッドに横になること、できれば彼の妻とともに。入植者のほうもそれを知らぬわけではない。《奴らはわたしたちの場所に座りたがっている》。なるほどそうだ。入植者の立場になってみたいと夢見ぬ人間など、植民される側にはひとりもいない。彼らは少なくとも一日に一回はそう思う」。

学校、病院、軍隊を別にすれば、植民する側とされる側の交わりが生じるのは仕事上の関係に限られる。

「アラブ人に向いているのは、策を弄したり、あらゆる種類の辛い労働をすることだけ。さもなければ、波止場人夫とか荷担ぎとして働くことだけ…。ある日、アルジェの市長というやつがやって来て、この仕事をやったのは誰かね、と聞いた。機械係の責任者があがってきて、オレにこういう。《市長がお前を誉めてくれるとよ、着替えな》。オレはいやだといって仕事着のまんまさ。それから降りていったら市長らがいた。奴ら、あの間抜け野郎どもは、オレのまえにがん首ならべてやがる。一族郎党がずらっと、奴らのいい草じゃあ委員会ってやつが、全員揃ってた。すると市長がオレにいう。《この仕事をしたのはあなたですね。ぜひともあなたに賞賛のことば

＊ 東インド会社のインド人傭兵の反乱に端を発した全民族的反英闘争(一八五七〜五八)。現在は「インド大反乱」と記すことが多い。

を差しあげたいのです》。《誉めことばを聞いたおかげでポケットは一杯で、こぼれまさぁ》。《そりゃどういうことかね》と市長がオレにいう。オレは答える。《給料が安いってことです。ここじゃ、一家の父親で日当四〇フランてのがゴロゴロいます。誉めことばなんかどうだっていいんです。肝心なのはビフテキなんですよ》(「アルジェリア人―生活を語る」『社会主義あるいは野蛮』=« Un Algérien raconte sa vie »1959 所収)。

なるほど、かつては「アラブ人の給料」といういい方が存在した。

モロッコとアルジェリアにて

少なくとも理論上のことだが、植民地としての意識は、アルジェリアと二つの保護領(モロッコ、チュニジア)とで異なる。アルジェリアは三つの県をもち、いわば本国の延長として構想されたが、アラブ人には社会福祉上の特典や政治的権利などがなかった。これに対し保護領は、他国から干渉されずにフランスとの自由な連携を築かなければならなかった。植民地官僚リヨテのことばを借りるなら、「フランス人は、優れた行政組織、より進んだ文明の力、資源のよりよい活用を可能にさせる物的手段をもたらす。もう一方の人は、この信託統治に守られて、自らの地位、制度、信教の自由を保持し、整然とかつ平和裏に、その富を増大させるのである」。

もちろん、リヨテのこの意図は、フランス人から積極的に支持されつつも長続きはしなかったかもしれない。しかし、それでもなお、モロッコとチュニジアにおいては、入植者と現地住民との関係を、結果として作りあげた。それはアルジェリアで形成された関係とはかなり異なる。

違いはどのあたりにあるのか。まず第一に、モロッコにおいては、ほかのところより遅くまで征服という気風が残った。というのも、アトラス山脈の高地地方では、リーフ戦争(一九二一～二六)のあと一〇年以上も宗主国に反抗する地域が存在したからである。宗主国の大企業は会社が派遣した輸送部隊の安全を確保するために、軍隊の援助を求めた。こうした「平定」部隊が、内陸部シバの生き残りともいうべき好戦的部族と衝突したのだが、これら好戦的部族を除去したがっているスルタン、山岳定住部族に苦しめられてきたモロッコ人の一部は、必ずしも「平定」作戦すべてに否定的だったわけではなかった。植民地を謳いあげる叙事詩としての映画もまた、この「平定」の面を強調せずにはいなかった。『ラ・バンデラ』*『タロット占い』『イット』『あるアフリカ騎兵の物語』など、もっとも有名な映画の舞台は、まさしくモロッコに設定されている。

違いの第二は、アルジェリアの場合、大挙して押し寄せた入植者が最良の土地やそう目された土地を占有し、現地住民をよそに追いやったことである。このことは、他の二国とアルジェリアをそもそもの始まりから区別させる特徴となった。

　法的論拠を隠れ蓑にしたその土地収奪は、不正行為、窃盗と見なされて激しい憤りを買い、植民する側の世評は悪化せずにはいなかった。であるがゆえに、とりわけアルジェリアでは、マレク・ベンナビ（一九〇五〜七三。アルジェリアの思想家。フランスのアルジェリア植民地行政を厳しく批判したことで知られる）のような人々の目に、植民地行政機関が「強盗団」のごとく映じた。モロッコの場合だと、リヨテがこの種の反動を予防しようとして入植者の数を制限し、会社の手による大所有地の設立を奨励する道が選ばれた。このため本国ではリヨテは左派から信用できぬ人物とされたのだが、リヨテの思惑とは裏腹に、彼の後継者となる行政官や官吏らは結局、より広い土地を求める新参者や入植者の圧力をくい止めることができなかった。あるいは、くい止める意志を失っていた。どこの植民地でも、ヨーロッパ人はこう考えた。「土地を肥沃にしない者はそれを所有する資格がない。また、原住民から彼らの所有地を取りあげることは、結局は彼らの利益のためになるのだ」。なぜなら、入植者による土地の有効利用により、生活水準の全般的上昇が見込めるから…。いずれにしても、チュニジアやアルジェリアと比べて、事実上モロッコでは、零細な入植者がはるかに少なかった。つまり、チュニジアやアルジェリア以上に、大会社が非常に大きな財政的特典を享受した。

伝統とヨーロッパ化

違いの第三番目、それは現地住民の伝統や慣習に与えられた運命のことだ。全体としていえば、それらの伝統や慣習がヨーロッパ人の侵入と地域の開発に障害とならない限り、問題視されないのが通例であった。障害となる場合は、修正を受けた。

　障害つまり衝突の核には、現地住民によるイスラームやアラブ文明への愛着が横たわっている。

　モロッコでもアルジェリアでも、フランス人は、カビール**人やベルベル人を利用して、彼らと、大都市のよりアラブ化

* 『ラ・バンデラ』（一九三五）はジュリアン・デュヴィヴィエ監督（一八九六〜一九六七）のフランス映画。「ラ・バンデラ」とはスペインの外人部隊のこと。『タロット占い（ル・グラン・ジュー）』（一九三四）はジャック・フェデー監督（一八八八〜一九四八）のフランス映画。『イット』（一九三四）はジャン・ブノワ・レヴィ（一八八八〜一九五九）とマリー・エプスタン監督（一八九九〜一九九五）のフランス映画。「イット」はヒロインであるモロッコ人の名前。『あるアフリカ騎兵の物語』（一九三六）はミシェル・ベルンハイム監督（一九〇八〜八五）のフランス映画。原作はピエール・ロチ（一八五〇〜一九二三。フランスの作家。『お菊さん』（一八八七）など異国趣味にあふれた作品を残した）の同名の小説。

** カビール人はアルジェリア北部、テル・アトラス山脈のカビール地方に居住。カビール語はベルベル諸語に含まれる下位カテゴリーのひとつ。

した住民とを、反目させた。イスラームに対する警戒心はそこから必然的にもたらされた。もちろん戦略的理由から、権力の仲介役ないし交渉相手として宗教上の指導者らがつねに保護され利用されたとしても、それでもイスラームに対する警戒心の根はこの反目によって作りだされた。ここでいう宗教上の指導者とは、大預言者マホメットの末裔であるモロッコのスルタンに始まり、フランス人当局者から敬意を払われている神学者であるウラマー〔イスラームの学者・宗教指導者層〕にいたる人々を指す。

カビール人やベルベル人はイスラーム化、アラブ化の程度がさほど深くない。したがって、いずれ良きキリスト教徒になる可能性があると見られていた。マグレブの植民地化には、つねに十字軍の臭いが、うっすらとつきまとっていたのだ。キリスト教区域とイスラーム区域を住み分けたことなどは、まるでイスラーム区域を限定し縮小させることが狙いであるかのように見えるが、これなども、そうした十字軍的政策の一例にほかならない。コーランの言語であるアラビア語がろくな評価を与えられなかった理由の一半も、そこにある。なるほど植民地化の時代には、教育においてアラビア語が認められはしたが、それはたとえば大学入学資格試験における第一言語というように、ひとつの外国語として認められたにすぎない。このような制限は大きなハンディキャップとなって、生徒にきわめて辛い思いをさせた。とりわけアルジェリアでは、教養あるアラブ人にとってのもっとも大きな不満がこれであった。彼らはそこに政治的意思を読みとった。

モロッコでは、リヨテがアルジェリアとは別の展望に立って考えをめぐらした。もともと彼は、どのような企てでも宣教を目的とするものには断固反対し、イスラームに対する敬意を表明するつもりでモスクに入ることを辞退した。彼はこのようにして、イスラームとその化身であるスルタンの自治権を擁護しようと気を配り、イスラームのアラブ的中心から離れたモロッコにおいて、その「地方らしい」特色をできるだけ守ろうとした。エジプトあるいはシリアからきたアラビア語出版物はすべて、長いあいだモロッコでは禁止されることがあった。チュニジアからのものでも、事情は変わらない。リヨテはモロッコの宗教的自立を期待し、エジプトやバグダッドよりむしろ、モロッコの歴史的宗教都市であるフェスで教育を受けた優秀な神学部学生を好んだ。

ほかにも問題がある。ヨーロッパ化、同化、すなわち社会の相互浸透という問題である。

「われわれは進歩する。現地人は進歩も後退もしない」と二〇世紀初頭の入植者たちは見なした。その見方はその後五〇年経てもほとんど変わらなかった。

一方、アラブ人にとり、植民地化時代に現地住民の生活水準が向上したかどうかという問題は、植民する側が選んだ基準で測定された結果としての問題であるだけに、基準そのものがアラブのものでないと否定する者さえいた（たとえば、アンドレ・ヌーシが記す、一八七一年から一九一九年にかけてのコンタンチーヌ市〔アルジェリア北東部〕住民のケース（Nouschi 1961)）。いずれにせよ、共同利用に関わる大型の事業から生まれた特典は、とりわけ入植者に利益をもたらし、現地住民の側はわずかな残りにしかありつけなかった。このことは、本質的に、植民地化の変わらぬ構図としてある。鉄道、自動車道などの大部分は、植民する側の利益となる場所、つまり鉱山や港湾に何よりもまず通じていた。おそらく、一九五八年の「コンタンチーヌ計画」*こそは、基本的に現地住民の利益のみを考えて宗主国フランスが構想した途方もない努力計画だったろう。しかし、この計画が準備されたのは、取り返しのつかないことが起きてしまってからで、いかにも遅すぎた**…。

とはいえ、モロッコ、チュニジア、アルジェリアのいずれにおいても、ヨーロッパ人による植民地化はひとつの手本となり、広範囲にわたって現地農民の生産活動を刺激した。一九五〇年代初頭には、農民たちは必要な道具・設備を整え、より積極的に市場に参加し始めていた。相互浸透はもはや一方通行でなくなったのである。

当然のことながら、何にもまして価値を認められたのは、病院と学校である。まずもって学校だが、これこそは、さらに上層の社会に入る権利を生みだしてくれるもので、進歩の別称にほかならない。ただし、ある総督がいったように、「こうした学校は駅までは行かせてくれる。だがそのあとで、列車に乗る権利がアラブ人たちにはない」。実際、一九五二年のモロッコでは、医師七〇六名のうちモロッコ人は一一名、また、二〇〇名以上の建築士のなかでモロッコ人はわずか一名であった。アルジェリアやチュニジアだと割合はもっと高くなったが、ともかくこの数字で状況のほどが知れよう。公務員の場合、ゆうに四分の一がムスリムであったものの、彼らは下級官吏にとどまった。「このわたしにとり、自分の部下に、つまり課長にアラブ人がいることは、我慢がならない」とはオラン中央郵便局長の弁である。とすれば、アラブ人の命令に従うなど論外であっただろう。数百人からなる県行政機関の場合、一九五四年の時点で、アラブ人はあとにも

＊　一九五八年一〇月、当時のド・ゴール大統領によるコンタンチーヌでの演説に際して言及されたアルジェリア経済再建計画案のこと。土地・家屋の提供、新規雇用の創出、賃金・待遇の改善、就学率の向上を謳った。

＊＊　一九五八年五月、アルジェリアの現地軍部と同化主義者らがアルジェリアでクーデタを起こし、フランス第四共和政は事態を収拾できず崩壊した。ド・ゴールはアルジェリアにおけるフランスの権益を維持する道を探ったが、「アルジェリア民族解放戦線」（FNL）は九月、事実上の独立宣言ともいえる「アルジェリア共和国臨時政府」設立を宣言した。

先にも副知事をひとり数えるだけだった。

いうまでもなく、学校はでたものの、という点が肝心だ。多くのムスリムは、フランス政府の学校を卒業し、正真正銘の卒業証書を手にしていながら、就職できる見込みなどなかったのである。ただ、公教育機関だけは比較的ムスリムを受け入れる姿勢を見せ、少なくとも宗教色のない学校、リセのような公立の教育機関には相当数のムスリム教員が存在した。しかし、教員資格のない大多数の人々にとっては、卒業後は耐えがたい幻滅が待っていた。反面、なんといっても、学校の先生たちは好意的で物わかりがよかった。ムハンマド・ラクダール・ハミナ〔一九三四〜。アルジェリアの俳優、映画監督〕の映画『最後の光景』（一九八六）が証するように、先生たちは、才能がありながらフランス語でうまく自己表現できない生徒たちを、試験を通すために喜んでサポートした。

ユダヤ人の場合は事情が異なる。つまり、彼らだけは、進歩や知性と同一視されたフランス文化を、そっくりそのまま受け入れていた。クレミュー法*のおかげで最初はアルジェリアで、次いでチュニジアとモロッコで、ユダヤ人はいち早くフランスに同化した。とにかくユダヤ人のままでいたいと願う者を除けば、こうしてフランス文化を受容することで彼らは恩恵を手にし、ほかのピエ・ノワール、スペイン人、イタリア人、本国生まれのフランス人たちに同化していった。モロッコでは、国王によるユダヤ人保護があったため、多くは国内にとどまったが、ユダヤ人街《メラー》に居続けた者たちは、現在イスラエルに移住している。これに対し、当時、自分たちの街を離れていったユダヤ人は、完全に西洋化を遂げ、今ではフランス国内で本国人と同じような市民となっている。とりわけ、若いユダヤ人女性の場合は、植民地化のおかげで解放されることができた。しかし、それ以外の若い女性たちの境遇はどうだったろうか（本書二八四〜二八五頁参照）。

エリートの欲求不満とありふれた人種差別

植民地化を進める大立物たちは、現地人エリートがいずれ不満を抱くのではないかと、前々から懸念していた。彼らの懸念が具体的な形で現れるのは、植民地における権限分担をめぐって、フランス人と現地人エリートとの対立状況が生まれたときである。大立物たちは、フランス人に向けて現地人エリートの不満をこんなふうに表現している。「諸君〔＝フランス人〕は幼い子どもの後見人となった。一九一二年〔モロッコのフランス保護領化の年〕のことだ。あの頃、この子どもは背丈に合った着物を着ていたものだ。ところが現在、子どもは成長したというのに、相も変わらず同じ着物を着せられている」。フランスの一県という神話が生き続けているアルジェリアでは、不公平な政治制度が悪評であった。それも、両大戦のときムスリムたちは兵役の義務をきちんと果たし、アルジェリアの平等と統合を約束する本国政治家の発言を信用していただけに、なおのこと評判が悪かった。

征服されたときのアルジェリアは、モロッコやチュニジアほど政治機構が堅固でなかった。そのため、抵抗運動は政党のみならず、労働組合を通じても盛んに行なわれた。しかし抵抗運動は、とりわけ、小単位の下部組織たる家庭のなかにも身を丸めるように存在した。征服者への服従を拒むこの家庭においては、ほかのどの運動組織よりも、宗教の異なる者との結婚が拒絶された。

抵抗運動は家庭に根をおろした。家庭こそが、アイデンティティーとイスラームを守る不可侵の隠れ家だったからである。たしかに、一家の主たちは、子どもに教育を施し、科学技術の進歩を学ばせ、今風の人間としてやっていけるように、学校へ通わせた。なかにはアルジェリアのファラハート・アッバース〔一八九九～一九八五。「アルジェリア人民連合」を創設した政治家〕のように、西洋化してフランス人になりたがる者もいた。しかし、大部分の人は、交渉相手のフランス政府や植民地政府の非妥協的態度を目の当たりにして、西洋化の道から離れ、解放の手段を別のところに求めた。

ピエ・ノワールのほうはどうかといえば、彼らは「歴史」の流れを止めることを願っていた。彼らは、額に汗し、「彼らの」アラブ人たちの助けを借りて、この地で生活を建てなおさねばならなかったし、また、それが可能だった。「以前は、中世がはびこっていた」この土地は、今や彼らのものとなっていた。

彼らピエ・ノワールは、アラブ人の要求が給料の賃上げだけにとどまる限り、何ら憎むところはなかった。たとえば、オラン県〔アルジェリア北西部〕のアラブ人は、農場ではみなが共同で暮らし、クスクス〔マグレブ地域の小麦食〕を分け合い、出産や誕生祝いには誰もが参加した。宗教を異にする者どうしの結婚は、あったとしてもごく稀だった。

ところで、人種差別をする側の論理でゆくと、人種差別には乗り越えがたい一線というものがある。これは南アフリカでガンディー〔一八六九～一九四八。インド独立運動の指導者〕に降りかかった事件が例証してくれるのだが、北アフリカ地域にも当てはまるだろう。この例証は、人種差別がどのように作動するのかをよく示しているように思われる。南アフリカでガンディーは、ダーバン〔東部の港湾都市〕からヨハネスバーグ〔北東部〕行きの乗合馬車の切符を手に入れていながら、「苦力《クーリー》〔アジアの未熟練肉体労働者〕の乗車は外に限る」との理由で、車内に入ることができなかった。次いで彼はプレトリア〔北東部〕に赴くのだが、今度は鉄道規則

＊　一八七〇年一〇月、アルジェリアのユダヤ人にフランス市民権すなわちフランスへの集団帰化が認められた。クレミュー（一七九六～一八八〇）はユダヤ系フランス人政治家で当時の司法大臣。

を念入りに調べあげ、理論武装したうえで一等車の切符を求めた。ところが彼は係員の怒りを買った。それというのも、この係員はすでに三等車の切符の発券さえ彼に拒んでいたのであり、有色人種のガンディーがヨーロッパ式のりっぱな背広とネクタイ姿に身なりを変えて一等切符を求めてきたことにさらに我慢がならなかったのだ。

この逸話は、よくある人種差別の特徴を浮き彫りにする。つまり、もっとも大きな罪とはイメージなのである。このことを現地の住民はたいがい知らない。徹頭徹尾でっちあげられたイメージ、「さも使えそうな贋金に似た」（ジャン・コーエン「アルジェリアにおける植民地主義と人種差別」『レ・タン・モデルヌ』＝Cohen 1955）イメージである。本国でおいては、たとえば労働者の条件などは各人にとってたまたまそうなっているだけで、労働者本人の出自から導きだされるものではない。それに対し、海外の植民される側の人たちは、労働者であれ何であれ、ひとつの階級であるとともにひとつの人種となる。ほかのみんなと同じような一人前の人間、市民ではない、といわんばかりだ。それは、ヨーロッパ人のことば遣いに歴然としている。ある日、ひとりのヨーロッパ人が法廷で証言台に立った。判事が尋ねる――「ほかに目撃者はいましたか」。「はい、五人、男二人とアラブ人三人です」。しかも、後者のアラブ人には名前がない。アラブ人に話しかけるときには「お前」を使ううえに、つねに、男性ならムハンマド、女性ならファトマと仮名を与えられる。アルジェリアの現地住民は、あらゆる属性を次々と奪われてきたのである。一九五〇年頃、アラビア語の新聞や出版物はごく少数しか存在せず、しかも、きちんとした書きことばではなく方言のようなものが大半だった。属性を奪われたアラブ人の例としては、次のような問答もある。「その医者には患者が多いですか」「ええ、でもアラブ人ですから」。

ところが、ピエ・ノワールに権利主張がきざし始めると、ヨーロッパ人としての彼らの感覚が変わった。幻影《ファンタスム》がふたたび姿を現す。すなわち、憎悪である。彼らはこう思う。「本国の奴らなんかに何がわかるものか」。「こっちの社会の風習も知らないくせに、われわれのための改革だと？　そんな改革に何の意味があるのか」。こうしてピエ・ノワールはみな極右派になる。いや、極右的考えさえも否定する人種主義者になってゆく。彼らは左派や共和国の理念をも標榜するからだ。それればかりか、彼らは一八四八年の六月事件（国立作業場閉鎖に抗議してパリの労働者が蜂起）で弾圧を受けた人々や一八七一年のパリ・コミューン参加者たちを引き継ぐ者といってもいいかもしれない。彼らは、イスラームの反啓蒙主義者と闘い、進歩の文明を推進し、「投票所へアラブ人さえ連れてゆく」。そのようなピエ・ノワールだから、左派に喜んで票を入れる。たしかに全員というわけではない。けれども一九五二年頃のオラン地方では三〇パーセントまでが左派に投票した。「うちのモーロ人の嫁だって、その程度のレベルの話ぐらいは理解できるだろう」とオランの共産党幹部が筆者に語ったことがあるが、このことばが示すように、彼らはそうと意識せずに人種主義者なのだ。別の証言もある。一九四八年、オランのリセ・ラモリシエール校の第五学年〔中等教育第二学年。日本の中学二年に相当〕で初めて歴史の授業をしたときのこと、筆者が入植者の生徒たちに、「古代ローマ帝国の没落とキリスト教の隆盛についての講義が終わったら、次はアラブ文明を論ずるつもりだ」と告げると、どっと大爆笑につつまれ授業が遮られた…。その二年後、奥地の村でそのとき教えた女子に出会った。学校に通ってなかったが、就学をすすめる筆者に父親はこういった。「とんでもない、学校なんかアラブ人ばっかりですぜ」。

　こうしてみれば、入植者らが本国仕込みの改革に反対するのは、もはや説明を要さないだろう。しかも、ピエ・ノワールは、本国人に頭脳で理解してもらうことなど求めない。求めるのは、心情的に愛されることだ（ピエール・ノラ『アルジェリアのフランス人』＝Nora 1961 参照）。

象徴的形象

植民地化の一環として形成される社会は、伝統的な生活形態に接ぎ木した新しい活動を生みだした。

　そのなかでプランテーション（熱帯地方における大規模農園）は、経済的性格をもつ初期の施設として登場し、植民地社会の目印のひとつとなった。また、新たに作られた町には、たとえば教会のようにその町に固有の建物が付随していたが、そのほかにも、植民地が次々と備えていったものがある。征服者から見て進歩の印となる鉄道、病院、学校がそれである。

プランターとプランテーション

　略奪の時期を経て、ないしはポトシ〔ボリビア南西部〕のように鉱山採掘の時期を経て、プランテーションはまずアメリカ大陸で植民地事業の中心となった。じつのところ、このプランテーションは独創的作品といってよく、ヨーロッパとその征服の目印であった。それを「アシエンダ」〔大農園〕と名づけようが「エスタンシア」〔大農場、牧場〕と名づけようが、所有地の中心は「大邸宅《カサ・グランデ》」である。この所有地には、土や水などの天然資源の支配、労働力の管理、地域間の交易といった明確な特徴がある。これがプランテーションにおける第一の特徴でもある。さらに第二の特徴として、そこで栽培される植物はほかの大陸から移植したものであるため、その土地の風景や天然の産物になじんでいないことがあげられる。たとえば、アメリカ大陸におけるアジア原産のサトウキビやアフリカ原産のコーヒーの木、あるいはアフリカ大陸におけるアメリカ原産のカカオ豆の木やパラゴムノキ、タバコ、等々がそうである。第三の特徴は、プランテーションから遠く離れたヨーロッパやアメリカの温帯地域に住む消費者の需要に、この事業が応えていたことである。所有地の景観全体は、中心に座を占める主人の住居すなわち「大邸宅」によって統御、支配されている。ブラジルの砂糖農園の場合だと、この住居は「エンジェーロ」とか「エンジン」、あるいは「エンジェーニョ・ジ・アスーカル」と呼ばれる。「大邸宅」の向こうには、ブラジルで「センザーラ」といわれる労働者の小屋があり、さらにずっと離れると、主人同様によそからやって来た奴隷たちの食料用として、サツマイモ、キャッサバ〔タピオカとも呼ばれる熱帯アメリカ原産の食用植物〕の耕作地やバナナ園が広がる。

プランテーションとは、ヨーロッパ人による熱帯地方への侵略的形態である。これが前代未聞の人間的状況を作りだした。それを味わわねばならなかったのは、強制労働に従わせられた者や奴隷たちである。

ことにカリブ海地域では、プランテーションの中心的役割を果たすのは、主人一家とともに奴隷たちであった。これらの奴隷は、土地の提供はアメリカ大陸側、働き手の提供はアフリカ大陸側という合意のうえで、アフリカから呼び寄せられた。もともと白人は、働くためではなく、財産を築くためにやって来たので、彼らは、仕事になじんだ黒人の働き方が鈍るか、あるいはぞんざいになると直ちに、より扱いやすい「新品の」黒人を買うことを好んだ。さらに、現地で育った奴隷が、輸入した奴隷より値が張るようになった結果として、たとえばジャマイカでは、一七〇三年から一七七八年のあいだに累計三五万九〇〇〇人ものアフリカ人を輸入し、奴隷の数を四万五〇〇〇人から二〇万五〇〇〇人に増やした。すでに見たように、いずれ逃亡する奴隷も出現したが、この「奴隷の逃亡《マロナージュ》」は、奴隷自らが自己の運命に抵抗する最初の形態となった。そして、彼らの逃亡は、プランターたちに対する最初の問題提起ともなった。

イギリスを筆頭として奴隷貿易廃止が文字どおり遵守されるようになると、*大量の奴隷が内陸部や少なくとも逃亡可能な土地、たとえばジャマイカやサン・ドマングなどへ姿を消していった。当然、入植者たちは別のもっと扱いやすそうな人手に頼らざるをえなくなる。そこで目をつけられたのがインドからの労働者である。彼らはトリニダード島、レユニオン島、モーリス島〔英語名はモーリシャス島。インド洋上でマダガスカル島の東方〕に送られた。一九五〇年頃、イギリス領ギアナでは、プランテーション労働者のうちアフリカ系が一九万人、アジア系が二七万人いた。トリニダード島でもこれと同じ比率であった。

プランテーションをめぐっては別の変化も訪れる。一八世紀において典型的プランテーションが見られたのはアンティル諸島やブラジルである。ところが、一九世紀になると、これらの地域ではその弱体化や後退・退化が進んだ。これには主人の長期不在が大きく関係していた。[**] これとは逆に、一九世紀から植民地独立の波が訪れるまでのあいだ、プランテーションが栄えたのはセイロン（スリランカ）、インド、インドネシアである。かつて香辛料の島だったスリランカでは、イギリス資本が約一〇〇万ヘクタールの茶、ココナッツ、パラゴムノキ栽培に投資した。プランテーションは未開墾地に設けられた。そのため、少なくとも地域の経済流通ルートだけは利用されたが、利潤のほうは本国に送られたから、プランテーションというこの開墾地はいわばイギリスの飛び領地となった。この特徴はフランス領インドシナでも見られた。やがてスリランカの島の人々は、時々入ってみるその土地が自分たちのものでないことに気づいた。ゆえに彼らはプランテーションの維持に協力することを拒んだ。こうしてカリブ海地域の土地所有者が直面した理由とは異なる理由で、同じような結果がでた。すなわち、イギリス人は大陸出身のタミル人労働者に助けを求め、やがて島での彼らの人口が一〇〇万近くになったのである。ことに一九四七年のスリランカ独立後は、これが重大問題と化していった。[***]

伝統的な生活形態がプランテーションや他の工業会社と併存させられた結果、突如として経済的な転換が生じ、不満と紛争をもたらした場合もある。

その典型的なケースがフランス領インドシナのそれである。

【インドシナ半島の反転】 モロッコとともにインドシナこそはわが植民地事業の至宝である――第二次大戦の前夜、フランス人はともするとそう思い込みがちだった。それが至当かどうかはともかくとして、少なくともモロッコの社会のほうは植民地化以前からすでにキリスト教勢力との接触があったのだから、フランス共和国がモロッコ社会にどれだけ寄与したかはさほど明確ではないだろう。これに対しインドシナ半島では、ちょうど半世紀かけて、フランス人だけの手で植民地事業を実現してきたために、その寄与するところは歴然

＊　一八〇七年、イギリスではウィルバーフォース（一七五九〜一八三三。イギリスの政治家）の運動により奴隷貿易廃止法が成立し、フランスは一八一四年のイギリスとの協定で、一八一九年以降に奴隷貿易を廃止することを明文化した。

＊＊　とくにラティフンディオ（巨大土地所有）型プランテーションが個人所有の場合、主人は国内の主要都市または外国に居住し、プランテーション経営は管理人に任せられることが多かった。

＊＊＊　スリランカの少数民族であるタミル人の多くは、多数民族のシンハラ人と同じく、古くから島に定住するスリランカ・タミル人と呼ばれる人々である。これに対し、イギリス植民地時代に島に来た人々はインド・タミル人と呼ばれ、南インドの下層カースト出身である。現在もなお、彼らの市民権の問題がインド・スリランカ両国の政治的課題となっているばかりか、シンハラ・タミルの民族対立は深刻な国内問題であり続けている。

としていた。
アンナン〔ヴェトナム中部〕という棒でつながれた北部トンキンと南部コーチシナの二つの米袋、これが「全盛期の」インドシナ半島を示す一般的な表徴である。特筆すべきは、おそらくこの表徴が、植民地化によって変形されたヴェトナムや、ヴェトナムをそのように作り変えた手法と呼応していることであろう。事実、フランス人が来る以前の状況はこれとはまったく反対で、主要な資源を産出する場はもっぱらアンナンのほうだった。

つまり反転が生まれたのだ。その結果、予想どおりこの変化は植民する側に恩恵をもたらし、住民の反抗を惹起した。

ヴェトナムにおける植民地化の常套手段は、それまであまり活発でない、いわば空白地帯に、植民地としてのスポットライトを当てることであった。それを物語る例が、トンキンのホンゲイ〔トンキン湾北部〕とドンチェウ〔ホンゲイの西方六〇キロの内陸〕の炭田開発、それにともなって「ゼロから」作られたカムファ港〔ホンゲイの東〕の開設である。コーチシナのほぼ無人の台地に作られたテール・ルージュ〔「赤い大地」の意。玄武岩質の赤色土地帯で、ホーチミン市の東方から北方にかけて広がる〕のゴム・プランテーションにしてもそうである。トンキン中部にコーヒー・プランテーションを増やした地域も、同じように半ば空白地帯だった。さらにまた、フランス人がやって来た頃のハイフォン港〔北部ハノイの東でトンキン湾に面する〕も一寒村にすぎなかった。この地方にはもっと活発な港がほかにいくつもあったが、ハイフォン港はその周辺に設置されたセメント工場との関連で作られた。ここを終点にして、中国雲南省の昆明《クンミン》〔トンキン地方の北側に接する雲南省中部の省都〕まで達する鉄道が敷設される予定であった（H・ピア H. Pia『中国におけるリヨン商業踏査使節団 *Mission lyonnaise d'exportation commerciale en Chine*』。ジャン・シェノー「ヴェトナムにおける植民地権益の地理的配置およびその伝統的経済との関係」＝Chesneaux より）。

近代的技術を使って再開したトンキンの非鉄金属鉱山、とりわけ亜鉛関係の事業会社のように、植民地時代以前からの活動をフランス人が引き継ぎ、てこ入れし、活性化したものはそれほど多くない。たとえばサイゴン港などが、この連続性のケースにあたる。ここはフランス人が来る以前から活発だったものを、彼らがさらに発展させたにすぎない。

一方、中部ヴェトナムでは、植民地化以前との連続性より不連続性のほうがまさった。つまり、籐や絹やタバコが豊富なビンディン地域〔南中部、南シナ海沿岸〕のように、植民地化によってそれらの活動が衰退したケースである。フランス人が到来するまで活発だったクイニョン〔南東部ビンディン省の省都〕やファイフォ〔中部ダナンに近い港町〕の港もまた、同じように不振に陥った。もっとも、現地ではフランス人がいるための影響だと受け止められたが、こうした地域の沈滞にはヴェトナムの交易における変化が関係していた。北部トンキンでの家内工業の衰退もこれと同じく、交易の変化に関係したものだ。すなわち、ここではまず農民層と樹木栽培が衰退し、その取引先を衰えさせ、さらには中国との経済的紐帯を断ち切った。そしてこの変化が最終的に伝統的な取引の終焉をもたらした（ジャン・シェノー同論文より。ジャック・ベルク＋ジャン・ポール・シャルネ編『帝国主義から植民地化まで』＝Berque et Charnay 1965 所収）。

　さて、フランスによる植民化は、当然のことながら本国フランスとの交易を優先させることになる。その結果、インドシナ地域における国内市場向けの生産はないがしろになり、また、かつては補完し合っていた植民地域相互の分断も生まれる。南北間の連絡は鉄道によって、遅ればせながらつけられたにすぎない。ただし連絡がついたとはいえ、一九二〇年におけるその鉄道収益の三分の二は、貨物ではなく旅客によるものである。フランス人にとってすこぶるうま味のある地域開発についていえば、こちらは地域間の均衡を壊し、人口移動現象を引き起こした。そしてこの人口移動にともなう移住のゆえに、プロレタリアート化につきまとう零落感が募るだろう。実際、フランスの会社が所有する稲田の面積は、一八九〇年から一九三七年のあいだで一万一〇〇〇ヘクタールから八〇万ヘクタールに増え、コメの生産の四五パーセントを植民する側が握った。彼らフランス人の数は、現地住民二〇〇〇万人に対しせいぜい八万人でしかない。ゴム生産高もまた、けた外れに増大した。鉱山もまったく申し分ない産出量を誇っていた。さらに、これらの植民地化活動を円滑に進めるため、インドシナ銀行の指揮のもと一八九八年に設立された企業連合《コンソーシアム》が、フランスのあらゆる大手銀行（ソシエテ・ジェネラル、パリ国立割引銀行など）ならびにバティニョル社〔建設会社〕、鉄道公社などを束ねることとなった。ジャック・マルセイユ〔一九四五〜。フランスの経済史家〕の研究によれば、この企業連合の総決算額はフランス帝国の吸いあげた資金全体の一六パーセントにあたり、この地域への公共投資は民間投資のほぼ二倍（四二六対二三〇）になったという。

　トンキンの非衛生的な作業現場では、こうして生まれた地域格差ゆえに、衛生的な地方から追われてきた一〇〇人の労働者のうち二五人が、六ヶ月後に死亡もしくは退去によって姿を消している。そればかりか、この作業現場の共同作業能力は四四パーセントも低下した。植民地住民のあいだでは、こう取り沙汰された。「一九〇一年から一九三一年までに、インドでは〔インドシナ地域同様〕マラリアが三〇〇〇万人の人間を直接殺した。間接的には〔つまり、他の病気の働きを促進することによって〕さらにそれ以上の人間を殺した。でも、ひょっとして《一番深刻なこと》は、マラリアによるひとりの死が少なくとも二〇〇〇日の病気、つまり二〇〇〇日の休職に相当することかもしれない」（ジャン・シェノー、原文まま）。

　この植民地ヴェトナムは、新兵募集係をめぐるトラブルで、初めて深刻な事件を経験する。そしてこれをきっかけに、やがてイエン・バイ省〔東北部〕の駐屯部隊が反乱を起こし（一九三〇）、次いでゲアン省〔北中部〕、ハティン省〔北中部、ゲアン省の南に接する〕、アンナンのクアンガイ〔南中部〕において、つまり二つの米袋をつなぐ棒に沿って、農民の大行進が起きることになる。

行政官と強制労働

一九世紀、ヨーロッパ人は征服した領土のさらに奥地へと進出していった。ヨーロッパ人がやって来ると、ことに赤道アフリカ〔アフリカ中西部。赤道付近のガボン、コンゴ、コンゴ（旧ザイール）、中央アフリカ、チャドの地域。旧称フランス領コンゴ〕では、昔から貝貨として使っていた「ニシキウズガイ」の代わりに、複雑な物々交換方法がとられるようになった。それから貨幣の使用が普及し、これを利用するために、あるいは租税を払うために、強制労働が広まった。この強制労働は、植民地行政機関と同じようにアフリカ人の手でも監督された。こうして、一方は地域の整備開発に役立ち、他方は大商人のために使われるという具合に、二つの型の強制労働が生まれた。その結果として、租税、強制労働、強制的な作物栽培が少しずつ奴隷売買に取って代わった。文明化すれば奴隷売買はなくなるだろう。そう人々は考えていたのだが…。

象牙とゴムのためにもっとも過酷な開発システムが確立したのは、おそらくコンゴ王国ではないだろうか。実際、そこでの強制労働は、アフリカ人族長とそのスポンサーの利益になるように、何十年と続いた。このために、地方によってはまるごと過疎化が進み、恒常的な人口減少がもたらされた。一例をあげれば、マントゥンバ湖*地区の一三ヶ村では、一八九三年に九四五〇人だった人口が一九一三年には一七五〇人に減った。仕事のために遠くに連れて行かれ、多くの者が死んだのである。このようにして、捨てられたり、失われたりした村は数知れない。ムボコロ〔一九四四～。コンゴの作家、歴史学者〕の本（M'Bokolo 1993）に再録されているエドモンド・モレル〔一八七三～一九二四。イギリスのジャーナリスト、作家、政治家。コンゴ自由国の圧政に反対するキャンペーンを展開した〕の『アフリカにおけるレオポルド王の統治』（一九〇四）には、過疎化の犠牲となったこうした地域と村々の調査リストがあげられている。その過疎化とつながっていたのが、租税、強制労働、虐待、植民地官吏や民間企業による抑圧である。わがもの顔に振舞った民間企業としては、一八八九年設立の「コンゴ商工会社」、一八九二年設立の「アンヴェルソワーズ社」〔いずれもベルギー〕などが知られている。フランス人は、この両社があげる利益に眩惑され、「彼らの」コンゴにおいてもベルギー人に追随して土地を分割しようとした。事実、一八九八年、フランス植民地省は「植民地開拓事業」として規定された一一九件の払い下げ申請を受理し、たとえば「高ウバンギ・スルタン会社」などは一四万九〇〇〇平方キロメートルの払い下げ地を受け取った。入札条件明細書には、固定使用料と利益の一五パーセントを国が受け取る、と定められていた。もちろん、シャルル・ペギー〔一八七三～一九一四。フランスの詩人、思想家。ドレフュス事件をきっかけに、一九〇〇年雑誌『半月手帖』を個

〔人で創刊〕の『半月手帖』でなされたように、やみくもな開拓があった場合にはつとに糾弾されていたのだが、それでもそうした開拓がやむことはなかった。

ペギーの『半月手帖』から三〇年後の一九二九年、ジュネーヴの国際労働機関（ＩＬＯ）事務局に提出されたグリムショー報告〔イギリスのＩＬＯ職員グリムショー（一八八〇～一九二九）によるアフリカ強制労働に関する実態報告〕は、ひとつの調査をふまえて、ブラック・アフリカにおける強制労働の状況を伝えた。調査には複数のキリスト教布教団の協力があったのだが、これら教団からすれば、「自派の信徒がおぞましき悪弊の犠牲となっている現状を明らかにすることで、良心の重荷を軽くできた」という事情がある。報告で問題となったのは義務的な労働ではなく、たとえば、一ヶ村全体にわたって二ヶ月から一八ヶ月におよぶ徴兵といった形の、威嚇による強制労働である。報酬は徴用された労働者かそのリーダーに支払われ、リーダーが受け取った場合には分配したりしなかったりだが、どちらにしても「最低限の報酬額」というのが関の山であった。労働者は、規定に則り、居住地から数百キロ離れた作業場まで送られることもあり、それでいて負傷、疾病、死亡の場合に補償はなかった。植民地総督が定めた条例の文言によれば、労働者は「ある地域もしくは全土に関わる作業」に従事すべしとされていた。一般的な仕事は荷運び、土木工事、払い下げ地の整備で、場合によっては、この種の作業に綿花、トウゴマ〔ひまし油を採取する、東アフリカ原産の植物〕、コーヒーなどの栽培が強制的に組み合わされることもあった。

グリムショー報告はまた、「道路の改修工事に従事にしている婦女子を見かけることはよくある」と指摘する。ただし、そうした悪弊の直接的原因が行政だというのではない。行政は地域のリーダーに、村のメンバーたちを参加させるよう要請するのだが、リーダーに権威や懲罰能力がなければ、そのリーダーはより従順な、ないしは弱い立場のメンバーばかりを使おうとする。そして、行政もそれに目をつぶるということだ（F・オープレ F. Auplais「強制労働 Le travail forcé」によるグリムショー報告抜粋、『ルヴュー・アポロジェティック』＝*Revue apologétique* N°527 1929 所収）。

当時のアフリカの状況について、「リベラルでいくぶんロマンチスト」と自称する元行政官ルイ・サンマルコ〔一九一二～二〇〇九。フランスの植民地行政官〕は、こんなふうに述懐する。一九三〇年代は、公式見解こそ同化《アシミラシオン》を推奨していたけれども、庇護を装った干渉という形であれ、純然たる搾取の形であれ、とにかく実態的には隷属状態をもたらしていた。「隷属から権利の平等に移行するスピードとなると、多くの者にとって、もっとも人間的なところにあってすら、速度ゼロだった」。この元

＊ 原綴のままの湖は確認できなかった。コンゴ民主共和国内北西部にトゥンバ湖とマインドンベ湖があるので、このどちらかの可能性はある。

行政官サンマルコは、カメルーンでの職務が多かったせいだろうか、こういう職務のあり方に対して明確な見解を述べている。「あの怪しげな試みに参加したからといって、わたしは恥じない。まったく逆である。そのやり方に非難すべき面がある限り、少なくともそこには闘って改良すべきチャンスがあったのだから」。また、イギリス領カメルーンの行政官ジェフリーズ〔生没年不詳〕の経験と比較しながら、自分が荷運び人たちの賃金をなんとか増やしてやるためにどう立ち回ったか、サンマルコは述べている。しかし、彼自身もまた杓子定規な規則にがんじがらめにされているために、まるっきりでたらめな「費用明細」を差しだすことになるのは自然の成りゆきである。そもそも、読み書きのできない、つまり書類に対処できない荷担ぎ人たちに、サインさせなければならないのだ。こうしてサンマルコは気づく。イギリス人の任地でも、判断を下すのはアフリカ人であり、財務局で資金を取り扱うのもアフリカ人である、と。そしてまた、あらゆる目的に応じて、しかるべきアフリカ人がいるのだと…。

「ジェフリーズもわたしと同じように、荷運び人を連れて歩きまわり、戻って来ると、《ぼくのポケットマネーから、たっぷりとね》、と身振り手振りで現地人当局者に自分の意志を伝える。すると、当局はつべこべいわずにその分を払い戻してくれる。ジュフリーズはジェントルマンだと認められているから、当局から検査されることもない。それで検査費用も浮くわけだ。ジェントルマンと認められなくなった日には、解雇されるだろう」（ルイ・サンマルコ Louis Sanmarco の手稿『植民地開拓の回想 *Souvenirs de colonisation*』）。

カメルーンはそのほかの熱帯アフリカと大きく異なり、より裕福で、変化に富み、進歩していた。この地では、ヌコングサンバ〔西北部〕のバナナ・プランテーションや、ディザンゲ〔西部〕のパラゴムノキ・プランテーション、アヨス〔中部〕の医療チームというように、さまざまな成果に役人は誇らしげであった。指導者層も急速に育ち、民間部門の指導者は国の事業すら引き受けようと、はやる気持ちを隠さなかった。それも「正当な野心」だと、一九五六年ピエール・メスメル〔一九一六～二〇〇七。フランスの政治家。一九五二～五九年までアフリカ各地で総督、高等弁務官を歴任〕はガストン・デフェール〔一九一〇～八六。フランスの政治家、海外領土大臣（一九五六～五七）〕に宛てて書いている。しかしそれでも、真の意味で人民を代表する議会メンバーがそもそも選出できていない、という一番の障害がわだかまっていた。こうして、はやくも一九四八年には「人民の護民官」ウム・ニオベ〔一九一三～五八。カメルーンの独立運動指導者〕が灌木密生地帯で一部の住民を蜂起させた。国の指導者たちが「独立」の話をしているのに、官吏は相も変わらず「よりよき財政運営」にばかり拘泥しているからであった。

医師と病院

医師と教員は、植民地における入植者の存在を正当化する、常なる功労者である。医師の役割、医師が現地にうまく受け入れられたケース、医師の機能や限界、こうしたテーマに取り組むことは、人間あるいは人口の問題にとどまらず、政治の問題にも関わる。もっとも、医師という職業は、ひたすら科学的な実務行為であろうとすることによって、この政治の問題に触れまいとする。

医師はまず、現地住民を治療する以前に、帝国の先兵と化す。このことは、一七一四年にイギリスが「インド医療隊」を創設したそもそもの始まりから現れていた。つまり、その目的はイギリス人兵士や入植者を治療することにあった。フランスの「衛生隊」が王国、帝国あるいは共和国の植民地部隊に仕えるのも、これと寸分変わらない。この医療の闘いが、いつのまにか病気に対する十字軍のごときものに変貌し、植民地全盛期の二〇世紀初頭には、蚊と人間のいずれが勝つか、という問題が正面切って提起されるほどになった。一九二〇年代からは、帝国主義の未来は、顕微鏡を使って病源菌を制するかどうかにかかっていた。であるがゆえに、たとえばツェツェバエ〔嗜眠病を媒介する昆虫でサハラ砂漠以南に分布〕との闘いは、「アフリカを賭けた闘い」となった。

じつをいえば、徐々にではあるが、現地住民も同じように医学治療の対象となってゆく。いうまでもなく最初は入植者のために働く現地住民である。それから住民全体へと医療活動は広がり、こうしてこの活動は英雄的行為さながらの様相を呈していった。パスツール研究所〔一八八八年パリに設立〕研究員の医療活動や本国で彼らを取りあげた広告などを見ると、植民する側による海外活動の自己評価方法が、かなり明瞭に窺がえる。

ところで、くだんの西洋医学がもたらした恩恵の程度については、また別の二つの視点から測定する必要があろう。すなわち、まずは現地住民の患者という視点。次に、植民する側はたしかに学問的な医学をもち込んだが、同時に、それまで現地の先住民族が知らなかった新たな病気をもち込んだのであり、その事実を考慮するという視点である。(原注)

【アルジェリア、予防接種への抵抗】 パスツール〔一八二二〜九五。フランスの化学者、微生物学者で近代微生物学・生化学・免疫学の開拓者〕の発見があるまで、ヨーロッパ医学は植民地で大した成果をあげることもなく、現地住民の猜疑心にぶつかるばかりだった。アルジェリアを例にとってみよう。ここでのヨーロッパ医学は、人間とその思考様式ま

(原注)　本書二九四頁以下参照。

で変えることのできる、文明の媒介者であろうとした。だからして、この学問が健康上のあらゆる問題を解決するだろうと、そしてアラブの民も医学の成功に魅了されるだろうと、人々は思い込んでいた。いや思い込んだだけでなく、軍人、聖職者が失敗しそうなところでも、結局のところ医師は成功を収めていったのである。事実、ある種の薬はよく効き、ことにキニーネ〔キナ（アカネ科の常緑高木）の樹皮からとれるアルカロイドの一種〕などは多くの熱病を、ときにはマラリアをも、制した。アルジェリアで死者がでるほど蔓延していた種々の眼炎を一掃したのは点眼液であるが、これと同じく、キニーネの評価もアラブ住民のあいだで揺るぎないものとなった。そのため衛生上の教訓も、現地の人々にきちんと聞き入れられた。

ところが、こと天然痘の予防接種となると、アラブ人たちはいやがった。本国フランス農村部住民もそうだが、慣例的な瀉血《しゃけつ》とは正反対の、注射という新技術にまず彼らは不信感を抱くのだ。また、フランス国内では、雌牛から採取した物質の注入が逆効果を生むのではないかと人々が危惧したのに対し、アラブ人のほうは、ヨーロッパ人の「血」が混じることに拒否反応を示した。拒絶の理由はそればかりではない。集団的措置というものが誰彼を問わず同一規則の制度下におくものである以上、予防接種もまたアラブ人をフランス人に同化させる一形態と見なされた。かくして、予防接種がようやく受け入れられるのは、第二帝政下〔一八五二〜七一〕において予防接種を信奉するアラブ人医師たちが初めて現れたときである〔アン・マルコヴィッチ「フランス植民地医学と植民地統治」『病気と医学と帝国—西洋医学の展望とヨーロッパ領土拡張の経験』＝Marcovich 1988 p.103–119 所収〕。

その頃まで、フランスの医学は自らが文明化の担い手であると、またそうありたいと思いながらも、その成功は限られていた。もっとも、当時のヨーロッパ人にしたところで大差はない。ヨーロッパ医学はわずかな活動範囲にとどまり、植民地のヨーロッパ住民は地元の医者《トゥービブ》にすがり続けた。日常的ないくつかの病気については、地元の医者でもほとんど遜色なかった。まして、家族不和とか利害対立から起きる鬱病や変調も「治療する」というからには、地元の医者の腕前がヨーロッパの治療法を上回ることがあって不思議はない。

植民地の医学が真の変化を経験するのは、一九世紀も押し詰まり、パスツール研究所の研究員らがめざましい業績をあげる頃からである。それまでは、現地の衛生面に関することや文化的なものが、おしなべて伝染病の原因であると考えられていた。しかし、コッホ〔一八四三〜一九一〇。ドイツの細菌学者〕やイェルサン〔一八六三〜一九四三。スイス系フランス人の微生物学者、軍医〕の細菌学上の諸発見とともに、闘いはもっぱら自然を相手に行なわれるようになった。そして、少なくとも人々はこう信じていた。待望の医学の勝利は植民地化にとっての勝利となるだろう。ひとつの医学的問題を解決すれば、次からは、社会問題を打開することなど児戯に類するほどやさしくなる、と。「パスツール研究所」や「リスター研究所」〔一八九一年設立。ジョセフ・リスター（一八二七〜一九一二）は、石炭酸（フェノール）による消毒法を創始したイギリスの外科医〕などの科学研究所どうしの対立は各国の帝国主義者間の敵対関係と重なるのだが、その理由の一半は、このように人々が医学的問題と社会的問題を直結させて考えていたところにあるだろう。

　こうした研究所で扱う医学の目的とは、むろん細菌やヴィールスという見えざる行為者から社会を守ることにあった。とはいえ、ようやく正体の知れたこれらの登場人物たちを相手に闘えるのは専門家に限られる。そして植民地の病院で医学の対象となったのは、細菌やヴィールスに関係する病気であった。したがって病院は、外国がそこに居座っている象徴として、大聖堂や兵舎のあとを引き継ぐことになる。いうまでもなく、ヨーロッパ文明が植民地でもっとも歓迎されたのは、それによってマラリアや嗜眠病が放逐されていたときのことである。

【コンゴ、「人的資本」を保護する】　植民地化、現地住民の健康、病人の治療と伝染病の撲滅に向けた努力、これらを結びつける接点となる現象はさまざまあろう。しかし、その格好の例となればコンゴにおける嗜眠病の根絶に尽きる。ツェツェバエが関係するトリパノソーマ症（嗜眠病）は、一八九八年、ブラザヴィル〔アフリカ中西部、コンゴ共和国の首都〕と大西洋のあいだにあるニアリ川〔コンゴのクイル川上流〕流域で、ロアンゴ〔コンゴ（ザイール）川右岸の大西洋沿岸部〕の荷運び人が往来を繰り返すことが引き金となって現れた。それがガボンに広がり、コンゴ川を遡上し、一九〇一年にはヴィクトリア湖周辺とウガンダに初めて拡大し死者をだした。イギリスの保護領では、一九〇〇年から一九〇五年の五年間で二五万のアフリカ人がこれで命を失っている。時を同じくして、ベルギー領コンゴ、というよりむしろレオポルド王のコンゴ*（これは一九〇八年に植民地となる）もまた、この病に襲われた。それが明るみにでて、国王のイメージはすっかり損なわれた。それというのも、パリに「パスツール研究所」、ロンドンとリバプールに「熱帯医学校」、ハンブルクに「船舶・熱帯病研究所」、とそれぞれありながら、この君主兼地主は先見の明がまるでなく、数名のイギリス人、たとえばジョン・トッド〔一八七六〜一九四九。イギリスの内科医で熱帯医学の専門家〕などにしか助けを求められなかったからである。そのトッドはこう語る。

「いかにしてコンゴに健康を回復させるかを、われわ

＊　レオポルド二世は一八八五年に列強から個人によるコンゴ自由国の領有を認められた。しかし現地住民への苛酷な政策が世界の非難を招き、一九〇八年、ベルギー国家に譲渡した。

れが国王〔レオポルド二世〕に説明したあとで、国王はわれわれをレオポルド二世勲章佩用《はいよう》者に叙した。われわれとは、ボイス〔一八六三〜一九一一。イギリスの病理学者〕とロス〔一八五七〜一九三二。イギリスの医師。インドで軍医として在職中に蚊によるマラリア伝染を証明した〕と小生のことだ〔…〕。反対派の新聞はかならずこういうだろう。その昔コンゴで行なわれた残虐行為に口をつぐむように、また、そこで今起きていることに遠慮というベールをかけるように、われわれの研究所と小生自身に代金が支払われたのだから、リバプールの研究者たちに供された資金は買収のようなものだ、と」（マリネス・ライオンズ「嗜眠病と植民地医学と帝国主義」前掲『病気と医学と帝国』＝Lyons 1988 p.242–257 所収）。

もちろん、国王に相談を受けた他のイギリス人医師たちにしても、まるで察してなかったというのではない。つまり、コンゴに保健衛生制度をまるごと定着させる理由には、嗜眠病に脅かされている貴重な資産、すなわち労働者、という価値を守る目的もまたあったことは彼らにも分かっていたのである。にもかかわらず、猖獗をきわめた一九三〇年まで病気は広がり続け、そのため結果として全土に医療設備を普及することが不可欠となった。

のちのちになってみれば、アフリカの植民地全体のなかでもコンゴはもっとも医療設備の整った国だったと、ベルギー人は力説できるようになった。ただ、こうした状況を生んだプロセスは非常にあいまいであるから、そこに働いた意図と結果については正しくつき合わせ、評価しなければならない。

先に触れたように、イギリス保護領のブソガ地方〔ヴィクトリア湖北岸の地域〕（ウガンダ）では、一九〇〇年から一九〇五年にかけて二〇万人以上が嗜眠病に罹患し、かつての西洋におけるペストのように死が猛威をふるった、といわれている。この嗜眠病という伝染病は、ヨーロッパ人が到来する以前のアフリカ起源のものだろうか、それとも、ヨーロッパによるコンゴ掌握にともなって広まったものだろうか。まず指摘されるのは、今日のエイズと違って嗜眠病がアメリカにも、ネパール経由のインドにも、渡らなかったことである。飢饉に見舞われた一帯に蔓延したことから、植民地化後の住民の生活変化、彼らの貧困化にともなって発生したという指摘もある。また、次のようにもいわれる。それ自体としての熱帯病などは存在せず、熱帯病ないし熱帯病と定義されるもののなかには、たとえばハンセン病やコレラのように、温帯でも現れるものがあり、要するにそれらは貧困からくる病気、伝染病なので、もっとも脆い人間ばかりがやられる、と。

これに反して、アメリカ大陸の例では、ヨーロッパ人がインディオに感染させるまで、天然痘は存在しなかった。それこそ皆無だった。

【南アフリカ、人種隔離】 たとえば南アフリカのように白人の数が多い国々でのことだが、国の指導者たちは前々から、伝染病は人種の壁を察知するのではないか、という疑問を抱いていた…。なるほど、もっとも裕福な者たちが伝染病の影響を受けずに済むとすれば、それは社会的な障壁のおかげではあろう。水道のない貧民街によく見られるコレラを見れば、それははっきりしている。といっても、病原菌の伝染は速いから、南アフリカでは、黒人街の隔離をいちばん積極的に奨励したのは保健衛生関係の役人であった。かつて、ダーバン〔インド洋沿岸の都市〕からナタール地方〔北東部〕まで腺ペストが蔓延したとき、白人を守るために正真正銘の防疫遮断帯が設けられた。一九一七年には、ラント〔ヨハネスバーグを中心とする、産金地帯ウェトウォーターズランドの略称〕にチフスが広がる恐れがあるというので、黒人を運ぶ鉱山行きの列車から黒人全員が降ろされ、大騒ぎとなった。東ケープ州ステルクストローム駅〔南東部〕では男女を問わずみな裸にされると、A・B・C順に並んだ部屋に移され、シャワーを浴びせられたうえで丸刈りにされた。扱い方は非道ともいえる荒っぽさで、死者すらだした〔シュラ・マークス＋ネイル・アンダーソン「チフスと社会統制―南アフリカ一九一七〜一九五〇」前掲『病気と医学と帝国』＝Marks et Anderson 1988 p.257–284所収〕。

こうした状況を知れば、南アフリカが世界で最初に白人のための厳格な公衆衛生政策をとったとしても別に驚きはしないだろう。病気は黒人をとおしてやって来る、なぜなら彼らは貧しいから、というわけである。とはいえ、天然痘がキンバリー*で発生したときには、当局側はその病名を口にだすことを避けた。天然痘の威力を知る黒人労働者がそれを知れば、もうここにやって来ることはなくなり、使役できなくなるからである。もっとも、反人種差別主義者とは異なり、人種を区別しない病原菌のおかげで伝染病が白人に広がることもあったから、そうした箝口令の強制はチフスの場合ほど徹底されることはなかった。

【反転――イギリスのインド人医師】 イギリス領インドでは、植民地住民の実践活動がついにヨーロッパ的な「文明の」理論と一致するようになった。しかしそれは、ある原因から意外な結果が生じるような逆説的展開によるものである。

もともと、イギリス帝国にとっての要とは、インドであれほかの所領であれ、女王陛下の兵士を守ることであった。ところが、一九世紀前半の五〇年間で、戦闘で命を失ったのは軍隊の死亡者全体の六パーセントにすぎず、残りは病気でやられていたのである。筆頭はマラリアで、陸軍病院に入った者の四分の三を占めた。赤痢、そして部隊が移動中のときな

* ダイヤモンド鉱として有名な、北ケープ州の州都。黒人労働者を監視する隔離宿舎制度はここの鉱山で初めて導入された。

どは、とくにコレラがこれに続く。インド人もこうした風土病に襲われた。インド兵の抵抗力はイギリス兵と似たり寄ったりだった。とすれば、保健衛生の問題を全国レベルで見る必要がある、ということになるわけだが、これほど人口が多く、しかも毎年何千万人もの信者が巡礼にでて移動する国では、全土にわたる保健衛生などできそうになかった。そこで正当化されたのが隔離政策である。うまい具合に、兵舎でも役所でも、イギリス人とインド人が同時にこの政策の対象となったおかげで、政策に後ろめたさを感じないで済んだ。こうして防疫上の遮断帯として二重のネットワークができあがった。すなわち、イギリスの軍人と役人を守るネットワーク、それに巡礼者をほかの住民とまったく接触させないネットワークである。隔離措置は、程度の差はあるが、兵営のある地区近辺を除いて適用された。

一八九六年から一九一八年にかけてはペストの大流行があり、一〇〇〇万人以上のインド人の生命が奪われたし、コレラの流行も繰り返された。それまでのインドでは住民の健康問題を個人の解決に任せる放任政策がとられていたのだが、もはやこの政策を終わらせねばならないことははっきりしていた。そこでインドの藩王たちは、亡命ロシア人でパリのパスツール研究所員であるヴァルデマール・ハフキン（一八六〇〜一九三〇。ウクライナ出身のイギリス人細菌学者。インドでワクチンによるコレラ、ペストの予防接種を展開した）に助けを求めた。彼は、ベンガル州で一八九三年に流行したコレラを一掃していた。しかし、各国の帝国主義がしのぎを削るこの時代にあって、これはイギリスに対するひとつの挑発的行為のように映った。そのため、イギリスの軍部に圧力をかけられると、インド政府はハフキンの仕事を一時見合わせた。軍部はまるで、フランスとロシアの手柄であるかのようなハフキンのこの成功によって面目をつぶされていたのだ…。著名なイギリス軍医ロナルド・ロスによるインド政府への再三にわたる抗議も無駄だった。いや、インド政府がハフキンの仕事を見合わせたのは、軍部による圧力ばかりが理由ではない。なにしろ三億のインド人が対象であったから、抗ペストの予防接種も天然痘予防の種痘も、経費がかさみすぎた…。

しかし住民側は当局に訴えた。ロンドンの政府とデリーの政府*は、このとてつもない試練にどう対応するか、答えをださねばならぬことを悟った。その結果、一九〇〇年の声明でインド担当大臣がこう力説した。インド人民の関心は、医師の増加を奨励することによって、インド人自身の独立した医師団が作りだされるのを見ることである、と。状況の要請に応えられるのは、そのようなインド人医師団をおいてほかにないだろう。結局、これはそのとおりになった。

それから五〇年経て、インドは独立した（一九四七）。このとき、ボンベイの王立試験所もインド人によって改名され、「ハフキン研究所」と名づけられた。

「歴史」の逆説的反転といってよかろうが、独立からさらに五〇年経った今日では、イギリス人を（それもイギリス国内で）治療するのはこのインド人医師なのだ…。実際、ことに一九六〇年代以降、イギリス国内で医師の職業的地位が低下したために、イギリス人医師はアメリカ合衆国やカナダへ大量に流出している。デラックスな民間診療所で好みの仕事に就けないとなれば、医師のなかにそういう者もでてきて当然だろう。したがって、ほかならぬインド人医師が、あるいはごく少数ながらカリブ人医師が、彼らに代わって女王陛下の病院を占めることになる。社会福祉国家の逆説的結果がここにある。

一九八〇年撮影の映画『医学の物語』のなかで、クロード・ド・ジヴレ〔一九三三〜。フランスの映画監督〕が見事にとらえた、まさしくイギリス的なあの老貴婦人のまなざしほど雄弁なものはない。マドラス生まれの赤銅色の肌をした医師、そのインド人医師の指示を聞くときの、あの不信に満ちた憤怒のまなざし…。

学校および学校制度普及の問題

宗主国の側から見ると、学校制度の普及は植民地化の程度を測る目安である。したがって、たしかに学校制度は拡大する。だが、その歩みは思うほど速くなかった。しかも場所によっては、やり方しだいでフランス人に反旗をひるがえす拠点になる恐れがあった。

この点に関して、フランス帝国のなかでは、インドシナ半島とアルジェリアのケースにかなり鮮やかな対照を見てとることができる。

インドシナ半島では、ほかのどの地域にもまして、教育が発展した。ここでは、「フランスが、次々と施策を導入し、伝統的な教育を破壊するだけでなく、確固たる知的伝統を有するこの社会に対して、教育を刷新しなければならなかった」（Ch・R・アジュロン＋カトリーヌ・コクリ・ヴィドロヴィチ『フランス植民地の歴史』＝Ageron et al. 1991 2vol 参照）。ヴェトナム語、カンボジア語、ラオス語は初等教育でのみ使われる言語であることが容認された。こうして一九三二年のコーチシナでは、初等学校のない市町村は全市町村一四一九のうちわずか一一九を数えるのみ。フランス語を習得したのちの中等教育は、四八〇〇人の生徒が二一の学校に分かれ、そのうち三校は女子向けとされた。入植者の保守的な階層からは攻撃されたものの、この公教育システムは、社会を近代化する手段となった。

＊ インド政庁の所在地は、一九一二年まではカルカッタ、インド植民地帝国の公式の遷都がなされて以降がデリーである。したがって、ここは「カルカッタの政府」とするのが妥当であろう。

	非ムスリム	ムスリム
男子リセ	2162	62
女子リセ	1136	17
男子近代課程*コレージュ	1221	160
女子近代課程コレージュ	1317	43
	5836	282

＊中等教育でラテン語・ギリシア語を教えず、近代語と自然科学を中心とする教育課程。

それとは逆にアルジェリアの場合、これまでどおりの措置では、現地住民とヨーロッパ人との文化的乖離をひたすら際立たせるのみと見なされた。

議論は二つの問題をめぐってなされた。ひとつはアラビア語の地位の問題と結びついた民間教育機関の存在について、もうひとつは、公教育の拡大にどのような達成を求めるかについて、であった。

もともとこの二つの問題はわかちがたい。その現れとして、早くも一八九五年に、ある行政責任者がこう明言している。「現地人の学校は反徒や落伍者を養成する」。「経済的見地からもフランス人移住の見地からも、現地人への教育はアルジェリアにまさしく危険を冒さしめるのであって、これに鑑み、議会は現地人の初等教育を撤廃する意向を表明するものである」と。それでも一九四四年まで公立学校は増え続けた。とはいっても、フランス語とアラビア語で教える学校の数は、一八七〇年に三六校、一九〇〇年に二二一校、一九一三年に四六八校と、遅々たる歩みであった。一九三〇年にこのタイプの学校は一二〇五校を数えた。換言すれば、征服後一〇〇年を経ても、ムスリムの就学率はわずか五・四パーセントにすぎなかったということである。これら公立学校と同時に、さまざまな「コーラン学舎」や「ザーウィヤ*」などの、アラビア語で教える民間教育機関も存在した。これらは宗教的寄宿学校とか寄り合い場のようなものである。全体で六〇〇〇を数えるこうした民間教育機関は、行政府に統制されず、一〇万人のムスリムにコーランの口ずさみ方を教えていた…。一方、四万五〇〇〇人の師弟にアラビア語で真の宗教教育を施すとされる「マドラサ**」は一五〇を数え、行政側はこれに不信感を抱いていた。

現地人教員の大部分は、たいていチュニスの「ザイトゥーナ***」の卒業生である。彼らはフランスの学校と同じ教科を教えたが、使った本はレバノンやエジプトのものだった。一九四七年当時では、コンスタンチーヌのベン・バディース学院〔ベン・バディース（一八八九〜一九四〇）はアルジェリアにおける正統的改革運動を興し、アラビア語教育や宗教教育を実践した〕で中等教育が実施されていた。アルジェリアの若者がアラビア語での高等教育を望む場合は、チュニスかカイロかダマスカス、あるいはクウェートの大学まで行かなければならなかった。クウェートの大学は、一九五〇年頃もっとも近代的な大学と見られていた。しかし行政府はこうした若い学生たちにパスポートを発行することをしぶった…。また、本国フランスではアルジェリアの代表らが私学助成のバランジェ法（一九五一年九月）に賛成票を投じているというのに、行政府はマドラサへの助成金拠出さえもしぶった。それればかりか、「もぐりで」アラビア語を教える者たちが告訴されることもよくあり、たとえば、ウラマー教育委員会のある主宰者は、エル・ウェド〔北東部。大エルグ東砂漠のオアシス〕においてアラビア語で板書しているところを取り押さえられ、二年の懲役と七年の居住地拘束をいい渡されている…。

反対に、当局に認可された「コーラン学舎」や「ザーウィヤ」は復古的性格をもち、このゆえにフランスの植民地建設者としての役割もますます光り輝くものとして映った…。こうして、逆説的なことに、教育の後退は一世紀にわたって続いた。すなわち、一八四七年には「アラビア語での教育は、少なくとも読み書き計算に関する限り、かなり普及していた」のに対し、一九四四年にはアラブ人九人のうち八人がアラビア語での読み書きができなくなっていた。また、授業についてゆける者はひと握りにすぎず、フランス語の学校で初等教育を受けるアラブ人は多かったものの、中等教育となるとその数はきわめて限られた。たとえば、一九五三年にムスリム一一万九〇〇〇人、ヨーロッパ人一七万三〇〇〇人を擁したオラン市での数字は右の表に示したとおりである。

アルジェリアの民族主義団体や政党の基本的要求はどうかといえば、生徒の定員増加よりむしろアラビア語教育の充実ほうに重点がおかれた。というのも、一九三三年のコンセイユ・デタ〔フランス政府の行政・立法の諮問機関と最高行政裁判所を兼ねたもの〕の告示と、一九三八年三月八日の行政命令により、アラビア語は「外国語」と指定され、これを教授するスタッフにすら恵まれないのが実情だったからである。アラビア語クラスはもっとも評価の低い生徒の受け皿となり、アラビア語は英語、ドイツ語、スペイン語に次ぐ第二ランクの言語と見なされた。一九五四年になってもまだ、アルジェリアでは初等教育の県視察官がこんな書き方をしている。「お国訛《パトワ》りの価値しかない方言《ディアレクト》としてのアラビア語、死語である文語のアラビア語、外国語である現代アラビア語、これらはどれも初等教育の必修科目となることはできない」。

これに対し、社会学者ファニー・コロンナ〔アルジェリア生まれのフランス人人類学者、社会学者〕は、フランス語の学校がアルジェリア植民地化のなかで果たした役割を、手厳しく糾弾する。たしかに、彼女も

* 「コーラン学舎」は「クッターブ」などを指すと思われる。「クッターブ」はコーラン暗唱を中心とする初等教育施設。多くはモスクに付属し、町や村にも普及していた。「ザーウィヤ」は種々の機能をもつ修道場であり、宗教儀礼や教育の場を兼ねる。

** イスラームの学者・宗教指導者であるウラマーを育成するための高等教育施設。

*** 八世紀創建の大モスクで、伝統的ムスリム教育施設。

考えるように、小学校は生活を社会化したり政治的意識を自覚したりするための基となった。そしてこの自覚がエリートたち、とりわけアラブあるいはカビール出身の教員たちの思想を育み、やがて彼らがファラハート・アッバースのようなフランスとの同化に燃える青年アルジェリア党〔名称は青年トルコ党にちなむ。構成員は知的職業に従事し「進化民」と呼ばれる〕を組織していった。フランス語の学校はこのようにして因習にとらわれぬ人々を養成し、その彼らが解放者となった…。しかし逆に、不平等の減少に努めるべきその学校が下層民の上昇志向を許さなかったことも、はっきりしている。伝統的社会のなかでは、学校が不平等を激化させることすらあった。それでも、読み書きのできない両親をもつ現地人教員の七〇パーセントが、小学校に集まった。ただし、小学校そのものは機能していても、上の学校に進むことのできた生徒はめったにいない。ある青年は、学校が切り開いてくれる可能性への夢想と植民地化の厳しい現実との隔たりを、こう証言する。

「学校じゃ、おれを助けてくれる奴なんてひとりもいなかった。母さんはフランス語の読み書きができなかった。クラスはあんまし居心地がよくなかったな。勉強はしなかった。やる気をださせてくれるような奴は誰もいなかった。それで、一二歳のときに学校やめて働かなくちゃならなくなったんだ…」（一九五八）。

「アラブ人の男が職を手にしてなんとかやっていこうとしたって、はねのけられたもんだよ。例の大佐なんか、おれの最初の親方に、オレには仕事を覚えさせないようにと勧めてたんだ。《どうせあとで、おたくを辞めますから》だってさ」（同年。筆者への証言）。

とはいえ、一九八六年制作の『最後の光景』のなかで、ムハンマド・ラクダール・ハミナは、フランス人女性教員とその学校の思い出に対する幼友達らの愛着を、しみじみと甦らせてもいる。学校はその子らにとって、のびのびと過ごすことのできた自由と幸福の空間だった。だが、独立から五〇年しても、いまだにかつての不幸の傷跡が圧倒的に強いようだ。この映画のおかげでその傷跡が消え去るということもないのかもしれない…。

植民地の実験

ポルトガルは例外なのか

「われわれのみが、ほかのいかなる国にも先んじて、人権と人種の平等という考えをアフリカにもたらした。われわれのみが、諸民族の友好をもっとも完璧に表現する《多民族主義》を実践した。この原理の有効性に異を唱える者は世界のどこにもいないが、これがポルトガルの発案だと認めることは、いささかためらわれている。ならば、それを認めさせることこそ、世界におけるわが国の権威を高めることになろう」（外務大臣フランコ・ノゲイラ〔一九一八～九三。ポルトガルの外交官、政治家〕、一九六七）。

この誇らかな呼びかけは、ポルトガルの植民地であるギニア・ビサウ〔アフリカ北西部、セネガルとギニアに挟まれた共和国〕、アンゴラ、モザンビークでゲリラ勢力が拡大しているときに表明されたものだ。もちろん、その場で不意に口をついてでたわけではない。ここに宿る考え方は、ポルトガルの指導者たちが抱く歴史意識にしっかり根を張っていた。いや、ポルトガル植民地の外にさえも反響していたといっていい。しかもポルトガル人は、ほかの宗主国が植民地と呼ぶものを、いち早く一七世紀から「海外州」と命名していた。たとえば、一五七六年に歴史学者ジョアン・デ・バロス〔一四九七～一五六二。没年は一五七〇年説もあるが、いずれにせよ、ここでの「一五七六年」は著者の誤りと思われる〕が、「わがブラジル州」という表現をしている例がある。そして、一八二二年のブラジル欽定憲法作成に際して、すなわちポルトガル領土の不可分性と全住民の市民権という原則を定めたときに、公式的には植民地という用語は廃止されたのである。以後、植民地という用語そのものは少なくとも公の場から姿を消した。ところが一九一〇年の革命により共和国となり、一九二六年〔コスタ将軍（一八六三～一九二九）によるクーデタで軍事政権成立〕に第一共和政が終わると、この植民地という用語がまたも登場し、一九五一年にサラザール*〔一八八九～一九七〇。ポルトガルの政治家〕がそれをあらためて消滅させることになる〔後述〕。こう単純に並べただけでも了解できるだろう。征服した領土の法的資格とその住民の法的資格、という二重の問題は、ポルトガルの指導者層が代々受け継いできた精神の一部をなしていたのである。

ポルトガル植民地でユニークなところは、こうした征服地への配慮なり考え方なりが、本国ポルトガルにおいてのみならず、征服地内でも同じように明確に示されたことである。とりわけブラジルでは、その考え方が大作家ジルベルト・フレイレによって一般に知られるようになった。じつのところ、『主人と奴隷』というタイトルでフランス語訳された彼の著作『大邸宅と奴隷小屋』（Freyre 1952）は、ブラジル文化再評価の思潮と連動しており、この思潮は、ジェトゥリオ・ヴァ

＊ サラザールは一九三六年のスペイン内乱発生時から権力を集中しはじめ、四〇年には独裁体制を確立、六一年アンゴラに始まるアフリカ植民地戦争を招来させた。六九年に引退するが、その体制はカエターノ（一九〇六～八〇。首相一九六八～七四）により継続され、七四年に青年将校団のクーデタによってようやく終止符が打たれた。

ルガス〔一八八三〜一九五四。ブラジルの政治家。一九二九年、軍事クーデタで政権をとり、国家主義的政策を推進した〕を政権の座に押しあげた一九二〇年代の危機とも、あるいはイタリアやドイツからの大量移民の到来とも、つながっていた。

　それまでは人種差別的イデオロギーが支配的だったのに対し、ジルベルト・フレイレは黒人がブラジル文化に寄与した部分を再評価し、なによりも、白人と黒人の混血がこの国のまたとない幸運になったと結論づけた。恥辱になるどころか、この混血は人種融合の先触れであり、人類に未来を保障しうるのはそうした人種融合をおいてほかにない、と考えるのである。サラザールのポルトガルは、この再評価という診断を自分なりに、つまり自国の利益となるように取り込んだうえで、ブラジルが混血を生みだしてきた過程を自国の功績だとした。そのようにしてポルトガルは、その衰退と経済的破綻のゆえに、海外領土がもはや誰の関心も呼ばないときにあって、植民地にまつわる自らの過去全体を再評価したのである。一九三五年、ポルトガルの有力紙『オ・ムンド・ポルトゲス』の社説はまさしくこう書いていた。

「われわれは、ひとつの帝国を築いたという溌剌たる誇りをもち続けなければならぬ…。アフリカはただ単に農地であるばかりではない、それ以上のものだ。われわれにとってアフリカは、われわれの行動を道義的に正当化してくれるものであり、また、われわれを大国としてくれるものだ。アフリカなくしては、われわれも一小国にすぎなかろう。アフリカのおかげで、われわれは堂々たる国家なのである」。

　ジルベルト・フレイレの影響は政治世界の枠にとどまらなかった。彼の影響はヨーロッパ中の大学という知的、文化的世界に浸透していった。それはいってみれば、「ブラジルの奇跡」〔年平均実質成長率一一パーセントを記録した五年間（一九六八〜七三）を指す〕をポルトガル語圏全体に広げるような効果をもたらした。一九四〇年に『ポルトガル人の創造した世界』を刊行したとき、フレイレが主張していたのは、ポルトガル人はブラジルにおいてのみ新しい文化を創出しえたのではなく、インドやティモールやアフリカでも、つまり彼らが進出した他の場所においても、それができたということである。

　だが、フレイレの主張するこの「ルゾ・トロピカリズモ」*理論も、一九五五年にはマリオ・ピント・デ・アンドラーデ〔一九二九〜。アンゴラの作家、政治家〕によって、ひとつの神話だとして激しく批判されることになるだろう。とはいえ、神話かどうかを確かめることは容易でない。神話が現実よりも力強いリアリティーをもつことも、しばしばあるからである。

最初の流刑植民地アンゴラ

アメリカ大陸やインドやアフリカへ向かうことは、多くの者にとってたしかに冒険だった。旅路の果てに一攫千金が、少なくとも別の人生が、あるいは死が、待っているかもしれなかった。

しかしその海外移住は、つねに自由かつ自発的に行なわれたわけではない。海外へ向かうことはしばしば亡命に近く、ほぼ自由意思で移住するのだとしても、そこにはかならず止むにやまれぬ事情がともなっていた。イギリスに限っていうと、早くも一七世紀から出発しているピューリタンのピルグリム・ファザーズとアイルランド・カトリックのケースがまず思い浮かぶ。これらの亡命にしても強制労働なみであり、漕役刑〔帆と櫂で走るガレー船を漕ぐ苦役〕に処せられる以上にきつかった。

重罪、軽罪の関係なく犯罪者をどこか別の土地に送り込み、刑に服させることによって厄介払いしようとした最初の国はポルトガルであり、イギリスはこの手本をきわめて大規模に模倣した。一七八八年以降オーストラリアに移住した「流刑囚《コンヴィクト》」がそれである。

ポルトガルがこの「犯罪者の厄介払い」を着想したのは、バルトロメウ・ディアスが喜望峰に達するはるか以前のことである。一四一五年の最初のセウタ征服からすでに、アフリカ探険に出発するどの船舶にも「流刑囚《ダグレダードス》」という割り当て分が乗組員の数に入っていた。一四三四年にはこの慣行が初めて法制化され、一四八四年からは、プリンシペ島、サン・トーメ島およびサン・マルティン〔西アフリカ、カボベルデ群島中のサンティアゴ島南端〕などポルトガル人が定住する初期の植民地に、軽犯罪者やユダヤ人が移住させられた。アンゴラの植民地の場合、少なくとも初期に連れてこられた人々に関していえば、この方法が組織的になった。より正確にいうと、一七世紀以降、ここに移住したのはほぼ軽犯罪者に限られ、そのことが植民地開発にも現地住民との関係にも影響を与えたのである。

ポンバル侯爵〔一六九九～一七八二。ポルトガルの啓蒙専制政治家〕時代の一七五〇年前後、アンゴラにはイエズス会修道士も同じように移送されたが、彼らは少数だったため植民地の生活に影響を与えることはなかった。ところで、自由な身の移住者に来てもらうには手間も暇もかかるほど、この植民地アンゴラの評判は芳しくなかった。たとえば、ルアンダ〔アンゴラ北西部にある港湾都市で首都。一五七五年ポルトガルによって建設〕の町はならず者に握られているといわれたが、それも根も葉もない噂ではなかった。実際、イギリス人がオーストラリアに送り込んだ流刑囚《コンヴィクト》と違い、ポルトガルがアンゴラに送った「流刑囚《ダグレダードス》」は正真正銘の重罪犯であり、多くは筋金入りの犯罪者だったのである。このためポルトガル政府としては、現地住民と戦争になったときですら、彼らを武装させたがらなかった。服従しない部族と闘うため、そして、とき

＊ ポルトガル人の他人種への適応性を認め、その海外進出によって生まれたインディオ・白人・黒人の融合を積極的に評価する考え方をいう。

にはこれらの犯罪者を遠ざけておくために、政府はむしろアフリカ人部隊を所有するのが得策と考えた。とにかく、武器を手にしようものなら、たちまち犯罪者らは脱走するのであった。

その結果、ブラジルがもっとも多くの白人移住民をアンゴラへ送ることになり、入植者を送りだす植民地ブラジルという役割を演じた。アンゴラへの入植者はペルナンブコ州〔ブラジル北東部。黒人奴隷を使役した砂糖プランテーションで知られる〕からやって来た。この州では一八四七年から一八四八年の反乱以来、もはや治安が行き渡らなくなったためである。アンゴラへ渡った新規入植者たちは、ブラジル北東部で大被害を受けたサトウキビ栽培をアンゴラの地で発展させた。ただし、すでにだいぶ以前から、アンゴラが経済面でブラジル人入植者に依存していたことは間違いない。そうであるから、一七八一年には、ポルトガルの大臣マルチノ・デ・メロ・エ・カストロ〔一七一六〜九五〕が、交易と航海がポルトガルの手からすっかり失われつつあると見て、「ブラジル人の支配してないものが、ポルトガルではなく外国の手中にある」と不満をもらしていたのである。「ブラジル人の支配してないもの」とはすなわち、アンゴラの国をからっぽにした黒人奴隷売買のことである。

一九世紀になってもなお、アンゴラでは犯罪者たちが幅を利かせていた。「現場であろうが屋内であろうが、ごく少人数の入植者の集団ですら抑えつけることは不可能だ。まして、《流刑囚《ダグレダードス》》の身を落ち着かせることなど、とてもじゃない。何かを遵守する気にさせるには、現住民による武装兵力が、それもかなりの兵力が必要だろう」。

こうした状況のなか黒人奴隷売買が消滅すると、アンゴラの植民地化も可能になっていった。しかし、この頃、少なくともアフリカ人たちは、ポルトガル人が本物の「文明の体現者」だとは見ていなかった。それはアンゴラ政府による公式なキャンペーンからも分かる。アンゴラ政府は当時、次のようなキャンペーンを何度も繰り返していた――「一九〇二年から一九一四年のあいだで、この植民地にいる犯罪者のうち五七パーセントは本国で流血事件を起こした者たちである」。

一九世紀に植民地開拓の波が広がり始めたとき、アンゴラにおける黒人の社会的地位を特徴づけた点のひとつは、人種隔離を定める法律が存在しなかったことである。これは隣接する南アフリカとは異なる状況だが、この両国の関係は、同じような基盤に立ちながら異なる対応をとったアメリカ合衆国の北部と南部の関係に、いくらか似ている。*

アンゴラには人種差別に関わる法律はなかった。しかし、だからといって、同化政策によって統合された社会に黒人がわずかでも組み入れられることがあっただろうか。否である。なるほど、ある種の人種混交は実在したとしても、この混交は社会的に「上昇を志向する」というより「下降する」タイプのものだった。つまり、白人社会からはじきだされた者たちはたいてい「ムセケス」（スラム街）に流れつき、そこでなにか露店のようなものを営んだという意味で、「下降型」であった。しかし、本国でのカエターノ体制崩壊（一九七四）にともなう一九七〇年代の暴動の際、ポルトガル人とカボベルデ人**はアンゴラの「黒人街」から去った。

　異教徒どうしの結婚についていえば、アンゴラやほかのポルトガル領アフリカでは、きわめて稀であった。もっとも、ポルトガル人にも一部のアフリカ黒人にも、ポルトガルによる植民地化は人種差別とは無縁である、との考え方は残存した。たとえば、二万から三万のカボベルデ人がアメリカ合衆国に移住したとき、彼らは自分たちをアフリカ人ではなくポルトガル人だと考えたし、アンゴラにいる四万のカボベルデ人にしても同じように考えた。

　黒人奴隷売買が廃止されて以後のポルトガルは、カボベルデ、サン・トーメ、プリンシペ以外の属領には移民できなくなっており、したがって属領における白人社会の規模はきわめて限定的であり続ける。たとえば一九二〇年のアンゴラでは、白人の数は二万七〇〇〇人で人口の〇・五パーセント、残りはほぼ黒人である。ほぼ、と記したわけは、ここには稀少ながらムラートが〇・二パーセント、七五〇〇人ほど含まれていたからである。白人のこの割合が増すのはサラザールの改革以降***であり、この点でサラザールは（アンゴラで本国人用の監獄を造る場合を別にすれば）本国からの犯罪者流出を止めたことになる。一九七〇年には、白人の数が総人口の約五・一パーセントにあたる二九万人にまで上昇するとともにムラートの数も増加したが、後者の数は、白人一七万二五二九人、黒人四六〇万四三六二人であった時点でわずか五万三三九二人にすぎなかった…。

　以上見たように、アンゴラの社会は、混血人種が四二パーセントまで占めたブラジル、およびカボベルデ****などとはまったく別のものとなったのである。

南アフリカのボーア人、黒人、イギリス人

確実にいえるのは、南アフリカの人種差別的体系が、北ア

* 南北戦争（一八六一〜六五）前後のアメリカでは、頭蓋容量を測定することにより黒人の頭脳面、理性面での劣等性を強調するアメリカ人種学派（南部）と、逆に黒人の情緒的道徳的資質を賛美する奴隷制批判派（北部）が対立していたが、両者は、白人に比して黒人の頭蓋容量が少ないと主張する点では、共通の地盤に立っていた。

** カボベルデ共和国は西アフリカの沖合にあるベルデ岬諸島からなる。一九七五年にポルトガルから独立し、それを機に島から白人は引き揚げた。

*** 一九五一年に植民地を海外州と改称したときを指す。以後アンゴラは本国との一体化が進み、積極的に入植計画、資源開発が行なわれた。

**** 二〇〇九年現在、カボベルデではポルトガル人入植者とアフリカ人奴隷との混血の子孫が住民の七割を占めるといわれる。

フリカと同じ慣習や法律に従わなかったことである。比較するならば、むしろアメリカ合衆国南部、「ソリッド・サウス」（結束せる南部）〔伝統的に民主党の地盤として固まっていた南部諸州〕のそれに近いといえるだろうが、それにしても表面的なものにすぎず、南アフリカと合衆国南部の社会はそれぞれ別の進展を見せている。

オランダ人は南アフリカで最初にホッテントットを見いだした。その後ホッテントットは部族としては部分的に消滅したが、ケープ〔旧ケープ州。現在のケープタウンを中心とする南部地域〕のムラートや黒人の体のなかには今なおその血が流れる。一八三五年になると、オランダ人は「グレート・トレック」と呼ばれる大脱出を試みた。彼らは一八一四年以降ケープに進出したイギリス人の金儲け主義的な文明を逃れようとしたのである。その脱出に際して、ボーア人となったオランダ人は、コーサ人〔南アフリカの南東部に住む農牧民〕、スワジ人〔南アフリカとモザンビークに挟まれた内陸部に居住するバントゥー系の農耕民〕、そしてとりわけシャカ王*〔一七八七〜一八二八〕のいたズールー人〔南アフリカ東部に居住する人口七〇〇万以上の大部族〕と争った。そしてズールー人はシャカ王の死後、ナタールの「ブラッド・リヴァー（血の河）の戦い」（一八三八）でボーア人のアンドリース・プレトリウス**〔一七九八〜一八五三。南アフリカの政治家〕によって壊滅させられた。しかし、元手を回収したといえるのは海岸部のナタールから来たイギリス軍であって、ボーア人のほうはオレンジ、トランスヴァールの両共和国を建国して、内陸部へ退いた形になった。彼らはこれ以後も数十年にわたりコーサ人と対立し続けた。一方のイギリス人は、一八七九年にズールー人を最終的に征服した。一九世紀末になると、ボーア人に押しやられたスワジ人、ソト人〔東部内陸に居住するバントゥー系の部族〕、ツワナ人〔ボツワナ共和国、ナミビア、南アフリカに居住するバントゥー系の部族〕の三部族はイギリス人の保護下に入り、領土を認められて定住した。***やがて情勢は安定する。だが画竜点睛を欠いた。すなわち、ボーア人もまたイギリス人と同じように、いまだに自治権をもつだけのこれら三部族に、というかむしろ彼らの土地に、手をかけようとしていたのである。結局、この両者の衝突が一八八九年のボーア戦争にいたったわけだが、交戦中は双方とも黒人軍を使用しないことに決まった。和平条約が締結されて南アフリカ連邦が成立すると〔一九一〇年〕、一九一三年の「原住民土地法」により、それぞれの共同体に充当される土地が定められた。黒人には国土全体の八パーセントが割り当てられ、それ以外の土地では、たとえ住民の大多数が黒人であっても、土地は白人のものとなる。ただし稀に例外はある。こうして黒人はかつて耕していた猫の額ほどの土地をたくさん失った。事実、土地を追われた黒人は一〇〇万近くにのぼった。黒人部族の土地の占める割合が、南アフリカ連邦の表面積の八パーセントから一三パーセントへと増えるには一九三六年〔「原住民信託土地法」の制定〕を待たねばならなかった。

土地を追われた黒人たちはどうしただろうか。彼らは鉱山の労働者となる。ところが一九一一年の「カラー・バー」****は、黒人に専門労働者の職を志望することを禁じた。そのうえ、

「パス・システム」〔有色人種隔離を狙った身分証携帯制度〕が黒人に居住地を指定した。

こうなる以前、有色人種の社会的地位は地域によって大きく異なっていた。たとえば、ケープ地方ではリベラルな伝統が残っており、黒人やムラートでも納税額の点で選挙に必要な条件を満たしていれば、原則的に参政権があった。ただし条件を満たす者はごく限られていた。ということは、事実上その恩恵を得る者はほとんどなかったわけで、「地位の低い白人」にしてもまた締めだされていたのである。一方、ナタール地方では、オレンジ自由国やトランスヴァール共和国と同様に、黒人とメスティーソはあらゆる参政権を奪われていた。こうしたかつてのボーア共和国ではインド人の滞在も禁じられていた。もっとも、ナタール地方で「カラー・バー」に対抗するキャンペーンを展開して見事に成功させたのはインド人である。ガンディーが人種差別の現実を初めて体験した地もまた、このナタールであった。

こうして全体的に見れば、イギリス領の人種差別的法体系とボーア領のそれとのあいだには程度の差しかない。しかしそれぞれの基本方針は異なり、イギリス領のケープ地方はもっとも寛大であり続けたが、ボーア領内においてはオランダ人が支持するスマッツ将軍〔一八七〇〜一九五〇。南アフリカの軍人、政治家。隔離政策には終生反対し続けた〕らのやり方と、しだいにアフリカーナーと呼ばれることが多くなったボーア人のやり方とで、亀裂が深まっていった。

【アパルトヘイト（人種隔離政策）の由来】　アフリカーナーにとって、歴史上の大事件とは「グレート・トレック」であった。この大脱出のあいだ、ボーア人は異国の掟に従うことを潔しとせず、自分たちの言語や伝統的生活様式を守ろうとした。黒人たちと関わりをもつ場合はことにそうであった。それを例証するように、一八五八年の最初のトランスヴァール憲法はこう明記していた。「黒人たちに白人と同じ社会的地位を与えることは神の掟に反するものである。それは、人種と宗教の自然な違いに背くものだった。いかなるキリスト教徒にとっても、かような屈辱は許しがたい」。「キリスト教

＊　シャカ王は部族間抗争を制して、一八一六年南アフリカ東岸にズールー王国を建設したが、一八二八年異母弟ディンガネ（一七九五〜一八四〇）に暗殺された。本書三〇六〜三〇八頁も参照。

＊＊　プレトリウスはこの戦いのあと、インド洋側にナタール共和国を設立するが、一八四三年にイギリス軍に滅ぼされた。

＊＊＊　この三部族はボーア人の領土併合要求に対しイギリスに保護を求めた。その結果、スワジ人のスワジ王国、ソト人のバスト王国、ツワナ人のツワナ王国（名称はベチュアナランドとなる）がイギリス保護領となった。ベチュアナランドは一九六六年ボツワナ共和国として独立する。

＊＊＊＊　最初の人種差別法として知られる鉱山労働者法。カラー・バーは「（白色人種・有色人種間の）人種差別の障壁」の意。

において国家においても、白人と非白人との平等など論外であろう」。要するに、「グレート・トレック」とは、多年にわたる『アナバシス』*にほかならず（マリアンヌ・コルヌヴァン『アパルトヘイト――権力と歴史の歪曲』＝Cornevin 1979 参照）、モーセ〔紀元前一三世紀、ヘブライ人の指導者〕の『出エジプト記』に匹敵するものと見なされたがゆえに、その道程は神聖なのであった。これは、一〇〇年経た今なおそうであり続ける。

一方、一九四八年付の「キリスト教国民教育研究所」のテキストには、教育用のアパルトヘイト原理が記述されている。「白人の両親をもつ子どもへの教育は、両親のものの見方に基づいて、すなわち聖書に基づいて、なされねばならない。［…］われわれが思うに、神は諸国民と諸民族が別々になることを欲され、それぞれにその使命と仕事と才能を与えたもうたのである」。出会い交差するさまざまな人種、その彼らの平等は神の意思に反するものであり、ひとりボーア人のみが神の代弁者である。かくして、一方の手に聖書、もう一方の手に拳銃をもつボーア人の姿が生まれる。

一九〇一年以降になると、イギリス人の圧力を受けて、アフリカーナーも自分たちのやり方を修正せざるをえなくなっていた。

ところが、一九四八年の選挙でアフリカーナーのマラン博士〔一八七四～一九五九。南アフリカの政治家。種々の差別法を立法化し、アフリカ人の民族運動を弾圧した〕が勝利した。「今まで、本来の言語と宗教を取りあげられたかのごとく」暮らしていたアフリカーナーだが、今やイギリス人への雪辱を果たす時期が到来したと思い、勝利者として厳格な人種隔離すなわちアパルトヘイトを設ける決意をいよいよ固めたのである。一九四九年からは、インド人を含む非ヨーロッパ人とヨーロッパ人との結婚は、異教徒どうしという理由で禁じられた。また、居住地の隔離が強化され、人種分類も厳しくなった。ムラートとメスティーソの場合、分類は外見で決められた。すなわち、髪が少し縮れていて櫛が引っかかったままになるか否か、という検査がそうだが、これなどは特別委員会の設けた抑圧的措置のひとつである。その後、隔離は公共の場、公共輸送、大学、スポーツ等々へと拡大する。一九五九年になると、アフリカ人の代表としてヨーロッパ人を議会に送ることすら廃止され、同時に、のちに「ナショナル・ホームランド」と呼ばれるいくつかの黒人指定居住地が、それぞれ「バントゥースタン」**という国家を形成するよう決められた。

当然のことながら、このいわゆる分離発展政策はインド人と黒人の住民に激しい反発を引き起こした。彼らは結束して「アフリカ民族会議」（ANC）や「混血人協会」などの活動を展開したが、その指導者たちは不服従運動のすえに逮捕、殴打、投獄、殺害の結末を迎えた。一九六八年には、違反のかどで一〇〇万人近くのアフリカ人が逮捕され、またマルクス主義者を筆頭に、ネルソン・マンデラ〔一九一八～二〇一四。政治家、大統領（一九九四

〜九九〕のような黒人指導者たちも投獄された。それでも反対運動は止まなかった。

　ボーア人の時代（一九世紀末）とアフリカーナー支配の時代（二〇世紀後半）とでは、南アフリカの人種差別のやり方が一変した。おそらくそれは、基本的にボーア人社会である南アフリカの白人社会がこうむった変化と連動しているだろう。この社会は市場経済、産業化へと転化を余儀なくさせられながらも、その一方で、伝統的に牧畜分野が重要であった。牧畜分野には、経済的な急成長がもたらしたものとはまた違った暴力がある。

　実際、長いことボーア人の地方では「こぶし、鞭、そして銃砲を使って」白人が黒人を支配し、黒人の反抗を抑えつけながら、それぞれが大地を糧に生活していた。ただ、その暴力は家族主義的な慣行のおかげで緩和されてもいた。鞭打つことは儀式化しており、家長は自分の子どもにも鞭をふるった。したがって、「暴力は家父長制の力学の根底にあって、これを補強していた」のである。

　黒人側についていうなら、土地保有農民である白人に対して彼らが行なった暴力行為は、いかなるものであろうと、制度の安定を維持するために贈り物・譲与物で埋め合わさなければならなかった。また、白人の土地所有者は黒人を家に招くことはなかったが、その代わりに、祈禱用として黒人に家を開放していた。同様に、長年仕える召使いの葬儀に出席したり、祝い事のあるときには自分の家畜を屠る許しを与えたりした。

　このような家父長制度のなかで、白人の土地所有者は、キリスト教徒名に指小辞をつけた名前を黒人に与えることによって***、黒人を子どもの地位にしばりつけていた。白人であれ黒人であれ最年長の長老に対する敬意は、どちらの人種においても一種独特な暗黙の了解を生んでいた。ごく幼い子どもたちはたいてい一緒になって遊び、思春期になるとようやく身分差がはっきりする、といった具合である。一方、チャールズ・ヴァン・オンスレン〔南アフリカの歴史学者〕が集めたある口頭証言によると、シュワァイツァー・レネケ〔北西州〕地区や高ヴェルト地域〔ヨハネスバーグを中心とする草原地帯〕では、イギリス人がボーア人に取って代わると、白人が黒人を扱うやり方は家族主義か

＊　古代ギリシアの軍人・歴史学者であるクセノフォン〔前四二六頃〜前三五五頃〕の散文。約一万人のギリシア人傭兵が、敗残兵となって延々と撤退するさまを描く。

＊＊　一九五九年のバントゥー自治促進法により定められたアフリカ人自治地域、ないし自治国。

＊＊＊　たとえばルイーズに指小辞を付すとルイゼットになる。親しい関係や子どもに対する場合などに使われる。

ら自由主義へとすっかり様相を変えたことが分かる。とはいえ、この地域もすでに貨幣経済になっていて、新しくやって来た土地所有者の自由主義的な考え方は、現実にはほとんど影響を与えていなかった。

「アフリカーナーの地主たちは、わしらに凝乳か絞りたてのミルク、それとうまい食い物をくれたもんだ。けれどイギリス人が何もかもやめにしちまった。代わりにくれたものといえば、一日に何杯かのミルクきりさ…。しかも、あいつら、何杯くれてやったかをいちいち数えていたよ。アフリカーナーは自分の身の回りのものを売りつけるなんてことはしなかった。ズボン、靴、その他いろんな物をくれたね。ところがイギリス人ときたら、自分の服まで売りつけにきたものさ。金払わせないでズボン一本くれるなんて、間違ってもなかったろうなあ」（チャールズ・ヴァン・オンスレン「一九〇〇年から一九五〇年のトランスヴァールの農場における家族主義と暴力」『アナール』＝Van Onselen *Annales E.S.C.* 1992-1所収）。

機械導入にともなって、黒人労働者を使役することの合理性が失われ、土地から追われたその労働者たちがばらばらになって鉱山などで働くようになると、ボーア人のあいだでも、このような伝統的な人間関係はしだいに崩れていった。その変化を率先して導いたのは白人である。今や白人にとって、家父長制的秩序を続けることに利点はない。ゆえに、穏やかな暴力の代わりとして、アパルトヘイトという絶対的な人種差別を導入したのである。

南アフリカにおける人種差別のやり方と、アルジェリアで蔓延したとされる人種差別のやり方を比較することは行き過ぎかもしれない。おそらく、アルジェリアでも差別はいくつかの領域でありえた、とはいえるだろう。たとえば、アラブ人のなかにテニス選手はいないがボール・ボーイはいる、「赤線地帯」がある、異教徒どうしの結婚はきわめて稀、といったように。ただ、ある意味でイスラームの側も固有の排他主義を分泌していたのであり、本国の人間やピエ・ノワールのうち、わずかな有力者を除けば、アラブ人宅の敷居を越えた者はほとんどいなかった。

ところで、南アフリカの黒人の怒りに油を注いだのは、アラブ人にとってのイスラームと異なり、宗教が保護の役を果たさなかったことである。実際、ランドルズ〔南アフリカの歴史学者〕の指摘によれば（Randles *Annales E.S.C.* 1975-4）、多くのバントゥー諸族〔アフリカ西・東・南部に広範に居住〕が自分たちの神話を捨てて伝道師の説くキリスト教の神に帰依した。逆に、ヨーロッパ人のほうは、彼ら自身の原理を脇におき、彼らが入植するまでバントゥー諸族のものだった互恵と交換の原理を採り入れていた。それまでバントゥー諸族のあいだでは王たちだけが物の価値を定めていたのだが、以後、物の値段は市場の論理に従って変化する。これでは、バントゥー諸族にしてみれば、生産物の価格が下がるたびにペテンにかけられたようなものだ。一方のヨーロッパ人にとっては、儲けがあるので痛くも痒くもない。バントゥー諸族は唯一の至高の神という考えをもたないので、騙された埋め合わせに、闖入したヨーロッパ人を懲らしめる武器として、霊力を使うことを思いついた。

その例がコーサ・マカナ〔?〜一八一九。コーサ人の戦士、預言者〕である。彼は、「最後に太陽が沈むときに死者たちが立ちあがる、大いなる復活の日」を待ち望んだ。その千年王国的ヴィジョン〔本書三七七頁訳注**参照〕は、一万人のコーサ人がグラハムズタウン〔南東部の東ケープ州〕の町に向かって蜂起する行動となって現れた（一九世紀初頭）。しかし、千年王国的運動の高まりによって部族の始祖らを聖書ふうの神々に変貌させることができたにもかかわらず、バントゥー諸族が受けたご利益はほとんどなかった。こうして彼らは象徴のレベルでも実際の交易のレベルでも、すべてを失った。彼らの「歴史」にしても然り。南アフリカの白人は、ヴェルト〔前出の高ヴェルトを囲む内陸草原地帯〕の地に、自分たちに先んじてバントゥー諸族がいたことを認めようとしなかった。また、黒人にはもっと北部にジンバブエ遺跡〔一一世紀から一八世紀に建設された巨大な石造建築の遺跡〕を建設するだけの能力があったのだが、考古学者が指摘するその根拠にもかかわらず、やはり彼ら白人たちはこれを認めようとはしなかった。ならば、黒人たちの恨み、苦しみ、怒りは、極限状態にあって当然なのだ。

オーストラリア――「犯罪者」が公正な法制定を願う国

一七八七年にイギリスがオーストラリアを占領したのは、ほかの領土と異なって、「カエル喰い」（フロッグイーター）〔フランス人〕と「ニシン薫製屋」〔ドイツ人〕による獲得をあらかじめ封じるためではなく、「犯罪者階級」を厄介払いするためであった。

ジェレミー・ベンサム〔一七四八〜一八三二。イギリスの法学者、哲学者。『パノプティコン』（一七九一）では理想的刑務所を提唱した〕は、これを「ひとつの実験」と表現した。ともかくも初めての実験であり、のちにフランスはギアナとニューカレドニア〔南太平洋西部の島群〕において、イギリスに追随する。しかし、イギリスとフランスではおのずと背景が異なる。

犯罪者たちをいかに処するか。これこそが、イギリス王ジョージ三世〔在位一七六〇〜一八二〇〕治下の議会で問題となっていたことだ。なにしろ当時は、ロンドンだけでも一一万五〇〇〇人の犯罪者を数えた。それでもなお、一八三〇年頃ロバート・ピール〔一七八八〜一八五〇。保守党の政治家、首相（一八三四、四一〜四六）。一八二九年に、スコットランドヤード（イギリス警視庁）を開設。自由貿易推進派〕が設立したただひとつを除いて、イギリスは警察をもとうとしなかった。自由が損なわれるというのが、その理由であった。犯罪の分類は、旅行客からくすねる「ドラッグ・スニーク」に始まり、ホテルで旅行者の荷物を《失敬する》「スヌーザー」、子どもの衣服をはぎ取ってゆく「スキナー」、等々と百種類ばかりにカテゴリー分けされていた。大都市の膨張にともなって犯罪は増加の一途をたどり、フィールディング〔一七〇七〜五四。イギリスの劇作家、小説家〕、ディッケンズ〔一八一二〜七〇。イギリスの小説家〕、マルクスらはこの都市膨張に随伴する貧困と残酷さを描いた。この時代の真の階級闘争がどこにあったかといえば、それは経営者と労働者のあいだではなく、犯罪者と勤労者のあいだにあったのである。

　とはいっても、ロバート・ヒューズ〔一九三八〜二〇一二。オーストラリアの歴史学者、評論家〕の巧みな表現を借りるなら、「犯罪はいまだ家内工業だった」（『（オーストラリアの）破滅の海岸』＝Hughes 1988）。つまり真の意味で組織された犯罪集団というものは存在しなかった。とすれば、一斉検挙も軍隊か海兵隊でこと足りる。かくして続々と犯罪者が彼らに引き渡され、しかるべき場所に無数の人間が閉じこめられている状態であった…。一枚の肌着を盗んだ一三歳の少女が死刑をいい渡された例があるように、ごくささいな罪でも私的所有に対する侵害であればすべて死刑というほど、処罰の法は厳格をきわめた。

　しかし、一八〇七年奴隷貿易廃止法を成立させたイギリス下院議員ウィルバーフォースの時代になると、人道主義的感情の高まりをまえにして、まず奴隷制そのものを廃止しようとする運動が勢いよく広がった。と同時に、その人道主義的な動きは犬を使った外科実験にも反対し、しだいに死刑執行もためらわれるようになる。その結果、一七四九年から一七五八年のあいだでは五二七名の死刑囚について三六五の公開処刑を数えたが、一七九九年から一八〇八年では極刑を宣告された八〇四名のうち一二六名を執行したにとどまり、執行の割合は六九パーセントから一五パーセントに激減した。

　そうかといって監獄も満員という有りさまならば、軍隊が預かったままの犯罪者をどう処したらいいのか。

　イギリス当局は、それまですでに犯罪者をアメリカ大陸に送り込んでいた。だが、独立を宣言してからの合衆国はもはやそれを欲しがらない。そこで生まれたのが、世界の果てに送る一計である。イギリスにとって世界の果てとはすなわち、クックがほぼ着岸したといえるオーストラリア*、カンガルーやコアラなどの奇妙な生物が生息し、「およそ人間とは思えない」人々もいる、あのオーストラリアである。ここなら犯罪者が戻って来ることもない、というわけだ。ひどい悪条件で最初に乗船した七三三名のうち、ちょっとした窃盗による受刑者四三一名、羊泥棒四四名、大がかりな盗みを働いた者九名、そしてなにがしかの暴力をふるった者が全部で三一名だった。約半数が二五歳以下である。要するに、「犯罪者」とはいっても、基本的にはごく若く、しかもささいな罪を犯した者たちだったのである。例のごとく壊血病がはびこり〔本書七六頁参照〕、二五二日間の苛酷きわまりない船旅の途上で、七三三名のうち四八名が命を失った。それでも本国イギリスには、二万五〇〇〇名もの「犯罪者」が、船旅の空席待ちリストに名を連ねていたという…。

これがあの「流刑囚《コンヴィクト》」の正体である。伝説が彼らを極悪非道の「犯罪者」に仕立てあげた。それゆえ今なお、あとから自由な身でアデレード〔サウス・オーストラリア州の州都。一八三八年に入植地として選定された〕にやって来た移民の子孫は、自分たちの住むこの南部オーストラリアが「流刑囚の地方ではない」と、とかく念を押したがる。しかし、彼らの祖先は、もともと犯罪者でなくとも、アボリジニ**大虐殺の時代を生きることによって、それと気づかずに犯罪者となったのである。そうでありながら、自身の不幸な過去ばかりが身にしみた祖先たちは、ニュー・サウス・ウェールズ〔南東部の州〕を、母国ではかなわぬ夢だった正義の地にしたいと願ったのだ。そのためだろうか、彼らの子孫にはイギリスを憎む者がじつに多い。

イギリス人たちがアボリジニと初めて出会った様子は、一七九八年頃、踏査隊の外科医ジョン・ホワイト〔一七五六～一八三二。イギリスの医師、博物学者〕によって記録されている。

「最初アボリジニのその男は、白人のわたしの握っている拳銃を見て、《それを使ってオレの体に穴をあけるつもりなのか》と手ぶり身ぶりを交えてわたしに尋ねているようであった。それから、穴をあけられるなんて信じられないといわんばかりに、拳銃などまったく恐れていない素振りを見せた。反対にその男は、自分の武器を胸のところに押しつけて、その優秀さをひけらかそうとした。そして、その武器が白人に致命傷を与えるほど危険なものであり、この武器の攻撃からは逃れられないことをわたしに納得させるかのように、彼は体を揺すった」（前掲書＝Hughes 1988）。

その後の展開がどうなったかというと、たちまちイギリス人によるアボリジニの大虐殺が始まった。けれども、イギリス人は良心にやましさを感ぜずに済んだ。というのも、アボリジニには、女性を血のでるほど殴ったり、待ち伏せして捕らえた戦士の頭蓋骨をこなごなにしたりする風習があったため、「われわれは人間じゃなく猿を相手にしているのだ」と思い込むことができたからである。

＊　ジェームズ・クック（一七二八～七九）はイギリスの探険航海者。通称キャプテン・クック。南太平洋、北アメリカの探険で知られる。オーストラリアでは南東部ボタニー湾に上陸し（一七七〇）、イギリスの領有を宣言した。著者フェローが「ほぼ着岸」と含みをもたせる書き方をしているのは、ヨーロッパ人以前の着岸（発見）を示唆するものであろう。

＊＊　オーストラリア大陸の先住民族。植民地化にともなって、かつての推定三〇～四〇万の人口が約五万人に激減した。

久しく公式の歴史は、先住民族に対するこうした残虐行為の記憶をもみ消してきた。民族学もそれに一役買った。たとえば、アボリジニに関する「古典的な」著作『オーストラリアのアボリジニ』（Elkin 1962）のなかで、ピーター・エルキン〔一八九一～一九七九。イングランド国教会牧師、人類学者〕は、一節全体を「一九三〇年以降の人口増加」に充てる一方で、前世紀における人口激減には一行も触れていない。おそらく、先住民族の四分の三が消滅したことなど、学術研究のどんな部門にも関わりがないということなのだろう…。

これに対し、アボリジニ側の記憶は、白人侵入の起源となったあの「キャプテン・クックの」到来を忘れずに伝えてきた。年寄りたちは自分の祖父母から聞かされたことを思いだして、幼い子どもたちにこう語ってきた。

「殺されてしまうぞ、戦うんじゃない、逃げるんだ。そいつらはお前たちの目ん玉をえぐり取って、鼻をもいじゃうのだぞ。そいつらにかまわずとにかく逃げろ…。だってな、ほら、昔あいつらはわしらのご先祖たちを犬ころみたいに鉄砲で撃ったじゃないか。白い奴らはな、ヌグンピン〔南西部アボリジニの言語グループのひとつ〕を撃ち殺しに来るんだよ…」（ローズ・デボラ・バード『隠された歴史』（Deborah Bird 1991 XX–XXI）。

子どもたちは祖父母が話してくれたことを小さなノートに書き留める。そうした物語を集めて成ったのが、マリカ・ワンジェック〔一九二七～八七。オーストラリア先住民族の画家・作家でオーストラリア先住民族文化省長官〕の呼びかけで作られた『アボリジニの子どもたちによるオーストラリアの歴史』（一九七五）である。そのなかにはあの大虐殺がこんなふうに語られている。

「ある日、見たこともない男たちを乗せた船が目に入りました。アボリジニたちは怖くなって、藪の陰に隠れました。それから丘の上に登りました。男たちが近づいてくると、そこからでっかい岩をごろごろと落としました。アボリジニたちは奴らが死んだと思いましたが、ぜんぜんそうじゃありませんでした。奴らは鉄砲を撃ってきたのです。アボリジニたちは、また身を隠しました。それから奴らに槍を投げました。男たちはうまいことよけながら自分たちの船に乗り込むと、いなくなってしまいました…。キャプテン・クックはまたやって来るといって、傷ついて帰っていきました…。すると今度は軍隊がやって来ました…。わたしたちはそいつらを殺したりしませんでした。だって友達でしたから。あっちは五〇人で、こっちは二〇〇〇人だから、奴らの大砲だって怖くありませんでした。藪のなかでなら、わたしたちにかなう者はいませんでしたし、奴らのほうは狩りがさっぱりだめで、じめついた季節になると、たちまち熱をだしました…。ところが、そいつらのひとりがアボリジニの女をひとり、またひとりと、自分のものにしたので、アボリジニの長老たちはそいつを殺す手はずを整えて、斧でそいつののどをかき切りました…。その後、白人の男たちはものすごい山狩りをやって、アボリジニたちを見つけると、残らず殺してしまいました」（Wandjuk 1977 参照）。

この子どもらの物語集には、もちろん神話の部分もあるが、事実の部分もまたある。ことに、道路と村の建設にあたる流刑囚を兵士たちが監視していた時期の、ボタニー湾沖で結ばれた白人との「和平」に関わる部分は事実である。さらに、これらの物語以外にも、ホバート〔南東部、タスマニア州の州都〕の美術館には、一八二八年に描かれた続き漫画のようなイラストがあって、総督アーサー・フィリップ〔一七三八～一八一四。イギリスの軍人、植民地行政官、ニュー・サウス・ウェールズ初代総督（一七八八～九五）〕の政策の様子がこう描かれている。

第一図――白人の乳母が黒人の赤ん坊に乳を含ませ、黒人の乳母が白人の赤ん坊に乳を含ませている。
第二図――赤・白・青の大きな制服をまとった将軍がアボリジニ代表団を迎える。
第三図――アボリジニの男がひとりの民間人入植者を殺す。
第四図――兵士たちがそのアボリジニを絞首刑にする。
第五図――民間人がアボリジニの男を狙って撃つ。
第六図――兵士たちがその民間人を絞首刑にする…。

たしかに図のなかには、部分的に根拠のない場面がある。しかし、わずかな期間とはいえ、民族殲滅など思いもよらなぬ穏やかな時期が存在したことも、うっすらと想起させてくれる。

アボリジニの人口は、一七八八年に総督フィリップが到着した時点で、三〇万から四〇万だったといわれる。それが一世紀後には北部と西部の土地に追いやられ、一〇分の一に減っていた。このあいだに大虐殺が行なわれたことは紛れもないが、人口減の理由には、残虐さや人種差別とはまた別に、このケースに固有の条件が二つ考えられる。第一に、流刑者を働かせる必要があったため、初期の総督たちはアボリジニをあえて「文明化」し使役しようとはしなかったこと、第二に、オーストラリアではほかの土地からの黒人奴隷連行が禁じられていたことである。こうして、アボリジニは事実上「役立たず」で、同化させようとしても「ムダな」人種、ということになった…。彼らを「手なずける」のは、ずっと後代になってからにすぎない…。

イギリス人入植者が自責の念にかられ、博物館の設置、口述調査、「アボリジニ研究センター」（キャンベラ）の開設等々、先住民族への再評価活動を開始するには、一九八〇年代を待たねばならない。時代の風潮、アメリカの模倣ということもあり、一九七〇年代の合衆国でインディアンの血筋を明かすことが望ましいあり方だったように、今日のシドニーでも、もうアボリジニの血筋を隠すようなことはない。今ではアボリジニと白人との混血が約五万人を数えるまでになっている。

当初オーストラリアは流刑囚の土地だった。しかし、処罰目的の植民地開拓はたちまち非難を招いたため、そのままの状態を続けるわけにはゆかなくなった。なかでもイギリスの政治家エドワード・ギボン・ウェイクフィールドの著作の影響が大きかった。たとえば『シドニーからの手紙』（一八三〇）では、払い下げ地の売却や移民志願者への助成等を管理することによって、目下の無秩序を計画的な植民地開拓に変えるよう提案している。そして、まさしく彼の働きかけを受けて、「ニュージーランド会社」や「南オーストラリア協会」がこの地への移民を組織した。ウェイクフィールドはアダム・スミス〔一七二三～九〇。『国富論』（一七七六）で有名なイギリスの経済学者、道徳哲学者〕の弟子のひとりだが、アダム・スミスの基本的考えは、土地・資本・労働を生産の基本三要素と見なし、この三者間でほどよい均衡を維持すべし、というものであった。

この点で、当時のオーストラリアの実情はどうだったのか。なるほど土地はあり余るほどある。しかし資本はなく、人手の確保もむずかしい。現地に着いた途端、人々はどこへともなく姿を消す。ましてや流刑囚ともなると、監視の目がなくなればたちどころに、というわけだ。かつてイギリス中が物笑いの種にした、自由貿易推進派ロバート・ピールの次のようなケースもある。彼はオーストラリア西部に三〇万エーカー〔一エーカーは約四〇アール〕の払い下げ地を手に入れ、三〇〇人を引き連れて当地に赴いたのだが、到着して半年後には、飲み水を調達するのもベッドメーキングをするのもすべて自分でやる羽目になっていたという。使用人という使用人がみな逃げだし、影も形もなくなってしまったからである。似たような憂き目にあった者はまだまだいる。どれもみな、自分や身内のために、広いといえばあまりに広い土地を望み、かえってうまく利用できなくなった例である。そこで、ウェイクフィールドは本国に対して次のように働きかけたわけである。本国からの入植者向けには適正価格で土地の売却を可能にすること、入植志願者の輸送を助成すること、貧しさのため土地を取得できない現地の人間、ことに流刑囚の子息らに定住を助成すること（アンドレ・ジークフリート「E・ウェイクフィールド」『植民地化の技術者たち――一九・二〇世紀』＝Siegfried 1947 p.175–194 所収）。この計画案が現実性をもつか否か。それはひとえに、最果ての地へゆくことがもはや処罰の一形態ではなく、幸福を築くために差しだされた好機なのだと、移民志願者たちが考えるかどうかにかかっていた。イギリスからオーストラリア（そしてニュージーランド）への渡航は、一八三〇年から一八四〇年までの一〇年間で六万八〇〇〇件。以降、増加の一途をたどり、一八八〇年から一八九〇年の一〇年間には三七万八〇〇〇件と頂点に達した。ドイツ人によるオーストラリア南部への移住のほうは、一八七一年以後、一〇年単位でわずか二〇〇〇件から五〇〇〇件ほどである（ハインツ・ゴルヴィッツァー『一八八〇年から一九一八年までの帝国主義』＝Gollwitzer 1970 参照）。

【法国家に向けて】　誰が、いかなる犯罪のゆえに、どのような処罰を受けるべきか。一七八八年（ボタニー湾に第一船団到着。植民地ニュー・サウスウェールズ建設決定）、初代総督アーサー・フィリップに提起された問題がこれだった。しかも、労働者となる流刑囚だけでなく、彼らの監視役の兵士たちもしかるべく待遇しなければならない。どちらも鉄の規律に従う。しかし鉄の規律といっても、シドニー沖への逃亡は不可能だったから、事実上は必要なかった。もちろんなかには、遠からぬところに中国か日本が、と考えて逃亡を試みた者もいるにはいたが、ディンゴ（オーストラリアの野生犬）の餌食になるか、さもなければ、あとで骨となって見つかるのが関の山であった。その流刑囚と兵士とのあいだに衝突が勃発するのは、流刑囚のほうが恵まれすぎている、と兵士が思ったときである。もちろん、これらの強制労働受刑者は仕事が苛酷なうえ、血のでるほど鞭打たれた。生涯に二〇〇〇回以上という猛者もいた…！　それでも、船団には男女同数の流刑囚が乗っていたので、彼らには女性と親しくなる可能性があった。それに、総督も理解していたことだが、服従しないからといって、そうそう鞭打つわけにもゆかない。それをやっていたのでは、大規模な工事が進まなくなってしまう…。という次第で、たちまち、「オーストラリアで流刑囚をやるのも悪くない」という風説がイギリス中に広まった…。

ところが実際はそうならなかった。流刑囚の息子や孫たちは初期の入植者と混じり合いながらも、依然として犯罪者扱いされ、鞭の掟を味わい続けていたのである。だから彼らは、ことあらば司法に訴えでた。イギリス王室を体現する権威ともいうべき軍人を相手にするとき、彼らにとってこの司法はたったひとつの頼みの綱となった。一方の軍人たちにしてみれば、厳しい軍律が相変わらずのしかかっていたから、流刑囚の子息らが自由な身分になることは妬ましかった。流刑囚の子孫がイギリス人としての自由を掲げ、自らの立場を守るため法律家に助けを求めたのは、こうした状況のなかでであった。その結果、オーストラリアの初期の政治家には、弁護士や裁判官を職業とする者が多く名を連ねることとなった。

重要な点はおそらく次のことだろう。つまり、徐々にではあるが、法律関係者が政治家を兼ねることで、法律用語が政治用語となったこと、そしてその結果、司法権が行政・立法権に対して優位に立ったことである。優位に立った背景には、決定事項を練るにあたって、法律家の言が決定打的な重みをもったということもある。決定事項を遂行する主体は二つあった。ひとつは、植民地時代の歴代総督、もうひとつは、一九〇一年〔この年、各植民地が連邦を結成してイギリスの自治領となった〕以降の政治の代表者たちである。ある証人の語るところでは、早くも一九世紀中頃になると、オーストラリア人はアメリカ人に似た尊大ぶりを見せたという。自国以外のどこの政府も無能と判定し、よそには見られぬ利己主義を抱えては、誰もが自己のささやかな利益を守ろうとした。そしてこの国では、入植者たちが受け継いだ負の状況を断ち切ろうとして、法秩序を設けたことが「裏目に」でた。もっとも、彼らにとっては親たちが行き過ぎた法を味わったのだから、法を正常な状態に戻そうとしたにすぎなかった、というわけだが。いずれにせよ、『見えざる国家』（一九九一）のなかでアラステア・デイヴィッドソン〔一九三九〜。オーストラリアの政治学者〕が示したように、オーストラリアでは、法律関係の特殊なことば遣いと訴訟好きな気風のせいで、政治や組合関係のリーダーが行なう重要な選択は、少しずつ無に帰していった。リーダーが社会主義者、自由主義者、どちらを自称するかに関わりなく、そうなのである。この国の人々は、絶えず、法に訴え、敗訴すれば期待どおりに解釈されなかったと思い込むのだ（Davidson 1991 参照）。

　歴史の報復というべきなのだろうが、法に訴えるようになったその結果として、逆にアボリジニの側が、大珊瑚礁の北にあるマレー諸島にからむ権利をオーストラリア人に認めさせたことさえある。そして、その流れのなかで連邦最高裁は、「先住民族権」という新たな所有権を作りだし、これによって、「無主地《テラ・ヌリウス》」という法解釈に終止符が打たれた。じつはそれまで、この法解釈が、「イギリス人到来以前のオーストラリアは所有者のいない空き地である」と定義づける根拠とされてきたのである。一九九二年にこの最高裁判決があってからは、ことにオーストラリア西部における多くの土地の法的資格があらためて問題となった。たとえば、クイーンズランド州〔北東部。鉱物資源が豊富〕では、ウィク人〔同州に居住する数部族のうちのひとつ。人口数ほぼ一〇〇〇〕が巨大企業CRA社〔現在のリオ・ティント・グループの前身で資源企業（原注）〕とそのアルミニウム生産に異議申し立てを行なっている。

　西オーストラリア首相リチャード・コート〔一九四七〜。在任一九九三〜二〇〇一〕は連邦最高裁の判決は国民投票に付されるべきだ、と提案する。ここでもまた、権利と民主主義の意思とが衝突する。公正さはどこにあるのだろうか。

併合された民族、征服された民族——ロシアとソヴィエトの独創性

　フランスが試みた少数のケースを例外として、ポルトガル帝国とフランス帝国は、同化ないし統合をめざす植民地戦略をとった。またイギリス帝国の場合は、一七八三年から一八三〇年にかけての短い帝国縮小期も含めて、イギリス連邦《コモンウェルス》と

いう戦略＊へと向かった。それまでもイギリス帝国は、ポルトガル、フランス両国の同化・統合とは異なる植民地戦略をとってきたのだが、アメリカ合衆国が一七八三年にイギリス帝国から離脱し独立承認を獲得したため、この戦略にも危険のあることが明らかとなり、連邦体制へと舵を切ったのである。

さて、これらの諸帝国に対して、一九一七年までのロシア帝国＊＊の戦略は、解決すべき併合の問題に直面するたびに、たちまち一国の枠を越えた論理に従って行動したところに特徴がある。すなわち、ロシア帝国の何よりの特徴は、民族的基盤をもたない帝国（ルースカヤ・インペーリア）、あるいは、ひとりの君主のもとに多様な民族がいる帝国（ラシースカヤ・インペーリア）ということであり、換言すれば、ひとつの国家的理想という名目をかざして、ツァーリに反旗を翻しかねない者たちを骨抜きにする戦略にほかならなかった。

しかしながら、ツァーリのもっとも頭を悩ませた問題がタタール民族併合であったように、ことは順調に運ばなかった（それ以外にも、ポーランドとスウェーデンの脅威があった）。タタール民族併合は主要な二段階をたどった。第一段階は一六世紀に始まるもので、歴代ツァーリの努力がヴォルガ川流域に向けられた時代である。この地域ではタタール人、バシキール人＊＊＊、チェレミス人＊＊＊＊などが共存ないし隣接していた。この第一段階はエカテリーナ二世の時代の一七七四年＊＊＊＊＊に終わった。第二段階は一七八三年＊＊＊＊＊＊のクリミアで始まる。どちらの段階の戦略も同類のものであった。カザン征服＊＊＊＊＊＊＊（二四一頁）のときよりクリミア征服のときのほうが、経験を積んだ分だけ、征服時に交わされる協定がより明確になっているとしても、やはり戦略は同類である。併合された側にとってみれば、どのみち協

（原注）同じように、現在、チリ南部におけるインディオのマプチェ人（チリ中南部からアルゼンチン南部に居住する先住民族。農耕と家畜飼育を生業とする）は法的手段を通じて、自分たちの土地を取り戻そうとしている。

＊　ここでは、宗主国対植民地という支配従属関係をもつ帝国に対する、独立国家間の自発的連邦体制を指す。

＊＊　ロシア帝国の時代とは通例は一七二一年から一九一七年までを指すが、著者フェローの考えるロシア帝国の時代はもう二世紀ほどさかのぼる。

＊＊＊　バシキール人は一六世紀半ばに一部がロシア支配下に入り、一七世紀初頭までには全土がその植民地とされながら、以後二世紀間ロシアへの反乱を繰り返したロシア西部の民族。一九九二年よりバシコルトスタン共和国（旧バキシール自治共和国）を形成。

＊＊＊＊　マリ人ともいう。一三世紀前半にモンゴルの支配を受けたのち、一六世紀中葉にロシアの支配下に入ったロシア西部の民族。一九九二年よりマリ・エル共和国（旧マリ自治共和国）を形成。

＊＊＊＊＊　この年、ロシア・トルコ戦争終結にともないキュチュク・カイナルジャ講和条約が締結された。

＊＊＊＊＊＊　この年、クリミア半島は完全にロシア領となり、セバストポリの港が建設される。

定が反古にされるのは覚悟のうえであったのだ。

そうはいっても、併合された民族に対するロシア政権側の姿勢は、諸変化の影響をこうむりながら変形した。第一の変形は、グルジア〔現ジョージア〕、ポーランド、バルト諸国〔リトアニア、エストニア、ラトビア〕など既存の国々を手中に収め、キリスト教信仰宣言を獲得したこと、第二の変形は、国内の非土着民をロシア化するために断絶政策をとったこと、第三の変形は、一九一七年の革命以後、ソヴィエト体制による民族自決政策を再評価したことである。

さて、一五世紀においては、「黄金の部族」（キプチャク・ハーン国）の解体によって、タタールすなわちトルコ・モンゴルの国がいくつも形成されていた。なかでも、カザンはモスクワ大公国にとって、もっとも直接的な脅威であった――「腹汚き小枝カザンは、黄金の部族なる悪しき樹木より離れ、苦き果実を結びし。かくて、部族のいまひとりの若君のもと、第二の国生まれけり」、と表現されたように。そのカザンの土地には、タタール人のほかに、トルコ人であるチュヴァシ人とバシキール人、フィン・ウゴル諸語に属するチェレミス人すなわちマリ人、モルドヴァ（モルドヴィン）人、ボチャーク人が集まっていた。* 一九世紀のロシア人歴史学者たちは否定しているが、当時のモスクワがカザンに対して、あるいは黄金の部族を引き継ぐほかのハーン国に対して、貢ぎ物を納めていたことは間違いない。しかしその一方で、イワン三世**〔一四四〇～一五〇五〕は、タタールの王子たちをモスクワの手元に人質として握っていた。チンギス・ハーン〔一一六七～一二二七。モンゴル帝国の始祖〕一族の内輪もめからどれほど利益を引きだせるか、理解していたからである。王子たちには、カザンを支配する少数の権力者を少しばかり味方につけさせた。イワン三世はこうした策略をめぐらせておいて、一四六八年に初めて情勢の建て直しを試みようとした。しかしこれは失敗した。立て直しが遂行可能になり始めたのは、カザンのある王族が、これまたかつての黄金の部族から枝分かれしたクリミアのタタール人に対抗して、モスクワのツァーリ〔イワン三世〕***と手を組んだときのことである。しかし、クリミアのハーンがカザン統治の正当性を主張するにおよんで状況は逆転した。

これ以後のモスクワは、より弱小の同盟国を求めた。その役割を果たしたのがチェレミス人である。イワン四世〔在位一五三三～八四。別名イワン雷帝。カザン・ハーン国、アストラ・ハーン国を併合したほか、北方進出を期してリヴォニア戦争〔一五五八～八三〕を始めた〕は、チェレミス人が前々から援助を願いでていたのをうまく利用し、「瀆神者サラセン人」〔中世ヨーロッパで「サラセン人」はムスリム全般を指した〕との抗争にけりをつけるために、カザン侵攻を決めた。クルプスキー〔一五二八～八三。ロシアの政治家、将軍、作家。イワン四世の寵を受けたが、のちに迫害を恐れリトアニアに亡命。一五七三年に攻撃文書『モスクワ大公の歴史』を上梓〕の伝えるところでは、サラセン人たちは「自分たちの国」〔モスクワ大公国〕を熟知していたという。**** そこで、モスクワを背後から攻撃すべくリトアニアに助力を求めたのだが、勝利を収めたのはロシア人のほうであった。カザンの終焉は、タタールの支配に甘んじるほかなかった諸民族にあまねく興奮を巻き起こした（一五五二、モスクワによるカザンの併合）。
とはいっても、「ロシアの平和《パクス・ローシカ》」が確立したわけではない。その証拠にタタール人、チェレミス人、チュヴァシ人、モルドヴァ人と反乱が拡大してゆき、それがステンカ・ラージン*****の時代（一六六七〜七一）とプガチョフ******の時代（一七七三〜七五）まで続くのである。ロシア人はカザンのタタール人貴族を潰滅させたうえで、すべての者に貢租「ヤサク*******」を納めさせた。一七六七年、エカテリーナ二世設立による法典編纂委員会に提出されたタタール人の「陳情書」では、二世紀を経てわれわれタタール人はロシア人政府に賛同することになったとし、義務を果たしている状況をこう披瀝する。

******(二三九頁)　カザンは一五世紀半ばに、ヴォルガ川中流域を占めるカザン・ハーン国の首都となりモスクワ大公国と抗争を続けたが、一五五二年最終的に占領、併合された。

*　チュヴァシ人は、カザン・ハーン国の支配を受けたあと、一五五一年にロシアの支配下に入り、一八世紀半ばまでにロシア正教会へ改宗。現在はチュヴァシ共和国（旧チュヴァシ自治共和国、ヴォルガ川中流右岸に位置する）を形成。ボチャーク人はウドムルト人とも呼ばれる。ヴォルガ川の二つの支流間に住んでいた民族。一五世紀末よりしだいにロシアに組み込まれ、一六世紀半ばに完全に併合、以後ロシア人入植者の流入で少数民族化した。

**　イワン三世は、モスクワ大公（在位一四六二〜一五〇五）としてヤロスラフ、ロストフ、ノブゴロド、トベーリなどを併呑・統一し、一四八〇年にはタタール軍の侵入を阻止して「タタールのくびき」に終止符を打った人物。ビザンティン帝国最後の皇帝の姪と結婚し、自らを「ツァーリ」と称した最初の君主でもある。

***　クリミアのハーンとはキプチャク・ハーン国の継承国家のひとつで、一五世紀前半にハジ・ギライ（?〜一四六六）がクリミア半島に建国したクリム・ハーン国のこと。

****　リトアニアは一三世紀に東ヨーロッパの大国となったが、弱体化したこの頃はポーランドとの王朝連合を築いていた。リヴォニア戦争（一五五八〜八三。バルト海進出を狙うロシアとリヴォニア騎士修道会、ポーランド、リトアニア、スウェーデンとの戦争）のさなかにポーランドの属領となり、ポーランド分割で解体。

*****　ステンカ・ラージン（一六三〇〜七一）はドン川流域のコサック（戦士集団）を率いた農民反乱の指揮者。一六六七〜六九年にかけて、ラージン指揮の下層コサックはカスピ海へ大規模な略奪遠征を行ない、一六七〇年春にアストラハンを攻略した。その後、多くの農民と少数民族がラージンに合流したが一六七一年にはラージンが捕縛、処刑された。農民反乱としての「ラージンの反乱」は一六七〇〜七一年のものをいう。

******　プガチョフ（一七四二頃〜七五）は、ドン川流域の下層コサック。一七七三年、プガチョフはコサックと共謀してロシア皇帝を僭称、反乱を起こしたが、政府軍に破れた。その後、地主農民や農民軍を味方につけて勢力を伸ばしたものの、結局は逮捕され一七七五年に処刑された。

*******　おもに毛皮による物納の税金。ヴォルガ流域とシベリアの先住民族に課された。

「女王陛下の愛されてやまぬ御祖父にして、誉れ高く、また幸福このうえなき故ピョートル大帝〔一世〕陛下に、わたくしどもはお仕え申したし、それ以前からたびたびの戦に参加したものでありました。すなわち、七一一二〔一六〇四〕年には修道会を捨てた売国奴グリーチカ〔偽ドミトリー一世（本名グレゴリー・オトレピエフ）?〜一六〇六〕を倒すべく、七一二〇〔一六一二〕年にはカザン地方のタタール人反徒を討伐すべく、七一九七年〔一六八九〕にはアストラハンのカルムイク人*からサマラ〔ヨーロッパ・ロシア南東部、ヴォルガ川に臨む都市〕を守るために、七一六二〔一六五四〕年にはポーランド人からスモレンスク〔ロシア連邦西部、同名州の州都〕を守るために、七一六六〔一六五八〕年にはバシキール人の暴動を鎮圧する折に…」。

このようにして、ロシアのツァーリに仕える国内異民族の数は、一六六〇年頃ほぼ二〇〇〇人だったのが、その半世紀後には二〇倍に膨れあがっていた（ボリス・ノルド『ロシア帝国の形成―研究、ノート、資料』=Nolde 1952 参照）。

それと同時に、広範囲にわたる土地収用により、タタールのかつての君主や指導者階級の土地は接収された。彼らは独立を守ろうとして最後まで戦い、ほぼ残らず殺された。そして、ツァーリ、ロシア正教会聖職者、貴族の子弟、すなわちモスクワの宮廷に仕える人々が土地と戦利品を奪い、軍人とその家族が入植者の大半を占めることになった。植民地開拓は軍人が先頭に立ち、他の者がこれに続いた。ただし、国内異民族の財産は保護されていた。たとえば、すでにミハイロヴィチ・アレクセイ〔在位一六四五〜七六。ロマノフ朝第二代皇帝でピョートル一世の父〕の法典（一六四九）では、あらゆる階級の貴族とロシア人に、タタール人、モルドヴァ人、チュヴァシ人、チェレミス人、ボチャーク人、バシキール人らの所有する土地の購入・交換・抵当設定ばかりか賃貸すらも禁じていた。逆に、これら国内異民族のほうもロシア人が所有する土地を手に入れることは不可能であった。それである種の均衡が成り立っていた。征服者側がこうした均衡を作りだした例はめずらしい。要するに、誰もが自分の土地を離れることができなかったのである。

しかし、均衡は長続きせず、ピョートル大帝〔一世〕がこの法体系を一掃してしまった。その一方で、これ以降、異民族のキリスト教化が懸命に進められていった。その結果、少なくとも理論上は、一八世紀にチュヴァシ人、チェレミス人、モルドヴァ人の改宗にこぎつけた。ただタタール人ばかりは抵抗を見せ、自由にモスクを建て続けること、聖地メッカ行きの通行証をだすことを、正面切って要求した…。そこで、ロシア正教会は西洋におなじみの手口を、少しずつ彼らに使い始めた。つまり、子どもをキリスト教に取り込むこと、徴兵免除の代わりに洗礼を強制すること、反乱の温床となっている「マホメット教徒」の学校をロシア人聖職者に運営させること、などである。

一九世紀のロシアにとって問題となったのは、タタール人のあいだでは愛国心以上にイスラーム文化が執拗に残っていたことである。かつてロシア化政策に根強い抵抗を見せたカザンのタタール人共同体は、一八九七年に人口二三〇万を有し、特色ある社会へと変貌していた。すなわちこの共同体は、その地方の工場の三分の一を擁して、中央アジアとの通商を一手に引き受けていたのである。カザンのタタール人はこうして、イスラーム世界全体のなかで最初の、鍛え抜かれた強力な中産階級をもつ共同体を作り、ロシア帝国内における民族運動のリーダーシップをとるようになった。またこの共同体は、一九一七年以前に、イスラーム世界で初めてのフェミニズム運動を紡ぎだした。

一方、バシキール地方の植民地化は、ウラル山脈の両側とその拠点ウファ〔ウラル山脈南部〕の周囲で行なわれたが、こちらは形態がまったく異なっていた。その理由は、この半遊牧世界では統一性がなく、したがってロシア人の掟を押しつけることがより容易だったことによる。この地方でのロシア人は貢租ヤサクを他と同様に毛皮で納めさせたが、貴族には「タルハン」(貢租ヤサクの免除者)の地位を与えることによって彼らを味方につけた。こうしてロシア人に保護された貴族階級の者たちは、チュヴァシ人、ボチャーク人、タタール人の難民を迎え入れ、この難民たちが彼らの土地を開拓した。ロシア人入植者は一七世紀中頃までさほど多くなかったものの、定住者となった彼ら入植者はたちまちバシキール人と衝突を起こした。この衝突は一七二八年まで恒常的に続くことになる。そしてこの年ようやく、ロシア国家、バシキール地方諸族、入植者という対立する三者の権利・義務を確定する憲章が決まった。バシキール人としての自覚が初めて表明されるのは、一七五四年のことである。アブダラー・ミアグサルディン〔生没年不詳〕に率いられた、イスラームの民族運動という形でそれは生まれたのだが、じつのところ彼もまたタタール人であった。いずれにせよ、ミアグサルディンは、「神のご加護によってロシア人どもを追い払おう」と思っていた。

ミアグサルディンはまた、「あの薄汚いロシア野郎どもに協力することは拒否せよ、奴らの血を流せ、奴らの財産を略奪せよ、そして奴らを囚われの身にするのだ」と呼びかけた。むろん、ロシア人による弾圧はすさまじかった。数多のバシキール人が虐殺を恐れて(南部の)キルギス人**〔二四五頁〕の奴隷になろうとするほど、過酷な弾圧だった。踏みとどまって生き延び

---

* カルムイク人は西モンゴル人の末裔でオイラートともいう。一七世紀に中央アジアから移動し、アストラハンに近いヴォルガ川下流西岸に定着した。

た者たちは、プガチョフの乱に身を投じた。

一七七四年末には、「反徒とバシキール人はふたたび陛下の王杖のもとにひれ伏す」と、エカテリーナ二世への報告書のなかでペトロ・パーニン〔一七二一～八九。ロシアの軍人。退役後の一七七四年エカテリーナ二世に再招集されてプガチョフの乱平定にあたった〕は書いている。

さらに時が下った一七八三年、かつての「黄金の部族」（キプチャク・ハーン国）から枝分かれしたもうひとつの国、クリミアのハーン（クリム・ハーン国）が消滅した。これは国際紛争と重なったために、単にロシアとタタールのあいだの事件で済まなくなった。実際、クリミアのタタール人はすでにオスマン・トルコの宗主権下に入っていた。そのトルコの監視から自由なるために、彼らはペルシア人に助けを求め、トルコ相手に共同戦線を張りながら、ダゲスタン〔ロシア連邦南西部、北カフカスに位置する多言語・多民族地域。現ダゲスタン共和国〕に達しようとして、アゾフ海〔黒海北東部の湾入〕の北にあるステップ（温帯草原）を横切った。ところで、ロシア人もピョートル大帝の時代からアゾフの町に進出しており*、目前の状況を口実にこの地域に干渉できたばかりか、エカテリーナ二世の時代にはクリミア併合まで可能にした。この間にはさらに、ギリシア人やアルメニア人**がキリスト教徒迫害を逃れてアゾフ地域に向かってもいた。

クリミアの併合に際しては、政令と以下のような「声明」が発表された。

「クリミアの住民に対して、われわれの名において、またわれわれの後継者の名において、われわれは以下の反駁不可能な約束をするものである。すなわち、わが世襲臣民と対等であるとの基礎に立って彼らを扱ってゆくこと、そして彼らの生命、財産、寺院、さらには爾後も侵すべからざる父祖伝来の信仰、これらを保護することである。

われわれはまた、彼らのそれぞれの階級《サスタヤーニエ》が、それと対応するロシアの階級と同等の権利および特権を享受するであろうことも、約束する。われわれがもたらす安寧と引き換えに、彼らがわが臣民と同じく忠実であり、献身的であり、皇帝陛下の寵愛にふさわしくあらんことを、われわれは求め、かつ期待するものである」〔ゲオルギー・ヴェルナツキ『黎明期から一九一七年までのロシア史原史料』第二巻＝Vernadsky 1972 3vol.（全三巻）〕。

この声明を補完するものとして、エカテリーナ二世から新ロシア***の総督ポチョムキン公爵〔一七三九～九一。ロシアの軍人、政治家。一七七六年に新ロシア、アゾフ、アストラハンの総督となり、一七八三年にはクリム・ハーン国の併合をまとめた〕に宛てた勅令がある。これは関税、塩などの租税徴収に関するもので、次のような要求内容であった。

「租税は住民にとって過度の負担とならぬよう留意さ

れたい…。また、これらの収入は、モスクワ、学校および慈善事業の業務に使用することが望ましい。クリミアとタタール領のロシア帝国併合を讃える記念碑を建立すべきであろう。最後に、わが新しき臣民の何人《なんびと》たりとも、その者の意思もしくは願望に逆らって兵役を終えさせてはならない」。

北部カフカス、またとくにグルジアなどの諸「州」の併合は、新しく獲得したこの領土の地位をめぐり、サンクト・ペテルブルク〔一七一二年にモスクワから遷都し、一九一八年までロシアの首都〕で論議を呼ぶことになった。一八二〇年に起きたこの論争は、「植民地か否か」、ということが問題であった。

「これらの取得地はわたしたちの植民地といいうる。それには根拠がないわけではない…。というのも、南方からの製品をもたらしてくれる領土だからである…」。「わたしたちはそれを植民地と呼ぶ。なぜなら、政府はこれらの領土を国家体制に含めようとしないからである。政府はこれらをロシアの一部にしたり、住民をロシア化したりすることは望んでない。ただ単に、アジアの一州として、ただし、よりよく統治された一州として、維持しようとするにすぎないのである」。

この文面に見られるように、アレクサンドル一世〔在位一八〇一～二五。バルト地方の農奴解放、拷問廃止などを実施する一方、外交では、ナポレオンの膨張政策と対峙した〕の時代のロシアでは、のちにフランス人が保護領《プロテクトラ》と呼ぶものが植民地といわれた。一方、タタールやそのほかの中部地域は帝国の一部をなし、その地方の住民はイワン雷帝やピョートル大帝の時代〔一五世紀後半と、一七世紀後半から一八世紀前半〕にロシアから与えられた保障を徐々に失うことになった。

同じ運命は、フランス革命（一七八九）からナポレオン時代（一八〇四～一五）へと転換する頃に新たに併合された領土、すなわちグルジア、フィンランド、ポーランドをも襲うことになる。

**（二四三頁）　キルギス人は北アジアに祖をもち、トルコ化して中央アジアに住むチュルク系民族。大半がムスリムである。現在はキルギスタン共和国を形成する。

*　この町を含むドン川河口地帯は、一六九九年のカルロビッツ条約（オーストリア・トルコ戦争）によりオスマン帝国からロシアに割譲された。

**　アルメニア人はイラン、トルコ、カフカスが接するアルメニア地方の住民。アルメニアは四世紀初頭に世界で初めてキリスト教を国家宗教とした。

***　新ロシアは一八世紀末にオスマン・トルコから獲得した地域（黒海からアゾフ海にかけての沿岸地域）の呼称。

一八〇一年には、グルジア併合が宣言された。その背景として想起されるのは、ゲオルギー・イラ・クリエヴィッチ一二世〔カルトリ・カヘリア（東グルジア）最後の王（在位一七九八〜一八〇〇）〕がロシアへの併合を求めざるをえなくなり*、ロシア人がこの併合を「恒久的なもの」として受け入れる情勢になっていたことだ。グルジアは、掌握している領土に対する権限を保持しつつ、住民はその社会的地位に応じて、ロシア人と同等の地位を享受することになった。

さらに一八〇九年になると、ロシアはそれまでスウェーデンの支配下にあったフィンランドを併合した。このときの布告では、「この国の法律、慣習、宗教の保護」を謳い、各身分の自由と権利を保障した。それは、「ロシアへ従属する誓約が自由な意思のもとになされた」（前掲書＝Vernadsky 1972）ことをツァーリが認めたという謂であった。さらに換言すれば、これはロシアの専制君主たるアレクサンドル一世がこう認めていたことを意味する。つまり、フィンランドにおける自分は、フィンランド人の自由意思によって選ばれたツァーリにすぎない、と。

一方、ポーランドの場合は、はるか先を行こうとしていた。一八一五年ウィーン会議の結果、アレクサンドル一世はこの国の領土の主要部分を受け取ったのだが、そのとき彼は、ポーランドに国家という地位を認めることで、いかにもこの専制君主らしいリベラルな姿勢を見せた。もちろん国家といっても、支配者としてのアレクサンドル個人と切り離しがたい国家であり、独立した外交政策もなかった。なるほどそうである。ただ、その一方でポーランドは、憲法による恩恵を享受していた。すなわち、憲法はこう明記する。出版の自由が保障されること（第一六条）、軍隊はポーランド軍独自の制服および国籍を示す徽章をそのまま使用すること（第一五六条）、「白鷲会」「聖スタニスワフ会」〔いずれもポーランドの受勲者団〕などの団体はそのまま維持されること（第一六〇条）。

こうしてポーランド人は、ロシア人もかなわぬ真の立憲体制の恩恵に浴しつつあった。

憲法はロシア語とフランス語で記され、ポーランド人に上記した保障を与えることになっていた。むろん、「この自由主義的な体制を実施するにあたり」、アレクサンドル一世は、ポーランドの例が同胞ロシア人におよぼす効果を充分に意識していた。それがまた彼の欲するところでもあった。

しかし残念ながら、この神の恩寵ともいえる時期、つまり一八一五年の憲法と一八一八年のポーランド議会におけるアレクサンドル一世の宣言によって生まれた自由な体制の時期は、彼が没する一八二五年までの、わずか数年しか続かなかった。

【ソヴィエト体制の民族政策】 一九一七年一〇月以降、ソヴィエト体制の民族政策は、内乱期（一九一七〜二三）に独立した領土（ウクライナ、グルジア、アルメニア）の回復をまず最初に試みた。ひとまず武力による占領が完了すると、作戦は二期にわたって行なわれた。まずは二国間同盟の時期、次いでこれら諸国が独立した外交と軍事力を失う時期である。この展開は、スターリン〔一八七九～一九五三。ソ連共産党の指導者〕時代以前の一九二三年から一九二四年にかけて完結している。さらに時は下るが、ほかの民族の場合も、やはり同じ展開を踏むことになる。スターリンは、ソ連という枠のなかで再統合に敵対する指導部、たとえば汎イスラーム的社会主義のスルタン・ガリエフ〔一八八〇～一九三九?。タタールの政治家。マルクス主義理論のムスリム世界への適応をめざしたが、一九二三年「民族主義的偏向」の理由で逮捕され、三九年以降消息不明〕やポアレ・シオン〔一九〇六年に結成されたマルクス主義に立脚するシオニスト政党〕などに対して、断固たる粛正をもって臨んだ。

じつのところ、革命で自由になった民族がひとつの実体として生まれ変わりうること、また、その民族が強制力によってしかソヴィエト共和国に統合されえないこと、この点が一九一七年の時点でのボルシェヴィキ〔ロシア社会民主労働党が一九〇三年に分裂したときの、レーニンに導かれた多数派（少数派はメンシェヴィキ）。旧ソ連共産党の前身〕には考えられていなかった。たしかに、レーニンは大ロシア排外主義**を問題にした。しかし実際には、その夢想された大ロシア中心政策が挫折したのは、ロシア人のせいではほとんどなく、ジャコバン主義***を信奉し権威主義的で中央集権主義を標榜する、新ジャコバン派の連中のためだった。彼らはいろんな手口を使った。民族自決権を民族全体からこっそりと労働者階級だけの手に渡したこともあれば（ウクライナ、フィンランドの場合）、「労働者階級の政党」へと民族自決権を移したこともある（ブハラ奪回〔一九二〇年、赤軍の軍事介入によるソヴィエト革命ののち、ブハラ人民ソヴィエト共和国が成立した〕のときがその例）。また、モスクワの政府が、多少とも実質性のあるナショナリズムの出現をうながした事例もある。たとえば、ポーランドを犠牲にして西部のベラルーシ〔ヨーロッパ東部の共和国。東側でロシアと接する。旧ベロルシア（白ロシア）〕を組織化し守ったナショナリズムや、トルキスタンをバルカン半島のように小国に分断したナショナリズムがこれに相当する。あるいはさらに、トルコ解放戦争に立ち上がったアタチュルクや日本人などの外国の干渉を「未然に防ぐ」ために、再征服が行なわれた地の事例もある。ただしグルジアの場合は異なる。ここでは一九一九年、グルジアに進駐したドイツ軍が撤退したあとでモスクワからの介入が行なわれ、グルジ

---

* カルトリ・カヘリア（東グルジア）王国はゲオルギエフスク条約（一七八三）によりロシアの保護領となった。しかし国王ゲオルギー・イラ・クリエヴィッチ一二世は、イラン、トルコの脅威から王権を護るために、自国のロシア帝国併合を要望していた。
** 大ロシア主義ともいう。多民族から成るロシア帝国、ソヴィエト連邦のなかで、ロシア人が主導的立場をとるべきだとする考え方。
*** ジャコバン主義とは、所有権の制限に基づく小所有者の平等社会を理想とし、これを実現するために革命独裁をとる思想運動。

アはモスクワとの同盟条約の調印を余儀なくされた。

いずれにせよ、相手が再征服された共和国であれ、それ以外の地域であれ、ソヴィエト当局の行動は同じような現れ方をした。その際、以下に列挙する一連の措置が用いられた。

――ロシア人でない民族の領土の地位を決定する機関、たとえばカフ・コム（カフカス委員会）、ムスコム（ムスリム委員会）、『民族生活』出版委員会のような組織は、ロシア人以外の民族を使うこと。そもそも、「ナルコムナト」（民族人民委員会）などは、ロシア人以外の民族で構成されていた。しかし、実際には、それぞれの民族のなかでボルシェヴィキの数は少なく、委員会のメンバーになるボルシェヴィキを確保すること自体が難問だった。

――帝政期にロシア化の犠牲となった民族文化の再生。これは、たとえばアルメニアのように、真の民族文化復活へと発展することもあった。またカフカスの民族のように、民族的な自己覚醒がもたらされるケースもあった。その結果として、顕在的か潜在的かはともかく、それら民族の不満が部分的に解消した。この点で、カルムイク人にまさる例はない。彼らの政治体制は、自らの少数民族文化をソヴィエト国家に役立たせながら、同時に自民族文化の利益になるように機能したのである。もっとも、逆にこの政策が原因で、のちのちになって、ウズベク人〔本書二五三頁訳注＊参照〕、カザフ人、タジク人等々のトルキスタン地方諸民族が反発しあうようにもなった。

もともとこの政策には、ソヴィエト化に代表されるマルクス主義の社会発展ヴィジョンと、民族に関するレーニン・スターリン的実践との矛盾が胎胚していた。半世紀後には、それが露呈するのだが…。

――各地に散らばる民族的、連邦的、国家的単位（連邦共和国、自治共和国、地域、自治領）がすべて嵌り合い、まるでロシア人形＊のように、ひとつの集合体を築くこと。この措置によって、非ロシア人の知識階級《インテリゲンチャ》が形成され、彼らの居住地域において準国家的な職務を彼らに委ねることが可能になった。現実的な権限レベルとはいわないまでも、少なくとも代表権レベルでは、そうであった。しかしながら、時が経つにつれ、その職務は増加・拡大し、ペレストロイカ＊＊の時代になって弊害が目立つようになった。たとえばアゼルバイジャン〔カフカス山脈の南、カスピ海側〕の首都バクーでは、警官がアゼルバイジャン人でアルメニア人と反目し、逆にアルメニアの首都エレヴァンでは警官がアルメニア人で…というような具合である。

――全ソヴィエト的レベルで、連邦の立憲体制のなかに非ロシア人の指導層を徐々に増やすこと。これは終始一貫した政策であった。スターリン〔グルジア生まれで本名はジュガシビリ〕とミコヤン〔一八九五～一九七八。政治家。アルメニア人革命家として頭角を現し、一九六四年に最高ソヴィエト議長就任〕以後、フルシチョフ〔一八九四～一九七一。ウクライナ第一書記（一九三八～四九）、ソ連共産党第一書記（一九五三～六四）〕やシュワルナゼ〔一九二八～二〇一四。ソ連外務大臣（一九八五～九〇）、グルジア大統領（一九九五～二〇〇三）〕らの作った非ロシア地域での職務にはその証拠が見てとれる。その浸透力は緩慢だが不可逆的で途切れのないものであった。もっとも、すでに一九二〇年代半ば以降の時点で、ソヴィエト国家の最上層部では逆転傾向が見られた。とくに党中央委員会では、逆にロシア人の比率がしだいに高まっていた。

一九九一年にソ連を消滅させた原因はいろいろ考えられるが、消滅した頃の特徴とそれ以前の特徴とを対比させてみれば、いくつかの原因は納得がいくだろう。たとえば、消滅の時期には、ソヴィエト国家の最上層部に非スラブ人（非ロシア人）がほとんど見当たらなかった。ということは、カフカスや中央アジアの諸共和国を掌握するロシア人がほとんどいなかったということと同義である。

——連邦と民族、という二重国籍の身分規定を作ること。これは、大多数の非ロシア人にとっては政治的格上げと感じられた。しかし、とりわけユダヤ人のように、領土的身分規定をもたぬ国籍の市民からは、逆に、強圧的措置と見なされた。各人に、固有の国籍を選ぶ自由が与えられたとはいっても、それはことばのうえの自由にすぎない。ユダヤ人にとっては、実質的には、ユダヤ人であろうとすればソ連人になることを放棄することになり、ソ連人になろうとすればユダヤ民族として敵意にウクライナやロシアでは）役人からユダヤ民族として敵意や差別を受けるわけだ。このような事情で、シベリア東部にユダヤ人向けのビロビジャン（エブレイ）共和国が建設されるのだが（ここは一九三四年に自治区となった）、ペレストロイカ直前には、居住するユダヤ人はわずか一万人を数えるのみである。

——ロシア人も非ロシア人も法的にソヴィエト化すること。これにより、身分規定の平等化がもたらされ、連邦の端から端まで画一的な政治的文化が敷かれた。とはいっても、スターリンの反動およびそれにともなう粛清があったために、ソヴィエト化はロシア化を繰り返しているにすぎないと感じられた。第二次大戦でドイツ軍と接触した民族（クリミア半島のタタール人、イングーシ人、ヴォルガ川流域のドイツ人など）はそうではないが、ウクライナでも、あるいは戦後のバルト諸国やモルドヴァ共和国〔別称モルダヴィア共和国〕でも、序列の上部の者がロシア人を重用することをやめない限りは、結局のところソヴィエト化はロシア化にほかならない。それゆえ、もし身分規定の平等化が民族的アイデンティティーを解体する

* マトリョーシカ人形のこと。胴の部分で上下に二分でき、なかに同形の小型の人形が入っている。これが何回か繰り返される入れ子式構造になっている。

** 「建て直し」を意味するソ連の改革運動。一九八五年、ゴルバチョフ（一九三一〜。ソ連最後の書記長。ソ連最初の大統領）により主導された。

と考えるならば、ソヴィエト連邦全体に共通の法律が増えることは、かならずしもそこにロシア色が明瞭に表れていなくとも、それはやはりロシア化として受けとめられた。バルト諸国でロシア語を話そうとしないのと同じように、イスラーム文化圏諸国では異教徒どうしの結婚が相対的に少ないわけだが、こうした現象は、ウクライナでもグルジアでもさらなる文化的、政治的、宗教的な抵抗があったことを告げている。

国家の首脳部はさておき、一般ロシア人側の民族感情はどうかというと、彼らはことに、グルジア人、アルメニア人、ユダヤ人などの民族がソヴィエトの特定の機関（ラジオ、テレビなど）をじわじわと占領してゆく状況に、ようやく反応し始めた。つまり、大ロシア主義という民族感情の覚醒とは、征服された諸民族の抵抗の裏返しであった。ともあれ、一九八〇年代にはこの大ロシア主義が、潜在的な体制反対の一形式となった。

こうしてみると、旧ソ連における人と制度の状況と、アルジェリアにおける人と制度の状況とでは、共通点がまるでない。アルジェリアと違ってソ連では、それぞれの共和国が実質的に自治権を獲得したからである。ただひとつ、外面的に似通っているところを取りあげるなら、次の点だ。一九五〇年代のアルジェリアの「原住民」は、フランス人に対して、時に応じてムスリム、アラブ人、アルジェリア人という具合に自己規定しようとした。これと同じく、中央アジアの先住民族は、ロシア人に対して、ムスリム、トルコ人、ペルシア人、ウズベク人、タジク人であろうとしたのである。

しかし、中央アジアにおいても、ペルシア民族の真の中心であろうとする場合は、また別に論じなければなるまい。この場合は、いくつかの植民地が介在して領土拡張が行なわれた点で、特異な例となっている。

【領土拡張手段としての被植民地民たち――タジク人の例】

ロシア・ソ連による領土併合とひと口にいっても、西ヨーロッパでは、一方にはバルト諸国に対するそれのように「民族の征服」と定義されるケースがあり、他方には、とくに中央アジアに対するそれのように「植民地」と見なされるケースがある。だがソ連内では、この二つの区別はなされなかった。ソ連を構成するそれぞれの共和国の法規が、あくまで「マルクス主義の」イデオロギーに則り、それぞれの必要に応じて練り直されたさまざまな基準によってできていたからである。しかも、ソ連領ではない隣接諸地域との関係においては、モスクワの政府はひとつの関係モデルを定立し、このモデルが、いまだ統合されざるそれら地域の民族を組み込むための基礎を準備することになった。かくて、果てしない領土拡張政策へと道が開かれた。併合という前代未聞の方法は、もちろん各辺境の地域社会の意志によって実行されたのだが、そこに一貫性を与えたのは、共産党の存在である。辺境の地域社会は、当然のことながらソ連帝国の内部にあって共産党に服従している。したがって、領土拡張政策の代行者とならざるをえなかった。

領土拡張はいくつもの段階を経て、しかも、特徴的な形で進展した。それがもっとも端的に現れたのが、タジキスタンの場合である。

領土拡張政策そのものの初登場は、一九一七年のロシア革命後、民族自決権によるフィンランド独立を承認したときである。このときのスターリンの説明によると、フィンランドの民族自決は「人民にではなくブルジョワジーに与えられており、しかも社会主義政府の手を通して与えられたがゆえに、われわれの意志に反して実施された」(一九一七年一二月)。そこで、フィンランドのボルシェヴィキがタンペレ〔南西部にあるフィンランド第一の工業都市〕にいわば陰の内閣〔与党内閣に対抗して野党が組織する秘密内閣〕をつくると、モスクワの政府は今度はこちらのほうを承認した。こうして民族自決権は民族から労働者階級へと移ったことになり、ここで第一の意味のずれが生じた。モスクワの政府はウクライナでも同じように、キエフ〔中北部にある首都〕のラーダ政権*ではなく、ハリコフ〔北東部〕政権**のほうを承認した。第二の意味のずれが起きたのは、ブハラのケースのように、モスクワが、扱いにくい労働者階級の代わりに「労働者階級の党」を正当な決定機関として結成させたときである(一九二〇)。

また別の領土拡張方法もあった。すなわち、隣国の領土の一部をソ連領だと主張する場合、その国境付近のソ連領内で民族運動を作りだす手口だ。このタイプは、(フィンランド領)カレリア〔現在はロシア連邦北西端のカレリア共和国。西側でフィンランドと接する〕を狙って(ロシア領)カレリアで、さらにベラルーシで、文字どおり生みだされた(ベラルーシでは一九一七年以前から自治独立運動が存在したが、社会主義者たちはその正当性を認めなかった。一九二〇年以降、スターリンはベラルーシに、リトアニアとポーランドの一部を要求するよう焚きつけた)。

ソ連領とイラン領にまたがるアゼルバイジャンでは、上記の二つの領土拡張方法を多少接合して使った。しかし、タジキスタンの場合は、接合の度合いが一段と強く、領土拡張に寄せるスターリンの妄想はとどまることを知らなかった。

タジク地方は、アビセンナ〔九八〇～一〇八八。イブン・シーナー。哲学者、医者〕やフィ

* ウクライナ中央ラーダ政府のこと。ロシア化政策に抗してウクライナ化政策を推進し、ロシアの臨時政府と対立したが、一九一八年四月のクーデタにより崩壊。

** 一九一七年から一九三四年まで、ボルシェヴィキ・ソヴィエト勢力の拠点。

ルドゥーシー〔九三四〜一〇二五。叙事詩人〕を輩出した文明の中心地であり、古代ソグディアナ〔サマルカンド、ブハラを中心とした地方〕とほぼ重なる。この地方は、チュルク諸語を常用するウズベク人*の支配下にあり、ペルシア語を常用するブハラ・ハーン国とコーカンド・ハーン国のあいだで、久しく対立の焦点となっていた場所である。一九二四年、ウズベク・ソヴィエト社会主義共和国のなかの自治区域（タジク・ソヴィエト社会主義自治共和国。以下タジク・ソヴィエト自治共和国）となったこのタジク地方は、とくに教員たちの活動が功を奏して、タジク・アイデンティティーを再構築するにいたる。タジク人たちは旧ロシア領のトルキスタンを「斧で切り分けること」に抗議した。「切り分け」によって、タジク文化の中心であるブハラやサマルカンドがウズベキスタンに併合されたからである。自分たちの都を奪われたタジク人は、まずは、自己のアイデンティティーを証明しなければならなかった。そのやり方はほかでもない、自分たちの言語を近代化することだった。彼らは、タジク語をウズベク語から切り離し、アラビア文字の代わりにラテン文字を用いることで、自らの母語に新たな価値を与えた——「かくてラテン語化は、民族性を主張する計画に組み込まれたのである」（G・ジャハンギリ〔イラン出身の社会学者〕）。むろんスターリンも、タジク人が典型的な最下層農村住民である限りでは、ウズベク人を弱体化させるために、このタジク人の運動を支持した。何といっても、タジキスタンをほかと同等のソヴィエト共和国にすれば、地平線が広々と開けるだろう…。

「第七の共和国」と呼ばれる現在のタジキスタン共和国（改称一九九一）は、かつてイスラームが治めたブハラの東部地域をもって一九二四年にその原型〔タジク自治共和国〕が成立した。成立時、バスマチら**との闘いによる傷跡をいったん癒し、ドゥシャンベ〔西部にある首都〕に参謀本部をおいたエンウェル・パシャ〔一八八一〜一九二二。オスマン帝国の軍人で青年トルコ革命の中心人物。のちにトルキスタンにおけるバスマチ運動（訳注**参照）に与した〕の変を忘れ去ったこの頃のタジキスタンは単なる一自治共和国の地位に甘んじる立場にあった。それが五年後の一九二九年にタジク・ソヴィエト社会主義共和国（以下タジク・ソヴィエト共和国）の地位に引きあげられた。この昇格は、ソヴィエトを支持するアフガニスタン国王アマーヌッラー〔在位一九一九〜二九〕の失脚を穴埋めする形で行なわれた。さらに、モスクワ政府は、このタジク・ソヴィエト共和国に対してより広い基盤をもたせるため、東側にあるゴルノ・バダフシャン〔現タジキスタン共和国内の自治州。南側でパキスタンに、東側で中国の新疆ウイグルに接する〕の一部、すなわち世界の屋根パミール高原を与えた。しかし、本来ここはキルギス人の居地であるから、モスクワ政府がタジク・ソヴィエト共和国に過度に肩入れしなければ、そのままゴルノ・バダフシャンという別の政治的単位にまとめられるべき地域であった。タジキスタンを、トルコ世界を成す他の自治共和国に帰属させず独自の共和国として成立させえたのは、タジキスタンがペルシアに帰属しているという名目があったからである。

そればかりか、タジク人の歴史に対するソ連側の見方に立てば、この地はペルシア文化全体の中心地なのであった。少壮の歴史学者ながら、タジク共産党の第一書記でもあったボボジャン・ガフロフ〔一九〇八～七七〕が、こう念を押していたのも不思議はない。二三〇〇年ほどさかのぼれば、この地域からアレクサンドロス大王を追い払ったスピタメネス〔?～前三二八。古代ソグディアナ地方の豪族で、アレクサンドロス大王軍に抵抗した〕はタジク人であり、モンゴルの侵略に初めて立ち向かったのもまたタジクの民であったのだ、と。タジキスタンは、偉大な詩人フィルドゥーシーの祖国でもある。ならば、この地の本来のアイデンティティーと文化を、すなわちテヘラン〔イラン北部の首都〕を牛耳る反動政権に破壊されていたそれらを取り戻すには、ペルシア人による手助けが必要かもしれない。モスクワの政府は、現代のペルシア人革命家アブルカシム・ラフーティ〔一八八七～一九五七。イランの民主主義者、タジク詩の先駆者〕をタジキスタンの国民的詩人に仕立てあげたが、彼はその著作のなかで、イランはやがて汚れもなくなり、自由な、「ソヴィエト的土地」になるだろう、と予言していた。

　ここでいう「汚れ」とは、むろん、アングロ・イラニアン石油会社〔現在のブリティッシュ・ペトロリアム会社。一九五一年までイランの石油利権を独占していた〕の石油利権のことである。

　再生ペルシアの拠点となるタジキスタンは、同時にまた、アフガニスタンにおけるソ連の勢力を取り戻す起点としても役立つはずだった。これは一九七九年に最終的な影響がでてくるほど息の長い話となるだろう。事実、アフガニスタンは反ソヴィエト政権を標榜するバスマチ運動の拠点であったし、運動の指導者たちもそこに避難していた。アフガニスタンはソ連を内部破壊する勢力と見られていた。そのため、アフガニスタンをソ連に併合する考えはずっと残っていたのである。そもそもソ連の百科事典には、アフガニスタンの民族はタジク人、ウズベク人、トルクメン人***であり、どれもみな正真正銘のソ連内民族である、と記されていた。また、タジク人の数は二〇〇万から三〇〇万で、ヘラート地方〔アフガニスタン北西部〕で二四パーセント、カブール地方〔アフガニスタン東部〕で四八パーセントを占める、等々とも記載されていた。ソ連の民族史家らによれば、一八世紀にアフマド・シャー・ドゥッラーニー〔在位一七四七～七二。アフガニスタンのドゥッラーニー朝創始者〕治下のアフガン人がブハラ・ハー

* ウズベク人はトルコ系民族で、ウズベキスタン共和国を中心に中央アジアに居住。
** バスマチは「匪賊」の意のトルコ語でソ連側がつけた呼称。バスマチ運動は、ソヴィエト政権に対して中央アジアの完全独立とイスラーム擁護を掲げ、おもに一九一八年から一九二四年にかけて農村地帯でのゲリラ戦を展開した。ソ連時代は反動とされたが、ソ連崩壊後は独立運動としての見直しが始まっている。
*** トルクメン人は中央アジア南西部トルクメニスタンを中心に居住するチュルク系民族。

ン領の南部を切り離したために、タジク人はバハ地域〔タジキスタン南部、アフガニスタンとの国境付近〕を失うことになり、それでタジキスタンは解体してしまったということになっている。しかし、じつをいえば、もともとタジキスタンは多民族国家だった。要するに、ソ連としては、こういう具合に歴史的回顧をしておけば、アフガニスタンの一部を取り込むときに一役買うはずという計算があった。少なくとも、旧トルキスタンに紛争が起きた際には、このタジク人が、カブールのアフガニスタン政府による新たな介入を防いでくれるはずだった。

一九二四年、タジク・ソヴィエト自治共和国を建設するに際して、スターリンはそこの指導部にこんなメッセージを託している。「ヒンドゥスターン平原〔インド亜大陸北部の沖積平野〕を間近に控えた、新しい労働者の共和国、タジキスタンに栄えあれ…。オリエントの民の模範例とならんことを」。しかしこの方針も、一九四七年にインドが独立するにおよんで、その意味と効力を失った。それでもやはり、勝ち誇るソ連華やかなりし時代にあって、一九四八年のスターリン賞受賞者トゥスン・ザデ〔一九一一〜七七。タジキスタンの作家〕は、インド人にタジキスタンとの力の結集を呼びかけている。そしてそれに応えるかのように、タジキスタンの首都ドゥシャンベ（スターリナバード）の人口は以後二〇年間に五〇〇〇人から八万二〇〇〇人へと膨らんだ。

イラン、アフガニスタン、さらにインドへと延びるこのソ連による壮大な領土拡張政策は、タジキスタンを取り巻く現実、すなわち、現地住民の思考様式とぶつかった。現地の指導部は最高指導者スターリンの戦略的ヴィジョンをよく呑み込んだうえで行動したわけではない。しかし、たしかに自らのエネルギーを振り絞った。それが何のためかといえば、自分たちにより馴染み深く、取り組みやすく、大衆受けする目標に、つまりロシア人を追い払って大タジキスタンを建設する目標に到達するためだった。もちろん、そのタジキスタン建設は、隣のウズベキスタンを取り込んでなされるはずだった。一九三一年から一九三三年の時期に達成されなかったこのタジク人による領土拡張政策は、一九九四年に実現し始めるのだろうか。＊

＊　一九九一年のソ連解体とともに独立したタジキスタンは、翌年から共産党系の政府とイスラーム系反政府勢力とのあいだで内戦状態に入った。一九九四年九月に停戦協定が成立して、一一月の大統領選で旧タジク共産党員のラフモノフ（一九五二〜）が選出された。

第5章
ばら色の伝説と黒い伝説

植民地をもつ国には、いろいろなばら色の伝説が生まれる。伝説は、植民地に関係する「政党」から生まれたり、作家や芸術家の想像力から生まれたり、母体はさまざまである。これと同様に、黒い伝説も作りだされている。植民地が誕生して以来、こちらもいろいろなものを母体に、多様な姿で現れている。二〇世紀に入ると、これらの伝説は双方とも、とくに映画を表現媒体とするようになる。

植民地化は基本的に経済活動の結果である、と西洋は主張しようとした。しかし、植民地化は同時に、西洋文化を宣教しようとする企てでもあった。文化を宣教しようという意思は、自分たちより劣っていると判断される人々に対して、キリスト教を教え、文明化させることは自分たちの使命である、と考えることに由来している。このような優越意識の現れを問題視する人々は当初からいた。おそらく、植民される側は、この意識がさまざまな面に投影されていることを敏感に感じとっていただろう。しかし、彼らのなかに、もっとも長期にわたる怒りと反抗の情動を呼び起こしたものは、彼ら民族のアイデンティティーに関わる人種差別、という次元の問題だった。植民する側はそれを意識していただろうか。おそらく、植民地化の原理を問題視していた人々は気づいていただろう。しかし、問題視したその人たちですら気づかなかったことがある。植民される側の人々のなかに、少なくともある種の人たちのあいだに、ヨーロッパが彼らを支配する以前から人種差別が存在していたことである。

率先して植民地礼賛の叙事詩を謳っていた者たちは、宣教的意図をもつ者たちとは別の展望をもっていた。新聞やグラビア雑誌や絵はがきをとおして、また教科書や植民地博覧会、とりわけ一九三一年のパリ博覧会をとおして、植民地についてあらゆる組織的な宣伝が行なわれていたが、大なり小なりその装置を動かしていたのは、圧力団体《ロビー》をもつ「植民地党」といわれる集団であった。帝国主義政治が成立する以前、イギリスではトーマス・カーライル〔一七九五～一八八一。思想家・歴史学者〕のような人々がイギリス人の優越性を叫び、ロシアではホミヤコフ〔一八〇四～六〇。詩人〕やチュッチェフ〔一八〇三～七三。詩人、外交官〕のような人々がスラブ人の優越性を叫んでいた。こうした動きが発端となってフランスの「同盟」（リーグ）*が生まれ、この「同盟」の成立からまもなく、次のようなグループが各国に組織された。イギリスの「ラウンド・テーブル」、ドイツの「ドイチャー・ナティオナール・フェアアイン」、イタリアの「ソシエタ・ナツィオナーレ」、などである。フランスにおいては、一九一四年以前のエチエンヌ〔一八四四～一九二一。植民地主義政治家〕や、ことに第一次大戦以後のポール・ドゥメール〔一八五七～一九三二。政治家、インドシナ総督（一八九七～一九〇二）、大統領（一九三一～三二）〕といった人が、「植民地党」の活動を盛りあげたおおもとの人物だった。

さて、こうした政治的上層部という上からの思想的な影響に、今度は横から西洋社会の情緒に深く訴えかける第二の影響が加わる。この伝説は、自然発生的に生まれ、すぐに大衆の心に浸透した。

　この伝説は、経済的あるいは政治的目的をもっていたわけでも、帝国の偉大さを讃えることを狙っていたわけでもない。ただ、想像力を刺激し、夢を見せようとしていただけだった…。

紀行文学からジュール・ヴェルヌへ

　このことでは、まず最初に、紀行文学の果たした役割をあげることができる。オクターヴ・マノーニが『植民地化の心理学』のなかで指摘しているように（Mannoni 1961）、紀行文学のプロトタイプをなすのは『ロビンソン・クルーソー』〔ダニエル・デフォー（一六六〇〜一七三一）の主著。一七一九年刊〕である。彼によれば、『ロビンソン・クルーソー』以後、シャトーブリアン〔一七六八〜一八四八。フランスの作家。北アメリカの自然を描いた『アタラ』（一八〇一）などで知られる〕、フェニモア・クーパー〔一七八九〜一八五一。アメリカの作家。主著『モヒカン族の最後』（一八二六）〕、ベルナルダン・ド・サン・ピエール〔一七三七〜一八一四。フランスの作家。『ポールとヴィルジニー』（一七八七）ではインド洋上モーリシャス島を舞台にした〕まで、ヨーロッパは先住民族との接触の時代に入り、一連のエキゾチック文学が生まれた。その初期の主人公たちはアメリカ大陸で生活している。最初に成立した小説構造は、たとえばシャンフォール〔一七四〇〜一七九四。フランスの作家〕の『インディアン娘』（一七六四）やコールマン〔一七六二〜一八三六。イギリスの劇作家〕の『インクルとヤリコ』（一七八七）のように、ヨーロッパ人と未開の先住民族の娘との恋愛が物語となり、娘が純粋さを表すのに対しヨーロッパ人のほうは堕落を表す、といったように、はっきりした型をなす登場人物によって構成されている。また、ピエール・ロチやジョゼフ・コンラッド〔一八五七〜一九二四。ポーランド生まれのイギリスの作家。『闇の奥』（一九〇二）などで知られる〕の小説では、タヒチやトルコが描かれ、その社会はつねにわれわれヨーロッパの社会よりも公正である。こうしたことに刺激されて、人々は旅立ちへの誘惑にかられることになる。

　続いてこれらの小説の後押しをし、人々を同じ方向へ駆り立てることになる第二の作品群は、冒険小説である。冒険小説には、まさに冒険家と化した人物によって一連の英雄的な行動が描かれるが、形を変えてそこに表されているのは、じつはヨーロッパで遭遇するさまざまな困難にほかならない。このような婉曲な形を使って帝国の偉大さを讃える作家には、たとえばラドヤード・キプリングがいるが、彼のような作家

＊　一八八〇年頃結成された極右の政治組織「愛国者同盟」（リーグ・パトリオティック）のこと。両大戦間に活発な活動を展開し、植民地主義をあと押しした。

たちとは別に、技術工業文明の生みだした新しい「エリート」像を作りだしている作家たちもいる。ジュール・ヴェルヌ〔一八二八〜一九〇五。フランスの作家〕はこうした新しい冒険者たちを創造した作家で、その人物たちの行動の舞台として、好んで植民地がとられている…。

ヴェルヌの作品は、人種差別と紙一重のところにあり、まだなお『ブーガンヴィル航海記補遺』〔フランスの思想家ディドロ（一七一三〜八四）の小説。一七七二年から一七八〇年にかけて執筆されたが、生前は未刊行〕のあいまいな立場をそのまま表している。つまり、彼の作品は、自然状態の優越性を認めはするが、真に文明化された進歩的世界、技術的世界、衛生的世界への移行を求める一八世紀観念論者の価値観にすっかり染まっており、植民地化の企てを、しかもあらゆる行き過ぎた行為さえ、たえず正当化しているのである。

『グラント船長の子どもたち』（一八六八）〔同じくヴェルヌの作品〕に登場するアラウカノ人の案内人タルカーヴは、「おごそかで静かで、自然な優雅さと、誇りに満ちた鷹揚さと、慎ましさと、献身と、自然世界に対する先天的親和性をもった」「善良な未開人」のプロトタイプである。またそれ以外の「善良な未開人」のタイプは、しばしばアメリカの辺境やシベリアの果てに、要するに真の意味で国家を構成しえなかった場所にいる。それとは反対に、「人間の顔をもった獣」である「悪しき未開人」は、しばしばブラック・アフリカや「ダッタン人」〔一般にトルコからモンゴルの遊牧民を指す〕の国におり、平民であるより指導者であることのほうが多い。つまりそれは、うっすらとした形で、むしろフランスやその同盟国であるロシアの企てに逆らう者たちをそう描いているということだろう。他方、世界の指導者たちに反逆する人間を表しているネモ船長〔ヴェルヌ『海底二万マイル』（一八七〇）の主人公〕は、自分はインド人でありたいと思っている。彼は『蒸気で動く家』（一八八〇）の人物〔同作品に登場するインド人ナナ・サヒブ〕のように、あるいは「侵略者に対して一歩また一歩と抵抗する誇り高い人々」であるニュージーランドのマオリ人〔ポリネシア系の先住民族〕たちのように、反イギリスの姿勢をとっている。

ここから分かるように、ジュール・ヴェルヌの作品の中心にはイギリスの植民地体制に対する批判がある。それはたとえば、オーストラリアのイギリス人たちの態度を表す際、「あいつらはまるでサルだ、と少佐はいった」と描くくだりに現れている。入植者たちは肌の黒い先住民族を野獣のように見なしていた。イギリス人たちは先住民族狩りをし、彼らを銃で撃ち殺した。しかも、これらオーストラリア先住民族が自然法の埒外にあることを証明するため、法学者の権威まで利用した。シドニーの新聞には、先住民族の効果的な整理法として、毒で大量虐殺するという案すら掲載されていた。ジュール・ヴェルヌは、タスマニアとオーストラリアを扱った『ブラニカン夫人』（一八九一）のなかで、「〔…〕殺人集団が大規模に組織され、いくつかの部族が完全に消滅した」、そして「もしある人種の抹殺ということが、植民地化の進展の最後を飾るものであるなら、イギリス人は自分たちの仕事を見事に完遂したと誇るのであろう」と書いている。

ジュール・ヴェルヌは一八四八年のパリ二月革命流の理想主義を自分の方針としていたが、実際には、イギリスの植民地政策による犠牲者に対してだけその方針を適用している。

しかも、ヴェルヌにおいては、進歩の思想、つまり技術の進歩と連結している文明の進歩思想が、ほかのあらゆる思想にまさる。民族の権利は、民族がこうした文明に関わっている限りにおいてしか、真には存在しないのである。したがって、『マティアス・サンドルフ』（一八八五）〔ヴェルヌの作品。主人公マティアス・サンドルフはハンガリー人〕に見られるように、ハンガリー人やポーランド人に対する彼の同情は完全なものである。だが、進歩を拒絶する人々に対してはそうではない。「権利は力のまえでは消え去る。たしかにそうだ。しかし、文明は決してあとずさりしない。文明のもつあらゆる権利は、その必要からおのずと生じるように思われる」。「インド人が消え去るのは、進歩の法則である。アングロ・サクソンのまえでオーストラリアとタスマニアの先住民族が消え去ったのも、進歩の法則である。おそらく、アラブ人たちは、いつかフランスの植民地化によって絶滅することだろう」（『ラ・ジャンガダ』〔一八八一。ブラジルのアマゾンを舞台にしたヴェルヌの小説。〕）。ジャン・シェノー『ジュール・ヴェルヌの政治思想を読む』＝Chesneaux 1971 所収）。

じつのところ、ジュール・ヴェルヌがイギリス人の心情としたもののなかには、フランス人一般が共有するものもいくつかあった。ことに、黒人には獣のような者もいる、といった表現などがそれである。批評家ジュール・ルメートル〔一八五三〜一九一四。フランスの文芸批評家〕は、一八八七年九月一九日、次のように書いている。

「今週は、何も目新しい興行がなかった。わたしが見て面白いと感じたのは、動物馴致園〔動物に直に触れることのできる、パリで営業していた動物園〕のアシャンティ人くらいのものである。この馴致園はなかなかいいところである［…］。子どもたちはそこで、旅行記のなかで取りあげられる不思議な動物を見て喜ぶし、またダチョウの引く車に乗せてもらったり、ラクダの背に乗せてもらったりもできる。さらに、楽しさを完全にしたいなら、未開人を子どもたちに見せることである。もっとも、見せたからといって、人類について誇りに満ちた観念が与えられるわけではない［…］。さて、おそらくみなさんはわたしに、この人たちは何のために生まれてきたのだろうか、と尋ねることだろう。そうしたら、こう答えることにしよう、ゴールドコーストのアシャンティ人やほかの未開人たちは、いつの日かわれわれに仕えるために存在するのだ」と。

映画による役割交代——『軽騎兵の突撃』*

小説や新聞雑誌のあとを受けて、「植民地主義者的」なものの考え方を世間に浸透させる役割を担うようになったのは映画である。それに貢献した巨匠たちの何人かは、その事実を忘れたいと思っていた。たとえば、ジャン・ルノワール〔一八九四〜一九七九。フランスの映画監督〕は、「左派の」映画『人生はわれらのもの』や『ラ・マルセイエーズ』を撮り終えたすぐあと、『ル・ポワン』誌で「回想記」を書いているが、その際、映画『ル・ブレッド』（一九二九）だけは引用することを避けている。理由は想像できる。アルジェ占領一〇〇周年を祝うために政府の出資によって制作されたこの映画は、まず征服を讃えることから始まっており、「植民地化を宣伝するのに有益な作品」（『アフリック・フランセーズ』誌、一九二九年五月）と見なされていたからである。じつのところ、『アフリック・フランセーズ』誌は、この映画を有益な作品リストにあげながら、厳しく批判していた。というのも、この映画にほとんどアラブ人が登場しないからである。しかし、その点についての批判ということであれば、一九三四年に制作されたジャック・フェデーの『タロット占い』のほうが、はるかにアラブ人の登場が少ない。この特徴は、帝国主義全盛期の一連の映画に共通のものなのだ。なるほど、ジュリアン・デュヴィヴィエ監督の『ペペ・ル・モコ』（一九三七）に見られるように、カスバ〔アルジェリアの旧市街、ムスリム地区〕はたしかに登場する。しかし、それは植民地化にあらがう隠れ場として描かれているのではなく、むしろ筋の展開に必要な重苦しい書き割りとして設定されているにすぎない。ほかの映画でも、たとえば『ラ・バンデラ』（一九三五）〔監督ジュリアン・デュヴィヴィエ〕のように、たしかに北アフリカの地が物語の舞台として使われてはいるが、たとえ映画の撮影がフランス国外で行なわれているとしても、それはちょうどシェークスピア劇の古代ローマのように、舞台自体にほとんど歴史性はない。

　ともかく、西洋映画においては、まるで「他者」であるかのように「現地人」が存在しないのである。そのうえ、もし現地人がいたとしてもその役は西洋人が演じる。(原注) それでもなお、先住民族そのものを登場させたいなら、やることはただひとつ、その人物を西洋的にするのである。ところで、ピエール・ソルラン〔フランスの歴史学者〕が明証したところによれば、『ペペ・ル・モコ』においては、アラブ人とユダヤ人とが同じように見なされている。また、ずるがしこい振る舞いとか、おどおどした視線とか、背後に隠されている一九三〇年代あたりの反ユダヤ主義的表現が、この映画においてもすべて使われている。それよりもさらに進んだ形で先住民族が登場する場合、たとえば、もしモーロ人の女性が入植者に恋をするといった筋書きである場合、映画は劇的な悲劇の様相を呈する。アルジェリアを舞台にしたピエール・ビヨン〔一九〇一～八二。フランスの映画監督〕の『突風』（一九三五）では、初めて現地人の女性が主人公になっているが、そのテーマは「タブー」で、それを犯せば彼女はもう二度と元には戻れない、という設定になっている。

　舞台が熱い砂漠だろうと、カスバやあるいは賭博場だろうと、『あるアフリカ騎兵の物語』（一九三六）〔監督ミシェル・ベルンハイム〕から『ラ・バンデラ』まで、主人公はたいてい兵隊である。このジュリアン・デュヴィヴィエの『ラ・バンデラ』には、たしかにアラブ人が登場する。しかし、ほとんど目立たず、しかも登場すれば登場したで植民地化が作りあげた秩序を破壊する「下司野郎」でしかない。この物語は、スペイン領モロッコで展開し、外人部隊の栄光を描くことに主眼がある。志願兵たちは、反逆する現地人に対する平定作戦を生き延びることで、あるいはそのために死ぬことで、自らの罪深い過去を浄化する…。

　軍隊がおよぼすこの種の機能についてさらに見てゆくなら、一九三四年のモロッコを撮ったパテ・ニュース映画〔「パテ」は、シャルル・パテ（一八六三～一九五七）が一九〇四年に創設したフランスの映画社〕のニュース解説は、映画によくあるいわば「いい違え」を利用して、あきらかに同様の作為を行なっている。以下は、モロッコ山中を行くトラック部隊の映像につけられたナレーションである。

「部隊の移動と並行して、民間人のやむことのない移動がある。今もし《征服》ということばを口にしていいとすれば、それは、ここでは平和のための征服がなされようとしているからである。よく見ると、兵器の脇にトラックの列がある。これは民間のトラックである。トラックは軍より先に来ており、軍のあとに従い、軍の食糧補給と、平定した要塞地《カサール》の食糧補給を行なう。トラックは、整備された道、自然にできた道、時には道なき道を通って、まさに彼らのいうとおり《自然の真っただなかを》走って到着する。民間人であるトラックの運転手は、モロッコの冒険における真の騎士であるが、多くの者が

＊　クリミア戦争におけるイギリス軽騎兵の活躍を映画化した作品（一九三六）。監督はハンガリー出身のアメリカ人マイケル・カーティス（ミハーイ・ケルテス。一八八八～一九六二）。

（原注）　たとえば、『ラ・バンデラ』のアナベラ、『白人奴隷』（一九三九。マルク・ソルキン監督）のダリオ、『西洋』（一九二七。アンリ・フェスクール監督）のル・ヴィガンなどがそれである。ほかの映画でも、この事実は見つかる。『東洋の顔』（原題『大地』一九三七）〔アメリカ映画。シドニー・フランクリン監督〕では、主人公の二人の中国人をアメリカ人であるポール・ムニとルイーゼ・ライナーが演じている。

ハンドルを握って命を落とした。そのために、以後彼ら民間人は、用心深い俊敏なガードマンとなる装甲車を一緒に連れている。注目すべきは、これらの装甲車は軍のものではない、ということである〔強調は引用者〕。それは企業家たちの所有で、彼らは抵抗勢力、反乱者、盗賊たちから隊員を守ることに腐心している。指揮をするのは民間人だが、軍は、この方法の利点を認めて、下士官の率いる一部隊を民間人に提供している。装甲車は現地人である無法者たちによほど効き目があったのか、これが加わってからというもの、民間人らは、一台の車も失うことなく、それまで到達に困難をきわめた要塞地《カサール》の人々への食糧補給に力を注いでいる」。

パテ映画のドキュメンタリーにおけるトラック部隊にしろ、『軽騎兵の突撃』の騎馬部隊にしろ、この種の活動自体は一世紀もまえからあったし、よく似た活動はインドの国境地域でも行なわれてきた。そうした事実そのものはさして重要でない…。しかしながら、『軽騎兵の突撃』のように大英帝国の栄光を描くイギリス映画とそれ以外の映画とのあいだには、違いが見られる。イギリス映画においては、スーダンを舞台にした『四枚の白い羽根』（一九三九）〔原題は『四枚の羽根』。監督ゾルタン・コルダ（一八九五〜一九六一）〕を除いて、植民地で人生の巻き返しをしようという社会のはみだし者たちは姿を見せない。むしろ反対に、オックスフォードやケンブリッジを卒業したばかりの花咲ける青春期の若者たちが登場する。また、ヘンリー・ハサウェイ〔一八九八〜一九八五。アメリカの監督〕やマイケル・カーティスの映画では、デュヴィヴィエやフェデーお気に入りの場所である賭博場や売春宿に代わって、植民地総督の舞踏会、クラブ、狩猟が描かれる。もちろん、ハサウェイとカーティスはアメリカの映画人であるが、彼らもイギリスの映画人と同一の倫理思想のなかにあると見てよかろう。しかも、ジェフリー・リチャーズ〔イギリスの歴史学者〕が『過去の幻影』（Richards 1993）で見事に分析してみせたように、イギリスの映画人はみな、型にはまった同一の考えを抱いている。たとえば、イギリス人の権力者は、イギリス人的規範に則った正当と見なされる理由によって権力を行使するのに対し、先住民族の専制君主たちは、権力に飢えているがゆえに、自分たちの統制下にある人民に圧制を加える、というように。それゆえイギリス映画においては、二つの社会体制の隔たりは（つまり『軽騎兵の突撃』の場合はインドとイギリスの隔たりであるが）、ユーモア、冷静沈着、スポーツ好みといったまったくイギリス的とされる特徴と、インド特有のものとされる特徴とが、それぞれ誇張した形で表現されることになる。

イギリス映画がこのようにして描く先住民族には、いくつかの型がある。なかでも「忠実な者」という型はもっともよく作られ、好んで子どもがその役に当てられる。たとえば映画『ガンガ・ディン』に登場する先住民族の子どもは秘教結社スッグに囚われている西洋人の主人公カッター（演じるのはケーリー・グラント（一九〇四〜八六。イギリス出身のアメリカの男優））を救うため、塔に上ってラッパを吹き、そのために死ぬ。そして子どもの思い出はずっと主人公の心に生き続ける。また、もうひとつ、「勇敢な敵」という型では、大英帝国のヴィジョンというものがありありと表現される。映画『カーツーム（ハルツーム）』（一九六六）（監督バジル・ディアデン（一九一一〜七一））でイギリス人と戦うマフディー教徒の族長（演じるのはジェームズ・メイソン（一九〇九〜八四。これはローレンス・オリヴィエ（一九〇七〜八九）の誤記であろう））はあまりに魅力的なために、イギリス人がいくら殺されようと、この族長のほうに共感が寄せられる。一方、これとは別種の型の先住民族がいる。それを見ると、こうした映画がもつ人種差別的な性格がじつによく分かる。というのも、そこで描かれるのは、西洋化したい先住民族、またそうすることでイギリス人たちに認められたい先住民族だからである。ところが、彼ら先住民族がそこに到達することはもともと不可能であろう。たとえば、『軽騎兵の突撃』に登場する先住民族スラット・ハーンは、オックスフォードで学び、クリケットの名手であるが、この人物の奥底には邪な人間性がある。したがって当然のごとく裏切るか、誓いに背く。教育を受けた先住民族は、ほとんど例外なく邪な人物となるのである。(原注)

このことは、じつのところ、イギリス人の抱いている恐怖心を表している。イギリス人は、植民地の先住民族が教育を身につけ、それによって自分たちイギリス人による先住民族支配の正当性が疑問に付されることを恐れているのである。かつて、イギリスの指導者階級は、本国において植民地出身者への無償の公教育が行なわれることに敵意をもった。そのとき彼ら指導者階級が抱いたのと同じ恐怖の幻影が、ここに姿を変えて立ち現れたと見ることができる。違うところがあるとすれば、植民地においては、実力をもって台頭してきた先住民族階級にしても、イギリス人より下位とされ、そう感じられている、ということである。

(原注) ここに、ナチスの二者択一的な反ユダヤ主義を見いだすことができる。すなわちナチスにおいては、ユダヤ人ジュース（ドイツの作家フォイヒトヴァンガー（一八八四〜一九五八）の小説『ユダヤ人ジュース』の主人公。一九四〇年、ナチスはこの小説を歪曲して映画化し、反ユダヤ主義の宣伝に用いた）はどこまでもユダヤ的であり続け、軽蔑すべき人物である。さもなければ、ジュースは近代人になるのだが、そうなったらなったで、「彼を信用してはならない…」となる。

バルトロメ・デ・ラス・カサスと植民される側の擁護

新大陸の先住民族の擁護を訴えたバルトロメ・デ・ラス・カサスの声は、植民地の暴力に反対して発せられた大いなる叫びであった。たしかにその声は、早くも一五三四年にインカへの戦争を告発したフランシスコ・デ・ビトリアの声に遅れはした。しかし、ビトリアがそのとき異議を唱えていたのは教皇の贈与権〔一四九三年の大教書で教皇アレクサンデル六世が「新発見」の領土をスペインに授与すると明記したことを指す〕の原理についてであり、その異議申し立ては教皇が世俗世界の主ではないということを論拠としていた。それに対して、ラス・カサスの訴えは本質的に人道的なものだった。新大陸における征服の過程を記録すべく、『インディアスの破壊についての簡潔な報告』（一五五二）を起稿したとき、ラス・カサスは執筆の動機についてこう説明している。祖国カスティーリャが犯した大いなる罪、それゆえに神が祖国を破壊しはすまいかとわたしは恐れ、愛国の情に突き動かされてこれを記した、と。つまり、「流された人間の血の叫びが、今や天にまで届く」状況にあったからなのだ。ルカヨ諸島（バハマ諸島）で、続いてイスパニョーラ島で犯された数々の犯罪。それを目撃した彼は、その事実を記述するのに、必要な場合にはあえて情報の出所を明らかにしたり、自分と同じ考えを持つ修道士が記した調査書（「プロバンサス」）を引いたりしている。彼は、たしかに福音書をインド〔ここでは、新大陸のこと〕にもたらすべきだと思った。しかし、本来、自然の権利からして自由たるべき人間どうしが戦争や暴力ばかりに明け暮れていては、自分に課された植民地での使命を危うくし、かつ穢す、と彼は考えたのだった。新大陸での彼は、テスルトラン〔グアテマラ北西部〕に居を定めたドミニコ会の修道士たちと力を合わせ、平和活動に入った。それによって戦いの地だったテスルトランは、ベラ・パスという平和を意味する地に代わった。*

インディオを擁護するのは、植民地化を行なうヨーロッパ人と同じようにインディオたちもまた人間であることを示すためであった。ラス・カサスによれば、カスティーリャ人の暴力を正当化するといわれるインディオの野蛮さなどは、例外的なものでしかないという。また、そういう例外者に対しては、キリスト教徒に回心させること以外に教えを与えるすべなどなく、福音書を宣べ伝え真から彼らの信心を得ることではじめてその回心が可能になるとも述べている。ラス・カサスは、カール五世に宛てた『スペイン国王のインディアス支配に関する考察』（一六世紀中頃）のなかで、「新世界」における王の権利を強固にするための、第一にあげるべき重要な点として次のことを報告している。

「インディオは野蛮人であると主張する人々に対して、われわれは次のように応じよう。かの人々は、村、城塞、都市、王、貴族をもち、しかも、いくつかの王国においては、われわれの王国以上に優れた政治的秩序を有しているのだと。また同じく、次のようにわれわれは証明しうる。インディアス〔スペイン人が発見、征服、植民した地域の総称〕のどこかで、人肉が食われたり無垢な人々が生け贄に捧げられたりしていたとしても［…］、それはそうした行為がまったくなされていない場所から何千里も隔たった所での話なのだと。そこは、イスパニョーラ島でも、キューバでも、ジャマイカでも、ユカタンでも、フロリダでも、ペルーでもなく、またその他もろもろの場所でもないのである」。

ラス・カサスは、自分の主張をより多くの人に伝え、自分の闘いを広く世間に知らしめるために、カスティーリャ語で書いた『弁明的史論』（一五三六）のなかで、インディオの慣習がもっている美点を強調している。インカ帝国とアステカ帝国について記したこの二六三章にもおよぶ大部の書物は、まさに人間社会は発展しうるという確信、当時ほかの人々からはほとんど理解されなかった信仰的確信を、次のように表明することで締めくくられている。

「この人々は、世界のなかで文化的かつ理知的だと見なされてきた他の多くの民族に勝るとも劣らない。つまり、この人々は、ギリシア人やローマ人に匹敵するし、いくつかの慣習においては彼らをも凌駕する。この人々は、イギリスやフランスやわがスペインに存在するいくつかの地方を越えている［…］。それゆえ、この人々について確実にいえるのは、たとえどこかの地方で、しかるべく統治されるはずの共和国が政治的完成にいたらず、腐敗した慣習を温存する者たちがはびこっていようとも、全体としては大多数の者が、道徳的教義ばかりか、われわれのキリスト教をも受け入れるに充分な素質を有しているということである。われわれがインディオ諸民族のなかに、たまたま欠陥なり、野蛮で堕落した慣習なりを見いだして驚いたりするのは、まったく言語道断である。それを根拠に彼らを軽蔑するというのは、まったく不当である［…］。たとえその民族が悪徳にどっぷり浸かっていようとも、福音書の教えを共有しようとする限り、そこから排除される理由はないのである［…］。世界の

＊ この「ベラ・パス」（スペイン語で「真の平和」の意）という語は今も「アルタ・ベラパス」や「バハ・ベラパス」の名称でグアテマラ中央部の行政区に見られる。

民族のすべてとはいわぬまでも大部分が、それ以上に堕落し、非合理的で、退廃している〔…〕。かつて異教徒であったわれわれの祖先が、わがスペイン全域にわたって居住していた時代、われわれ自身が野蛮な生活様式や堕落した慣習を保持していたのであり、彼らインディオよりはるかに劣っていたのである」。

ラス・カサスの強さは、自身の抱いている人道的理念を、倦むことのなく宣べ伝えるところにあった。しかし、それゆえに彼は、征服を主導する人々やその利益に浴する人々の権力と対立することになった。まず彼は、メキシコのチアパ〔現在のメキシコ南部、チアパス州〕の司教に任命されたとき、略奪によって私腹を肥やす隊長、兵士、「エンコメンデーロ」*らと真っ向から衝突した。爾来、ラス・カサスは彼らの組織する威嚇的な党派と対峙する。そして、対立陣営のほうは、本国スペインにおいて、セプルベダ博士〔一四九〇～一五七三。聖職者、カルロス一世の資料編纂官〕というサラマンカ大学の有能な弁護者を見いだすことになる。

ラス・カサスとセプルベダとの「大論争」は、公開討論として行なわれることになり、一五五〇年八月、サン・グレゴリオ修道院礼拝堂において一四人の立会人をまえにして展開された**。セプルベダ博士は、以下の点を力説し、ラス・カサスの主張を攻撃した。

「インディオに対する戦争は単に合法的であるばかりか、むしろ推奨しうるものでさえある。それは次の四つの論拠に鑑みて、正当なものだからである。

一、インディオの犯している罪の重大性、ことに偶像崇拝と自然の摂理に反する罪ゆえに。

二、彼らの粗野な知性ゆえに。これゆえに彼らは奴隷的で野蛮な民として、スペイン国民のような進んだ人間の支配下におかれてしかるべく定められている。

三、信仰の必要ゆえに。彼らを隷属させることよって、福音は彼らに対し、より容易にかつまた速やかに宣べ伝えることができる。

四、彼ら自身をさいなむ悪習ゆえに。彼らは無辜な人間を殺し生け贄に捧げるという悪習のために、互いに苦しめ合っている」。

論争は、セプルベダ博士が出版認可状〔教会が信仰書などに対して与える許可状〕を得られなかったために、ラス・カサスの有利に展開した。じつのところ、博士の立論は国王の利益に反していた。というのも、国王は、征服者たちからインディオを好き勝手に扱う権限を取りあげたい、と考えていたからである。国王は、可能な限り教会の名のもとで、インディオを直接支配することを望んでいた。かくして、この大論争以後、歴代のスペイン国王は、新大陸における発見をもはや「征服」と呼ぼうとはしない。そして、自らインディアス枢機会議〔本書三二九頁訳注＊＊参照〕の主宰者となり、「平和的に慈悲をもって」人民を指導しうる者を選出する。「インディオたちを安心させ、教化しなければならない」し、「わずかなりとも彼らを害してはならない」のだ。しかし、こうした姿勢を見せつつも、国王の野心と意図はあくまで、土地と人民を王冠のもとに従属させることにあったのだ。ただし、これまでとは別のやり方で。

　この論争によって、植民地化に対する二つの考え方が明らかになった。セプルベダは、インディオとスペイン人の違いを強調する。そして、優れている側が相手を支配するのは正当であるとの見解をとる。彼はアリストテレスに依拠して、自分たちより劣る者を見分ける差違の認識論を援用し、階級社会の原理を擁護する。それに対して、平等主義者ラス・カサスは、インディオとキリスト教徒との類似性を強調する。そして、誰もがキリスト教徒になれるのであるからキリスト教徒の美徳はすでに非キリスト教徒のなかにもある、と見なす。だからこう説く――「キリストの王国を拡大するこの好機を失ってはならない」。ラス・カサスにとって、真にどうにもならない人間とは、キリスト教徒になりえない者たちであり、具体的にいうなら「トルコ人やモーロ人らのムスリム」なのである。

　しかし、ラス・カサス神父の呼びかけは、スペインのインディオ征服者たちの振る舞いに対してはほとんど何の効果ももたなかった。そして、ポルトガルの同胞に対して次のように詠った詩人カモンイスの呼びかけも、ラス・カサスの場合と同じく、やはり空しいものでしかなかった。

　「命ずることの栄光よ！　それは、名声と呼ばれるあの自負の種を求める、むなしい欲望だ…。名誉という名の、俗うけする風が煽りたてる、いつわりの欲求だ〔…〕。お前は、もてる情愛のすべてを、この魅惑的な自負の種に投入するがゆえに、また、剝きだしの残忍さと、むごたらしさとを、勇気と果敢さに変えるがゆえに、そして、命を軽蔑するのと同じくらい勇気と果敢さを重んじるがゆえに、その命を、いつも軽んじなければならないだろう。われわれに命を与え給うたお方さえ、あれほどその命を失うのを恐れていたにもかかわらず」。

　「お前の近くにはアラブ人がいる。お前はつねに、その彼と必要以上に戦ってはいまいか。もしお前が、ただキリスト教の信仰のために戦っているというのなら、彼

＊　エンコミエンダを受けた個人を指す。すなわち、勅許によりインディオへの徴税と教化の権限を委ねられた人。

＊＊　ラス・カサスは一五四七年チアパからスペインに戻り、以後、本国内で活動している。

のほうも、忌まわしきアラビアの法に従って戦っているのではなかろうか。もしお前が、もっと多くの土地や富を望んでいるとするなら、それは、彼もまた数多くの町と無限の大地をもっているからではないのか。お前が自分の勝利によって賞賛されたがっているならば、彼もまた、軍学を教練されたがっているのではないのか。お前は、かくも遠くまで、別の敵〔新大陸のインディオ〕を追い求めようとして、身近に敵を増大させ、お前の古《いにしえ》の王国から民が減るに任せている。こうしてお前は、自らすすんで王国の外にでて、王国を衰退させることだろう…。お前は、名をあげて、誉めそやされたいがために、漠然と、危険を追い求めているのだ…」(『ルジアッド*』)。

黒人奴隷貿易に反対して――理論と感情

水源がうねりとなって立ち現れては消え、また立ち現れては消えてゆく。これは蜃気楼なのだろうか。ともかく確認しうるのは、植民される側を擁護しようとするこの第一のうねりから、第二の人道的動きのうねりがやって来るまで、ほぼ二世紀の時の隔たりがあるということだ…。第二のうねりは、一七〇〇年頃から活発になった紀行文学によって生みだされたものであろう。そこには『ブーガンヴィル**』、ラフィトー神父〔一六八一～一七四六。フランスのイエズス会士。伝道のためインディアンと交わり、その風俗について優れた報告を記した〕、そしてイギリスの航海者ウォルター・ローリーらの影響を考えることができよう…。

一六世紀における第一のうねりは、カトリック教会の人々から発せられたものだった。しかしその狙いは、本当にインディオの保護や、彼らを支配下においた君主たちの告発を目的としたものだったのだろうか。いやむしろ、教会の人々にとっては、キリスト教圏を拡大してゆくことが重要だったのかもしれない。このように述べるのも、教会は、カール五世***やフェリペ二世の軍隊がインディオを大量に虐殺したとき、そのような保護や告発といった配慮を示していないからだ…。

さて、二世紀後、聖職者と帝国との闘いは終わった。その闘いが決定的な終焉を迎えて以降、教会は国家の企てに対して無力になり、教会の存在理由となる人道的な叫びも力を失った。教会がその原理原則を実際に行なう場所は、教会の支配地域と宣教師を送りだす地域、ことにフロリダやパラグアイのような先住民族居留地だけとなった。

一八世紀前後のこの時期になると、インディオや黒人の地位に関する人道的な訴えかけに、ふたたびこれまで同様のあいまいさが見いだされるようになる。たとえば、アフラ・ベーン夫人〔一六四〇～八九。イギリスの小説家・劇作家。イギリス領スリナムに育った〕がスリナムの黒人反乱を同情的に描いて大当たりした小説『オルーノーコー****』にもそれが見てとれる。それでも、奴隷制に反対する活動は、この作品のあとではおもに教会の人々、とりわけメソディスト派とクエーカー教徒によって、憐憫の情に訴えかける運動として始まった。彼らは最終的に、イギリスで奴隷貿易の禁止と奴隷制の廃止とを勝ちとった。ところで、この当時のあいまいさに話を戻せば、奴隷制を非難する声がヨーロッパの哲学者たちから、つまり今日でいえば知識人といえる人々から沸きあがったとき、彼らの攻撃目標は、そこから直接利益を得ている入植者や奴隷商人たちに対してというより、むしろ植民地政策を庇護している「専制的」政府のほうに向けられたのであり、そこにあいまいさの原因があった。こうした的外れの攻撃は、ことにフランス革命中に顕著となる。

　この視点から眺めると、ルイ一五世時代の事実だが、スールヴァン諸島（カリブ海のアンティル諸島中、ベネズエラ沿岸の群島）の地方長官クリュニー氏（一七二九〜七六。フランスの政治家。在任一七六〇〜六四）に対する一七六〇年の次のような通達はこの種のあいまいさを検証するうえで格好の例と見ることができる。

「所有主が奴隷を人間らしく扱うよう留意されたい…。それが、奴隷の逃亡《マロナージュ》という、移住民にとっては破滅的なばかりか植民地をも危険にさらす事態を防ぐための、もっとも確かな方法である」（ミシェル・デュシェ『啓蒙の世紀における人類学と歴史』＝Duchet 1971）。

　また、マルチニック島の総督エヌリー伯爵（一七三二〜七二。在任一七六五〜七二）に対する訓令を引用してみてもよいだろう。

「島の移住民の多くが、所有する黒人奴隷の扶養という基本的義務を怠っている。国王陛下におかれては、この報告に接せられて［…］、かくのごとき甚だ人道にも

＊　一五七二年に書かれた、カモンイスの代表的叙事詩。ルジアッドとは、ポルトガル人を意味する。

＊＊　フランスの啓蒙主義作家ディドロの小説『ブーガンヴィル航海記補遺』のこと。

＊＊＊　両王の在位期間は、それぞれ一五一六〜五六年と一五五六〜九八年である。この約八〇年間にアメリカで起こった主要な出来事は次のとおり。コルテスのスペイン軍によってアステカ王国滅亡（一五二一）。ピサロによるインカ皇帝アタワルパの幽閉と従者約二〇〇〇人の虐殺（一五三二）。インカ皇帝マンコの反乱（一五三六）とその鎮圧（一五三九）。インカ帝国最後の拠点コヤオ・チャカの占領とインカ帝国最後の皇帝トゥパク・アマルーの処刑（帝国、完全に消滅。一五七二）。この頃までに、かつて一〇〇〇万人いた先住民族は一三〇万人程度にまで減少したといわれる。

＊＊＊＊　一六八八年の作品。スリナムに奴隷として売られたアフリカの王子の物語。「高貴な未開人」という人間像をヨーロッパに初めて提示し、反植民地主義の文学的先駆となった。

とる、移住民の利益にも反する悪行には最大限の注意を払うように、とのお達しである」（同上書）。

哲学者レーナル神父の『両インドにおけるヨーロッパ人の植民地と商業の哲学的政治的歴史』（一七七〇）は、ラス・カサスの『回顧録』（一五四二）やフランツ・ファノンのいくつかの著述*（一九五九～六一）とともに、反植民地主義の基本的な原理を表したものと見なすことができる。この著作は大反響を呼び、その後同じ思想を継承する者たちの多くがこの本を模範に、ここから論旨を汲みあげている。それはちょうどレーナル神父自身が、ラス・カサスの著作や自分と同時代の教会の人々が記した島の状況についての報告、とりわけ、ベスネル男爵（一七三一～八五。フランス領ギアナの総督（一七八一～八五）。ギアナ、スリナム地域の悲惨な状況について、優れた調査報告書を記した）やピエール・ヴィクトール・マルエ（一七四〇～一八一四。フランス領ギアナの支払命令官（一七七六～七八））らの著作を利用して著述に着手したのと同じことである。レーナル神父の著作は挑発的な論調であり、入植者たちを次のように糾弾している。

「赤道を越えれば、もはや人間にイギリス人もオランダ人もフランス人もスペイン人もポルトガル人もない。人間が自分の生まれた国の違いを理由にして抱き続けているものといえば、ただの原則や偏見にすぎず、人間はそれによって自分の行動を正当化したり弁明したりしているにすぎない。人間は弱ければ這いつくばるくせに、強ければ所有と享楽への欲望に憑かれて暴力的になり、自分の目的を速やかに成就するためならいかなる大罪も犯しうる。それは飼われていた虎が森に解き放たれるようなものだ。血を渇望してそのとりこになるのだ。ヨーロッパ人は、新大陸の国々でみな無差別にそうなっている。彼らはそこで、黄金への渇望という共通の熱狂にとり憑かれているのだ」（ガブリエル・エスケ『一八世紀の反植民地主義』第九巻、第一章、五七頁＝Esquer 1951 所収）。

そして、四巻先になると、一方ではこうした入植者たちを諸国の君主たちがいかなる視点から軽視しているかを記し、これも糾弾している。

「ハリケーンが猛々しく吹き荒れ、壊れた住居の下に何千もの入植者たちが埋まったとしても、われわれは身近に起こった決闘に対するほどには関心を示さない[…]。サン・ドマング島やマルチニック島の入植者が飢餓による恐怖から人肉を食らったとしても、われわれは雹害のために入植者の村が大凶作に陥ったという事実ほどには関心を示そうとはしないのだ…。このような無関心はしごく当然で、距離的な隔たりの結果なのである[…]。したがって、君主たちは入植者たちをほとんど自分の臣民の数に加えていない…。これは大胆ないい方かもしれないが、筆者にはそう思えるので、あえてそういおう。要するに、君主たちにとっては、海という自然の猛威に侵略されて領土の一部が飲み込まれたとしても、敵対する国に侵略されて領土を失うことほどには苦痛でないのである。君主たちにとっては人が死のうが生きようが、他国のものになるというのでない限り、そんな問題などさして重要ではないのだ…」（第一三巻、第一一章）。

レーナル神父以前では、フェヌロン〔一六五一～一七一五。フランスの聖職者、思想家、文学者〕が征服の精神を最初に告発したひとりであったが、その告発がどこまでおよんだかはともかく、フェヌロンの告発はあくまで倫理的なものであった。その後、植民地問題を実利的にとらえ、国家利益の観点から植民地政策の賛否に判定を下すという革新的な告発を行なったのがヴォルテールである。彼は、スペインは植民地で莫大な富を得たが民を失った、と指摘し、「えんじ虫〔アンデス原産の半翅類の昆虫。染料をとる〕やキナの木〔アンデス原産。樹皮からキニーネがとれる〕に、かくも多大な人的損失をだすに見合うだけの価値があるものかどうか、大いに知りたいところである」と述べている。このようなヴォルテール流の論説は、何世紀にもわたって展開されることになる。イギリスのグラッドストンからフランスのレーモン・カルティエ〔一九〇四～七五。ジャーナリスト。一九四九年『パリ・マッチ』誌を創刊〕にいたるまで、それぞれが独自の計算を行なって植民地問題を分析している。

一八世紀、反植民地主義者の主張は、自由主義者や重商主義者たちの主張と対立する。自由主義者や重商主義者たちは、植民地経済によってさまざまな優位性や利益が得られるという観点から植民地化を称揚した。これに対し反植民地主義者らは、異なる自然のもつ危険、というテーマを提起して反論する。まず、ブーランヴィリエ〔一六五八～一七二二。フランスの歴史学者、政治思想家〕、ミラボー〔一七一五～八九。フランスの経済学者、啓蒙思想家〕、モンテスキュー〔一六八九～一七五五。フランスの法律家、作家、思想家〕らが、人々は自分たちの居る場所にとどまるべきである、なぜなら別の地に行けば人々は病にかかり命を落とし、国家は力を失うからだ、と述べ、植民地化による本国の人口減少を問題にした。

植民地の経済的利益という観点そのものに対しても、疑問が呈された。この疑義を論理的に提示した先駆者はウィリアム・ペティ〔一六二三～八七。イギリスの経済学者。科学的経済学の父〕である。彼は『政治算術』（一六九〇）のなかで、初めてイギリス植民地の収支決算を行ない、貸し方借り方に関する詳細を示した。同様にフラ

＊　この時期のファノンの著作としては、一九五九年の『アルジェリア革命第五年』（のちに改題して『革命の社会学』）、一九六一年の『地に呪われたる者』が知られている。

ンソワ・ケネー〔一六九四〜一七七四。フランスの経済学者。重商主義に対して重農主義を創始した〕もまた、フランスのための貸借対照表を作成し、一九世紀に度々提起されるであろう「植民地は採算が合うのか」という問いにすでに明確な疑問符をつけて回答している。

一方、奴隷貿易については、告発によってまずこれに制限が加えられ、続いて禁止へといたった〔一八〇七年、イギリス議会において奴隷貿易廃止法案成立〕。もっとも、実際には、禁止となったにもかかわらず、その後も奴隷売買は継続していたのだが…。

この問題について、これまで同様もっとも截然かつ明晰に状況を診断したのはモンテスキューだった。いわく、「ヨーロッパの人民はアメリカの人民を大量虐殺したために、今度はその広大な土地を開墾するのにアフリカ人を奴隷として使わなければならなくなった」（『法の精神』第一五篇、第五章）。だが、彼のことばには黒人の立場に対するいささかの憐憫もない。モンテスキューは、「この者たちが人間であると想定することはできない。というのも、もしわれわれが彼らを人間と想定するなら、われわれのほうが自身をキリスト教徒でないと想定することになってしまうからだ」（同上書）とも述べているのだ。これに対しヴォルテールは、奴隷たちの運命のむごたらしさを、リアルに、そして倫理的に描いた。

「われわれは黒人奴隷を買いにギニア海岸へ行く〔…〕。三〇年前ならすばらしい黒人が五〇リーブルで買えた。つまり、まるまると肥えた牛の約五分の一の値段で買えた。この人間という商品は、一七七二年現在、約一五〇〇リーブルとなっている。われわれは黒人に、君らもわれわれと同じ人間だ、という。そしてまた、君らだって君らのために死んだ神〔キリスト〕の血で贖われているのだ、という。そういいながら、黒人を馬車馬のようにこき使う。馬車馬ほど食わせもせず、逃げだそうとすれば片足を切り、義足をつけてやったら今度は手で甘蔗圧搾機の軸木を踏ませ、回させる。こんなことをしながら、われわれは厚かましくも人間の権利などというのだ」。

しかし、これらの発言の態度にはあいまいさが見られる。というのも、この時代において、黒人たちは自由を云々されるまえに、まず人間にならねばならない、と考えられていたからだ。ジャック・ピエール・ブリソ〔一七五四〜九三。フランスのジャーナリスト、政治家。フランス革命時、ジロンド党の指導者のひとり〕が主宰する「黒人の友協会」（設立一七八七）の草案に見られる論理がまさにそれである。ブリソはたしかに「［奴隷売買という］おぞましい商売を終わらせること」を望んではいたが、奴隷制の廃止が実現するまでのあいだは黒人たちをより妥当な形で取り扱おうと考えていた。

「黒人奴隷たちの敵は、この《協会》について大変まちがった噂を流して喜んでいる。その誤謬を消し去ることが重要である。彼らの意図は、《協会》の目的は直ちに奴隷制を廃絶することであると決めつけ、そうなれば植民地は立ちゆかなくなる、との先入観を人々に植えつけることにある。〔…〕実際には、《協会》は奴隷貿易の廃止しか求めていない。〔…〕廃止されれば農園主は黒人の扱いをかならず改善するだろう。しかし《黒人の友協会》は、現時点では奴隷制度そのものの廃絶はいささかも訴えていない。そればかりか、今その提案がなされれば、むしろ非常に残念に感じるだろう。黒人たちは自由になるにはまだ成熟していない。今は、その自由への準備をさせねばならないときである…」。

　ブリソの活動の重要性は、人道主義的な運動を国際的なものにしようとした最初の人である、というところにある。「黒人の友協会」の名簿には、コンドルセ〔一七四三〜九四。フランスの数学者、啓蒙思想家〕やシエイエス神父〔一七四八〜一八三六。フランスの哲学者、聖職者〕の名前も見える。いうまでもなく、この「協会」のパートナーともいうべき組織は、トマス・クラークソン〔一七六〇〜一八四六。イギリスの奴隷廃止論者〕とグランヴィル・シャープ〔一七三五〜一八一三。イギリスの奴隷貿易廃止キャンペーンを主導したひとり〕によってロンドンに設立された「奴隷貿易廃絶委員会」である。この委員会は、代表者のウィリアム・ウィルバーフォースが下院議員に選出されて以来、比類ない発言力をもつようになった。この委員会には、ブリソの協会と違って、哲学者たちは出入りしていない。しかし、広く大衆に根を張っていた。その理由は、委員会がメソディスト派から派生していたことにある。メソディスト派教会は、奴隷制廃止について、この問題は信徒たちにとって人道的大義であり、それを実現することは生きる意義にほかならない、と訴えていた。彼らの最初の勝利は、一七七二年ロンドンで、ある裁判に勝利したことである。判事は、イギリス国内で逃亡し「持ち主」に捕まった黒人奴隷について、自然法に照らしてその権利を尊重し、奴隷制を認める法律も慣習もイギリスには存在しないことを理由に、彼を解放した。

　こうして、奴隷解放の第一ステージが始まる。この日以来、イギリスの海外領土では依然として奴隷制や奴隷売買が存在し続けたが、本国では白人も黒人も同一の権利を享受し、奴隷制はおのずと消滅に向かっていった。その結果として大ブリテン島〔イギリスの国土の中心をなす島〕では、一万五〇〇〇人の黒人奴隷が解放された。第二ステージは、一七八七年に訪れる。この年、グランヴィル・シャープは「貧窮黒人救済委員会」を設立し、シエラレオネの海岸に四一一人の「黒人」入植者を居住させた。この地にフリータウンを建設し、イギリスのようなキリスト教社会を創出しようとしたのである――「黒人たちは大地を耕しキリスト教徒としての徳を見いだすだろう」。ところが現実はこうした想定からはほど遠かった。黒人たちは、過去の経験から教訓を得たのか、自由になった自分たちの栄光を讃え賛美歌を歌うどころか、自らすすんで、耕作よりももっと儲かる奴隷貿易のほうに手を染めていったのである。大きな挫折であった。しかし、ウィルバーフォースをはじめ「洗礼伝道協会」も「伝道教会ソサエティ*」も奴隷売買に対する闘いをあきらめなかった。その努力の結果、一八〇七年、奴隷売買はイギリス議会により正式に禁止された。

その間のシエラレオネは、ナポレオンに征服されたのち、ふたたびイギリスによって奪還され、一八〇八年ブラック・アフリカのなかで最初のイギリス王国植民地となっている。

一八世紀の動きは、純粋に人道的なものであった。それは、奴隷制が以前ほど求められなくなった結果からきたわけではなく、むしろそれと反対の事実の反映であろう。その証拠に、奴隷売買は一八〇七年以後も相変わらず活発であり、一七四〇年から一八三〇年のあいだに、砂糖のプランテーション経済が絶頂に達するのと呼応してピークを迎えている。また、黒人奴隷の受け入れ港も、ジャマイカからマルチニックへ、続いてキューバへと変遷しているが、これもやはり経済的結果であって、偶然によるのではない。一八三〇年頃、アフリカから連れだされる黒人の数は、以前と変わらず年間六万人にのぼっていた。奴隷売買が減衰し始めるのは、黒人たちをアフリカにとどまらせたほうが有利になると見なされてからであり、とりわけアフリカでパームオイルを黒人に生産させるようになってからである。この変化は、一九世紀後半に決定的なものとなった。

いずれにせよ、奴隷売買に反対する運動が推進され、最初の象徴的な行動がなされたのは、イギリスの勢力範囲においてであった。シエラレオネでのフリータウン建設では、挫折を経験して失意が生じたが〔本書三九八頁参照〕、そこにはひとつの芽が宿っており、のちにそれが大きく育つことになる。すなわちそれは、奴隷売買を終わらせるにはアフリカを文明化する必要がある、という考え方である…。

しかし、そこにいたるまでのあいだ、少なくとも南半球においては、ということはたとえばブラジル辺りでは、奴隷売買はいまだ合法的なままであった。奴隷売買、奴隷制度、植民地の労働といった旧制度《アンシャン・レジーム》に対して糾弾を行なったのは、フランス革命の影響下に生まれた別種の運動だった。

社会主義者と植民地問題

一六世紀の教会、一八世紀の哲学者たちに続いて、二〇世紀初頭になると社会主義者たちが、植民地征服と帝国主義の問題に取り組み、告発を行なった。一八六四年に誕生した第一インターナショナルは、短命を運命づけられていたため、この問題を扱ったのは一八八九年に成立した第二インターナショナルである。** しかし、そこでの取り組みは、正面切ったものではなかった。彼ら社会主義者たちが頭を痛めていたのは、労働者階級の利益であって、もっぱらこの利益との関連のなかで植民地問題を考慮したにすぎなかった。たとえば、一八八一年、フランスにおいて、ジュール・ゲード〔一八四五〜一九二二。フランスの社会主義草創期における主要政治家のひとり〕がチュニジアの征服に反対したが、それは、そうした企てがブルジョワジーのための利益にしかならないからである。一方、イタリアのトゥラーティ〔一八五七〜一九三二。社会主義政治家。一八八九年、ミラノ社会主義者連盟創設〕やドイツのカウツキーはこう説いていた。植民地征服を望んでいるのは時代遅れの階級や社会に寄生している階級、つまり王党派勢力や特権的軍人層であり、領土拡張に反対して闘うことは、興隆する階級、つまり企業経営者や労働者階級の現実的利益のために闘うことである、と。

植民地問題に直接取り組んだ最初の社会主義者は、ジャワ島での滞在経験をもつオランダ人のファン・コル〔一八五二〜一九二五。一八七六年、水力学技師としてジャワ島に派遣された〕だった。彼は、「わたしはそこで原住民たちとともに、わたしの生涯のなかでもっとも美しい一六年間を過ごした。わたしはだんだん彼らを愛することができるようになった。だが、このとても優しく穏やかな人々はつねに奴隷で、打ち棄てられ、犠牲にされていた」と語っている。彼は、オランダの植民地と比べフランスの（チュニジアにおける）植民地は人類愛の傑作であると考えていた。チュニジアでは現地の伝統的な社会制度が維持されている、と見たからだ。その後の社会主義運動は、ドイツのエードゥアルト・ベルンシュタイン〔一八五〇〜一九三五。ドイツ社会民主党の理論家、政治家〕、ベルギーのヴァンデルヴェルド〔一八六六〜一九三八。政治家〕、フランスのジョレス〔一八五九〜一九一四。社会主義思想家、政治家〕らの考えを取り込み、「実証主義的な植民地主義政策」に賛成するようになってゆく。植民地主義政策はもはやブルジョワ階級のためのものではない、というのがその理由だった。それに対して、イギリスのハインドマン

* ともにメソディスト派の団体。前者は一七九二年ロンドン北郊のケターリングで、後者は一七九九年ロンドンで設立。

** 第一インターナショナル（一八六四〜七六）は、マルクスの理論的指導のもとに結成された初の国際的運動組織。無政府主義、労働組合主義などによる分派対立を抱え、一八七一年のパリ・コミューン失敗以降、実質的活動を停止する。第二インターナショナル（一八八九〜一九一四）は、マルクス主義に立つドイツ社会民主党の主導のもとに成立。無政府主義を排除し、大衆運動を展開しつつ社会主義運動の国際的勢力拡大に成果をあげたが、第二次大戦勃発とともに崩壊する。第三インターナショナル（コミンテルン、正称＝共産主義インターナショナル。一九一九〜四三）は、レーニンの主導下に各国共産党や左翼社会主義者によりモスクワで結成。第二インターナショナルの社会民主主義傾向を排し、中央集権的性格をもつ。一九二〇年の第二回大会ではレーニンの「農業および植民地問題」のテーゼを採択した。独ソ戦争勃発とともに解散。

〔一八四二〜一九二一。社会主義者、政治家〕は彼らより進歩的考えをもっていた。彼は、インドにおいて採用された植民地開発の手法を公然と非難し、「われわれは、わが国の恵まれた階級の貪欲さを満たすために、意図的に飢餓を作りだしている」と断じた。

さて、ファン・コルは、膨張し続けるブルジョワ階級の活力を維持するには利益が不可欠であるという理由で、また同時に、いまだヨーロッパの技術水準に到達していない人々には文明化が欠かせないという理由で、植民地の必要性を断言していた。これに対し、ポーランド人のカルスキ〔一八六六〜一九二五。本名ジュリアン・マルフレフスキ。ローザ・ルクセンブルク〔一八七〇〜一九一九〕とともに一八九三年にポーランド社会民主党を設立〕のような急進的社会主義者たちは、何よりもまず帝国主義を告発した。帝国主義については、ホブソンがその経済的側面から厳しい批判を行なっていた。レーニンはホブソンの理論を、のちに『資本主義の最高段階としての帝国主義』〔一九一六〕を書くなかでふたたび取りあげている。しかしながら、これらの言説はいずれも先住民族の存在が欠けていた。唯一の例外はファン・コルが先住民族と行なった討議で、そこで初めてインド人ダーダバイ・ナオロジ〔一八二五〜一九一七。インドの独立運動家。イギリスで高等教育を受けて、インド人最初の大学教授となる〕が先住民族として発言の機会を得ている。ガンディーの精神的な父のひとりである、この八〇歳の老人は、人の心を打たずにはおかない穏やかな態度でこの討議に臨み、インドの現実における最良の政治形態として、イギリスの主権のもとでインド人自身が「自治《セルフ・ガヴァメント》」を行なう体制を、イギリス人に求めた。

だが、この時点においてもまだ、社会主義者らは植民される側に固有の声を聞こうとはせず、ただ単に、自分たちの思想はヨーロッパを越えて広がる、という自負を抱いているだけだった。彼らは、植民される側の権利要求には特殊な性格があるということを意識するよりも、もっぱら植民地に自分たちの新しい社会主義政党が設立されることを喜び、そのことのみに満足していた。

植民地問題と「植民地主義《コロニアリズム》」とが真の討議の対象になったのは、一九〇七年の第二インターナショナル、シュトゥットガルト〔ドイツ南西部〕大会においてだった。このテーマに入るまで、論議は、極東の紛争に関する問題、コンゴ紛争の問題、ドイツ領南西アフリカ〔現ナミビア〕におけるヘレロ人〔現在のナミビアからボツワナにかけて生活する部族〕の飢餓問題、の順で進んでいた。植民地問題については、討論の一方の側に、ことにドイツ人を中心とする一派であるが、次のように考える人々がいた。「植民地建設の理念は、社会主義運動が追求する文明化という目標の完全な一要因をなしている」。この帝国主義的な流派の中心として活躍したのは、エードゥアルト・ダーヴィト〔一八六三〜一九三〇。ドイツの社会民主主義右派のリーダー〕、ノスケ〔一八六八〜一九四六。ドイツ社会民主党右派の政治家〕、ヒルデブラント〔一八七八〜一九二一。ドイツ社会民主党の政治家、経済学者〕で、「植民地がなければ、われわれは中国のようになるだろう」と述べている。彼らの帝国主義論理は、賛同を得られはしなかったものの、反対も弱々しかった。彼らは、文明化に名を借りながら、国家としての植民地の必要性を何よりも優先させていた。

続いて、第二の流派は、ファン・コル、ジョレス、ヴァンデルヴェルドを含む流派で、多かれ少なかれ植民地の国際管理を夢想していた。彼らは、植民地化を歴史的事実であると認識し、歴史的事実として存在する以上それに反対するのは滑稽だと考えた。彼らの主張の力点は植民地の野蛮な行為の告発におかれ、この考えの賛同者は植民される側に、ちょうど幼い子どもに対する父親のような態度をとらねばならないというのだった。彼らは、植民される側に独立を許すことはばかげていると考える。たとえばベルンシュタインはこう述べている。「それではアメリカをインディアンに返還すべきだということになるだろう」「われわれは植民地政策に反対することで盲目になっており、この政策が植民地の文明化につながっていくということが見えていない。この文明化への動きは、どのような資本主義、軍国主義とも関わりなく生じうるだろう」。

さらにもうひとつの流派をなしたのが左派のカウツキーやジュール・ゲードである。彼らは、植民地化が進歩の要素になることを否定した。そして、植民地化を断罪することは史的弁証法に反することにはならないとし、しかも民主主義は植民地などほかの場所においても成立させることができると主張した。社会主義的植民地政策に賛同する人々は資本主義的植民地政策に対する断罪を倦まず繰り返したが、カウツキーの場合は植民地政策そのものに反対して次のように述べていた。

「われわれが資本主義的植民地政策に反対するということは、すなわち、考えうるすべてに対してではないにせよ、可能な限りすべての植民地政策に反対するということに通ずる。たとえ文明化するという使命のもとであれ、決して支配の関係を覆い隠してはならない。たとえ現時点において植民地化されている国であろうと、勝利を得たプロレタリアが支配階級を構成するようなことがあってはならない。むしろわれわれプロレタリアは、外国におけるいかなる至上権力をもあきらめねばならないのである」。

この思想は、ことに、ロシアのムスリムたちに反響をまき起こした。

全体として、第二インターナショナルにおいて優位を占めたのは、社会主義的植民地政策の理念だった。それをどう扱うかは、各国の社会主義政党の責任に任されていた。そのため、このテーマに関する討議はベルギー大会、フランス大会などでも続けて行なわれた。ところが、第二インターナショナルは、植民地問題よりも、地平線に暗雲を漂わせていた戦争の危険にもっぱら心を奪われるようになった。そのため、一八九五年から一九〇五年まで主要な論争のテーマだった植民地問題は、もはや重要でなくなり、二次的懸案の部類へと移されていった。

ところで、一九〇六年のイラン立憲革命*、一九〇八年の青年トルコ党による権力奪取**、一九一一年の辛亥革命***は、東洋の人民解放運動の存在を如実に示す事件であった。これらの革命はヨーロッパの社会主義者たちに、この時代の危機的な世界状況全体を視野にいれた運動の必要性を教えた。その必要を力説した人々の一方には、まずオランダの「トリビュニスト」〔ここでは、左翼急進派の雑誌『トリビューン』に主体的に関与した政治グループを指す〕であるパネクーク〔一八七三～一九六〇。天文学者、政治理論家〕やホルテル〔一八六四～一九二七。詩人、政治理論家〕がおり、もう一方にはレーニンがいた。

バタヴィア（ジャカルタ）で独立主義者の運動が組織されるのと時を同じくして、インドでは強力な組合運動が、またバクーではさまざまな革命的組織が、現れた。こうして、アジアの「覚醒」によって、植民地問題と民族主義的要求とのあいだに強い関連性が形成されていった。

これらの問題のまさに交差点にいるロシアの社会主義者たちは、イギリスやドイツの社会主義者らに比べて、より容易に状況を把握できる立場にあった。

第一次大戦後のフランスでは、リーフ戦争によって、反植民地主義者の運動に火がともされ、ジャック・ドリオ〔一八九八～一九四五。政治家、ジャーナリスト、共産主義者〕のもとで、フランス共産党（ＰＣＦ）がその運動をいっそう燃え立たせた。しかし、人々の多くは、大戦における多くの植民地兵の犠牲的行為を見て、植民地化にもよい面があり、植民地は「丈夫ないい兵隊」を、たとえばアンナンの働き者（ヴェトナム人）を提供した、と考えた。こうして反植民地主義者のことばは力を失っていった。事情はイギリスでもまったく同じだったが、イギリスの場合は、労働党がインドにおける自治の進展を確保するために、自党に有利な形で植民地論議を再燃させた。

第二次大戦後のフランスでは、共産主義者らの主導したインドシナ戦争反対運動（原注）とはまったく別個に、さまざまな反植民地主義運動がふたたび生まれた。これらの反植民地主義運動には多様な形態があった。ピエール・ヴィダル・ナケ〔一九三〇～二〇〇六。ユダヤ系フランス人の歴史学者〕の適切な分類に従えば、そのなかのひとつは、ドレフュス派〔一般に民主主義的左派、共和派〕の系譜にあるという。この反植民地主義運動の目的は、フランス共和国および民主主義の根底をなす諸原則とその運用方法を護持しようとするところにある。彼らは民主主義的諸原則に背くあらゆるものに対して立ちあがる。たとえば、クロード・ブルデ〔一九〇九～九六。フランスの政治評論家〕が序文を寄せているピエール・スティブ〔一九一二～六七。フランスの社会主義者、弁護士〕の『マダガスカル人のための正義』（一九五四）は、第二次大戦後のドレフュス派的な反植民地主義思想をまとめたもっとも早い時期のもので、「あらゆる植民地主義の犠牲者に向けて」書かれている。そこで問題にされているのは、一九四七年三月二九日に起きた蜂起と鎮圧の「事件」****、そしてそれに続く裁判、さらには司法当局が一七人の人間を「フランス人民の名において」断罪したそのやり方であった。アルジェリア問題に関して、『エスプリ』誌は次のように書いているが、これこそが、このマダガスカル人たちの反乱の理由であった――「暴力をふるうのはフランス側である。この暴力とは、アラブ人に対する人種的蔑視、選挙における不正、スラム街の貧困、飢餓によって余儀なくされる移住である。暴力は、民主主義の原理を使って事実を抑え込む欺瞞のなかにつねに潜んでいる…。じつをいえば、フランスが軍事力に訴えた場合にはじめて、この暴力があからさまになったのだ」。

植民地解放運動に対しては、対話と交渉でのぞむ政策こそ正当なものであるという観点から、それを擁護しようとする人々がいた。彼らの大義名分は、輝けるフランスというイメージに忠実であることであった。たとえば、ルイ・マシニョン（一八八三〜一九六三。宗教学者。イスラーム学の権威）は、一九五三年に「フランス・マグレブ委員会」を創設することによってキリスト教とイスラームの接近を図ろうとし、これによって人道主義とキリスト教に立脚した反植民地主義のもうひとつの側面を形成する。

これと同じような姿勢は、かなりの数の社会主義者に見ることができる。たとえば、アラン・サヴァリー（一九一八〜八八。政治家）のようなフランス統一社会党（ＰＳＵ）の創設者たち、またアルジェリア戦争勃発までは改革派のなかにいたジャック・スーステル（一九一二〜九〇。政治家。アルジェリア総督（一九五五〜五六）。当初、改革派で入植者と対立した）のような人物たちがそうである（ただし、スーステルはその後政治的立場を根本的に変える）。また、一般の反植民地主義者の数もアルジェリア戦争にともなって増大し、政治力をもつようになった。

だからといって、彼らが植民地の独立に賛成なのか、あるいは彼らの果たそうとする役割と方向に誤りはないのかといえば、そこには疑問がある。

---

* 専横的な国王モザッファロ・ディーン・シャー（在位一八九六〜一九〇七）に対するウラマーを中心とする民衆による革命。
** 独裁体制を復活させたアブデュルハミト二世に対して、青年トルコ党が民主化を要求して起こした革命。
*** 清朝を倒し中華民国を樹立した民主主義革命。
（原注）これについては、本書四二七頁以降頁参照。
**** この日、政治的組織「マダガスカル民主革新運動」によって、フランスの植民地支配に反対する大規模な民衆活動が行なわれたが、フランス現地軍によって武力制圧された。

知識人とアルジェリア戦争――遅すぎる発言

アルジェリアでの「事件」について書かれた文章をあとから読むと、大筋のところでは、知識人階級が結集してアルジェリア戦争に反対したような印象を受ける。ある世代の人々はみな、多かれ少なかれ、知識人によると見なされる実践的な政治活動に強い印象を受けたと語っている。こうした反応は、たとえば「一二一人宣言」*、ジャン・ポール・サルトル〔一九〇五～八〇。フランスの哲学者、作家、批評家〕の活動（「彼の戦争」とさえいわれた）、あるいは『フランス・オプセルヴァトゥール』誌、『エクスプレス』誌、『テモワニャージュ・クレチアン』誌、『ル・モンド』紙などの大手報道機関や『エスプリ』誌、『プルーヴ』誌などの中小雑誌の果たした役割にほかならない。論議がきわめて活発になり、またさまざまな出版物におびただしい解説が掲載されたり著名な作家（たとえば、フランソワ・モーリアック〔一八八五～一九七〇。フランスのカトリック作家〕）が筆を執るようになったことの直接の原因は、拷問とかテロといった戦争のあり方に問題があったからである。ただし、この戦争が戦場だけでなく政治の場で闘われたことも事実である。マスペロ社とかミニュイ社などの新しい出版社は、そうした議論の担い手だった。

しかしながら、確認しておきたいが、これらの知識人が実際に意見表明し、活動を始めたのは、あえていうなら「遅まきながら」でしかない。つまり、初めて彼らがこの問題について発言するのは、アルジェリア問題を政治的に解決しようとする闘いが始まったときであり、実際の戦争は、その段階ではもうすでに始まっていたのである。

このようなフランス知識人による反戦活動が始まったのち、アルジェリアの指導者たちは独立戦争に関する年譜『F・L・ニゼール』を読み、「アルジェリア革命」つまり蜂起の起点を一九五四年一一月とすることに決めた。真の意味での戦争が始まったのは一九五五年半ばになってからだが、じつのところ、国の将来に関わる政治問題はかなり以前から提起されていた。少なくとも一九四五年のセティフの砲爆撃**や一九四七年九月に定められたアルジェリアの地位に対する激しい抗議行動***から、あるいはまた、その結果として一九四八年四月に行なわれた選挙のときの不正問題****から、すでに提起されていたのである。ここでもう一度確認するが、フランスの知識人階層が目覚めたのは一九五五年になってからである。それまで彼らは、非常にわずかな例外を除いて、アラブ人の領土返還要求には無関心であり、アルジェリア問題について完全に無知だった。この問題を取りあげる知識人が次々に数を増していくようになったのは、一九五六年から一九六二年までの時期であり、しかもアルジェリア問題が終盤にさしかかってからのことである。さらに、一九五八年以降の時点では、もはや彼らの関心がアルジェリア問題にあるのか、ド・ゴールとその政治の問題にあるのか、はたまた当時の政治体制や社会制度の問題にあるのか、もはや判然としていない。世上名高い「一二一人宣言」が一九六〇年秋にようやく提出されたという事実について、これまで本当に充分検証されてきたといえるのだろうか。

「知識人たちの時代」のまえに、さほど話題にのぼらなかった「弁護士たちの時代」があった。ピエール・スティブ、イヴ・ドゥシェゼル〔一九一二〜二〇〇七〕、ルネ・プラソン〔生没年不詳。ピエール・スティブの妻〕、ジャック・ヴェルジェス〔一九二五〜〕らフランスの弁護士たちは、民族主義者たちとの接触から彼らが何のために闘い、その闘いがどういう性質のものであるのか、誰よりも現実的に把握していた。もっとも、当時、時を同じくして、たしかに知識人たちの波の第一波はあった。つまり、たとえばロベール・バラ〔一九一九〜七六。ジャーナリスト〕、クロード・ブルデ、ジェルメーヌ・ティヨン〔一九〇七〜二〇〇八。民俗学者〕ら一群の人々によるアルジェリア問題に対する意見表明や、ジャン・ダニエル〔一九二〇〜。作家、ジャーナリスト〕のルポルタージュなど、たしかに発表されてはいた。しかし、その波はフランス国内では勢いが減殺されたうえに、その後まもなく主たる報道機関がマンデス・フランス〔一九〇七〜八二。政治家、首相（一九五四〜五五）〕に賛成か反対か、ギー・モレ〔一九〇五〜七五。政治家、首相（一九五六〜五七）〕に賛成か反対か、ド・ゴールに賛成か反対か、といった政治的大騒動に入ったため、波の大きさが縮小させられてしまった。

ほかにもまた、これらの出来事に先立って、アルジェリアの現実に接してこの国の有りさまを書き記した知識人たちがいた。ただ、彼らの声は、地中海の向こうのフランスでは耳を貸されることさえなかった。このなかには、一九五〇年に

* 一九六〇年九月に発表された、アルジェリア戦争を告発する宣言書。正式はタイトルは「アルジェリア戦争における召集服従権に関する声明」で、一二一人の著名知識人が署名者として名を連ねた。

** セティフはアルジェリア北東部の都市。一九四五年五月八日、この都市でフランス植民地主義に反対するデモ行進が行なわれ、取り締まりの警官とのあいだに殺傷事件が起こった。この事件がまもなくこの地方全体を巻き込む反仏大暴動に発展する。

*** フランス議会は、アルジェリア人の不満を鎮めるため、一九四七年九月、フランス人とアルジェリア人の同数の代表による議会、地方自治の整備、アラブ語公教育の承認などを骨子とする「アルジェリア組織法」を採択した。しかし、この改革にはフランス人入植者もアルジェリア人も強い不満を表明した（本書五〇九頁訳注****も参照）。

**** 反仏的なアルジェリア人の当選を妨害するため、フランス人入植者によって、行政を含む大規模で組織的な選挙介入と不正が行なわれた。

雑誌『コンシアンス・アルジェリエンヌ』を創刊したアンドレ・マンドゥーズ〔一九一六～二〇〇六。宗教学者、政治思想家〕やフランソワ・シャトレ〔一九二五～八五。哲学者、政治思想家〕がおり、またこの雑誌の編集委員会にはアブド・アルカーディル・マフダッド〔一八九六～一九九四。アラビア語大学教授、政治家〕とアブド・アルカーディル・ミムニ〔一九一七～六一。民族主義者、政治家〕の二人のアラブ人、およびアルジェリア生まれのユダヤ系フランス人ジャン・コーエンらが加わっていた。同誌は、その「アピール」のなかで、「自由で、民主主義的かつ社会主義的なアルジェリア樹立のため、植民地主義に反対し、人種差別に反対する」と表明している。当時、このような政治目標の掲載は、当然のことながら発禁処分を招来せざるをえなかった。だが、この雑誌によって初めて、「〔一般に〕反植民地主義という考えがでてくるのはフランス本国人の発想からだ」ということが分かってきた。もっとも、それは雑誌が意図して明らかにしようとしたものではない。むしろ雑誌の本来の目標は、アルジェリアの諸問題をどう解決したらいいか、アルジェリア人すべてが力を合わせて考えよう、というところにあった。同誌は、「フランスの問題を解決することが必然的にアルジェリア問題の解決にいたる、と考える人々は、誤った危険な認識のもち主であり、われわれは彼らの過ちに与するわけにはいかない」と述べている。

おそらくこの見解は、わたしたちがこれまで見たなかで、もっとも進んだものだった。それは、アルジェリアやフランスの共産主義者の見解とはまったく違っていた。彼ら共産主義者は、アルジェリアの運命は本国フランスの運命と一体であると相変わらず考え、一九五〇年の時点では自分たちの党派が権力の道を切り開くであろうと考えていた…。たしかにこの『コンシアンス・アルジェリエンヌ』誌の認識も、同誌のフランソワ・シャトレが「植民地体制の解消問題は階級闘争の正常な機能を混乱に陥れる」と判断している限りにおいて、いまだマルクス主義の文脈のなかにあったといえる。ただ彼は、「民族主義闘争」の基本原則のひとつはイスラームでなければならないとも認めていた。さらに彼は次のようにも考えていた。すなわち、「民族的解放の次に民主主義的解放がくる」といった不可能で想像もつかない二段階の道筋ではなく、「アルジェリア共産党」（ＰＣＡ）、「フランス統一社会党」（ＰＳＵ）、「民主的自由の勝利ための運動」*（ＭＴＬＤ）、「アルジェリア宣言民主同盟」**（ＵＤＭＡ）等を統合する「進歩主義《プログレシスム》」といったものを構想なければならない、と。

これに対して、フランス本国の共産主義者たちは、それぞれ多様な見解をもっていた。一九三九年の時点で、モーリス・トレーズ〔一九〇〇～六四。フランス共産党の指導者〕は、「アルジェリア人の民族共同体《ナシオン》は歴史的に見れば生成過程にある」と見なし、その進展はフランス共和国の努力によって容易になりうるか、あと押しされうる、と考えていた。彼はこれと同様の考えを一九四五年にもふたたび抱くが、そのとき共産党から入閣したシャルル・ティヨン〔一八九七〜一九九三。フランス共産党指導者。「セティフの虐殺」のとき航空・軍事大臣を務めていた〕のほうは、セティフの砲爆撃を隠蔽していたのだった…。

しかし、「全体として見るならば」、共産主義者の反植民地主義はトレーズとは別の軌道上にあった。一九五八年時点でもなお、ジャック・アルノー〔一九一八〜二〇〇八。ジャーナリスト、フランス共産党員〕は『ヌーヴェル・クリティック』誌において、「アルジェリア問題などない。あるのは現代問題におけるアルジェリア局面である」などと書いていたのである。

最後につけ加えると、これまで述べてきたものとは別の流れもあった。「第三世界派」とでも呼べそうなこの流れは、フランスでは一九五〇年代終わり頃のジャック・ベルク〔一九一〇〜九五。アラブ・イスラーム世界を専門とする社会学者、人類学者〕に代表される。彼によれば、植民地化が行なわれることで、ヨーロッパ以外の諸文明は自由な発展が破壊され、「歴史は歪曲」されるにいたった。なぜなら、植民地化とは、何よりもまず「変質させること」だからである。植民地化とは、他国を搾取する目的のもと、他国の本来《ナチュール》の姿を横取りし、他国の政治や芸術や言語などあらゆる領域において、他国の地位を奪う。そして、その「他者」（他国）の思考を鈍磨させてくれそうな「不透明《オパ》なヴェール《シテ》」を、「他者」のなかに広げる。「その他者は本来の歴史から断絶され、文化や伝統の相続を遮断される…。だからこそ、支配者によって変えられたその姿に応じて、もう一度自らの個性を再構築しなければならない」。

この先駆的「第三世界主義」は、ある意味で、思想的特質のいくつかを植民される側の叫びから借りている。たとえば、二人のアンティル諸島生まれの人、エメ・セゼールとフランツ・ファノンの叫びからである。セゼールはいう、「人々はわたしに、進歩について、文明の成果について、克服された病について、上昇した生活水準について話す…。だが、わたしのほうからは、そのために空《うつろ》になった社会について、掠め取られた大地について、抹殺された宗教について、消滅させられた芸術がもっていた華麗さについて、話をしよう…」。この「第三世界主義」はまた、アルベール・メンミ〔一九二〇〜。ユダヤ系チュニジア人作家〕の『植民される側の肖像』（一九五七）における分析からもいくつかの特徴を借りている。だが、ジャック・ベルクの特異点は、彼がこうした思想をひとつの歴史観のなかに組み入れていることにある。

＊　一九四六年に結成された、アルジェリアでもっとも古い民族主義運動団体。党首は急進的な民族独立運動家メサーリー・ハーッジュ。ここから独立革命の中心をなす「アルジェリア民族解放戦線」（ＦＬＮ）が分裂結成された（本書四四五頁以降参照）。

＊＊　一九四六年、穏健な民族独立運動家ファラハート・アッバースらが設立した政治組織（本書四四一頁以降参照）。

反植民地主義言説の沈黙

反植民地主義者の言説といっても、物事に盲目であったり、正面から見ることを拒んだりするという態度から免れているわけではない。その言説には、もう一方の植民地主義の言説と同じく、それなりのタブーがある。それをいくつか指摘することは容易である。

女性の解放

たとえば、マグレブにおいてもブラック・アフリカにおいても、反植民地主義者の言説は、植民地化によって女性の解放があと押しされたという事実を黙殺する。まず、アニー・ゴールドマン〔ユダヤ系チュニジア人の女性作家、社会学者。マグレブにおけるフェミニズム運動の担い手のひとり〕の小説『マルドシェの娘たち』（一九七九）を取りあげよう。ここには三世代のチュニジアに住むユダヤ人の人生が描かれており、そこに女性解放の進み具合を見ることができる。フランス占領前の第一世代として描かれているユダヤ人のエリーズは、女性解放について進んだ考えをもった男と結婚する。その頃、彼女は海のすぐそばのゲットーのような「ハラ」に住んでいる。そこでは、ユダヤ人たちは黒いキュロットをはき、アラブ人たちは赤いキュロットをはいていた。アラブ人はユダヤ人に出会うたびに、「親父と爺さんが奴隷だった記念に」といいながら、ユダヤ人の頭を平手で軽く三度叩くのだ。買い物には、女性ではなく男性が行く。ユダヤの女性たちはシャフシャリという全身を被う長方形の布をまとっているが、アラブ人とは異なり顔のほうはベールで隠すことをしない。一八八一年、フランス人がやって来たとき、エリーズは恐怖を抱く。アラブ人がまもなく反乱を起こすとの噂が広まっていたからだ。そこで、遠くに逃げるために舟を借りた。子どもの頃のジザ（エリーズのこと）の周りの人々はアラビア語しか話さなかった。学校も教育もないのだった。ただ、男の子たちはモーセの律法と宗教を学ぶためヘブライの学校に通っていた。ジザは人形を知らなかった。偶像と見なされていたからである。

さて、この物語においてイスラエル友好会の会長は、ユダヤ人の娘たちにフランス語と裁縫を学ばせるために学校を作ることを決めた。そこで、マルドシェ（エリーズの父）は、ラバン〔ラビ（ユダヤ教の宗教指導者）の別称〕の意見に逆らって、ジザを学校にやった。ジザはエプロンを掛け、「ヨーロッパ人の」服装をした。つまり、エリーズがものを読むようになったのはフランス語によってなのだ。彼女は、結婚するときはアラブ人の服装をしたが、下着はヨーロッパのものを着けていた。第二世代のジュリエットは、一家の誇りだった。一八九〇年に生まれ、父に鍛えられた彼女は、一九二〇年、チュニジアで最初の女性弁護士になった。だが、結婚するとすぐに伝統的な女の務めに引き戻された。第三世代のユダヤ人女性は解放され、フランス本国の人間と結婚する。

　この物語は象徴的である。チュニスでもオランでもカサブランカでも、多くの若いユダヤ人女性がこの物語と同様の経験をしている。

　一方、若いムスリム女性たちの解放はさまざまな障害とぶつかり、拡大する動きとはならなかった。女性の解放は植民地化と連携していたものの、結果が芳しくないことから見て、関連性はかなりあいまいなものだった。ムスリムの家庭は、西洋化することに対し、アラブ人のアイデンティティー、その擁護という名目のもとに抵抗した。オランのステファンヌ・グセル高校では、一九四八年から一九五六年までのあいだに、両親に許されて大学入学資格《バカロレア》取得まで勉学を継続したムスリム女性は十指を数えるのみである。

　独立が達成されるとすぐ、「アルジェリア民族解放戦線」（FLN）が女性の未来について演説し、いったんは女性の解放が確立したかに見えた。しかし、それは偽りであった。独立後、それを最初に明らかにしたのはアシア・ジェバール〔一九三六〜。アルジェリア人女性作家〕で、彼女は自分の味わった幻滅、絶望、憤りについて、力強く表現している（『シェヌーア山の女たちのヌーバ』）。(原注)

　いずれにしても、反植民地主義者、今日の「第三世界主義者」の言説が、この問題に関してなお慎重な態度を保っていることに変わりはない。

　ところで、ブラック・アフリカにおいて、女性たちが伝統的な社会で活動していた頃でも比較的男女平等的な状態を続けてこれたのは、やはり植民地化の影響といえる。ダホメー（ベナン）などはその好例である。そこではやはり、行政が娘たちのために学校を開き、女性たちは責任ある社会活動に就けるようにした。もちろん限界はあったが、男性にも同じように限界はあった。そしてたとえば、小学校の教員、看護婦、種々の職業の従業員は、部族や家族の枠組みが温存する女性の地位の低さを補い、やはり女性の解放を助けたのだった。

ヨーロッパ人以外による人種差別

　ここ数十年のあいだに、反植民地主義者の伝統は第三世界を支持するようになってきた。そしてこの伝統は、奴隷売買

（原注）女性解放が進まなかったアルジェリアとは対照的に、ヴェトナムでは、植民地化が伝統的な家族制度の破壊を促進したため、ことに戦時中、若い女性の解放をあと押しすることになった。

と奴隷制においてアラブ人が果たしてきた役割と責任、および彼らの人種差別に対して、沈黙の態度を長くとり続けてきた。(原注) これに対して、植民地帝国主義にとって、沈黙というこの人為的災厄と闘うことは、いわば植民地主義の効能を宣伝することであったから、アラブ人の役割、責任、人種差別に関する表現はこの植民地帝国主義によって「膨らまされ」誇張されたと考えてよいだろう。たとえば、スコットランドの探検家リヴィングストンのことばを見ると、アフリカ東部のザンジバルを経由して引き渡された奴隷の数は二一〇〇万人にのぼる、という突拍子もない数字がでてくる。* 現在の歴史的検証ではその数はおそらく三五〇万人あまりと見積もられているので、リヴィングストンのあげた数字自体、たしかに突拍子もないものであったろう。しかしながら、このことを通じてわれわれは、奴隷貿易や奴隷制に関する検討や議論の大部分が、アフリカ西部の大西洋岸に偏っていたことにも気づかされるだろう。これは偶然だろうか。**

　人種差別に関して確認できるのは、アラブ文明以外のいかなる文明も、アラブ人が『男奴隷・女奴隷を買うときの一〇の忠告』〔イブン・ブトラーン、?～一〇六六〕のなかで述べているほど、またアラブ文学たとえば『千夜一夜物語』のなかで述べているほど、判然かつ詳細に、しかも価値判断をともなって人種を分類するようなことはなかったという事実である。そのアラブについて一例をあげればこうである。

「ザンジュ***の女は数多くの欠点をもっている。この女たちは、黒ければ黒いほど顔が醜く、歯はとがっている。〔…〕ダンスとリズムが女たちの体の奥に宿っている。ことばで表すことができない分を音楽やダンスで穴埋めしているのだ。ザンジュの人間は、たとえ天国から地上に落ちなければならなくなったとしても、落ちているあいだずっと拍子を取っているだろう、といわれる…。この女たちからはどんな快楽も引きだすことができない。体から不快な匂いがするのと、体が堅いためだ…。エチオピアの女は優美で、柔らかく、華奢《きゃしゃ》な体をしている。だから、結核になりやすい…。もし、金色の肌で優美な肉体をした若くて美人のビュッジャ〔スーダン北東部を中心に居住するベジャ人のことであろう〕の女を手に入れたなら、四肢のどこかを切断するような懲罰は加えないように。まだ、快楽のために役立てることができるのだから…」等々（「男奴隷・女奴隷を買うときの一〇の忠告」バーナード・ルイス『イスラーム諸国における人種と皮膚の色』＝Lewis 1982 所収）。

　また、一八〇二年、あるフランス人が目にした光景を記したところによれば、「カイロでの奴隷売買は、ヨーロッパにおける家畜の売買に似ている…。買い手は円陣を作り奴隷を選ぶ…。男でも女でも、もし黒人がむやみにいびきをかいたり寝小便した場合には、購入後二〇日以内なら返品交換を行なうことができる」。この当時、少年奴隷はスペイン貨で五〇から一〇〇ピアストル、若い去勢奴隷は一六〇から二〇〇ピアストルであった…（同上書参照）。

オリエント（東洋）における奴隷売買と奴隷制は、西洋におけるそれがキリスト教と関連がないのと同じように、イスラームとは関わりがない。オリエントにおける奴隷売買と奴隷制の拡がりは、アラブ人が征服領域や植民地を拡大してゆくことで膨らんだ。当初、アラブ人であることは事実上ムスリムであることを意味した。しかし、多くは強制的に進められたイスラームへの改宗が増えるにつれ、イスラームに改宗した非アラブ人、という新しいカテゴリーが現れた。彼らは理屈のうえではアラブ人と対等であったが、隷属状態におかれていた。「奴らはわしらの道を清掃し、わしらの舗道を修繕し、わしらの衣服を作る」のだった。また、混血という問題も生じた。というのも、アフリカにおいても東南アジアにおいても、アラブ人は多かれ少なかれ「進んだ」人々と出会い、その人々とのあいだに子孫を残すことがあったからだ。おそらくこうした出会いがあったために、アラブ人は皮膚の色の薄さと文明の進み具合とをひとつに結びつけ始めたのであろう。だがそうだとしても、それゆえに皮膚の色の薄い人間、たとえばチェルケス人を、さらには白人でキリスト教徒であるような人間を、奴隷にするのは避けようなどとは考えなかった。ともかく、自由なムスリムとして生まれた人間やイスラームを奉じる国の庇護下に暮らす非ムスリムを奴隷にすることは禁じられていたために、一〇世紀あるいは一二世紀以降は北ユーラシアや南のブラック・アフリカからの奴隷の輸入が増大したのである。

こうして、アラブ人にとって、またその後のオスマン帝国の人間にとって、「文明化していない」外の世界は奴隷の貯

（原注） もうひとつ付言しておく必要があろうか。これも反植民地主義者の伝統だが、一九〇〇年以前、フランスがアンナンの意図に逆らって、カンボジアを「保護」しようとしたとき、彼ら反植民地主義者はその植民地主義的論拠を嘲笑した。しかしその後、一九七〇年代になって、再度独立したヴェトナムがカンボジア併合を企図したとき、くだんの反植民地主義者は何の発言もせずにいた…。

* ザンジバル島は東西貿易、アフリカ奥地との交易、奴隷貿易の歴史において、特殊な役割を果たした。その中心的存在がアラブ商人であり、象牙と黒人奴隷を主たる商品とした。

** 大西洋岸での奴隷貿易の主体は、アフリカ東部のインド洋岸と異なり、あくまで白人であった。

*** 「ザンジュ」はアラビア語で「黒人」の意。中世アラブでは東アフリカ沿岸部を「ザンジュの国」と呼んだ。ザンジバルの国名はこの語に由来する。

蔵庫となった。この状態は一九世紀まで続いた。奴隷制を最初に廃止したのは一八四六年のチュニジアにおいてだが、それは「フランス占領下」で実行された。トルコでは、奴隷制廃止への動きが一八三〇年頃から始まり、まず最初にグルジア人やチェルケス人などの白人に対して、続いてヒジャーズ地方の黒人に対してそれがなされた（一八五七）。しかしながら、奴隷制はアラブ世界のいくつかの地域では相変わらず活発であった。それはたとえばサウジアラビアであり、その廃止は一九六二年であった。またモーリタニアで廃止されたのは、なんと一九八〇年になってからのことである。

オリエントにおける奴隷売買と奴隷制をめぐる歴史の痕跡はわずかしか残されていない。しかし、このわずかな痕跡からほぼ考えられるのは、イスラーム世界に連れてこられた黒人奴隷の多くが去勢奴隷であったことである。黒人やアラブ人の奴隷商人は、去勢すれば商品の値段が上がることから、自分たちでその手術を行なった…。反植民地主義者の語る「黒い伝説」では、この点が強調されることはほとんどない。

今日では、「黒い伝説」にしても「ばら色の伝説」にしても、かつての高慢な構えはない。アフリカ人のなかには、自分たちの国の運命について自問しながら、こう考える者もいる。植民地として保護監督を受けた結果のどれもが、これまでそう思ってきたほど忌まわしいものではなかった、と。おそらく三〇年もすれば、植民地主義を、その後のあらゆる民族的挫折に責任を負うものとして断罪することはもうできなくなるだろう。じつのところ、さまざまな希望が打ち砕かれたのは、世界経済の一元化の波が植民地の独立と激しくぶつかり、めり込んだためである（本書第11章参照）。あるカメルーン人女性（アクセル・カブー〔一九五五〜。ジャーナリスト、作家、経済学者〕）は、「結局のところアフリカは、西洋的発展を拒絶しないのではないか」と自問するまでになっている。たしかに、昔からの部族意識というものが、容易に従属関係を作りだす条件をなしていたのかもしれない。また、マグレブにおける沈滞の責任は植民地主義やその産物にだけあるわけではないし、アラブ－イスラーム人の個性を毀損せしめた責任も植民地主義にのみあるわけではないだろう。ムハンマド・アルクン〔一九二八〜二〇一〇。アルジェリア人のイスラーム学者〕によれば、「ヨーロッパが啓蒙哲学の時代に入っていったのに対し、同時代のマグレブでは、宗教的指導者や地方の聖人によって統治された雑多な地域、そして同じ言語をもつ者だけによる民族的・文化的な諸群落へと分裂していたのである」。

これと反対の例が、まさしく日本である。西洋に対抗する武力面についていうなら、日本は一七世紀から一九世紀まで、アフリカをかろうじて上回る程度であった。しかし、日本は西洋の水準に到達したのである。

植民地主義を礼賛する人々は、次のこともよく覚えておかねばならない。すなわち、ベルギー領コンゴでは一九六〇年当時でも大学入学資格者が全部合わせてわずか二人しかいなかったという事実を、またフランスから独立したニジェールやマリの非識字率は、同じ頃、九五％であったという事実を。いわば、植民地主義は「罪悪と善意のパッチワーク」であり、「新植民地主義」は勘定ずくの援助だったのである。

　さて、これから見るように、植民地の諸問題はかなり入り組んだものになっている…。

第6章

敗者のヴィジョン

皆殺しにでもされない限り、占領によって屈従を余儀なくされた人々には、みな心的外傷《トローマチスム》が残る。しかしながら、その衝撃はどこでも一様というわけではなかった。アメリカ大陸で先住民族が受けた衝撃は、そこが数千年もまえから世界と弧絶していた場所だっただけに、ほかの場所以上に激しいものであった。アメリカの先住民族たちは、自分たち以外の人間が存在しているとは知らなかった。彼らは、「見知らぬ怪物に乗り、人間の姿をした」存在に震えあがった〔インカ、マヤ、アステカの人々は馬を知らなかった〕。そして、この侵入者たちをまえに、どう振る舞ったらいいのか、協定を結ぶのか友好的態度をとるのか、はたまた敵意を抱くべきなのか、よく分からなかった。だが、それがどうあれ、試練にさらされたあらゆる経験のなかで、つねにまさっていたのは恐怖のヴィジョンであった。

アメリカ大陸において、侵略者が負わせた心的外傷《トローマチスム》

メキシコでもペルーでも、想い起されるのは、このような破滅的事態《カタストロフィー》の起こることを告げる予言が存在していたことである。たとえば、マヤ人の『チラム・バラムの書』*には、次のように白人の到来を予言した記述がある。

「大地が燃えあがり、空に大きな白い輪ができる。豊穣が逃げ去り、苦渋がほとばしる。大地が燃え、抑圧の戦の炎が燃えあがる。時は重い労働の時代に入る。ともあれ、それが定めなのだ。

苦悩と、涙と、惨めさの時代になる。これが来たるべき世界だ」。

ペルーでもまた、白人がやって来るまえに不可解な現象がいろいろと起こったらしい。地震が繰り返し起こり、地平線に火の柱がほとばしり、雷で神殿がいくつも壊れ、流星が現れる、といった現象である。いずれにしろ、重要な点は、アンデスでもメキシコでも、侵略者は予期されていたとはいえないにしろ、少なくとも予想可能だった、ということである。アステカ帝国の第九代皇帝モクテスマ二世は、あたかも人々が待っていた神々であるかのように、スペイン人を受け入れた。彼は征服者コルテスに対して、「ここは皆様の家でございます」といったのだった。一方、チチュ・クシ〔一五二九〜七一。インカ帝国最後の皇帝アタワルパの甥でマンコの次男〕の編纂した年代記が伝えるところによれば、アンデスでは、人々がスペイン人の到来をヴィラコチャ〔インカ信仰における万物の創造神〕、すなわち神の子らがやって来たもの、ととらえた。

クロード・レヴィ・ストロース〔一九〇八〜二〇〇九。フランスの人類学者〕は、『大山猫の物語』（Lévi-Strauss 1991）のなかで、インディオの

神話を支配しているのは対立する二つのもの、水と火、天上的なものと地上的なものなどであり、この二項対立の世界観ゆえに、インディオ自身に対しては非インディオがあると説明している。また、完全な双生児形態などないのだから一方は強く他方は弱いにちがいない、と自然に考えたのだと説明している――「おそらくは、この二項対立の世界観によって、スペイン人による新世界征服のとき、インディオたちが、あたかも白人たちを待っていたかのように振る舞ったのはなぜか、またあたかも白人たちを知っているかのように振る舞ったのはなぜか、というわれわれの疑問への説明がなされるだろう」。彼らインディオにとっては、創造主が自分たちを作ったときから、同じようにそれと対称的なあるいは対蹠的なものが存在していなければならなかった。アステカ人たちがコルテスの面前にひれ伏し、二万のインカ人が一六〇人のスペイン人をまえに麻痺状態に陥ったことは、こうして説明されるのである。

今日でもそうだが、カナダ・インディアンのいくつかの種族においては、白人たちがやって来たこと、住み着いたことを嘆いたりはしない。ただ、彼らは自分たちが白人から疎外されていることを嘆くのみである。

メキシコでもペルーでも、破滅的事態《カタストロフィー》を引き起こす外からの侵略者がやって来るとの予言が存在していたがために、インディオはスペイン人を神と信じた。インディオの頭のなかでは、スペイン人の侵略も宗教的ないしは宇宙的な性格をもっていた。その信仰はいずれ急速にすたれてゆくのだが、それでもインカ人やアステカ人たちのあの行動を説明しうるのは、ほかならぬ彼らのその信仰であった。このことはある偶然の出来事が証明している。クスコの町に近づいた征服者ピサロはカルクチマ将軍からキスキス将軍〔いずれもインカ皇帝アタワルパ配下の将軍。生没年不詳〕宛に送られた手紙を奪ったが、そこでもたらされた重大な情報とは、「スペイン人たちは人間だ」というものであった。

当初スペイン人を神のように思った彼らの信心を揺るがしたのは、征服者たちの示す残忍性だった。スペイン人の攻城戦を見たメシーカ人たちがその様子を描写しているが、彼らにとっては、スペイン人が金《きん》を見たときの熱狂したありさま、粗暴な様子、戦闘での残忍さ、戦い終わったあとの行動、そうした姿こそ、スペイン人が神でないことの証拠であった。しかし、とりわけインディオたちの心を揺るがしたのは、スペイン人の感染能力、つまり敵を病気にしてしまう能力であった…。

＊　マヤの伝承を記した書物。一六世紀のスペインによる征服後まもなく、スペイン人聖職者によって最初のラテン語による筆記が行なわれた。

「病気の交換」

「あの頃は病気などなかった。熱病も、骨の病も、頭の病もなかった。〔…〕あの頃はすべてに秩序があった。よそ者たちがやって来てすっかり変わった」。

なるほど、この嘆きにはいくらかのノスタルジーが込められているとしても、旧世界〔ヨーロッパ大陸〕の病はアメリカ大陸において、ヨーロッパよりもはるかに致命的な威力をもっていたように思われる。一七世紀末のあるドイツ人宣教師が次のように書いたほどである。「インディオたちはあまりに簡単に死ぬ。だが、その原因はスペイン人をちょっと見たり、あるいはその匂いをちょっとかいだせいなのだ」（アルフレッド・W・クロスビー・ジュニア『コロンブスの交換―一四九二年の生物学的、文化的帰結』＝Crosby 1972 p. 36–37）。

一五ほどの伝染病が、メキシコでもペルーでも多くの住人を死に追いやった。一方、スペイン人たちは同じ伝染病に冒されることはなかったようである。「怒りのあまり、何人かのインディオがスペイン人の食べるガレット〔円形の焼き菓子〕のなかに感染者の血を入れたが、とくに効果はなかった」とある。

同様の現象は、フロリダでも観察された。当地にいたトーマス・ハリオット〔一五六〇〜一六二一。イギリスの天文学者、科学者、探険家〕は、自分たちが通過したあとにインディアンが死ぬ事実を記している。それはニュー・イングランドやフランス領カナダ〔現在のケベック州一帯〕でも同じだった。ヨーロッパ人たちは、はしか、インフルエンザ、天然痘、チフスなどをもたらしたが、彼らはインディオ（インディアン）ほどこれらの病気に対して脆くはなかった。大アンティル諸島〔キューバ、ジャマイカ、イスパニョーラ島、プエルトリコ〕のアラワク人が消滅したのは、スペイン人がやって来て彼らを虐殺した事実もさることながら、こうした病のためと考えられる。あるいは、スペイン人のひどい扱いのために、病気に対する抵抗力が弱まったことが原因かもしれない。メキシコについては、同じような因果関係の論証は当てはまらない。ここでは、アステカの庶民も王族も等しく天然痘の病に呑み尽くされているからである。同様にペルーでも、非常に多くの軍の指揮官たちが天然痘にやられている。

病気にもまして、インディオの想像力に衝撃を与えたのは、征服者たちの不死身さであった。「神々はスペイン人に、インディオがもっているものとは別の盾を与えていた…。スペイン人たちは船と馬を伴って到来し、明らかに死ぬことなどありえない人々だった」。それに対して、たとえばマヤの人々の運命は、死と…「禿鷹が狙うあの悪臭」と定められていた。彼らは死ぬために生まれてきたのだった（『カクチケル年代記』クロスビー、同上書所収＝Crosby 1972 参照）。

逆にヨーロッパでは、クリストファー・コロンブスの仲間であるマルティン・アロンソ・ピンソン（一四四〇？〜九三。スペインの航海者、造船業者。コロンブス第一次航海に参加）が、アメリカ大陸から戻るとすぐに梅毒のために死んだ。そして、この病はセビーリャ、イタリアを介して（「ナポリ病」の名の由来はここにある）、全ヨーロッパへと広がった。梅毒は一五二六年頃までほぼ死の病とされ、一六世紀の後半をすぎてようやく勢いが弱まった。インディオたちがすでに慣れていたこの風土病に、ヨーロッパ人は先住民族の女性ないしは自然の動物との接触から感染したと考えられるが、さまざまな形で性的接触を行なう船乗りを介してセイロン島まで伝播した。

アメリカ大陸の住民が征服される際に被った心的外傷《トローマチスム》には、いくつもの虐殺がつきまとっている。それは、たとえ計画的なものでなかったとしても、実質上ジェノサイド（集団殺戮）だと見なすことができる。住民が完全に消滅してしまったいくつかの島においては、ことにそういえる。一方、細菌がもたらした被害は、いわゆる「人口激滅」の主たる原因であったと思われる。少なくとも、低地地方において、病気に対する免疫ができる以前にはそうである。メキシコでは、一五一九年、二〇〇〇万人ほどのインディオが高原地帯にいた。しかし、一六五〇年には二〇〇万人しか残っていない。ただし、その後は逆に増加に転じた（B・ベナサル＋L・ベナサル『一四九二年―新世界？』＝Benassar, B, et al. 1991 p. 246 以下参照）。

破壊と抵抗形態

一五八二年から一五八六年にかけて作成され、『インディアス地理報告』（一八八一）（スペインの動物学者、作家のマルコス・ヒメネス（一八三一〜九八）の著作）の元になった問答集がある。そのなかのインディオによる回答を読むと、彼らは当時自分たちの人口が劇的に減っていることに完全に気づいており、事実を明確に認識し始めていたことが分かる。彼らはこの現象の原因を、戦争、伝染病、移住、過労…の順で列挙している。しかし問答集には、「昔のほうが食べものはよくなかった」「以前より今は自由がある」、といった不可解な返答部もある。ナタン・ワシュテル（一九三五〜。南アメリカを専門とするフランスの歴史学者、人類学者。本章のタイトルは、彼の論文「敗者のヴィジョン―先住民族の民間伝承から見たスペインの新世界征服」（邦訳『敗者の想像力』小池佑二訳、岩波書店、一九八四）に由来する）は、それが征服者への恐怖によって引き起こされた回答か、あるいは質問者に取り入るための回答かと想像している。ところで、アルコールの常習的摂取という習慣はかつてのインディオにはなかった…。というのも、メキシコのプルケ（アガヴ（和名リュウゼツラン）から作る酒）もアンデスのチチャ（トウモロコシから作る酒）も、それまでは宗教的祭礼の際にしか消費されていなかったからである。しかし征服以後、彼らはスペイン人を見習うようになり、昔から厳守されてきたタブーも消滅した。また、とりわけコカの栽培が「スペイン人の到来後まもなく、盛んになった」*。

こうした形で、インディオの社会構造の大部分が征服によって破壊された。

インカ帝国のクスコのあたりには、メキシコのカルプリ**に類似した「アイユ」という社会構造の基底部をなす部族集団があった。アイユは、核となるある親族を中心に、いくつかの親族が合わさって一種の血族集団を形成したもので、共同でひとまとまりの土地を所有していた。しかし多くの場合、その個々の土地はつながらず散在していた。この血族集団の集合がさらにひとつの単位を形成し〔サーヤ（郡）、ワヌン（県）、スーユ（地方）の行政組織があった〕、国はこの単位集合の頂点にあった。国は、ピラミッド構造の各段階の血族集団に、性質の異なる土地（トウモロコシ用、ジャガイモ用、牧草用など）を周期的に再配分していた。すべての家族がアイユの土地全体に権利を有し、互いに規則正しく仕事を交換していた。このシステムがインカの社会組織の基本構造をなし、そのうえで、それぞれの「アイユ」がインカ〔皇帝、国家〕の土地や太陽神の土地に対して、「ミタ」とよばれる奉仕をかならず果たしていたのである。

スペイン人たちは、ここに自分たちのエンコミエンダ（原住民統治制度）を押しつけることによって、山の上から下まで並んだあの「階段畑」という土地の集合体を破壊した。一方でこのために、人口の移動が惹起されていった。そのうえ、スペイン人たちはそこに貨幣経済と新しい形の税（ことばを換えれば鉱山での強制労働）を導入することで、均整のとれていたシステムを完全に瓦解させてしまった。一五六二年のコルティス・デ・スニガ〔生没年不詳。スペインの官吏、巡察使〕の調査によれば、スペイン人が来るまえは、インカではチュパーチョ人〔ペルー中部ワヌコ地方に居住〕に税として織物を課していたが、その原材料となる動物の毛はインカが支給していた。しかし、エンコメンデーロ〔エンコミエンダの権利受託者〕が綿の衣類を要求したために、チュパーチョ人は綿花を自分たちで栽培しなければならなくなった。こうした形の税のために、この時代からすでに彼らは、もはや生きてゆくための土地すら耕す時間もない、と慨嘆するまでになっている。

スペイン人たちは、インカに代わって、インカの権力システムと労働力交換システムを自分たちの都合のいいように利用したが、このシステムの根本にある互酬の原理が機能させることはなかった。しかも、金納による税がそこに加えられ、その割合は増大を続けた。ただポトシ鉱山では、インディオたちは三〇年ほどのあいだ、自分たちだけが知る抽出法による採掘を認めさせることができた。占領者たちには、どうにも彼らの技術を習得できなかったからである。銀の生産においてスペイン人が主導権を初めて奪えたのは、一五七四年にアマルガム法〔水銀が金銀などの金属との合金（＝アマルガム）を作りやすいことを利用した精錬法。効率が悪く現在は用いられない〕

を導入してからである。こうして、新しい時代が始まり、インディオの衰退はいっそう進んだ。

銀の搬送やピサロとアルマグロとの戦い***によって、多くのインディオが伝統的な生産のサイクルから疎外され、それによってインディオ社会の崩壊はいっそう促進された。インディオのなかでも「フォラステーロス」（自由なアウトサイダー）については、土地との絆をいっさいもたず気随気儘であるがゆえに、社会的身分としては通常のインディオより高かった。しかし、以後の世紀にひとつの問題が生じることになる。それが基で、スペイン人の「アセンダード」（大農園（アシエンダ）の所有者）にはもはや土地を離れたこのインディオたちを引き戻すことができなくなってしまったからである。一方、もとは貴族階級に属していたインディオにしても、以前は税を払うべき他のインディオとスペイン人との仲立ち役を果たしていたが、同じ時期、その地位を取りあげられていた。

インディオの反乱は次々に起こった。ことに一五三六年の反乱は重要である。このとき、傀儡皇帝としてスペイン人に手を貸してきたマンコ・インカは、「彼らスペイン人は神の子ではなく、むしろ悪魔の子だ」とはっきり意識した。反乱は一五六〇年、一五七一年と続いた。また、一七八一年の反乱では「最後の皇帝《インカ》」を自称するトゥパク・アマルー二世が、集まったクスコの住民一同のまえで絞首刑に処せられた。一九八四年、彼の名を冠した映画****がこの出来事を再現している。敗者のヴィジョンを描いたこの映画は、ペルーの劇場をインディオの観客で一杯にした（本書四七〇頁参照）。

インディオたちは征服者に服従して、オレンジ、イチジク、ことに麦などの征服者向け作物を気候条件の適ったそれぞれの場所で栽培し、生産なければならなかった。しかし一方で、彼らは生活に必要な主食はしっかりと手元に保存していた。

メキシコに比べアンデス地域のインディオたちは征服者たちから隔絶したところで生活することができたため、自分たちの伝統的な宗教や言語についてはより忠実に守ることができた。メキシコでは少なくとも植民地化が行なわれた初期の頃、キリスト教に熱狂してのめり込むインディオさえ現れたようだが、ペルーでは決してそういうことはなかった。ペルーでは自分たちの社会が断片化し解体してしまっただけに、

---

* コカはコカインを含む常緑低木。コカは祭礼に欠かせないものとしてインカ帝国では王の管理下におかれ、乱用されることはなかった。

** アステカ社会の基底部を形成する部族集団の単位で、それぞれ独自の職業と独自の神をもっていた。

*** 両者は戦利品の分配とクスコの支配権をめぐって争った。一五三八年、ピサロはアルマグロを破って処刑するが、スペイン軍内部の争いは以後さらに激化する。

**** ペルーの映画監督フェデリーコ・ガルシア（一九三七〜）による『トゥパク・アマルー二世』のこと。

いっそう地域の神々を守ることが当然為すべき事柄となった。具体例をあげれば、彼らは征服者たちの墓地に埋葬された親族や仲間の遺体を掘りかえし、遠くまで運んで自分たちの習わしどおり火葬に付した。自分たちの神聖な場所に必要とあれば十字架を立て、外目にはキリスト教の習慣に順応したように見せながら、決して自分たちの習慣を棄てようとはしなかった。「スペイン人たちが地域の神々を悪魔の化身と見なしているのに対し、インディオはキリスト教を偶像崇拝の一形式のように想像していた」（ナタン・ワシュテル＝Wachtel *Annales E.S.C.* 1967-3）。ペルーのインディオは、むしろキリスト教を自分たちの文化のなかに組み入れ、それによって自分たちの文化を存続させようとしたのである。彼らは以前と変わらず、互酬の原則に基づく社会的慣行をもち続けた。また、自分たちの文化に適合した空間表現を用い続けた。たとえば、世界地図はこれまでどおり中心で斜めに交わる二本の軸を据えて表現された。変わったのはただひとつ、その中心が太陽ではなくカステーリャ王国になったことである。

一方メキシコでは、スペインとキリスト教に対して、ペルーとはまた違った形での抵抗が見られる。

メキシコでは

ここでは、スペインによる想像世界《イマジネール》の植民地化、あるいは西洋化ということについて語るべきであろう。メキシコでは、絵と絵文字による独自の表現形式が存在し、それが先住民族の貴族間で継承されてきた口伝の歴史記録を保存するのに、ともかくも役立ってきた。セルジュ・グルジンスキー〔一九四九～。中南米を専門とするフランスの歴史学者〕『絵画』にはほかに真似のできない特異性、すなわち同一画面上に戦争も、奇跡も、神々も、税制も、財産の移転も、凝縮して表現する技法をもっている。絵は、それなりのやり方で、権力の道具たらんとしたのである（Gruzinski 1988）。

さて、想像世界《イマジネール》の植民地化は、まずメキシコ絵画の空間表現がスペイン式のスケッチによって変貌させられることから始まる。これにともなって、色彩表現が衰退してゆく。やがて、一貫した直線的論理が何より重視されるようになり、「イラスト」が文字表現《エクリチュール》や西洋式の物語ルールに従属させられる。

空間表現の西洋化は、「過去の変貌」ということにも対応している。すなわち、過去を読み換えることによって、共同体のアイデンティティーの基礎ともいうべきものを変貌させ、キリスト教的スペイン的な見地からの正当性をインディオ住民に付与しようとするのである。しかし、類似した挿話的な出来事をその空間表現において反復させている点では、反復によって強調された円環的な時間概念がまだなお生き残り反映されている。要するに、スペイン人が到来する以前と以後の時代とが混ざり合わさっているのである。

インディオたちがほかの何にもまして植民地化にあらがったもの、それは偶像崇拝である。これについていえば、むしろキリスト教のほうがすでにインディオ化していたともいえるだろうが、それにしても、偶像崇拝はキリスト教会からさまざまなものを借りている。聖三位一体の祈りの文句、十字を切る動作、こうしたものからの借用がそうである。けれども、植民地化されたこれらの偶像崇拝も徐々にインディオ的キリスト教へと道を譲る。呪術師の指導のもとにあるインディオ的キリスト教は、不信心な者（すなわちスペイン人）が排除されることを予言し、植民地支配に対抗する救世主信仰運動という激しい信仰形態をもつにいたった。こうしてインディオの呪術は、植民地化された偶像崇拝がインディオ的キリスト教へと移行する際の媒介役を果たした。

ペルーでも、サン・トーメでも、民間伝承は告発する…

想像世界《イマジネール》の一部が、征服に対する最終的な抵抗の形として西洋化されずに、生き続けることもあった。ペルーやグアテマラの戯曲『征服の踊り』〔ナタン・ワシュテルによれば、ペルーでの戯曲は『アタワルパの死の悲劇』である〕にも、あるいはサン・トーメ（ブラック・アフリカにおけるもっとも古いポルトガル植民地）の戯曲『チロリ』（すなわち『シャルルマーニュ帝の悲劇』）にも、そうした想像世界《イマジネール》が現れている。

インカ帝国最後の皇帝アタワルパの死、および征服の踊りについての構造分析は、ナタン・ワシュテルをもって嚆矢とする。『征服の踊り』は詩や舞踏の題材を通じて、アンデスのインディオのあいだで広く伝承されてきた。古いケチュア語で書かれたこの戯曲は、一六世紀以来今も演じられており、カーニヴァル期間中のキリスト教の祭礼と時を同じくして上演されている。役者は二手に分かれ、一方はインディオ、他方はスペイン人である。合唱隊として構成されるインディオの皇女たちは刺繍された白いドレスをまとい、その白さをいっそう引き立たせるために、今日ではサングラスをかける。「皇帝《インカ》」は帝位の象徴として赤い獣毛の三つ編みを飾りつけた王杖をもち、その枝で金属板をたたく。また、占い師は熊の毛皮を着た者を脇に伴っている。彼らの正面には奇妙な格好をしたスペイン人役のインディオたちが配置される。彼らは征服時代の兜に似たものをかぶり、独立戦争時代の鎧を着るか、あるいは現在の軍隊の制服を着る。

話は脅威が迫っていることを告げるところから始まる。皇帝アタワルパは、皇女たちに自分の見た不安な夢について語る。〈父たる太陽が夢のなかで黒い霧に隠された、と。これにより、髭をはやし金属の鎧を着けた者たちが王国を破壊するためにやって来ることが予告される。

続いて、皇帝に仕えるインディオとスペイン側補佐役との予備折衝がある。それから中心となるエピソードとして、インカ皇帝とスペインの指揮官とが真っ向から対決する。インカ皇帝は死に、四方から嘆き悲しむ声が聞こえる。そのあとスペイン国王が、征服者ピサロを罰するために、救いの神として現れる。

ドラマをとおして気づくのは、インディオとスペイン人との接触は互いに理解し合うことなく終わるということである。スペイン人が口を開いても、インディオからは何も音が発せられない。そして、このように相手のインディオを理解できない状況から、ピサロの怒りが生まれる。一方インディオのほうは、アタワルパがいなくなるとただ途方に暮れるばかりとなり、もはや「大地」は「太陽」と対話しなくなる。

アタワルパの悲劇的な死がひとつの実例であるように、『征服の踊り』もまたひとつの実例である。しかも、両者の構造は類似している。いずれも歴史的事実に変形がなされながら、ある種の論理は尊重されている。その論理とは、「征服」当時に人々が感じとったことを忠実に再現させるという論理である。

人々が感じとったことの中心には「暴力」がある。ギニア湾のサン・トーメの場合、それはむしろ「不当な仕打ち」と表現できるかもしれない。いずれにせよ、ペルーでもサン・トーメでも、ありとあらゆる奇妙な服が征服後のさまざまな時代と場面を表現しているが、じつはそれが証し立てているのは、服装は変わっても征服者の行動は何も変わらない…ということである。

アフリカにおいても、植民地化への抵抗は、植民地化が開始されると同時に、つまり植民地化が自分たちへの攻撃、抑圧として感じられるとすぐに、始まっていたはずである。

アフリカにおける抵抗の表現は、いわば最初の植民地であるサン・トーメの過去のなかに、原初的な形で見いだされる。サン・トーメはギニア湾に浮かぶ小さな島で、ポルトガル領であった。以下に取りあげるのは、この島を挙げて演じられてきた『チロリ』という戯曲である。当然、住民は黒人である。この戯曲は『シャルルマーニュ帝の悲劇』とも呼ばれ、起源はやはり一六世紀にさかのぼる。

いうまでもなく、シャルルマーニュ〔カール大帝。フランク王〔在位七六八～八一四〕、西ローマ皇帝〔在位八〇〇～一四〕〕がサン・トーメに来たことは、一度たりともない。したがって、この戯曲においては、島の住民にとって、自分たちをむりやり島に連れてきたポルトガル王の化身がシャルルマーニュなのである。* この物語において、シャルルマーニュは罪を犯した息子を裁かねばならない。息子とは、むろんポルトガル人である。

この戯曲は数世紀にわたり毎年演じられてきた。その興味深いところは、時代とともにエピソードの数が増大し続けたことである。なぜそうなったかといえば、そもそもの罪状に加えて、その後の一連の大罪が次々とつけ加えられていったためである。このことは「告訴人」たちの服装があらゆる時代にさかのぼりうることに現れている。一六世紀には兵隊がおり、一七世紀には司教がおり、サラザール政権時代〔一九三二〜六八〕には警官がでてくる…。どの世紀においても、王の息子たちは新たな罪を、新たな不正を犯した。つまりこの劇は、植民地化全体に対する告発なのである。

アフリカの抵抗に関する反‐歴史——サモリ、シャカ…

植民地化の歴史においては、海外商館をもつポルトガルのケースと、純然たる領土帝国としての性格を備えたスペインのケースとがとかく対比されがちだ。たしかに、そのような対照性があったことは否定できない。しかし真に納得しうる説明に欠いている。たとえばブラジルを見れば、これはポルトガル人が建設したまさに領土の帝国だからである。

じつのところ、ポルトガル人征服者たちがブラジルでぶつかったのは、部族単位による散発的な抵抗だけであった。それに対してブラック・アフリカのマリやコンゴなどでは、ポルトガル人の本格的進出に対して現地住民たちが一丸となって頑強に抵抗した。それでも一六世紀の本格進出から二世紀後には、ポルトガル人たちは、アフリカ各地域における他のヨーロッパ人たちとまったく同じように、アンゴラやモザンビークで成功を収めた。

一六世紀において、ヨーロッパ人征服者たちの進出を妨げたものは何か。それを説明するためには、ヨーロッパの正史から消去されたアフリカの抵抗を考慮してみなければならない。たしかにアフリカには、インドやブラジルと同じような商業的うま味は存在しなかった。コショウも、カカオも、タバコもなかった。** 唯一あるものといえば香辛料のマラゲット〔コショウの一種〕だが、それもほとんど成功しなかった。

ただ、ブラック・アフリカには奴隷がいた。それは、あらゆる香辛料をひっくるめただけの価値があった。

一五世紀から一九世紀にかけて、ヨーロッパによるアフリカ進出を阻んだそもそもの原因は、この地から利益があがらなかったためでも、この地に商取引上のうま味がなかったた

---

* サン・トーメの住人の大多数が、プランテーション用の奴隷として、アフリカ本土から連行された黒人である。また、島は奴隷貿易の重要な拠点のひとつでもあった。

** コショウは東南アジア、カカオとタバコはアメリカが原産。アフリカのプランテーション栽培が盛んになったのは一九世紀以降である。

めでもなく、アフリカに自己防衛の能力があったからなのだ。もしそうでなければ、カナリア諸島やその後のブラジルに対する先例が示すように、ヨーロッパ人はアフリカ全域にも支配権を広げていたことだろう。

じつをいえば、ポルトガル人も他のヨーロッパ人も海の覇者ではあったが、陸上と、ことに河川では、脆弱ぶりを示していたのである。

カヌーなど、たいへん小回りの利くアフリカの舟は、速いばかりでなく、一〇〇人くらいまでの戦士を運ぶこともできた。初めてその脅威が記録されたのは、一四四六年である。この年、セネガンビア〔現在のセネガルとガンビア〕の水軍がいかに危険か、ヌノ・トリスタン〔?～一四四七?。ポルトガルの航海者、探険家〕配下のポルトガル人が警告している。ヌノ・トリスタンの遠征は悲劇的運命をたどったが、ほかの遠征隊も同様で、ポルトガル国王がアフリカ海岸地域での居住条件を交渉するために現地にディエゴ・ゴメス〔一四二〇頃～一五〇〇頃。ポルトガルの航海者、探険家。カボベルデ諸島の発見者として知られる〕を派遣するまでは、同じ轍を踏まねばならなかった。

ところで、ニジェール、セネガル、ガンビア周辺のすべての河川系は、当時、マリおよびその隣接地域の諸部族によって支配されていた。それゆえ、この地域に侵入しようとする敵は、連携を組んだ水軍の威力によってことごとく阻止された。また、この軍事的抵抗によって、ヨーロッパ人が現地人との交易を望む際には、交易方法について彼らと交渉しなければならなかった。このような状況下で、コンゴ王〔アフォンソ一世ことンジンガ・ンベンド（在位一五〇六～四五）であろう〕はフランソワ一世に仕えるポルトガル商人ジョアン・アルフォンソ〔生没年不詳〕に、内陸のザイールにまで入り込むにはどういう条件を整えるべきかを提示した。このことからも分かるように、ポルトガルが初めてアンゴラに拠点を構えることになった（一五七一）背景にも、正式な交渉によって締結された条約があった。その条約によって、商取引のやり方、ことに奴隷売買は規制された。

アフリカ――ヨーロッパ抜きのアフリカ歴史

痛ましくも残酷な黒人奴隷貿易は、いろいろな社会についての想像世界《イマジネール》を人々の記憶のなかに焼きつけた。もちろん、人々の記憶のなかには、アメリカ大陸に連れて行かれたアフリカ人たちの想像世界がまずある。しかし、ヨーロッパ人たちの想像世界も、同じように記憶に焼きつけられている。結局のところ、少々遅きに失しはしたが、罪の意識を育てたのは後者の想像世界であった。事実、一八世紀にこのヨーロッパ人たちの想像世界が示されると、罪の意識はすぐに現れ始めた。

集団の強制移送のもつ非倫理性からくるものだろうが、アメリカ大陸へ送りだされるときの実際の状況を検証するという作業、つまり、あるデータによって奴隷売買の恐ろしさを包み隠さず暴くという作業は、これまでともすれば、あいまいな形でしか行なわれてこなかった。この点をまずはっきりさせておこう。しかし、これまでがそうだからといって、歴史的分析が事実を隠蔽し続けることは許されない。

最初に、念を押しておかねばならないことがある。すなわち、ヨーロッパ人がアフリカにやって来る以前、すでにアフリカにはアラブ・マグレブ世界へ向けての奴隷貿易が存在しており、アメリカ大陸向けの奴隷貿易はそれに接木されたものだという事実である。アヴェリノ・デ・テイシェイラ・ダ・モタ（一九二〇〜八二。ポルトガルの歴史学者）は、アメリカ大陸発見以前の一五世紀からすでに、アフリカの奴隷をポルトガルの商社や大西洋上の島々（サン・トーメ、アゾレス諸島など）に運ぶための船は、アルガン岬（西アフリカ、モーリタニアの北西部沿岸）を通過するとその目的地へ向かって方向を転じる、という事実を記している。大西洋におけるこの怪しげな取引が、その後ついに巨大な奴隷貿易へと成長するにいたるわけである。一五〇〇年頃に年平均五〇〇〇人だったその数が、一六〇〇年頃には九五〇〇人となり、一八世紀にはさらにずっと大きな数字となっている（総計については本書一七九頁原注参照）。

このように、奴隷制と奴隷貿易はヨーロッパ人がアフリカに来るまえから存在していた。しかも、この取引は、アラブ人の活動や、その後のポルトガル人、フランス人、イギリス人などの活動のみにもっぱら起因していたわけではない。奴隷制と奴隷貿易は、アフリカの社会や国家が自らを作動させる構造の一部をなしていたからである。アフリカでは伝統的に、土地の私的所有は存在しないか、もしくは正当性をもたなかった。奴隷の所有と土地からの生産物だけが、アフリカの商人やアフリカの王の力を拡大させる要素となった。それゆえアフリカの王たちは、ただ略奪を行なうために、あるいは売却用ないしは領地用の奴隷を確保するために、戦争をすることさえあった。また、奴隷たちの身分は流動的なもので、生まれや獲得されたときの状況で変化した。したがって、奴隷たちのこうした流動的な運命は、まさしくアラブ人とヨーロッパ人による奴隷貿易の開始とともに画一化していったことになる（ジョン・ソーントン『大西洋世界形成におけるアフリカとアフリカ人　一四〇〇〜一六八〇』＝Thornton 1992 参照）。

一九世紀になって、ヨーロッパ人は軍事力によってアフリカの広大な領土を征服・統治し、それによって強制労働を導入することができた。ただし、当初はスムースに事が運んだわけではない。たとえばセネガンビアの奴隷売買は、ポルトガル人が軍事制圧方式に終止符を打ち、奴隷を買いつける交渉を開始してから、はじめて商売として成り立った。つまり、年間七〇〇人ないし一〇〇〇人規模の売買が成立することで、ようやく真の意味での商売になった。とはすなわち、奴隷貿易の片棒はアフリカの国々がかついでおり、すすんでそれを発展させてきたことになる。アフリカの王国間の戦争は、奴隷市場が大西洋地域の需要によって活況を呈することで、増加していったようにすら思われる。実際、こうした展開の具体例はコンゴで確かめられており、これこそ一七九七年にマンゴ・パークが確認した状況であった（『アフリカ奥地の旅　一八〇〇』＝Park 1980 参照）。

ヨーロッパ人がしたことは何か、そしてヨーロッパ人だけに関わることは何か。それは奴隷にされた者たちの運命をいっそう悪くしたということである。捕まり売られたときには、「よそ者」である限り差別的な扱いを受けねばならなかった。もっとも、大西洋沿岸のアフリカ社会では、奴隷たちは人の嫌う非人間的な労働ばかりに明け暮れていたわけではない。のちにその子孫は、領主の土地で暮らすヨーロッパ中世の自由農民のように生きることもできた。たとえばゴールドコースト（黄金海岸）では、奴隷たちは自分たちに分け与えられた土地を耕すため、一〇日か一週間ごとに自由な日を与えられた（残りは主人あるいは国の収穫のために使役されていた）。また、サン・トーメに送られた奴隷たちについても、当初はこれと同様の制度が適用されていた。

奴隷の運命がひどいものになったのは後々のことで、それは段階を経ていやおうなく進行した。そして、周知のごとく戦慄すべき船旅とアメリカでの虐待を経て、アフリカは失われた楽園の地として記憶されることになった。

メキシコやアンデスと同じくブラック・アフリカでも、たしかに外国の占領に対する抵抗のもととなったのは、一定に組織化された国家の存在である。抵抗は戦闘という形で現れ、最終的には敗北に帰した。しかし何より指摘すべきは、きわめて粗雑で中央集権化の低い国家形態でありながら、長期にわたって絶えることなくヨーロッパ人に反逆を続けたことである。つまりそれは、紛れもなく国家が存在していたことを、あるいは少なくとも国家と同等の役割をする社会構造が存在していたことを意味する。植民地論議はこのことを伝統的に無視しようとしてきた。

この点で、一九世紀にサモリ〔一八三〇頃～一九〇〇。西アフリカ内陸部にイスラーム帝国を建設した民族的英雄〕がスーダン地方〔アフリカ中央部の広大なサバンナ地帯。スーダン民主共和国はその一部〕に建設した国家は典型的な例である。この国家は並外れたひとりの人間とデュラ〔マリ西半分に居住するマンデ諸族のイスラーム化した移動商人グループ〕という商業を営む社会集団とが結びついた結果であり、またその飛躍的発展にはイスラーム世界の刷新が関係していた。軍を指揮したサモリは、一族郎党と商業とイスラームとを自在に用いて社会の頂点に昇りつめ、ほぼ四〇万平方キロにおよぶ帝国を作りあげた。彼は戦士のなかにヒエラルキーを作ることによって、軍を再組織することに成功していた。それは、上官に忠誠を尽くすような核となるべき常備軍を形づくる職業軍人と、一時的ないし補佐的な戦士とから成るヒエラルキーである。そしてサモリにおいて特筆すべきは、何よりも、職人たちに火器を作らせ、また、国家の統一を確保するためにイスラームとその道士を利用して行政の足場固めをしたことである。彼はこうしてイスラームの神政政治に基づく階級社会体制を作りだした。ガリエニの指揮するフランス軍とサモリとの遭遇は偶然の出来事であったが、このときサモリはガリエニと協定を結び、続いてイギリスとの協定も準備した。また一八九〇年、フランス軍の侵攻に直面したときには、サモリはフランスに反抗の狼煙《のろし》をあげて国中を沸き立たせたのち、焦土作戦を実行した。そしてヨーロッパ人から逃れるために、帝国を東に移動した。これらの事実は、サモリの国の構造が確固たるものであったことの証明である。だが一八九八年、サモリは最終的にグーロー将軍〔一八六七〜一九四六。フランスの軍人。サモリ戦争のほか、ダホメー、チャド、モーリタニアにおける植民地拡大を指揮〕によって捕囚の身となり、この国は彼とともに消滅することになった。

われわれはイヴ・ペルソン〔一九二五〜八二。フランスのアフリカ研究家〕の著作（Person 1968–1975）と彼の集めた資料のおかげで、サモリについての史的分析を手にすることができる。この分析は、アフリカを舞台に一七年間君臨した「山賊の親玉」というサモリへの歴史伝説的な見方とはいささか異なるものだ。ペルソンによれば、サモリによってマンディンゴ人は一種の「移動する帝国」を形成することができたのである。そしてジョッフル〔一八五二〜一九三一。フランスの軍人、元帥〕、アルシナール〔一八五〇〜一九三二。フランスの軍人。サモリ帝国の重要都市カンカン（ギニア東部）の占領を指揮〕、ガリエニ、グーローは、この「移動する帝国」と戦ったのである。「イスラーム世界の闘士であり、機略に富み、沈着かつ勇猛であったサモリは、神出鬼没であった。一八九八年、彼はグーローによって囚われの身となり、流刑地で死んだ」（モーリス・ボーモン『産業の飛躍と植民地帝国主義一八七八〜一九〇四』＝Baumont 1949 p. 267）。

「歴史伝説」とは、植民地化をめぐる公式の歴史のようなものだ。「古文書館から引きだされ」、神聖化され、「科学的」分析として認められた、征服者側の見方を再現する媒体とされてきたからだ。この見方に従えば、国の存在は認識されることなく、たとえば「チャドへのルート。ニジェールへのルート――すなわちダホメー（ベナン）からニジェール川流域へ、コンゴのほうへ、モシ人〔西アフリカの内陸部サバンナ地帯に居住する。一五世紀からモシ王国を形成した〕のほうへ、ニジェール低地へ――。およびナイルへのルート」といったふうに標識を付けるだけで、それ以外のものは完全に無視される。地理的な分類に依拠することで歴史認識は矮小化される。かつてそこにあった国々は文書記録というものをもたない、したがってそこには「本物の」国などなく、それゆえ歴史もない、ということになる。

実際には、サモリの国だけでなく、それに隣接した地域にも独自の社会構造をもつ別の国家的集団が存在していた。たとえばアシャンティ王国（もしくはアサンテ王国）という侵略的な軍事国家があった。この王国における首都クマシ〔ガーナ中南部〕の行政機構は他のどこよりも進んでいた。しかもこの国は、「本国」に相当するこのアシャンティの周りに、併合地方、内部地方、外部地方という異なる地方を統合していた。そのためにこの王国では、中央集権派と連邦主義派との、またのちには近代派と伝統派との内部抗争も生じていた。そのアシャンティ王国に対して古典的な図式に則り介入したのがイギリスである。すなわち、イギリスはまずアシャンティと友好条約を締結する（一八一七）。次に、ゴールドコーストのイギリス属領が、すでにイギリスに併合されていたシエラレオネの管理下に入る（一八二一）。そしてアシャンティ人によるワッサ人〔アカン人の支族。ガーナとコートジボワール東部に居住〕、ファンティ人〔アカン人の支族。ガーナ南部の沿岸部に居住〕などの土地への侵攻のあと、ファンティ人がイギリスへ保護要請を行なう（一八七三）。かくして、イギリスはアシャンティ人との戦端を開き、アシャンティ王国は蜂起した他部族とイギリス軍との同盟軍のもとに敗れる。二三年後、イギリスはクマシを占領し、保護領たることを宣言する（一八九六）。

　このように、敗北によって体制が壊滅したことも、また、それによって軍事的な抵抗がことごとく終息したことも、紛れもない国家がそこに存在していたからである。ヨーロッパの歴史は伝統的にそれを無視してきた。だが、抵抗が終わったとはいえ、独立の理念まで失われたわけではない。西アフリカでもマダガスカルでもケニアでも、この理念は生き続けた。もしこういってよければ、独立の理念の代償が、すなわちヨーロッパの大衆や学者たちの作りあげた伝説が、敗れた指導者たちを「真の英雄」へと変貌させたともいえよう。ベアンザン*〔一八四四〜一九〇六〕、サモリ、カタンガ〔コンゴ南部〕のムシリ**〔一八三〇〜九一〕、ラバー、あるいは「ローデシア」〔現在のザンビアとジンバブエ〕の義賊マポンデラ***〔一八四〇〜一九〇四〕などがその例である。それに対して、農民の反乱は自然発生的で継続性がなく、このような伝説をはぐくむ記憶とはならなかった。

　こうした伝説的英雄に仕立てあげられた者のなかでもっとも有名だったのが、おそらくズールー人の王シャカ〔一七八七〜一八二八。南アフリカ東海岸部を支配したズールー王国の王〕であろう。一八一六年から一八二八年のあいだに、白人は次々と好戦的な王国を滅ぼしていったが、これら好戦的王国を作りあげた英傑たちの最初の人物がシャカだった。シャカの伝説が生れたのも、やはり彼の死後である。シャカは、スパルタ式教育を行なって軍隊を組織し直し、戦法を近代化した人物であるが、彼がまず最初に行なったのは、ズールー人の伝統的な長槍を、もっと遠距離まで投擲できるよう、より短いものへと寸法を変えたことである。その結果、軍は肉弾戦でもそれが使えるようになった。またシャカは、戦士の筋力アップを図るために肉食の割り合いを増やし、肉体の鍛錬を強化した。さらに、戦闘意欲を高揚させるために戦士を競わせ、勝者には王からの褒美としてとくに美しい妙齢の娘を与える、ということを行なった。しかも彼女たちには、いくさや戦闘についての心得が躾けられていた。

これらの娘たちを、戦士たちのぎらぎら光る視線のもとで訓練させる一方で、戦士らがわずかでもその娘たちに接触することは極刑をもって禁じた。かくして、「性的衝動は生殖本能から方向を曲げられて戦いの原動力へと変貌する」〔ウィリアム・ランドルズ〕のだった。しかし、白人たちに攻撃をあきらめさせるほど王国を強固にしたにもかかわらず、シャカは統治一二年後の一八二八年、彼の専制政治に辟易した軍の一部勢力による反乱に遭い、暗殺された。彼がいなくなると王国の活力は弛緩し、「ブラッド・リヴァー（血の河）の戦い」でズールー人はボーア人〔オランダ人入植者〕に敗れた。そして一八七九年、王国の軍はイギリス軍によって壊滅させられることになる。その戦いは、ズールー王国のエピローグとしてヨーロッパにまで知れわたり、奇しくもこの戦闘でナポレオン三世の息子である帝国皇太子****〔ナポレオン・ウジェーヌ・ボナパルト。一八五六～七九〕が戦死することになる。まさにこの戦死は「天から遣わされた人々〔王族〕」の終焉となった。

神話と伝説上のヒーローに変貌したシャカは、ある人々にとっては黒いキリストとなり、またある人々にとっては「ネグリチュード*****」の象徴的人物となった。彼の波乱の生涯は、まず口伝によって、次には文字によって、変容を受けた。そうしたシャカ伝説の最初のものとしてトマス・モフォロ〔一八七七～一九四八。南アフリカ共和国内の小国レソトの黒人作家。伝承をもとに小説『シャカ』（一九二五）を創作した〕の作品がある。ソト語で書かれたこの本は、長いあいだ「パリ福音協会宣教師部」の引きだしに埋もれていた。モフォロによるシャカは、悪魔の手を借りて勝利を収めるものの、数多くの罪を犯し、さまざまな不当な要求を突きつけたために、兄弟の仕組んだ陰謀によって非業の死を遂げる。また別のヴァージョンだと、彼は一九歳のときに豹を殺し、掘立小屋に敵の王妃と飢えたハイエナを一緒に閉じ込める。さらにまた違うヴァージョンでは、彼は五〇〇〇人から成る無敵の集団を四〇万の軍団に変え、それによって世界を支配しようとする。

　シャカは、いわばズールー人の民族国家を建設した人であ

---

* ベアンザンは現在のベナン南部にあったダホメー王国の王。フランス軍の侵入に抗して戦うが、一八九一年南部の首都アボメイが陥落、一八九四年に投降した。

** ムシリは現タンザニア北西部ニヤムウェジの王。ベルギーの植民地化に抗して戦い、一八九一年戦死した。

*** マポンデラは一八九〇年代に南アフリカのイギリス植民地軍に対抗するが、一九〇三年に捕らえられ獄死した。

**** ナポレオン・ウジェーヌ・ボナパルトは、この時点ではまだ厳密な意味で皇太子でなく私人であるが、国を追われた王族に対しては、旧来こういういい方が許されている。

***** 黒人性、黒人意識、黒人的特性、黒人であること、など多様な意味を内包する文化運動を指す用語。

る。だが、アフリカの人々にとり、やがて彼は「アフリカという民族国家」全体の復活を象徴する人物となり、死後には、バディアン〔一九二八〜。マリの作家、政治家、首相（一九六六〜六八）。ここでの著書は『嵐のなかで—続シャカの死』（一九五七）〕やアブドゥ・アンタ・カー〔一九三一〜。セネガルの作家、劇作家。著書に『黒人による創造』『演劇』などがある〕の芝居のなかで生き続ける。キリスト教徒のモフォロが作りだす先の伝説においては、シャカの死が意味するのは悪の破滅だった。しかし、その後のアフリカの人々にとっての彼の死は、真のアフリカ国家建設の父が捧げた英雄的犠牲を象徴するようになる。いずれにせよ、シャカの死により、アフリカは白人たちに自在に隷属化されるようになる。

「われらは白人たちのコンパスと定規の奴隷になるだろう。われらが神々はそれを為すがままにさせるだろう。われらのうちの知識ある者たちは、小さな店で酒びんを囲みながら小声で耳打ちするだろう。われらの祭司たちも白人たちを為すがままにさせるだろう。そして、われらの兄弟たちは一握りの米粒のためにわれらを鞭打つことだろう［…］。こうして、われらはユデア平原〔パレスチナのヨルダン川西岸南半分〕よりもさらに多くの殉教者をだすことになるだろう」（『アマズールー人』〔アブド・アンタ・カーの戯曲。一九七二〕第三幕）。

アフリカの黒人映画には、隷従を喚起するような歴史的テーマを扱ったものはほとんどない。また、サモリを映画化しようという企画はつねに俎上に乗るにしても、黒人の英雄を讃えた映画というものはまずない。しかしその代わり、民衆の反抗心によって真の傑作が生みだされている。たとえばサンベーヌ・ウスマン〔一九二三〜二〇〇七。セネガルの映画監督、作家〕の映画である。彼は今日の公式な歴史に異議を唱え、一九世紀のイスラーム化がどれほど権力の専横と濫用をともなっていたかを表現している。彼が手がけた映画作品『チェド』（一九七七）はこのテーマを扱ったもので、「チェド」とはウォロフ人〔セネガルに王国を築いた民族〕のなかでも拒否を表明した人々のことである。彼らが何よりも拒絶したのは、ムスリムの指導者《イマーム》の評議会が、コーランの名のもとに社会全体を監視する権利を、わがものとしていることだった。「チェド」たちはイマームに対する拒否を表すために、自分たちの王女を奪取する。だが、「チェド」たちは敗れて王女は奪い返され、イマームのものとして嫁ぐことになる。けれども、結婚式のとき、イスラームに強制改宗させられた民衆のまえで、王女は武器を取ってイマームを殺し、民衆の心は王女とひとつになる。このすばらしいドラマを観たイスラームのエリートたちは、自分たちが攻撃されていると感じた。植民地化する側のフランス人たちも同じだった——というのも、白人はこの映画のなかで神父の姿で現れ、その神父のただひとつの関心は万人のために黒人教会を作るという理想だったからだ。つまり、この白人の登場人物はもっぱらその夢を追求し、「チェド」の運命にも、その破壊活動にも、その生き抜こうとする意志にも、まったく無関心な者として描かれているのである。

一方、アフリカの黒人映画には、反植民地主義の抵抗を描いた映画もほとんどない。わずかな例外として、マハマン・バカベ（一九四七〜。ニジェールの映画監督）の『もし騎兵たちが』（一九八二）を数えるくらいである。この映画では、二〇世紀初頭にニジェールを占領したフランスに対する抵抗と、地方のスルタンによる失敗に終わった陰謀が描かれている。そうした抵抗や陰謀を描いた映画がなぜ数少ないのか。それは大部分のアフリカ映画が、植民地解放以後の、「新植民地主義」の犠牲者としてのアフリカ人の凋落を描くことに比重をおいているからである。

アルジェリア映画から見た植民地の過去

アフリカ映画*とアルジェリア映画の性格には思わずはっとする対照性がある。たしかに、アフリカ映画やマグレブ映画では、ほかのどこの映画よりも、植民地の過去やフランス人の君臨していた時代に実際に受けた屈辱が描かれてきた。これらの映画は、独立以降の二〇年間延々と恨みを表し続けてきた…。ただその後になると、マグレブ諸国のあいだではそうした過去の時代に対するまなざしの変化を窺わせる映画監督もでてくる…。

フェリッド・ブーゲディール（一九四四〜。チュニジアの映画監督）は、『シネアクション』誌のなかで、マグレブ三ヶ国における映画の相違点を次のように定義している。


「モロッコでは、映画は無言の嘆きだ。息が詰まる、息が詰まって、中世のようだ。どうやったら壁を取り除くことができるのか、と。わたしのいいたいことを読みとってほしい。これこそ現在を物語る映画である…。チュニジアでは、映画は真実の追求だ。観光とは何かを語ろう、移民について考えてみよう、女性の境遇を知らねばならない、などなど。これもまた、現在について語っている映画である。ただし、それは政治社会学だ。アルジェリアでは、映画は未来を語る。しかし、実際には、それ以上に過去を語っている。われわれは偉大な民族だった…。自分に自信をもとう。アルジェリア映画は、辱められた人間の尊厳を表す」。

＊ ここでは、マグレブ（モロッコ、チュニジア、アルジェリア）を除くアフリカを意味している。

アルジェリアの映画のなかにもっとも深く刻まれている問題とは何か。これについて述べるなら、まずもってそれは、フランスの行政による土地収用である。ムハンマド・ラクダール・ハミナの『燠火の日々の記録』(一九七五)、ラミーヌ・メルバー〔一九四六〜。アルジェリアの映画監督〕の『故郷を失った人々』(一九七六)、ムスタファ・バディ〔一九二七〜二〇〇一。アルジェリアの映画監督〕の『夜は陽を恐れる』(一九六五)、いずれのテーマもこの問題である。『故郷を失った人々』では、ワルセニス山地〔アルジェリア北部〕の土地を没収された農民の苦悩が濃密に描かれている。映画でもテレビでも、これと同じくらい繰り返し取りあげられるテーマは、地方のボスと行政との結託、あるいは『黒い汗』(一九七一)〔アルジェリアの映画監督シド・アリ・マジィフ(一九四三〜)の作品〕に描かれているような未成年者搾取の問題である。しかし、テムフィク・ファレス〔一九三七〜。アルジェリアの映画監督〕の『無法者たち』(一九六九)以来、ことに人々の記憶に焼きついているのはアルジェリア人の抵抗というテーマである。この映画が描くのは、アルジェリアにおける初期の植民地政府が、この国の日常的な道徳規範に代えて、ナポレオン法典〔フランス民法典〕を施行しようとした際なぜ失敗したのかについてであった。アルジェリアの道徳規範に忠実な者たちは、植民地政策によって無法者と決めつけられた。そのため彼らは山賊となり、植民地秩序を拒絶する象徴的存在となった。

一九六六年、アルジェリア映画は、テムフィク・ファレスとムハンマド・ラクダール・ハミナとによって傑作を生みだす。その映画『オーレスの風』(一九六六)は、戦争によって家庭を破壊された悲劇の物語である。父の死後、息子はレジスタンス組織の食料を調達していて逮捕される。母親は手土産と交換に息子にひと目会わせてもらおうと、手に鶏をさげて息子を探しまわり、兵舎へ、野営地へと倦ことなくでかけてゆく。そして息子の収容されている野営地の有刺鉄線に触れ、感電して死ぬのだ…。

この映画では、植民地化においてとくに許しがたいと感じられる三つの状況、すなわち土地の収奪、伝統文化の廃絶、そして搾取が鮮やかに描かれている。また、この映画は、アルジェリアのアラブ人もカビール人も、外国の従属下におかれることを決して潔しとしなかったという見方を不朽のものとしている。こうして人々は、「アラブ王国」の時代を、すなわち共同統治が部分的に認められていた時代*を忘れる。つまり、解放後の人々がこの時代を語る際には、ナポレオン三世が計画し、多くの現地人がそれを容認したアルジェリアとフランスとの統合《アンテグラシオン》構想については記憶から取り除かれ、反乱だけが強調されるのである。その反乱のなかでもっとも重要とされるのは、一八七一年の反乱、現地の伝統的ないい方に従えば「カビールの反乱」といわれるものである。この反乱は一地方レベルを超えて、二五〇もの部族が立ちあがり、総数はアルジェリア国民の三分の一近くにものぼった。その前段階を見ておこう。ほとんどの部族の首長たちは、植民地行政府に自分たちの権力を奪われて以来、内実穏やかではなかった…。そこへもってきて、「フランス人への激しい憎しみ」を反映したダルカワ会議が行なわれ（一八六四）、そこでの呼びかけにより「現地人下層階級の反乱」が呼び起こされるという状況がつけ加わった。背景には、入植者の進出によってアラブ人特権階級寄りのフランス軍幹部の力が弱まり、その結果、フランス的民政が布告、施行されたことがある。これが、ナポレオン三世にまだ一種の庇護者を見ていた「原住民たち」に激しい動揺を与えたのである。実際、ナポレオン三世は、「自分はフランス人の皇帝であると同時にアラブ人の皇帝であると思っている」とあえて語っていた。したがって、一八七〇年の皇帝の失墜とフランスのプロイセンに対する敗北は、翌年の大規模な反乱を予感させる出来事となった。

シャルル・ロベール・アジュロンが『マグレブの植民地政策』（Ageron 1973）のなかでまさに指摘しているように、このような状況下においては、アルジェリア在住のユダヤ人にフランス市民権を認めたクレミュー法（一八七〇）はアラブ人にとり反乱の補助的な原因でしかなかっし、ましてやそれが起爆剤になったなどということはありえない。たとえアラブの族長で反乱首謀者のひとりであったモクラーニー（一八一五〜七一。アルジェリア北部、メジャーナ地方の豪族）が、「わたしは決してユダヤ人などには従わない…。サーベルの下にわが身をおいて死ぬ覚悟はあっても、ユダヤ人に従う意志など毛頭ない」と公言していたとしても、それが反乱の原因ではないのである。興味深いのは、モクラーニーがコンスタンチーヌの県会議員であったとき、ユダヤ教徒のフランスへの帰化に彼が賛成票を投じていたことであろう。おそらく理由はこうである。まともなムスリムなら信者であることより市民権の取得のほうを優先するはずはないから、ムスリムがフランスへの帰化を望むとは思えない。しかしユダヤ教徒は逆に市民権のほうを優先するだろう。モクラーニーは市民権の価値を認めないが、ユダヤ人の反応を見るために、あえて追認し賛成票を投じたのだ。そもそもクレミュー法では、ユダヤ人に帰化を認めることは彼らに信仰を棄てさせることを意味していた。このようなことは、ムスリムなら、決して受け容れるとは思えない行為であった。**（三一三頁）

それよりも、反乱のもうひとつのファクターになったのは、一八七一年のアルジェ・コミューン***（三一三頁）であろう。そこでは、フランス人入植者どうしが共和派とボナパルト派（保守主流派）と

* アルジェリア人に対する統治を、フランス人入植者の多い地域を除いて、部族の首長や地方の有力者に委ね、その上部機構として「アラブ局」を設置し、間接統治をしていた時代（一八四四〜一九一四）。

のあいだで争っており、「ファラ・ダ・セ」〔「自力で成る」の意のイタリア語〕のアルジェリア、つまり純然たる自治独立のアルジェリアに賛成する意見さえ見られた。フランスのプロイセンに対する敗北と「共和派の」分離主義、*これこそ反乱を大きく飛躍させた原因である。これと同様の状況は一九五四年から一九六二年まで、すなわちディエン・ビエン・フー〔ヴェトナム北部。フランス軍がヴェトナム軍に決定的敗北を喫した戦いの地〕とOSA〔「秘密軍事組織」。フランスのアルジェリア入植者など植民地維持派が一九六一年に結成した地下武装組織。本書五一二〜五一三頁参照〕の時期に、再現されることになる。**

さて、このような多面的な顔をもった反乱も、結局「アルジェリア・ルール」〔アルジェリア人だけが一方的に割りをくう不公平ルール〕に従って厳しく鎮圧され、その後は、大規模な土地の収用へと進んでいった。反乱の後、カビール人はこう歌っている。「一八七一年、俺たちゃ破産だ。一八七一年、それは俺たちが乞食になった年」。

アブド・アルカリームの反乱、圧殺された記憶

祖国を植民地にされた人々による解放に向けた戦いの時代、リーフ戦争（一九二一〜二六）はその防衛における断末魔だったのだろうか、それとも逆に、のちに独立へと向かう幕開けの序曲だったのだろうか。一九二三年、リーフ地方〔モロッコ北部〕のアブド・アルカリームは、アンワール〔モロッコ北東部のアトラス山中の町〕での勝利ののち、「リーフ共和国」の独立を宣言した。これは帝国主義権力への挑戦であると同時に、スペインの侵入に対する返答であり、また、ことにモロッコ王政との親密化を図るリヨテに代表されるフランスおよびその植民地権力の意思に対する返答でもあった。

したがって、この反乱は、リーフ地方とモロッコ国家との関係を問題にするものであった。当時のモロッコは、帝国主義の侵入を受けた結果、国がばらばらの状態になっていた。体制が崩され、地方の不安定なバランスのうえにただ乗っているだけの閉塞的な状態にあった。この閉塞状態は、リーフ地方がモロッコの他のさまざまな地方と保持してきた昔からのつながりを断絶されたことによって起こった。それを引き起こしたのは、植民地権力による包囲であった。そのため、アブド・アルカリームの行動の意味は、単にリーフという一地方の問題としてではなく、権力交代の作用という文脈のなかにある。彼はコーランの法を体して神との仲介を行ない、社会を監督する役割を与えられた法官であった。ただし、彼はフェスの監督下にあり〔モロッコの宗教都市フェスにおいてイスラーム高位聖職者の権限下にある、という意味〕、しかもフェスと対立していた。けれども、イスラームとは精神的に結ばれており、その改革を望んでいた。アブド・アルカリームは、アタチュルクが行なったのと同じように、***イスラームを国家行政から截然と分離したいと考えていたのであ

る。

　したがって、アブド・アルカリームをアルジェリアのアブド・アルカーディルと比較対照できる事例と考えることは、ほとんどできない。もちろん、類似点はある。両者がともに太守《アミール》の称号をもつエリート族長で、ともに西洋の武器と軍事技術によって反乱を指揮したこと、あるいは、ともにコーランに基づきながらも、宗教的な枠組みや慣習から離れて、民主的な政治協議を基礎とする国家を構想していたこと、ともに占領（完全な植民地化に不可欠とされるもの）を意図する敵に対しては地域と住民すべてが戦闘体制に入らねばならないと考えていたこと、などである。しかしながら、アブド・アルカリームの場合は、従来よりはるかに進歩した戦闘集団を組織し、とくに旧来の社会秩序を政治的に変貌させた点で、アブド・アルカーディルとは大きく異なっている。アブド・アルカリームは、宗教に則りながらも、必ずしもスルタンとの関係には依存しない、きわめて高度な政治改革に狙いを定めることで、変革の序曲を完成させたのである。それゆえ、アブド・アルカリームが指揮した反乱は「革命戦争」と呼ぶことができる。一九四六年、彼の行動からホーチミン〔一八九〇～一九六九。ヴェトナム共産党創立者で革命家。ヴェトナム民主共和国国家主席（一九四五～六九）〕が精神的触発を受けた理由は、おそらくこの点にあったのであろう。

　アブド・アルカリームは、自軍の敗北（一八二六）を宗教的狂信によるものと説明している。彼によれば、この「ター・アッシュブ」（狂信）が、モロッコ共同体を、相反する忠誠心に依拠した対照的な集団に分裂させたのである。もちろん彼は、フランス人が数や技術のうえで優位であったことも認めている。実際、七万五〇〇〇のパルチザンに対して、フランスは三二万五〇〇〇にのぼる正規軍と一〇万以上のス

＊＊（三一一頁）　クレミュー法に先立つ一八六五年、ユダヤ教徒とムスリムに対して、請求によりフランス国籍の取得が認められる法が成立した。しかし、ムスリムのなかで請求した者はほとんどいなかった。

＊＊＊（三一一頁）　一八七〇年九月、労働者を中心に共和主義者が蜂起してパリ・コミューンが成立するが、これに呼応して、翌年三月、リヨンなどの地方都市でも共和主義者の蜂起が起こった。同様の蜂起は、植民地アルジェリアでも起こり、それをアルジェ・コミューンと呼んでいる。

＊　アルジェ・コミューンを契機に、共和派の貧しい入植者たちは、アルジェリアを本国政府の統治下から分離して、入植者による自治体制にもってゆくことを求めた。

＊＊　ディエン・ビエン・フーのフランス軍敗北後、フランス国内では植民地政策を問題視する声が高まり、アルジェリアの独立運動支持派とフランスの国威優先派の対立が激しくなる。

＊＊＊　同時代、トルコのアタチュルクは、近代化のなかでイスラームの法と聖職者という壁に出合ったが、憲法に政教分離を明記して、政治からイスラームの影響力を排除した。

ペイン兵を併せて戦った。ところで、「リーフ共和国」という名称は「選挙された国民議会による代議制政体、ではなく、独立した部族からなる連邦政体」を意図して名づけられた、と彼は述べている。

アブド・アルカリームの試みは、コミンテルンやジャック・ドリオのフランス共産党（ＰＣＦ）から支持され、あらゆる国の革命家から敬意を表された。しかし、モロッコ国内、あるいはエジプトの「ワフド党」〔ザグルール（一八五七～一九二七。エジプトの近代民族運動の指導者）によって設立された民族主義政党〕やチュニジアの「ドゥストゥール党」〔チュニジア立憲自由党。チュニジアの独立運動を進めた民族主義政党〕など改革主義政党からは、同じ栄誉を与えられなかった。彼らはアブド・アルカリームの行動に対してある種の疑問を抱いていた。彼らは彼らで、民衆の反乱という闘い方ではなく、議会制という形で自分たちの闘いを展開しようと考えていたからである。モロッコの民族運動派で改革主義者のアラレル・ファッシ〔一九一〇～七四。政治家、作家〕も同様で、「アブド・アルカリームは五年ものあいだ、反乱地域のなかにただひとつの学校も作らなかった」と評している。

植民地時代の評価に関するその後の記述の全体的推移を見てみると、あたかもアブド・アルカリームに対する関心はモロッコ本国においてよりも、レバノンやモスクワでのほうが強いかのようである。アブダラー・ラルウィ〔一九三三～。モロッコの歴史学者〕は次のように指摘している。「一九七一年になってもなお、モロッコ人が一九二一年七月のアヌアルの戦い〔スペイン領モロッコのアヌアルで、アブト・アルカリームがスペイン軍に攻撃を開始、リーフ人も反乱に立ちあがる〕におけるスペイン軍の敗北について説明するとき、その視点はあくまでスペイン側からのものである」と。その証拠として彼は、モロッコでは植民地化された人々から見た歴史、つまり反史が書かれていないことをあげている（アブダラー・ラルウィ『アブド・アルカリームとリーフ共和国』＝Abdallah Laroui 1976）。また、「北アフリカの独立運動」を扱ったアラレル・ファッシの著作においても、アブド・アルカリームについての記述は簡潔で、しかも、リーフの試みを、民主主義的自由主義運動の流れや、サラフィー主義〔初期イスラームの純粋な精神に戻ろうとする原理主義的改革主義〕の抵抗運動の流れ（この流れは、リーフの試みを、アブド・アルカリームが己の権力をスルタンに返そうとする行為として位置づけている）のなかで解釈している。このことから、アラレル・ファッシらモロッコ民族主義運動の指導部が、一九二五年から一九五四年までのリーフの試みに、何ら現実政治上の関心を払っていないことが分かる。* 一方、こうした事実とは裏腹に、じつはアブド・アルカリーム自身は、もし自分にその可能性と時間とが許されていたなら、「われわれモロッコ人は、自由な人間から成る偉大な国民となっていただろう」と考えていた。彼ははるか先を進んでいたのだ。

このような文脈からとらえるならば、スルタンや国王と結びついた政治組織が、リーフの反乱について何ら言及しない理由についてもいっそうよく理解することができる。もちろん、今後、権力にとって危険なものでなくなるのなら、この反乱はどのように讃えられても構わないわけである。

「われらの山々から、独立を呼びかけながら、自由な人々の声が、あがっていった」。この歌は、アブド・アルカリームの兵士たちに由来するとされている。しかしこの歌は、彼の戦った時代から一九五〇年代までは、モロッコでより、むしろチュニジア、アルジェリア、トルコで聞こえていたような気がする。

ヴェトナムにおける、フランス人に対する精神の武装化

一九二二年、イギリス紙『タイムズ』および『デイリー・メイル』の社長ノースクリフ卿（一八六五～一九二二）は、フランス紙『ジュルナル』のアンドレ・テュデスク（一八八三～一九二五）に、フランス軍のインドシナ半島駐留に対してどれほどの感嘆を覚えたか、次のように述べている。「あなたがたは、三〇〇年にわたる植民地での経験から得た配当をそこで手にするわけである…。あながたはそこに住む人々の心を発見し、その心に触れる術をすでに知っている。植民地として、そつなく管理している。そこでは友情の政治が広くゆきわたっている」（ロベール・ショヴロ『インドシナにて』＝Chauvelot 1931 所収）。

おそらく、ヴェトナムの人々はこのように総括されたことばに、まったく同感というわけにはいかなかっただろう…。

さて、最初に述べておくべきは、ヴェトナムの人々は一八八五年からすでに「祖国を失った」気持ちを抱いた、ということである。人々はフランス人に対する嫌悪を、「あの髪のふさふさした、体臭のにおう、鼻の高い人たち」ということばで表現したが、モンテスキューやヴォルテールやルソー、そしてナポレオンのような「優れたフランス人」もいると考えていたから、反フランス感情よりも反植民地主義感情のほうを、ずっと以前から抱いていたのである。実際、ヴェトナム人はフランスの侵略を、はじめはそれ以前のほかの侵略、たとえばモンゴルの侵略**などと同じレベルの出来事としてとらえていた。じつは、はやくも一八四二年から、ヴェトナム

* 一九二五年はフランス・スペイン連合軍がリーフ共和国を攻撃開始した年。共和国は翌年崩壊する。一九五四年は特筆すべき事件が見当たらない。民族主義派のムハンマド・ベンユーセフ（ムハンマド五世）が前年に国外追放され、この年にリーフ地方およびその周辺で反乱が相次いだことが知られるのみである。いずれにせよ、リーフ地方は一九二一年に始まるリーフ戦争以降一九五六年のモロッコ独立まで、民族運動のもっとも盛んな地域であった。

** 一二五一年、フビライ（在位一二六〇～九四）の元軍が陳朝ヴェトナムに侵攻し、一二八四年頃には紅河（ホン川）デルタ一帯を制圧した。

の人々はフランス人が侵入してくることをうすうす感じていた。当時のヴェトナム人たちは二派に分裂していた。すなわち、「すべての扉に鍵をかけて閉ざすこと」を望む者たちと、西洋に対してより賢明に抵抗するために「パンとミルクを知ること」、つまり西洋からそのレシピを学ぶこと（もちろん、単に食べ物を指しているわけではない）を望む者たちである。この後者の立場の必要性をはっきり納得させたのが、キホア（サイゴン（ホーチミン）の郊外にあったヴェトナム軍陣地）での敗北（一八六一）である。フランス砲兵隊は、そこで自軍の軍事的優越性を明白に示すこととなる。そしてこれが、フランス人に対する反発を強めることになる。

　ヴェトナム人のフランス人に対する反発が大きく膨らんだ第二の節目は、「《蛮人》に妥協してひたすら事なかれ主義の」グエン朝フエ宮廷（フエは一六三五年以降アンナン南部とコーチシナを支配したグエン朝の首都）の振る舞いに、文官、文紳《バンタン》（下位の科挙合格者で、地方の有力者）をはじめ、多くの人民が怒りを露わにしたときである。そこで批判の対象となったのは王政そのものではなく、果たすべき職責をまっとうしようとしない君主その人ある。文紳たちは、明治維新を達成しえた日本と、近代化を歩みだせない中国との違いに目を向け、ヴェトナムは中国と同じく、よどみのなかに停滞していると見た。そこで、抵抗運動のきっかけにしようと、フランスの司令官リヴィエールの首を切り落として、それを町から町へ引きまわし、抵抗精神の高揚を図ったのである。*

「わしらは没落した。希望は息子たちだ。
わしらの命は自分のもの。だが、それを犠牲にすることも知らねばならぬ。
口をつぐんでいたら、いずれわしらは臆病者呼ばわりされるぞ。
呉氏**に倣って、わしらの勝利の宣言を読もう。
モンゴル人たちを殲滅した人々のように振る舞おう…」
（デイヴィド・マール『ヴェトナムの反植民地主義』＝Marr 1971）

一八八五年のハムギ（咸宜）帝（在位一八八四～八五。グエン朝第八代皇帝）の逃亡***は、フエの宮廷に対する幻想（国を守る力があるという幻想）が潰えたことを示すと同時に、カン・ヴオング運動という対仏抵抗運動の始まりを告げるものとなった。この抵抗運動は、論説や風刺で侵略者を糾弾する文紳たちの運動であった。ところで、この運動の中心人物のひとりにファン・ボイ・チャウ（潘佩珠）（一八六七～一九四〇。ヴェトナム民族運動の創始者で文紳階級の指導者）という人物がいる。彼は自分の兄弟が捕らえられ、救いたいならフランス人に降伏せよと求められたとき、腹心の部下たちにこういった。「わたしはこの運動に入ったときから、家族のことも村のこともすべて忘れた。今、わたしが守らなければならないのは、ただひとつの墓だけだ。とても大きな、祖国という、ヴェトナムの大地という墓だけだ。危険にさらされているわが兄弟とは、わたしにとっては二〇〇万の同胞をいうのだ。もしわたしがこのわが兄弟を救えば、彼らもまた、ほかの大勢の兄弟を救うことだろう」。

しかし、精神面を武装するこのような抵抗運動は、フランス人を追いだすには明らかに不充分であった。運動に関わったのは少数の文紳だけだった。彼らは周囲の多くの人々を取り込んで果敢にひとつの集団を形成したが、決して自分たちの行動に表立ったスローガンを与えることはしなかった。それでも誰もがみな彼らの心情を知っていた。それはナチス・ドイツの占領下でフランス人が示した『海の沈黙』（一九四二）〔対独レジスタンス闘士のヴェルコール（一九〇二～九一）の小説〕の態度を先取りしている。

一九〇〇年頃のフランス総督府が、植民地行政の観点から、「もはやヴェトナム人には愛国心を表出させる術がない」と判断したのはこのためだ。またそれゆえにインドシナ総督ポール・ドゥメールは、ヴェトナムに信託統治機構を構築することが可能であると判断したのである。だが、奇しくも彼のこの搾取機構のおかげで、将来の広範な農民運動の種もまた、播かれるのだった。

その頃ヴェトナムの人々にはこんな心情の変化が生まれつつあった。ヴェトナム国土はもはや実質的に失われてしまった、それればかりか、植民地政府が碁盤の目状に勝手に国を区切り続けるなら、「祖国の心も失われてしまうかもしれない」と。ヴェトナム人のなかには、占領者側の下僕となって堕落した者もいた。とりわけ植民地政府に協力する高級官僚たちの腐敗はヴェトナム人全般の退廃性のしるしと見られ、フランス人は徐々にヴェトナム人に対して侮辱的態度をとるようになった。

ファン・ボイ・チャウが日本へ旅をしたのはそうした時期だった〔一九〇五年来日し、犬養毅（一八五五～一九三二）らから支援を得ようとしたが失敗する〕。旅行後に記した彼の『ヴェトナム亡国史』（一九〇五）は、歴史的に大きな意味をもつことになる。この書は中国人とヴェトナム人に警告するために、まず中国語で書かれた。彼はこの書のなかで、もし中国が警戒を怠れば、ヴェトナムのようになることを訴えていた。この書のヴェトナム語版は五〇部ほど作られ、分かりやすい内容から、アンナンの奥深い村にまで読まれた。

* リヴィエールは一八八三年ハノイ郊外の戦闘で戦死した。ここで述べられているのは、その戦死後の実話。

** 呉氏は一〇世紀、ヴェトナムが中国から独立するときに反乱を指揮した豪族。

*** 第二次フエ条約（一八八四）によってヴェトナムがフランスの保護国になると同時に各地で反乱が起きると、ハムギ帝は山中に逃亡、抵抗勢力へ檄をとばして独立の回復を図った。しかしフランスは、庶兄のドンカイン（同慶）（在位一八八五～八九）を帝位につけ反仏勢力を懐柔した。このため、抵抗戦は鎮静化へ向かい、一八八八年にはハムギ帝が捕らえられてフランスの植民地支配は安定化へ向かうことになる。

彼はそのなかで、フエの宮廷が無能であったために、人民に教育を与えることの大切さに気づかず、その結果国家に迫った危険さえ人民に教えることができなかった点を告発した。また同時に、人民をいっそう無知蒙昧にしようと文紳の排除に動くフランスの占領政策を告発した。彼は、ヴェトナム人が払わねばならない租税の一覧表を作製している。それによれば、たとえば塩については、塩田、塩の重量測定、輸送、売買の四つに税金がかけられており、またタバコには六つの税金がかけられていた。彼は、フランス人の吝嗇と貪欲を表す、田舎の人々のあいだで語られている次のような小話を引用する。

「ある一家が、重い税金をすべて払わねばならないために破産した。彼らは役人に会いに行っていう、《わたしたちには、もう、頭のうえの空のほか、何もありません…》。すると役人はこういう、《この書類にサインしろ》…。一家がサインして村に帰ろうとすると、小隊が彼らの道を塞いでいう、《お前たちは村に帰ることはできないんだ。サインしただろ、お前たちが吸う空気は、もうお前たちのものではないんだ》」。

もちろん、日本のロシアに対する勝利は彼らの抵抗運動を活気づけはした。しかし、運動は相変わらず文紳たちだけのものにすぎなかった。ファン・ボイ・チャウは、二冊目の著書『新生ヴェトナム』（一九〇七）のなかで、政治的計画として、国民生活にとって重要な一〇の指針を述べている。そこには、ヴェトナムはもはや保護下におかれる「必要」がないこと、もう官僚に国民を搾取させないこと、不公正な間接税〔フランスはフランス以外の国からの輸入品に高額の関税をかけた〕を撤廃すること、教育体制を見直すこと、工業を外国人の手にゆだねないこと、などが記されている。これらのすばらしい計画をまっとうするには、独立はいうにおよばず、精神的な美質を示さなければならない。それは進取の気性であり、隣人愛であり、近代化しようとする心がけであり、そして「祖国」という語を使わずに愛国的態度を示そうとする心がけなどであった。

一九〇八年頃、ポール・ドゥメールは「国家建設」を口実に税や夫役を増大させる政策を採用し、それはまもなく社会生活全般に浸透を始める。この政策の進展にともなって、ファン・ボイ・チャウが主張する精神の運動は、はじめて具体的な反響を呼び起こしていった。所謂「インドシナの変化」が生まれ、はじめて大規模な農民の反抗運動が起こり、それはまもなく労働者へと広がっていった。

たしかにこの農民運動は、ヴェトナム社会に襲いかかった新しい荷重に対する、ヴェトナム社会の反撃の形成にまではいたらなかった。

だがこの農民運動は、ヴェトナム社会を精神的に武装させたのである。

再検討された歴史——インドに関して、カヴァラム・マドハヴァ・パニッカルの見方

とりわけアジアやインドにとって、敗者のヴィジョンとはどのようなものなのか、これは真にすぐれた総合的考察のテーマである。(原注) おそらく、この種の論文のなかで、その筆頭にあげられるのはカヴァラム・マドハヴァ・パニッカル〔一八九五〜一九六三。インドの外交官、歴史学者。イギリスに学ぶ〕の『アジアと西洋の支配』(Panikkar 1953)〔邦訳は『西洋の支配とアジア』〕であろう。この書の執筆が開始されたのは一九三〇年代、すなわち祖国インドが独立するまえで、筆をおいたのは一九五三年となっている。

一四九八年にヴァスコ・ダ・ガマがインドに到着して以後、一九四七年から一九四九年にかけてイギリス軍がインド・中国より撤退するまで、四五〇年の歳月がある。パニッカルは、この期間をいくつかの時代に区分する。彼の区分は西洋的見方によるものとは少々趣を異にしている。その大きなテーマは必ずしも一貫しているわけではないが、彼はまず一五七一年のレパントの海戦を、アジアにとっての最初の大きなターニングポイントとする。というのも、レパント以前の、たとえばイスラームに対する十字軍の行動とかイスラーム勢力を戦略的に囲い込むヨーロッパ勢力の行動とかに見られる、ヨーロッパ人のもつある本質的要素が、この海戦でオスマン帝国の艦隊が敗北しイスラーム世界の脅威が終息したことで消滅しているからである。ヨーロッパ人の関心はその後一〇〇年のあいだに、香辛料の独占貿易から織物や茶の独占貿易へと、さらにイギリスによる産業革命後には工業製品の市場開拓や有利に資本を運用する欲望へと移行していった。またその目的の中心も、当初の宗教的なものから商業的政治的なものへと移行し、優位に立つ国も、ポルトガルからオランダへ、オランダからフランスないしイギリスへと変遷していった。

パニッカルの考える最初の時代、すなわち「ヴァスコ・ダ・ガマの時代」は、大陸の力に対する海洋の力の優位性、あるいはさまざまな共同体のあいだでなされた経済的な交換とその課税によって特徴づけられる。当時の共同体の活動は本質的に農業生産に依拠しており、交換は国内的なものであ

(原注) クリストファー・アラン・ベイリーの書 (Bayly 1979) には、一九四五年から一九七九年までのあいだに、インド人によって書かれたインド植民地に関する専攻論文の一覧が掲載されている。しかし、クロード・マルコヴィッツの研究のほうが有用だろう。それについては Markovits 1994 および 1982-4 を参照。

った。

　ところで、この頃は大西洋の制海権を握ることこそが、世界に君臨する最初の手段となりつつあった。しかしスペインは無敵艦隊《アルマダ・インベンシブレ》の壊滅により覇権を失い、別の勢力の台頭を許していた。このことが、インドやインドネシアの運命を説明し、また、マレーシア、台湾、フィリピンなどと自由交易をもたなかった中国や日本の運命をも説明する。とりわけ一六世紀以来の中国は、ポルトガル、オランダ、イギリスによる経済封鎖に次々と苦しめられた。

　パニッカルの区分による二つ目の時代、すなわち過渡的とされる時代は、ヨーロッパ人がキリスト教の伝道を行なうために十字軍兵士となるのをやめたときに始まる。それは、聖フランシスコ・ザビエルのような神秘主義者を燃え立たせた歴史上の短い反宗教改革の時代であり、また、一八世紀末に開始されたプロテスタント宣教師たちによる布教活動の性格が明確にされた時代である。この時代から、ヨーロッパとアジアの関係は、いわば一対一の、独立した国と国との関係システムに入っていった。

　第三の時代は、一九世紀の中葉、すなわち「アジアにおけるヨーロッパ諸帝国の、アウグストゥス〔ローマ帝国の初代皇帝で植民地帝国を確立する（在位、前二七〜後一四）〕の世紀」に始まるが、この時代を特徴づけているのは、極東の協調政策のなかに新たにロシアとアメリカが参入してきたことである。パニッカルは、自分の見解はリチャード・ヘンリー・トーニー〔一八八〇〜一九六二。イギリスの政治経済史学者〕の著作『宗教と資本主義の興隆』（初版一九二六。Tawney 1950）の主張と同じであるとして、こう述べる。すなわち、「東洋の富を近東の狭い通路を通して汲みあげる」やり方では、西洋にとっては致命的な制限を自らに課すことにつながり、「壁の隙間からしか食べ物を取ることができない巨人のように」緩慢な死を自らに宣告するに等しかったのだ、と。そして、それゆえ、生き長らえるには西洋の支配力をもっと深くもっと広範に植え込んで根を張らせる必要が生じ、結果、被支配者側の社会構造には変化が強いられ、それによって反乱が発生することになったのだ、と。

　この考察は西洋的な歴史の見方とは異なり、それを修正する批判的な分析ともいえる。この考察に、パニッカルはさらに宣教師の行動に対する独創的な見解をつけ加える。パニッカルのこの見解に影響を受けて、一九五七年当時の『エスプリ』誌編集長アルベール・ベガン〔一九〇一〜五七。スイスの文学者、文芸批評家でジュネーヴ学派の創始者〕はパニッカルのこの書のフランス語版に序文を寄せて、従来の西洋的見方に慎重なコメントを付している。

　パニッカル以外のインド人研究者は、とりわけポルトガル人征服者たちの貪欲さについて言及することが多い。だがパニッカルは、それ以上に重大なこととして、宣教師たち、とりわけカトリック宣教師たちの尊大さと傲慢さを強調する。「彼らはまるで、インドが西洋の歴史の何たるかについてまったく無知であるかのごとく評価し、行動している」というのである。

しかし、これらの宣教師たちが現れるまえから、インドはすでにキリスト教を知っていた。マラバル海岸の教会は一二使徒のひとりであるトマス〔?〜七二。一世紀半ばにイランやインドに伝道を行なったとされる〕によって創建されたといわれており、その真偽はともかくとしても、すでに教会はインドにおいて西暦一八二年から存在している。また、一三世紀中葉のモンゴル侵入時代、ローマ教皇は一二四五年のリヨン宗教会議のあとで、ヨーロッパと隣接する地域のハーン（汗）やモンゴル帝国のハーンに、初めて特使を送ることも決めている。

アッシジの聖フランチェスコの盟友であるペルージア〔イタリア中部〕のジョバンニ・ディ・プラノ・カルピニ〔?〜一二五二。イタリアの宣教師〕は、ハーンの回心を図るために派遣された人物だが、この時点ではすでに、ハーンに洗礼を決意させるためにはキリスト教の原理を説明しさえすればよいとの確信がカルピニにはあった。またその後も、一五五六年に玉座に就いたアクバル帝〔ムガール帝国第三代皇帝（在位一五五六〜一六〇五）。帝国の絶対的支配を完成させた〕に対して、別の伝道師たちが同じような姿勢を示した。教養人のアクバル帝は、宗教的テーマについて自由に論議するのを好み、あらゆる既知の宗教の代表者を宮廷に招いていた。こうした背景のなかでイエズス会士はアグラ〔インド北部の古都〕に受け入れられたわけだが、そのときインドの人々はイエズス会士の議論に眉をしかめた。「彼らは、その不寛容、教条主義、唯一自分たちだけが神の真理を保持しているとの強弁、敵対者に対する侮蔑、などのために嫌悪感を催させることしかしなかった」。それから半世紀後、同じくイエズス会士が、ムガール帝国の下女二人をつかまえて「カトリックの公認教義《オーソドックス》に合致させた、というほかないやり方で」回心させている。しかもそのやり方は、パニッカルの説明によれば「宣教師たちが使う常套手段」で、一三世紀にジョヴァンニ・ダ・モンテ・コルヴィノ〔一二四七〜一三二八。フランシスコ会宣教師〕が教皇により中国に派遣されたときからすでに、お決まりの方法だったという。すなわち、「「モンテ・コルヴィノは」奴隷を四〇人買い、彼らに洗礼を施した…。信仰を広めるには、金はかかるが、まったく独創的なやり方だった」。

別の布教方法は迫害である。たとえば、ポルトガルのジョアン三世〔在位一五二一〜五七〕の時代、カトリック教会はインドのゴアでヒンドゥー教寺院を破壊させ、その富をキリスト教修道会のあいだで分配した（一五四〇）。また、公式に宗教裁判所が開設されるまえから、聖職者たちが設けた裁判所では、異端者を盛んに断罪していた（一五六〇）。このときは、一時ゴアにいた高潔なフランシスコ・ザビエルでさえも、状況をほとんど変えることができなかった。状況を修復したのは、別のイエズス会士ロベルト・デ・ノビリ〔一五七七〜一六五六。イタリアの宣教師〕がやって来てからのことである。彼はバラモン教徒とよりよく話ができるようヒンドゥー教を勉強し、マドゥライ〔インド南部の古都〕では苦行者の服に着替え、またサンスクリット語に精通してキリスト教の教義をウパニシャッド〔バラモン教の聖典〕のスタイルに移し変え、説教を行なった。彼はマドゥライの宮廷で大変な人気を集めたが、その成功が逆に墓穴を掘るきっかけとなり、ローマに召還された。結局のところ、宣教師たちはキリスト教に親近感をもたせることができたかもしれないが、そういう親近感をことごとく、ゴアにおかれた宗教裁判所と初期の火刑（一五六三年、またその後も執行）が無に帰さしめたのである。

　イギリス人の時代になると、プロテスタントの宣教師がやって来たが、彼らの失敗はカトリック以上に早くやって来た。というのも、カルカッタ近辺に居住し始めたウィリアム・ケアリー〔一七六一〜一八三四。宣教師。カルカッタでベンガル語の聖書を完成する〕のバプテスト派信徒は、そこに在住する同じイギリス人から敵意しか受けなかったからである。在印イギリス人のほとんどはカルカッタを要塞化した東インド会社の社員で、宣教師たちが引き起こしかねない社会的混乱のせいで、貿易が停滞する懸念をみな抱いていた。宣教師たちは、「豪華でどこか王さま然とした司教がインド人たちの目のまえに姿を見せさえすれば、それだけで感動を与え、彼らを改宗させるに充分だ…と信じる」ほど、ヒンドゥー教徒を見下していたのである。

　そのうえ、この思いあがりと、ヨーロッパ人つまり「あの帝国主義者ども」のもつ攻撃性は、渾然一体となって表れた。各国の宣教師たちは自らを征服者のように見なし、仲間内では互いに国の違い、信仰の違い、宗派の違いでいがみ合っているにもかかわらず、みなおしなべて、ヨーロッパとその栄光、その偉大さ、その優越性を説くのだった。それは、「真理の一体性というものを信仰しないアジア人に対しては、何という愚弄だろう」。

　パニッカルの論文は、インドの過去に対する従来の歴史的アプローチが西洋の視点に偏っていることを明らかにした。と同時に彼の論文は、西洋の関心が、インドの伝統的慣習においてほとんど意味をもたない類の歴史のみに向けられていることを指摘した。実際、西洋において最初にインドの歴史を分析する必要があったのは歴史学者ではなく、政治家やジャーナリストのほうである。一八一七年に出版されたジェームズ・ミル〔一七七三〜一八三六。功利主義哲学者、経済学者。イギリス東インド会社に勤務した〕の『イギリス領インド史』は、インドの地位を「諸文明の序列に基づいて」定義しようとしたもので、インドの人々に屈辱感を与えた。民族主義者たちが真正な「歴史」を構築しようと動き始めるのは、この衝撃があったせいである。ミルの書は、「ヒンドゥー教徒は、専制政治と聖職者制度とが組み合わされることによって、物質的にも精神的にも、人類のなかでももっとも隷属的な人々となっている」と述べ、それゆえにインドの地位はきわめて低い、とした。これに対する反発として活発な活動を展開したのがスレンドラナート・バネルジー〔一八四八〜一九二五。インドの民族主義運動家、政治家〕の主宰する歴史グループである。彼らは、インドが新たな再生を遂げるには自らの過去を正しく認識する必要があると考えた。重要なのは、バンキムチャンドラ・チョトパッダーエー〔一八三八〜九四。インド・ベンガル語の小説家。歴史小説『城主の娘』（一八六五）を発表、インド近代文学に大きな足跡を残した〕がそうしたように、西洋思想を称揚する知識人たちに対抗しうるだけの歴史認識をもつことであった。バンキムチャンドラは、インドの従属の原因を、民族的誇りをもたないインド人の「脆弱で」「柔弱な」性格に求め、それは歴史認識をもたないために生まれる欠陥と見なした。それゆえ彼は、ゴーカレー〔一八六六〜一九一五。イギリス自由主義の影響を受けたインド人政治家、教育者〕のような、イギリスの伝統政治を模範とする人々とも対立しなければならなかった。

彼ら民族主義者たちにとって人々に広く知らしめるべき最初の重要なテーマは、イスラームの侵入以前から存在するインドの歴史および文明の悠久さであった。そのイスラームに較べても、たかだか一五〇〇年のイギリス人支配などほとんど「取るに足りない」突発事故のようなものである。『ラーマーヤナ』〔三世紀の神話的叙事詩〕や『バガバッド・ギーター』〔紀元前一世紀の宗教的哲学的教訓詩篇〕には、ヨーロッパ文明よりはるか昔に成立していた古代文明の絶対的刻印が刻まれており、重要なのはそれがまさに独創的なことである。そのうえ、このインドの悠久性には不滅の文化が備わっており、イスラームに征服されて途絶えたことがあったとしても、今なお歴史の有為転変をくぐりぬけて継続している。ビピン・チャンドラ・パール〔一八五八〜一九三二。インドのジャーナリスト、民族運動家〕は、インドの伝統の目印として、次の点をあげている。専制をもたず、しかも軍事的なものに委ねない統治のあり方、法的効力をもたない至上者（神々）の意志が存在すること、そして王によって体現される行政権とバラモン会議によって体現される立法権との自然な分離。すなわち「ヒンドゥー教の政治システムのもつ神権政治的性格は、王と民衆との争いを防ぐ」のであり、「つまるところ、王政を契約として認識するのである」…。

イギリス統治下でインドが貧困化したことについては、当然論文の中心的テーマとして、なぜ衰退したか説明がなされている。しかし、この問題は結局のところ、イスラームによる征服（一三〜一六世紀）によってインド文化が受けた最初の心的外傷《トローマチスム》ほど本質的なものではない。かつて、イスラームに対して西部デカンのマラーター人が反旗を翻し、イスラームの伸張に歯止めをかけようとした（一六七四、一大ヒンドゥー王国マラーターの成立）。この歴史こそがインドにとっては国の再・生を実証するものであり、自らの民族性形成のプロセスの始まりを示すものである。イギリスの伝統的歴史観においては、インドの非均一性が強調され、広大かつ多様なこの国の統一を実現したのはイギリス人の功績であるとされている。しかし、インドにとってインドの民族性の存在は自明のものとしてとらえられ、したがって、このイギリスの伝統的歴史観に対しインドの伝統は真っ向から反論するのである。

ムスリムの支配、イギリスの支配

ヒンドゥー教徒はアラブ人、ペルシア人、アフガン人ら次々とやって来るムスリムによって、次いでイギリス人によって、征服され支配された。そのヒンドゥー教徒が二〇世紀初頭、この二種類の「占領」について比較を行なったことがある。比較の結果はイギリスに分が悪かった。ビピン・チャンドラ・パールは書いている。「ムスリムに支配されていたもっとも暗い時代においてさえ、人々は自分自身の生業を営み続けていた…。しかも人々は、イギリス人が導入し自画自賛している地方代表政府の制度下での自由よりも、もっと広範な自由を享受していた」。そのうえ、イスラームの支配は、「ヒンドゥー教徒に対する社会的政治的な差別がないこと」に特徴があり、「人々には武器を携帯する権利」を残し、「もともと住んでいた人間の経済的な利益も尊重」していた。とりわけ両者の違うところは、インドの富を吸いあげる「誘導管《ドレーン》」の論理にある。少なくとも、アフガニスタンやモンゴル出自の皇帝たちは、重い税を徴収しても、その国のなかでその金を使った。宮殿や武器には維持管理が必要であるから、インドの職人たちはそのもとで糧を得て生活を続けることができた。つまり、彼らの労働が、たとえ皇帝たちの奢侈による虚栄心を証明するためのものだったとしても、税金はその国で成果を生んでいたのである。ところが、東インド会社の設立によって、この体制には終止符が打たれ…、国家の利益を引きだしてそれを享受するのはイギリスとなった…。もはや、インドではないのである。

このビピン・チャンドラ・パールの分析には、おそらく、過去のムスリム国家に対する理想化と、村落を代表とするムスリム以前の共同体的体制に対する理想化がある。また、ここには二つの歪曲がある。その第一は、あらゆるレベルでヒエラルキーが存在したことを隠そうとする、ないしはカースト制を単なる職業分化に還元して、その存在について触れようとしない点にある。第二の歪曲は、インド人の一部がイスラームに味方したのはイスラーム側が定めた体制の結果であると見なす点にある。二〇世紀の初頭、カースト制が人々に与えた重要性をこのように「忘却すること」は、国家の動向を支配している上層カーストの利益に沿うものであった。というのも、当時彼らは、独立の道を見いだすために西洋型のモデルを模倣しようとしていたのであり、その歴史モデルにカースト制を組み入れるわけにはゆかなかったからである。

カースト制の役割を目立たなくすることは、すなわち上層の人々の優位性を確保し、ムスリムとのそうした相違を縮小することであった。さらにいえば、それはインド全体と同一視させたヒンドゥーのもとで、国家統一を促進することでもあった。

かくして、インドの貧困化はイギリス統治下で引き起こされたインド内部の社会変化のせいではなく、イギリスそのもののせいだとする歴史的記憶が作りあげられた。つまり、インドの反‐歴史においては、イギリス統治のあいだに商人階層とバラモン階層（司祭階級）は上昇し、貴族・武人階層のほうは没落したのだった…。

歴史と反‐歴史

このように、歴史にも反‐歴史にも、沈黙や禁忌《タブー》が含まれている。それでも、これらの沈黙や禁忌《タブー》のおかげで、われわれは分析の対象として、現実世界の代わりに想像による部分を含む表現媒体も使うようになる。われわれは、すでに拙著『監視下の歴史』（Ferro 1985 p. 71–135〔邦訳 p. 87–152〕）においてこうした歴史の類型学を試みた。それは、アメリカの黒人が一七九四年に記したさまざまな形態の文章〔白人ジャーナリストの報道に対する批判文〕から始まり、一九六〇年代以降の黒人による多種多様な映画表現にいたるまでの反‐歴史の類型学である。この分野の歴史学においては、植民地化された国の人々がパイオニア的役割を演じてきた。

第7章

入植者独立運動

ここでいう「入植者独立運動」とは、その成否はともかく、白人である入植者たちが独立のイニシアチブをとった運動のことである。「入植者独立運動」という、この最初の「脱植民地化」運動が頂点に達したとき、もうひとつの独立を求める者たちの運動、つまり植民される側の運動は逆に退潮を示すことになった。

植民地が成立して以降二〇世紀末頃まで、入植者と出身本国との関係は、あいまいな状態にあったことは確かである。なるほど本国は、競争相手国の入植者や先住民族よりも、自国の入植者たちを応援することが多かった。にもかかわらず、本国と本国出身入植者との抗争は衰えることなく、入植者はよりいっそうの「行動の自由」を求めて、ついには本国との関係断絶を選択するにいたった…。

この意味において、独立を求める入植者たちの一連の戦いは、植民地における白人勢力拡大のもっとも進んだ段階と見なすことができる。

この種の戦いは、植民地が成立した当初から始まっていた。たとえば、カール五世に対するピサロ主義者*の動き（一五四四〜四八）がその例としてあげられよう。その諸特徴は以後の時代の植民地にも見られることから、本章では植民地の終焉にいたるまでのこの種の運動の全体的足どりを明らかにしたい。焦点となる事柄は多様である。とはいえ、ここで扱う運動の問題と、一七八三年の「アメリカ革命**」の問題や一八一九年から一八二五年にかけてのスペインの植民地独立の問題***、あるいは「アメリカ革命」と同じ諸原則を要求した南ローデシア（現ジンバブエ）の問題等とを混同するわけにはいかない。同様に、アルジェリアにおける入植者の反乱と一口にいっても、一八七一年における核心的問題と一九五八年におけるそれとを混同してもならない。それぞれ与えられた状況が異なっているからである。

いずれにせよ、入植者の動きには、植民地化の歴史の最初から最後まで、それぞれの論理とそれぞれの特殊性があるということは押さえておかなければならない。

スペインの植民地の場合、入植者たちはまずラス・カサス主義者*の運動に対して、次に本国政府や教会による先住民族への保護政策に対して、反意を明らかにする。これは他の植民地でも見られる特質である。

先駆的な例、スペイン領アメリカにおけるピサロ主義者の動き（一五四四〜四八）

メキシコ最初の副王ドン・アントニオ・デ・メンドーサ〔一四九五〜一五五二。在任一五三五〜四九。その後第三代ペルー副王（一五五〇〜五二）〕は、副王の地位を後任に引き継ぐとき、はっきりとこう弁明している。スペイン王室の欲望は、インディオの保護とインディオの土地からもたらされる富の増大とのあいだで、両立しえない矛盾を抱えている、と。たしかに、副王は、インディオたちがさまざまな暴力や病の犠牲になっていることを顧慮して、いわゆる「インディオの共和国」を護ろうとしてきた。新大陸はインディオの数が少なくなるにつれて、征服者《コンキスタドーレス》たちや新しい入植者たちの搾取がますます過酷になるという状況にさらされていたからである。しかし、副王は現地の支配者ではあったが、本国のインディアス枢機会議****から発せられる書類をとおして、訓令を受ける側の立場でもあった。この会議は、創設から一七〇〇年まで、総計で二四九人の「レトラードス」(「法律家」の意)によって担われていた。大部分は法学者であったが、アメリカの地を踏んだ経験をもつ者はこのうちわずか七人だけであった。副王らと三五人の地方総督*****たちは、この会議から発せられる山なす書類と入植者とのあいだに挟まれ、いろいろな手を打つことでエスコリアル〔インディアス枢機会議のこと〕の決定を一応は実施していた。

ペルー副王ブラスコ・ヌニェス・ベラ******〔一四九〇～一五四六。初代ペルー副王(一五四四～四六)〕に対して征服者《コンキスタドーレス》たちが起こした戦いの原因は、表面上は、彼らがもっていたいくつかの特権の剝奪を定めた一五四二年の新法の施行をめぐってであった。マルセル・バタイヨン〔一八九五～一九七七。スペイン史を専門とするアナール派の歴史学者〕は、じつは副王自身もラス・カサス主義者だったのではないか、といぶかっている(Bataillon, *Annales* 1967-3)。それはともかく、征服者《コンキスタドーレス》たちは、一五一二年のブルゴス法〔エンコミエンダ制の細則を定めた法律〕以後も、インディオに対する搾取や強制労働、土地分割等を制限した法的拘束から逃れることに慣れきっていた。また、メキシコ

* ピサロ主義者とは先住民族を奴隷化して働かせ、その土地の支配者として君臨しようとする者。そのすぐあとにでてくるもう一方のラス・カサス主義者は、先住民族を同じ人間と見なしてその基本的権利を認め、庇護しようとする者。ともにアナール学派(現代フランス歴史学の主要な学派)の造語。

** アメリカ独立革命と独立戦争。一七八三年は独立戦争終了の年。

*** 一八二〇年に起こったスペイン自由主義革命が波及し、スペインの植民地は相次いで独立を達成する。

**** インディアス枢機会議とは新大陸およびフィリピンの植民地行政全般について、国王の権力を代行し、植民地における司法、行政、立法の三権を掌握するもっとも重要かつ強力な官僚機関。法律家を中心に王室が直接任免する官吏によって構成されていた。一五一一年の創設。

***** 副王領はいくつかに分割され、副王の下に、地方ごとに、総督(ゴベルナドール)、総監(カピタン・ヘネラル)、長官(プレシデンテ)がいた。副王がそれらを兼ねている地方もあった。

****** ペルー副王ベラは先住民族の保護を図る新法施行のために派遣されたが、施行に反対するゴンサーロ・ピサロ(一五〇二～四八)ら現地勢力の反乱に遭い、鎮圧に失敗して殺害された。

では、司法を中心に司る王室機関である「アウディエンシア」制度*によって征服者《コンキスタドーレス》たちが監視下におかれると、彼らのあいだでこれに対する抗議行動が始まった。法に背いて何でもやりかねない「お縄になる覚悟のできている犯罪人のような」彼らを服従させることは、どう見ても容易ではない。いやそれよりも、たとえ副王がインディオたちを真に庇護しようと望んでいても、副王を補佐すべき者たちの職務怠慢と裏切りのために、成功することはおぼつかなかっただろう。実際、本国から派遣された司法官たちは、着任しても財産を作ることしか考えず、入植者と結託するのにほとんど時間がかからなかった。かくして、これら現地の法務官僚は、「《エンコミエンダ》制のもとでのインディオの所有を認めない」とする新法をつぶすため、入植者らと一緒になって反対行動を起こしたのである。

「征服者」の血縁であるゴンサーロ・ピサロ（フランシスコ・ピサロの異母弟）は、新法に対する反乱を起こすことで、この法が征服者《コンキスタドーレス》たちの権利や特権をどれほど奪うものであるかを知らしめようとした。しかも、反乱に際しては、「インディオたちもいろいろな権利をもちうるのではないか、と疑ってみることは微塵もなかった」。クスコの「行政長官」である彼は、「植民地総監」に選ばれ、次いで「司法長官」に選ばれ、そして臨時の総督に選ばれている。このピサロが、スペイン正規軍との戦闘が始まったとき、腹心の部下に、「残っているインディオたちを死なせないように」命じる。それというのも、「彼らがいなければこの国は無となるから」である。彼にとって重要なのは、チリから自分に対して差し向けられた遠征軍が「インディオたちを分捕らないよう」阻止することであったのだ。そうしなければ、もはや働き手がいなくなってしまう…。しかし、他の征服者《コンキスタドーレス》たちは、ゴンサーロ・ピサロとスペイン王カルロス一世（カール五世）（彼は「インディオを与える者」ないしは「もろもろの特権を与える者」である）とのあいだで、ためらい動揺し、最終的に王室と結ぶことを選択する。貪欲で残忍な者たちによる連帯など、脆弱なものなのだ。結局、このときは教会があいだに入って、ピサロの犯した罪を赦免するとともに、「忌まわしい法」の施行を再検討するよう仲裁したのだった。

入植者たちにとって、もうひとつの怒りの対象はイエズス会士の入植であった。というのも、イエズス会士もまた、「インディオを巻きあげていた」からである。

パラグアイにおけるイエズス会士たちの挑戦

イエズス会士の業績のひとつは、パラグアイを中心に展開した「レドゥクシオン」（原住民教化集落）の建設である。イエズス会士にとってはこれこそが、植民地化と布教の合体というこれまでの教会の手法に代えて、インディオの地アメリカで採るべき真に方法であった。「形態は入植者たちが作る社会と類似しているものの、われわれは中央権力からも地方行政権力からも干渉されない自由な社会を作るつもりである」――イエズス会士たちはこう敢然と宣言した。「レドゥクシオン」は入植者のための労働力貯蔵庫などではなく、その目的はあくまでインディオへの教育活動を通じて、彼らの個人としての、あるいは集団としての個性を伸ばすところにあった。パラグアイに一六〇七年に作られたグアラニー人たちの「レドゥクシオン」は、自前の民兵をもち、いわば国のなかの国のようなものを作っていた。一八世紀には、パラグアイに四〇ほどの拠点を構え、そこには九万六〇〇〇から一三万のグアラニー人が居住していた。しかし、「キリスト教徒を作るまえに人間を作らねばならない」というイエズス会士の原則は、権力者の共感を得られるはずがなかった。カルロス三世〔ナポリ国王（在位一七三四～五九）、スペイン国王（在位一七五九～八八）〕は、ポルトガル王の例に倣って、一七六七年、アメリカ大陸からイエズス会士を追放する決定を下している。スペイン国王には彼らの独立も、教皇への服従も、ともに耐えがたいことであった。

一七七六年、アメリカの入植者――独立か革命か

二〇世紀後半の植民地解放運動と異なり、最初の脱植民地化はヨーロッパ人自身のイニシアチブで行なわれた。いい換えるなら、それは海外で生活しているヨーロッパ人入植者によって行なわれたということである。アメリカ合衆国の独立（一七八三）、いくつかの旧スペイン植民地の独立**、ブラジルの独立（一八二二）、これらの独立には、ヨーロッパ人入植者に支配されていた先住民族はほとんど参加していない。唯一の例外は一八〇四年にフランスから独立したハイチで、そこではブラック・アフリカから連れて来られ、奴隷にされた黒人たちによって本国と入植者に対し戦いが挑まれ、解放が行なわれている〔ただし、この解放も先住民族たちによるものではない〕。

先住民族の参加のない独立、これが、最初の脱植民地化とその後に（ことにアジアとアフリカで）起こった解放運動との本質的な相違である。後者においては、屈服していた人々

＊ アウディエンシアの長官は、司法のうえでは、副王にではなくインディアス枢機会議に従い、現地では副王と事実上権力を二分していた。
＊＊ 一八一一ベネズエラ、一八一六アルゼンチン、一八一八チリ、一八一九グラン・コロンビア、一八二一ペルー／メキシコ、一八二五ボリビア／ウルグアイ。

が自国の独立を達成するために、また、ヨーロッパ人入植者による支配に終止符を打つために反抗に立ちあがった。

　これから述べるアメリカ大陸での入植者独立運動の特色は、詳細な検討に値するものであろう。一七七四年から一七八三年までのあいだに起こったアメリカ大陸での諸事件は、ときに合衆国の独立といわれ、ときにアメリカ革命といわれる。このどちらとも取れるあいまいな表現がその後長く使われ続けてきたのは、歴史を動かした行為者《アジャン》たちの問題、その行為者たちの意思の問題、その行為者たちの行動を検討する方法の問題等を含んでいるからである。これと同じあいまいさは、アルジェリアで起きた一九五四年以降の諸事件を記録した公式文書の表現にも見いだせる。すなわち、「アルジェリア民族解放戦線」（ＦＬＮ）の文書は、一連の事件をその初期には「アルジェリア革命」と表現し、またいったん独立が達成されると、「独立への戦い」というふうにも表現しているからである。とすれば、入植者独立運動におけるアメリカの歴史事例は、ピサロ主義者による独立運動後、二世紀（一八・九世紀）にわたる政治と国家の問題を考えるうえで、典型的な構図を示したものといえるだろう。

　逆説的ないい方をすれば、アメリカ合衆国独立の史的メカニズムを措定し、起動させたのは、一七六三年に七年戦争を終結させたイギリス人の勝利である。それまで、つまり一七六三年のパリ条約によって北アメリカからフランス人勢力が一掃されるまで、イギリス人入植者たちは艦隊と軍隊を自在に操る大英帝国女王陛下の威光に守られて、ひっそりとうずくまっていたのである。「もしこの威光がなければ、彼らアメリカ人は、自分たちと大英帝国との絆を簡単に断ち切ることだろう」――はやくも一七四九年当時、ある人物が書いている。

　実際、イギリス人入植者は、アメリカ人であるという帰属意識をたえず自ら表明していた。しかも彼らは、経済力を上昇させ、自衛権の行使能力を充分に伸張させていた。それだけに、いっそう強く、イギリス本国に対する不満を表出させていた。

　航海条令（一六五一）以来、アメリカ植民地は、イギリス本国の商務省、海軍司令部、枢密院の従属下にあった。イギリス船以外による貿易は禁じられ、輸入も輸出も本国の利益に沿って管理統制されていた。たとえば、ヴァージニア、カロライナなど南部の植民地は、イギリスの加工品との交換物として熱帯農産物（おもにタバコ、染料のインディゴ、コメ）を供給していたため、他地域以上に有利な扱いを受けていた。コメを直接スペインに輸出できる許可や、本国のタバコ栽培を禁止させるという優遇措置さえ受けていた。それに対し、中部や、とくに北部の植民地は、そこでとれる産品（木材、塩漬けの魚）が本国にとってあまり魅力的でなく、また一五〇〇隻にのぼるこの地域の船団が本国に危惧の念を抱かせたことから、監視下におかれていた。スペイン、ポルトガル、フランスとの直接取引はもちろん、他の植民地、ことにカリブ海の植民地との直接交易さえも禁じられていた。

一七三三年、「糖蜜条令」が制定される。これがその後決定的な紛争を生みだす最初の条令となる。この条令は、ラム酒製造の独占権をあくまで維持したいサトウキビ栽培植民地の訴えに基づいて、イギリス本国がフランス領アンティル諸島からの糖蜜に対し、輸入禁止に等しい高額関税をかけるものであった。この条令に続き、一七五〇年にはイギリス工業の脅威とならないよう、ニューヨークとペンシルベニア〔北東部〕の入植者に対して鉄の加工を禁止する「鉄法」がだされた。これが本国への敵対意識を強める第二の条令となる。ただしこの条令の適用は、ことに七年戦争の期間中は紛争へと発展するのを避けるため、多少は意図的になおざりにされた。また、この妥協的措置は、西にさらなる土地を求める入植者たちにとってフランスが脅威となる限り、継続されていた。

しかし、パリ条約の締結（一七六三）は、イギリス本国とアメリカ植民地とのあいだに決定的な対立意識を生みだし、両者の関係を取り返しのつかないものにしていった。本国政府は、パリ条約によってフランスからカナダを移譲されると、平和の恩恵に浴するアメリカ人に安全保障上の費用を一部負担させようとした＊。これに対してアメリカ人は牙を剝いた。イギリス製品のボイコット運動を組織し、断行したのである。一七六六年、アカリア・ド・セリオンヌ〔一七〇九〜九二。フランスのジャーナリスト、経済学者〕は『ヨーロッパ商業先進諸国の利害』において、「ニュー・イングランドは、以前にもまして将来に危惧を抱いている」と書いている。

ここで重要な点としてあげておくべき一つ目は、おそらくこうだ。大西洋の交易においてイギリス人がアメリカ大陸との関係を統御し直そうとしていたちょうどそのとき、ニュー・イングランドの入植者たちはまさにそのイギリス支配に終止符を打とうとしていたのだ。ただし、そこには経済的理由はさほどなかった。なぜなら彼ら入植者は、数十年来密輸を行なっていて、そこから大きな利益を得ていたからだ。つまり、真の理由は政治的な領域にあった。アメリカ人《ヤンキー》は行動の自由をもちたいと思っていたのである。このとき彼らは、これまで自分たちは自ら同意した税金以外、決して払ってこなかった事実に注目した。また彼らは、本国では女王陛下の臣民たちが国会の代表者になっているのに自分たちは疎外さ

＊　一七六五年、駐留イギリス軍の費用に充てるため、イギリス政府はアメリカ植民地において印刷物・証書等の公文書に印紙を貼る印紙税法を制定した。

れたままだという事実に注目した。さらに彼らは、シェルバーン卿〔一七三七～一八〇五。イギリスの政治家、首相（一七八二～八三）〕が、彼らに何の相談もなく、アレゲニー高原〔ペンシルベニア州北部〕の向こうに広がる旧フランス人征服地への入植を禁じたこと〔一七六三年の布告。アレゲニー高原からミシシッピー川までの領域（五大湖地域）をイギリス国王直轄地とし、そこへの移住を禁止した〕に大いに憤慨した。この禁止措置は、おそらくインディアンとの戦いを避けるためのものであったろう。しかし、彼らにとってそれは、たとえば富裕な農園主であるジョージ・ワシントンやベンジャミン・フランクリン〔一七〇九～九〇。アメリカの政治家、著述家、科学者〕のような開拓資金の投機家・資本家たちの権利を侵害するものであった。

重要な点としてあげておくべき二つ目は、イギリス本国では世論が自由の名のもとに、アメリカの入植者に味方していたことである。人々は、王権が戦いに勝利を重ねたせいで増長し、徐々に市民の諸権利に対し専横的になっていると見ていた。植民地の意見を何ら聞き入れずに法律や政府決定事項が実施され続けるなら、将来イギリスの自由は万事休するのではないかとも考えていた。そうなれば本国からの分離という事態も起こりかねないだろう。そうした事態を未然に防ぐために、もともとイギリス人であるアメリカの住人に自分たちは譲歩すべきだ、と本国の人々は考えていたのである。

この世論の圧力をまえに、グレンヴィル卿〔一七二一～七六。イギリスの政治家〕は、北部九植民地の代表が異議申し立てを行なっていたアメリカの関税法（「印紙税法」）を廃止する。その代わり、植民地の法律を決める権利はすべてイギリス議会にあるとし、したがって課税権もその例外ではないとする「宣言法案」を同時にだす。こうして剣先にはたしかにカバーがかけられたものの、本国と植民地にはそれぞれ、いつでも決裂する用意のある急進派と、本国政府に喜んで従おうとするイギリス支持派《ロイヤリスト》が存在し…、またイギリス本国では、アメリカへのさまざまな制裁を望む大臣と、ヴァージニアのジョージ・ワシントンやフィアデルフィアのディッキンソン〔一七三二～一八〇八。弁護士、政治家〕と同様の考えをもつピット〔一七〇八～七八。政治家。「大ピット」といわれるウィリアム・ピットのこと。パリ条約後のイギリスの対アメリカ政策には、一貫して反対を表明した〕やバークといった人が存在することになる。大西洋を挟む両陣営の緊張はしだいに高まってゆくのである。

徐々に両陣営の対立は革命の様相を呈していったが、それでも少数のアメリカ人急進派を除けば、分離を念頭において対英政府闘争を進めようとする入植者は少なかった。同様にロンドンにおいても、たとえイギリス政府内に入植者を分離主義へとかり立てる者がいたとしても、独立ということばを口にしたり、その可能性を想像したりする者はほとんどいなかった。

ところが、小さな事件が重なって、イギリスとアメリカが正面から対立する事態にいたった。それはまず、在米イギリス兵が、彼らの駐屯に敵意を抱く市民に対し報復を企てた事件（ボストン虐殺事件*）である。次に、インディアンに変装したアメリカ人が、東インド会社の茶の積荷を海に投棄した「茶会事件」である。後者は東インド会社の安価な茶のために、他から茶を仕入れていたアメリカ商人が破産に瀕して起こした事件である。

この頃、アメリカ人は植民地の代表者を集めて集会や会議を重ねていた。一七七四年には植民地どうしが密接に連携して、第一回大陸会議〔憲法制定議会〕を開催した。この会議において、パトリック・ヘンリー〔一七三六～九九。大陸会議ヴァージニア代表。『ヘンリー決議文』（一七六五）は反英闘争を理論づけた〕は、「わたしはヴァージニア人ではなく、アメリカ人である」と宣言し、法が本国によってではなくアメリカ人民ひとりひとりの投票によって採択されることを求めた。彼は、人々には闘いの、つまり経済戦争の覚悟ができていることをよく知っていた。かくして、大陸会議から常設機関の連盟（「大陸通商断絶連盟」）が派生すると、イギリスに対するボイコットはいうにおよばず、ボイコットに賛同しないアメリカ人に対するボイコットも同時に行なうべきとする宣言がだされた。

この「テロリズム」は、ロンドンで発布された「ケベック法」[**]に対するアメリカ人の怒りをよく説明している。というのも、ケベック法は、アメリカ人があれほど望んでいたインディアンの住む遠い西の地を、セント・ローレンス川左岸の人々に、つまりカトリック教徒たちに与えたからである。

ゲイジ将軍〔一七二一～八七。イギリスの軍人〕の部隊とアメリカ民兵とのあいだに起こったレキシントンの戦い[***]ののち、人心は大いに沸き返った。この流れのなかで、ジョン・アダムズ〔一七三五～一八二六。独立宣言の起草者のひとり。第二代大統領（一七九七～一八〇一）〕はジョージ・ワシントンを指揮官とする真の軍隊を作ろうと提唱し、また、トーマス・ペイン〔一七三七～一八〇九。アメリカの文筆家〕は『コモン・センス』（一七七六）のなかでアメリカの独立を訴えて、人々の琴線を振るわせた。さらに事実をつけ加えれば、このあいだにフランス国王ルイ一六世は、一七六三年のパリ条約で受けた屈辱の報復として、アメリカ支持を約束した。

トーマス・ペインの訴えは人々の共感を呼び、『コモン・センス』は数週間のあいだに一二万部もの売上を記録した。

---

* 一七六八年、イギリス税関がボストン商人の船を拿捕、これに抗議してボストンで数千人の市民による暴動が起き、イギリス税関長が町から追放された。これに対してイギリス政府はボストン制圧のために四〇〇〇人の兵を派遣、一七七〇年三月には市民とイギリス兵とのあいだに戦闘が生じ、五人の市民が殺された。

** 一七七四年六月に、イギリス議会が定めた旧フランス植民地ケベックの統治に関する法。

*** 一七七五年四月、アメリカ民兵組織が備蓄する武器弾薬をイギリス軍が押収しようとしたことから起こった戦い。アメリカ独立戦争の幕開けとなる。

「死者たちの血が、自然の声が、涙を流し叫んでいる、独立すべきときだと」、こう彼は書いたのだ。それでも、いたるところにいるイギリス支持派や「平等派」のデマゴギーのために、たとえば南部のエドワード・ラトレッジ〔一七四九〜一八〇〇。大陸会議サウスカロライナ代表〕のように、恐れを抱いて沈黙を保つことにした者たちもいるにはいた。しかし、独立賛成派は一貫して勢力を広げ、彼らは各植民地の代表団に対し、一七七六年五月の第二回大陸会議では独立賛成に投票するよう促したのである。こうして、ヴァージニア代表のトーマス・ジェファーソン〔一七四三〜一八二六。アメリカ第三代大統領（一八〇一〜〇九）〕に独立宣言文の起草が委ねられることになり、同年七月四日、独立宣言が採択された。

この宣言文は、一七七六年に発せられて以来、たとえば一九六〇年代のローデシアの例に見られるように、独立の中身と関わりなく、ときには先住民族の、ときには入植者の、数多くの独立運動において引用されてきた。アメリカ独立宣言が重要な所以はここにある。そこで、ここではその全文を掲載する。

【アメリカ合衆国一三州の全会一致による宣言】

人類のさまざまな歴史的事件の過程で、ある人民が、自らを他の人民に結びつけていた政治的紐帯を断ち切る必要があると見なしたとき、また、この地上のさまざまな権力に混じって、自然の法と自然の神の法に照らして当然享受すべき対等かつ明瞭な地位をそこに同じく占める必要があると見なしたとき、分立を余儀なくされるにいたった理由を公に表明することは、人類の一般意見を公正に尊重せんと欲するうえで、不可欠の義務である。

われわれは、自明の真理として、次のように考える。あらゆる人間は平等に生まれ、神によって何人《なんぴと》にも譲与されない一定の権利を与えられている、と。このなかには、生命、自由、幸福の追求が含まれる。これらの権利を保障するために、人間はさまざまな政府を作ったのであり、その権力の正当性は、統治される側の同意に由来する。したがって、もし政府が、どのような形であれ、この目的を無視するにおよんだとき、人民はその政府を改革し、あるいは廃棄し、新たな政府を樹立する権利をもっており、その際樹立される新たな政府は、任意の原理に基づいて、人民の安全と幸福を確保するのにもっとも適していると思われる政治機構によって、権力が組織されることになるであろう。おそらく、長きにわたって存続してきた政府を、軽々しい一時的な理由によって倒すことのないようにしてきたのは、慎重な配慮のなせるわざである。そのために、人は、つねに慣れ親しんだ政治形態を廃して正義を示すより、耐えうる限り禍を忍ぼうとしてきたと見ることができる。しかし、同じ目的に絶えず収斂される一連の長い権力の濫用と簒奪から、人民を絶対的専制政治に従属せしめようという意図が明らかに見られるとき、不正を為すその政府を倒し、自らの未来の安寧のために新たなよりどころを追求することは、人民の権利であり、義務である。一三の植民地が長く忍んできた状況こそ、かくなる状況にほかならず、今日政府の古い体制を変えざるをえない必然性も、そこにある。現在大英帝国に君臨している者の歴史は、度重なる不正と不当な権力行使の歴史であり、わが諸州に対しては、直接に絶対的専横政治を打ち建てようとしてきた歴史そのものである。これを証明するには、次のような事実を公正な世界の審判に委ねるだけで充分である。

国王は、公共の福祉にとってきわめて有益で欠かすことのできない法律に、同意することを拒んだ。

国王は、差し迫った急を要する法律の発布を政府に禁じるか、少なくとも政府に、国王の同意が得られるまでその実施を延期させた。しかも、こうして延期させた法律に対して向けるべき関心をまったくなおざりにした。

国王はまた、いくつかの重要行政地域にとって有益な法律を、そこの住民が立法機関に代議士を送る権利をあきらめない限り、発布することを拒んだ。その権利はかけがえのない権利であり、暴君のみが恐れる権利にほかならない。

国王は州議会を、不便で普段あまり使われない、しかも諸文書が提出される場所から遠く隔たったところで召集した。その唯一の目的は、こういうやり方でついには州議会の根気をくじき、屈服せざるをえないようにすることにあった。

国王は、何度も機会を見つけては、人民の権利を侵害することに対し断固たる反対を唱えた内閣を解散させた。

国王は、こうした類の解散を行なったのち、長期にわたって、新たに代議員が選出されることを拒んだ。そのため、消滅することのない立法権は、人民にその行使が戻されるところとなった。かくして、州は外部からの侵略のあらゆる危険にさらされると同時に内乱の危険にもさらされた。

国王は、わが諸州の人口が増大することを断固妨げた。この目的のために、外国人の帰化に関する法律に障害を設け、移住を奨励したであろう別の法律の採択を拒絶し、新しい土地の領有に次々と障害を設けた。

国王は、司法権の確立をめざした法律に対する承認を拒絶して、裁判行政を妨害した。

国王は、裁判官の職務期間、俸給額、支払方法に関して、裁判官を自分一個の意思に従属せしめた。

国王は、多くの新たな官職を作りだして官吏の集団をわが地に送り、わが人民を苦しめ、その財産を貪らせた。

国王は、平和時に、わが立法権者の同意もなく、わが地に常備軍を駐留させ続けた。

国王は、軍事権に関して市民権から独立させかつ優先させる、と主張した。
国王は、わが憲章とは無縁でしかもわが法からは認められない裁判権のもとにわれわれを従属せしめるため、イギリスの他の権力と結託した。そして、以下の法令と称するものに同意を与えた。
すなわち、
――わが地に膨大な数の軍隊を駐屯させる法令
――その軍隊がわが諸州のなかで犯しうる殺人に関して、擬似裁判を行なうことであらゆる罪を免除させる法令
――世界のあらゆる国とわれわれとの貿易を封殺する法令
――われわれの同意なしに税金を課す法令
――多くの場合において、陪審制の裁判によって判決を受ける保障をわれわれから奪う法令
――違反行為と称するものによって、われわれを海の向こうに移したり、その地で裁判させたりすることを可能にする法令
――隣接する地方に専制的な政府を作り、その地方の国境を拡大しながら、イギリスの自由な法体制をそこでは廃止し、その地方を範とも道具ともして、同じ専制的体制をわが植民地に導入しようと狙った法令
――わが憲章を抹消し、きわめて貴いわが法を廃止し、彼らの基本原則に則ってわが統治形態を改変せしむる法令
――わが固有の立法府の機能を停止せしめ、どんな場合であれ、われわれに代わって法を立てる権限が授けられていると言明することを可能にする法令
などである。
国王は、われわれを国王の保護下から外すと声明することで、またわれわれを敵として戦争することで、われわれに対する自らの統治権を放棄している。
国王は、われわれの海で略奪を行ない、沿岸を荒らし、町を焼き、わが人民の生活を破壊した。
国王は今、死と荒廃と暴虐の仕事を完成させようと、多数の外国人傭兵による軍を引き連れ、蛮族の時代とほとんど変わらぬ残酷で陰険な状況のもと、文明国の元首にまったくふさわしからぬ状況のもと、この仕事を開始した。
国王は、外洋で捕らえたわが同胞に強いて祖国に武器を取らせ、友や兄弟を処刑させ、あるいは友や兄弟の弾丸に倒れるがごとき境遇におとしめている。
国王は、内乱を扇動したうえに、年齢・性別・身分を問わない無差別の殺戮を戦いの掟とすることで知られる、野蛮で非情なインディアンを、わが辺境の地に住む人々に対してけしかけようとした。
われわれは、圧制のあらゆる段階ごとに、このうえなく控えめな表現で正義を求めてきた。しかし、たび重なるわ

れわれの請願に対して返された答えは、正義に反する行為の繰り返しでしかなかった。このように、あらゆる行為において暴君であると定義づけられる性格を有する国王には、自由な人民を治める資格があると主張することはできない。

さらに、われわれは、わがイギリス同胞の注意を喚起しようとしたが、これも成功しなかった。われわれは定期的に、彼らの立法府が不法にその裁判権をわれわれにまでおよぼそうとしていることを彼らに伝えてきた。われわれがどういう状況のなかでこの植民地に移住し生活の拠を構えたのか思いださせようとした。人が生来もつ正義の感覚や本来備わっていると見られる魂の偉大さに訴えかけた。われわれは、われわれを結ぶ血縁の絆のゆえに、その絆も関係も断絶しようとするこのような不当な権力の行使を弾劾するよう懇願してきたのだった。しかし、彼らもまた、正義と近親者の声に耳を閉ざしたままであった。かくして、われわれは分離を声明せざるをえない仕儀に立ちいたった。われわれは、ほかの人類同胞のためにもそれを行なうのであるから、彼らを戦時には敵と、平和時には友と見なさなければならない。

それゆえ、全体会議〔＝大陸会議〕に集った「われわれ」アメリカ合衆国の代表は、この世の至上審判者たる神をわれらが意思の公正さの証人として、これら植民地の善良なる人民の名において、また彼らを代表して、厳粛に次のことを明確にし、宣言する。

「植民地連合」は、自由な独立した国家となる権利があり、またそうならねばならない。「植民地連合」は、イギリス王室に対するあらゆる忠誠から解き放たれ、大英帝国とのあいだに存したすべての絆を完全に解消し、またそうあらねばならない。「植民地連合」は、自由な独立した国家として、戦争を行なう権利、平和条約を締結する権利、同盟を結ぶ権利、貿易関係を確立する権利、独立国として正当と認められる他のあらゆる行為をなしうる十全な権利を有する。そして、われわれはこの「宣言」を貫くために、神の摂理によってわれわれの完全なる確信が護られんことを祈りつつ、その印として、互いにわれわれの生命と財産と神聖なる名誉とを捧げるものである。

先に触れたように、一七六三年から一七七六年のあいだにアメリカで起こった諸事件は、その特徴のひとつとして次の事実をあげることができる。すなわち、ロンドン政府に対する植民地の物質的不満と、独立戦争および独立にいたるまでの運動の拡がりとのあいだには、大きな隔たりがあるということである。結局、物質的不満は二義的なものにすぎなかった。しかも、独立宣言が列挙している物質的不満は、たしかに重要ではあるが、旧体制ヨーロッパの大部分、たとえばイングランドやスコットランドやアイルランドがおかれている

状況においても当てはまる不満だった。

入植者を苦しめた直接税や間接税にしろ、拡大を続けるアメリカ全体の繁栄には何ら打撃を与えるものではなかったし、実際、ロンドン政府はアメリカの密輸に目をつぶっていた。こうしたイギリスの政策は、イギリス権力の拠点を、パートナーをなす植民地グループそれぞれの経済的力関係に応じて、ロンドンやボストンやジャマイカに移し変えるということであって、アメリカ人がその調整政策の犠牲になったわけではない。

すなわち、イギリスとアメリカの関係をひっくり返した大波は、別の岸辺からやって来た、ということである。単に国王の権力を排除するとか、自分たちの代表を選ぶ権利を表明するといった問題以上に、この歴史的事件には深い精神性があったのである。重要なのは、アメリカ住民全体の権利を市民政府の名において表明することにあった。市民政府とは、その存在そのものからして、国王や、不正に選出された議員（いわゆる「腐敗選挙区」の議員）や、不適格な代表者たちと対立する。かくして、アメリカ人には新しい政治制度を作る必要があった。この理念こそ、経済上もしくは制度上の衝突の先にあって全住民の心を揺り動かしたものにほかならない。それは莫大なエネルギーを人々にかき立てた。一七六三年から一七八三年のあいだにアメリカの植民地で出版された政治思想の小冊子・風刺冊子・新聞の多さとその内容が、このことを如実に示している。また、独立宣言に色濃く見られる精神的な色調も、それを表している。

急進派と呼ばれたホイッグ党〔イギリス自由党の前身。制限王政主義の立場〕左派が最終的に勝利を収めたのは、暴政と腐敗に対する戦いをアメリカの人々が見事に体現したからである。著述家バークが一七七五年に述べたように、「彼らアメリカ市民は遠くから本国政府の悪徳を見抜き、ほんのかすかな悪い風にも暴政の接近を嗅ぎわけたのである」〔ゴードン・S・ウッド『アメリカ共和国の創造』＝Wood 1991 p. 38〕。

国王や議会と闘うことは、いっそう深い拒否の姿勢をアメリカが示す明確な契機となった。闘いの理由はもはや、「住民の同意なしに決められた課税に反対すること」だけでは不充分となった。今や、自らの法は自らの手で定めること、すなわち、統治する者を統治される者の意思に従わせることが重要なのだ。それは、住民全体の利益は国王個人の利益に優先し、かつまた、すべての人間は社会共同体の一部をなす、という真の民主主義を創出することにほかならなかった。

このような文脈においては、イギリス政府とアメリカとの関係のあり方など第二義的問題となるにちがいない。というのも、そのような民主主義になれば、必然的に体制全体の転換が問題となるからである。急進派はほとんど宗教的信念ともいえるものに憑かれていた。それは、ルソーのような啓蒙主義哲学者たちをはじめ、ブラックストン〔一七二三〜八〇。イギリスの法学者〕、ロック〔一六三二〜一七〇四。イギリスの哲学者〕といった古典的哲学のバイブルから汲みだした信念であった。彼ら急進派は自分たちが全世界に福音を伝える役割を担っていると、あるいは、サミュエル・アダムズ〔一七二二〜一八〇三。アメリカ独立革命の指導者のひとり。ボストン茶会事件で主要な役割を演じた〕のことばを借りるなら、自分たちは「新しきキリスト教徒のスパルタ」であり「イスラエルの継嗣、神に選ばれし新しき民」であると自負していた。もちろん、彼らの思想形成がそうした古典的哲学の影響下にあったとしても、その後アメリカ市民は自力で自らの思考を進めることができた。だからこそ、アメリカ独立宣言を起草したのはまさしくジェファーソンをはじめとするアメリカ人である、と判断されたのだ。その思想を形づくるには、もうロックやほかの誰の思想も参照する必要はなかった。

以上のような角度からアメリカの独立を見ると、それは共和国の創出へと向かう第一歩にほかならないことが分かる。この共和国創出こそ、真の意味における革命の成就なのである。

アメリカの例は、大英帝国の他の属領に住むイギリス人入植者を魅惑した。一九世紀、イギリス政府は、自らの連合王国が経済的繁栄期にある限りにおいて、白人イギリス領に対する拘束を緩和した。その結果、白人イギリス領はいくつかの段階を経て代議制を、場合によっては議会をもつことになった。カナダは、一八六七年に自治領としての地位を獲得した最初の植民地となり、ケベック、オンタリオ、ニュー・ブランズウィック、ニュー・スコットランドの四州をもった。まもなく、さらにいくつかの他の植民地や領土が自ら進んでそこに加わった。すなわち、一八七〇年にはハドソン湾会社から分離された領土が、一八七一年にはブリティッシュ・コロンビア植民地〔南西部太平洋岸〕が、一八七三年にはプリンスエドワード島植民地〔セント・ローレンス湾内〕がカナダに加わった。

当初、イギリス連邦自治領（カナダ、オーストラリア、ニュージーランド）は、その領内において単純な自治権を認められただけであって、場合によってはそれさえも植民地総督の拒否権による制限を受けていた。しかし、やがて自治領は対外的な自治権も享受するにいたる。一九〇七年、その最初の例として、カナダが大英帝国を仲介せずにドイツとのあいだに通商条約を締結した。一九一四年と一九三九年には南アフリカが本国と無関係に独自の判断でドイツに対して宣戦を布告、自治領の自由をいっそう進展させた。この頃には、イギリス連邦諸国を結びつけていた帝国会議の活動も不定期かつ非公式なものとなり、連邦を結ぶただひとつの永続的絆は国王だけとなっていた。各自治領の経済的利害が本国とは無関係に形づくられていることも徐々に顕在化し、連邦内の連帯は外国から脅威を受けた場合にしか発揮されなくなっていた。自治領と本国との隔たりについていえば、一九四二年、チャーチルがオーストラリアの防衛よりもインドの防衛を優先したことで、いっそう決定的なものとなった。

ラテン・アメリカのクレオール運動

南アメリカにおける入植者の独立運動も、部分的には、北アメリカの入植者独立運動と同じような動機から発している。しかし南アメリカでは、人種による支配が、本質的な機能を果たしていた。よって、独立の唱道者に従う人がもっとも少なかったのは、先住民族の動向がもっとも脅威となっていた地域、つまりペルーであった。また、本国に対する実力行使という飛躍がもっとも大きかったのは、ほとんど先住民族がいないリオ・デ・ラプラタ〔スペイン副王領のひとつ。ほぼ現在のアルゼンチン、ボリビア、パラグアイ、ウルグアイをカバーする〕やベネズエラであった。

入植者というものは、「従えども実行せず」（オベデスコ・ペロ・ノー・クンプロ）ということばに示されるように、法の網をくぐるのをつねとしていた。スペイン・ブルボン家の王カルロス三世は、海のかなたの植民地からもっと利益があがるよう、そのような状態を変革して効率的な体制にしたいと考えた。北アメリカでは、課題の中心は経済であった。だから、イギリスは自国の産業保護のためにアメリカの発展を抑え込もうとした。これに対し南アメリカでは、課題はもっぱら税務であった。というのも、本国の経済も植民地の経済も似たような状態にあったからである。どちらも同じように、鉱石の輸出と、外国の海運に頼り、貴族階級のエリートたちはほとんど実業に関わらない、という状況にあった。違うところはただひとつ、南アメリカでは貴金属鉱石が採れるということである。そこで問題となるのが、本国はその恩恵にあまり浴していないという事実である。この状態を変えるため、カルロス三世とスペイン・ブルボン家は国家行政の改革に乗りだした。具体的には、本国出身の官僚あるいは有力者を派遣して、植民地行政の「近代化」を断行することである。それまで、スペインの植民地行政は、先住民族を保護しているらしい教会と、富の拡大に腐心する植民地の名士たちとのあいだで、辛うじてバランスが保たれているものにすぎなかった。

改革の実行は、少なくともメキシコやチリにおいては、イエズス会士たちに対して為されたものですら強引なものに思われた。というのも、改革においては現地にいる人々の存在そのものが問題視されていたからである。人々は、もはやラス・カサス的精神など恐れることもなく、国王の行政に直接歯向かう力を身につけていたのだ。入植者であるクレオールの名士層は自分たちのおかれた状況を明確に自覚していた。軍隊ではクレオールの階級的上昇はほとんど見込めなかった。

また、行政組織の管理強化が進むにしたがってクレオールたちへの課税が始まり、それにともなって公職機関のアウディエンシアに就けるクレオールたちの数も徐々に減少していった。アウディエンシア全体に占めるクレオールの割合は、彼らがその国にしっかり根づき、人口を増やし、豊かな生活を送れるようになっていたにもかかわらず、わずか二三パーセントにとどまり、残りは本国人が占めていた。結局のところ、スペインはクレオールを植民地のように搾取しているのだ、と彼らは判断する。こうして、税に対する反乱が、一七八一年にヌエバ・グラナダ副王領で勃発した。

クレオールと「半島人」（つまり「スペイン本国人」）との反目はやむことなく増大し、クレオール名士層の大土地所有者は、本国から法の執行者として派遣されたしがない官吏に対してさえ敵意を抱くようになっていく……。

しかしながら、クレオールたちは自分の下僕にも注意を払っていた。ことにインディオに、またメスティーソに対してもそうだった。クレオールにとっては、たとえばペルーで起こった一七四二年の反乱〔メスティーソといわれるアタワルパの反乱〕や一七八一年の反乱〔コンドルカンキ〔通称トゥパク・アマルー二世〕の反乱〕のときのように無政府状態に直面するよりは、スペインの支配下にあるほうがまだましだった。おそらく、これらインディオの反乱は農産物価格の下落により彼らの生活が困窮したことと関係があり、祖先たちの理想郷に戻ろうとしたその企図は反教会的というより反スペイン的なものだった。たしかにヌエバ・グラナダにおいては、二〇数人のインディオの指導者《カシーケ》がスペイン人とクレオールの側についていた。しかし、クレオールたちは、この地域にはそれとは別の形の潜在的脅威が温存されていることも、きわめて明確に意識していた。それは、ムラートのガラン〔一七四九〜八二〕がボゴタ〔コロンビア中央部の首都で、一七一七年からヌエバ・グラナダ副王領首府〕に歯向かった事件を経験していたからである。* 入植者たちは、何とか自分たちのやり方で自由に行動したいと思っていた。その意味で、ハイチの反乱**は、スペイン領アメリカに貴重な教訓を与えた。同様の反乱がまた起こる状況を許してはならないのである。ハイチはひとつの警告であった。当然のことながら、クレオールは自分の国を自分だけで統治する気持ちが抑えがたい。だからクレオールは、フランス革命がもたらした裏目

＊　ガランは、スペインの増税に反対して起こされた通称「コムネロスの反乱」（一七八一）のリーダーのひとり。反乱を支えたのはクレオール勢力と、メスティーソ・ムラート・インディオの勢力だったが、やがてクレオールは副王側に懐柔され、メスティーソ・ムラート・インディオは植民地政府軍に徹底鎮圧された。

＊＊　一七九一年、ハイチでは黒人逃亡奴隷ブクマンに主導された奴隷たちの大蜂起が起きた。これが一八〇四年のハイチ革命の序曲となる。

の結果〔ハイチの反乱〕よりも、アメリカの独立によって蜂起者たちが手にした恩恵について、より多く考えた。つまり、クレオールたちの考えもまた啓蒙主義文学、たとえばロック、ルソー、アダム・スミスなどのもとにあり、その考えはメスティーソやインディオら新大陸の人民の権利を守るためでなく、スペイン・ブルボン家の暴政と闘うためのものなのである。

フランシスコ・デ・ミランダ〔一七五〇～一八一六。ベネズエラの独立運動家〕や、インディオの血が若干入ったシモン・ボリーバル〔一七八三～一八三〇。ベネズエラの軍人、政治家でラテン・アメリカの独立指導者〕といった人たちは、急進的な政治手段を想い描いていた。それほどスペインの弱体ぶりは明らかであった。マドリードの本国政府内では改革の成果があがっていると考えていたが、政府が自由に振る舞える領域はきわめて限られた部分にすぎなかった。そのことは、一八〇六年にブエノスアイレスがイギリス軍に占領された事実*を見れば明らかであったろう。どのスペイン艦隊も、イギリス船の侵入を阻止することができなかった。ただ、侵入を果たしたイギリス軍のほうも、首都住民の防衛意志を見くびっていたために、排除されることになった。そのときイギリス軍を駆逐したのが、サーヴェドラ〔一七五九～一八二九。アルゼンチンの軍人、政治家〕率いるクレオール義勇軍である。かくして、スペインの権威は地に落ちた。自らの植民地の防衛を果たしたのは、まさしく彼らラプラタ住民自身であったのだ。権力の道を模索し自らの力を発見したクレオールたちは、もうこの勝利の意味を忘れることは決してないだろう。**

メキシコにおける状況は違っていた。一八〇八年から一八一五年のスペイン王政崩壊期に、最初に独立運動のイニシアチブをとったのは、クレオール出身ながら先住民族寄りの小柄な司祭、イダルゴである。彼は学長職を辞してこの独立運動に立ちあがった。独立運動の目的は、反スペイン闘争に勝利すること、そして社会的とも民族的ともいいうる一種の革命を成就することにあった。もっとも、イダルゴや彼に続いた神父モレロス〔イダルゴの弟子で、反乱軍では彼の右腕。イダルゴ処刑後、蜂起の指揮をとる〕を、サパタ〔一八七九～一九一九。メキシコの農民運動指導者。農地改革のシンボル的存在〕の先人ととらえるべきではない。サパタの闘争が先住農民の土地奪還を目的としたのに対し、イダルゴは「国王と宗教、そしてインディオたちのグアダルーペの聖母〔ヌエバ・エスパーニャの守護聖母〕のために、スペイン人に抗して」メキシコの独立を訴えたからである。続くモレロスは、スペイン人ばかりかクレオールや聖職者をも敵として、彼らの所有地の再配分を求めた。イダルゴは一八一一年、モレロスは一八一五年、それぞれ死刑に処せられている。***

スペインで自由主義革命運動が起こると、入植者は自分たちの主導的地位が脅かされることを危惧して行動を起こし、モレロスの反乱を鎮圧したクレオールの士官アグスティン・デ・イトゥルビデ〔一七八三～一八二四。メキシコ独立戦争の指導者、メキシコ皇帝（一八二二～二三）〕を自分たちのリーダーに押し立てた。イトゥルビデは、独立とカトリック教のもとでの統合、および「半島人」とクレオールとの平等、という「三ヶ条の保障」を記したイグアラ綱領を発布する。それはまさに、「入植者にとっての」独立運動であった。

事実、この運動のなかには潜在的目的として、先住民族共同体の権力向上を抑えることが含まれていた。といってもメキシコにおいては、スペイン支配によるアシエンダの植民地的構図がいたるところで通用していたわけではない。つまり、アシエンダの基本構図は、いくつかの大家族が広大で非生産的な土地を所有し、貧農《ペオン》を負債で縛って働かせ、肥えた土地を奪われて高地で耕作する先住民族の村をも政治支配する、というものだが、こうした構図がメキシコの場合、どこででも当てはまるわけではなかった（W・B・テーラー『オアハカ植民地における大地主と小作農』＝Taylor 1972 参照）。たとえば、メキシコ南部のオアハカ司教区のように、先住民族共同体の大多数がそれまでの習慣をそっくりそのまま残している地方もあった。そこでは先住民族の貴族階級はたしかに政治的力を喪失していたが、自身の土地を拡大することはできたし、村自体にも村人の権利を防護するだけの力はあった。一八〇〇年時点で、メキシコ全土における谷あいの耕作地の三分の二は先住民族が所有していた。これに対してクレオールの土地所有は、小規模で散らばっており、しかも不安定だった。植民地時代、八つのアシエンダは八九回も所有者が変わっている。ところがクレオールとは対照的に、聖職者、ことにドミニコ会士たちは、もっとも豊かな部分の土地を所有し、抵当物件を管理し、その地方の財政生活をコントロールしていた。つまり、メキシコでは、権力は土地を所有する人たちのものではなく、商人や政治力をもつ人たちのものであったのだ。

このような場所では他所以上に、「先住民族が忘れている白人に対する敬意」を復活させようとする意思がクレオールのあいだで強まり、それが、一八二一年の革命の目的となっていった。ブライアン・ロジャー・ハムネット〔イギリスの歴史学者〕の書を読むと、この第二次の革命****の反動性がよく分かる

---

* スペイン本国がナポレオン軍の侵略を受けているあいだに、イギリスは商業的繁栄を見せるリオ・デ・ラプラタ副王領への侵入を企て、ブエノスアイレス市を占領した。

** このあと、リオ・デ・ラプラタ副王領では独立運動が起き、一八一六年にリオ・デ・ラプラタ諸州連合が成立、同時にスペインからの独立が宣言される。

*** スペイン本国では王党派と自由主義派との抗争が生じていた一八二〇年、自由主義派のヌニェス将軍（一七八五～一八二三）が蜂起、一八二三年自由主義政権が樹立された。

**** イトゥルビデによるクレオール独立革命のこと。イダルゴやモレロスの革命が「第一次の革命」。

(Hamnett 1971)。

中南米諸国の独立は、ある程度まで、新しい植民地秩序へと道を拓いた。しかし、新たな宗主国となったアメリカと大英帝国によって、やがてこの新秩序は経済帝国主義のなかに取り込まれることになる。中南米の新生国家が背負った負債は、二〇世紀の新植民地主義の姿を先取りしているのである。ブラジルの場合もこのケースに近い。その独立（一八二二）は、たしかにメキシコと異なる状況によってなされたものだが、王政の崩壊に関連している点では同じなのである。*

メキシコ、すなわちスペイン領のアメリカと類似したこの状況は、アフリカのポルトガル領アンゴラにも見ることができる。そこでは、ブラジルの独立にともなって、少数の白人の分離主義者がある種の強烈なエネルギーを宿していた。というのも、アンゴラは独特な形でブラジルの植民地だったからである。アンゴラの入植者たちにはポルトガル本国を脱出した人々が多く含まれていた。彼らは「同化民《アシミラードス》」**の動きに自分たちの優位性が脅かされるのを感じて、共和国建設の意思を表明したり、ブラジルとの統合を検討したりしてきた。一九一〇年、ポルトガル本国で共和国が成立してもこの状況は何ら変わらず、むしろ独立への意思は加速した。というのも、現地住民の強制労働について定めた本国の新しい法律は、入植者たちの利益を損ねる内容であったからだ。さて、その渦中、一九二六年にリスボンから政府代表がアンゴラを訪れ、「新国家《エスタド・ノヴォ》」***が成立したことを告げる。その後、リスボン新体制とその警察組織「国防国際警察」（PIDE）〔ポルトガルの秘密警察組織〕が、入植者の立場を「理解すること」を保証する。アンゴラ入植者の独立の意思、エネルギーはこうして潰えることになったのである。

ローデシア――入植者独立、「帝国主義の最高段階」

南アフリカの状況には、独自の特徴を見ることができる。というのも、この地域の状況は、入植者の行動が、一八七七年から一九〇一年にわたって展開された帝国主義の再開の原因をなし、地域の敵対関係が、国際紛争へと発展する原因をなしたからである。これは、他の多くの地域における帝国主義的な領土拡大の根本原因がたいてい本国内部にあったのと好対照をなしている。

当初、イギリス領南アフリカは、ボーア人〔南アフリカのオランダ人入植者〕の作った二つの共和国（オレンジ自由国とトランスヴァール共和国）、およびアフリカ先住民族地域と隣接していた。「異邦人」たるフランス人のいるカナダ、マオリ人の抵抗に悩まされるニュージーランド、二つの宗教が対立するアイルランド…、イギリスにとってはこれらの困難をすべて合わせたような難しい状況がこの南アフリカにはあった。

イギリス領南アフリカにおけるもっとも重要な問題は、ケープとナタールという二つの植民地から成りながら、両植民地の入植者には同一レベルの自治が与えられていなかった点にある。ケープ植民地はバスト王国のソト人やトランスケイ〔南アフリカ南東部、現在の東ケープ州の一部〕のングニ人〔バントゥー系の一部族〕を支配できていたが、ナタール植民地のほうはこのような大英帝国的な地位を獲得できていなかった。そのため、入植者はナタール北方に居住するズールー人、スワジ人、トンガ人〔バントゥー系の農耕民〕の土地に対して特別な関心を寄せていた。この三部族はいずれも、耕作に適した豊かな土地をもっていた。

当時、この三つの黒人部族社会は、形式的には大なり小なり大英帝国の権威のもとに従属していたが、完全な自由を享受していた。

一方、ボーア人の作った二つの共和国は共立共存の関係にあった。ただし、オレンジ自由国は一八五四年にイギリスの管理下で成立した国であるから、事実上のボーア人による独立国はトランスヴァール共和国だけであった。少なくとも一八八一年のイギリスとの協約以後、独立を確保していたのはトランスヴァール共和国のみである。**** この国が、ケープ植民

---

* ブラジルの独立までの概要を記せば、まず一八〇七年、ナポレオン軍に蹂躙されポルトガルの王族・貴族・官僚がイギリス艦でブラジルに逃れるところから始まる。その後は以下のとおり。一八一五年、国土を回復したポルトガル本国がブラジルと連合王国を樹立する。一八二〇年、本国ブルジョワジーがポルト（ポルトガル北西部）で自由主義革命を起こし臨時政府を樹立、封建的特権の廃止とブラジルの再植民地化を決議する。一八二一年、国王ジョアン六世（在位一八一六～二六）が王子ペドロを残し帰国する。一八二二年、ペドロと現地ポルトガル人勢力が、本国によるブラジル再植民地化に反発し独立を宣言、ブラジル帝国が成立する。これによりペドロ（一世）がブラジルの初代皇帝（在位一八二二～三一）となる。

** 植民地経営を行なう国が、本国の言語や文化を先住民族に強要して自国民化する政策を「同化政策」というが、この同化政策を受けた人民が「同化民」である。ポルトガル市民権をもたされたアフリカ人のことを指す。

*** 一九二六年はポルトガルでクーデタが起こり軍事政権が成立した年だが、一九三三年のサラザールによる独裁体制確立以後を「新国家」（エスタド・ノヴォ）と呼ぶのが一般的である。

**** 一八三五年に始まるグレート・トレック（大移住）でケープ植民地から北に移動したボーア人は、現在の南アフリカ北東部やナタール、オレンジ川流域に共和国を建設した。しかし、一八四八年、ナタールとオレンジ川流域はイギリスに併合されオレンジ・リバー統治国となり、一八五二年南アフリカ北東部のみがトランスヴァール共和国としての独立を認められた。ところが、その後イギリスは、オレンジ・リバー統治国の統治を断念し、一八五四年ボーア人にイギリスの管理下（宗主権下）でオレンジ自由国を作ることを許した。一八七七年、イギリスは、トランスヴァール共和国のケープ植民地との併合を決定、これによりボーア人とのあいだで戦争が勃発した（第一次ボーア戦争）。ボーア人は、一八八一年、マジュバ・ヒル（後述）で勝利し、イギリスとの協約締結に成功、トランスヴァールはボーア人の共和国として独立を回復している。

地と同様に、ステラランド〔南アフリカ北部でヨハネスバーグの西〕やズールー人地域の黒人先住民族を支配していた。

　イギリス政府にとり南アフリカにおける大英帝国の軍事的存在は、喜望峰航路の役割を考えた場合、必要不可欠なものと思われた。それはスエズ運河開通（一八六九）後もきわめて重要であり続け、「どんな代価を払ってでも維持すべき」（チャールズ・ディルク〔一八四三～一九一一。イギリス自由主義改革派の政治家〕『より偉大なるイギリス』一八九〇）ものであった。ただし、この「代価」とは、具体的にはアフリカの国々を支配下におくことを意味した。それは、「もし残りの地域を掌握していなければ、われわれはケープを押えておくことはできないだろう」という論理からであった。ほかにも重要な理由があった。イギリス人社会の固有利益を守るということである。トランスヴァールのダイヤモンド鉱山の発見（一八六七）、ラントの金鉱山およびローデシア〔現ジンバブエ〕の銅鉱山の発見（一八八一）によって、南アフリカにおけるイギリス人の人口は急増していた。問題となるのはおそらく、それらの土地の富がボーア人のものであるということだ。イギリス政府は当時、ケープの人口の過半を占めていたオランダ人が大英帝国に同化している事実から、アイルランド人より容易に、あるいはカナダのフランス人と同程度に、ユニオンジャックの旗のもとで南アフリカ連邦をボーア人とともに作ることは可能だと考えていた。しかもイギリス人は、ボーア人とズールー人の紛争を観察して、「ボーア人は、平和と秩序の維持に努めるイギリス人の助力になっている」と評価さえしていた。

　ロンドン政府の考え方で下された帝国主義的な政治「方針」とは以上のようなものだった。しかし、ケープ植民地のほうはといえば、入植者たちは現下の状況に対して独自の見方をもっていた。端的にいえば、大英帝国政府の政策として定義される「帝国主義」と、ケープタウンの考える「植民地主義」とは対立していたのである。

　ケープの入植者たちは、何よりもまず、先住民族の問題を解決することを望んでいた。カフィール人とズールー人とが戦争しており、両部族とも「すでに文明によって征服されている土地」への侵入を繰り返していた。入植者にとってこの状況は、ダイヤモンド鉱山と金鉱山の発見によって途方もない未来が目の前に開けていただけた、いよいよ耐えがたいものと感じられた。すでに以前より、両部族の白人に対する抵抗は社会不安を長引かせ、そのために植民地行政は安全維持に多くの労力を割かねばならない状況にあった。それは、公共施設の整備を遅延させ、入植者の生活の質を低下させていた。一八七〇年代末にトランスケイで反乱があったとき、ブラウンリー〔一八二一～九〇。ケープ植民地の政治家、作家〕は次のように書いている。

「われわれは、向かうところかならず野蛮な部族と接触する。そのため、国中から彼らを一掃するか、彼らにわれわれを尊敬させるか、どちらかを為さねばならない…。唯一可能な解決策は、彼らをわれわれの管理下におくことである。それは難しいことであろうが、避けて通れない道である。われわれは先住民諸部族を支配しなければならないのである」。

いずれにせよ、「文明に接した未開人はそれに従わねばならない」と入植者は考えていた。黒人たちを進歩の道へ連れてゆかねばならない、その最初の成功への道は彼らを働かせることにある、そう入植者は考えていた。

アンソニー・トロロープ〔一八一五〜八二。イギリスの女性作家。地方生活体験をもとに多くの風俗小説を執筆〕は書いている。

「文明をもたらすものは労働である…。ここに来れば、一〇年前はまったく野生的な暮らしをしていた人間たちが、今どんなふうに仕事をしているかが分かるだろう。彼らは午前六時にやって来て、午後六時に去る。ここで食事をし、もらった給与をどう使うか知る。ここキンバリー鉱山で三、四〇〇〇の人々が働いているのを見たとき、わたしは三、四〇〇〇人の新しいキリスト教徒が生まれつつあるという感慨を抱いた」。

こう述べてトロロープは、キンバリー鉱山のような場所がアフリカ大陸中に次々と生まれることを願うのだ。鉄道建設はバントゥー諸族につるはしとシャベルの使い方を教え、その運用は彼らに時間の概念をもたらした。そして、「ことに彼らは、文明の第一原則は何か、それは労働である、ということを理解した」。

かくして、イギリスが行なった一八七九年のズールー人との戦争は、「この人々だけを例外として、放置することはできない」ゆえに、文明化のための戦い、と見なされるのである。

やがて、セシル・ローズによるザンベジ川地域への進出が、本国のイニシアチブというより、むしろこの「入植者的拡張主義」の具体化として現れてくる。ところで、そのころケープやナタールの植民地ではある兆候が感じられるようになっていた。それは、ズールー人の土地でもトランスケイ地域でも、白い侵入者たちを追いだせという一種の共通意思が先住民族のあいだで生まれつつあるという兆候である。トロロープは、「わたしたちはカフィール人をだましている。わたしたちは彼らの労働を望んでいるのだ。だから、彼らの土地を押さえているのだ…」と書いている。しかし、黒人たちはそんなことはとうに分かっていた。

「はじめ、白人たちがやって来てわれわれの土地の一部を奪った…。それから彼らはどんどん数を増し、家畜を連れてきて、われわれを遠くに追いやった。続いて彼らは町を作りだし、あのように堅固に仕上げ、魔術で従わせるために布教団をもってきた…。まずは小さな拠点、次に土地、それから布教団、いつでもわれわれをもっと遠くへと追いやるために」。このようにコーサ人の族長は言明し、さらにこう述べる。「政府は、わしに対して、一人前の男に話すようには話さない。《こっちらの土地かあちらの土地かどちらかをいただきたい》とはいってくれない…。彼らはわけの分からぬうちにわしから権利を奪うのだ…。政府はオオカミだ」（D・M・シュローダー『南アフリカの争奪（一八七七～一八九五）』＝Sehreuder 1980 所収）。

ボーア人の立場はイギリスの入植者とはまた違っていた。したがってアフリカ人との関係も異なっていた。彼らボーア人の人口はあまり多くなく、トランスヴァールでもオレンジでも三万人程度にすぎなかった。しかし、血縁関係による社会的絆が強固で、かつ民兵として戦うための訓練も受けていたことから、アフリカの部族が自分たちのなかに浸透してくるのは拒否しがちで、黒人部族とは隣人としての協定を結ぶくらいだった。とりわけ重要なのは、彼らのほとんどが、アフリカ人と同じく家畜の飼育にもっぱら従事していたがゆえに、同じ土地に住むことで生じるさまざまな問題についてはきわめて敏感だった点である。彼らはナタールやケープのイギリス人とは異なり、自分たちが、アフリカ共同体の原理をこちら側に従属させるほど強くはないことを自覚していた。それでも、彼らの膨張の活力が家畜の飼育の発展から生まれるのである限り、人口が増え家畜が増えればつねにその増大に見合うだけの土地が必要になるのだった。

マルティヌス・プレトリウス大統領〔一八一九～一九〇一。トランスヴァール共和国の初代大統領（一八五三～五六）〕は、南アフリカ北東部のトランスヴァール国境を西のツワナ人の土地のほうへ、あるいは北のンデベレ人〔現在のジンバブエから南アフリカにかけて居住する〕の土地のほうへ押し広げることを考えた。のちのトランスヴァール大統領クリューガーは、南西よりもむしろ南東のスワジランド王国（その南には、隣接するズールー王国とナタールがある）に目をつけ、そこを押さえて東の海に通じる道を考えた。しかし、これに対してジューベルト〔一八三四～一九〇〇。トランスヴァール共和国軍人、将軍〕はズールー王国〔その南は東岸のナタールに隣接〕にボーア人を少しずつ入り込ませ、部族間の分離を進めることで徐々にボーア人に土地の蚕食を行なわせたわけだが、これこそまさに、競争相手のイギリス以上に拡張主義政治を地でゆくものであった。しかし、彼らの政治機構の弱さから、それ以上のことをするのは、少なくとも一八七七年の第一回トランスヴァール併合にいたるまで不可能だった。変化が生じるのはマジュバ・ヒルの戦い〔一八八一年二月、ナタール北部の丘でイギリス軍がボーア軍に惨敗を喫した戦闘〕の勝利とそれによるイギリス軍の撤退〔第一次ボーア戦争の勝利〕からである。ボーア人には、以前バスト王国に支配の手を伸ばした「不実なイギリス」の裏切り行為に古い恨みがあった。*ボーア人の民族意識はその記憶によって奮い立たされ、そこで形成されたアイデンティティーが鮮明な形をとり続けることとなった。

アフリカ諸部族の政治的力はどうであったかといえば、入植者に取られた土地に落ち着くか否かは、結局その土地に生きる各部族集団がどれほど抵抗力を有していたかで決まった。たしかに、コーサ人はヨーロッパ人の圧迫に対して一世紀近く抵抗したし、ナタールのズールー人も、中央平原のソクホ人も、あるいはトランスヴァールのバペディ人〔バントゥー系のペディ人の一部族〕も、ザンベジ川のンデベレ人も、長いあいだ抵抗した。ただ、これらのアフリカ諸部族は、ボーア人やイギリス人に対して共同戦線を張って抵抗するところまではいかなかった。ボーア人やイギリス人のほうは、アフリカ諸部族を互いに戦わせるとか、諸部族内部に争いを起こさせるといった戦術を心得ていた。

ところで、黒人のなかにインテリが現れ、自分たちのおかれた状況をグローバルな視野から眺め始めるようになるのは、一八七〇年代以後になってからである。インテリは伝道団体のなかから生まれた。まず一八八四年、ウェスリー派（メソディスト派）のネヘミア・タイル〔一八五〇?～九一。南アフリカの黒人牧師〕が「センブー・ナショナル・チャーチ」を創立する。それが最初の里程標となった。彼に続いてヨーロッパ的教養を備えた最初の黒人としてテンゴ・ジャバヴー〔一八五九～一九二一。南アフリカにおける最初期の黒人キリスト教布教活動家〕が現れ、パイオニア的活動を始める。彼は、イギリス人の義務感というものに訴えた。「大英帝国には入植者の過剰な流入に対処する義務がある」と呼びかけたのである。しかし、幾多の幻滅が彼らを待ち受けていた。

実際、アフリカ人のなかからも、ボーア人のなかからも、ましてや、すぐに争いを起こすケープとナタールのイギリス人のなかからも、統一性ある見解や行動様式を全体的に作りだそうとする動きは少しも生まれなかった。しかも、それらさまざまな社会集団は、途切れ途切れの国境線で直かに向かい合う集団を除けば、真の意味での集団を形成していたわけでもなかった。植民活動はといえば、むしろ豹の斑点模様のような状態を呈していた。

したがって、あらゆる紛争の起こる可能性をはらんでいた。一八七七年以降〔イギリスによるトランスヴァール共和国のケープ植民地との併合以降〕、争いが間断なく繰り返されるが、このメカニズムを始動させたのはケープ入植者の圧力だった…。彼らの行動によって、コーサ人はトランスケイの西洋化した黒人チェンブー人**を攻撃するよう仕向けられた。これが反乱を拡大させ、犠牲者は、黒人の記録はないものの、白人については六〇人を数えた…。協調的

* アフリカ先住民族の国バスト王国は、一八三〇年代ボーア人の北上により領土保全の危機にさらされ、イギリスに保護を求めた。これに応えてイギリスは、まず一八四三年ケープ植民地とのあいだで協定を結ばせ、さらに一八六八年この王国をバストランドと名づけて自国の保護領とした。

** チェンブー人はイギリス人による征服までこの地で独立した王国を築いていた部族。ネルソン・マンデラはこの部族出身。

姿勢を望んでいたスワジ人の王ムバンドゼニ〔在位一八七五〜八九〕は、それを望む理由についてこう弁明している。「わたしは周りじゅうを白人に囲まれている。彼らは力ずくでわたしの周辺の部族から土地を奪い、領地を奪おうとする。わたしが彼らに権利を与えなくとも、彼らは自分のものだと主張する。わたしは、彼らが代価を払うなら権利を与えるつもりだ。死ぬまでは、食べずにはいられないのだ」。しかし、これとは別の姿勢をとった部族もある。戦いの連鎖はズールー王国にもおよんだが、その王セテワヨ〔在位一八七二〜七九〕は、ボーア人に対してナタールとの同盟をもちかけ、ちょっとした駆け引きができると考えた。しかし彼自身が、部族の分裂・分派につながるこの同盟の犠牲になった。というのも、セテワヨはイギリスの承認により一種の傀儡王となり、賓客としてロンドンに迎えられるが、そのあいだにイギリスは王国に侵入し、かつてシャカ王朝〔一八一六〜二八。シャカはズールー王国の建国者〕が解体したときにその存在を誇っていたズールー人の一三の小さな王国を掌握して、ズールー王国全体を支配するにいたったからである。

ドイツによる干渉とその南西アフリカ〔現ナミビア〕占領（一八八四）は、ドイツがアフリカ東岸ナタールのすぐ北に位置するズールー王国のサント・リュシー湾に上陸しかねないという危惧を抱かせ、すでにイギリス政府がその地域に介入し始めていただけに、当然のごとく南アフリカ問題に関係する国や部族国家の外交を複雑化させた。しかし、なんといっても関係諸国の野心に火をつけたのは、ウィットウォーターズランド〔ヨハネスバーグの東の近郊〕における金とダイヤモンドの発見という革命的事件である。当時のトランスヴァール大統領クリューガーはこの権益を守るために抵抗に立ちあがり*、この地方はまもなく国際的利害の闘技場と化すことになる。トランスヴァールの金の産出額は、一八八四年に一万リーブル・スターリング〔貨幣単位のポンド〕だったものが、一八九六年には八六〇万三八二一リーブル・スターリングにまで増えていた。またダイヤモンドの輸出額も同じ一八九六年に四二四万七〇〇〇リーブル・スターリングにまで達し、全輸出額の五一％を占める金を除けば、他のすべての産品を上回る売上高となっていた。このラッシュには幾千人もの移民が加わり、トランスヴァールでは外国から来たこれら若者の数が、元から住んでいた白人入植者つまりボーア人の数を上回るにいたった。

このような状況のなかで、白人たちはかつてないほどに、自分たちの利益にかなう、あるいは自分たちだけが利益を得る植民地秩序を作りたいと考えた。

そうした例を、セシル・ローズの「イギリス南アフリカ会社」が行なったザンベジ川地方〔現在のモザンビークとジンバブエ（旧南ローデシア）〕の占領に見ることができる**。この占領にロンドン政府は反対の立場であった。だが、この領地の統治をめざす同社代表ジェームソンは、「この地方を穏やかなやり方で段階的に吸収するような時期はすでに終わっています」と盟友セシル・ローズの兄〔フランシス・ローズ〕にしたためた。「イギリス南アフリカ会社」は、事態を進展させるべく意図的に紛争へと向かわせるその手法がロンドン政府から断罪されていたにもかかわらず、あえてそれを続けた。本国政府のイギリス人たちは、せっかくの「お宝」を無にしかねないセシル・ローズのやり方に距離をおこうとした。この手法を認めない南アフリカ高等弁務官ミルナー卿は、事態をこう診断している——「セシル・ローズは、会社の領地を植民地として分離独立させるために働いている。いずれその植民地は単独で自治を行なうようになるだろう…。ローズは、そこをケープやナタールの植民地と一体にしたいと思っているようだ。そうなれば、これら三つの植民地が、ボーア人の二つの共和国に大変な圧力を加えることになるだろう。つまり、三つの植民地が形成する《連邦国》へこの二つを加入させるための圧力である…」。

実際、このような戦略によって、その後いくつか戦争が引き起こされた。そのため、人々は戦略におけるこの裏面を、つまり戦争のほうをとくに記憶にとどめた。しかし、その表面である植民地主義については、あらゆる波乱を乗り超えて存続することになる。イギリス帝国主義より生き永らえるこの国家植民地主義（ナショナル・コロニアリスム）は、南アフリカ全体とはいわないまでも、少なくともローデシアにおいて、存続することになるのである。

一九〇二年に終結した第二次ボーア戦争以後、イギリス人の主たる不安は、王室に対する忠誠が南アフリカ連邦において維持できるかという点にあった。したがって、当然のごとく、イギリス連邦下のなかでもこの国はもっとも厳しい監視下におかれた。そのためか、南アフリカはボーア人のなかに多数のドイツ派がいたにもかかわらず、ボーア人出身のスマッツ将軍の呼びかけのもと、一九一四年と一九四〇年にはイギリス王国の要請に応えている〔南アフリカ連邦は第一次大戦、第二次大戦とも、連合国側として参戦する〕。しかし、それでもなお、南アフリカはイギリス政府の指令に抵抗を見せてきた。たとえば、イギリス政府は他の連邦国のように南アフリカでも、段階を経て有色民族の「自治《セルフ・ガヴァメント》」の要求に少しずつ応えるよう望んでいたが、南アフリカは一九五一年、ゴールドコースト（現ガーナ）におけるそうした「自治《セルフ・ガヴァメント》」の動きを非難している。ま

＊　一八八六年の金鉱山発見後、セシル・ローズとイギリスが露骨な内政干渉を行なった。これに対し大統領クリューガーは、一八九九年にオレンジ自由国と同盟を結び、イギリスに対して宣戦を布告、第二次ボーア戦争が勃発する。

＊＊　一八八九年にセシル・ローズが設立した「イギリス南アフリカ会社」は、この年、のちにローデシアと銘名されるトランスヴァールの北部とモザンビークの西部の土地における行政権および司法権を獲得した。

た、その数年後には、イギリス連邦から追放されるよりはむしろ連邦から脱退して亡命政府のようなものを樹立しようと考えてもいる。

南アフリカ連邦がイギリス連邦からの離脱の過程をたどっていたとき、同時にもうひとつの連邦構成国が離脱の意志を示していた。南ローデシア（現ジンバブエ）である。南ローデシアは、その国家植民地主義《ナショナル・コロニアリズム》のために、イギリス連邦内の他の諸国との断絶か、さもなくば戦争をもたらしかねない危機的な状況を作りだしていた。北ローデシア（現ザンビア）に関しても同様であった。* また、ニヤサランド〔現マラウィ〕と南北ローデシアを合わせて中央アフリカ連邦が成立する際も、これら関係地域の白人とイギリス政府との話し合いで入植者側が条件としたのはイギリス連邦からの分離であった。そのためにイギリス政府は政治的な操作を行なって、南アフリカ連邦と二つのローデシアとの乖離を図った。**

さて、一九六〇年代はまさしくアフリカの時代であり、多くの国が自由を獲得した。そしてケネス・カウンダ〔一九二四〜。北ローデシアの民族主義指導者。北ローデシアがザンビアとして独立後に初代大統領（一九六四〜九一）〕のような黒人指導者らが、自分たちの要求のいくつかをイギリスが満たすことを条件に、つまり連邦に加わる国すべてのアフリカ人の社会的地位をイギリスが再検討するということを条件に、規則に従って行動する決意を表している。「前進しなければなりません。冷静かつ不屈に。それがこの革命的な激動期における賢明な道なのです」。このように彼は、一九六一年二月一四日付の『タイムズ』紙に書いている。

しかし、カウンダは二つのローデシアのなかに存在する植民地主義の力を過小評価していた。ハロルド・マクミラン〔一八九四〜一九八六。イギリス保守党政治家、首相（一九五七〜六三）〕は、毎週女王に送る書簡において次のように記している。「もし自分がヨーロッパ人側に寄りすぎると、女王に対するアフリカ人の信頼を傷付けることになり、その場合は北ローデシアに重大な混乱が生まれるばかりか、南ローデシアにもニヤサランドにもその影響が徐々に広がってゆき、閣僚が辞任に追い込まれ、政府と党が分裂することになるでしょう。反対に、白人に応分の満足を与えることなくアフリカ人側に寄りすぎた場合も同様の結果を招き、そうなれば、女王に対する白人たちの信頼を傷つけることになり、中央アフリカ連邦諸国は独立に向かい、内戦が生じ、ヨーロッパ人と連邦内の公務員、軍隊、アフリカ人とが対立することになるでしょう」。実際、植民地大臣の提出した白人寄りの法案は騒擾を引き起こし、その結果二五〇〇人の黒人が監獄に入れられている。それでも、続いて行なわれたアフリカ側とイギリス政府との交渉では、アフリカ人にいくつかの保障が与えられた。さらに一九六四年には、アフリカ人の抵抗によって北ローデシアは連邦制の継続を断念し、アフリカ人によるザンビア共和国として独立にいたったのだった〔同年、ニヤサランドも独立し、二年後の一九六六年にマラウィ共和国となる〕。

連邦という大きなスケールでは実現できなかったロイ・ウェレンスキー〔一九〇七～九一。中央アフリカ連邦首相（一九五六～六三）として、白人政権のままでの連邦維持を図って失敗する〕の白人優越主義に基づく政治的事業を、南ローデシアで徹底して推し進めたのがイアン・スミス〔一九一九～二〇〇七。南ローデシアの政治家、首相（一九六四～七九）〕である。ザンビア成立後、旧北ローデシア軍の指揮権を受け継いだ彼は、一九六五年一一月一一日、白人のみで組織する現地政府の名で一方的に南ローデシアの独立を宣言する。この「一方的独立宣言」は激しい抗議を呼んだが、イアン・スミスはあえてそれを黙殺した。続いて共和国の成立宣言へと歩を進めるつもりでいたのだから…。こうして作りあげられた既成事実をまえに、マクミラン保守党政権からハロルド・ウィルソン〔一九一六～九五。政治家、首相（一九六四～七〇、七四～七六）〕労働党政権へと移行したイギリス政府は、問題を国連の場にもちだし、軍事介入することを考えた。しかし、イギリスの世論は、黒人の権利擁護のためにイギリス人がイギリス人に向けて引き金を引くということには明確に反対していた。場合によっては一九六一年のアルジェの再現を思わせる事件***に発展しかねない情勢である。しかも今度はイギリスと労働党が当事者である。もっとも、これまでイギリスは反徒に一度も銃を向けなかったわけではない。ただ、それはケニアのマウマウ****や、アデンの現地住民*****に対してであって、白人入植者にではなかった。

さてイギリス連邦首相会議******は、住民の過半を占めるアフリカ人の権利が保障されない限りは南ローデシアの独立を認めないとする約束を、イギリス政府から取りつけた。しかも、

* ローデシアの統治権は一八八九年以来「イギリス南アフリカ会社」が獲得していたが、一九二二年、会社の経営難によりその統治権が放棄される。そこでイギリスは南アフリカ連邦への統合を意図したが、ローデシアの白人住人が反対したため統合を断念、二三年まずイギリス連邦自治植民地として南ローデシアが、続いて翌年北ローデシアが発足した。

** ローデシアの白人たちは、第二次大戦前から南アフリカ連邦との統合に対抗する手段として南北ローデシアの統合を計画していたが、大戦後イギリスはニヤサランドを加わえるよう指示した。その意向どおり一九五三年、中央アフリカ連邦（ローデシア・ニヤサランド連邦）が成立した。

*** アルジェリアの独立を決めたド・ゴール大統領（フランス）に承服できない、フランス退役将軍らによる反乱事件（本書五一二頁参照）。

**** マウマウはキクユ人の宗教的秘密結社。一九五〇年頃、反英植民地闘争を展開し（マウマウの反乱）、五五年にイギリス軍によって鎮圧される。マウマウ側の死者約一万人、逮捕者約三万人をだした。

***** 一八三九年以来、イギリスはイエメン（アラビア半島南端）の港湾都市アデン（南西部）を植民地化してきたが、第二次大戦後、独立運動が激化しテロが頻発すると、アデンに対する憲法停止と民族主義者の弾圧を断行した。

****** 一九六八年一月、ローデシアへの政策を調整するためにラゴスで開催された臨時会議。この会議は二年に一度の開催で、イギリス本国とイギリス連邦を構成する各国首相が集まって連邦関連の諸問題を協議する。現在はイギリス連邦首脳会議と呼ばれる。

同連邦を構成するタンガニーカ共和国〔一九六四年、ザンジバルと合併してタンザニア連合共和国となる〕のアフリカ人大統領ジュリウス・ニエレレ〔一九二二〜九九。タンザニアの政治家。在任一九六二〜八五〕は、南ローデシア政府が南アフリカ連邦の支持を受けていることから、南アフリカ連邦がイギリス連邦に留まるならタンガニーカは脱退する旨警告した。このようにイギリス政府は大英帝国内諸国から圧力を受け、結局ブラック・アフリカ側を選択することに決めるのである。

ところが、問題はまだ残っていた。南アフリカ連邦においては、国家植民地主義《ナショナル・コロニアリスム》が、帝国主義の最高段階としての独立へ向けて徐々に歩みを進めていた。黒人に真の権利が認められ、ヨーロッパ人やセシル・ローズが来る以前に存在していたジンバブエという王国の名を植民地〔南〕ローデシアの現地住民が取り戻すまでには、さらに多くの歳月を必要とするのである〔ジンバブエが正式に独立するのは一九八〇年〕。

モザンビークのジョルジュ・ジャルディム〔一九一九〜八二。モザンビークのポルトガル人入植者〕による独立運動も、同じ性質をもっていた。このような例から分かるのは、本国に対する入植者の忠誠心がきわめて両義的であったことだ。つまり、入植者にとって本国が母国といえるのは、植民地における人種差別をいささかの束縛もなく放任してくれる場合に限る。一般的な植民地における事実がそうだとすれば、南アフリカ連邦においてはなおのことである。

アルジェリア、一九五八年。ド・ゴール政治に翻弄された入植者の動き

一九世紀初頭の南アメリカにおける入植者の動きと、二〇世紀中葉のマグレブ、ことにアルジェリアにおける入植者の動きとのあいだには、いくつかの類似点がある。それは明らかに構造的なものだ。

南アメリカの入植者たちは、すでに征服の段階で、土地の収奪を広く押し進めていた（南アフリカの入植者たちにも同じ特徴が見られた）。そして、収奪に対する先住民族の抵抗に脅威を感じるようになると、その責任をあの「カプチーノども」（本国人）の、つまり本国の役人たちの弱腰のせいにした。スペイン政府やフランス政府が彼ら入植者たちの同意も得ずに先住民族の保護政策を決めることなど、彼らが容易に認めるはずもなかった。入植者たちは自分たちだけを頼りにし、南アメリカではインディオを、マグレブではアラブ人を抑圧した。

先住民族との緊張関係が高まるなかで、南アメリカの入植者は、本国にそれへの対処能力がないと分かると、自ら独立を宣言した。マグレブの入植者の場合も同様で、フランス第四共和政（一九四七〜五九）が弱体化すると、自分たちの独

自の観点を植民地に押しつけることができると考えた。

フランス本国では五〇ほどの植民地主義結社がたとえば「植民地海洋連盟」や『熱帯市場』〔一九四五年創刊の週刊経済誌〕など協会・出版社といった形で第二次大戦後も活動を続けていたが、じつのところ、そうした古い体質をもつ本国の植民地主義結社よりも入植者による非公式の圧力団体《ロビー》のほうがはるかに数は多かった。団体にはたとえば、「共和主義左翼連合」（ＲＧＲ）の議長でアルジェリア最大の地主のひとりであるアンリ・ボルジョー〔一八九五～一九六三。アルジェリア生まれのフランスの政治家〕、独立共和党の副議長でアルジェの弁護士ロジェ〔一九〇四～七七〕などの代議士連、あるいはアントワーヌ・コロンナ〔一九〇二～七六〕、ガブリエル・ピュオーといったチュニスの名士たち、そしてラバト〔大西洋岸にあるモロッコの首都〕のフィリップ・ボニファス〔生没年不詳〕のようなきわめて政治力のある高級官吏たちが含まれており、全体を率いていたのはコンスタンチーヌ選出の代議士ルネ・マイエル〔一八九五～一九七二。急進社会党の政治家、のちにフランス首相（一九五三年一月～六月）〕と、何度か大臣経験のあるレオン・マルティノー・デプラ〔一八九九～一九六九。急進社会党の政治家〕、および経済審議会議長と急進党副議長を務めるエミール・ロッシュ〔一八九三～一九九〇〕であった。

一九五〇年から一九五四年頃にかけて、彼らは共和国評議会〔のちのフランス上院（元老院）〕の一部議員に強い影響力をもち、国民議会〔フランスの下院。共和国評議会とともに国会を構成する〕ではド・ゴール派と手を組んでいた。ド・ゴール派は、ド・ゴール将軍の明確な承認がなくとも、ジョルジュ・ポンピドゥー〔一九一一～七四。政治家、首相（一九六二～六八）、大統領（一九六九～七四）〕がいうように、「議会での政府攻撃が現体制〔第四共和政〕の消滅に結びつくならば、中身は何でもかまわない」と判断していた。さらに、植民地行政府首班が「植民地人」である場合もあった。たとえば、モロッコ総督のジュアン元帥〔一八八八～一九六七。フランスの軍人。在任一九四七～五一〕がそうであり、当然彼は、モロッコにおけるフランスの植民地統治が永続すべきだと考えていた。

少なくともチュニジアやモロッコの入植者たちは、自分たちは今、そのうち終わるかもしれない保護領制のもとで生きていること、それゆえ条約でスルタンや太守《ベイ》の権威が認められれば、当該国における自分たちの身分が今日にも脅かされかねないことをよく知っていた。したがって、彼らにとっては、保護領制を継続させるような状況を作りだすことが必要であった。そのためには、スルタンはじめムスリムの伝統的な権力は信用できない、と人々に思わせ、自分たち入植者の存在を不可欠なものと認めさせることが良策であると彼らは考えた。本国側はマグレブの問題にきわめて無知であり、そこに存在しうる民族主義運動についても正しい認識をもたなかった。それだけに、ことは比較的容易であるように思われた。実際一九五四年の時点で、フランス首相ピエール・マンデス・フランスはアルジェリア問題の特殊性についてほとんど知識をもっていなかった。また同じく無知ゆえに、その三年前には、外務大臣ロベール・シューマン〔一八八六～一九六三。中道左派の政治家、首相〔一九四七～四八〕がチュニジアに関して自治、独立、主権…といったことばを軽率に用いて、チュニジアの民族主義者とのあいだに問題を引き起こしている（マグレブ地域の民族主義者の抗議行動については本書四三五～四四一頁参照）。

モロッコに関しては、植民地政策にあまりに非協力的と思われるスルタンを廃位するということでパリ（本国側）とラバト（植民地側）とのあいだで談合がまとまったが、その際、誰も代わりの人物を選ぶための手続きを知らなかった。それでも入植者は、力ずくの手段に訴え、マラケシュ〔モロッコ中南部の都市〕のグラウィ・パシャ〔一八七九～一九五六。フランス保護領時代（一九一二～五六）のマラケシュのパシャ〕の助力を得てついにはモロッコのスルタンであるムハンマド・ベンユーセフ（ムハンマド五世）〔在位一九三〇～五三、五五～六一。独立運動を率先するも五三年フランスにより廃位・追放。五五年復位、五六年モロッコの独立を達成して元首〕を追放することができた。彼ら入植者の論法は単純なものだった。つまり、誰であれスルタンや太守《ベイ》と交渉をもつ人間は裏切り者であって、公然と侮辱されなければならない。たとえば、チュニスでペリーエ総督〔一九〇〇～八六。フランスの軍人、政治家。チュニジア総督（一九五〇～五一）〕を難じた論法がそうである。マルティノー・デプラはペリーエにこういったものだ。「あなたの政治は危険です。フランスの力を弱めることにしかなりませんよ」。

この論法は「陰の勢力」を告発することで万全なものとなる。「陰の勢力」とは、いうまでもなく民族主義者を支援する外国勢力で、ヴェトナムの場合と同様、共産主義者と「ソヴィエトの手先であるアラブ連盟〔本書三九〇頁参照〕」ということになる。東西冷戦のあいだは、この論法が成果をあげた。一方、こうした論法に対抗する逆の論法も宣伝され、こちらのほうはアメリカや国連の行動*が入植者たちにダメージを与えていた。冷戦期間中は、この逆の論法のおかげで植民地をもつ各国政府は入植者を後押しすることもできず、入植者の行動は制約されることになった。したがって、モロッコでもチュニジアでも、入植者の活動はせいぜい針で刺す程度のものであったろう。政治的決定はすべてパリから発せられていた。たとえ脆弱な政府にすぎなくとも、ともかくパリでは、権力は良識的な人間の手に掌握されていたのである。

以上のように、モロッコやチュニジアでは、入植者の活動によって、独立が遅れる結果となった。それに対してアルジェリアでは、入植者自身が、すべてか無か、いわば「スーツケースか棺桶か**」という選択に迫られることになった。フランス共和国は優柔不断である、このことが深刻な結果を生みだすにちがいない――入植者にはそれがよく分かっていた。ならば、自分たちが行動しなければならない。

アルジェリアの入植者（ピエ・ノワール）たちのあいだでは民族主義者について話すことが禁忌《タブー》であったため、独立の問題が公に政治テーマとなることはなかった。しかし一九五二年以後、つまりチュニジアとモロッコでフランス共和国が「撤退」するという挫折を味わってからは、アルジェリア人の民族運動が高まりを見せ、ピエ・ノワール（アルジェリア在住のフランス人）は不安を抱くようになる。とりわけ、ヴェトナム北部ディエン・ビエン・フーにおけるフランスの敗北以後、パリにいたピエ・ノワールの議員たちは民族主義者が飛躍的に勢いづくだろうことをよく理解していた。こうして彼らの考えのなかに、パリには妥協的な政府ではなく強権的な政府が必要だ、という考えがゆっくり醸成されていく。一九五六年二月六日と一九五八年五月一三日にアルジェで起こった諸事件***の意味は、これではっきりするだろう。まさにこのとき、入植者と軍は一体となり、ド・ゴールが権力を握るのである。

　ところで、ド・ゴール将軍が権力の座に就いたとき（一九五八年六月一日）、入植者は状況判断を誤った。就任直後ド・ゴールは、「諸君の気持ちは分かっておる」といったが、それはその場しのぎのごまかしにすぎなかった。ド・ゴールに対する彼らの遺恨は、事態の深刻さが明らかになるにつれて深くなり、その後決して彼を許すことはなかった。

　一九五八年、当時のアルジェリア軍総司令官サラン将軍****（一八九九〜一九八四。フランスの軍人）はこういっている。「ヴェトナムとアルジェリアの違いは、こちらに向かって引き金を引く相手が異なることだ。ヴェトナムの場合はヴェトナム人だったが、ここ、アルジェリアではフランス人だということだ」。当意即妙なこのことばのなかに、本国の当局者――たとえそれが軍関係者であれ――に向けられた入植者の敵意のすべてが集約されている。入植者は当時、本国当局が「反徒」（アルジェリア民族解放戦線（FLN））と和解するのではないか、治安維持だけで満足せずこの地をアルジェリア人による国家として独立させるのではないか、と思っていたのである。たしかにサラン将軍は「フランスのアルジェリア」を叫ぶ世論から非難されていた。彼は『エクスプレス』誌にある報告書を提供したのだが、それはディエン・ビエン・フーで敗北する以前のもので、インドシナ戦争

* パレスチナ問題を指す。一九四七年、アメリカ主導のもと、国連でパレスチナ分割案が可決された。

** すべてを捨ててアルジェリアからでてゆくか（スーツケース）、殺される覚悟であくまで植民地に残るか（棺桶）。

*** 前者は、首相就任まもないギー・モレ首相が、アルジェリアを訪問して戦没者記念碑に献花した際、入植者が大量のトマトを投げつけた事件。新任総督の人選問題（本書三六二頁参照）が背景にあった。後者は、本国政府の方針に反対するアルジェのフランス駐留軍を、政府の統率下におくことが不能となったクーデタ事件（次の訳注も参照）。この事件によって第四共和政が崩壊する。

**** サラン将軍はインドシナ最高司令官（一九五二〜五三）、アルジェリア軍総司令官（一九五六〜五八）を歴任。一九五八年アルジェにおける「五月一三日の革命」（入植者や現地フランス軍などがアルジェリア政庁を占拠した反政府暴動）において植民地主義反動派として中心的な役割を果たす。一九六一年四月の「将軍たちの反乱」（アルジェリア民族自決政策に反対する軍人による反乱）における四将軍のひとりでもある（本書三五五頁訳注***および五一二〜五一四頁参照）。

の勝利は不可能だと結論づける将軍たちの報告書だった。彼は誹りを受けた。インドシナを「見棄てた」、そのうえさらに、アルジェリアも「見棄てようとしている」と。しかしじつは、彼はヴォ・グエン・ザップ（一九一一～二〇一三。ヴェトナムの最古参の共産党指導者のひとりで軍人政治家。ディエン・ビエン・フーでの作戦立案とその遂行で戦功をあげる）を知ってその才覚に感嘆し、その民族主義と共産主義思想によって内気なアンナンの人々がどれほど変貌を遂げうるか、そのもとで行なわれる革命戦争が如何なる強靭さをもつものになるかを悟っていたのだ。だから彼は、ヴェトナムでもアルジェリアでも、「いまだ未定の国の政策が決定するまで」「現状維持」を図ろうと努めたのだが、それゆえに彼は、「中国の高級官吏《マンダラン》」と皮肉をこめて呼ばれることになった。

入植者はこのような種類の話を好まない。そこに弱さの印を見るからである。もちろん彼らとて、状況が危機的であるとまでは想像できなくとも、悪くなっていることは感じていた。それでも、あくまで彼らは、アルジェリアの繁栄に力を尽くす自分たちにムスリムたちが感謝しないとすれば、それはリーダーたちが健全な状況判断を歪めているからだと考えるのである。

結局のところ、入植者には、「アルジェリア人民連合」の創設者ファラハート・アッバースが後年筆者に語ってくれた次のことばの意味を理解することができなかった。「わが家に電気を引いてもらったところで、わが家が自分のものでないのなら、それが何だというのだろう」。

その証拠に、入植者は「ネジュラン式」選挙*が行なわれて以来、つねに不正選挙ができると考えている。行政も、不正選挙を告発する者に対し、「公共の秩序を乱す」犯罪者として扱う構えをつねにもっていた。こうして一九五二年から、そして一九五四年以降はいっそう、アルジェリア民族主義者たちの反発は大きくなっていった。にもかかわらず、アルジェリアの入植者たちはアルジェリア自身の将来の地位について公然と語ることはタブーとして禁じられていた。

一九五四年一一月、ついにアルジェリア独立戦争の火蓋が切られた。しかし、アルジェリアのヨーロッパ人入植者たちは、それをテロリストによる一連の破壊活動にすぎないと見て、犯行は「何の意味もない」男たちの仕業だ…と考えていた。たしかに、この頃「民主的自由の勝利ための運動」（MTLD）や「アルジェリア民族解放戦線」（FLN）との連帯を準備していたのは、ほんの一握りのムスリムだけであった。ムスリム議員たちの心は、進む方向を決めかねて揺らいでいた。にもかかわらず、ヨーロッパ人たちはこの好機を生かそうとせず、正式な選挙で選ばれたムスリム議員たちと状況改善に向けた交渉を行なおうとはしなかった。入植者は、九〇〇万のムスリムに対して一〇〇万のヨーロッパ人というマイノリティーの立場にある…、しかもムスリムの数は今後も増え続けるだろう…、してみればアラブ人に同等の地位を認めることは、結局アルジェリアを放棄することにつながる……そのように入植者たちは考えていた。後年、ファラハート・アッバースは筆者に、「むろん、アラブの男は好き者だし、モーロ人の女は子だくさんだからね」と冗談交じりに一笑に付したものだが、ヨーロッパ人にとってそれはまさに笑い事ではなかったのである。

独立戦争がアルジェリアの一部地域を覆うようになっても、入植者は「フランスのアルジェリア」を守るために本国への訴えかけを続ける一方、現地ではFNLらによる行動を黙殺しようとした。FLNが戦争を仕掛けた理由は、ディエン・ビエン・フーでフランスが敗北し、チュニジアで独立交渉が始まったこのタイミングこそ、自分たちにとり交渉の絶好の機会であり、これを逃せばチャンスは二度と訪れないとの判断からであった（本書四四一～四六〇頁参照）。

フランス政府は、このとき、インドシナ和平問題、チュニジア交渉、モロッコ問題に手一杯であった。首相マンデス・フランスは、「わたしはアルジェリア関係の資料の中身を知らない。それを開く時間がなかった」と、アルジェリア問題で会談のためにフランスを訪れたファラハート・アッバースに打ち明けたらしい。また、マンデス・フランスの個人的な友人で『フランス・オプセルヴァトゥール』誌の創刊者のひとりロジェ・ステファーヌ〔一九一九～九四〕にも、「アルジェリアはわたしの領分ではない。その件ならミッテラン〔一九一六～九六。当時の内務大臣。大統領（一九八一～九五）〕に会いたまえ」と打ち明けている。たしかに、『パリ・ノルマンディー』紙の編集長ルネ・ヴォルフ〔一八九九～一九七二。フランスのジャーナリスト〕も、当時オランのリセの教員をしていた筆者に、「首相にはアルジェリアに関する情報が欠落している」と語っていたものだ。そう語ったヴォルフ自身、果たしてノルマンディー地方のこの日刊紙に、アルジェリアに関わる論説記事を少しでも書くことができたであろうか。

ところで、ジョルジェット・エルジェ〔一九二九～。フランスのジャーナリスト、歴史学者〕は、マンデス・フランス関係文書のなかに次のようなファイル名を見つけだしている。「プラボン〔一九一〇～八四。フランスの官僚〕・ノート――なぜアルジェリアは平静なのか。このまま平静を続けることができるのか」。ここから想起されるマンデス・フランスの認識は、アルジェリア人とはムスリムだけを指すのではなく、そこにはフランス人も含まれているということ、しかも、「[…]あらゆる特権の付随した完全なフランス市民権を取得してしまえば」（原文ママ）、すべてのアルジェリア人はもはや植民される側でなくなるであろうということだ。一九五四年秋、マンデス・フランスは、「わたしの先任者の誰も決して為さなかったこと」（原文ママ）として、ファラハ

＊ アルジェリア総督ネジュラン（一八九二～一九七八。在任一九四八～五一）による組織的不正選挙のこと。

ート・アッバースを迎える。そのときマンデス・フランスは、「巷間いわれていることとは逆に、アルジェリアには平穏が広がっている」といい切ったらしい。要するに、マンデス・フランスは「領土を安売りする者《ブラドゥール》」〔植民地を簡単に独立国として認める者〕のように見られたくなかったのである。しかも、「しかるべき交渉相手がいないのだ」と漏らしたという。

フランソワ・ミッテランは、ジョルジュ・デイヤン〔一九一五～七五。アルジェリア生まれのフランスの政治家。ミッテランの友人〕のおかげで、アルジェリア関連の知識を豊富にもつことができた。それは基本的に、アルジェリア在住の大物ヨーロッパ人にまつわることだった。ミッテランの目標は、一九四七年のアルジェリア組織法〔フランス人・アルジェリア人同数の議会、地方自治の整備、アラブ語公教育の承認を骨子とする〕を実施に移すこと、あるいは少なくとも、ムスリム当選者のほぼ全員を自在に決めてきた「ネジュラン式」不正選挙を規制することであった。また、ロジェ・ステファーヌから「アルジェリア議会は解散させねばならないだろうね」と耳打ちされたミッテランは、「まったくだね、急進派のロジェ・ステファーヌ君」と応えたという。一方、ピエ・ノワールを代表するアンリ・ボルジョーはといえば、本国から赴任してきたアルジェリア公安局長ジャン・ヴォージュール〔一九一五～二〇一〇〕に、「アルジェリアの釜のなかで、アルジェリア政治という料理が、アルジェリア人コックの手で作られているのだ。だからこそ、われわれアルジェリア在住ヨーロッパ人の立場に立って話をよく聞いてもらいたい」とはっきり申し入れている。他の入植者たちも、ミッテランの内務省官房長ピエール・ニコライ〔一九一八～二〇〇五〕に、「まっとうな選挙だって？ 放っておいてもらいたい。あなたたちが作りださない限り、ここでは政治問題など起こりえないのだ」といった応酬を行なっている。

アルジェリアの内陸地方では、行政官たちが自分たちの誠実な見解を聞いてもらいたいと思っていた。しかしギー・モレ首相（在任一九五六～五七）のパリ政府は、この行政官たちの意向をも等閑に付し、戦いの停止を実現するためにアルジェリア総督としてカトルーを任命した（一九五六年一月三〇日）…。そこで怒りが爆発したのである。追放されたモロッコのスルタンを連れ帰った男〔カトルーは、かつて追放したムハンマド五世の帰還交渉とモロッコ独立交渉にあたった〕、この男が今度はアルジェリアを売ろうとしている…。カトルーの就任が伝えられた数時間後のアルジェリアの雰囲気はこのようなものだった。そのため、ギー・モレ首相はカトルーの任命をすぐに撤回しなければならなくなった。モレにとって、これがまず最初の政策変更となる。第二の変更は、高揚した反政府デモの民衆を見て、ムスリムとの交渉を優先するというこれまでの政治姿勢を変えたことである（同年二月六日）——もっとも、交渉はその後も秘密裏に進められはしたが。しかしともかくも、ギー・モレ首相はカトルーの代わりにロベール・ラコスト〔一八九八～一九八九。フランスの政治家〕を任命しなければならなかった。一方、カトルーのほうは、ただちにアルジェリア戦争の最前線となっているテロリズムの現場に就任し、もっぱらそこで戦うことになった。ただし、彼は同時に、入植者に一矢報いたいギー・モレの、「停戦・選挙・交渉」を三位一体とするアルジェリア政策方針を守るために、ピエ・ノワールとも戦うことを約束していた。ピエ・ノワールはモレの政策を妨害しようとしていたからである。しかしピエ・ノワール側はカトルーの行動を放任していた。というのも、彼はいみじくも、アルジェリアの反仏武装勢力との戦争を戦っていたからである。戦いには決然たる態度が求められていた。ゆえに、つねにより多く軍隊を動員せざるをえなくなっていた。総督ロベール・ラコストによれば、アルジェリア植民地は「最後の正念場」にあったがゆえに、なおのこと動員が必要であった。

　こうして、アルジェリアにおいては、反仏武装闘争という別の政治的局面が徐々に舞台の中心を占めるにともない、植民地アルジェリアを支えてきた大黒柱たちが次々と舞台から消えていった。ボルジョー、シアフィーノ〔一八九七〜一九七八〕、ブラシェット〔一九〇〇〜八〇〕といった大地主たちである。一般の多くの入植者たちは彼らに連帯感を寄せていた。彼ら大地主たちはアルジェリアの法そのものといった存在だった。ボルジョーは上院議員で、トラップ〔アルジェ郊外〕の地所の所有者、シェリフ〔アルジェの西南〕の谷の大地主である。同じく上院議員のシアフィーノは船主である。ブラシェットは前下院議員で、『アルジェ新聞』の社主であり、またアフリカはねがや〔イネ科の多年草で紙の原料となる〕の栽培王でもある。彼ら入植者のなかで『エコー・ダルジェ』の編集長アラン・ド・セリニー〔一九一二〜八六〕とアルジェ市長ジャック・シュヴァリエ〔一九一一〜七一〕の二人だけは比較的進んだ思想のもち主で、積極的に自らの政治的役割を演じた。もっとも、「シェシア帽〔北アフリカ駐屯のフランス兵がかぶる縁なし円筒形の帽子〕を被っていようがいまいが、わたしはアルジェリアに残るつもりだ」とまで断言したシュヴァリエであったが、この時点ではすでに政治の前面から排除されていた。彼のあの発言にはどのような意味が込められていたのだろうか。

　事態の推移すべてが、政治にまったく無関心な層をも徐々に熱くし始めていた。彼らはこの事態を直感的に見てとった——「《金持ちの奴ら》はたとえどんな不幸に見舞われてもフランスに生活の基盤をもてるだろうが、われわれ貧乏人やピエ・ノワール、つまり『エルナンデス一家』*（一九五七）が描いたようなスペイン人、ユダヤ人、フランス人は違う…。パリが改革を語っても、それをアルジェの名士たちはことごとく拒絶するのだ」。実際、名士連中は最低賃金をあげることにも反対し、パリに電報を打ちまくり、あるいはパリに商

＊　当時、大当たりをとったジュヌヴィエーヴ・バイヤック（一九二二〜）の演劇。ピエ・ノワールの貧しい庶民の生活がテーマ。

工会議所の代表団を派遣するなどして、「そんなことをすればじきにアルジェリア経済は破綻するぞ」といってパリの動きを封じてきたのだ。

一九五四、五年当時、上院議員アンリ・ボルジョーはピエール・マンデス・フランス首相に、「現下において」政治改革を行なうことは軽率であろうと告げている。コンスタンチーヌ選出の前下院議員で議会にかなりの勢力をもっていた元フランス首相、ルネ・マイエルも同様の考えであった。

「上の階層から下の階層まで、アルジェリアで組織された団体はみな、パリから発せられる改革の試みに反対して団結した」（ピエール・ニコライ、ジョルジェット・エルジェ、一九六八年二月二三日付）。当時の状況についてのこの診断はたしかに正確である。

今日では、フランツ・オリヴィエ・ジスベール〔一九四九～。フランスのジャーナリスト、著述家〕とバンジャマン・ストラ〔一九五〇～。北アフリカ史を専門とするフランスの歴史学者〕によって、ある点に関するフランソワ・ミッテランの行動に、「歴史」の正しい評価が下されている。彼は、あの武装蜂起のすぐあとの一九五四年一一月五日、国民議会の内務委員会で「フェラガ〔チュニジア、アルジェリアの独立に向けた民族解放闘争を担うパルチザン〕の活動からは、それがどういう形のものであれ、交渉を導きだすことはできません。彼らとのあいだには戦争という最終的な形式しか見いだすことができないのであります」、とはっきりと述べている(原注)。同じことをすでに論客たちは、「唯一の交渉、それは戦争だ」と簡潔に表現していた。

さらにフランソワ・ミッテランは、通達書第三三三号のなかで、アルジェリア民族主義運動家の監視に関するいくつかの指示を記したうえで、次のように訓示している。「〔民族運動家のような〕フランス市民権を得たムスリムは多少なりとも法律によって保護される、という誤解が過去にはあったが、そういう誤解は繰り返されてはならない」、これが今般の措置の結論するところである、と。

「歴史」は、ミッテランのことばどおりに、事態が戦争にいたったことを示している。しかしながら、「歴史」はまた、一九五四年一一月のテロ事件のあとで、このアルジェリア担当大臣によってとられた措置の真の目的が、民族主義者の大政治組織「民主的自由の勝利ための運動」（ＭＴＬＤ）の解体にあったことも示している。

ピエール・マンデス・フランスは、武装蜂起が起こった翌年（一九五五）、ド・ゴールに近いジャック・スーステルをアルジェリア総督に任命している。これは入植者にとっては悪い兆候だった。*新総督は冷ややかな歓迎を受けた。それでも、次の首相エドガー・フォール〔一九〇八～八八。フランスの政治家、首相（一九五二、五五）〕は、マンデス・フランス内閣崩壊後もスーステルを同じ職務に就かせた。就任後スーステルはまず、ＦＬＮの犯行によるテロや犯罪をきわめて強い調子で非難した。次いで、入植者たちに対しては、アルジェリアをフランスに統合するということは四五〇〇万人のフランス人のなかに九〇〇万人のアラブ人を呑み込むことであって、入植者たちが恐れる逆の事態、すなわちフランス人が呑み込まれることではないと理解させた。こうして彼は、入植者たちの意識改革に成功した。入植者たちはすぐさまスーステルによるムスリムのための改革に同意する。そこには、たとえば、アルジェリアにおける単一選挙母体**なども含まれていた…。しかし、自分の人気が高まったとき、彼はアルジェリアをあとにしなければならなかった。一九五六年二月の新たな選挙でギー・モレ内閣が成立したからである。スーステルの出帆にはその人気が物語るとおり、一〇万人のアルジェ市民が港まで押し寄せ、乗船の際には熱狂した人々に押しつぶされないよう戦車が出動するほどであった。

　スーステルが去り、ピエ・ノワールたちのあいだでは崇拝に続いて怒りの叫びが始まった。それを見て、新政府はFLNと交渉する意図のあることを発表した。しかし入植者たちは、バブ・エル・ウェド〔OASの活動拠点〕、シューポ、ケビールなどアルジェのフランス人街に繰りだし、海の向こうの本国に背を向ける。今後も譲るつもりはないだろう。なるほどパリの議会は、スーステルの後任ラコストが提出した新アルジェリア基本法案***を拒絶はした。しかし、ピエ・ノワールたちはそんなことなど意にも介さない。彼らには分かっていた。たとえ軍隊が増派介入しようとも、どうせ現体制には「カスバ〔アルジェの旧市街、ムスリム地区〕に大砲をぶっ放すこと」も、スエズのナーセル〔一九一八〜七〇。エジプトの政治家、大統領（一九五六〜七〇）〕を粉砕することもできるはずはないない〔当時フランスは、FLNの後ろ盾はナーセルのエジプトであると考えていた〕、と（一九五六年、夏）。唯一の成功は、ベン・ベラ〔一九一八〜二〇一二。FLNの主要リーダーのひとり。のちのアルジェリア初代大統領（一九六二〜六五）〕が乗った飛行機のフランス人パイロットに進路変更を命じ、ベン・ベラを捕らえたことだが、それによって失ったものも大きかった。このやり方は、反徒を屈服させ

（原注）「アルジェリア民族解放戦線」（FLN）は一九五四年一一月一日を武装蜂起の始まりとしているが、実際には、そのときは一〇件ほどの一連のテロ行為があったにすぎない〔本書四五一〜四五二頁参照〕。当時、「フェラガ」ということばは、まだチュニジアの武装蜂起グループに対してだけ使われていた。

*　当初スーステルは、入植者の過大な要求を抑えてアルジェリア人の権利拡大を図る融和策をとった。

**　一九四七年の法令によって、議席の半数を選ぶ権利を有する「フランス市民権をもつ第一選挙母体」（五〇万人。ほとんどがピエ・ノワール）と、残りの議席の半数を選ぶ権利を有する「ムスリムの第二選挙母体」（九〇〇万人）が一本化された。

***　新アルジェリア基本法案とは、アルジェリアはいくつかの自治区域に分割され、各自治区域は単一の選挙人名簿をもち、フランスの主権下で選挙された国民議会に対し責任をもつ、というもの。

るためならどんな手段でも使うフランス軍の体質を明らかにした。ならば、場末のアルジェリア人側も、いかなる暴力行為を使ってでもこれに対抗してくるだろう。

すでに、ロベール・ラコストは、自分を任命した首相ギー・モレの、「停戦・選挙・交渉」を三位一体とするアルジェリア政策方針をしまい込んで、「改革とFLNの降伏」を二本柱とする自らの政策に舵を切っていた。しかし、ピエ・ノワールの直接行動派は、フランスがスエズ派兵に失敗すると（一九五六年一一月六日）、ふたたび行動を起こす必要性を感じた。一九五六年二月六日のデモの成功が脳裏に残っていたこともあって、デモンストレーションと直接行動を再開する方針をとったのである。それはFLNにも現体制にも敵対するものであった。彼らは、FLNに対しては報復テロ組織を作り、現体制に対しては農民層を母体とするさまざまな組織を作った。後者の組織には、かつて水泳の代表選手だったコヴァックス博士〔一九二四〜。ハンガリー系ピエ・ノワールで医師〕率いる「フランスのアルジェリア抵抗組織」や、ボワイエ・バンス〔一八七九〜一九六四〕が総裁を務める「北アフリカ・フランス連盟」なども含まれた。「北アフリカ・フランス連盟」は公称一万五〇〇〇人の会員を擁し、ボワイエ・バンスの後任でシェブリ〔アルジェの南郊〕のブドウ栽培人のロベール・マルテル〔一九二二〜九七〕はカグール団〔「革命秘密行動委員会」を自称した極右組織〕の古参メンバーであるマルタン博士〔一八九五〜一九六九〕とも手を結んでいた。軍人たちのなかにも陰謀を企む者がいた。たとえば、反動的で思慮の浅いジャック・フォール将軍〔一九〇四〜八八〕は、アルジェとパリの両方でクーデタを起こすことを狙った。もっとも、彼のこの企みに関しては事前に広く知れわたり、不発に終わった。

こうして、入植者たちのほうから、本国政府に自分たちの法を認めさせる新たな状況が作りだされていった。音頭をとるのは、もはやこれまでのようなアルジェリアの名士たちではない。ピエ・ノワールの直接行動派である。軍部を陰謀に引き込もうとしながら、運動は一般庶民へと広がり、武装化していった。

実際、軍隊内部には反乱の気分が潜在していた。ディエン・ビエン・フーからラバトまで、ラバトからスエズまで、軍は打ち続く敗北を忍びに忍んできた。「マンダラン」（高級官僚）ことアルジェリア軍総司令官サラン将軍は「共和主義者、フリーメイソン〔一八世紀に生まれた世界的規模の博愛主義団体〕、売国奴」と（誤って）疑われ、直接行動派コヴァックス博士から「彼を始末することこそ愛国主義的行動だ」と指弾されてもいる。実際、サランに対してはバズーカ砲の引き金が引かれた。*

この暗殺計画の目的は何だったのか。ド・ゴール派として知られたコニー将軍〔一九〇四〜六八〕を軍の司令官にすること、続いてパリの現政権を倒し、絶えず政府批判を続けてきたスーステルやミシェル・ドゥブレ〔一九一二〜九六。ド・ゴール派政治家、首相（一九五九〜六二）〕を権力の座に据えること、このような筋書きだったのかもしれない。ミッテランは、この暗殺計画のなかに、現体制の転覆を狙う陰謀を見ている。これは正しい見方だ。ミッテランはまた、フランスとアルジェリアの分離を目論む陰謀だとも見ている。もちろんこれは違う！　要は、「フランスのアルジェリア」を恒久化するためには政府を掌握することが重要だったのであり、それゆえ必要とあらば、フランスをアルジェリアのような危険な状態にすることも辞さない、という構えだったのである。パリの陰謀家ビアッジ〔一九一八～二〇〇九。フランスの弁護士、政治家〕は「ブリューメール（霧月〔ナポレオンがクーデタを成功させた一七九九年一一月のこと〕）をやろう」といった。しかし、スーステルは、「いや、ブリューメールでは分離ということになるだろう。必要なのは統合なのだ」と応じている。

　本国の政治体制をかく乱する先兵となったビアッジは、スーステルのカードに賭けていた。だが、スーステルはド・ゴールの登場を望んでいた。一方、ピエ・ノワールたちはド・ゴールに不信を抱いていた。アラン・ド・セリニーは著書『五月一三日の革命』（一九六八）のなかで、人々は彼の計画にも決意にも疑いを抱いていたことを記している。スーステルはといえば、自分はピエ・ノワールたちにとってアイドルであるが、国会議員たちにとっては異端者である、と繰り返し述べていた。さて、一九五八年五月一三日の政府転覆作戦のすべては、軍隊を動員すること――もしそうでなければパリを震撼させることはできないだろう――、そしてド・ゴールを担ぎだすことにかかっていた。ド・ゴールについては議会が彼の存在を無視しようとしていたからだ。アルジェでスーステルが演じていた調整役を、パリではミシェル・ドゥブレが演じていた。またルネ・コティ〔一八八二～一九六二。急進社会党の政治家、大統領（一九五四～五九）〕は、ガイヤール〔一九一九～七〇。急進社会党の政治家、首相（一九五七～五八）〕政府崩壊後、ピエール・フリムラン〔一九〇七～二〇〇〇。政治家、首相（一九五八・五・一四～六・一）〕を首相に任命した。その際、アルジェの反政府直接行動派は、フリムランが自らの首相任命を拒否するよう、ラコストに説得役を求めた。しかし、ラコストは素知らぬ顔をした。そこで、アルジェは動いたのである。五月九日に三人のフランス兵捕虜がＦＬＮに処刑された。この報を受けて直接行動派は、軍隊に表にでざるをえないよう仕向けた。こうして現地軍指揮官マシュー将軍**〔一九〇八～二〇〇一。本書四五八頁参照〕が、続いてサランが、ついに「ド・ゴール万歳」を叫ぶにいたった。

「五月一三日の一三人***（三六八頁）の謀叛人」はド・ゴールの名を呼ぶ

*　一九五七年一月、アルジェ市中心部にあるサランの執務室は、二台のバズーカ砲から砲撃を受けた。

**　マシューはド・ゴール派で、「アルジェの戦い」（一九五七年一月七日～九月二四日）のフランス空軍落下傘部隊の総指揮官。一九五八年の植民地維持派による「五月一三日の革命」において、入植者からもっとも期待された現地軍将軍。

にいたった。アルジェリアの指導的人物たちは、セリニーを除けば、ほとんどこれに関与していない。だが、ピエ・ノワールたちによる盛んな行動がなかったなら、果たしてこの「謀叛人」たちによるクーデタは成功しえたであろうか。

***（三六七頁）　一九五九年刊行のブロンベルジェ夫妻（メリー、一九〇六～七八。セルジュ、一九一二～八六）の著作名。正式タイトルは『五月一三日の一三人の謀叛人あるいはガリバーの解放』。一三人の謀叛人とは、サラン将軍、ジュオー将軍（一九〇五～九五）、グラシュー将軍（一九〇八～七四）をはじめとする軍人と、ラガイヤルド（一九三一～二〇一四）率いるピエ・ノワールの「七人組」を指す。ラガイヤルドは、アルジェリア学生総連合の議長として一九五八年五月一三日の反乱に参加、その後アルジェリアの代議士に選出される。

第8章

酵母《ルヴァン》と梃子《ルヴィエ》

「われわれは、自国のなかで異邦人となってしまった」。「歴史」はこれまで何度も、同じようなことば遣いの、このいい回しに出合ってきた。まず最初はガンディーの口から、次にファム・クイン〔一八九二〜一九四五。ヴェトナムの学者、翻訳家〕の口から。ファム・クインは、バオダイ〔一九一四〜九七。ヴェトナム・グエン（阮）朝最後の皇帝〕の顧問官のひとりであったが、この発言があったのは一九四五年三月、フランス領インドシナ時代のヴェトナムで、クーデタにより日本軍がフランス政府に取って代わったことを日本軍がヴェトナム当局に通告したときのことである。一九五二年頃にはアルジェリアのアラブ人たちの口からも、同様のことばが発せられている。ヴェトナム人と同じく、彼らもまた、基本的な自由を享受できなくなっていた。同じような声は、アメリカ政府に移民外国人として扱われたニューメキシコ州やアリゾナ州などに住むメキシカン・アメリカン〔アメリカ先住民族とスペイン人との混血で、現地に居住する人々〕からも聞こえてくる。彼らの居住地は、一八四八年アメリカがメキシコの三つの周辺地域を併合して国境線を引いたとき*、その両方にまたがっていた。さらに、今日、同じ声は中央アメリカからも聞こえている。

こうした状況のもっとも典型的な例は、おそらくインド国民の場合だろう。イギリス政府は、少しずつインド人をインド特有の社会形態から切り離していった。

インド社会においては個人の階層身分を定めたさまざまな関係の網の目を貫くカースト制という身分制度があり、それは限られた領域内にだけ適用される職能職責以上に重要なものであった。それゆえ、インド王族やインドの階級制度がもつ役割は、西洋と同じ枠組みでとらえることはできない。西洋とは異なり、ここでは政治と社会とのあいだに機能的な関係は存在しない。つまり、カーストというシステムのなかには、本質的に土地に依拠する実体すなわち村落共同体も含まれれば、王も含みうるのである。ところが、ジャック・プシュパダス〔インドの社会経済史を専門とするフランスの歴史学者〕が明らかにしているところによれば、イギリス人はこの地方の王族に「ザミンダール」（地主）という資格称号を与え、徴税を請け負いその一部を植民地政府に上納するよう求めた。これによってイギリス人は、彼らザミンダールたちを西洋的な意味における大土地所有者にし、私権という西洋的規矩《きく》をインドの慣習に接木したのである。それでもザミンダールたちは、イギリス人が来る以前から存在した権威関係をそのまま存続させて慣習的な税を取り続けた。そこでイギリス人は、伝統的な社会慣習のうちのいくつかを「犯罪カースト・部族法」の適用によって「非合法」とした。インドにおいて個人が実質的な社会的アイデンティティーを奪われる状況はこうして作りだされたのである（本書四七頁参照）。

同様の暴力的な剝奪は、ブラック・アフリカでも見ることができる。そこでは、イギリスやフランスによる植民地化によって、ジャン・ルー・アムセル〔一九四二〜。フランスの人類学者、民族学者〕のいう

「包括的な」システムが導入された。つまり「政治的」権力が社会全体の単一性の保証とはならないこの地域の伝統的なシステムに代わって、西洋式の自由主義的かつ国家主義的な組織形態が導入されたのである。

外国人の存在は、いわゆる入植政策が行なわれている植民地ではいっそう暴力的に感じられる。たとえば、フランス本国人の集団的移住は、いかにそれが公式な同化政策のもとにあろうと、その地が本国に従属している印象を強める。たしかに軍や本国政府は、とくに「アラブびいき」の皇帝ナポレオン三世時代には、入植者の行き過ぎた行動に抵抗しようとするアルジェリア現地住民を援助したことも一再ならずあった。それは、ナポレオン三世の提唱する「アラブ王国」政策の理念のなかに、ベルベル人やイスラームの伝統的制度・慣習を保護しようとする態度がある程度含まれていたからである。しかし、「現地住民はいずれ西洋文明に同化するだろう」との考えが多少とも広がると、彼らの文化伝統よりも経済的利益のほうが優先されるようになっていった。

なるほど植民される側は、自らの祖国でよそ者となった。しかし、その性格は、本国政府の政治政策の変化によってさまざまに異なった。たとえば、先住民族に対する絶滅政策がとられた場合もあれば抑圧政策がとられた場合もある。あるいは生活様式の破壊が行なわれた場合もあればフランス共和国のように、多かれ少なかれその国家圏に統合する同化政策がとられた場合もある。しかしフランスの場合、少数の例外を除き、一、二世紀にわたり現地住民のアイデンティティーを剝奪してきたことは現実であり、同化は神話であった。

反ヨーロッパ運動の「酵母《ルヴァン》」は、耐えがたい状況によって蒔かれたものである。そして、この耐えがたい状況のなかで生まれた諸条件が、独立をめざす運動の発展に寄与したのである。

新しいエリートと大衆運動

解放の運動にはいくつかの特徴的な前段階があり、それが全体に関わるものであれ個別に関わるものであれ、その運動の展開を方向づけている。

まず最初に起こるのは、新しいエリート層の形成である。その一部は、植民地化と関係する事業や経済活動に従事した

＊ この国境線は米墨戦争（一八四六〜四八）に際して締結されたグアダルーペ・イダルゴ条約によって画定された。周辺地域とはテキサス、ニューメキシコ、アリゾナのこと。

人々によって形づくられている。とりわけインドでは、一八八〇年から一九三〇年のあいだに、それは真の意味での資本家階級として成立し、もっとも進んだ国際ビジネス環境への参入に成功した。たとえば、ボンベイ（現ムンバイ）のタータ財閥やビルラ財閥がそれである。彼らは、インド独立のために、国民会議派*に献金を行なった。ただ、それによって過剰な混乱が生じて労働規律に不都合な結果がでることを恐れてもいた。したがって、彼らの民族主義は単純に西洋人と敵対するというものではなかったし、既成の秩序を拒絶するものでもなかった。彼らは独立と社会変化とを結びつけて考えていたわけではなかったのである。これと同じことは、マレーシアやインドネシアの商業ブルジョワジーについてもいえる。一九四〇年以前、彼らは中国人の侵入から自分たちを防護するために帝国主義的権力を頼りにしていた。また、ごく限られた部分に関してではあるが、同様のことはガーナの西洋化した商業ブルジョワジー、フランス領のチュニジア、コーチシナ（ヴェトナム南部）についても見ることができる。

しかしその他の事例での一九一四年以前における新しいエリート層は、こうした経済活動の従事者というよりも、むしろ知識人や軍人階層に属していた。彼らは、学校や大学、神学校で、あるいは組合や公の機関で、諸学を学んだ。その人々が初期の独立運動のリーダーとなった。たとえばスペイン領からアメリカ領となったフィリピンではオスメーニャ〔一八六九～一九四八。民族運動家〕やケソン〔一八六九～一九四四。フィリピン・コモンウェルス初代大統領（一九三五～四四）〕が、ヴェトナムではファン・ボイ・チャウが、ビルマ（現ミャンマー）ではウ・バ・ペ〔一八八三～?。民族運動家。青年仏教徒連盟のメンバー〕が、インドではティラク〔一八五六～一九二〇。ヒンドゥーのインド民族運動急進派リーダー〕やゴーカレーといった人物が現れ、さらにカイロそのほかにおいても、同様の人物たちが現れている。しかも、こうした独立運動の活動家たちはその後どんどん数を増し、インドではガンディーの国民会議派のまわりに、セイロン（現スリランカ）では国民会議のまわりに、チュニジアでは「ドゥストゥール党」〔本書三八二頁参照〕のまわりに集まった。もっと後になると、彼らは中国やヴェトナムやインドにおいて共産党の設立に参加した。とりわけインドネシアにおいてはすでに一九二〇年に、そうした動きが始まっている。

フランス領アフリカのなかではセネガルが、こうしたエリートたちの活動を活発化させた。セネガルでは同化政策がもっとも早くから実施され、一九一五年のジャーニュ法**以来、アフリカ人の多くがフランス市民権を獲得した。ことに、セネガルの四つの地域、サン・ルイ島〔北西部、セネガル川河口〕、ゴレ島〔首都ダカールの沖合〕、リュフィスク〔ダカール東方の都市〕、ダカールからは多くの同化黒人が現れた。ラミーヌ・ゲイ〔一八九一～一九六八。政治家。後出のサンゴールと大同団結し、フランスからの独立に貢献した〕はそのプロトタイプ的存在であり、彼のあとに続く代表的人物としてはウーフェ・ボワニー〔一九〇五～九三。コートジボワールの民族運動家。初代大統領（一九六〇～九三）〕やアピティ〔一九一三～八九。ベナン共和国の政治家〕といった黒人をあげることができる。もっとも、これら「同化民《アシミレ》」のエリートたちと他のアフリカ独立運動のエリートたちとを一緒にしてしまうのは行き過ぎかもしれない。というのも、アフリカには、アフリカの進歩を信じて黒人としてのアイデンティティーを追求したシェーク・アンタ・ディオップ〔一九二三～八六。セネガルの歴史学者、民俗学者、政治家。西洋ではなくアフリカの視点からの歴史を提起した〕やレオポルド・セダール・サンゴール〔一九〇六～二〇〇一。セネガルの詩人、思想家、黒人文化運動「ネグリチュード」の理論的指導者、セネガルの初代大統領（一九六〇～八〇）〕の伝統もあるからである。ことにサンゴールは、アフリカ人の政治運動を呼び覚ました中核的人物であった。彼らはしばしばカトリック教会や教団運動から刺激を受けてはいるが、吸収したことは福音運動の部分に限られた。

　こうした背景のなかで、ブラック・アフリカの多くの地域では、都会暮らしをしているエリートたちと農民大衆との隔たりが拡大してゆく傾向にあった。もともと農民による抵抗運動はしばしば植民地化以前からの問題にその原因があったが、そこにエリート層への不満がつけ加わり、反乱の新たな要因を作りだしていた。彼らの反抗は、たとえばベナン〔旧称ダホメー〕のホリ人〔ヨルバ系の一部族。イジェ人ともいう。一九一四年、ダホメーのフランス人植民地政府に対して反乱を起こす〕においては慢性的不服従という形で表れた。

　抵抗運動の発生地域は、カトリーヌ・コクリ・ヴィドロヴィチが作成した次頁の地図で分かるように、植民地伝説に反し、二〇世紀のブラック・アフリカにおいてはおびただしい数にのぼっている。フランス領赤道アフリカにおいての最初の大規模な反乱は、その首都ブラザヴィルと海岸とを結ぶ街道で起こっている（一八九六～九八）。この反乱で露わになったのは、酷使されたロアンゴ人〔コンゴ（ザイール）川右岸の大西洋沿岸部に居住〕の激しい怒りである。シャリ川〔現在の中央アフリカ共和国から北西部チャド（いずれも当時はフランス領赤道アフリカの一部）に流れる〕上流地域では、肉体的虐待によって死者の数が爆発的に増加した結果、ことにマンジャ人〔現在の中央アフリカ共和国を中心に、一部カメルーンに居住〕で見られたように、いたるところでゲリラが発生するようになった。これらの地方は、かつてアンドレ・ジッドが『コンゴ紀行』（一九二七）で描いているとおり、厳しい搾取のために多くの人命が奪われたところなのである。反乱が多発した第一の要因はこうした虐待、搾取にある。不穏な情勢を作りだす第二の要因となったのは、第一次大戦での徴兵である。この例は、とりわけオート・ヴォルタ〔アフリカ西部の内陸部。現在のブルキナ・ファソ〕に見

＊　一八八五年に民族主義政党「インド国民会議」として設立。翌年、「インド国民会議派」に改称。成立初期はイギリスの人種差別的行政に反対するインド資本家階級が中心で、穏健な組織であった。しかし二〇世紀初頭、急進民族主義者たちが主導権を握り、大衆による独立運動において指導的役割を果たしてゆく。

＊＊　セネガルの四つの行政地域の住人にフランス軍正規兵と同等の権利を認めた法。一九四六年の改正で、フランス領植民地全土の住民はフランス市民権を得るようになる。

20世紀植民地体制期におけるアフリカ抵抗運動の主要発生地

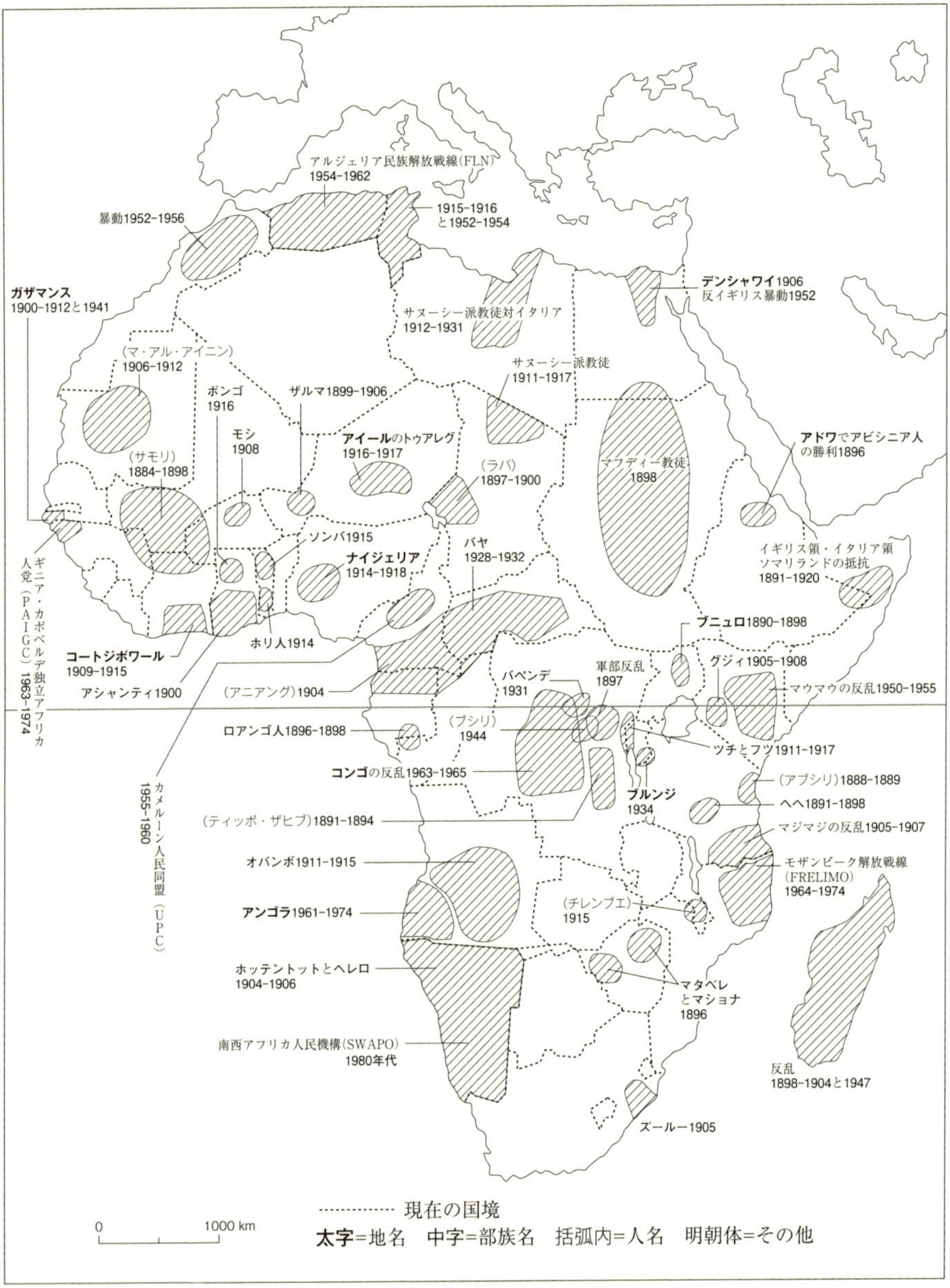

出典：Catherine Coquery-Vidrovitch, *Afrique noire*, Paris, Payot, 1985, p. 213 をもとに訳者作成。

ブラック・アフリカの分割（1912）

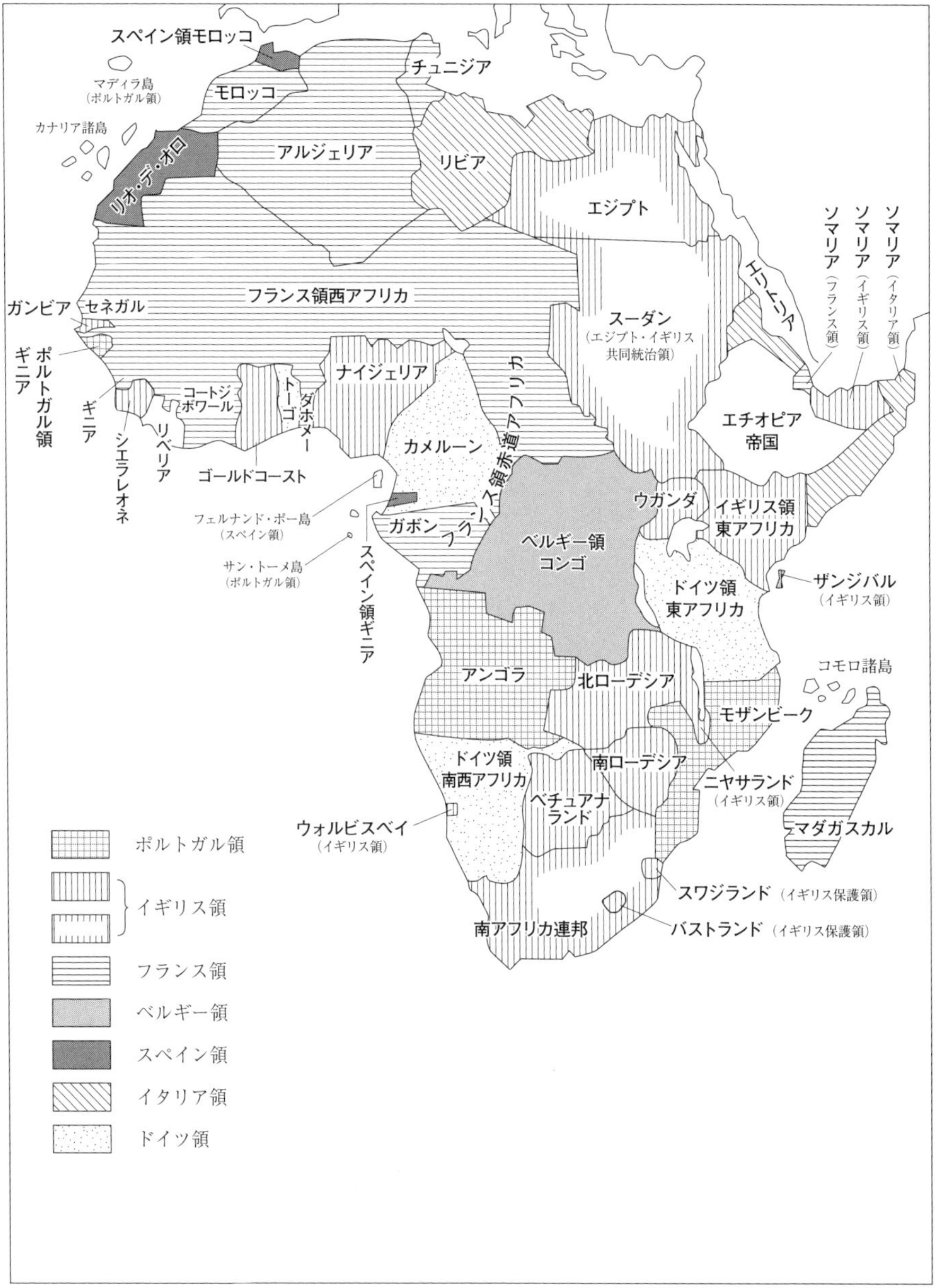

出典：Henri Brunschwig, *Le Partage de l'Afrique noire*, Paris, Flammarion, 1971, p. 18 をもとに訳者作成。

ることができる。そこでは、徴兵が原因で、フランス人に対しても、また族長支配体制に対しても反乱が引き起こされている。第三の状況悪化の要因は市場経済の導入にある。一九二九年の世界恐慌後、市場経済は各所の村落共同体をまるごと崩壊にいたらしめた。一九三四年のブルンジ〔アフリカ中東部〕農民反乱に見られるように、このケースは村落共同体の危機に対する蜂起である。

一九〇八年から一九二〇年にかけて発生したケニアのマウマウの反乱は、もっとも激しい黒人反乱のひとつである。それは一九五〇年代にふたたび発生し、このときは白人が襲撃されるまえに、「白人側に協力している黒人」が襲われている。最後に、アフリカで起こったもっとも大きな農民反乱は、ベルギー領コンゴ（ザイール）〔現コンゴ民主共和国〕におけるもので、独立以後に起こっていることを指摘しておきたい〔ベルギー領コンゴは一九六〇年にコンゴ共和国（コンゴ・レオポルドヴィル）の名称で独立。本書四六三頁訳注＊＊参照〕。パトリス・ルムンバ＊〔一九二五～六一。コンゴの民族運動家〕は新しい指導者たちの作った「腐敗した体制」に反対して「新たな独立」を求めたのだった…。

このように、エリートたちは下からの突きあげとも対立しなければならなかった。この突きあげが宗教的な色彩を帯びることもあった。そのもっとも基本的な様相は至福千年説派＊＊やメシア信仰派＊＊＊などに見ることができる。そこにあるのは、集団の、間近に迫った、全面的救済を待望する動きであり、ある人物の到来によって、ないしは超自然的力によって、社会変革がなされることを心底求める気持ちの表れである。至福千年説を説いて回るジョン・チレンブェ〔一八六〇～一九一五。マラウィ（旧ニヤサランド）の農民反乱の指導者〕がニヤサランドで起こした反乱〔一九一五年、農園労働者による蜂起〕も、また、ベルギー領コンゴで、西洋的価値にアフリカ的価値を対置し「おまえはもう白人たちの祈りを聞いてはならない…」と唱えた、諸宗教混交《シンクレティズム》の新興宗教ラーキ教やムパド教による布教活動も、そうした心理の表れである。さらにこの種のものとして、一九四六年ブラザヴィルでは、カトリック教会から派生した新興宗教ラッシ教が現れている。しかし、もっとも重視すべき新興宗教は、はやくも一九二〇年に出現した秘密結社マウマウで、ジョモ・ケニアッタ〔一八九二～一九七八。ケニア独立運動の指導者で初代大統領（一九六三～七八）〕をキリストに代わる人物として立てていた。このマウマウの運動は一九五〇代年から急進的になるが、その原因は、彼らの土地が入植者たちに独占され、失われたことにある。

キリスト教、仏教、イスラーム

ブラック・アフリカの場合、ほかの地域でのケース以上に、教会やキリスト教が果たした役割をどう評価するか、という問題がある。というのも、教会やキリスト教は、ヨーロッパによる植民地拡大に寄与したのちに、今度は脱植民地化を行なう主体となったり、脱植民地化を進める要因となったりしているからである。すでに一五世紀のサラマンカ〔スペイン西部〕

の大神学者フランシスコ・ド・ビトリア以来、たしかに教会はアメリカ先住民族を「その土地の正当な土地所有者」とし、「ゆえに容認しがたいやり方で宗教が押し付けられたときには、これを拒絶する自由をもつ人」と言明していた。それに応えるかのように、ポリネシア人のあいだでは二〇世紀に入ってもなお、「あなたたちが聖書を手にしてやって来たとき、われわれは土地をもっていた。今日、あなたたちは土地をもっている。けれども、われわれには聖書が残っている…」という声が響きわたっている。先住民族の心のなかでは宗教と結びついているこの所有の放棄、この特質が、ことにアフリカにおいては宣教師たちに大混乱を引き起こした。じつのところ、一九世紀まで、歴代の教皇はたえず伝道活動と植民地政策とが分離されるよう望んできた。その証拠として、たとえばパラグアイのイエズス会士布教団による「レドゥクシオン」（原住民教化集落）の事例を見ることができるし〔本書三三〇頁参照〕、プロテスタント教会の姿勢も似たようなものであった…。といっても、先住民族からすれば、それらの活動は現実には教会と異なるものに映っていた。

宣教師たちは、何らかの政府が「住民たちを救いに」来なければならない、そして彼らに平和を確保して布教を確実なものとしなければならない、と考えがちだった。この信念は、必ずしも皮をかぶったナショナリズムの一形態とは限らない。その証拠に、たとえば、「白衣の神父会」のフランス人創設者ラヴィジュリー枢機卿は、一八九〇年代になるとイギリス帝国主義の東アフリカへの一方的進出を懸念して、ウガンダの状況に対しドイツ人たちの関心が高まるよう努めた。また、同じくフランス人のプロテスタント宣教師コイヤール〔一八三四〜一九〇四〕は、ローデシアの秩序が保たれるようイギリス人に働きかけることがローデシア先住民族の利益に尽くすことだと思っていた。

一九世紀末から二〇世紀初頭にかけての数十年間、宣教師側と植民する側は、たとえ本国政府がどちらかへの影響力を行使するためにしばしば介入したとしても、わりあい互いに自主独立を貫いていた。ただし、植民される側からすれば、宣教師側と植民する側はもともと一体である。

宣教師側と植民する側との違いを見ると、とりわけブラッ

＊　ルムンバは一九六〇年、ベルギー領コンゴからの独立達成とともにコンゴ共和国初代首相となる。しかし、まもなく同国初代大統領カサヴブ（一九一〇〜六九）と激しく対立、コンゴ動乱が勃発する。その動乱中の一九六一年二月暗殺される。

＊＊　終末にあたってキリストが再臨し、千年統治するという説を信じる一派。

＊＊＊　イエスのあとでも、ふたたび新たなこの世の救済者（メシア）が現れると信じる一派。

ク・アフリカにおいては、宣教側が先住民族集団から一定の離脱者をだして伝統的社会の基盤を不安定化させていたのに対し、植民する側は逆に、先住民族の古い社会構造に支えられる面が大きく、統治者としての仕事を容易に進めていた…。

それでもキリスト教宣教師たちによる植民地での教育は、青年たちの政治的な解放精神を培い、民族主義をはぐくむ土台となっていた。これは、司祭たちが信者たちの希望に沿ってすすんで連帯した結果でもある。今日なお、グアテマラやニカラグアでそうした例を見ることができる。

教会に所属する人間が植民される側の闘いの先頭に立つというこうした姿は、しばしば見られた。

アルジェリアにおいても然り。しかもここでは、植民される側がキリスト教徒でないにもかかわらず、下位聖職者は彼らの希望に添おうとした。一九五七年には、「スーツケースの運び屋」〔テロに使う爆弾の運び手〕として彼ら下位聖職者の名前が載っている例さえ見ることができる。下位聖職者のなかにもテロのメンバーがいたということである。しかし、階級的に彼らの対極に位するヴァチカン側（教皇庁）の態度にもまた、フランス政府へのこうした「陰謀」をそそのかしていたと疑われて仕方のないところがある。

教皇が、主としてフランス人の宣教師たちに注意を喚起するよう指示をだしていたことは事実である。すなわち、彼ら宣教師は「祖国のためにではなく、万人の幸福のために」働かねばならない、と。教皇にとってフランスは、宗教から独立して共和国となり政教を分離したがゆえに、また、この政教分離の原則をその後も放棄してないがゆえに、もはや「あの売女」〔教皇によるフランスの呼称は、「教会の長女たるフランス」である〕になっていたのではあるまいか。

人々は忘れていない。教皇庁のナチズムに対するあのどっちつかずの態度を、あるいはナチス寄りのフランコ〔一八九二～一九七五。スペインの軍人、政治家〕とフランス・ヴィシー政権に対するあの好意的姿勢を、そして、ユダヤ人の悲劇に対するあのあいまいな沈黙を…。だからこそ、人々は疑問に思うのだ。植民地解放の時代における植民される側――それがムスリムであってさえ――の運命に対する、教会が示したあの連帯の意味は何なのかと。また、イスラエルには敵対するが、イスラームの大神学者《ムフティー》には好意を抱く教皇庁のあの態度の意味は何なのかと。教皇とカトリック下位聖職者が見せるこのような姿勢については、『ヴァチカン対ヨーロッパ』（一九六四）のエドモン・パリス〔一八九四～一九七〇。フランスのジャーナリスト〕や『ヴァチカン対フランス海外領』（一九五八）のフランソワ・メジャン〔一九〇八～九三。フランスの官僚〕が検討を行なっている。それによれば、カトリック下位聖職者がしばしば教皇に対して批判的であったのは間違いない。したがって、おそらく「スーツケースの運び屋」となった神父たちの行動と教皇庁の行動とのあいだにはいかなる共謀性も存在しなかったと思われる。

いずれにせよ、ブラック・アフリカに関しては、ほかの地域以上に聖職者の役割が大きく、カトリック教会内での黒人聖職者の役割が徐々に重要度を増していたことから、この地域に果たした教会やキリスト教の役割をどう評価するかという問題は、他の地域のそれと同列に考えることはできない。

「第二次」植民地化時代（二〇世紀）の宗教的活動のなかで、ヨーロッパに対する抵抗の姿勢を明確に打ちだしたもののひとつに仏教復興運動がある。この運動は、児童教育の五〇パーセントが僧侶によって行なわれていたビルマではイスラームの影響力とも戦わなければならなかった。二〇世紀初頭、ビルマの僧侶ウ・オッタマ〔一八七九～一九三九。青年仏教徒連盟の重要メンバー〕はインドの文学者タゴール〔一八六一～一九四一〕や日本人のもつ自信と人種的誇りに魅せられて両国を訪問しているが、ヨーロッパとイスラームに対する彼の二重の戦いにはそうした体験による影響が明瞭に表れている。

ビルマは僧侶たちの運動によって、二〇世紀初頭のアジアでもっとも教育の進んだ国を作りあげ、いくつかの強力な外国人排斥組織を生みだした。仏教に社会主義思想を取り込んだ反英政治団体「青年仏教徒連盟」（結成一九〇六）や、英語の団体名を公式名称とすることで世界に知られるようになった「われらがビルマ協会《アワ・バーマ・アソシエーション》」〔一九三〇年に結成された独立運動組織。通称タキン党〕もそのひとつである。これらは農民たちを基盤に組織されたが、その運動はすでにイギリスの軍事的影響力が顕在化するまえからしばしば行なわれてきた。イラワディ川〔国の中央部を南下し、アンダマン海に注ぐ大河〕のデルタ地方では、そうした運動が農民ばかりでなく、目覚めつつある労働者たちからも支えられることとなった。

一方、スーダンやマグレブの一部地域と同様に、インドネシアではまさしくムスリムが、民族主義に基づく大衆運動の重要な先駆けをなした。インドネシアにおいては、イスラームであることは反華僑であることを意味した。注目すべきは、スルタンの治める町の数が地中海の商業都市の数に匹敵するほど多かったこと、したがってこの国のムスリムは商人たちのネットワークをとおして、西洋文明の到来以前から近代化の端緒を築いていたことである〔ドゥニ・ロンバール『ジャワの交差点』＝Lombard 3vol. p. 152〕。二〇世紀初め、「イスラーム同盟《サレカト・イスラーム》」〔インドネシアで最初に民族解放を掲げたイスラーム大衆運動組織〕はこう説いた――二〇〇万人の信者が待望する「正当なる王」、イスラームの救世主《マフディー》が近々われわれのまえに現れるであろう、と。一九二〇年頃には、チョクロアミノト〔一八八二～一九三四。「イスラーム同盟」のカリスマ的指導者〕が人々の崇拝の的となり、やがて彼の娘婿となるスカルノ〔一九〇一～七〇。インドネシアの民族運動指導者。独立とともに初代大統領（一九四九～六七）〕も、その恩恵に浴することになる。スカルノのまなざしは、近代主義的イスラームのほうに、あるいはそれ以上に、カイロで生まれつつあるらしいイスラーム的近代主義のほうに向かっていた。一方、「イスラーム同盟」から枝分かれした民族主義運動の一派は、社会民主主義勢力を作りだし、一九二〇年には共産党を結成する。この一派はイスラームを原則とする「アベンガン」〔名目的ムスリム〕たちを結集するが、敬虔なムスリムすなわち「サントリ」たちは「イスラーム同盟」のほうにとどまった。スカルノは、「独立をもたらすのは、モスクワからの使者でもなければイスラームのカリフでもない」と考えながらも、この二つの流れのなかで揺れ動いた。

社会組織モデルの探求

民族主義というものは、外国勢力による占領がその社会全体を人為的に再編したとき、それに反発する感情が結晶化して生まれるものである。オランダ人勢力に対するインドネシア社会、あるいはフランス人勢力に対するアルジェリアやブラック・アフリカ社会がそうである。もっとも、モロッコのように、たとえベルベル人とアラブ人とのあいだで、あるいはマフゼンとシバ*とのあいだで長く抗争を続けた社会であっても、相通ずる古くからの社会が存続してきた地域ならば、民族主義はそのなかから自然に生まれる。しかし、本来の意味での民族主義あるいは「サラフィー主義」の起源は、外国との妥協を拒否しようとする心情と、あらゆる部分で過去から断絶させられてしまったという心情との、一種のコンビネーションから派生している。

北アフリカの例を見ればよく分かるように、民衆蜂起を生む「酵母《ルヴァン》」の役割を果たしたのは、あるときはイスラーム思想であり、あるときはアラブ世界に所属しているという感情であり、またあるときは生まれ故郷の大地に直接根ざした愛国主義であった。インドネシアにも、同じような精神の動きを見ることができる。スカルノは、一九二六年に『民族主義、イスラーム、マルクス主義』を書いた。彼はこの三つの力を結合させ、これを自由の戦いの「梃子《ルヴィエ》」にしたいと思った。しかし、そこで先駆けをなしたのはイスラームであった。

ヴェトナムは、中国の覇権主義と闘うなかでそのアイデンティティーを鍛えていった古い国民国家である。ここでの民族主義は内部から湧きあがった。しかしながら、朝鮮と同じようにヴェトナムにおいても、国民運動を支えたのは中国の前例であった。人々は孫文〔一八六六～一九二五。中国の革命家、政治家〕や陳独秀〔一八七九～一九四二。中国の革命家。中国共産党創立者のひとり〕の掲げた政治的スローガンに多くを負っていたのである。

卑屈たらず、寛容であれ
保守的たらず、進歩的であれ
守勢に回らず、積極的であれ
世界に孤立せず、国際人であれ
順応主義者たらず、功利主義者であれ

このスローガンは、中国の地域共同体の人々、ことに学生たちによって、一九一一年の辛亥革命から一九一九年の五・四運動のあいだに繰り返し唱えられ、次いでヴェトナムでも唱えられたものだ。そこには、西洋の思想に中国の思想や民族主義が接木されているのを見ることができる。だが東南アジアの民族主義は、その飛躍と力を日本にも負っている。日本は鎖国、近代化、西洋帝国主義に与えた屈辱、という三つの模範を示し、「東洋精神に基づいて西洋科学を道具に用いる」という箴言を実践した国だからである。ただし、この箴言は中国のものだ。いずれにせよ、ファン・ボイ・チャウのようなヴェトナムの民族主義者や朝鮮の民族主義者が学んだのは、中国であり日本だったのである。

　こうして中国と日本の民族主義は、イスラーム（インドネシア）や仏教（ビルマ）の懐のなかで誕生した東アジアの反植民地主義運動をはぐくみ、活気づけることができた。一方、農民の宗教的運動（ヴェトナムのカオダイ教運動**）をふたたび燃え立たせたのは、ゆるぎない祖国愛の伝統であった。

　だが、いずれにせよ、これらの運動だけでは外国人を排除するまでにはいたらなかった。状況の変革を可能にしたのは、それとは別のもの、すなわち西洋的な社会組織上の思想の導入、具体的には政党の設立であった。東アジアの変革の「梃子《ルヴィエ》」となった最初の政党は中国の「国民党」〔一九一九。孫文の中華革命党が中国国民党に改組〕である。

　民族運動家たちは、自分たちが心惹かれた他国の政党を、結党の際のモデルとした。しかし、そのモデルが放っていた魅力とは、政治綱領の内容というよりむしろ、実効性を示してくれる政治的手法のほうであった。一九世紀末、二〇世紀初頭のイギリスやフランスの政党もそのモデルのひとつであった。また、東南アジアのムスリム世界では、「青年トルコ党」とともに社会民主主義の政党も模範に加わった。ただし、民族運動家たちは必ずしもそれらの政党の政治綱領や社会主義に賛同していたわけではない。これよりあとになると、ボルシェヴィキの党組織〔強力な中央集権による組織統制の形態〕をモデルにした、一連の政党が次々と生まれていった。そのひとつが各国の共産党であり、それらは当然コミンテルンに加盟した。共産党以外の、たとえばメサーリー・ハーッジュ***（三八三頁）〔一八九八〜一九七四。アルジェリアの独立解放運動を開始した最初期の闘士のひとり〕による「北アフリカの星」のような政治集団の場合は、コミンテルンには加盟しなかった。

　こうした民族運動家による政党の結成とともに、植民地の状況を変貌させた二つ目の因子は、これらの政党を組織しうる行動の自由や能力が各地に備わったことである。といっても、一九一四年以前にそれが可能だったのはイギリス、フラ

* 一八世紀末のモロッコにおいて、スルタンに従属した地方がマフゼンであり、反抗した地方がシバである。いずれも内陸部。

** カオダイ教は儒教、道教、仏教を混合した、ヴェトナムの新興民族宗教のひとつで、一九二六年に新教団として発足。

ンス、ロシア領の限られた植民地であって、すべてではない。しかしともかくも、いくつかの組織は発展を遂げることに成功した。

大英帝国内においてそうした発展を遂げた政党のひとつが「国民会議派」である。この党は一八八五年にボンベイで、あるイギリス人とスコットランド人によって設立された（設立時の名称は「インド国民会議」。翌年「インド国民会議派」に改称）。「国民会議派」は、基本的にヒンドゥーとムスリムの法曹人たちが主宰する数多くのインド人政治組織を継承していた。当初は宗教色がなかったため、ほかの組織ほどに支持者を集めなかったが、力を効果的に結集することによってほどなく有名になり、瞬く間に組織を拡大していった。もうひとつ、同じく大英帝国内で生まれたのがエジプトの民族主義政党「ワタン党」*である。この党から、一九一八年「ワフド党」**が生まれ、いくつかの政治集団を「代表」する存在に成長してゆく。そして、このワフド党をモデルに、チュニジアではアブド・エルアジーズ・タールビ（一八七六〜一九四四。チュニジアの政治家）によって「ドゥストゥール党」***が設立される。彼はジトゥナ・モスク（チュニスに現存する大モスク）の説教師で、フランスの植民地支配打倒をめざし一九〇八年より指導的身分の人々に訴えかける運動を行なっていた。

政党という組織形態はイスラーム、ことにロシアのイスラームには、もっとも効果的な影響を与えた。最初に誕生したムスリムの政党「アルヒダッド・アルミスリミン」は、チュニジアの民族主義政党と同じように（チュニジアでは一九〇七年に「青年チュニジア党」が結成されている）、トルコの再生から強い影響を受け、その活動形式は「ロシアK・D党」（立憲民主主義党）を手本にしていた。しかし、この政党はあくまで改良主義的であり、たちまち「青年タタール党」に乗り超えられることになる（一九〇六）。「青年タタール党」は、宗教思想と社会主義思想が結合した「青年トルコ党」のイニシアチブによって創設されたものである。

宗教思想、民族主義、社会主義思想が結合した驚くべき例としては、カザンの政党「ヴァイシット派」がある。これはスーフィー教徒信徒団から袂を分かったグループで、保守的でありながら、同時に一九〇五年にはボルシェヴィキたちと同盟を結んだ。社会民主主義をモデルにした政党として重要なのは、バクーに創設された「ヒュンメト党」（設立一九〇四）である。この党は全国的規模の下部組織をもつ唯一の組織で、「ロシア社会民主主義党」に容認された。もともと「ロシア社会民主主義党」はインターナショナリズムの名のもとに、このような団体は容認してなかった。しかし、かつてユダヤ人「ブンド」****の存在をやむなく容認したように、今度は「ヒュンメト党」に目をつぶったのである。

その後、アジアにおいて社会民主主義の政党モデルはより強い影響力をもち、それはほかの諸党派が競い合う日本やフィリピンにおいても同様であった。ところで、一九一七年のロシア革命やアラブの民族運動、汎アフリカ運動は、それまで欠落していた民族的息吹や歴史の全体的見方をさまざまな組織にもたらし、植民された諸民族の解放闘争に大きな影響をもたらすようになっていった。

アラブの独立運動

アラブ諸国の独立運動の高揚とともに生じた逆説のひとつは、ヨーロッパによる占領の前後を問わず、彼らが自分たちの意志や権利を主張するときにはかならず自分たちのアイデンティティーへの問い返しが付随していたということである。

オスマン帝国の時代、シリアやことにエジプトにおいて民族意識が出現するときには、つねに具体的な自治独立意識がともなっていた。この自治独立意識の根本には、すべての人々がスルタンを戴いて統一されるという考え方があった。つまり、スルタンという権力者のまえでは誰もが単なる民であって、キリスト教徒であるかムスリムであるかは問題にならないのだ…。こうして、生まれ故郷という意識、祖国（ワタン）という意識がイスラームやアラビア語より優位を占め、アラビア語とその文化が同じ国に住む種々の住民のあいだに、強固な連帯感を作りだしていった。ところが、幾世紀ものオスマン帝国の治世のあいだに（一二九九～一九二二）、帝国の解体とでもいうべきものが、少しずつ緩やかに進行していった。それも、帝国内のムスリム圏でよりもキリスト教圏で、すなわちバル

***（三八一頁）　メサーリー・ハーッジュは一九二四年、パリのアルジェリア人労働者によって結成された「北アフリカの星」の議長となって民族主義的、社会主義的独立運動を開始。一九三七年「アルジェリア人民党」（PPA）を結成、四六年にはこれを「民主的自由の勝利のための運動」（MTLD）に改編する。「アルジェリア民族解放戦線」（FLN）はそのMTLDから急進派が離脱して結成した「統一と行動の革命委員会」（CRUA）を一九五四年に改編したもの。メサーリー・ハーッジュは残りのMTLDのメンバーと「アルジェリア民族運動」（MNA）を組織し、FLNと主導権を争ったが、一九五〇年代末に最終的にFLNが勝利し、政治の表舞台から排除される（本書四四一～四六〇頁参照）。

*　一八七六年結成。ヨーロッパ人支配排斥をめざして、アラービー大佐（一八四四～一九一一）を中心に運動を展開した。一八八二年、アラービーを陸軍大臣とする「ワタン党」政府を成立させるが、イギリスの軍事介入により、同年消滅。

**　「ワタン党」から直接「ワフド党」が生まれたわけではないが、「ワタン党」のともした民族主義の火が「ワフド党」に引き継がれた。

***　一九二〇年創立。フランスに対して民主的大改革を要求するが、一九二五年解散させられた。一九三四年、この土壌から「ネオ・ドゥストゥール党」（新チュニジア立憲自由党）が誕生。

****　一八九七年に設立された旧ロシア帝国内のユダヤ人社会民主主義組織。ロシア革命後、弾圧を受け消滅。

カン地域において、より顕著に進行していった。ならば、一九世紀においてイスラームは東洋にとっての力の守護神、西洋に対する防護の守護神へと向かっていたのであろうか。あるいはアラブ世界の本質そのものへと向かっていたのだろうか。いやむしろ、そうしたものに、ふたたび戻ろうとしていたのだろうか。だがそうだとすれば、オスマン帝国の治世下でなされたコーランの教育は間違いではなかったのか、真の自由をアラブ人が取り戻すにはまさに原初のイスラームへと回帰しなければならないのではないか…。帝国統治下でのイスラームか、原初のイスラームか…。こうした二者択一的状況が、真の再生の枠組みとなる国民国家への道をアラブから遠ざけてしまった。

このどっちつかずの状況や不調和は、西洋がアルジェリア（一八三〇）とエジプト（一八八二）に侵入したときに生じたわけではない。二つの道〔イスラームのもとでの統一的国家か、それともそれぞれの国民国家かの道〕のいずれを選ぶか、この葛藤によって深まる矛盾は、一九一八年のオスマン帝国の失墜〔第一次大戦に参戦したオスマン帝国が連合軍に降伏しムドロス休戦協定に調印〕によって一挙に噴きだすのである。しかし、ナーセルやモサッデク〔一八八〇〜一九六七。イランの民族主義指導者、首相（一九五一〜五二、五二〜五三）〕の時代に表出し今なお続くこの統一的国家か国民国家かという論争は、じつは一九世紀に生まれたものであり、オスマン帝国の歴史そのもののなかに根を張っていたのだ。

オスマン帝国の統治下に移って以来、東方のアラブ諸国と西方のアラブ諸国における両アラブ人の権利要求は、語気の違いと振る舞い方の違いをもっていた。というのも、西方では、一六世紀に始まるオスマン帝国の征服が、モロッコからトリポリタニアまで拡大していたヨーロッパの植民地化政策を押しとどめたからである。

実際、西方では一五一六年、スルタンのセリム一世*〔在位一五一二〜二〇。オスマン帝国第九代スルタン〕が、アレッポ付近のマルジュ・ダービクでガウリー〔マムルーク朝最後のスルタン、在位一五〇一〜一六〕の軍を潰走させた。マムルーク朝にとってこの敗北は、二五〇年にわたって近東を支配してきたこの王朝の没落の序曲となった。続いてシリア、パレスチナ、エジプトも次々と征服された。まもなくトルコの海賊ハイル・アッディーン、別名バルバロッサ〔一四八三?〜一五四六。オスマン・トルコ海軍の提督〕がセリムへの臣従を誓い、アルジェ、コンスタンチーヌ、チュニスがオスマン帝国の版図に入った。こうして、スルタンの支配から逃れられたのは、アラブ世界の辺境に位置するイエメンとモロッコの二国だけとなった。

オスマン帝国統治下における諸民族の自治獲得

イエメン、モロッコ以外のアラブ諸国はどこも、一八三〇年にフランスに征服されたアルジェリアを除けば、四世紀近くにもわたりオスマン帝国の支配下にあった。しかも、征服時に敷かれた行政区分は、そのまま今日にまで生き続けている。ちなみに、オスマン帝国以前には、ベルベル人の王朝であるチュニジアのハフス朝があり、コンスタンチーヌやトリポリに権威をおよぼしていたし、もっと西では、トレムセン〔アルジェリア北西部、テル・アトラス山脈中の古都〕があり、モロッコのマリーン朝によって脅かされながらも自治を維持していた。

スルタンの政府は一六世紀から、税を徴収するために一種の現状明細書《タリール》を各地方政府に作らせていた。法令集成《カーヌーン・ナーメ》もそうだが、この現状明細書は、今日では当時の帝国の富や地域間の交易に関し、正確な状況を把握するための重要な資料となっている。帝国のアラブ地方に対する統治は、この徴税システムに立脚したことはもちろんだが、それとは別に、次の三つの基本原理のうえにも成り立っていた。すなわち、行政官のパシャ、裁判官のカーディー、そして近衛歩兵軍の三部門を各支配地域に配置することである。

ところで、パシャが委託統治にあたる期間は、時代が下るにしたがって短くなる傾向にあった。理由はパシャ自身の職権濫用や地域内紛争による。短期間の交代が繰り返された。実際、パシャの数は、カイロでは一五一七年から一七八九年までの約二七〇年間に一一〇人、ダマスカスでは一七世紀中の一〇〇年間に七五人というように、交代は目まぐるしかった。しかしこの結果、各地方では中央の権威に対する抑止力が強まり、徐々に地方の機関や軍隊組織が中央権力の代表者よりも優る状況が作りだされていった。そのうえ、地方生まれの軍人が次第に近衛歩兵の指揮系統を握るようになっていったことも、この状況に拍車をかけた。チュニスの軍団を例にとれば、彼らは一八〇七年の枯れ川サラット〔チュニジア北部。雨季にしか水流がない〕の戦いでコンスタンチーヌの人々と競ったが、この戦いでは総勢二万の兵士のうち本国のトルコ兵はもはや一五〇〇名しかいなかった。しかもこの傾向は、エジプトやチュニジアなど、オスマン帝国の征服以前からすでに国があった所ではなおさらであった。ただし、アルジェリアは例外で、徴兵は本国トルコのアナトリアで行なわれていた。アルジェリアでは少数派のトルコ人が孤立していたため、本国としては自己の権力が現地人であるアルジェリア人に侵されぬよう、自国兵を動員し、軍強化を図ろうとしていたのである。

いくつかの地方には自治を確立するだけの実力があった。それでも、そこには帝国との一体性を保持しようとする諸要素も存在していた。とりわけ一六世紀、ヨーロッパのキリスト教世界から追われたムスリムたちを帝国が援助したとき生まれた連帯感がそうである。この帝国への連帯感はさらに、同時代にウィーン、イラク、クレタ島、クリミア半島での戦いで地中海の一部を制したスルタン、スレイマン一世に対する忠誠によっても強化された。一八世紀になると、帝国の衰

* セリム一世はマムルーク朝を倒し、メッカ、メジナの聖都を押さえることによってイスラームの保護者の地位を確立した。

退が非アラブ地域に影響をおよぼし始めるが、それでもこれらの地域は帝国の存在によって自分たちがいかなる外的危険からも守られていると考えていた。それだけに、一八三〇年のアルジェの衝撃〔フランスによるアルジェリアの征服〕は帝国内にひときわ大きく響き渡ったが、チュニスではそれから数十年経てもまだ、オスマン帝国の大軍団がやがてはアルジェリアを解放しにやって来るだろうと夢想していた。

しかし、イスラームとの経済的紐帯を固めながらも、帝国の構造を喪失させる推進力はそれ以上に強かった。しかも、もともと根を張っていたアラブの地方王族が一八世紀にはパレスチナを、一九世紀前後の転換期にはダマスカス地方を治めるようになっていた。また、イラクでは、オスマン帝国が数世紀来のライバル、ペルシア（イラン）と争っていたために、これがある種の自治独立を促し、ことにモスル〔イラク北部都市モスルを中心とする一帯〕では、一七二六年から一八三四年までジャリール家が君臨していた。このように、多くの地方が、形のうえでは帝国への臣従を認めながら、事実上は独立を得ていた。しかも、この状況が、帝国の内部に多くの武力紛争をもたらしていた。とりわけ、アルジェおよびモロッコの太守《ディ》とチュニジアの太守《ベイ》が争って、チュニジアの太守《ベイ》が地位を奪った紛争は象徴的である。

オスマン帝国の植民地化は、入植者をもたず、税制以外には真の中央集権的行政もなく、トルコ化政策もなかった。そしてその植民地化は、帝国を構成している「国」や地方から部分的に集めた軍隊によってのみ、安全を保障されていた。そのようなオスマン帝国は、徐々に権威を失い、警告・威嚇射撃をするだけの存在となっていった。

アラブのアイデンティティー、その諸矛盾

本源的な矛盾は以下のとおり。

一方において、西洋の脅威から免れた東方のアラブ民族は、正式な独立を求めた。ことにエジプトではムハンマド・アリーがその望みを達成した*。しかし、それによって、エジプトは西洋の力をためらうことなく借りるようになる…。他方、着々と植民地化を進める西洋に対して「病んだ人」たるオスマン帝国が手をこまねいていたため、東方のアラブ諸国内部では帝国への静かな離反が起きていた。その内部では、シリアやレバノンがアラブ人キリスト教徒を、エジプトがコプト教徒〔エジプトとエチオピアのキリスト教徒〕を自らの領土内に抱えていたため、それらと共立共存する必要があった。そして、そのためには、脱イスラーム化を図って統一に進むしかなかった。この歴史的文脈のなかで、アラブは国民国家の意識を飛躍的に高めていくのである。

しかし、「民族国家自立の《ナショナリテール》」運動（アブド・アルマレク〔エジプトのマルクス主義社会学者〕）は、そのために本質的な困難に直面することになる。それは、この運動の戦術的理由というよりも、

「スルタンとは《信徒の指導者》〔ムスリムの長の称号〕である」がゆえに直面する困難である。すなわち、この運動によって、「イスラームのアラブ世界への一体化」と「アラブ世界のイスラームへの一体化」のいずれもが希薄化してしまったのだ。

こうして、一九世紀から二〇世紀にかけてのアラブの政治思想は矛盾に直面することになる。つまり、西洋世界の浸透に抗うためには近代化を選ばねばならないが、近代化を選べば言語と故国への愛着以外にアラブのアイデンティティーは何も残らないという矛盾である。しかも前者の選択は、その反動として、イスラーム原理主義という、国民国家の思想を否定しイスラーム信仰の真の源にたち帰ろうとする動きに、勢いを与えるばかりとなった。

それゆえに、エジプトであれシリアであれ他のどこであれ、アラブの権利主張の核心にはアイデンティティー追求の問題がひそんでいる。エジプトの国民的詩人リファー・ラフィ・エル・タフターウィー〔一八〇一～七三〕は、一八六九年カイロで出版された書物のなかで、宗教から政治を分離すること、労働をあらゆる価値の源とすること、そして宗教が何であれ同じ祖国の市民ならばみな平等であること、これらを求めていこうと呼びかけている。そこには、サン・シモン〔一七六〇～一八二五。フランスの社会改革思想家〕や啓蒙思想家たちの影響を読みとることができる。曰く、「祖国こそは、自由と思想と歴史のうえに築かれた、われわれ共通の幸福の場でなければならない」。また、「青年エジプト党」の運動に参加し一八八二年の革命〔民族主義政党「ワタン党」政府の成立〕後に国の公式スポークスマンとなるアブダラー・アルナディム〔一八四四?～九六。エジプトの民族主義運動家〕は、こう考えていた。「ムスリムとコプト教徒との融合は、西洋のプロパガンダからエジプトを守る防波堤となった。われわれはほかの民族と協調する術を知らなければならない」（アブド・アルマレク『現代アラブの政治思想』＝Abd el-malek 1970より引用）、と。彼は「ワタン党」政府崩壊〔同政府は成立年の一八八二年中に消滅〕後、逮捕されるが、最終的には恩赦になる。しかし、イギリスは彼の監視を続け、スルタンは彼の球心力を弱めようと図った。

【ワタン（祖国）】アル・アズハル大学（カイロ）で教育を受け、アラブ世界で初の文学博士となったターハ・フセイン〔一八八九～一九七三。エジプトの作家、歴史学者〕は、アラブのアイデンティティーについて考察する際、エジプト、地中海世界、東方などが果たした役割を歴史的次元から問い直すという視点を導入した。これにより、近代化に向けての歩みはさらに一歩踏みだされ

＊　一八〇一年、イギリス・オスマン連合軍によってフランス軍がエジプトから駆逐されると、マムルークとオスマンが権力を争ったが、ムハンマド・アリーのオスマン軍が勝利、エジプトを平定した。一八〇五年オスマン帝国はアリーを副王に任命、ムハンマド・アリー朝が開かれる。

た。彼の確信によれば、アラブ世界が東方に帰属するという考え方が成り立つとしても、それはある場合に限られる。つまり、宗教が単一であること、あるいは一時的に現れた政治的交流が同質であること、この二つを考慮した場合に限られる。

「さて、《歴史》が証明しているところによれば、宗教や言語が単一でも、それのみで政治的単一性に向かう有効な土台を作ることはできないし、また国家形成の基礎を作ることもできない。ムスリム自身、昔から、王権の基礎や国家の土台づくりのために宗教や言語の統一を図るなどということはあきらめてきた。〔…〕ムスリムたちは、すでにヒジュラ暦二世紀〔西暦八世紀〕から、現実的な利点それのみに則り、自分たちの政治を築いてきた。それによって、ヒジュラ暦四世紀〔西暦一〇世紀〕に、ムスリム国家に代わって、スルタン支配下の諸王国が安定的イスラーム秩序のなかに組み込まれるムスリム世界を成立させた。さまざまな民族が現れ、国が増えていった…。エジプトは、古代からの個性を、いち早くムスリムの衣で包んだ。それまで決して捨てることのなかった個性なのだが…。〔…〕しかし、歴史がわれわれに教えているように、征服されてアラブの統治を受け入れたからといって、恨みが消えたわけでも、ましてや抵抗や反乱がなくなったわけでもない…」（Abd el-malek 同上書）。

ターハ・フセインのこの考察から数十年後、アントゥーン・サーダー〔一九〇四～四九。レバノンの民族運動家〕は、これと同様の見解を打ちだし、古代シリアがカナン〔旧訳聖書における、パレスティナおよび南シリアの呼称〕のフェニキア人の名のもとに、さまざまな民族国家の母体となっていたことを述べている。

　このように、「ワタン」（祖国）ということばとともに「祖国」の観念が広まる。「ワタン」とは本来、愛情や郷愁の気持ちを示すことばで、忠誠の気持ちを表現することばではなかった。また「忠誠」ということばは、そもそも王朝に対して用いられるか、あるいは宗教的ないい方で表現されるもので、領土とは結びついていなかった。この「ワタン」ということばを「愛国」の概念を表現するものとして一般化させたのは、一八五五年にアラビア語の愛国詩『カジダ・ワタニーヤ・ミスリーヤ』を出版した先のリファー・ラフィ・エル・タフターウィーである。作品に登場するリファー〔エジプト中部の村〕の長老《シャイフ》の愛国主義はオスマン帝国に対するものではない。この長老は自分の生まれた土地にほとんど関心を示していないからである。また、それはムスリムに対するものでもない。その証拠に、長老が主張しているのはイスラーム以前の、異教的でキリスト教的なエジプトの古代の栄光についてだからである。さらに、それはアラブ人に対するものでもない。この長老はアラビア語を話すほかのアラブ民族との結びつきをもたないからであり、「大いなる祖国アラブ」という観念はこの作品のもっとあとで現れるものだからである（バーナード・ルイス＝Lewis 1991 参照）。

それまで、イスラームの到来によって始まるとされていたエジプトの歴史は、タフターウィーの歴史観ではアラブの到来によって終わる…。国、民族、そしてその継続性という観念は、ムスリム世界においてはたとえ言語、体制、宗教、文明が変わろうとも、未知の新しい観念だったのである。

こうした観念は、それに対する反動を呼び起こす。

この「民族主義者たちの」流れに対して、早くも一九世紀末からムハンマド・アブドゥフ（一八四九～一九〇五。エジプトのイスラーム法学者、思想家）によって、強硬なイスラーム原理主義が唱えられる。彼は、良識を鍛錬しつつ、イスラームの源に立ち返ることを強く勧める。「公正な専制君主だけが、東方の再興を果たすことができるだろう。また、人々が自由を満喫できるようになるには、あと一五年もあれば充分であろう…」と彼は書く。改革はまず市町村議会から始めて、次に国家のもっとも高い地位の階層へといたる。しかしそのまえに、と述べ、こう続ける。

「重責にある者とその一派の首をすげ替え、［…］性質に欠けるところがあれば、一番効果的な方法で矯正しなければならない。必要ならば、切除したり、真っ赤な鉄で焼き入れしたりすることもやらねばならない。つまり、小さき者たちの心を、意志力を培う方向に育ててあげなければならないのである。どんどん伸びる植物をまっすぐ成長させるためには垂直の添え木を立てなければならない。園芸家がそうするように、われわれは人々の精神に働きかけねばならない」。この考えは、のちに、「ムスリム同胞団」*（結成一九二九）の創立者でありその最高指導者であるハッサン・アルバンナ（一九〇六～四九。エジプトの教員、イマーム）にふたたび見いだすことになる。

しかし、近代化運動のさきがけをなしたエジプトは、オスマン帝国とカリフの制度**（この制度の合法性にアリー・アブド・アルラッェーク（一八八八～一九六六。エジプトのイスラーム学者）は異議を唱える）から解放される時期に、またたくまに変貌していった。すなわちエジプトの愛国主義は、君主制に基礎をおく民族主義から、領土拡張政策の特色をもつ、自制のきかない民族主義へと変わっていった。短期的には、たしかに変化したのである（本書一一六～一二〇頁参照）。

＊　コーランを憲法に据えたイスラーム国家の建設を標榜するイスラーム原理主義組織。西欧的価値を否定し、イスラーム的正義（イスラーム復興）の実現のために行動主義をとり、ことに一九四八年に始まる第一次中東戦争後、反イスラエル、反英、反米のジハード（聖戦）を唱えた。

＊＊　一般にはイスラームの最高指導者を指すが、この頃にはオスマン帝国皇帝が兼務した。

【アラブ連盟】　第二次大戦が勃発したとき、アラブ人の心情は枢軸国〔ドイツ、イタリア、日本〕寄りであった。アラブ人も枢軸国も、イギリス人、フランス人、ユダヤ人という共通の敵をもっていたからである。しかし、イギリスはアラブ人の反英闘争をうまく回避することができた。イギリスは、ユダヤ人のパレスチナ移住政策を停止させ、レバノンとシリアの対フランス独立運動を支援し、アラブ統一に対する理解も表明し、さらには一九四一年のラシード・アリーの乱*の危機ののち、「アラブ連盟」の創設にも好意を示すことにしたからである。

この「アラブ連盟」の構想はヌーリー・サイード〔一八八八～一九五八。イラクの親英的政治家、首相（一九三〇年から五八年のあいだに計一四回務める）〕によって発案され、一九四二年末に公表された。彼はシリア、レバノン、トランスヨルダン（現ヨルダン）、パレスチナを連邦の形で結集させた大シリアの建国を構想していた。そして、パレスチナのユダヤ人にも、またレバノンのマロン派〔東方典礼カトリック教会〕にも自治を認める予定で、最終的にイラクが、この「アラブ連盟」によってほかの加盟国全体と結びつけられるはずだった。大シリアはアブド・アッラーフ〔一八八二～一九五一。初代ヨルダン国王（在位一九四六～五一）〕を国王に戴き、イラクは「アラブ連盟」の盟主の地位に就き、加盟国全体がハーシム家〔イスラームの開祖マホメットの家系〕の支配下におかれる、そういう構想であった。こうして一九一六年にトーマス・エドワード・ローレンス大佐〔一八八八～一九三五。イギリスの軍人、考古学者〕とヒジャーズ王フサインとが夢見た大アラブ王国が、ヒジャーズの近くに再興されるはずであった。

アンソニー・イーデン〔一八九七～一九七七。イギリス保守党政治家、首相（一九五五～五七）。当時は外務大臣〕は、一九四三年初頭この構想に賛意を表した。ところが、イーデンは、サウジアラビア、一部のレバノン人、そしてことにエジプトの消極的態度にぶつかった。そこで、ナッハース・パシャ〔一八七六～一九六五。エジプトの親英派の政治家、「ワフド党」党首〕が、この構想に対して急ぎヌーリー・サイードをアレクサンドリアの会議〔一九四四年九月二五日〕に呼び、「アラブ連盟」の創設を宣言する挙にでたのである。イラクもトランスヨルダンも、これを受け入れざるをえなかった。こうして、一九四五年三月二二日カイロで条約が結ばれ、「《アラブ連盟》は現存するアラブ諸国の独立を擁護する目的で結成される」と定められた。つまり、ナッハースによるこの行動は、肥沃な三角州〔チグリス、ユーフラテスに挟まれたメソポタミア地方。現在のイラクとシリア東部〕に統一アラブをおく構想には反対である旨を示すものとなった。

このバグダッドに対するカイロの勝利によって、エジプトと六ヶ国〔イラク、サウジアラビア、イエメン、トランスヨルダン、シリア、レバノン〕が「アラブ連盟」のメンバーとなる。ペルシア人のイランは、ムスリムではあるがアラブではないという理由で除外された。また、ムスリム世界のアラブ民族運動すべてを支援する約定が結ばれたほか、しばらくのちには北アフリカ諸国が新たに加盟し、イスラエルに対する戦いも採択された。しかし、加盟国の政治体制が多様であったため、「アラブ連盟」は限られた手段しかとることができず、しだいにその弱点をさらけ出す。シリア・バース党＊＊のような革新的な組織による活性化の試みもなされたが、最終的には、「アラブ連盟」は、一九五二年のナギーブ〔一九〇一〜八四。エジプトの政治家、大統領（一九五三〜五四）〕とナーセルによるエジプトでのクーデタ（エジプト革命）によって、植民地人民が立ちあがるための新しい触媒、つまり「酵母《ルヴァン》と梃子《ルヴィエ》」となっていった。ことにそれは、カイロから北アフリカ一帯に発信された強力なラジオ放送局『アラブの声』をもつことによって、その機能を果たしてゆくことになる。

さて、東洋（東方）ではどうだったか。東洋とりわけその東の方面では、一九一九年に結成された第三インターナショナル（コミンテルン〔正称、共産主義インターナショナル〕）が、もうひとつの「酵母と梃子」となって、トルコ人、ペルシア人、インド人などに、影響力をおよぼしていた。

共産主義インターナショナルと植民地人民

第二インターナショナル〔一八八九〜一九一四〕は、たしかに植民地の存在を非難した。しかし、それは植民地をもたらす代わりに社会主義の政治をもたらすためであった。草創期の理論家であるレーニンは、一九一四年の冊子『民族自決権について』のなかでこう力説している。植民地政策は、ヨーロッパの労働者のおかれている境遇を改善することによってヨーロッパでの社会革命を遅延させる…、その限りにおいて、民族国家建設の要求は、社会主義にとって「進歩的な」役割を果たす、と。帝国主義に対する民族国家の戦いは、プロレタリアの戦いにおける基本要素でなければならないわけであるから、なるほどレーニンの姿勢は、第二インターナショナルのほかのリーダーたちの姿勢よりも急進的である。しかしながら、それは、あくまで植民地人民の民族国家建設の要求を、それ自体としては到達すべき目標にしていないことを示して

＊　一九四一年イラクのラシード・アリーはイギリスによるイラクの実質的支配に対し、クーデタを決行した。これにより反英政権が樹立されると彼は首相にの地位につけられたが、石油資源を重視するイギリスは、同年軍事介入を断行、政権は短命に終わった。

＊＊　アラブの民族主義政党。アラブの統一、反資本主義、反帝国主義、反シオニズムをスローガンとする。

いる。

将来に対する展望において、植民される側と革命家たちがいかに関わりをもたずにいたか、ローザンヌ会議を見ればよくわかる。この会議は、第一次大戦さなかの一九一六年、オーストリア・ハンガリー帝国によって抑圧を受けている少数民族に同情した人々、たとえばこの会議を運営したスイス人ウージェーヌ・プリヴァ〔生没年不詳〕らによって準備された。会議には、ロシアの少数民族の代表や、エジプト人、アルメニア人、チュニジア人の代表までが駆けつけた…。ところが、社会主義者はフィンランド人のクーシネン〔一八八一～一九六四。革命家。一九一八年、フィンランド共産党を組織した〕を除けば誰ひとりとして参加していなかったのである。当時、ボルシェヴィキであれメンシェヴィキであれ革命的社会主義者であれ、ロシアから政治亡命した者のほとんどはスイスにいた。にもかかわらず、亡命者であるレーニン〔ボルシェヴィキを代表する指導者〕であれ、マルトフ〔一八七三～一九二三。ロシアの社会主義者。メンシェヴィキを代表する指導者〕であれ、ほかの誰であれ、この民族主義に関する会議には露ほどの関心も示さなかった。また、フランスでは、当時ジャーナリストであったジャック・バンヴィル〔一八七九～一九三六。のちに民族主義の歴史学者となる〕が、民族国家の問題と植民地の問題は互いに連関しつつも異なる二つの問題であるという見解を示していた。彼はリボ政府〔アレクサンドル・リボ（一八四二～一九二三）はフランスの政治家。一九一七年まで五度首相を務めた〕に対し、将来フランスの植民地に影響をおよぼしたくないなら、オーストリア・ハンガリー帝国の民族国家問題をあまり加熱させないよう勧告さえしている…。

一九一七年にロシア革命が起こったとき、ロシアの諸民族の多くは、ツァーリズム〔ツァーリの専制権力とその家父長的支配〕の崩壊と暫定政府の成立のなかに、自分たちの自由を取り戻せる機会を見いだした。ところが、その後、彼らが確認したのは別のことだった。まず、レーニンが主張した民族自決権は、古い体制を迅速に倒すための道具でしかなかったということ、次に、モスクワ政府は革命的連帯の名のもとに、今その民族自決権を適用すれば世界革命の陣営は弱体化すると判断していたということである。この世界革命の将来については、一九二〇年八月七日の第二回コミンテルン（第三インターナショナル）世界大会でも取りあげられている。しかし同月一五日、ポーランドに攻め込んだ赤軍〔ソ連邦陸軍の旧称〕がワルシャワ近郊で食い止められ退却したため、必然の流れとして、ヨーロッパに革命が起こること、少なくとも近々起こることはなくなっていた。こうした状況のなかでインド人のマナベンドラ・ローイ〔一八八七～一九五四。革命家。コミンテルンにおいて重要な役割を担うが、路線の対立で一九二八年除名〕は、ヨーロッパの革命の成否は全面的に東洋の革命にかかっている、と主張していた。彼は、革命運動は「何ら民族解放の運動と共通性をもたない」と述べ、その理由をこう言明した――民族運動はブルジョワ階級によって活性化されており、ことにインドにおいては、それはやがて反革命運動へと向かうからだ…。この立論に対してレーニンは異論を唱える。というのも、ソヴィエト政府の最高責任者である彼の主要な関心事は、彼に反対している列強諸国を抑えること、その勢力を背後から攻撃できる盟友を探すことにあったからだ。ならばその盟友は、まだ揺籃期にあるインド共産党であるより、むしろ力もあり発展も遂げているインド国民会議派のほうだった。

この論争の興味深い点は、ソヴィエトそのものの利害と、植民地国家ないしはインド、トルコ、エジプトなどの半植民地国家がもつ革命にかける望みとのあいだに、対立関係が生まれつつあることを予示しているところにある。バクー大会〔一九二〇年七月〜八月の第二回コミンテルン世界大会〕では、植民地問題が論議の中心となったために、この対立関係が大きな波紋を広げた。論議が沸騰し、この問題は、ことにアジアの国々にとっては単なるコミンテルン会議の枠をはるかに越えた重大なテーマとなった。東洋の代表者は、主に中央アジアのムスリムたちであった。一八九一名の参加者のうち、トルコ人二三五名、ペルシア人一九二名、中国人八名、クルド人八名、アラブ人三名で、それ以外の人々はソヴィエト共和国の非ロシア人地域から来ていた。彼らは、カール・ラデック〔一八八五〜一九三九。ポーランド生まれのユダヤ人共産主義者。当時、コミンテルン書記〕とグリゴリー・ジノヴィエフ〔一八八三〜一九三六。ロシアのユダヤ人共産主義者。レーニンの片腕〕による次のような呼びかけに応えて参集した。

「かつて、あなたがたには、砂漠を横断して聖地まで赴く習慣があった。今こそ、砂漠を越え、山を越え、河を渡ってもらいたい。平等で自由で友愛の生活を送るために、そしてあなたがたが自らの鎖から自由になり、兄弟愛の絆で互いを結びつけあうような形で、お互いに会って議論するために」（一九二〇年七月）。

グリゴリー・ジノヴィエフらの声明は熱狂的に迎えられた。記録映画には、「聖戦《ジハード》！」「東方の復活、万歳！」と叫んで天に向けサーベルや拳銃をもちあげ歓喜する人々の映像がそっくり残っている。しかし、熱狂的興奮がすぎてしまうと、やがてムスリムたちは、自分たちを扱ってきたモスクワの態度に疑義を呈するようになった――「かつてわれわれは、われわれ先住人民に対して支配者階級が示す侮蔑を耐え忍ばねばならなかった。ところが、どうであろう。今、コミュニストたちの態度はこれと同じだ。彼らは支配者的気質を蔵し、ムスリムを臣下であるかのような目で見ている」。ウラディミール・イリッチ・レーニンから大会に派遣されたゲオルギー・サファロフ〔一八九一〜一九四二。ソ連の革命家。コミンテルン執行委員、東洋部長（一九二一）〕は、こうした共産主義者の有毒性を確認して、「トルキスタンでは、プロレタリアの独裁者が典型的な植民地主義者の性格をしている」と指摘している。

かつてメンシェヴィキや「エス・エル党」〔一九〇一年創設のロシアの革命政党「社会革命党」の略称〕は、カフカスの非ロシア人が社会主義政党の埒外で生きる権利を求めたとき、「反動だ！」と叫んだことがあった。今、共産主義者には、これと同じ行動体質を見いだせる。そのため、トルキスタンで開かれたムスリム共産主義組織の第三回会議（一九二〇年一月）のときには、ロシア共産党のトルキスタン支部は「トルキスタン共産党」という独立した組織へと変わりたい旨の要望をだしている。またバクー大会では、植民地のおかれている環境のもとでは階級的連帯という概念自体が意味をなさない、とまで論議が発展した。ムスリムたちは、東方の解放を唯一保証するものとして、民族国家革命の必要性をあくまで主張した。たしかに、民族国家革命は彼らのアイデンティティーを取り戻すただひとつの方法であった。彼らムスリムたちにとって、運動の方向云々などという問題——ときにはブルジョワに委ねられ、またときにはマナベンドラ・ローイに扇動された民族主義的共産党に委ねられていた問題——は、二次的な問題と映っていたのである。

　この論議の対立は、レーニン・スターリン・ジノヴィエフ体制のソヴィエト指導部によって「民族主義的偏向」と批判される一九二三年まで続いた。そしてこの批判によって、スルタン・ガリエフと中央との断絶が生まれた。彼は、かつてソヴィエト民族人民委員会においてスターリンの片腕であり、タタールの共産主義者のなかで、もっとも注目される人物であった。スルタン・ガリエフが主張していたことは、西洋と東洋のプロレタリアは根本的に異なる、有り体にいえば、「相容れない」ということであった。彼はこうもいう。「ムスリムの人民はプロレタリアの民族である…。彼らの民族運動はそのまま社会主義革命の性格をもっている」。このいい方が冒瀆的だったわけである。スルタン・ガリエフは、この「プロレタリアの民族」という概念を打ちだすことで、プロレタリアをひとつの社会階級とする西洋と、まるごとプロレタリアである諸民族を抱える東洋とを、はっきり区別した。しかも彼は、たとえ西洋においてブルジョワからプロレタリアへの権力交代があっても、西洋のプロレタリアと東洋の抑圧された諸国民との関係には何ら変化は生まれないし、また将来も同じであろうと述べた。たとえ権力を取っても、西洋のプロレタリアは、それ以前の支配階級から国家としての立場をそのまま継承するからである。

　したがって、西洋の宗主国による独占的支配に代わって、プロレタリア民族国家が西洋の宗主国を支配する必要がある…。そのためにスルタン・ガリエフは、コミンテルンから独立した「植民地共産主義者インターナショナル」の創設を呼びかけた。そして第一段階としてトルコ民族の大国家トゥラン〔ユーラシア大陸にいるトルコ系諸民族の総称〕の建設を考えた。続いて、ハナフィー・ムザッファル〔生没年不詳。タジキスタンの革命家〕とともに、東洋の人々に特有の文化的な条件を加味することで、共産主義とイスラームの融合を理論的に図ろうと試みた。ところが、ソヴィエト指導部はこの動きを封じ、一九二三年の第四回共産党大会ではカリーニン〔一八七五〜一九四六。ソ連の政治家。この当時ソ連執行委員会議長〕が、「ソヴィエトの政策は、レニングラードの労働者の思想をキルギス草原の人民、ウズベク人民、トルクメン人民に教えることを、目的としなければならない」との断を下した〔一九二三年五月、スルタン・ガリエフは反革命容疑で逮捕、党から除名された〕。

こうして「スルタン・ガリエフ主義」を力ずくで粛清し、トルキスタンの「正常化」を行なうと、コミンテルンは民族運動を支配の道具とする道具主義的*な政策をふたたびとった。それを象徴する先例が、一九二一年にロンドンとモスクワとのあいだで結ばれた通商協定である。そこには、「モスクワはアジアの人民に対して、イギリスへの敵対行動をそそのかすようなあらゆる政治宣伝を控える」との約定があった…。以来、ロシアの共産主義者が民族運動の性質を規定しようとするときには、あるいは彼らが民族運動について支持すべきものとそうでないものとを区別するときには、ソヴィエトのヨーロッパ中心主義はますますその傲慢さを剝きだしにするようになる。こうしたソヴィエトの姿勢に対し、第三回（一九二一）と第四回（一九二二）のコミンテルン大会では、マレーシア代表のタン・マラカ〔一八九七〜一九四九。インドネシアの革命家。スルタン・ガリエフ同様イスラームと共産主義の両立をめざす〕やヴェトナム代表のホーチミン、インド代表のマナベンドラ・ローイらが怒りを表した。

東洋民族運動指導者たちにとって、民族国家革命はあくまでひとつの段階にすぎなかった。しかし、コミンテルンの指導部は、東洋の革命に対して民族国家革命以外の可能性を見ようとはしなかった。こういうコミンテルンだから、モスクワ側は明言こそしなかったものの、西洋だけが社会主義革命を成就しうると思っていた。これが意味するところは、あからさまにいえば、どの国家が革命的能力をもつか、しがってそれを成す権利をもつか、そういう事柄を定義しうるのは結局ソヴィエト共和国だけであるということだ。たしかに一九二七年の中国における例は、コミンテルンのこうした態度を許すものとなった。**

一九二八年の中国共産党の失敗、***その失敗において蔣介石〔一八八七〜一九七五。中国の政治家、軍人。国民政府主席（一九二八〜三一）〕と特別な関係にあったコミンテルンが果たした部分、こうした要因のせいで——また、スターリンがムスリムの共産主義者たちに対してとった態度が

* デューイ（一八五九〜一九五二。アメリカの哲学者）派の用語で、人間の思惟は環境を支配する道具であるとする功利主義的な説。

** 一九二四年に成立した国共合作（中国国民党と中国共産党との協力体制）が、一九二七年、蔣介石主導の共産主義者弾圧によって完全に解消され、国民党と共産党は敵対関係に入る。

*** 一九二八年、蔣介石によって、共産党を排除した国民政府が成立する。コミンテルンは共産党を支持せず、国民党左派を重視する政策をとった。

その以前にあっただけに――、植民地人民の闘争におけるソヴィエトとコミンテルンの果たす役割については、ことさら否定的な予断が下されたのだともいえる。しかし、おそらく、この否定的予断は部分的には誤りということになるだろう。というのも、この見方では次の事実を正しくとらえていないことになるからだ。すなわち、発足まもない頃のコミンテルンは、少なくとも、植民地化された国々の民族主義的環境を燃え立たせる「発火材」の役割を果たしていたという事実である。また、マナベンドラ・ローイやタン・マラカが、スルタン・ガリエフに続いてソヴィエトの行動に絶望したという事実がある一方で、ホーチミンはあくまでコミンテルンに忠実であった。一九三五年、コミンテルンが「階級対階級」に代えて「国家対国家」の闘いをスローガンに掲げたとき、ホーチミンはこれに賛同し、フィリピンの共産主義者らと同じように、ファシズムの日本およびその同盟国に対して率先して民主主義陣営とともに闘いを組織した(原注)。

東洋の民族運動についてさらにつけ加えれば、コミンテルンの指導部に反対した者たちの主張やそれによって呼び起こされた議論は、モスクワから断罪されても死滅しなかった。彼らの主張は地下で生き続け、マレー人、インド人、そして毛沢東〔一八九三～一九七六。中国共産党の指導者、中華人民共和国初代主席（一九四九～五九）〕によって知られることになる。やがて到来する一九六〇年代には、ブーメディエン〔一九三二～七八。アルジェリアの革命家、民族運動家、国家元首（一九六五～七八）〕やカダフィ〔一九四二～二〇一一。リビアの革命家、軍人、政治家、国家元首（一九六九～七九）〕が「プロレタリア国家」というスルタン・ガリエフの思想を自分流に変形してふたたび主張し始めた。もっとも、本来タタール人やトルコ人のものであった国家も以後はみなアラブということになるのだが。

たしかにいえることは、スルタン・ガリエフの図式が歴史的に有効であったということだ。リビア、アルジェリア、そしてイランも、ひとたび独立を達成すると、西洋諸国の支配に代わる第三世界諸国による独裁体制、というスルタン・ガリエフの思想に回帰しているのである。

コミンテルンの行動は、直接的なものにしろ間接的なものにしろ、東洋においてはトルコやムスリム生まれの人々ばかりでなく、ペルシア人、インド人、ヴェトナム人、マレー人、インドネシア人、そしてもちろん中国人の心をもつかんできた。しかし、アラブ人の心を動かしたことは第二次大戦以前にはほとんどなかった。アラブ圏でまがりなりにも組織化された、若干の代議員をだす共産党が存在したのは、シリアとレバノンにすぎない。

ブラック・アフリカにおいても、共産党のあった南アフリカを除けば、コミンテルンはほとんど関心を呼ばなかった。その南アフリカでさえ、モスクワとの交流といえば、せいぜい何人かのアフリカ人を東方勤労者共産大学*に入れたり、反帝国主義を掲げたブリュッセル大会（植民地抑圧反対・帝国主義反対世界大会、一九二七）に参加した程度にすぎない。

この大会はヴィリ・ミュンツェンベルク〔一八八九〜一九四〇。ドイツの共産主義活動家。ドイツ共産党の創設者のひとり〕によって組織されたものだが、そこでは「黒人問題」がなおざりにされた。セネガルのサンゴールや二名の南アフリカ代表および多数のアフロ・アメリカ人が出席していたにもかかわらず、「黒人問題」はコミンテルン初期の会議における「植民地問題」以上の地位を占めることはまずなかった。この大会での花形は、ジャワハルラル・ネルー〔一八八九〜一九六四。インドの政治家、初代首相（一九四七〜六四）〕であり、そしてムハンマド・ハッタ〔一九〇二〜八〇。インドネシアの民族主義独立運動家、初代副大統領（一九四五〜四八）〕、アルバート・アインシュタイン〔一九〇〇〜六四。ドイツ生まれのアメリカの理論物理学者〕、ヴィクトール・アヤ・デ・ラ・トーレ〔一八九五〜一九七九。ペルーの政治家。反帝国主義の「アプラ党」党首〕、メサーリー・ハーッジュといった人々だったのである。

汎アフリカ主義、発展の歴史

汎アフリカの運動、すなわち汎アフリカ主義《パンアフリカニスム》は、黒い大陸に住む人々の解放において、原動力の役割を果たした。それはブラック・アフリカの、とりわけイギリス領アフリカの脱植民地化思想を作りあげた。アフリカの統一という大きな枠組みで汎アフリカ主義が成立するのは、ごく近年、一九五八年のアクラ〔西アフリカ、ガーナ南部の首都〕会議（第一回全アフリカ人民会議）からにすぎない。だが、その根はもっと深く、汎アフリカ主義の萌芽は二〇世紀直前の一九〇〇年のロンドン会議（汎アフリカ会議）に見ることができる。しかしながら、それもまた、ひとつの到達点にほかならなかった。というのも、

（原注）次のような事実も指摘しておく。一九三五年一〇月、フランス共産党の指導者モーリス・トレーズは、アルジェリア人民の防衛に強い関心があると言明した。だがその「人民の防衛」は、ファラハート・アッバースのような民族主義者で改革主義者のアルジェリア人「ブルジョワ」と連携することにかかっていた。ついこのあいだまでの「階級対階級」の時代には、アッバーズを反革命的だと見なしていたにもかかわらずである。トレーズにとって重要なこと、それは、ただアルジェリア人をフランス人民に結びつけておく、ということだけだった。彼は、アルジェリア人がイタリアやドイツのファシズムに吸い込まれてしまうのではないかと恐れていたのである。そして「フランス共産党」は一〇年後、今度は、メサーリー・ハーッジュの「アルジェリア人民党」（ＰＰＡ）〔本書四四一〜四四五頁参照〕に対する戦いを、アメリカ帝国主義に吸収されるのを防ぐための闘い、と称した。

＊　植民地および第三世界の共産主義者と共産党幹部を養成する目的でコミンテルンがモスクワに開設した。

アフリカの解放運動の歴史は一八世紀にまでさかのぼることができるからである。

アフリカの解放運動は、奴隷制・奴隷売買時代における「ブーメラン効果」と見ることができ、三角貿易の三つの角にあたるそれぞれの場所に、その源をたどることができる。まず、もっとも活発に奴隷を送りだした場所のひとつが西アフリカ、より正確にいえばゴールドコースト（現ガーナ）である。ここからは奴隷貿易を最初に批判したアフリカ人、オットバー・クゴアノ〔一七五七?〜一八〇一?。一七七〇年、奴隷として西インド諸島に連行されたが、イギリスに渡り画家の召使となった〕が生まれている。クゴアノはガーナのファンティ人で、一七八七年にロンドンにおいて『アフリカの原住民オットバー・クゴアノによって、恐れ多くも大英帝国住民へ提出された、邪悪で罪深い奴隷貿易と人身売買に関する、考察と意見』を出版した。あとになると、シエラレオネ、ナイジェリアも黒人民族運動の源となってゆく。三角形の第二の角にあたるイギリスでは、メソディスト派の運動が奴隷貿易に反対する陣営の運動を盛りあげ、ウィルバーフォースの時代に奴隷貿易廃止を勝ちとった（本書二七三〜二七四頁参照）。

第三の角にあたる場所は、カリブ海域から北アメリカのイギリス植民地、つまり将来のアメリカ合衆国にいたる領域である。ここではすでに一六世紀から、南アメリカのギアナからカリブの島々にいたるまで、黒人たちが反乱を起こしていた。これにより一六六一年にはバルバドス〔西インド諸島東端、小アンティル諸島の島〕で最初の奴隷法典が成立した。また、フランス革命からナポレオン帝政にいたる時代にも、アンティル諸島はふたたび、黒人の自由への戦いの先駆けをなす。一八〇四年、トゥサン・ルヴェルチュール時代後のハイチはついに独立を勝ちとる。以来、カリブ海域のアフロ・アメリカ人からはマーカス・ガーヴィー〔一八八七〜一九四〇。ジャマイカ生まれの黒人解放運動家〕、ジョージ・パドモア〔一九〇三〜五九。トリニダード生まれの黒人人権運動家〕、デュボワ神父〔生没年不詳。後出（本書四〇〇頁）のデュボイスの可能性もある〕といった解放運動の主要な指導者たちが輩出された。また、フランス領からは、エメ・セゼール、フランツ・ファノンらネグリチュードの唱導者たちが現れた。さらに、再度イギリスに目を移せば、少なくともロンドンでは、運動初期から表現の自由が受け入れられ、また部分的ながら、「黒人を代表する資格」という基本的な立場も享受されたことを確認しておく必要がある。

イギリスの場合、たしかに「シエラレオネ会社*」は挫折したが、それでもシエラレオネの植民地は、フリータウンのフーラー・ベイ・カレッジ〔一八二七年創立の西アフリカ最古の公立大学〕や初期の宣教団のリーダーたちの活動によって、西アフリカにおける一種の近代化の実験室となった（本書二七四頁参照）。その後、リーダーたちはナイジェリアやゴールドコーストに拠点を移した。その結果現れたのが、ゴールドコースト初のキリスト教徒の王、ジョゼフ・アグレイ〔在位一八六五〜?〕である。アグレイは、郷土のために独立を要求せずにはいなかったが、そのために一時シエラレオネに幽閉された。しかし、「自治」の思想は、そこで確実にその第一歩を記すことになる（一八六五）。

一七八三年〔パリ条約によってイギリスがアメリカの独立を承認〕、自由の名のもとに独立の獲得に邁進していたアメリカ人たちは、自分たち自身が黒人たちから自由の要求を受けるとは予測もしていなかった。黒人たちはアメリカ人の側に立って共に戦った。それゆえ、多くの黒人が期待を裏切られたと感じたとき、彼ら黒人はイギリス支持に回ったのだ。アメリカ独立宣言の起草者で奴隷所有者でもあるトーマス・ジェファーソンは、黒人の処遇問題を『ヴァージニア州覚書』（一七八七）において自問し、こんないい方で自らの気持ちを要約している。「これから彼らをどうしたらいいのか」。やがて、アメリカ内では「黒人たちをアフリカに帰そう」という論調が強くなり、一八一六年には「アメリカ植民協会」が結成され、数年間にわたる勧誘と嚇しによって一万二〇〇〇人から二万人の黒人を帰還船に乗せることに成功した。アフリカのリベリア建国はこうしてなされたのである。** しかし、自らの帰還は自らの手で果たそうと考えていた黒人たちは、当然これに憤慨した。数十年後、マーカス・ガーヴィーによる「アフリカ帰還運動」が創始されることになる理由は、ここにあったのである。

一九〇〇年ロンドンで汎アフリカ会議が開かれたとき、黒人のおかれている全般的状況はこの一世紀のあいだに大きく悪化していた。南北戦争があったアメリカでも、南アフリカをはじめとするアフリカ大陸でも、みな状況は悪くなっていた。「アフリカはアフリカ人に」というスローガンも、単なる「歴史的な名句」、激励のことばとして受けとられたにすぎず、現実的には以前にもまして白人支配が明確になっていた。それゆえ、一八九六年アドワ〔エチオピア北部の町〕でアビシニア人〔エチオピア人を構成する主要三部族のひとつ、アムハラ人のこと〕がイタリア軍に勝利したことは、*** エチオピアをアフリカ文化の基本的源泉と見なす汎アフリカ主義の神話に、ふたたび希望と活力を与えた…。また、一九〇五年にロシア人が日露戦争で敗北したことも、おのず

* 奴隷反対運動の指導者グランヴィル・シャープが一七九二年に設立した、フリータウンの管理に当たる会社。一八〇八年、近隣の部族とフランス軍の攻撃によって財政破綻し、その後この地域はイギリスの直轄植民地となる。

** 一八二二年アメリカ植民協会がアメリカの解放奴隷を率いて西アフリカ海岸に上陸、入植地建設にとりかかり、一八二四年リベリアと命名。一八四七年に独立し、ハイチ（一八〇四）に次ぎ世界で二番目の黒人独立国家となる。

*** この当時、エチオピアはイタリアの脅威を受けていた。しかしエチオピア皇帝メネリク二世は、勢力争いをするイタリア、フランス、イギリスを互いに牽制させるとともに、自国軍の充実を図った。その結果、条約をめぐってイタリアと決定的な亀裂が生じ、一八九六年三月アドワで両軍は衝突したが、エチオピアは完全な勝利を収めた（第一次イタリア・エチオピア戦争）。

と有色人種にふたたび自由への希望をともす——これに関しては、反植民地主義を標榜するマダガスカルの「ヴィ・ヴァト・サケリカ」、通称ＶＶＳ（「鉄と石」）〔一九一三年創設のマダガスカル最初の民族運動組織〕の創設者である牧師ラヴロジャオナ〔一八七九〜一九五六〕が『日本と日本人』（一九一三）を著している。しかしながら、フランス植民地に関しては、総じて同化政策の魅力が相変わらずその効果を発揮していた。汎アフリカ主義運動がことに英語圏にとどまった理由は、これによって説明されよう。

こうした特徴をもつ汎アフリカ運動のもうひとつの特徴は、教会との関係、ことにメソディスト派との関係である。メソディスト派はゴールドコーストをはじめとする西アフリカ地域において、イギリス人が「教育を積んだ先住民族《エデュケイティド・ネイティヴ》」と定義する、ヨーロッパ文化を身につけた黒人エリートあるいは混血エリートの輩出に寄与した。このエリートたちのなかから、伝統的指導者としての立場を引き受ける者がでてくる。たとえばアノマブー〔ガーナ南西部の町〕の商人ロバート・ジョンソン・ガーテイ〔一八二〇頃〜九七〕もそのひとりで、ファンティ人たちは彼を、ガーテイ四世の名でウィネバ〔ガーナ中南部でギニア湾に臨む町〕の王に選んでいる。しかし、カリブ海域やアメリカ大陸のイギリス植民地では、メソディスト派は同じような役割を果たすことができなかった。そこでは彼らの活動が入植者の敵意とぶつかったからである。

この反発の動きのなかで、アメリカ大陸における汎アフリカ運動は黒人たちのアフリカ帰還や祖国アフリカの独立を訴えるＷ・Ｅ・Ｂ・デュボイス〔一八六八〜一九六三。アメリカの混血の黒人運動家、歴史学者。汎アフリカ主義の父といわれる〕の登場をともなって、きわめて急進的な展開を見せることになる。

それというのも、逆説的であるが、アメリカ大陸における汎アフリカ運動は、アメリカへ無理やり移住させられた共通項をもつがゆえに、さまざまな民族の黒人たちがまとまって、ひとつのアフリカのイメージを構築するからである。なるほどそれは虚構のイメージだが、まさしく息づいているイメージなのだ。実際のアフリカはこれに反し、昔の王国の境界があり、領地の細分化があり、植民地化による領土の分割があった。そのためにアフリカ大陸における汎アフリカ運動は、アフリカという統一概念を生みだすことは決してなかった。もうひとつ確認できるのは、アメリカ大陸でもカリブ海地域でも、黒白混血《ムラート》は純粋黒人のマーチン・ロビンソン・ディレーニー〔一八一二〜八五。アメリカの作家、黒人運動家〕、ガーヴィーなどのアフリカ帰還運動の闘士たちに比べて、ネグリチュードの運動家となる傾向が低かった点である。

アメリカ合衆国では、クエーカー教徒たちがマサチューセッツ州でいちはやく奴隷制廃止を唱えたが、一七八七年にはアフロ・アメリカ人による運動が、その奴隷制廃止計画とともに広く人々の知るところとなっていた。この年、ことにペンシルベニア州フィラデルフィアでは、黒人のためのサークルや学校がいくつも現れた。この運動を盛りあげたのは、サン・カンタン〔フランス北部の町〕のカルヴァン教徒だったアンソニー・ベネゼット〔一七一三〜八四。イギリス次いでアメリカに移住し、教育のかたわら奴隷制度廃止のために活動した〕で、彼ら一家はナントの勅令の廃止〔一六八五。フランス王ルイ一四世はユグノー（フランス・プロテスタント）を迫害した〕によって国を追われてきた人々である。黒人のためのサークルや学校で論議のテーマとなっていたのは合衆国憲法〔憲法制定会議は一七八七年開催、合衆国憲法は八八年発効〕であり、形成過程にあるアメリカの、いずれその一部となる州（中西部の諸州）では「奴隷制の廃絶」がそこでの議論の結論となっていた。一方、黒人たちのなかには、同年（一七八七）、メソディスト派教会内に「自由アフリカ人協会」を創設したり、ロンドンのアフリカ支部から独立したアメリカ初のフリーメーソン支部「自由アフリカ人支部」を創設したりする者が現れた。さらにこの年、バルバドス出身のムラート、プリンス・ホール〔一七四八〜一八〇七。アメリカにおける黒人フリーメーソン組織の創設者のひとりで黒人解放運動家〕が、すべての人間に対する教育の平等を権利として訴え、その請願書をマサチューセッツ議会に提出した。

それから一世紀以上を経て、汎アフリカ会議がロンドンで開かれたとき（一九〇〇）には、三〇名からなる参加者のうち多くはカリブ海域と北アメリカからの人々で（一〇名と一一名）、アフリカからは四名、イギリスからは五名しか出席していなかった（ただし準備会議の段階では、アフリカ人参加者はそれより若干多かった）。会議の議長を務めたのはアレクサンダー・ウォルターズ主教〔一八五八〜一九一七。アメリカの聖職者で市民権運動のリーダー〕で、彼は開会を宣するにあたりこう述べた——「自分たち黒人種のおかれている境遇改善のために世界中の黒人が一堂に集まったのは、人類史上これが初めてである」。発言者たちは、大英帝国の政策、ことに南アフリカにおける政策を非難し、またアメリカ合衆国の人種隔離政策を非難した。そして偉大なる先人シャープとウィルバーフォースに敬意を表し、最後に、ザンジバルや東アフリカの奴隷制に抗して闘っているクエーカー教徒に感謝の意を表した。会議を締めくくる「世界の諸国民へのアピール」では、デュボイスが、「人種差別は、これから幕を開ける二〇世紀の《第一の》問題となるだろう。肌の色や髪の質が格差を生む基準となり、あるいは特権を享受する権利を決めるための基準となってゆくだろう」と予言的な発言を行なった。さらにこの会議では、黒人の権利擁護のために「汎アフリカ協会」が創設され、協会メンバーには会議に代表を派遣した各国が名を連ねた——アメリカ（代表W・E・B・デュボイス）、ハイチ、アビシニア（エチオピア）、リベリア、ナタール〔現在南アフリカの一部〕、シエラレオネ、ラゴス〔現在のナイジェリアの南西端にある旧首都ラゴス周辺地域〕、ジャマイカ。

しかし、まもなく、ジャマイカ生まれでアメリカ暮らしのマーカス・A・ガーヴィーが、デュボイスの立場を超えてその先へと進む。ガーヴィーは「汎アフリカ協会」の示す権利要求的姿勢と袂を分かつ。彼はこれまでの見方を反転させ、黒人種に価値をおき、植民地化以前にあった偉大な王国の継承者として、汎アフリカ帝国をふたたび築くことを訴えるのである。ガーヴィーの存在は黒人自身による人種差別主義の誕生を物語るが、レオポルド・S・サンゴールはそれをネグリチュードの反人種差別主義といっている。カーヴィーは、デュボイス以上にアフリカの人々の気持ちを鼓舞した。「ヨーロッパも白人も決して黒人を真に救援することはない」――ガーヴィーはデュボイス以上にそう感じていた。そして、はっきりとこう思った。暴力なくしてアフリカは何の成果も得られないだろう…と。

これに対しデュボイスのほうは人道的立場にとどまっていた。彼は、たとえば黒人初の代議士ブレーズ・ジャーニュ〔一八七二~一九三四。セネガル出身のフランスの政治家〕にレジオン・ドヌール勲章〔フランスの最高勲章〕を授けたようなフランス社会にあこがれ、異なる人種が互いに手をたずさえることを夢見ていた。ただしそれは、勤勉さによって校長にまで出世した奴隷、ブッカー・T・ワシントン〔一八五六~一九一五。アメリカの黒人教育家〕のような穏やかな順応の道をたどるのではなく、徹底的な要求によって獲得されるべきものとして位置づけられた。その対極にあったのがガーヴィーである。彼は日本をモデルとして、知と力に基づくアフリカのルネサンスを想い描いていた。

しかし、第二次大戦後まもなくマンチェスターで開催された第五回汎アフリカ会議〔一九四五年一〇月〕で他を圧したのは、トリニダード出身のジョージ・パドモアである。彼はより現実的と判断される方針を提起した。彼が主張したのは、たしかにあい対立する多様なヴィジョンが存在するにしても、少なくとも自国の独立を求める点ではあらゆる連帯が可能である、というものだ。「われわれが共産主義者と呼ぶ者たちは、みな民族主義者である…。選択すべき体制を決定するまえに、まずは彼ら自身が自由でなければならない」。パドモアは、フランスの植民地体制を好意的に見ている者たちに対し、この国のとる同化政策や統合政策は神話にすぎないことを説き、厳しく批判した。そしてその証拠として、大英帝国の治下でアフリカ人が享受している自由や政治参加と、フランス帝国の治下で広まっているアフリカ人への弾圧とを比較した。この点でパドモアは、フランツ・ファノンなどカリブ海地域の黒人たちと同じ意識を共有していた。

こうして、アフリカの独立期までの汎アフリカ主義は、東方でコミンテルンが果たした役割と同じ役割を西方において果たした。つまり、スルタン・ガリエフと同じようにマーカス・ガーヴィーも、革命以前にまずは共産主義から民族国家へ、という道を歩もうとしたのである。ただ、コミンテルンと違うところは、中心をもたなかった点である。また、どの国も汎アフリカ主義を自国の責務とはとらえていなかった点で、コミンテルンに比べてはるかに地味であった。しかし、散発的で少数派の活動ではあったが、やはり「発火剤」となった点ではコミンテルンの運動と同じであった。たとえば、それはエンクルマ〔一九〇九～七二。ガーナの政治家、汎アフリカ主義の指導者。イギリス領ゴールドコーストの首相（一九五二）、ガーナ初代首相（一九五七～六〇）、初代大統領（一九六〇～六六）〕のようなアフリカ民族主義の論客に指針を与え、「自治」への道を加速し、多くの西アフリカ諸国やカリブ海諸国の独立を促進した（原注）。

汎アフリカ主義は、基本的に英語圏の運動であったといわれた。だが、その最終段階ではフランス語圏の国々もいくつか加わっていた。イバ・デル・ティアム〔一九三七～。セネガルの作家、歴史学者、政治家〕が指摘するように、西アフリカ、ことにセネガルにおいて、独立を要求する歴史的流れはいくつもの段階を経た。すなわち、平等を要求する段階（一九一四年以前）、次に植民地体制に反対する反抗の段階（第一次大戦直後）、そしてその後の激しい体制非難や暴動の段階、である。その結果、西アフリカではガーヴィーが体現していたインターナショナルと汎アフリカ主義との接木が、一九二〇年代に現実のものとなった。将来のアフリカ人国家の国旗は「歴史のなかで流された血として、赤。恥ではなく誇りを抱く肌の色として、黒。希望を表す色として、緑」（ラゴス会議、一九二〇）になるはずであった。

この色に込められた概念は、「独立の必要」を訴える際にしばしば用いられてきたものだ。「独立の必要」は非常に早くから、まさにアフリカの征服直後から、西アフリカでもケニアでもマダガスカルでも存在していた。

しかし一九四七年、そのマダガスカルでは、一九四五年のセティフ〔本書二八一頁訳注＊＊参照〕や一九四六年のハイフォン〔本書四一五頁参照〕で起こったことと同じように、統治者や軍は彼らの独立要求に虐殺で応えたのである＊…。

（原注）また、アメリカ合衆国においては、ブラック・パンサー〔武装闘争思想をもつ急進的黒人組織〕が結成された（一九六六）。彼らは、黒人は植民地人民と同様の扱いを受けていると主張し、マルコムX〔一九二五～六五。アメリカの黒人解放運動指導者。イスラームの観点から、新たな黒人運動をめざした〕の教えに沿って、自らを「黒人」ではなく革命家たらんとした。一九六〇～七〇年代にかけては、彼らはアミルカル・カブラル〔一九二四～七三。ギニア・ビサウとカボベルデの民族運動家、理論家〕やチェ・ゲバラ〔一九二八～六七。アルゼンチン生まれの革命家〕の行動方針を採用した。

＊　一九四七年三月、「マダガスカル革命民主運動」が独立を求めて大規模な反仏抗議行動を組織したが、フランス軍によって武力鎮圧された。

第9章

独立か革命か

植民地化が終焉したのは、打ち負かされ服従した人々が解放の闘いに立ちあがったためという、ただそれだけの理由によるものだったのか。それとも、それまで集めてきた莫大な資本をもはや管理運営できなくなった宗主国が凋落したせいでもあったのか。あるいはまた、ほかの諸要因も複雑に絡み合って、宗主国の政策が他国からさまざまな圧力を受けてきた結果だったのだろうか…。

いずれにせよ、いかなる国の独立も、たとえ征服された者の目に映る光景やそれへの彼らの反発がいかに強烈なものであれ、独立の力の源すべてが現地にあったわけではない。たとえば、北アフリカ諸国を見ると、民衆蜂起のきっかけやそれを燃え立たせたのは、あるときはイスラームであり、あるときはアラブ世界への帰属意識であり、またあるときは、自分の生まれた大地とより直接的に結びついた愛国心であった。また、ヴェトナムでもインドネシアでも、フランス人やオランダ人に反旗を翻させたのはたしかに民族的な感情だったとしても、やはりそこにはプロレタリアのインターナショナリズムという外からの力が影響をおよぼしていた。インターナショナリズムは、ことに英語圏アフリカにおいてはちょうど汎アフリカ主義が果したのと同じ役割を果した。

これら独立への動きは、解放思想や革命思想を少しずつ周囲に浸透させながら表出し、あるところでは単独で、またあるところでは他の運動と合流ないしは先行する形で、発展してゆくことができたのである。

何のために

民族解放運動は、教会やさまざまな政治団体に支えられることもあった。後者の場合は、独立という共通の目標を共有しながらも互いに競い合うことがあった。だから独立を勝ちとるための戦術はまちまちとなり、独立の中身のほうもさまざまな形をとることとなった。

ある者たちは、民族主義的であると同時に革命的でありたいと思った。たとえばヴェトミン〔正称ヴェトナム独立同盟会。一九四一年ホーチミンが中心となり結成した統一戦線組織〕がそうである。ヴェトミンに匹敵しうるだけの力は、カオダイ教徒にもキリスト教徒にも、どんな宗教勢力にもなかっただけに、彼らの勢力は卓越していた。しかも彼らは一九四九年以降、中国共産党の援助も受けていた。

これとは逆に、たとえばインドやビルマ、あるいはフィリピンやマグレブのように、宗教が圧倒的な影響力をもっていたところでは、革命運動が力を発揮する機会は希薄となるか、あるいは無に等しかった。ことに、ヒンドゥー教の支配するところでは、その宗教的旗印を愛国主義や民主主義の陰に隠すことによって、如実にそれが現れていた。

この両極のあいだに、たとえばインドネシアのような、共産主義とイスラームがともに力を発揮し、しのぎを削り合っていた国々もあった。反対に、アンゴラのように、共産党を含めたあらゆる政治党派が、国家のために、つまりひとつの民族国家を作るという目的のために、「道具とされていた」国もあった（ミシェル・カーン『ポルトガル語圏アフリカの都市と町』＝Cahen 1988 参照）。

最後に、一九七〇年に結成され、今日その計画においては挫折に終わった、ペルーの「センデーロ・ルミノーソ」〔〈輝ける道〉の意〕のような革命ゲリラ運動があったことも指摘しておこう。歴史とは、成功にいたらなかったものについての分析でもあるから、やはりこれも検討の必要があろう…。

たしかに、アラブ世界、黒人世界、アフロ・アメリカ世界において人々が民族解放運動を持続的に支えてこれたのは、各民族の長い歴史があったればこそである。しかし、それでもやはり、解放運動はコミンテルンや「三大陸会議」*のような、彼らが参加しえた別の政治勢力のおかげで連携を作りだすこともあれば、刺激を得ることもあった。一方、同じ外からの刺激でも、民族解放を目的としない活動から影響を受けたことも事実である。一九〇五年のロシアに対する日本の勝利は、あらゆる有色人種に心理的政治的なさまざまな影響を与え、その影響はマダガスカルにまでおよんだ…。

第二次大戦時の日本による占領がもたらした第一の結果は、比較にならぬほど決定的である。もちろん、因果関係のメカニズムはそれほど単純ではないにしろ、第二次大戦は東南アジアにおけるヨーロッパ人の夢にとって、とどめの一撃となったのは間違いない。たとえば、フランス領インドシナの入植者たちが、当時、自分たちの未来にほとんど夢をもちえなかったことは明らかである。これは、アルジェリアなどほかの地のフランス人入植者たちが、一九四五年から一九五〇年までのあいだ、自分たちは東南アジアで起こっていることから百光年も離れて暮らしていると思っていたのとは正反対である。同様の思いは、南アフリカのイギリス人やオランダ人についてもいえた。次に、日本による占領がもたらした第二の結果を記せば、オランダ人やフランス人入植者は第二次大戦末期、アジアにおけるもっとも過酷な試練に直面させられたことである。ヨーロッパ人のなかでイギリス人だけは、一九四一年以前からエジプトで、また一九一九年以降はインドで、占領政策のさまざまな困難にぶつかっていたためにすでに一部撤退の条件整備を進めていた。ともあれ、イギリスも

＊ 一九六六年、キューバのハバナで開催された会議。第三世界の民族解放闘争における連帯を主要なテーマとし、国際社会では未承認の、闘争中の民族解放団体も会議に参加した。

オランダもフランスも、それまでゴムや石油の市場で行使してきた影響力の一定部分を等しく喪失していたのである。

日本の勝利の衝撃

日本の勝利によって西洋が受けた屈辱は、植民地人民の心に強烈な印象を与え、彼らのその後の民族解放闘争を奮起させたに違いない。フィリピンでは、日本軍によって行なわれたアメリカ人捕虜の「死の行進」（一九四二）* が目撃されている。現地の人々は、アメリカ人捕虜が力尽きて死んでゆくのを見て、その姿に同情した。そしてそれが日本の占領軍に対する反感へと変わっていった。インドシナ地域では、何人かのフランス人が、日本の官憲である「憲兵隊」によって一立方メートルにも満たない籠のなかに押し込められ、これ以上にない拷問を受けた。現地の人々は見ているしかなく、何もできなかった。ヴェトナム人にはフランス人に対する恨みの念もあったが、このときには同情心が恨みに勝った。とはいえ、同情は買っても、フィリピン、インドシナ、インドネシアの植民地権力は、やはりあらゆる権威を喪失した。しかも、その威信を回復することは永遠にできなかった。

フランスのインドシナ統治は、原則的には、ヴィシー政権による対独協力政策が行なわれていた時期のため、少なくとも一九四五年三月九日〔後出の「三・九クーデタ」あるいは「明号作戦」と呼ばれる事変が起きた日〕まで機能していた。しかし、この日、日本の官憲はこの架空の統治に終止符を打ち、フランスの全資産を没収した。すでに軍事的に日本の占領下に入ったインドシナ地域の一部も、これ以後、それまでヨーロッパ列強が支配していた他の東アジア植民地と同じ運命を歩むことになる。

当時の日本の植民地政策は、西洋に従属させられた人民の解放を謳い、「共栄」圏を作るという「神聖な使命」の名のもとに進められていたが、そこには二つの特徴的な性格があった。第一は、戦争を推進する政策がとられたことである。いい方を変えるなら、そこでは日本経済の排他的利益のための政策がとられたということである。第二は、軍事的経済的統合政策がとられたことである。日本によるこれらの植民地政策は、植民地人民が心に抱いていたであろう独立の希望に背を向けるものとなった。ことに、日本人を解放者として受け入れたインドネシアの人々の場合がそうだった。日本人が西洋人と異なっていたのは、占領したすべての領土をきわめて注意深く、細部にわたって管理したことである。それは、日本による占領政策が民間主導というよりも、軍事的なものであったためであろうか。彼らは、まったく利益を生まない地域を自分たちの都合で棄て去る、ということはしなかった。少なくとも一九四二年の時点では、日本人はこの施策により、ことにインドネシアにおいて好意を得ることができた。インドシナ地域でも、ときおり同様の状況が見られた。

敗戦の直前、日本はいずれそうなることを予感してか、台湾と朝鮮を除いて、かつて西洋が領有した地の、日本占領下での独立を宣言している。また、すでに一九四三年末の東京では、「解放された」すべての国の代表を集めた大会議すら開催している＊＊。

ここで重要なのは、数年後に爆発することになる「解放戦争」の時限爆弾が、そのとき仕掛けられた、という点である。つまり、一九四五年、日本の敗戦後イギリス人がオランダ人に先立ってジャワやスマトラに上陸したとき、インドネシアの人々はこの「帰還」を再占領と感じることになったのである。ただし、フィリピンの人々は逆に、日本人と日本の傀儡政府に対する憎しみが強かったために、アメリカ人がルソン島に上陸したとき（一九四五年一月）、彼らを解放者として歓迎した。

一方、インドシナ地域では、状況ははるかに複雑であった。

ヴェトナム、独立ついで革命

ヴェトナムでは、日本の戦勝が独立運動の活動家たちに勇気を与えた。一九三〇年代から弾圧を受け続けてきた彼らにとり、その精神の拠り所を国外に求めるのは普通のことだった。「中国国民党」をまねて「ヴェトナム国民党」（結成一九二七）があり、そこで掲げられたスローガンは孫文の三民主義（民族主義、民主主義、民生主義）だった。「ヴェトナム国民党」は、トンキンでは大変な成功を収めた。また、これとは別のグループが、グエン・アイ・クオック（すなわちホーチミン）の指導のもと中国の広東《カントン》（現、廣州）で結成された（一九二五年、ヴェトナム青年革命同志会の結成）。ホーチミンは、コミンテルンとつながった農民インターナショナル「クレスティンテルン」の一員で、フランスで党員活動を行ない（一九二〇年、フランス共産党入党）、トゥール大会（一九二〇年一二月開催の労働者インターナショナル・フランス支部第一八回党大会）に参加し、ソ連の

＊　一九四二年四月、フィリピンのバターン半島を制圧した日本軍は、八万人近くの捕虜兵に対し、水も食料もなしに炎天下で六〇キロにもおよぶ行進を強要した。これにより米兵一二〇〇人、フィリピン兵一万六〇〇〇人が死亡ないしは行方不明となったとされる。

＊＊　満州国、南京政府、タイ、フィリピン、ビルマの代表らを集めた「大東亜会議」（一九四三年一一月五日〜六日）のこと。共存共栄、独立尊重、互恵提携を骨子とする「大東亜共同宣言」が採択された。

東方勤労者共産大学で最初のヴェトナム人グループを結成した。彼が作った組織には、ヴェトナム民族運動の創始者ファン・ボイ・チャウの精神主義的な活動に失望を味わった愛国主義者たちが参加していた。一九三〇年から三一年の諸事件*のあと、フランス植民地政府によりフエに呼び戻された王位継承者バオダイのまわりにも、改革者たちがいた。そうした人物にカトリック教徒のゴ・ディン・ジェム〔一九〇一～六三。フランス植民地主義とも共産主義とも対立した民族主義者。一九五五年国民投票によりヴェトナム共和国（南ヴェトナム）元首〕がおり、彼は非妥協的な植民地権力と衝突を繰り返した。後年、バオダイはこう述懐している——「当時、わたしのもつ唯一の権力はといえば、村々に守護神の御札を交付することだけだった」。

コーチシナ〔ヴェトナム南部〕には、別の流れが現れていた。カオダイ運動という、仏教から派生した新興宗教の運動であり、ほかの民族運動と同様、日本における明治以後の近代化や一九〇五年の日本の勝利（日露戦争）から大きな影響を受けていた。この運動は、ホアハオ教〔ヴェトナムの過激な民族主義と攘夷主義の性格をもつ新興仏教〕のような反フランス組織とも連帯していた。そしてもうひとつの例は、ファム・ヴァン・ドン〔一九〇六～二〇〇〇。ヴェトナム共産党指導者。ヴェトナム社会主義共和国初代首相（一九七六～八七）〕とヴォ・グエン・ザップ率いるインドシナ民主戦線〔一九三六年発足〕であるが、この運動は、表向き合法を取り繕った非合法組織の共産党を形成し、まもなくホーチミンもそこに合流することとになる。一九三〇年代末にはいくつものトロツキスト〔ロシア革命の指導者トロツキー（一八七九～一九四〇）。永久革命論＝トロツキズムを構築）の信奉者〕のグループも結成され、やはり活発な活動を展開していた。

ドゥクー〔一八八四～一九六二。フランスの軍人。提督でインドシナ総督（一九四〇～四五）〕の行政府は、こうした民族主義運動や革命運動の高まりに対して、善政的な姿勢を見せることでブレーキをかけようとした。しかし、実際にこうした運動に直面すると、やはりそれを弾圧する形をとった。また、数は少ないが、インドシナ地域におけるド・ゴール派「自由フランス政府」の動きに対しても、同様に抑圧的だった。一方ド・ゴール派は、進駐した日本軍に対し一九四一年一二月に宣戦を布告したが、日本のほうは、独立運動家たち、ことにカオダイ教の運動家たちを援助していた。さらにソ連の第二次大戦への参戦によって（一九四一年六月）、蒋介石や連合国に望みを賭けていた組織〔共産主義者ら〕と、日本政府による民族解放を期待する組織〔カオダイ教徒ら〕とのあいだに分裂も生じていた。かくして、ホーチミン主導のヴェトミン（ヴェトナム独立同盟会）が一九四二年の力の均衡**に抗して「フランスと日本の両ファシズム」と戦うために、しっかりと組織化されてゆく。ここではすでに、ヴェトミン・アメリカ・中国〔米・中は連合国〕というラインに「自由フランス政府」が加わった陣営と、日本と提携しバオダイ帝がそれに支持を与えたカオダイ教徒の陣営との対立関係が生起し始めている。独立をめざすそれぞれの陣営が相争う構図である。

このような状況下では、フランス（ヴィシー政権）に対する憎しみが噴出することもなく、その影響力を力で一掃しようという流れになることはなかった。憎しみは「歴史に吹き飛ばされる」（ポール・ミュス〔一九〇二～六九。フランスのヴェトナム学者〕＝Mus 1951）運命にあった。しかも、チャーチル、ルーズヴェルト、スターリンのテヘラン会談（一九四三）では、フランクリン・D・ルーズヴェルト〔一八八二～一九四五。アメリカ第三二代大統領（一九三三～四五）〕がヴィシーのフランスにインドシナ放棄をうながす方向で、スターリンと意見の一致を見ていた。これに対しチャーチルはイギリス植民地帝国とフランス植民地帝国の存続を希望するのだが、ルーズヴェルトは彼にこういった。「さあ、ウィンストン〔＝チャーチル〕、二対一で君の負けだよ」。

一方、ホーチミンがとった戦略は、コミンテルンの指示に従ったものであった。すなわち、結成された解放戦線が目的に掲げたのは、「すべての社会階層の結集」であった。彼は、革命の旗印は表にださないでおこうとした。実際、ヴェトミンが立てた計画は、フランスのファシスト（ヴィシー政権およびドゥクー提督）および日本人の駆逐であり、ファシストや日本と攻戦している民主主義陣営との提携を優先し、ヴェトナムに独立をもたらし、民主共和国の建国をその第一の目標としていた…。

じつは、サラー・ベンユーセフ〔一九〇七～六一。ブルギバとならぶ最古参のチュニジア民族運動家〕と対立したハビブ・ブルギバ〔一九〇三～二〇〇〇。チュニジア民族運動の指導者で独立の最功労者。初代チュニジア共和国大統領（一九五七～八七）〕がチュニジアで選択した戦略も、また、チャンドラ・ボース〔一八九七～一九四五。インドの民族運動家。その急進的傾向がガンディーに容認されず、中央から排除された〕と対立したガンディーがインドで選択した戦略も、これと同じであった。しかしヴェトナムには、日本人が現にこの地にいる。日本は、フィリピンやビルマに対して認めたように、この国の独立を約束していた。したがって、ヴェトミンのリスクはより大きく、共和主義政府設立のための賭金もさらに大きなものとなっていた…。そのうえ、***（四一三頁）ホーチミンがブラザヴィルにおけるド・ゴールの態度を非難したことから、ヴェトミンとド・ゴール派との提携は実現不能とさえ思われた。もっともド・ゴールに対しては、シリアでもレバノンでも同じ非難のことばが発せられていた（本書一六二～一六五頁参照）。

一九四五年三月九日、日本がインドシナ総督ドゥクー提督にだした最後通牒は、総督府にとって青天の霹靂だった。すでにフランスでは一九四四年八月にヴィシー政権が倒壊し、

---

* この時期、北部の地方都市イエンバイで兵舎の国民党員が六〇〇名の兵とともにフランス士官を襲った「イエンバイ事件」をはじめ、ヴェトナム各地で農民や労働者のデモ、ストライキが頻発する。

** フランス・ヴィシー政権の主権を認めつつ日本がヴェトナムを実効支配する、という権力の二重構造を指していると考えられる。

自由フランス政府だけとなり、フランスは日本と公式に戦争状態に入っていたにもかかわらず、最後通牒してきたからである。日本政府は、フィリピンで苦しい戦いを経験して以来、ヴェトナムを離れずにいたドゥクー提督に、フランス駐留軍を日本軍の共同指揮下におくよう要求してきた。しかし提督はこれを拒否し続けたため、この日、日本軍は不意にすべての駐屯地を占領、フランス軍を抑留した。さらに一九四五年三月一一日には、日本の主導によって、アンナン王国のバオダイ帝がフランスの保護領制の終結とヴェトナムの独立を宣言した。カンボジアとラオスの王も、同様に独立を宣言した。

バオダイ帝のフランスとの断絶は緩やかに行なわれたが、人々は帝の運命が日本の運命と一蓮托生であることを知っていた…。山岳部では、バオダイ政府を認めないホーチミンが、ジャン・サントニ代表〔一九〇七～七八。フランスの政治家。一九四五年、ホーチミンと会談し、翌年三月、ヴェトナム・フランス暫定協定（ヴェトナム民主共和国の自治を承認）の締結にこぎつける〕率いるわずかな数のド・ゴール派と交渉を行なっていた…。そして、広島に原爆が投下されると、ホーチミンは直ちに全土での蜂起を指令したのだった…。

バオダイ帝のほうは、日本の降伏とともに退位したが〔一九四五年八月二六日〕、その際彼は、「フランスの利益と影響力が問われているがゆえに、フランス政府にヴェトナムの独立を認めるよう勧告」した。この間の八月二五日、ヴェトミンの成功を決定づける大規模なストが行なわれた。それはまるで地から湧きだしてくるがごとく、ハノイの街路一帯に彼らの力の存在を漲らせた。ストにはほかの民族主義的党派も集結した。彼らもまた、連合国にヴェトナムの独立を認めさせるには絶好の機会だととらえた。こうして、多くの共産主義者らが加わってヴェトナム民主共和国の独立を宣言し、臨時政府を樹立させた〔一九四五年九月二日〕。そのなかには最高顧問官として任命されたバオダイも含まれていた。また新たな独立宣言とともに、民主共和政も宣言された。臨時政府首席ホーチミンによって読みあげられた宣言文では、一七七六年のアメリカ独立宣言と一七八九年のフランス人権宣言が引用された。そこでは共産主義もソ連も何ら問題にならず、ソ連にいたっては引き合いにすらだされることがなかった。ただし、共産党だけは一党単独を保持し、ヴェトミン戦線の指揮を執っていた…〔本来、軍の指揮権は臨時政府に帰すはずだが、共産党が握っていた〕。

さて、まもなく戻って来るフランスをまえにして〔一九四五年九月二三日、独立を認めないフランスはふたたび南部侵略を開始する〕、ヴェトナムには、この独立と権力を闘いとる仕事が残されていた。

第二次大戦中、最初の革命を指揮したのはホーチミンである。彼の交渉人としての、また戦略家としての資質は素晴しい成果をあげてきた。この間ホーチミンは、彼の伝記を書いたジャン・ラクーチュール〔一九二一～二〇一五。フランスのジャーナリスト、歴史学者〕が指摘しているように、同じ人物とは思えないさまざまな側面、すなわち、農民、移民、活動家、統率者、囚人など、多様な顔を見せてきた。そして、今度はレジスタンスの戦士となる運命にあった。

この革命家にして愛国者である人物には、もうひとつ驚くべき特徴がある。それは、人間としてのフランス人と植民地政策者としてのフランス人とのあいだに、ごく早くから絶対的な区別を設けてきたことである。彼ほど、フランスによる植民地化とその行き過ぎた政策に対して厳しいことばを発した者はいなかった。また彼ほど、フランス人が体現している価値について、フランス人に感謝の気持ちを表現した者もいなかった。逸話の語るところによれば、ホーチミンは、マルセイユに着き丁寧なことばで迎えられたとき、直ちに自由をもたらすフランスと抑圧をもたらすフランスとを区別したという。だから彼は、フランス人の友人をたくさんもち、フランス語を話し、フランスのいろいろな組織で活動を行なうことができた。ハノイでも、一九四五年九月二日の独立宣言の日には、一七八九年の革命と一八七一年のパリ・コミューンのフランスに対する彼の友情と信頼を示すために、ヴェトナム人にもフランス人にも等しくフランス語で話しかけた。その実況録音が残っている。

ダン・スアン・クー（チュオン・チン）〔一九〇七～八八。ヴェトナムの民族運動家、政治家。ホーチミンの側近のひとり〕によれば、ヴェトナム人民による一斉蜂起〔一九四五年八月一九日、ハノイで始まる〕の決定は一九四五年八月一三日のタンチャオ会議で採択され、蜂起の目的は、連合軍が来るまえに日本軍を武装解除し、これを「報われてしかるべき」既成事実として連合軍に突きつけることにあった。この流れのなかではフランスはほとんど重要でなく、多くのヴェトナム人民が想像する以上に取るに足りない存在と見なされていた。それというのも、第二次大戦の戦後処理を話し合う米・英・ソ三国によるポツダム会談〔一九四五年七月一七日～八月二日〕では、インドシナ北部は蒋介石軍に、南部はイギリス軍に委ね、両軍の境界線を北緯一六度〔ヴェトナムのほぼ中央〕とすることがすでに決められていたからだ。実際、二五師団をもつ中国軍に対して、現地に残るわずか二五〇〇名のフランス将兵など何の役に立つというのだろう…。しかし、ポツダムが示したこの計画を、フランスはもちろんのことヴェトミン側も無視した。ホーチミンは、フランス共和国臨時政府*(四一五頁)（GPRF）代表のサントニや、ピニ

＊＊＊(四一一頁)　ブラザヴィルは、ド・ゴールが一九四〇年一〇月に帝国防衛評議会を設立して以降、自由フランス政府の首府となった場所。一九四四年一月、ここで戦後のフランス植民地施策の方向を決定するブラザヴィル会議がド・ゴールの主催で開かれた。このとき、ド・ゴールはフランス植民地帝国の結束を強く呼びかけたものの、植民地の地位の問題はあいまいな形で取りあげただけだった（本書四八三頁訳注＊＊および五〇八頁参照）。また、会議で採択された勧告では、植民地住民の権利拡大を提言する一方で、「植民地がフランス植民地帝国の枠を離れて発展しようとする可能性は、どのようなものであれ排除する。植民地における自治の形成は、遠い将来においても認めない」と明言した。

ヨン〔一九〇八〜七六。フランス共和国臨時政府ヴェトナム派遣委員〕、アレサンドリ将軍〔一八九五〜一九六八。フランスの軍人、トンキンの司令官〕に対し、「ヴェトミンとしては、一〇年後ではなく、五年前倒しの独立を求めている」と伝えている。

一方、パリでは、まるで戦争も敗北も日本の占領も、あるいは北ヴェトナムと南ヴェトナムによる二度の独立宣言〔一九四五年九月二日のホーチミンによる北のヴェトナム民主共和国と、四六年六月一日のフランスによる南のコーチシナ共和国（バオダイ・ヴェトナム）〕も一斉蜂起も、まったく何もなかったかのようにインドシナ問題に当たっていた…。ド・ゴールはこの地に軍隊をふたたび派遣しようと考えて、アルジャンリュー提督〔一八八九〜一九六四。フランスの軍人〕をヴェトナム高等弁務官に任じた。だが、当てにしていたアメリカには「それ用の船舶」が用意できていなかった…。それでもパリでは、かつての五つの直轄植民地〔コーチシナと、ハノイ・ハイフォン・ダナンの三都市、およびシャムから奪った三つの州〕と、それらを含むインドシナ連邦〔上記の五直轄植民地にアンナン・カンボジア・ラオスの三保護国およびトンキンの一保護領を加えたもの〕を復活させようと、指揮に当たる高等弁務官にさまざまな決定を下させていた。それらの決定は、一年前ドゥクー提督がヴェトナムの民族運動家たちに譲歩した内容を後退させるもので、ヴェトナムという国家の存在さえ否定するものであった。

ところで、ヴェトミンが何より恐れるのは、中国であった。中国はホーチミン臨時政府のなかに、中国寄りのグエン・ハイ・タン〔一八七八〜一九五九。ヴェトナム国民党の指導者。同党は長らく中国に活動拠点をもち、蒋介石の中国国民政府の支援を受けていた〕を副主席として入閣させることに成功していたからだ。一九四五年九月二日ハノイで布告された独立宣言にはフランス側との交渉により、こんな文言が盛り込まれた。すなわち、フランスによる「自由」、ヴェトナム人民による「独立」、という文言である。その後、最終的にヴェトナム人民は譲歩せざるをえなかった。ルクレール〔一九〇二〜四七。フランスの軍人。一九四五年八月、ド・ゴールの指名でインドシナフランス派遣軍司令官に就任〕によって了承された一九四六年三月六日の合意（ヴェトナム・フランス暫定協定*）のとおり、ヴェトナムが「自由国」としてインドシナ連邦のなかに入ることになったのは確かだが、そこにはトンキン、アンナン、コーチシナは入っていなかった…。この重大な譲歩をやむをえないものとして説明するために、ホーチミンとヴォ・グエン・ザップはブレスト・リトフスクの経験**を想起しながら、こう述べている。「この休戦によって、われわれは軍を増強することができるだろう…」。そしてホーチミンは彼の人民に、「誓っていうが、わたしはみんなを裏切ったのではない」と嗚咽まじりにいい添える。

イギリス軍からひそかな援助を受けて、最初のフランス軍部隊がルクレールとともにサイゴンに上陸し、また別の部隊もハノイに上陸した。このときアルジャンリュー提督はホーチミンに会うに先立って、「これは新しいミュンヘンだな」と思ったといわれる***。

確かにいえることは、フランス側にしろヴェトナム側にしろ、実際には一九四六年三月六日の暫定協定を遵守するつもりもなければ、協定自体に満足するつもりもなかったということである。(原注) 戦争はほんのささいな偶発事件でいつ勃発してもおかしくない状況にあった。フランスとの二回目の交渉はダラトの会議〔ヴェトナム南部の都市ダラトで一九四六年四月一八日から五月一二日まで開催〕においてマリウス・ムテ〔一八七六～一九六八。フランスの政治家。このときは植民地大臣〕とのあいだで再開されたが、南のコーチシナ問題をめぐり折衝は暗礁に乗りあげた。ホーチミンは、フランス共産党がヴェトナム支持に回るものと期待し（同党は一九四五年のフランス総選挙で二六パーセントの高得票率を獲得し第一党となったていた）、この交渉では譲歩しようとはしなかった…。

一九四六年六月一日、フランスはヴェトナム南部にコーチシナ共和国臨時政府の樹立を宣言した。これがホーチミン政権との対立を深め、事態を悪化させる連鎖の始まりとなった。南部では、フランスとの共存に好意的なヴェトナム人たちを狙ってヴェトミンがテロ活動を開始した。これにより北部では、ヴァリュイ将軍〔一八九九～一九七〇。フランスの軍人。一九四六年七月、ルクレール将軍の後任となる〕が港湾都市ハイフォンを砲撃する機会を得た（このとき一二〇〇人のフランス人がヴェトミンに襲われ、四〇人が殺されている〔一九四六年一一月二三日〕）。北部を脱出したホーチミン政府は、同年一二月二〇日、全国民に向けてフランスの再侵略に対する徹底抗戦を呼びかける。

*（四一三頁） 連合軍による北アフリカ解放後の一九四三年六月、アルジェでフランス国民解放委員会が組織されたが、四四年六月これを改組したものがフランス共和国臨時政府である。その議長（首相）はド・ゴールが務めた（本書五一九頁訳注＊参照）

* フランスがヴェトナム（北部）とハノイ協定を結び、フランス連合内でのヴェトナム民主共和国の自治を承認する。しかし、南部のコーチシナの帰属などをめぐって交渉が決裂し、フランスはこの年の六月コーチシナ共和国臨時政府を樹立、一二月にハノイで軍事衝突にいたる。

** ブレスト・リトフスクはベラルーシ共和国南部の都市。一九一八年、ここでレーニンの新生ソヴィエト政権が、第一次大戦におけるロシアの敵国ドイツ、オーストリアなどと屈辱的な講和条約を締結した。

*** 「ミュンヘン」とは、一九三八年九月にミュンヘンで行なわれた四者会談（独総督ヒトラー、英首相チェンバレン、仏首相ダラディエ〔一八八四～一九七〇〕、伊首相ムッソリーニ）とその結果決まったミュンヘン協定を指す。この会談で、戦争回避を考えていた英仏は、ヒトラーに譲歩を続け、チェコのズデーテン地方がドイツに帰属することを容認した。本文でのアルジャンリューの発言は、ヴェトナムが英仏の立場、フランスがドイツの立場にあることを示唆している。

（原注） ド・ゴールは、このとき、すでに権力の座を離れていた〔フランス共和国臨時政府の首相は、一九四六年一月にド・ゴールからフェリックス・グーアン（一八八四～一九七七）に替わっている〕。わたしたちは一九六五年の映画『インドシナ　四五年』の制作に際し、ジャン・サントニと会談する機会を得た。そのとき受けた印象では、この時点のド・ゴールは、もはやインドシナ地域に対してあまり明確な政治的ヴィジョンをもっていなかったものと察せられる。彼は弱腰のルクレールやジャン・サントニの意見よりも、むしろ強硬派のアルジャンリューの意見のほうに傾いていたのだろうか。

それはまさしく戦争であった（第一次インドシナ戦争勃発）。

インドにおける民族運動の特異性

インドにける民族解放運動の特徴は三つある。うち二つはそれを生みだし発展させた動因に関わる。そのひとつは実業家たる大ブルジョワジーの出現である。もうひとつはインドの歴史的記憶やアイデンティティーの生成である。これら第一、第二の特徴は、植民する側のおかげで生じた場合もあれば、植民される側によって形成された場合もある。そのため、インドの民族解放運動は、ほかの国の運動と違って、必ずしも反資本主義的、反英的であったわけではない。たとえ自治独立（「スワラジ」〔インド独立運動のスローガンのひとつ。「自己の支配・統治」の意〕）が目標のひとつであったとしても、あるいは占領者に対する憎しみが国民に広くゆきわたっていたとしても、やはりそうなのである。ネルーは書いている。

「イギリスによるインド支配のもっとも大きな特徴のひとつは、イギリスからインド人民にもたらされた最大の不幸が、見かけのうえでは、天からの贈り物のように見えたことである。たとえば鉄道、電報、電話、ラジオなどがそれであり、インドではそのほか諸々のものが歓迎された。これらはわれわれにとって必要なものとなり、これらをもたらしてくれたイギリスにわれわれは大いなる感謝の念をもった。しかし、このことを忘れてはなるまい。彼らの第一の目的は、わが国におけるイギリス帝国主義の強化にあった。それが彼らの植民地行政網を緊密化し、イギリス産工業製品の新しい市場の獲得を可能にさせた。とはいうものの、わたしは、彼ら外国人が主《あるじ》として居座り振る舞うことを限りなく怨嗟しつつも、個人としてのイギリス人には、なんの恨みももっていなかった。むしろ心の底では、この人種に敬服の念を抱いていた」（ネルー＝Nehru 1952）。

この所感は、さらに次のようなことばを補うことによって、いっそう強く表現されている。

「イギリス女王陛下に対し完全に忠実なわれわれは、陛下の靴紐をほどく身分にも値しないと感じていた」（同上）。

少なくとも、このようなことばがアンナン人やアラブ人の口から入植者フランス人に対して発せられたことはない。かといって、インド人がイギリス人に対して断固たる態度や批

判的視線を失くしてしまったかといえば、そうではない。たとえばネルーは次のような軽口で彼らを見くだしている。(原注)

「ふだんのイギリス人は、同じ顔ぶれのインド人の小グループとしか顔を合わすことがない。政府関係の公的世界と結びついていたインド人たちだ…。この階級のインド人は、とりわけ倦怠と精神の狭隘さを分泌してやまなかった。だから、若く聡明なイギリス人でさえ、インドに来ると、遅からず一種の知的文化的無気力状態に陥った。彼は、一日の仕事が終わると軽く運動をし、同僚に会いにクラブに行き、ウィスキーを飲み、自国のグラビア雑誌を読む…。こうしているうちに少しずつ精神が衰微していくのだが、彼はそれをインドのせいにした…。ところが、この退廃の原因は彼自身のなかにあったのだ。それは彼の官僚生活の結果にほかならなかった」(同上)。

さて、インドの民族主義運動の三番目の特徴は、インドの過去とその社会にイギリス人が関心を示したために、「ゆがんだ」結果を生みだしたという点にある。その影響は、ティラク、ガンディー、ネルーの民族主義運動にはっきりと現れている。イギリスはインド社会をより容易に管理するために、古来から続くカースト制の枠組みを——細部にわたって固定化させることになるのを覚悟のうえで——再構築した。しかも、もっぱらヒンドゥーに偏る形で、インドの過去や歴史を人々の心に蘇らせた。それは国民の自尊心にとっては心地のよいことだった。しかしその結果、イスラームの過去は消し去られることになった。ティラクは、ヒンドゥー教徒がこの状況をどううまく利用したらいいか、たちまち理解した。彼が行なったのは「牝牛保護協会」〔ヒンドゥー教徒が聖牛とする牝牛の保護運動を推進する団体〕の創設であり、シヴァージーの栄光の賞賛である。一大ヒンドゥー王国マラーターの創始者シヴァージーは、鋼鉄の指ぬきをいくつもはめた手で、アフザル・ハーン〔?〜一六五九。インド中部ビジャープルのスルタンの将軍〕を絞め殺して勝利を収め、続いてイスラームのムガール帝国皇帝軍をも襲撃したことで知られる。ティラクはこの過去、その文化を敬慕するというやり方でヒンドゥーのインドを蘇らせる。それはあくまでヒンドゥーのインドであって、イスラームの一部をなすインドではない。ガンディーも同様だった。彼はのちに、占領者イギリスと戦う方法として「非暴力」による抵抗の実践を訴えたが、これもまたインドの伝統というよりも、ヒンドゥー教の伝統から汲みだしたものなのだ。

こうしてムスリムはイギリスによって権力の座から転落さ

(原注) インドのヒンドゥー教徒やムスリムに対するイギリス人の視線については本書一九〇〜一九四頁参照。

せられた。ムスリムはまず封主の地位を、つまり至上権者としての地位を失った。次に、インドにおける伝統的価値を上述のように変えられてしまったことで、あらゆる優位性を剥奪された。結果、ヒンドゥーだけが大事業に参加し、資本家ブルジョワジーを構成できるようになった。それまで不安定だったヒンドゥーの富はその後、真の経済的政治的な力を発揮するようになる。もちろんヒンドゥーとしては、手にした僥倖を表立って喜ぶことは慎まなければならない。しかし勝利は誰の目にも明らかだった。以前は国家のものであった権威をヒンドゥー教指導者たちが我がものとし始めたことで、ムスリム社会との差異はいよいよ明迫となっていった。この事実から、ヒンドゥー指導者たちの腹の内が明瞭に見えてくる。つまり、イギリスが実行する民主主義的手段に対し、彼らは独立を大義名分に表向き素直な賛同を装いつつ、最終的にはインド本来の支配的地位をヒンドゥーに取り戻そうとしたのである。結局イギリスは、数のうえではヒンドゥー優位という口実のもと、統一インドの支配権を非ムスリムに保証することになる。

　一九四七年のインド独立によって、しばらくまえまで支配的地位にあった少数派のムスリムは、不可避的に下位の立場に落とされることになった。この事実は、たとえ独立運動を担った政党〔一八八五年インド初の政党として創設された「インド国民会議」のこと。翌年「インド国民会議派」へと発展〕の指導者たちが選挙区民の分割というかつてイギリスが立てた原則*を受け入れて、ムスリム軽視の状況に慎重に対処しようとしたにしても、変わるものではない。こうしてみれば、イギリス人がムガール帝国解体のためにヒンドゥーを頼ったにもかかわらず、その後ヒンドゥーがインド独立に向けて歩みだすと、今度はそれにブレーキをかけるために一転してムスリム重視に動いたことも容易に理解できる。同様に、イギリスが「インド統一」というライトモチーフの陰で、多数派のヒンドゥーを抑える政策を行なっていたことも理解できる。

「ムスリムの一選挙区民は四軍団に匹敵する」。一八八三年、あるイギリスの高級官僚はそう述べている。一八八五年の政党結成に向けて「インド国民会議」の集会が準備されていた時期である。インド帝国は「セポイの反乱」の勃発（一八五七）以来、イギリス王室下の国となっていた**。この反乱の原因は、東インド会社社員の貪欲さにあったとされているが、職人階級の崩壊、インド人の指導者層からの排除、一部住民の貧困化もその大きな要因であった。これらはどれもみな火薬の大樽のようなものだった。しかし、直接の原因は「弾薬包事件」である。この事件は、インド兵を指揮するイギリス人将校が、いかに彼らに対して侮蔑的かつ無知であったかを示す事件である。将校たちは、歯で引き裂いて用いる弾薬包に豚の脂が塗られているにもかかわらず***、それを用いることに、つまりインド兵に禁忌《タブー》を犯すよう要求していることに気づこうともしなかった。

セポイの反乱の教訓を受けて、一八五八年に改革が行なわれた。統治権はイギリス本国政府のインド担当国務大臣がもち、その指示がインド副王〔イギリス人の総督〕に下されることになった。ムガールの皇帝を退位させ、ヴィクトリア女王がインド皇帝の座に就くことになったが（一八七七）、これによりインドの大事な一部をなすいわゆる藩王国はイギリス王室の管轄下ではなくなった。そして一八八一年にはヒンドゥーのマイソール王国が半世紀にわたるイギリス支配から解放され、藩王国として返還されることになった。これは藩王に対するロンドンの新しい方針を現したものといえる。イギリスはまた、インド人に対し、イギリス本国での「インド高等文官試験」に合格しなくても立法参事会〔総督のもとに設置された、イギリス領インドの立法機関〕に参加できる資格を与えた。続いて、一九〇九年のモーリー・ミント改革では、指定集団とか市民階層と呼ばれていたムスリム、パールシー〔ゾロアスター教徒の集団〕、シク教徒などにも、カルカッタやボンベイなどに設置された立法機関〔立法参事会〕に参加できる権利を与えた。このようにして、議会制度の萌芽が作られ、地方分権化への道が開かれた。総じてイギリスは上層民たちの力を政治面で強化し、農民層に関してはとくに彼らの負債の増大を懸念し、その悪化を未然に防ごうとした。

インドの民族運動がひとつの渦にまとまってゆくのはこうした細部にわたる改革の道筋をとおしてであるが、それと並行して、スワラジ（自治独立）運動も創出され、「インド国民会議派」〔以下、国民会議派〕の台頭へと向かうことになる。しかし、この政党が農民エリートを含むようになるのは、第一次大戦後になってからである。

国民会議派を構成する人々の筆頭は地方の有力者たちである。彼らは、植民地政府が地方行政に介入しすぎることに抵抗しようとした。彼らは代議制によって自分たちの意志がもっと反映されるようカルカッタやボンベイの知的階層が始めた運動を支援した。これら地方有力者たちの統合によって地方組織や全国組織ができ、国民会議派は戦いの統一的展望を

*　一九〇九年のモーリー・ミント改革（反英的な民族運動に対処するための改革）でイギリスは、少数派であるムスリムに配慮して、住民をヒンドゥーとイスラームに分けたうえで、それぞれの当選人を決める分離選挙制度を導入した。

**　この乱が起きた翌年（一八五八）、イギリスは統治を東インド会社から本国政府に移管させ、一八七七年からイギリス国王（当時ヴィクトリア女王）がインド帝国としての帝王を兼ねる体制となっている。

***　牛を聖なるものとしてあがめるヒンドゥーの兵士にとっても、豚や牛を不浄と見なすムスリムにとっても、牛脂と豚脂が混ぜて塗られた弾薬包を嚙み切ることは禁忌を犯すことだとされていた。しかし実際には、銃や薬莢はインドで現地の人々の手で作られており、単なる風評にすぎなかった。

開くこととなった。かくして一九一七年、植民地権力と民族主義運動との全面的な衝突が始まる。

これら大小の地方名士たちと世紀の転換期に現れた政治家ないしプロの政治屋とはたしかにつながっていた。ただし、そこに見られたのは両者の依存関係で、政治などにかかずりたくない地方名士に政治家（屋）が仕えるという構図である。であるから、民族運動家たちは、自立した組織をもたない上層集団の単なる代弁者にすぎなかった。その象徴的な例がアラハバード最大の銀行家ラム・チャラン・ダス〔生没年不詳〕と、同町出身で北部インド国民会議派の主要政治家のひとりマラヴィーヤ師〔一八六一〜一九四六〕との、いわば「経営者−顧客」型の関係である。こうしたなかで、その頃はまだあまり顕在化していないものの、この町でもイギリス人が導入したムスリム重視のための分離選挙がヒンドゥーとムスリムとの対立を生み始めていた。両者の対立は地方政治の重要なファクターとなり、「コミュナリズム*」（コミュニティー間の争い）の基となってゆく。

一九三〇年以降、イギリスの戦略的撤退が少しずつ行なわれるにつれて、国民会議派はしだいに重要な役割を演ずるようになる。国民会議派はこの新しい状況をまえにして、選挙中心主義、議会中心主義に転向すべく、徐々に大衆扇動を放棄していった。非合法な部分を残してはいたが、インド独立を念頭に、あるいは自治領インドへの転換を期しながら、いつでも政権を引き継げるだけの実力を身につけていったのである。

「革命を起こすのに革命家はいらない。国の指導者たちにやりたい放題やらせておけばいいのだ…」とレーニンはいったものだ。このことばは、そのままインドにおけるイギリス人の行動にも当てはまる。また、レーニンのこのフレーズはガンディーが分析しえたこととも重なるのではないだろうか。ガンディーはレーニンと同じく、現在の形態における国家というものは搾取の装置にほかならず、とくに植民地国家においてはなおのことそうだと考えていた。また彼は、金権政治家は貧しい者たちの咽もとをつかんで意のままにしているとも思っていた。しかし、彼のヒューマニズムと信念は、彼をより楽観的な社会関係のヴィジョンへと導いた。彼の信仰はこう教えていた。マルクス主義者も、仏教徒も、ムスリムも、正義の人ではない、キリスト教徒においても同様だ、なぜなら彼らの教会もまた、仏教徒やムスリムの寺院同様、「もてる者のためにあるのであって、もたざる者のためにあるのではない」からであり、共産主義者の場合は、和解を勧める代償として階級間の闘争を説くからである、と。ガンディーのお手本は、レオン・トルストイ〔一八二八〜一九一〇。ロシアの作家〕であった（とりわけ「神の国はわれわれ自身のなかにある」ということばを述べたトルストイである）。トルストイは、悪に抵抗するには暴力を完全にあきらめねばならない、と教えていた。

国家もそれを賞賛する教会も悪であり、社会間の闘争も悪なのであるから、正義は不公正に満ちた社会からできるかぎり距離をおかねばならない。正義は非暴力でなければならず、指導者階級の改心をうながすものでなければならない。

　ガンディーが適用した原理はまさしくこれであった。非暴力の行動を意味する「サティヤーグラハ」、それを彼はジャイナ教の「アヒンサー」、つまり「(生きものを) けっして殺すことなかれ」という姿勢から見いだしている。

> 「力に満ちた非暴力の姿が示すもの、それは自らが同意した清澄な苦しみである。それは悪を扇動する者たちの意志に唯々諾々と従うことにあらず、暴君の意志に対して魂のすべてを結集することである。われわれ人間の責務としてこの魂の掟を課すならば、不正な支配に宿る野蛮な力のすべてに、ただひとりで挑むことができる。そうすることで、自らの名誉、宗教、魂を救うことができ、圧制的な支配を続ける帝国の、没落と刷新を準備することができる」(Gandhi 1950)。

「したがって、わたしがインドで非暴力の実践を提唱するのは弱さからではなく、むしろ非暴力のもつ威力に全幅の信頼を寄せているからである…」。こう述べるガンディーは、いく度もの計画的なハンガーストライキをとおして、身をもって範を示し続けた。たとえ一連隊の騎馬警察に囲まれても、力強い静寂を保つことができなければならない。一九三一年に撮られた映像には、そうした彼の呼びかけに応える人々の姿が映しだされている。騎馬警察隊が治安部隊をともなって到着したとき、地面に横たわり抗議活動を行なうインド人たちは、不動のまま、あえてなされるがままの態度をとった。彼らをひとりひとりその場から引きずりだすには、ひとりにつき二、三人の警官、兵士が必要だった。だが、こうして運びだされても、彼らは力を抜かれたようにふたたび地面に横たわった。まさに、前代未聞の歴史記録を焼きつけた映像である。

　非暴力の抗議行動の発端は、レーニンのことばが示すように、イギリスの指導者たちのある行為、つまりヒンドゥー教徒の感情を不当に貶めたことが原因であった。それは、先に述べた弾薬包を発端とする反乱と同じである。

　イギリスによる最初の挑発行為は、一九一九年のアニー・ベサント〔一八四七〜一九三三。ブラヴァッキー夫人〔一八三一〜九一〕が創始した神智学協会の活動家〕の逮捕で

＊　インド史においてこのことばは、「所属コミュニティー中心主義」から転じて、ヒンドゥーとムスリムの両宗教コミュニティー間の対立を意味する。

ある。アイルランド系アメリカ人の彼女は、当時、ヒンドゥー教の理想と制度を再活性化させるべく、ある哲学協会〔神智学協会〕の活動家として、またスワラジ運動のリーダーのひとりとしてインドで中心的な役割を担っていた。そのことがどのような意味をもつかは、ローラット法*の規定から知ることができる。この法によって、人々はポケットに民族運動のビラ一枚入れていただけで、禁固二年の罪を被せられた。この立法措置によってモンタギュー〔一八七九〜一九二四。インド大臣を務めた自由党代議士〕のプランは台無しになった。彼の計画は、イギリス議会が一八五八年に制定した「インド統治法」に基づき、独立の達成に向けてインドが漸進的な歩みを重ね、地方行政の管理統治を両頭制度のもとで遂行しようとするものだった。**

第二の挑発行為は、一九二七年、イギリス（中央）とインド（州）による両頭制度の今後を検討するためにサイモン委員会***が設置されたことである。副王アーウィン卿〔一八八一〜一九五九。ハリファックス卿。イギリス保守党政治家。在任一九二六〜三一〕は、同委員会がだした結論をガンディーに披露した。すると、ガンディーはそれを読み、逸話をひとつ語ってから、「これなら、はがき一枚で事足りたでしょうに」とコメントした。実際、インド人に意見を求めることもなかったのだから、こんなやり方は大前提からして受け入れがたかった。

第三の挑発行為は、一九三九年の副王リンリスゴー〔一八八七〜一九五二。在任一九三六〜四三〕による宣言である。彼は、インド人のただひとりにも相談することなく、副王の権限で、インドを代表してドイツに宣戦布告したのだった。

ここに見られる侮辱の数々は、イギリス人のとる行動がその本質においてインドの文化的政治的現実と噛み合っていなかったことを示すものである。「われわれイギリス人は見知らぬ土地を通る旅行者のようなものだが、先に進むことをやめてはならない」――リチャード・オースティン・バトラー〔一九〇二〜八二。イギリスの政治家〕はインドにおけるイギリス人の姿勢をこう譬えた。すなわち、毅然さと改革への意志を柔軟に組み合わせよ、ということだが、それは「ミント〔一八四五〜一九一四。インド副王（一九〇五〜一〇）。インド統治法のモーリー・ミント改革（一九〇九）の遂行者のひとり〕だけがうまく釣り合わせたこと」だった。だが事はそううまく進むはずがなかった。改革はニューデリーで発議されるが、ロンドンで練りあげられると何の役にも立たないものになっていた。しかも、そうなるのは、インドへの軽蔑から生じる「不手際」ゆえなのだ。

ガンディーは、これら三つの侮辱に対して三つの抗議運動で応えた。まず一九一九年から一九二二年の非暴力運動、次に一九三〇年から一九三四年の不服従運動（ことに塩税闘争〔イギリスが専売する高税の塩の制度に改善を要求する運動。「塩の行進」として知られる〕にその特色が見られる）、最後に第二次大戦中の「インドからでて行け」（クウィット・インディア）運動である。

この二〇年を通じて、ガンディー派と農民コミュニティーのあいだにはいくつもの絆が固く結ばれていた。農民コミュニティーは、一方でインディゴ（染料）の大暴落、他方で激しい大弾圧というように、きわめて困難な状況下にあった。ガンディーはどこにでも姿を現し、「千年王国を語るように将来のヴィジョンを語り、農民の想像力に火をともした」。しかし一方では、農民たちの過激行動を鎮静化させる旨、イギリス側に請け合ってもいた。ネルーが述べているが、「そうできたのも、彼はおそろしく皇帝然とし、人々を引きつける精神的磁気をつねに発していたから」である（Nehru 1952）。ガンディーは農民の反英闘争を未然に防ぐことができた。ガンディーはイギリスが一九二一年にモープラ****に対して行なったような、あるいは一九三〇年代に赤シャツ運動*****に対して行なったような農民に対する弾圧を警戒していたのである。

　ガンディーの戦術の効果は明迫に表れた。イギリスはもはや国民会議派の賛同を得なければ、ほとんど行動することができなくなっていた。つまり、国民会議派は反権力であると同時に、並行権力ともなっていたのである。イギリスに対するこの優位性は、国民会議派が一九三七年時点で加盟者数を三〇〇万人にまで増やし、「正当な交渉相手」としての地位を不動のものにしていたことにも現れている。

　国民会議派の勢いが強まると、インド藩王諸国とムスリム共同体の力が相対的に弱まってゆくのは当然の成り行きである。国民会議派の勢いが不動のものと確信されると、インド解放に反対するイギリスは、まだたっぷり一〇年ほどは現在の支配的な地位にとどまれると予測した。しかし、この予測がどの程度当たっているかまではまったく想像できなかった。

　実際、日本軍による一九四一年一二月の真珠湾攻撃と、同じく日本軍による一九四二年二月のシンガポール上陸（陥落）にともなう大英帝国の威信失墜は、インドの民族運動内

---

* 一九一九年三月インド政庁によって施行された治安維持法のこと。インド内の反英闘争を弾圧する目的で、逮捕状なしの逮捕、裁判手続きなしの投獄を可能にした。

** 一九一九年、モンタギューとインド副王チェルムスフォード（一八六八〜一九三三。在任一九一六〜二一）がイギリス議会に提出した「インド制憲委員会報告」（モンタギュー・チェルムスフォード報告）に基づき、インド統治法が改正された。これにより、軍事・外交などの最重要事項は中央政府、それ以外の所管事項は州に分けられた。中央と州によるこの管轄分割を「両頭制度」と呼ぶ（本書五〇五頁訳注**参照）。

*** この委員会はジョン・サイモン（一八七三〜一九五四）を委員長とし全員イギリス人で構成されていた。州にのみ民主政府の導入を勧告し、中央政府は依然イギリスが掌握すべきであるとの結論をだした。

**** モープラは南インド・マラバル地方の、ムスリムである零細小作農民。この年「マラバルの反乱」を起こした。

***** 赤シャツ運動とは、ガファール・ハーン（一八九〇〜一九八八）が組織したパシュトゥーン人（アフガニスタンからパキスタン北西部にかけて居住）農民の社会改革運動のこと。

部に宗旨替えの動きを作りだした。イギリス軍を追ってビルマに近づいている日本軍と手を組めば、独立の機会を得られる――「プルナ・スワラジ」（完全独立運動）の闘士たちの一部はそう考えた。

この動きを推進したのは急進的指導者のひとりチャンドラ・ボースである。彼は一九三五年に『インドの苦闘』を著し、爾来、民族運動のリーダー的存在となっていた。著作では、非暴力運動について、たとえガンディーの戦術があらゆる賞賛に値するとしても、適切な目的設定がなされていないために不充分な結果しか得ていない、と診断していた。とりわけ、ガンディーが有力者たちに対して配慮過剰であること、その思想が充分に革命的でないこと、そしてその思想がイギリス人に対してあまりに迎合的でロンドンに対しては友好的ですらあることを非難していた。こうしてボースは共産主義者たちと連携する。ネルー師がイギリスとの調整役を演じていたそのときに、逆にボーズは左翼急進派を刺激していたのである。一九三八年、国民会議派の議長選挙が行なわれ、ボース候補はガンディー候補と対決して当選している。

戦争が始まったとき、ガンディーがとった態度はあいまいだった。彼はユダヤ人に非暴力の抵抗を勧める一方で、平和へ導くために――とりわけ魂の平和のために――一通の手紙をヒトラーに書いてもいる…。ドイツによる侵攻が始まったとき（日米開戦以前の一九四〇年四月九日〔中立を表明していたデンマークとノルウェーをドイツ軍が侵略した日〕）、ガンディーは次のようなことばを発している。「たとえネロ〔ローマ皇帝（在位三七～六八）〕がインドを占領しても、攻撃してくる人間には非協力であること。また、自分の身を犠牲に捧げても、非暴力で抵抗すること。死をも覚悟した人間の鎖を作ること」。しかし、国民会議派は、チャンドラ・ボースのいう革命も、ガンディーのいう非暴力の抵抗も、ともに退けた。ちなみに、イギリスに対して反戦の演説を行なったガンディーの弟子のひとり、ヴィノーバ・バーヴェ〔一八九五～一九八二。ブーダーン運動（自発的土地寄進運動）を推進〕は、ガンディーが不服従を表明したあとの塩税闘争（一九三〇～三一）の際、ネルー、パテール〔一八七五～一九五〇。ガンディーの右腕として活躍した独立運動家〕をはじめ国のさまざまな上級機関に属する四〇〇名にのぼる国民会議派のメンバーとともに逮捕されている。

さて、スタフォード・クリップス〔一八八九～一九五二。イギリス労働党の政治家。当時、国璽尚書〕に率いられたイギリスの使節団は、たしかにネルーに対し、戦争集結後インドを自治領にすると約束した。しかし、この約束をもってきたのは、すでに日本軍がインド国境にこれまでになく近づいていた時期だった。ネルーは使節団に対して「あなたがたは、戦争が終われば自治領の地位を約束するといいながら、じつのところ、破産銀行が振りだした小切手を破産前の日付に書き変えて、われわれに渡すつもりでいるというわけだ」と答えている。交渉は、行き詰まった。

そこで、チャンドラ・ボースがついに一歩を踏みだした。

ドイツおよび日本との提携に、正面から踏み込んだのである。まもなく彼は、シンガポールに自由インド仮政府を樹立し首班となり、まずヒトラーから、続いて日本政府から盛大な歓迎を受ける。一九四三年末のことだった。

ビルマでは、ボースは日本軍がかき集めた戦争捕虜〔イギリス・インド軍のインド兵〕を召集し軍隊を作った。* しかしながら、彼の決起が神話化され国民会議派によってその名誉が讃えられるのは彼の事故死〔一九四五年八月一八日〕のあとである。とすれば、当時、彼の選んだ行動を真に受け継ぐ者はいなかったということになる。事実、ソ連の参戦〔一九四一年六月〕以降、インド共産党は、ボース派の行動と連携することをはっきりやめている。また、フランクリン・D・ルーズヴェルトが「大西洋憲章**は、外国の支配下にあるすべての国に適用される」と発表したことで、インド人のなかには希望が生まれていた。*** さらに、一九四二年八月のガンディー逮捕に続いて起こった大規模な反英運動〔一九四三年二月〕のあと、ネルー率いる国民会議派は、少なくとも経済面においてインドを戦争に突入させていた。残るは、そこから収穫を得られるかどうかであった。

しかし、ムスリム問題とイギリス政府の態度は宙に浮いたままとなっていた。

カーゾン卿のベンガル分割令（一九〇五）****以来、植民する側はつねに、ヒンドゥー教徒とイスラーム教徒の対立が生みだす憎悪を利用してきた。なるほどこの国の過去には、和解のときや、諸宗教混交《シンクレティズム》を試みたときもあったが、それよりも相違のほうが大きかった…。ガンディーは、スワラジ運動にとってこの反目が害であることを充分に理解していた。一九一九年のローラット法制定後、スワミ・シュラッドハナンド〔一八五六〜一九二六。インド独立運動家。ヒンドゥー改革運動団体アーリヤ・サマージの指導者〕とともにイスラーム寺院と連携し、双方の宗教的連帯によるストを組織したのもそれゆえである。このストではヒンドゥー教徒五名、ムスリム四名の死者をだした。イギリス政府当局は不安になった。宗教を越えたスト、「ハルタール」*****〔四二七頁〕運動が非常に大きな広がりを見せ始めていたからだ。そこでデリーの植民地政府はムハ

* 厳密にいえば、ラース・ビハーリー・ボース（一八八六〜一九四五。日本に長く在住し通称「中村屋のボース」として有名）が作り、チャンドラ・ボースに移譲した。

** 一九四一年八月に発表されたチャーチルとの共同声明。大戦後の世界秩序について、領土の不拡大、民族自決、国民による政治体制選択の尊重など、八つの原則を掲げた。

*** のちにチャーチルは、民族自決に関してはインドとビルマには適用しないと言明した。

**** インド副王としてカーゾンは、より容易なインド統治のために宗教対立を利用しようとし、ベンガル分割政策を推進した。

ンマド・アリー・ジンナー〔一八七六〜一九四八。ムスリムのインド独立運動家。パキスタン建国の父〕が主宰する「ムスリム連盟」に手を貸し、その勢力拡大を後押しした。以後、抗争事件がとくに選挙のたびに増加していった。ガンディーは抗争の激化を防ぐためにハンガーストライキを指導したが、事実上なんの効果もあげられなかった。「ムスリム連盟」は国民会議派の力の伸長、彼らがイギリスと単独で交渉に入ることを不安をもって見つめていた。

「ムスリムのインド」を分離して一国家を作る――この考えが生れたのは一九三三年である。「純粋な地」を意味するパキスタンという魔法のようなことばが現れたのはこのときであった。

ガンディーにとって、インドのなかにムスリム国家を作るというのはばかげた考えだった。そんなことになれば、これに続いてシク教徒の国家、パールシーの国家、などといったものまでが出現することになるだろう、われわれはみな同じ人種なのに…、そう彼は述べていた。しかし、ガンディーのこの無理解も、まったく無邪気とばかりはいえなかった。実際、ムスリムは、「国民会議派の手で作られる国家のもとでは、自分たちは一顧だにされない」と考えていた――「非暴力の抵抗はりっぱな戦術だ。しかし西洋式議会制度の導入によってその目的が達成されれば、結果的に、固有のアイデンティティーを有するはずのわれわれムスリムは、大打撃を受けることになる…」。

しかし、ガンディーは、そのことに関して何も知ろうとしなかった。「ムスリムのインド」という運動の高まりを見て、異を唱える声をなくしていた。彼は事実に打ちのめされていた。それはこの種の問題が彼の手に余るということの兆候にほかならなかった。

一方、「ムスリム連盟」側には国民会議派のような確たる基盤も、富も、力も、組織もなかった。したがって、国の制度面を模索する試作図の段階で、すでに連盟の意見はことごとく打ち負かされていた。そこで、ムハンマド・アリー・ジンナーは、もっぱら国の大きさと国境の画定に関してのみ闘おうと考えた。軍と租税をどう統制するかという論議はいっさい避けつつ、まったく妥協しない態度を押しとおした。

分割が決まったのち、それにともなう住民の交換と付随して起こった大混乱のために、ヒンドゥー、ムスリム合わせて二〇万人近くが犠牲になった。一九四七年インド副王に就任したマウントバッテン卿〔一九〇〇〜七九。イギリス海軍軍人。インド、パキスタンの分離独立を提案したマウンドバッテン裁定をだす。在任一九四七〜四八〕は、「デッドライン」（最終期限）を決めて交渉を誘導した。これにより「ムスリム連盟」も国民会議派も政府を作らざるをえなくなり、それぞれ「自分たちの国」の統治を準備しなければならなくなった。こうして一九四七年六月、連盟・国民会議派双方がパキスタンとインドの分離独立を承認し、植民地権力の移譲は八月になされた。

シク教徒、藩王、不可触民は犠牲にされた。たとえ彼らに対してどれほどの恩義があろうとも、交渉当事者たち〔ムスリム連盟と国民会議派〕は彼らをその運命のなすがままに見捨てた。もっとも、藩王たちについては王権を喪失するまえに補償を受けることができた…。しかし、ほかの人々はどうだったろうか。ここでフランスの脱植民地化を想起すれば、フランスもまた、その後まもなくハルキ*に対してまったく同じ忘恩行為を働くことになる。

ここに記したインド史のどの時期を見ても、ヴェトナム型の、あるいは別の型の共産主義革命をめざす選択肢はただの一度も検討されなかった。その理由は、本質的にはインド共産党の戦術面にあった。インド共産党は一九三〇年から一九四七年まで、「過ちに過ちを重ねた」のである。

その最初の過ちは、彼らがインドの状況やその身分社会を、階級闘争の原理に寄りかかってしか見ようとしなかった点にある。彼らは党結成の一九二〇年以来、もっぱらその原理にのみ従って行動してきた。つまり国民的戦いをリードするだけの力をもたない労働者階級のみを特別扱いしてきたのである。それゆえインドのマルクス主義者の運動は、特定利益を守る同業組合運動と同類のように見られていた。対して、ガンディーのほうは全インド人の代表たらんと欲し、実際そのように言明していた。第二の戦略的「過ち」は、一九四一年にソ連が参戦したとき、彼らインド共産党が突然変節したことだ。このときインド共産党は独立要求を続けるどころか、国民会議派による反英運動の合いことば「インドからでて行け」（クウィット・インディア）にすら反対し立ちはだかった。そのため彼らは外国の手先のように映った。最後に指摘すべき彼らの「過ち」は、一九四六年、分離国家を望むムスリムの見方を、民族自決主義の名のもとに擁護したことである。これによりインド共産党はヒンドゥー一般の考え方から完全に離反した…。いや、統一インドを不可侵と考えるすべての人々から離反したのである。

インドシナとマグレブ——硬直したフランスの政策

「それは虎と象の戦いになるだろう。もし一度でも虎

*****（四二五頁） 植民地当局の不正・抑圧に抗議してすべての営業活動を停止する非暴力による反英ストライキ。

* ハルキはアルジェリアでフランス軍が補助部隊として使役した現地人の兵隊。アルジェリアの独立によって、彼らは祖国フランスを売った国賊とされ、過酷な運命にさらされた（本書四五九頁訳注**参照）。

が止まったら、象の強力な牙で体を貫かれることになる。だが、虎が止まることはない。昼間はジャングルのなかにへばりつき、夜のあいだだけジャングルを離れる。そうして、象の背中に襲いかかり、大きな肉片をかじり取って姿を消すのだ。象はゆっくりと力尽き、血を流して死ぬだろう」（ヴォ・グエン・ザップ）。

当初ヴェトミンがイメージしていた戦いはこのようなものだった。そして、まさしく戦いはこのように推移した。しかも戦いは、ザップがオーストラリア人ジャーナリスト、ウィルフリッド・バーチェット（一九一一〜八三）に語ったとおりに終わった。

「かりに、フランス司令部がディエン・ビエン・フーの盆地と違う場所を選んでいたとしても、またナヴァール（一八九八〜一九八三）以外の司令官がフランス軍を指揮していたとしても、インドシナ戦争の結末は同じだったろう」。

ザップは「不可避の道」といったが、彼と同じ表現を用いたのはモルリエール将軍（一八九七〜一九八〇。ハイフォン（ヴェトナム北部）砲撃事件当時の北インドシナ・フランス軍司令官）である。モリエール将軍はハイフォン砲撃の一九四六年一二月、ヴァリュイ将軍から「確固たる占領をやりたいなら、大砲や爆弾で強烈に叩くことを躊躇してはならない」といわれた。しかし、モリエール将軍のほうはむしろ、このハイフォン攻撃こそ起爆剤に点火する結果を生むだろうと考えていた。実際、この後、ホーチミン政府とつながるすべてのかけ橋は遮断されてしまった――「パワー・ポリティクスが選ばれたことは明らかだ」。

たしかにハイフォンは起爆剤となった。しかし、すでにフランスが一九四六年六月にコーチシナ共和国臨時政府の樹立を宣言し、同年七月にそれをフォンテーヌブロー（フランス、パリ郊外）におけるホーチミンらヴェトナム代表団との交渉会議で押し通した時点で、最初のカーブのハンドルは切られていたのである。同年一二月二〇日インドシナ戦争が始まると、フランスはバオダイを呼んだ。「理由は、フランス人もよく考えたあげくのことだった。つまり、彼らフランス人は、機関銃を装備し国民の大部分に支持されている解放運動が外国の軍隊（二〇万に達した）に敗れるはずはないと判断したのである。フランスがとるべき唯一の方法、それは希望のともし火に対しては希望のともし火をおくことであった。それで、フランス人は、ホーチミンが要求した独立の条件以上の条件をバオダイに認めたわけである」（一九四九年、親仏傀儡国家バオダイ・ヴェトナム国成立）――このアメリカ人ジャーナリスト、アルソップ（一九一〇〜八四）の分析は、実際パリで推移していたことと照応していた。バオダイに対してとった同様の方策は、一九五三年モロッコでも、ベン・アラファ（一八八九〜一九七六）を使って繰り返されている。* しかし、フランスは問題の別の局面をよく考慮していなかった。戦争が本格化するまで、ヴェトミンは、フランス政府とその周辺にいる共産主義者に配慮しながら自分たちの政策を決めていた。なぜなら、ホーチミンは両大戦間に、フランスの組合運動家やフランス極左政治家と緊密な絆を結んでいたからである。

「わたしは、生まれてこのかた、フランス植民地主義と闘ってきました。しかし、つねに、感じやすく心の広いフランス国民を愛し、また尊敬してきました。フランス人こそ、はじめて、自由・平等・友愛という、これまでにない原理の旗をかかげた国民なのですから…」。

このことばは、一九四六年ハノイでのラジオ放送で、ルクレール将軍とジャン・サントニをまえにして語られたものである。これと同様のことばを、ホーチミンはフォンテーヌブローの会議でも述べている。

「わたしたちは、両国民の協調関係が、自由で誠実かつ友愛に満ちたものであることを望んでいます。わたしたちは、協力者を、友人を、忠告してくれる者を求めています。昔のように、わたしたちを搾取し、抑圧する主人を求めているのではないのです」。

ところで、フランスがバオダイに、ヴェトミン以上の譲歩をして王国の再興を認めて以来、ヴェトミンは一部のフランス左翼――この場合、マリウス・ムテのような社会主義者である――を頼りにできないと判断していた。それればかりでなく、この状況ではヴェトミンが望む社会革命は条件的に難しいとも判断していた。というのも、植民地政府および軍務関係者らはバオダイが復帰して以降、ヴェトナムのみならず、バオダイ政府の「アンナン人たち」と対等の権利を手にしたいと望むあらゆる組織に対して、あからさまに敵意を示していたからである。

戦争がたけなわとなったとき、レオ・フィゲール〔一九一八〜二〇〇一。フランス共産党中央委員会書記〕はフランス共産党から派遣され、モスクワ、北京、漢口〔中国、湖北省東部〕を経由してヴェトナムのジャングルにひそむホーチミンと会った。このときホーチミンは、政治状況が「何から何まですべて」変わったことを説明した――「これまでわれわれは、山の急斜面にへばりつく籠城軍だっ

＊　一九五三年八月、フランスはその植民地政策に従順でないムハンマド五世を廃位して、傀儡のベン・アラファを国王に即位させた。しかし、モロッコ国民の反発にあい、結局一九五六年三月ムハンマド五世を復位させ、モロッコの独立を認めることになる。

た。外の世界から遮断されたゲリラ組織のみによって、一国を立ちあげようと粘り強く頑張ってきた…。しかし今や、われわれは社会主義世界と国境を接しているのだ」（一九四九年中華人民共和国の成立）。

実際、中国における毛沢東の勝利は、極東の状況を「何から何まですべて」変えたのである。

さて、まもなく朝鮮戦争が起き（一九五〇）、対共産主義の防壁を作ろうとするアメリカに支持されたバオダイが影響力を見せる。それにともなって、植民地紛争と東西冷戦が重なり合い、植民地問題の基本条件が変わることになる。

フランス側も、この地の植民地紛争に関して相変わらずいくつかの問題を抱えていた。たとえば、バオダイをホーチミンに対抗させようとしたにもかかわらず、その後フランスは、実際に必要となるその手段をバオダイ政権に与えていなかった。親仏傀儡国家、バオダイ・ヴェトナム国のゴ・ディン・ジェム首相は、われわれには自前の軍隊もなければ、予算もなく、通貨の記号を決めることも、行政を自由に運営することもできないと慨嘆している。

「われわれは、ヴェトナム軍を当てにすることもできなければ、そのヴェトナム軍の存在を否定することもできない」。

「ひとつの旗、独自の勝利、独自の敗北、独自の司令官、これらがあってこそはじめて一国の軍隊なのだ…。事実上、予備部隊のごとくフランス軍に編入されているヴェトナム兵は、けしてヴェトナム軍を構成してはいない」。

それにもかかわらず、戦死者総数ほぼ一〇万のうちヴェトナム兵の死者は二万七〇〇〇名を上回っていた。これに対し、フランス連合加盟国兵*（トンキンとコーチシナの兵）一万七〇〇〇、アフリカおよび北アフリカ兵（フランスの植民地兵）一万五〇〇〇、外人部隊一万一〇〇〇、「フランス兵」二万一〇〇〇という数字がだされているが、このような区分けで数えることは典型的な植民地的計算法といえよう。しかも、任命された司令官はヴァリュイ、ド・ラットゥル・ド・タシニー（一八八九〜一九五二。インドシナ高等弁務官兼最高司令官）、サラン、ナヴァールであり、そこにはひとりのヴェトナム人もいなかった。

一方、フランスにおいては共産主義に対する闘いが国内政治のみならず間接的には国際外交にも影響をおよぼしていた。フランス共産党は一九四七年五月から「汚い戦争」（アルジェリア戦争）に反対する運動を積極的に推し進めていた。フランス領モロッコにおけるリーフ戦争（一九二五年にモロッコ南部に拡大）のときの強い調子をふたたび取り戻していたのである。このキャンペーンは知識人たちに支持された。ジャン・ポール・サルトルをはじめ、『テモワニャージュ・クレチアン』紙のカトリック教徒や共産党主催のデモに参加する人々である。彼らは「隠された戦争」「汚辱に満ちた戦争」に非難を浴びせたが、この戦争の規模をフランス「世論」が見極めるには時間を要した。というのも、フランス政府は徴集兵を召集していなかったからである。

　このような状況のなかで、フランス政府は、フランス共産党はホーチミンと共同謀議をしており反国家的だと決めつけた。ヴェトミンに率いられた「革命戦争」が少しずつ「全体主義的」国家へといたる――そのようなシナリオは、当時のフランス政府にとってはわずかでも着想したり、試みたりする事柄ではなかったのである。少なくともはっきりしているのは、フランス共産党がラマディエ政府〔ラマディエ（一八八八～一九六一）率いる社会党と共産党の連立内閣（一九四七年一月～一一月）〕の信任を拒否し、フランスの対マダガスカル、対インドシナ政策、そして何よりも国内の社会政策や対ドイツ政策を断罪するという、共産党自身の立場そのものを危うくしかねない行動にでたことである。ラマディエ政府のほうは好機を逃さなかった。すなわち、同時期にベルギーでスパーク〔一八九九～一九七二。政治家、首相（一九四七～四九）〕が、またイタリアでデ・ガスペリ〔一八八一～一九五四。政治家、首相（一九四五～五三）〕がそうしたように、トルーマン〔一八八四～一九七二。アメリカ大統領（一九四五～五三）〕の演説**に機敏に反応することにしたのである。ラマディエはこうはっきり述べた。アメリカの対外援助は、援助を求める国の政府内に共産主義者がいないことを前提としてなされる、と。

　こうして、フランスにとってのインドシナ戦争は、国家的必要の副産物と化す。すなわちフランスは、工業生産を増大させるためにアメリカの管理下にあるドイツの石炭を、また、製造設備を一新させるためにアメリカ政府との借款を必要としている。さらにはヴェトミンとの戦いも、バオダイへの支持も、アメリカによる援助というこの天の賜物《マナ》によって賄うことができる。フランスの軍機構がかつてないほど膨張し、産業化するのはルネ・マイエル政府〔マイエルの属する急進社会党と人民共和運動（党）を主とする連立内閣（一九五三年一月～六月）〕のときである。この時期からインドシナにおけるフランスの軍事行動は自国の経済に二重の意味を与えるようになっていた。まず、アメリカの外国為替のおかげで、フランス経済はもはや軍事費負担の債務で苦しめられる状況にはない、ということ。また、戦争によって外国からの物資***（四三三頁）購入が拡大したものの、この時期はマーシャル・プランの終

*　フランス連合とは、一九四六年第四共和政憲法のもとで発足したフランス本国、海外県、海外領土、植民地、およびフランスの勢力下にあるフランス連合加盟国によって構成される政治連合体のこと。一九五四年、インドシナ戦争の敗北とアルジェリア戦争の開始によって事実上崩壊した。

**　共産主義封じ込めをめざした「トルーマン・ドクトリン」（一九四七年三月）を指す。

了時期でもあったため、フランスにとってはなお都合の良い状況になっていた、ということである。戦争はさまざまな貨幣の流通と同じく経済の原動力となり、利を生む天の賜物《マナ》となったのである。

　このような状況に照らし合わせてみると、フランスの指導者たちの優柔不断さや無能ぶりの理由がよく理解できるようになる。中国がヴェトナムに対する援助を開始したとき、当時のインドシナ最高司令官サラン将軍は本国政府に、とるべき対応策について指令を仰いだが、その返答を彼が手にすることはなかった…。

　また一方で、彼らフランスの政治指導者たちは、最初からこれは負けいくさだと戦うまえから予感していた。というのも、ヴェトナムははるか遠くにあり、国土は広く、フランスの「植民地再征服」政策に対するアメリカの政治姿勢もあいまいだったからである。ド・ラットゥル・ド・タシニー司令官がいちはやく思ったことは、サラン将軍が思っていたことと同じであった。しかも、サランは面識を得たヴェトナムの共産党指導者ザップの知性にすっかり魅了されていた〔本書三五九～三六〇頁参照〕。一九五三年に首相を務めたルネ・マイエルも、軍事的解決の可能性があるとは信じていなかった。一九五〇年から一九五二年まで二度首相を務め、一九五二年から一九五四年までふたたび国防大臣〔最初は一九四九～五〇〕を務めたルネ・プレヴァン〔一九〇一～九三〕すらもそうであった。彼はディエン・ビエン・フーの敗北の二カ月前、「敵はこれまでのところ、その本質的目的のどれひとつとして、いまだ達成していないのだ」とはっきり述べている。それまでヴェトミンとの交渉が何ら合意にいたらなかったのは、ヴェトミンにとって譲歩はまったくの問題外だったからである。「われわれの降伏を望んでいる敵と、それでも交渉せよというのか」——こうルネ・プレヴァンは一〇年後に振り返っている。

　事実として、当時、軍の行動を阻もうとする者や平和主義者に対する圧力はきわめて強かった。圧力をかける者のなかにはまず、一九四〇年の敗北〔ドイツによるフランス占領〕の巻き返しを望み、帝国の栄光だけがフランスを再生できると考える軍人たちがいた。次に、圧力団体《ロビー》としての入植者たちがいた。しかし、それ以上の圧力となったのは、フランス政府にとっては犠牲を払う価値のある、じつに多くの利益を引きだせるアメリカとの同盟である。この同盟は、アメリカがフランスの代わりにドイツを選ばないように、また、対ソ連防衛という口実で進められるドイツの再軍備が、占領の悪夢も冷めやらぬフランスにとって脅威とならないようにするためのものだった…。

　フランスの一般市民、政治指導者などが懸念する中心にもドイツ問題があった。インドシナ地域で和平を成立させることは、アメリカの援助を失うことを意味し、ドイツの繁栄を見ることを意味し、共産主義の勝利に手を貸すことを意味する…。ジョルジュ・ビドー〔一八九九〜一九八三。外務大臣、首相（一九四九〜五〇）〕、ルネ・マイエルほか、一九五〇年から一九五四年にかけて政府に加わっていたほとんどの政治家たちにこうした意見が見られる。そしてロベール・シューマン〔一八八六〜一九六三。首相（一九四七、一九四八）。ヨーロッパ統合推進者としてヨーロッパ石炭鉄鋼共同体を提唱〕は、もっとも巧みに、アメリカに対し次の事実を忘れさせた。インドシナ戦争は植民地再征服の戦争にほかならないのだ…ということを。

じつはそのこと以上に重い、あえて口にしないことがあった。フランスの政治指導者が押しとどめようとしていたのは、ヴェトナムの完全独立ではなかった。それ自体はさほどでなく、むしろその独立後に、フランス連合のすべての国がフランスから離れ、ヴェトナムを範として、次々と独立してゆくことを何よりも恐れていたのである。

ディエン・ビエン・フーの敗北（一九五四年五月七日〔第一次インドシナ戦争終結〕）ののち、戦争終結こそフランスを立て直す条件だと語り、問題にはっきり取り組む勇気ある姿勢を示したのが、ピエール・マンデス・フランスである。じつはマンデス・フランスがこの姿勢を打ちだすまえ、ド・ゴールはすでに一九五四年四月七日の記者会見で植民地独立に向けた交渉の必要性をフランス当局に勧めていた。このときド・ゴールは政局の埒外にあるように思えたが、彼による意思表明は政局に突破口を開き、マンデス・フランスを擁護することとなった。まもなくマンデス・フランスは、ジュアン元帥からも支持を得た。そしてこの元帥の協力により、チュニジアにおいて独立交渉を成功させる条件が形成された（交渉は一九五四年九月）。

その間、ジュネーヴ会議*に際して、ピエール・マンデス・フランスは断固たる姿勢で交渉をリードすることができた。彼は、インドでマウントバッテン卿がやったように、期限を決めることで交渉をうまく運ばせたのだ。しかし、インドの場合よりはるかに大きなリスクがともなっていた。というのも、ディエン・ビエン・フーの敗北や、チュニジアやモロッコでの反フランス暴動が、体制を弱体化させていたからである。フランス国内ではクーデタへの懸念が広がり、なかにはド・ゴール将軍が演じうる役柄について構想する者も現れた。

***（四三一頁）「第二次大戦で疲弊した西ヨーロッパに対する援助は反ソ、反共を前提とする」というアメリカの対欧援助計画。正式名は「欧州復興計画」。

* ディエン・ビエン・フーでフランスがヴェトミンに敗北した一九五四年五月七日の翌日から、米・ソ・仏・英・中およびインドシナ四国（ヴェトナム民主共和国、バオダイ・ヴェトナム、ラオス、カンボジア）が出席して、第一次インドシナ戦争の休戦を決めた国際会議（〜七月二一日）。

ジュネーヴ会議には、インドシナ戦争終結の鍵を握る中国、ヴェトナム、アメリカ、フランス等が出席していた。そして、ヴェトナム、ラオス、カンボジアにおける敵対行動停止に関する協定によって、北韓一七度線を南北ヴェトナムの暫定的軍事境界線とし、両領域はそれぞれそのまま各当事国の文民政府の管理下におくことが決められた。いわば戦争地図の一覧表が示されたわけであるから、このことは北ヴェトナムの独立承認と同じ意味あいを有していた。また、協定では一九五六年までに南北ヴェトナム全土で自由選挙〔南北統一に関する国民投票〕を行なうことが謳われた。しかし、この選挙が実施されることはなかった。

ピエール・マンデス・フランスは、フランスのテレビ放送でジュネーヴ会議での協定について次のようにコメントしている。

「アメリカは、はじめから、中国が署名に加わる文書には署名を望まぬ旨、表明しておりました。なぜなら、アメリカは中国国家を承認していなかったからであります。会議では合意にいたった点についての議事録が作成され、会議の事務局長によってその内容が総会の場で読みあげられました。続いて、各国の代表団が所見を述べ［…］、また、宣言されたばかりの協定を係争に付したり破壊したりしないための声明が各国個別に発表されました。それからアメリカが、中国とヴェトナムに関しあらゆる必要な留保をつけたうえで、次の二点について厳粛な態度で約束しました。まず、アメリカは、いま取り決められた内容を力によってふたたび係争に付すことは決してしないということ。第二に、アメリカは、協定破棄を目論む力の行使ないしは力による脅威を手段とするあらゆる国を侵略者と見なすということ。したがってアメリカは、たしかに最終宣言への参加は拒否したものの、われわれがアメリカに期待しうる約束を、まさしくそのまま果たしたわけで、それに先立ってそれと同じ約束を、われわれ自身も表明していたのであります。以上のような次第で、ジュネーヴ協定は、アメリカによって署名されることは決してなく、またほかのどの国によってもまだ署名されてはいないのであります」。

朝鮮戦争〔一九五〇年六月〜五三年七月〕が終わった後では、北ヴェトナムも南ヴェトナムも協定で合意された互いの約束を守ることはなかった。

フランスの政治家たちは、インドシナ地域で起こることはフランス連合の運命に跳ね返ってくる恐れがあると予感していた。

そのために彼らは硬直して動けなかった。

一九五二年一一月、ディエン・ビエン・フーの敗北よりかなりまえ、フランス連合のハイレベル会議がヴァンサン・オリオール大統領〔一八八四～一九六六。社会党出身の政治家、大統領（一九四七～五四）〕の主宰のもと、アントワーヌ・ピネー首相〔一八九一～一九九四〕とヴェトナム、ラオス、カンボジアの各代表が出席して開かれた。席上、カンボジア代表のニエク・チューロン〔一九〇八～九六。政治家、首相（一九六二）〕が、チュニジアやモロッコの国王もこの会議の作業に招いてはどうかと提案した…。オリオールは驚いて思わず身を反らせた…。ピネーは政府部内でこれほど単純明快な至極当然の考えに対し異議を唱えることはなかったが、マルティノー・デプラ〔当時法務大臣〕、ブリューン〔一八九一～一九五六。フランス共和主義左翼連合の政治家、内務大臣（一九五一～五三）〕、ルネ・マイエル〔当時国防衛大臣〕は警戒した。結局、その計画は葬られる…。

フランスの政治家が何も知ろうとせず、何も理解しようとしなくなったのはもっと以前からである…。チュニジア民族運動の指導者ハビブ・ブルギバは、一九四三年の初めにこう述べていた。その発言は大変な危険をともなうものだった。

「フランスの敗北は神罰であり、フランスの支配はもはや終わりを告げ、枢軸国側の確実な勝利によってわれわれのもとには独立がもたらされるだろう――こうした素朴な信念が、多くの人々の精神にしっかりと根を下ろしている。それも分かる。だが、わたしは断言するが、それは誤りである。重大な、許されない誤りだ…」。

じつは、彼は民主主義諸国の勝利を当てにしていた。それは可能な、というより、おそらくというレベルのもので、当時はまだ確信のもてるものではなかった。それゆえ、一九四二年末の『ドイツ週間映画ニュース』が伝える、ナチスの兵隊を迎えるチュニジアの若者たちの熱狂的な姿を見た者たちにさえ、この「ネオ・ドゥストゥール党」（新チュニジア立憲自由党）のリーダーが当時、同国人の意見にどれほど逆らった立場をとっていたのか、すぐさま判断ができなかったほどである。

しかもこの発言は、フランスの監獄のなかでくすぶっていたブルギバがイタリアによって解放された矢先だっただけに、いっそう大胆なものであった。ファシストの政体は、彼を、敬意をもって迎えていたのである。ところがブルギバは、イタリアのラジオで、またもや同国人に、幼稚な感情に流されないよう注意をうながしている。なぜなら、「それはおそらく、別の外国の支配下に陥る危険を招くことになるから」であった…。

ドイツ人が到着したときにチュニジア人が見せたあの歓喜〔一九四三年ドイツ軍、チュニジアを占領〕、それは、三〇年間チュニジアを保護領としてきたフランスに対する彼らの失望と怒りが、どれほど大きかったかを説明するものである。

一九一七年、少数民族によるローザンヌ会議（一九一六〔本書三九二頁参照〕）のあと『チュニジアとアルジェリア―フランスの専制政治に対する抗議』がローザンヌで出版されたが、状況はそのときから何も変わっていなかった。当時、「ドゥストゥール党」（チュニジア立憲自由党）は太守《ベイ》を民族的権利要求の協力者に担ぎあげようとした。民族的権利要求とは、チュニジア人だけの投票による議院内閣制に基づく議会選挙の実施である。ところがこのとき、太守《ベイ》は、その要求をフランスに直に伝達した自国の首相の行為を、越権であると断じた（一九二二）*。それから一〇年後、チュニジア人の出版物は「極悪法」〔一九世紀末のアナーキスト処罰法。広義には著しく弾圧的な法一般を指す〕によって抑え込まれ、以来マルセル・ペルートン〔一八八七～一九八三。チュニジア総督（一九三三～三六、一九四〇）〕の強権的な独裁政治が始まることになる。このときチュニジア人がこうむった数々の試練に、ドゥストゥール党は対処できるだけの力を失っていたように思われた。そのため、ドゥストゥール党からハビブ・ブルギバを中心とするネオ・ドゥストゥール党が分離、誕生した（一九三四）。新党はドゥストゥール党ほどイスラームにこだわらず、逆により強い権利要求をもつ党となった。

こうして、新旧二つのドゥストゥール党の戦いが始まった。ブルギバが頭角を現すのは一九三四年ムナスティール〔チュニジア中部の港町〕でのデモであり、次いで一九三八年のチュニスでの擾乱（ゼネスト）である。この擾乱では戒厳令が発せられ、ネオ・ドゥストゥール党の幹部たちが逮捕された。党はこれにより解散に追い込まれた。すでに青年組織など四〇〇近くの末端組織をもつ強力な党に成長していたネオ・ドゥストゥール党にとって、このとき受けた弾圧は、旧ドゥストゥール党が新党を倒すよい機会と捉えていただけに、いっそう厳しい試練となった。その後、一九四三年、太守《ベイ》はジロー将軍〔一八七九～一九四九。フランスの軍人。一九四三年、国民解放フランス委員会議長に就任〕によって、ベイの地位から降ろされた。表向きの理由は「共同主権」のためということだった。だが、実際の理由は、太守《ベイ》が国民解放フランス委員会の議長たるジロー将軍の了解もなく自分の閣僚の人事を進めたことにあった。すでに太守《ベイ》はジロー将軍から咎められるような存在でしかなかった。

モロッコの状況には、チュニジアの状況とのある程度の類似性が見られる。それは、総督たちがこの国の民族運動の展開に短絡的なヴィジョンしかもっていなかった点である。「モロッコはフランスが統一したのであるから、東方との結びつきから離れなければならない」――新総督ジュアン将軍は第二次大戦後まもなく声明を発している。この声明はモロッコがアラブ・イスラーム世界のうえに接木されている状態を公然と非難するものであった。アラブ・イスラーム世界は、少なくとも東方においてはエルサレムの大ムフティー〔イスラームの法官、法学者であるムフティーの任免権をもつ最高位者〕のもとにあり、親独的姿勢を見せていた。かつまた、イギリスやフランスの支配下にある国々に対しては、民族主義の息吹きを送っていた。モロッコにおいても例外ではなく、一九〇五年タンジールでのドイツ皇帝ヴィルヘルム二世の演説以来、ある種の親独的潮流がつねに影響を与えていた。一九四〇年のフランス敗北の際も、激烈な歓喜に包まれた。しかしチュニジア同様、モロッコ親独派にはドイツ軍の部隊の面前で自らの主張（独立）をアピールする機会がなかった。そこで、独立を得るためにスルタン〔ムハンマド五世〕が頼りにしたのはアメリカだった。というのも、フランクリン・D・ルーズヴェルトがアンファ・カサブランカ会談[**]（一九四三年一月）の折にスルタンを訪ね、大西洋憲章（一九四一年八月）の成果について語ってくれたときのことを、ムハンマド五世は忘れなかったからである[***]。

さてフランスは、ブルギバの忠誠心を黙殺したように、スルタンの忠誠心も無視しようとした。ジュアン総督が述べた「東方との結びつき」とは、もちろん、一九一二年の保護国条約（フェス条約）[****]に関してスルタンが要求した条項のことである。

じつのところ、モロッコ人の怒りが三〇年も続いた原因は、インドにおける場合と同じく、総督府側によって故意になされた行政手法の不手際にある。民族運動家たちに微かな希望を与えたリーフ戦争〔一九二一～二六〕が終息してまもなくの一九三〇年、モロッコ総督府は、一九一四年に時のモロッコ駐在総弁務官（総督）リヨテの発案で制度化された「ダイール」（スルタンの勅令）を、はるかに実効性のある新たな「ダイール」に変えた。つまり、前者の「ダイール」は、単にベルベル人の習慣を尊重する規定にすぎなかったが、後者の「ダイール」では、「ジャマース」（ベルベル人諸部族の族長や長老による合議機関）による裁判権を認め、慣習法裁判所を創設することにしたのである。ということは、フランスの司法

---

* 当時、ベイの政府はフランスの傀儡政府であり、その首相はフランスの選んだ人物である。一九二二年四月、立憲君主制を求める民族運動の高まりのなかで、ベイ自身が改革を要求するという「事件」が生じた。ベイは、もし自らの改革要求が入れられなければ退位する旨をフランスに伝えた。ここで触れているのは、そこでの出来事である。

** ルーズヴェルトとチャーチルがモロッコのカサブランカで、独・伊・日に対する無条件降伏要求などを決めた会議。一般にはカサブランカ会議。

*** チャーチルとルーズヴェルトが発表した八ヶ条からなる大西洋憲章には、反ファシズムを旨とし、領土不拡大や民族自決の条項が盛り込まれた。

**** フェス条約においてモロッコはフランスの保護領となったが、スルタンの主権は名目上残された。とくに内政に関する大きな枠組みは実質的にフランスの支配下にあったが、自治は認められていた。ここで時のスルタンが要求した条項とは、その自治において、アラブ人地区の裁判がイスラーム法のもとで行なわれることを保証する内容を指す。それに対して、フランスは脱イスラーム化を求めた。

当局は、たとえ罪を犯した人間がどういう立場にあろうと、ベルベル人の土地で犯された犯罪なら、すべてを取り締まれる権限を得たことになる。スルタンは、モロッコ王である自分から司法権を奪うこの「ダイール」に署名しなければならなかった。この措置はスルタンからベルベル人に対する裁判権を取りあげるものであって、アラブに対するフランスの行き過ぎた司法介入、失政にほかならない。当然、民族主義者たちの怒りは沸騰した。このとき彼らに大きな刺激を与えたのがシェキブ・アルスラン〔一八七一～一九四六。レバノン出身の反帝国主義、汎アラブ主義の運動家〕の運動である。彼はアラブの「雄弁の王者」と呼ばれるジャマール・アッディーン・アフガーニー〔一八三八～九七。イスラーム改革主義、反帝国主義、汎アラブ主義の運動家〕一派の薫陶を受けたレバノンの大地主であった。彼はいう――「キリスト教徒はイスラームを脅かし、その権利を奪い、力でムスリムを改宗させようとしている…」。

この抗議運動は、一種のイスラーム・アラブ的共同体が存在したことを証明するもっとも初期の運動で、まるで共鳴箱のように、その反響を遠くインドネシアにまで届けた。フランス支配下のモロッコのジャーナリズムは、国際連盟にさえ伝わったこの運動に対し沈黙を守った。一方、フランスの経済団体や入植者たちの機関誌『アフリック・フランセーズ』は、この運動をこう告発した。「怪しげな学位をもち、ガンディーやザグルールのような役割を演じたがっているモロッコのゴロツキの一派」(一九三四)。

結局、運動の広がりに対して総督府は、ベルベル人向け「ダイール」の施行を延期し、修正せざるをえなくなった。ちょうどアルジェリアにおけるカビール人に対してそうであったように、ベルベル人を掌握しようとするこの試みは、不発に終わった。

こうして勇気を得たモロッコの民族主義者たちは、自分たちの要求を長文の覚書『モロッコ改革計画』に記した。このなかで彼らは、保護国条約でスルタンが要求した事柄の厳格な実施と、フランス人によるあらゆる直接統治の廃絶、行政一般の権限行使に関するモロッコ人の参加、選挙による市町村行政官の選出、全モロッコ人に対する教育の開始、などを求めている。

しかしこれらの要求は、ガストン・ベルジュリー〔一八九二～一九七四。フランスの政治家。フランスを代表する良識人として重きをなした〕、セザール・カンパンシー〔一八八二～一九四一。フランス急進社会党の政治家〕、ジョルジュ・モネ〔一八九八～一九八〇。フランス社会党の政治家〕らの支持を得たにもかかわらず、フランス外務省と総督府によって拒絶された。これにより一九三六年一一月と一九三七年一〇月にフェスやケニトラ〔北西部、大西洋岸に近い都市〕などでデモが発生し、チュニジアの場合と同様、「モロッコ行動委員会」*は二つに分裂する。二つとはすなわち、のちに「イスティクラール党」(独立党)となる民衆運動派を率いるアラレル・ファッシと、フランス左翼と結ぶ党派を率いるムハンマド・ハッサン・ワザーニー〔一九一〇～七八。モロッコの民族主義運動家〕の二グループである。

だが、両者はともに逮捕され、収監されたのちに国外追放となったため、いずれの組織も壊滅にいたった。

ノゲス将軍〔一八七六〜一九七一。モロッコ総督（一九四一〜四三）〕に代わってジュアン将軍が就任したとき（一九四七年五月）〔両総督のあいだにガブリエル・ピュオー（在任一九四三〜四六）とエリック・ラボンヌ（在任一九四六〜四七）がいる〕、モロッコは静寂そのものであった。この間に、民族主義運動の指導者たちはすでに解放されていた。

インドシナ戦争以来、チュニジアやモロッコの民族主義指導者たちは（「植民地党」〔チュニジアで一八八九年に結成された院内圧力団体〕の人々はともかくとして）、歴代フランス政権がいかに無能であるか、またマグレブ問題にいかに無知であるかを知っていた。また彼らは、フランス外務省がいかに両保護国内の自治確立への対応に苦慮しているかを知っていた。チュニジアの太守《ベイ》は自由な空気を浴びる権利を要求していた。それに対処するためペリーエ総督は「バルブを緩めること」が必要だろうと考えていた。ところがペリーエの後任ジャン・ド・オートクロック〔一八九三〜一九五七。フランスの政治家、外交官、チュニジア総督（一九五一〜五二）〕が新総督に就くと、なんとこの人物は戦艦に乗ってチュニスに来る始末だった（一九五二）。

同じ頃、モロッコでは、ジュアン将軍がスルタンと共同主権の道を開きたいと考えていた。しかし、保護国条約の適用を望んでいたムハンマド・ベンユーセフ（ムハンマド五世）はこれを拒絶した。ジュアン将軍の後任として一九五一年八月に着任したギョーム将軍〔一八九五〜一九八三。在任一九五一〜五四〕は、スルタンに対する自らの政治的目論みを次のように端的に語った。「殴り合いとくれば、こっちが専門だ。彼には藁をいっぱい食らわしてやろう」。

チュニジアでは数々のストライキがあり、カサブランカでは大騒動がいくつか起こった。そしてチュニスでは一九五二年一二月五日、ブルギバの片腕としてデモ行進を主導していた組合運動家フェラハート・ハシェド〔一九一四〜五二〕が殺された。これに対し、モロッコの組合連合は二日後の一二月七日、ゼネストを組織して闘いに臨んだが、総督府はその鎮圧に戦車を出動させ、群集に発砲した。危機をどうさばくかはジュアンやギョームら総督の仕事だが、後者はとうとうスルタンの廃位へと動く。「《総監》フィリップ・ボニファスは、こういい切った。《〔あのスルタンは〕まったくの厄介者だ。ハーレムの女たち、動物小屋、追従者ども等々が一緒でなければならんのだろう。自分をヒトラーみたいに思っているのさ》」（アレキサ

＊　一九三四年アラレル・ファッシ、ムハンマド・ハッサン・ワザーニー、アハメッド・バラフレージュ（一九〇八〜九〇）によって創設された民族運動組織。モロッコの主権尊重、国の近代化などをスローガンとした。

ンダー・ウェルト『フランス　一九四〇〜一九五五』Werth 1956 p.619)。かくして、「グラウィ作戦」が企てられた。つまり、スルタンはベン・アラファにすげ替えられることになるわけである（本書三五八、四二九頁訳注＊参照）。

フランスのこうした思惑、こうした振る舞いを見て、モロッコの「イスティクラール党」内でもチュニジアの「ドゥストゥール党」内でも指導者たちは真の対話など不可能であることを悟った。だが彼らは、ホーチミンのように革命的になることも、「アルジェリア民族解放戦線」（FLN）のリーダーたちのように過激になることもなかった（もっとも、FLNのリーダーたち云々についてはこれから先の歴史が明らかにしてくれることではあるが）。太守《ベイ》にしてもスルタンにしても、同じだった…。当時の世界情勢のなかで、マグレブの民衆は抑えがたい民族主義的要求に突き動かされていた。フランスの指導者たちはそれを理解することを拒んだが、以来モロッコやチュニジアの指導者たちは自分たちの目的を達成するために、闘いの場を国際社会に移すことになる。インドシナ地域の問題が少しずつ国際化したことが、彼らにその道を選ばせたのである。

一方、こうした動きを未然に防ごうとするフランス側の説明はすべて、「ドゥストゥール党とイスティクラール党は共産主義に道を明けようとしている」と決めつける内容となった。アメリカはそれとは反対に、民族主義は共産主義に対する解毒剤になると考えていた。しかしアメリカは、この問題にモロッコ国王（スルタン）が望んでいたようには明確に介入せず、失望をもたらした。アメリカの干渉を予防しようとするフランスが、アメリカ軍に対してモロッコの基地使用を認めたからである。その後、一九五一年に小さな転機が訪れた。アイゼンハワー（一八九〇〜一九六九。アメリカ大統領（一九五三〜六一）。当時NATO軍最高司令官）が、「マグレブには介入せず」というフランスとの約束を拒んだのである。かといってそれが、ブルギバやフェラハート・ハシェドら、アメリカにもっと明確な行動をとるよう求めていたチュニジアのリーダーたちとの連帯を意味したわけではない。

大きな転機は、一九五二年に到来した。アメリカが、チュニジア問題を国連の議事日程に書き入れることに賛成票を投じたのである。これは「アラブ連盟」諸国の影響力による。とはいえアメリカは、モロッコの基地を確保しておくために、スルタン廃位の動きに反対することはしなかった。国連のほうも、「二つの保護国における自由体制の発展を勧告する」という控えめな解決策を求めるだけにとどまった。

こうした流れはフランスの挫折であり、民族主義者たちにとっては最後の跳躍を遂げるための大きなスプリングボードとなった。たしかにフランスは、ディエン・ビエン・フーの敗北とジュネーヴ会議のおかげで、ピエール・マンデス・フランスをしてチュニジア独立問題の協議を円滑に進めることにはなったが、他方では、エドガー・フォールをして「真の」スルタンの帰還〔一九五五年、ムハンマド五世の復位〕をモロッコに確約することにもなったのである〔ラ・セル・サン・クルー協定〕。

このようにフランス人指導者たちは、パリ（本国）とラバト（植民地）のあいだで、スルタンの求める施策に反対し、入植者の運動に譲歩し、モロッコ内部の権力闘争を利用しながら、独立を望む国々に対する国連の支持を無視することで、結局のところ、不可避の事態へと向かう道筋を自ら加速したのだった。

アルジェリア「革命」への道

「われわれは革命党であることを宣言する…。われわれの行動の目的のゆえに、またその組織形態のゆえに、[…]あるいは単に、《アルジェリア宣言民主同盟》（UDMA）やウラマーたち愛国者が立ち止まった地点より二〇〇メートル先へ進み危険に飛び込むがゆえに」。

ここに引用したのは、「アルジェリア人民党」（PPA）政治局員であるホシネ・アイト・アハメッド〔一九二六〜。アルジェリア独立革命戦争を開始した九人の民族運動家、通称「史上の九人」のひとり〕が起草した、一九四八年の「宣言文」の冒頭である。この書きだしには、彼らのいうところの「革命」の意味が込められている。つまり、漸進的な愛国主義とは手を切る、ということである…。「革命」ということばはその後の運動でも用いられ続ける。民族主義の愛国的運動に「革命」という一見不適切なラベルが貼りつけられ、それがそのまま通用し続けるのである。

まさに彼らの「革命」とは、解放に向けた闘争にとって必要な、纏《まと》うべき形式だったといえるだろう。しかし、それだけだろうか。

「宣言文」のなかでアイト・アハメッドはこう説明する。一八七一年に発生したカビールの反乱〔本書三一〇頁参照〕の教訓を忘れてはならない、ゆえに、解放運動は単なる民衆蜂起であってはならない、と。カビールの反乱が挫折した理由は、「地理的条件というよりも、むしろその反乱がもつ思いつき的な性格」にあった。今回の解放闘争は、「当時、国全体に拡大したあの民衆蜂起とはまた違うものとなる」。民衆の意思は、たしかに「悪辣な人間や売国奴たちを取り除くこと」にある。だが、そこからは、蜂起の企てを決定的な成功に導くための条件は見いだされない。『何をなすべきか』（一九〇二）を書いたレーニンを引き合いにだしつつ、アイト・アハメッドは、テロリズムは出口のない企てであると指摘する。そうはいいながら、彼はテロリズムを全面的に拒否するわけではない。「われわれは、テロ活動を、解放闘争の主要なベクトルとすることについては拒否しなければならない」と述べているのである。また、アイト・アハメッドは、解放地帯を作ろうとすること〔まず部分的に解放した地域を確保し、そこから国全体の解放に歩を進める戦略〕にもやはり危険がある、と説明する。戦時中のユーゴスラヴィア、初期の中国共産党といった参照例があるにもかかわらず、彼は、「比較しえない事柄を比較することはやめよう」というのである。

このPPAのリーダーはまた、最終的な仮説的シナリオとされる「一七八九年フランス革命の技術的な焼き直し」、つまり、アルジェリア議会に憲法制定議会としての債務を負わせるという案について、自らの考えを示す。この戦略は、共産主義者のアンドレ・マルティー〔一八八六〜一九五六。フランスの政治家〕の考えに由来しており、かつてマルティーがラミーネ・デバギーネ〔一九一七〜二〇〇三。アルジェリアの民族主義革命家〕に示唆を与えたものである。そこにはたしかに、姉妹共和国〔フランス＝姉、アルジェリア＝妹〕という考えに一歩向かおうとするきざしが見られる。だが、この仮説的な案もアイト・アハメッドは拒絶する。「フランス革命はあくまで階級間の対立であって、植民地権力と抑圧された人民との対立ではない」からである。

ところで、毛沢東から影響を受けたアイト・アハメッドは、解放闘争は革命戦争でなければならないと考えていた。だから彼にとっての解放闘争は、地理的優位性を利用し、戦略的防戦や主要戦闘法（ゲリラ戦）を用いるなど、さまざまな闘争形態を組み合わせたものでなければならない。

「アッバース流の」改革主義的闘争形態はことごとく否定されねばならない。なぜなら、「順法闘争主義は、植民地主義を作りあげる生来の不平等のために死んでしまった」からだ。しかし、さしあたり「われわれの運動は、この民族解放戦争の真の道具となるには弱体である」。それゆえ、われわれは大衆の革命意識を先鋭化し、社会の枠組みを刷新し、武器と資金を調達し、マグレブの闘いの統一を同時並行に行なわねばならない。そして、アラブ世界を、闘いを支える環境として、また闘いを激化させる触媒として利用し、かつイスラームを、闘いの動員力として利用しなければならない。最後に、アメリカ帝国主義と対照をなすフランスの民族主義的な帝国主義に対しては、これに賛同しているらしいフランス左翼の矛盾を巧みに利用し、フランスの体制を打倒するための行動を起こし、それによって敵の意思を崩さなければならない。フランスで働くアルジェリア人労働者は、「フランス人労働者の闘いに参加する代わりに、〔フランスの組合や党が〕アルジェリア人国家を認めていないことに対して告発してゆかなければならない」。

この「宣言文」の興味深いところは、解放闘争のおかれている環境を分析し、そこに与えられている条件や前提を定義している点にある。しかも、この条件や前提は、目的達成に向けて過去の民族主義運動から教訓を引きだし、現在感じとったままの形で定義されている。その意味で、この「宣言文」は、闘いのプログラムそのものをなしている。ところで、この「宣言文」は多かれ少なかれ実行に移されることになったが、実際の現場において参照されたかといえば、そうはならなかった。

カビールの反乱のような、早まった民衆蜂起は避けなければならない。カビールでは、先住民族の封じこめを要求した入植者の存在が反乱を誘発させた。当初、反乱の矛先は、最初に入植してきた貧しい下層都市生活者に向けられた。これまでもアラブ人たちは、アラブの法や習慣がことごとく消滅するのを見てきた。彼らは、メジャーナ〔アルジェリア北部〕の族長モクラーニー〔反乱の首謀者のひとり〕のような男も、まもなく悪徳商人にほかならぬ民間フランス人市長に屈従させられるだろうと思った。アラブ人にとってそれは言語道断のことだった。こうなったのも、庇護者、皇帝ナポレオン三世がいなくなったことによる。普仏戦争で彼が降伏して以来、このフランスの「スルタン」とアラブ人貴族とのカリスマ的絆はもはや存在しなくなってしまったのだ。だからスーク・アーラス〔北部、チュニジア国境付近〕でもエル・ミリア〔北部、コンスタンチーヌの北〕でも、そしてついにはカビール地方全域でも、反乱が勃発したのである。だが、コンスタンチーヌの入植者たちは反乱を信じなかった。彼らはフランスの状況をアルジェリアに当てはめて、フランスがアルジェリアに軍隊を派遣したのは、普仏戦争で負けた軍の再興を図るためだと見ていた。また、反乱の原因はムスリムの宗教団体にあると見ていた。こうしてその後、反乱の中心地にはラヴィジュリー枢機卿によって「白衣の神父会」〔本書一三頁訳注＊参照〕が送り込まれることになったのである。

反乱側はどうだったか。彼らは、このカビールの闘いをアルジェリア全土まで拡大するといった計画的戦略は初めからもちあわせていなかった。フランスではアルジェリアにアルザス・ロレーヌの人々を押し込んでおきながら〔普仏戦争の敗北によりアルザス・ロレーヌ地方がプロイセンに割譲され、多くの住人が難民化した〕、反乱の原因は現地住民たちを「非野蛮化」できない入植者たちの努力不足、とだけ判断していたので、反乱の鎮圧はきわめて冷酷なものとなった。アイト・アハメッドら民族運動家たちが、一九四五年の早すぎた蜂起の挫折〔セティフの虐殺。本書二八一頁訳注＊＊参照〕からだけでなく、こうしたカビールの失敗からも同じ教訓を引きださねばならないと考えたのはそれゆえである。

ムスリムの兵士たちはイタリア戦線であれほど重い犠牲を払って、フランス軍のモンテ・カッシーノでの勝利〔一九四四年五月。南イタリア戦線におけるもっとも重要な勝利のひとつ〕に貢献したのだ。たとえばベン・ベラはそこでの戦功によって勲章さえ授与されたのだ。だから彼らには、あらゆる種類の正当性と、おそらくは怒りがあった。＊〔四四五頁〕フランス市民権を認めるはずだった期待の政令はだされず、彼らが国に帰ってみれば、そこにはひどい貧困と、ふたたび活性化した植民地支配の屈辱が待っていた。独立運動家たちはといえば、アメリカがファラハート・アッバースとモロッコのスルタンに約束した支援に希望をつないでいる有様だった。だが、内陸部は違っていた。ことに飢餓と死とが猛威をふるうコンスタンチノワ〔東北部、コンスタンチーヌを中心とする山岳地方〕では、独立へと向かう動きが力強く現れ始めていた。すでに独立解放運動の闘士メサーリー・ハーッジュは逮捕されブラザヴィルに送られていたが、一九四五年五月一日には（労働組合とは無関係の）デモがいたるところで発生し、その数を増していた。警察はアルジェ、ブージー〔現ベジャイア。北部の港町〕、オランで発砲し、これに対する怒りが一週間後の戦勝記念日〔五月七日、ナチス・ドイツが連合国軍に無条件降伏した日〕の祝賀行事のときに爆発する。セティフとゲルマ〔コンスタンチーヌの東方にある町〕ではおびただしい数のデモ隊がメサーリー・ハーッジュの解放と憲法制定議会の主権を要求した。このデモが、反乱の出発点となった。

　反乱は「宣言と自由の友」（AML）に率いられてコンスタンチノワからカビールへと広がってゆく。AMLには、ファラハート・アッバースからメサーリー・ハーッジュまで、傾向を異にするあらゆる民族主義運動家たちが結集していた。彼らはラファイエット、シュヴルール、アイン・アベッサ〔いずれもフランス人入植者の農場がある土地の名〕の集荷所を包囲し、農場を襲撃した。フランス人犠牲者は一〇〇人ほどと見られた。一方、フランス空軍の爆撃による鎮圧の結果、アルジェリア人現地住民の犠牲者は一五〇〇〇人とも四万人ともいわれている。多くのドゥワール〔遊牧民のテント集落〕がつぶされ、セティフ、ゲルマを中心とするカビール地方の四四ヶ所のメシュタ〔アルジェリア人の小集落〕が破壊された。こうして「セティフの虐殺」〔一九四五年五月八日〕は民族主義者の記憶のなかにきわめて鮮烈に刻まれることとなった。しかし、アルジェリア在住のヨーロッパ人もフランス本国人も、この事件が巻き起こした真の反響を知らなかった。この鎮圧は、ド・ゴールがフランス共和国臨時政府議長（首相）であった時代に、彼の命令によって行なわれたことは確かだ。そのときの航空・軍事大臣は共産党のシャルル・ティヨンだった。彼は直接事件に関与したわけではないが、この悲劇がどういう展開にいたったかを知りながら、辞任することはなかった。第二次大戦勝利の祝祭に酔っていたフランスの世論は、当時、この日のことをどれだけ知っていただろうか。あとになってこの事件の悲劇性を本当に意識しただろうか。

　このセティフの反乱も国全体に拡大したテロリズムではないと、アイト・アハメッドの「宣言文」は伝えていた。事実、テロリズムの拡大は、数年にわたって続くその後の動きから生じているのである。当時、フランス本国はアルジェリアの強い希望に応えていなかった。アルジェリアの活動家たちはそれを見て失望し、自分たちはだまされ裏切られていると感じていた（不正選挙、アルジェリア人の逮捕、弾圧などがあった）。それゆえに襲撃事件もかなりの件数にのぼっていった。オランで郵便電信電話局の売上のほとんどが奪われた一九四九年の事件もそのひとつである。こうした事件はヨーロッパ人の目には単なる犯罪行為のようにしか映らなかったが、

「アルジェリア人民党」（ＰＰＡ）にとってのテロの目的は、あくまで資金を（そして武器を）得ることにあったのだ。まもなく、テロリズムは初期の襲撃で手にした武器のおかげでより組織的なものになってゆく。ＰＰＡやＯＳ（ＰＰＡの軍事組織）のとった方法は非常に多様なものだった。ブーディアフ〔一九一九〜九二。アルジェリアの民族革命運動家。「史上の九人」のひとり〕によれば、最初に調達した三〇〇組の武器はリビアから届いた。二度目に届いた荷のなかには、二〇丁の軽機関銃、三〇丁の拳銃、五丁の小銃、二箱の手りゅう弾が入っていた…。

そうしているあいだにも、一九五四年一一月一日の蜂起〔アルジェリア独立戦争勃発〕の前後を問わず、つねにテロリズムは止むことなく拡大してゆく。そこにはいくつもの機能を見ることができよう。たとえば、公共建造物を狙ったテロは第一の形式である。それが表現しようとしたのは、植民地体制そのものと、それを体現しているものに対する憎悪である。小学校教員モヌロ〔一九三二〜五四〕が殺されたティグハニミーネ峡谷〔オーレス山地〕でのバス襲撃事件*のようなテロは、第二の形式である。これは、アルジェリアには「良い」フランス人も「悪い」フランス人もなく、フランス人はすべて追いだされるべきだ、「スーツケースか棺桶か」だ、ということを主張するためのテロである。

第三の形式は、軍事組織内部の反アラブ派による粛清であり、それは「裏切り者」の排除を目的としたテロである。** この先鋭化したテロは、まさしく殺戮となり果てた。テロの主体となったのは、「民主的自由の勝利ための運動」（ＭＴＬＤ）の内部分裂後にメサーリー派と対立した積極行動派である。ハルビ〔一九三三〜。アルジェリアの歴史学者〕がいっているように、「アルジェリア世界のなかでメサーリー主義は、スターリン世界のトロツキストと同じ位置を占めていた」のである。*** 第四の形式は、「無差別」テロである。彼らはバスのなかでも市場《いちば》のな

＊（四四三頁）　一九四三年二月、ファラハート・アッバースらは「アルジェリア人民宣言」を発表し、ド・ゴールの自由フランス政府の徴兵に応じる代わりに、アルジェリアの自治を要求した。これに対しド・ゴールは、同年一二月、アルジェリアのムスリムの地位向上、権利拡大、そして数万人規模のムスリムに完全なフランス市民権を与えることを約束した。しかし、連合軍の優勢が確固たるものとなり、植民地主義者の巻き返しが始まると、この約束の大部分は反古にされた。

＊　一九五四年一一月一日。モヌロはたまたま妻とともにバスに乗り合わせたにすぎなかった。テロリストのこのときの標的は、実際にはフランスに忠実なアラブ人地方官だったとされている。

＊＊　解放闘争組織の内部には、つねにカビール人とアラブ人の人種的対立が内在し、粛清を誘発した。

＊＊＊　トロツキストがスターリンによって粛清されたと同じように、メサーリー派（多くはアラブ人）のメンバーは、主導権と戦略思想の相違をめぐって、ＦＬＮ（カビール人が中心勢力）によって粛清された。

かでも、ヨーロッパ人のまえだろうとムスリムのまえだろうと、どこにでも民族主義の行動派が出没することを無名の民衆たちにアピールした。目的は、不穏な社会状況を作りだすことである。第五の形式のテロは、もっぱらアラブ人だけを対象とし、恐怖政治の様相を作りだすのが目的である。これは、MTLDの改編から分かれた急進派、「アルジェリア民族解放戦線」（FLN）による表現法である。FLNこそ、今後フランス行政権力に対抗しうる真の反権力、フランスに取って代わる唯一の存在である、というわけである。まさに、FLNは新しい国家の芽となっていた。そこに「アルジェリア革命」の生まれる場があった。

　テロリズムは、一九五五年の初頭より計画された武装闘争とは一線を画していたが、アルジェリア戦争が本格化すると徐々に激しさを増していった。残虐きわまりない行為が始まるのは同年八月二〇日と二一日、コロ〔北東部、地中海に臨む町〕とフィリップヴィル〔コロの東方にある港町。現スキクダ〕のテロからである。このテロでは、ピエ・ノワールもフランス本国人も、あるいは穏健派ファラハート・アッバースの甥アルーア・アッバース〔?～一九五五〕のようなムスリムも処刑された。FLNにとっては、ジャック・スーステル治下〔アルジェリア総督着任は一九五五年一月〕の新しいフランス権力と組む可能性のある人間（とりわけ、政府が実施する土地の再配分計画で利益を得る者）をことごとく消し去ることが重要だった…。

　この虐殺事件をきっかけに、それまで慎重だった民族主義指導者たちは、非妥協的なFLNとの同調に踏みきった。また、フランス側においても、ジャック・スーステルの立場を反転させたのもこの虐殺事件であった。彼は、本国世論の「精神的混乱」を、次のように公然と非難するにいたる。

　「平和主義者たちは、わがほうの暴力を断罪しながら、相手側の暴力は崇拝している。キリスト教徒たちは、虐殺によって殺された同宗の者たちに一滴の涙も流さないが、まさしくそれは、その者たちが同じキリスト教徒だからなのだ。進歩主義者たちは、アルジェリアが混沌のなかに転落しているというのに、アルジェリアの将来の見通しには安逸感をふんだんに漂わせる。国際派の者たちは、アフリカと東方の民族主義者のまえでは膝を屈する。そして懐疑主義者たちは、レジオン・ドヌール勲章の略章をつけている人間をひどく嫌うが、ゲヌール〔北アフリカ先住民族兵士の帽子の一種〕のまえでは敬意を払うのだ」（ジャック・スーステル『愛され苦悩するアルジェリア』＝Soustelle 1963 p.132)

　ときに共産主義者と民族運動とのあいだには、複合的な要素のからんだ関係が結ばれる。第二次大戦後の状況のなかでは、この複合性がアルジェリア人とリベラルなヨーロッパ人との関係にも移し入れられることになる。
一九五〇年代の初め、アルジェリアではいくつもの民族主義組織があらゆる要求を発していた。その要求の大部分を「アルジェリア共産党」（PCA）の圧倒的多数が支持していたことは知られている。また、「アルジェリア労働総同盟」（UGTA）を介して、共産主義と非共産主義の活動家が連帯していたこともよく知られている。ところで、この一体性は主として、農村部や港湾労働者の窮状といった現実の社会問題に関わる一体性からくるものであった。実際、より明確な政治路線の分野においても、極左組織は穏健派ファラハート・アッバースの「アルジェリア宣言民主同盟」（UDMA）より急進派メサーリー・ハーッジュの「民主的自由の勝利のための運動」（MTLD）のほうに近いことを表明していながら、実際には、「アルジェリアの固有性」という集団的アイデンティティーの認知を求めるMTLDのアラブ人的要求より、むしろ目の前の現実に沿ったUDMAの民主的な要求のほうに共感を覚えていた。*

一方で、一九四七年から一九五二年までの動きを見ると、あきらかにアルジェリアの共産主義者たちは、国際情勢の展開や冷戦の状況、そしてストックホルム・アピール**が主導する平和のための闘いに大きな注意を払っていた。民族主義的な要求に自分たちが直接関わっていると強く意識しながらも、国際社会の動きにはそれ以上の注意を払っていたのである。実際、UDMAが要求していたアラビア語教育の問題については、彼らによって一度として真剣に取りあげられることはなかった。しかも、フランスにおいて共産党の政権復帰がなくもないと思えたこの時期にアルジェリアの独立を考えることは、アルジェリアの共産主義者たちにとってはいくぶん「反革命的」であるとさえ思えた。時は冷戦時代である。ゆえに彼らは、「アメリカ帝国主義を補強するにすぎないようなえせ独立」を厳しく断罪した…。彼らは、こんなふうに思いをめぐらしていたのではないか——もしパリの共産主義者たちが政権の座について、フランスとアルジェリアが共和国連盟へと統合する種々の改革を成しえたならば、アルジェリ

* アッバースは穏健な民族主義者で、アルジェリア人とフランス人との平等を強く求めたが、アルジェリアが完全にフランスから分離されることは必ずしも望んでいなかった。一方、メサーリー・ハーッジュは、ムスリムのアルジェリア民族という概念を中核として急進的で革命的な民族運動を展開していた。したがって、政治路線としてはメサーリー・ハーッジュ＝MTLD、実際の運動で要求することではファラハート・アッバース＝UDMAという交錯があった。

** ストックホルム・アピールとは、平和擁護世界大会委員会によって一九五〇年三月に提出された、軍拡、原子兵器、原爆に反対するアピールを指す。

アは一種のフランス流ウズベキスタン、すなわち「アルジェリスタン」になることができる、と。実際、この頃アルジェリア共産党（PCA）は「トルキスタン」への訪問団を何度か組織していた。そして巡礼者たちは首都タシケントから帰国すると、かならずソ連人のムスリム政策を賞賛していた。

じつのところ、この当時の数年間、アルジェリアの共産主義者たちに課せられた大きな任務とは、アラブ人を「平和のための闘い」に組み入れることであった。*したがって、アラブ人本来の要求のために闘うことは二次的な位置に追いやられていた。

一方、一般アラブ人たちは用心深かった。「アルジェリア労働総同盟」（UGTA）で活動する者たちは、共産党執行部が提示する優先順位をそのまま受け入れてはいたが、その大多数はどこか消極的な気持ちを見せていた。あきらかに彼らはPCAを信用していなかった。彼らは、共産党の参加する政府〔社共ほか連立内閣〕が行なったあの一九四五年の弾圧（セティフの虐殺）の際、フランスとアルジェリアの共産主義者たちが「ファシストの陰謀」説を流して自己正当化したのを忘れていなかったのである。UGTAは、組織のうえでは、PCAとではなくフランス本国の組合中央組織とつながっていた。その分だけ都合のよい立場にあったといえる。UGTAのアラブ人たちは、「自分たちはマルクス主義者でない」と繰り返し述べてもいた。

あとになってみれば、この言動はたいへん示唆的である。当時、アルジェリアの共産主義者たちは、アルジェリア人の民族的アイデンティティーの問題を理論的なレベルからはほとんど取りあげていなかった。しかし、その頃の時代状況において「マルクス主義者でない」というのは、「アラブ人は《唯物論者ではなく》ムスリムたらんと望んでいる」ことをもっぱら意味していた。しかも、「民主的自由の勝利のための運動」（MTLD）の多くはそのアラブ人だった。政治と宗教を比較的明白に分離し、なおかつアラブ的な発言をしていた組織といえば、ファラハート・アッバースやドクター・フランシス〔一九一〇～六八。本名アハメッド・フランシス〕を信奉する「アルジェリア宣言民主同盟」（UDMA）のメンバーぐらいであった。彼らは「穏健派」の「ブルジョワ」と見なされていたために、「平和の運動」**やPCAからは一定の距離をおかれていた。そのうえ、UDMAは組織そのものがブルジョワ階級の体現者と見なされていたために、「明日のない」党と呼ばれ、ある種の不信をもって見られてもいた。

ところで、共産主義者たちはUDMAのブルジョワ的傾向に対してはいかにも用心深い姿勢を示したが、MTLDがイスラームと結びついていることには目をつぶった。対して、社会主義者たちは、フランス人であるかアラブ人であるかに関係なく、真の意味での政教分離を貫こうとした。当時、スペインから亡命してきた共和主義者を吸収し数を増していたフランスの社会主義者に比べ、アラブの社会主義者の数はさほどでもなかった。こうした違いがあったにしても、両者はともに政教分離主義者たらんとした。とはいえ、フランス社会党にも、MTLDやUDMAにも、政教分離の精神をもちながら、アラブの闘士たる強力な兵隊は存在していた。彼らが抱くイスラームへの愛着は、その多くがさまざまな日常的しきたりに関わっていた。このしきたりは本質的なムスリムの教義というより、むしろアラブのアイデンティティーを守ろうとすることの結果であった。

当時、アルジェリアの共産主義者たちは、フランス共産党が国内で行なう闘争の構図に従い、闘わざるをえなかった。***つまり、アルジェリア共産党（PCA）にとって重要なのは、共産党という組織を拡大発展させ、アルジェリア社会でいっそう重みをもつ存在となることであった。そのためには、ある場合にはアラブ人とイスラームとの結びつきに目をつぶり、ある場合には独立というアラブ人固有の希望に抵抗しつつ、彼らと同盟を結ぶ必要があった。だから表面だけを見れば、共産主義者たちはアラブ人の希望と完全に敵対している、と考えることさえできた。少なくとも、独立というアラブ人の希望がフランス共和国における諸県の紐帯を危うくする恐れがある限り、敵対的であったと見なすことができる。

いくつかの出来事に見てとれるのは、PCAのこの根本的な言行不一致である。たとえば、一九四九年末、MTLDがPCAに対して、「アルジェリア人民の権利に関する宣言」の骨子づくりについて共同作業をもちかけ、「あらゆる植民地人民は植民地主義と交戦状態にある」という声明をだそうと提案したとき、PCAはこれに加わることを拒絶した。この「宣言」が、のちの「平和のための人民会議」****の声明と同様の内容であったにもかかわらず、である。そうかと思えば、オランでは、公表こそされなかったものの、PCAはMTLDと共通の文書に署名しているし、また、一九五一年の裁判で一九五人の闘士を断罪したフランス社会党当局の弾圧に対

* ここでの「平和のための闘い」とは、ストックホルム・アピールが訴えるものではなく、コミンフォルム（共産党情報局）が提唱するものを指す（コミンフォルムはソ連をはじめ欧州九ヶ国の共産主義政党間の情報交換機関）。具体的には、アラブを東西冷戦構造のなかで東側に組み入れることを意味する。

** 「平和の運動」とは、コミンフォルムの指導下にある平和世界会議の指針に従って活動する共産党系の政治的平和活動組織のこと。

*** フランス共産党の政治方針は「フランスのなかのアルジェリア」であり、独立を支持していなかった。

**** 一九五二年一二月、共産党系の国際組織「平和世界会議」の主催によって開かれたウィーンでの国際平和会議。五つの平和原則とともに、諸国人民の有する権利が声明された。

し、MTLDの「中央委員会派《サントラリスト》」〔改革主義を志向する知識人グループが結成〕と共闘もしている。さらに「ネジュラン式」不正選挙〔本書三六〇頁参照〕をめぐっては、本国フランスで抑圧に加担している社会主義者を相手に、ともに闘う姿勢を示してもいる。

PCAをめぐる以上のような複雑な状況は、アルジェリアには二つの選挙母体〔本書三六五頁訳注＊＊参照〕しか存在しないために、共産党の有権者はヨーロッパ人となる、という扱い方をされてしまうことによっても説明がつく。当時の選挙制度の下では、たとえPCA本部がアルジェリア人を擁していても、選挙当選者はヨーロッパ人しかありえなかったのである。オランでは、このヨーロッパ人当選者の数は、PCAの得票が全体の五分の一まで占めたために、かなりの数にのぼった。かくして、逆説的なことに、PCAはヨーロッパ人によって主宰され、フランスの組合としての資格をもつアルジェリア労働総同盟（UGTA）のほうはその大部分がアラブ人で構成される、という構図となった…。しかもこれらのアラブ人は、同時に、MTLDやUDMAといった別の政治組織のメンバーでもありえたのである。こうした局面においてようやくPCAは、アルジェリア人のものとなる覚悟を決め、指導部の構造改革に乗りだすにいたった。そしてこれにより、一九五二年の第六回党大会以降はムスリムの代表が多数派を占めることとなった。続いてPCAは党員の構成改革にも着手した。しかしながら、有権者のほうはそういかなかった…。

さて、その立場を反転させ始めたPCAは、ムスリムの諸党に拒絶されながらも、独立に向けた反帝国主義戦線を創設したいと考えるようになる。さらには、フランス連合への加盟を視野からはずしたアルジェリア民主共和国という一国独立のスローガンにさえ賛同するまでになる。もっとも、ピエ・ノワールの有権者の大部分は、アラブ人たちのいかなる解放にも一切反対していた。もし解放となれば、政界における、もっと正確にいえば代議制や議会の形式におけるヨーロッパ人入植者の独占状況が真っ先に非難されると思ったからである。民族主義組織の基本的願望とは何か——それが分かっていたのはごくわずかの人々、すなわち若干の知識人たち、リベラルな職業人たち、そしてPCAの党員だけであった。この少数の人々は、例外的存在であるだけに、危うい立場に立たされることになる。民族主義組織と一線を画す彼らの立場は、同じような意見のカトリック左派の立場ともまた異なり、「選挙の野望」は抱いていなかった。

一九五二年から一九五四年にかけて、民族運動の大きな響きは、イラン（モサッデク）からも、エジプト（ナーセル）からも、チュニジア（サラー・ベンユーセフとブルギバ）からも、そしてモロッコ（ムハンマド五世の帰還）からも、次々にとどろきわたってきた。それは、それまで確信を欠いていたアルジェリアの民族運動にきわめて大きなインパクトを与えた。というのも、アルジェリアの民族運動の周辺では、ムスリム住民に対して行政がいかに侵害・侮辱行為（不正選挙や弾圧など）を繰り返しても、多くの人々はあくまでフランスとの統合を価値あるものと考え、それに惹かれてきたからだ。だが、ディエン・ビエン・フーでのフランスの敗北が明らかになると、MTLDのかなりの数のメンバーは、たとえそれが急進主義派であろうと、明日の展望のないこの組織にこのまま従属するのはきっぱりやめようと考えた。そして、新たな展望は、アラブ・イスラームの大義にアルジェリアのアラブ人による闘いが接木されることによって開かれていった。それは人々の行動を鼓舞する原動力となり、「統一と行動の革命委員会」（CRUA）の創設へと結びつく。この新たな展望は、まもなく多くの人々を限りない飛躍に向けて集結させることになるだろう。

こうしてアルジェリア革命は一九五四年一〇月の「アルジェリア民族解放戦線」（FLN）の結成へ、さらには同年一一月一日の蜂起へといたることになる。つまり、MTLDから分裂した者たちがCRUAに移り、さらにこれをFLNへと改編して、いわば未来のアルジェリア人国家の萌芽のようなものを確立するのである。そこには、まだ名前こそないが、ひとつの政府としての特権と機能が備わっていた。FLNは決定権を独占し、必要ならば恐怖を使って人々に服従を要求した。自己の権力を強化するためにはテロリズムも用いた。かくして彼ら独立派は、ついにナーセルとアラブ・イスラーム圏の支持を後ろ盾に、アルジェリア問題の国際化に成功するのである。

このような流れのなかでは、アルジェリア共産党（PCA）がいくらアルジェリア民主共和国なる原理に賛同したところでもはや意味はもたない。共産党は完全に乗り越えられてしまっていた。そのうえ共産党は、FLNが示すアラブ・イスラーム圏への忠誠心のために、ふたたび昔の躊躇のとりことなって身動きがとれなくなっていた。容易に想像できるが、共産党執行部に対しては党の信奉者たちでさえ抵抗を表明していた。当時の執行部は、足もとの大地がばらばらに崩落していくのを感じとっていたに違いない。共産党員はその大半がヨーロッパ人によって構成されていた。ゆえにFLNは共産党に対しても他の党と同じく解散を求めていた。

しかしながら、一九五四年一一月一日の「革命」が、国全体にわたる革命だったと後世の人々が想像するならば、それは錯誤というものだろう。たしかに、この日付は歴史的なものとなった。しかもお墨付きで。だが、この日を「革命の日」としたのはFLNの執行部なのである。ヨーロッパ人であれアラブ人であれ、当時の住民は、まだFLNの実体について正しい認識をもっていなかった。じつのところ、大部分の住民にとって一一月一日は何事もなく過ぎていた。たしかに、その日は武装闘争の開始を意味するテロ事件の日として知られている。しかし、当初のテロ活動は山岳地方に限られており、人々のあいだではその後一年近く、「戦争状態」というものが額面どおりに受け止められることはなかった（もちろんカビール地方とオーレス山地〔ベルベル人の居住地域〕の人々を除いてだが）。一方、FLNは、自分たちの本当の標的については慎重に口をつぐんでいたため、都市に住むヨーロッパ人は、生まれつつある悲劇から遥か遠いところで暮らしているようにさえ感じていた。あるいは、何とかしてそのような悲劇を知らないままでいたかった。もっとも、ムスリムにしたところで、大部分はそれがどのような出口に行きつくか、やはりよく見えていなかった。

地中海に面したオラン県では戦禍の被害がほとんどおよんでいなかった。それゆえ、フランスの軍隊がアルジェに上陸し始めたとはいえ、大部分のアルジェリア人は政治的な解決へ向かうと考えていた。今日われわれが知っているように、当時、FLNの幹部は独立を勝ちとるまで武装闘争を続けるつもりでいた。そしてその何人かは、フランス人の追放さえ考えていた。そうした状況だったにもかかわらず、政治的解決は可能だと思われていたのである。したがって、この一九五五年末の時点で、アルジェリア問題の結末があのようなものになると想像できた人はほとんどいなかった。政治的情勢は悪くなっていたが、アルジェリア在住のヨーロッパ人の大多数は「フランスの県としてのアルジェリア」というドグマのもとで考えを推し進めていた。また、多くのアラブ人も「真の統合」という道筋をひたすら頼りにしていた——もっとも、その実現性となると、それほど信じられていたわけではなかったが。いずれにせよ、「アルジェリア宣言民主同盟」（UDMA）の穏健派は岐路に立たされていたのである。

ちょうどフランスでは「共和戦線」[*]が勝利を収めていた。これによって真の変化が期待されもした。ところが一九五六年二月六日、ギー・モレが入植者（ピエ・ノワール）の騒乱に屈したとき、すべては完全にくつがえった。[**]

じつはこれより数ヶ月前、アルジェリア共産党（PCA）がその支持者の大半を失ったオランで、「リベラル派」の小グループからの提唱により、ムスリムのコミュニティーとヨーロッパ人のコミュニティーとの接近を図る試みがなされ、「アルジェリア友愛会」が創設されている。当時、オランにおいて「リベラル派」といえば、アルジェ同様、ヨーロッパ人とムスリムとのあいだで生じる問題を交渉力によって打開しようと考える人々のことを指す。この「リベラル派」の呼びかけに、さまざまな者たちが応えたのである。アラブの組合組織のリーダー、FLNの民族主義運動家、ヨーロッパ人とアラブ人の共産主義者、旧MTLDから分裂した組織に属する人々…、職業的には教師、商人、自由業者などなど、合わせて二〇〇人ほどが「声明書」に署名した。その三分の二はヨーロッパ人、三分の一はムスリムで、この割合は町のコミュニティーの人口比にほぼ比例していた。「声明書」では、現実のものとなりつつある軍事的解決策を目のまえにして、この戦争に終止符を打つための行動の必要性が唱えられた。また、フランス政府に対しては、アルジェリア人民を代表するいかなる人物とも対話するよう求めた。あの「八月四日の夜」***のような雰囲気のなかで、意気高揚して署名されたこの「声明書」はまさに希望の瞬間だった（一九五五年一二月一七日）。

時を同じくして、『オラン・レピュブリカン』紙は、アルジェリアの未来に関する一連の提案を掲載し、「共同主権」への道がもっとも望ましい解決策であるとの考えを示した。この記事の執筆者は、アルジェリアの全組織の代表者から意見を求めたうえで、これを起稿した。

一九五六年二月初めには、「アルジェリア友愛会」はアルジェ訪問を予定していたギー・モレに知事を介して会見を求め、約束をとりつけた。さっそく彼らは代表団を組織しアルジェに向かった。代表団五名のうち、ひとりは「アルジェリア労働総同盟」（UGTA）、もうひとりはFLNから選ばれた。ところが、FLNのメンバーは二月八日に予定された会見の場に姿を見せなかった。それは二月六日に起きたあの騒乱に起因する方向転換なのか、それとも、それ以前から続いていたFLNの態度硬化の延長なのか、判然としない(原注)。ギー・モレはこの会見で、「正真正銘の自由選挙」の実施をアルジェリア代表団のまえで保証した。だがアルジェリア代表団は、ギー・モレがアルジェリア問題の諸要因についてあまりにも無知であるのを知って呆然とせざるをえなかった。

一九五六年二月六日の騒乱はフランス政府の姿勢を後退させた。この騒乱によって、ピエ・ノワールとアラブ人との交渉という考えは、すべて断罪の対象とされることになった。しかも、ギー・モレのあの失態と態度の反転を見て、FLNはもはや唯一の解決策しか求めようとしなくなった。つまり、

* 一九五五年一二月、フランス共産党を除く社会主義系左派の主要メンバーによって結成された政党。翌年一月の国会議員選挙で、経済の近代化とアルジェリア問題の解決を訴えて、社会主義右派に勝利した。

** 一九五六年二月、フランス首相に就任したギー・モレは、新しいアルジェリア大臣（総督）にカトルーを任命した。これに対して、ピエ・ノワールたちは、モレがアルジェリアを手放すつもりだと憤り、アルジェを訪問したギー・モレに、大量のトマトを投げつける騒乱事件を起こした。現地の危険な空気を体験したモレは、以後、アルジェリアでの和平追求政策を断念する（本書三六二〜三六六頁参照）。

*** フランス革命が勃発して約半月後の一七八九年八月四日の夜、憲法制定国民議会は封建制の廃止を決議した。これによって、人々は、革命の最初の成果を正式に手にすることになった。

（原注）フランス側の代表団にも同じような態度の硬化があり、このためフランス代表団は当時「フランス全国学生連合」（UNEF）（一九〇一年設立の左派系学生組織）と決裂している。

「独立を勝ちとるまでの武装闘争」である。それにしても、二月六日以前には、まだほかのさまざまな道が残されていたことは確かだ。少なくとも、アルジェリアから多数のフランス人を退去させずに済むやり方での独立もありえただろう。ピエ・ノワールたちは、ギー・モレにアルジェリアでの和平追求を断念させたことで、自ら自分たちの転落に署名したのである。

さて、アイト・アハメッドの主張について最後に触れるべき特徴的な部分は、「穏健派、アッバース流のあらゆる闘争形態は断罪されねばならない」という点である。ＭＴＬＤ運動の急進的指導者たちがなぜレーニン的な実践行動を継承したかは、この指摘によって説明される。また、彼ら急進派がムスリムのライバルや敵対者を皆殺しにするやり方も、この主張から来ていることが理解できる。

民族運動の急進的指導者たちは、自分たちは「唯物論者」ではない、すなわちマルクス主義者でなくムスリムたらんとしているのだ、と繰り返し述べていた。しかし旧ロシアのムスリム民族運動の大部分と同じく、彼らは組織形態をレーニンから借りていた。つまり、「何をなすべきか」という原理のもとでひとつの党派を形成していた。また、のちに彼らは、持久戦という考えを毛沢東から借りている〔本書四六一頁訳注＊＊参照〕。もっとも、一九一七年以前のレーニンの実践活動には、単に前衛的闘士の一グループというプランだけでなく、「唯一の党」という原理もあった。彼の戦術はさまざまな状況に即して考えだされたものであった。

一九五〇年前後から、ＭＴＬＤの党首メサーリー・ハーッジュとＭＴＬＤ中央委員会とのあいだでは最初の抗争が始まっていた。メサーリー・ハーッジュ側にはムーレイ・メルバー〔一九一三～九七。メサーリー・ハーッジュの盟友で、当時のＭＴＬＤ、また、続いて結成される「アルジェリア民族運動」（ＭＮＡ）の書記長〕が味方についたが、メサーリー・ハーッジュはアルジェリア当局によってシャンティイ〔パリ北方〕に、続いてニオール〔フランス西部〕に国外追放されていた。メサーリー・ハーッジュとムーレイ・メルバーは、中央委員会がアメリカを頼りきり、モロッコやチュニジアの同志たちをさほど当てにしていないことを非難していた。また、なかんずく、党運営が改革運動派のいいなりになっていることを非難していた。そうしたなかで、中央委員会《サントラリスト》派に近いアイト・アハメッドとベン・ヘッダ〔一九二〇～二〇〇三。一九五三年ＭＴＬＤの書記長。武装闘争をめぐりメサーリー・ハーッジュと袂を分かち、五五年ＦＬＮに合流。六一年、アルジェリア共和国臨時政府大統領〕は武装闘争の準備に入るよう突きあげを受けていた（一九五一）。このため中央委員会は「特別組織」の設置を認め、アブデルマレク・ラムダーネ〔一九二〇～五七。ＦＬＮ武装闘争の中心人物のひとりでカビール人。一九五七年、ＦＬＮの内部抗争により粛清される〕にその指揮を任せることにした。だが、まもなく、積極行動を唱える一派は、メサーリー・ハーッジュに権限を委ねる原則そのものに異議を唱え始めた。彼らは、数人の中央委員会《サントラリスト》派および革命運動家ブーディアフとともに、ソヴィエトを彷彿とさせる「統一と行動の革命委員会」（Ｃ

RUA）なる名称の組織を創設し、メサーリー・ハーッジュの「個人崇拝」を糾弾することになる。この一連の戦略を用いてのMTLD内部の離反は、それを研究したアルジェリアの歴史学者ムハンマド・ハルビによれば、一九〇三年から一九一四年にかけて起きたボルシェヴィキ党内部での抗争の歴史を驚くほどに再現している。

このように、一九五四年一一月の「蜂起」前夜は二つの支配的なセクトが存在したと考えうる。ひとつはメサーリー派のセクトである。彼らは、直接的であれ他国を介してであれ、フランス政府とのあらゆる妥協を警戒し、イスラーム社会と密着したポピュリストを自認して、知識人を敵視していた。もうひとつは中央委員会派で、メサーリー派とは逆に、薬剤師のベン・ヘッダやジャーナリストのサラー・ルアンシ〔一九二三〜九〇。カビール人で『若者の声』紙の編集長。MTLDの中央委員会に入り、メサーリー派と分裂。一九五五年にFLNと合流〕など、多くの「プチブル知識人」*を組織に抱えていた。彼らは、有能なリーダーをもつこと、組織体制を整えること、複数の組織体制を受け入れること、が必要であると強調し、伝統とは距離をおき、基本的に共産主義者とは相容れない姿勢をとらねばならないと主張する点で、メサーリー派と異なっていた。

FLNの創設グループは一九五四年一〇月二三日に結成されたが、**このグループには、積極行動派とともにベン・ベラやヒデル〔一九一二〜六七〕のような中央委員会派のFLN在外代表も含まれていた。ところで、メサーリー派と中央委員会派を断絶にいたらせたものは何か。結局、中央委員会派としては、軍事行動に入るまえに、メサーリー派との政治的見解の相違に決着をつけたかったということだ。しかし、その中央委員会派の内部でも、蜂起を時期尚早と考える者たちとのあいだで断絶している。FLNのプログラムは、まず初めに行動、なのである。「統一と行動の革命委員会」（CRUA）をFLNに改編した者たちは、その最初の目標として、「あらゆる手段を使って国の力を結集すること」（ヒデル、一九五五年二月七日）を自らに課した。

FLN創設グループを支配していた考えは、独立は戦争によってしかもたらされない、ということである。しかし、その目的のもとで結成されたこのグループに、自信があったわけではない。だからFLNは、次のような段階的な戦略をか

* 薬剤師やジャーナリストは、医師、弁護士と並んで、一般のアルジェリア人がなりうる最高の職種で、エリートである。民族運動のリーダーには、これらエリート的職業の者が多い。

** アリステア・ホーン（一九二五〜。イギリスのジャーナリスト、伝記作家）『サハラの砂、オーレスの石』（一九七七）の記述およびアルジェリアの「退役軍人友の会」が作成した年表によれば、創設は二三日ではなく一〇日とされる。

かげた。まず最初に、自らの存在そのものを証明し、その役割を懸命に周知させること。続く第二段階は、社会不安を常態化して、この組織をひとつの対抗勢力にまとめあげること。そして最終段階では、敵の力のおよばぬ解放地域を作りだすこと、である。全体の構想としては、「役割の異なるさまざまな組織の集合体を作ること」が企図された。そこで重要な役割を演じたのがブーディアフである。しかし、ＦＬＮを広く国民的な組織に変えたのはアブデルマレク・ラムダーネであり、彼の存在は拷問に屈しない戦士としての資質と勇気によって重きをなしていった。

　こうした流れのなかで異なる政治勢力が合流にいたったのは、これまでのフランスの姿勢がもたらした結果にほかならない。それにもかかわらず、そのフランスに対し、ファラハート・アッバースは一九五五年二月の時点でもまだアルジェリア組織法〔本書二八一頁訳注＊＊＊参照〕の適用を求めていた…。しかし、同年四月の不正選挙は、慎重派の大多数の者たちにでさえ、もはや総督府政府にもパリにも何も期待できないと考えさせるに充分な出来事となった。ムスリムたちにとって、総督スーステルの改革〔本書三六四〜三六五頁参照〕は明らかにＭＴＬＤやＦＬＮを孤立させることが主目的であると映ったのである。アッバースのように、一〇年来単なる改革と統合だけを求め、あげく真の譲歩を何ら得られることなく執拗に入植者から拒絶され続けたとき、人はいったいどうすればよいというのか。

　一九五四年一一月一日のテロの際、アッバースの「アルジェリア宣言民主同盟」（ＵＤＭＡ）は「絶望、混乱、冒険」しか見ていなかった。一方、フランス政府とアルジェ総督府の対応はといえば、あれこれ策動をめぐらして鎮圧の準備を整えることしかなく、軍に「テロリスト」壊滅を好きなだけやらせるというやり方はもう問題外となっていた。この頃、穏健派ファラハート・アッバースと急進派アブデルマレク・ラムダーネは顔を合わせているが、互いに並行する二つの道で、つまり、かたや政治の前面で、かたや武装闘争で、それぞれ闘うことに合意している。しかし、この「協約」が成ったからといって、コンスタンチーヌのＦＬＮ組織がＵＤＭＡの地方リーダーたちを狙わなくなったかといえば、そうではない（先述したように、一九五五年八月に処刑された者のなかにはファラハート・アッバースの甥アルーア・アッバースも含まれていた）。まもなくＵＤＭＡには鎮圧と戦争とテロによる暴力が、これまで以上に強い圧力となってのしかかり、「もはや政治的解決の道は閉ざされた」と彼らは認めざるをえなくなる。アハメッド・フランシスとファラハート・アッバースは「事態は、われわれＵＤＭＡの手の届かぬところに来た」と了解し、一九五六年四月ＦＬＮに合流することになる。そして、中央委員会派はこれまでの路線をそのまま推し進めた。

「政党は消滅する必要があった…」――この必要のまえに、

アルジェリア共産党（PCA）の党員すらも膝を屈した。FLNのリーダーたちの判断によれば、「頑なに自分の思想にこだわる者たちを屈服させ、結集させるには、暴力に訴えるしかない」のである（ただし、植民する側の暴力は別だ）。そしてクリム・ベルカセム〔一九二二～七〇。「史上の九人」のひとり。一九五〇年PPA・MTLDのカビール地方指揮官となるも、一九五四年メサーリー・ハーッジュと決裂してFLNを結成。一九六二年エヴィアン会議ではFLNを代表してフランスとの停戦協定に署名〕が明言したように、「さもなくば、内乱になるだろう」。

ところで、メサーリー・ハーッジュにとって、改革派〔MTLD内の直接行動派〕がFLNへと統合していったことは、彼ら改革派全員が、MTLDからの除名者であるだけに、まさに裏切り行為であった。しかも、「アルジェリア民族運動」（MNA。MTLD分裂後、メサーリー・ハーッジュの組織に与えられた新しい名称）の考えによれば、FLNは、その武器と資金の提供をナーセルから受けている点で、ナーセルの手に完全に握られている（もっとも、そのように口外してやまなかったのはジャック・スーステルであったのだが）。しかしMNAのほうもまた、独自に直接行動に打ってでることを考えていた。ただし彼らは、アルジェリア問題を国際化して、国連を使ってそれを議題にのせながら行動するつもりでいた。MNAのリーダーもFLNのリーダーも、どちらも一徹だったし、独立を達成するという決意においてはまったく同じだったが、FLNは平素の活動において一日の長があった。MNAにとってFLNによる一九五四年一一月の「蜂起」は、自分たちの知らぬまに実行された点で不意をつかれる結果となった。また、コンスタンチーヌのFLNがUDMAの地方リーダーを狙った同じ手口で、別のFLN組織がMNAの地方幹部を抹殺したときも、MNAはやはり不意をつかれた。マルニア〔現マグニア。北西部〕で、そしてウジダ〔モロッコ北東部〕で、MNAの闘士たちは罠にはまって暗殺された。

以後、アルジェリア人を分断したこの内部抗争は、それまで記録されてきたいかなる暴力をも凌駕している。アルジェリアからの海外移住者のなかで、FLNのメンバーは一万ないし一万五〇〇〇人、MNAのメンバーも同程度の人数が含まれていたと見られるが、この移住者どうしの抗争だけに限っても一万二〇〇〇件もの襲撃事件があり、死者四〇〇〇人、負傷者九〇〇〇人を数えた。アルジェリア国内にいたっては、この数字さえはるかに超える惨状となった。このような味方どうしの殺し合いのなかで、FLNは徐々に優位に立っていった。そのメカニズムは、一九一八年から一九一九年の、ボルシェヴィキと他の革命勢力との抗争を想起させる。ボルシェヴィキ同様、FLNも、権力をただひとつの組織によって行使するために、躊躇する者たちを皆殺しにしたのである＊（四五九頁）。したがって運動家のなかには、たとえばベルーニス事件に見られるように、FLNに対して背を向ける、すなわちFLNを「裏切る」人間もでてくるが、一九五八年の時点でMNAの歴史的指導者たちはほぼすべて殺されていた。ただしメサーリー・ハーッジュの襲撃だけは失敗に終わっている。

独立戦争のなかで生じたこの内部抗争を見るとき、MNAの犯した「過ち」は、その民族主義運動としての「歴史的」先行性を盾にとって、自前の武装組織を作らず新規に成立した武装グループを次々と支配下におこうとしたところにある。MNAの非妥協的な民族主義は、アラブ世界に、ことにナーセルに受け入れられなかった。ナーセルは、カイロでメゼルナ〔一九〇七〜八二。メサーリー派（MTLD・MNA）の最高幹部で民族主義者〕を逮捕させる一方で、旧MTLD活動家のFLN在外代表ベン・ベラを支持していた。結局、メサーリー・ハーッジュのイスラーム主義は不完全なものに終わった。彼はフランスと交渉するために「アルジェリア問題の国際化」を頼みにしたが、その実現に必要なネルーやスカルノの支持を得ることができなかった。

インドシナ戦争との違いをあげれば、アルジェリアの戦いは名もない戦争から、すなわち匿名のテロや弾圧から始まったことである。このことが混濁した雰囲気を作りだした。それとともに、「もはや後戻りできぬ《力による決着》の始まり」を認めようとしない相手の態度〔FLNから見たMTLD・MNAの態度〕が、この戦争の雰囲気を独特なものにした。一九五四年一一月に突発したFLNのテロは、一九五五年八月のMTLDのリーダーたちに対する処刑以降、はじめて正真正銘の戦争となった。そしてこの戦争は、「アルジェの戦い」の残忍な行為がそこに加わることによって、全面戦争となった。このときアルジェにはフランス空軍指揮下の八〇〇〇名の落下傘部隊が街の隅々まで配備され、隊員には警察の権限と任務が与えられていた（一九五七年一月七日〜九月二四日）。アルジェ市内では、酒場「オトマティク」や「コック・アルディ」で爆弾テロが起き、それに対するピエ・ノワール側の報復としてアルジェリア人へのリンチが行なわれた。それは地獄のような循環となり、マルセル・ビジャール大佐〔一九一六〜二〇一〇。フランス・パラシュート部隊の指揮官〕のことばを借りるなら、「血まみれで糞おぞましい」連鎖となった。これが終わるのは、ド・ゴール派でフランス空軍落下傘部隊の総指揮者マシュー将軍がラルビ・ベン・ムヒディ〔一九二三〜五七。「史上の九人」のひとり〕とヤーセフ・サーディ〔一九二八〜。ベン・ムヒディに次ぐテロ活動の指揮者〕の逮捕に成功し、アブデルマレク・ラムダーネが首都アルジェから脱出せざるをえなくなってからである（ラルビ・ベン・ムヒディは逮捕後まもなく獄中で「自殺」している〔拷問死説もある〕）。

この軍事的な勝利には、フランス側の残虐さという、著しい倫理的欠如がともなった。それゆえボラルディエール将軍〔一九〇七〜八六。一九五七年、アルジェの治安維持の任務に就くが、戦争告発の書簡を『エクスプレス』誌に投稿〕とアルジェの警視総監ポール・テジャン〔一九一九〜九一。一九五六年、アルジェ県官房長兼警察の監督責任者に就任。ロベール・ラコスト総督に拷問を告発〕は、マシュー将軍のやり方に抗議するため辞任を申しでている。

内陸地方に目を移すと、フェラガ〔アルジェリア民族解放のパルチザン〕の武装化を防ぐモーリス線*がチュニジアとの国境に作られたにもかかわらず、FLNの民族解放軍の力は衰えなかった。だがアルジェリア軍総司令官サラン将軍は、二五万**のムスリム補充部隊ハルキのおかげで、一九五八年ロベール・ラコスト総督に「《最後の一五分》を制する者に勝利は転がる」と繰り返し語らせるほど、かなりの戦果をあげることができた。じつのところ、アルジェリアの民族主義者たちは、まさしく骨肉の殺し合いにかかりきりだったのである。その例のひとつにメルーザの虐殺〔カビール地方の南端メルーザでMNAのベルーニス隊に対してFLNが行なったもの〕があるが、そこではメサーリー・ハーッジュに忠実だとみなされた村民三七四名がFLNの手で殺戮されている（一九五七年五月）。また、その間に行なわれたスンマーム会議〔一九五六年八月アルジェ北東のスンマームで開かれたFLNの幹部会議〕でも、民族主義者どうしが新たな亀裂を生みだしていた。アブデルマレク・ラムダーネや戦闘員の代表者たちによるFLNグループと、ヒデルやベン・ベラによるFLNグループとの確執である。この会議でヒデルとベン・ベラのグループは、オーレス地方やオラン地方の、そして外部委員会〔ヒデル、ベン・ベラら在外FLN幹部〕やフランス連盟〔フランス在住アルジェリア人のFLN組織〕のメンバーが不在のままに決定された「対抗政府」〔革命政府のこと。アルジェリアを支配しているフランスのアルジェリア総督府に対抗する政府という意味〕に対し、異議を呈した。加えて、将来のアルジェリア国家体制においてイスラーム的性格の維持を掲げるヒデルらのグループは、アブデルマレク・ラムダーネらのグループがこれにふたたび疑問を呈したことにも不信を抱いた。ヒデルらは、国家の政教分離を拒絶し、アルジェリアにヨーロッパ人のための場所を作ることに明確に反対していた。

一方、フランスが軍事作戦、戦争へと動いたことによってアルジェでは植民地維持派による「一九五八年五月一三日事件」〔フランス人入植者（ピエ・ノワール）や現地フランス軍などによる反政府暴動〕が起こったが（本書三三五六頁以降参照）、これによって五〇万にのぼるシャル将軍〔一九〇五～七九。一九五八年フランス空軍司令官としてサラン将軍の指揮下に入る。六一年の「将軍たちの反乱」における四将軍のひとり〕のフランス軍はFLNという「対抗政府」の地方にあたる「軍管区《ウィラーヤ》」所属の戦闘部隊《カティバ》を相手に、好ましい成果をあげることができた。

*（四五七頁）　ベルーニス（一九一二～五八）は、MTLDの地区評議員であったが、カビール地方で対FLN戦用に組織されたMNA秘密部隊の指揮官となる。FLNは二度にわたりベルーニス隊の殲滅作戦を試みたが失敗、ベルーニスは生き延び、フランス軍による対FLN勢力の結成の提案を受け入れて有力な対抗勢力となった。

*　チュニジアからの武器持ち込みを阻止するために、一九五七年に敷かれた有刺鉄線などによる障害。名称は当時のフランス国防大臣アンドレ・モーリス（一九〇〇～九〇）にちなむ。

**　ここでの数字は、フランス軍が現地人を募集して作った純然たる兵士（ハルキ）の数ではなく、自警団や兵站に協力する現地民間人、植民地政府役人なども入れた数と考えられる（本書四二七頁訳注＊参照）。

「おびただしい数の村々」を「鎮圧」した結果は、二〇〇万にもおよぶアルジェリア人が「強制集住」させられたり、抑圧下におかれたりという形となって現れた。* たしかに、軍事的局面に関しては、植民地維持派の「勝利」は手の届くところにあるように思われた。

一九六〇年初め、ついにマシュー将軍はこう明言した。現今の状況においては、ド・ゴール将軍の政策は理解しかねる…と。なるほど、ド・ゴールは「パパのアルジェリア」〔祖父以来、フランスのものであるアルジェリア〕を公然と批判し、「勇者の平和」などという聞きたくもないセリフを聞かせてピエ・ノワールの怒りをかっていた。かくして、あの「バリケードの一週間」** は、「将軍たちの反乱」とOAS（植民地維持派による秘密軍事組織）の時代を先取りすることになるのだ…〔本書五一二〜五一三頁参照〕。

アンゴラでは――道具と化した政党

ポルトガル植民地の解放は、少なくとも、独立運動家の企て、宗主国側の反発、戦争の開始、という経過を見る限り、インドシナ地域やアルジェリアの例を思わせるに充分な条件をもっている。ポルトガル領アンゴラでも、アルジェリアの場合と同じように、戦争は一斉攻撃から突然始まっている。

アンゴラの場合は、一九六一年二月四日、首都ルアンダにある軍の複数拠点を襲う形で始まった。戦闘行動を起こしたのは、民族運動組織のひとつ「アンゴラ解放人民運動」（MPLA）であるが、じつは、攻撃はいくつかの部隊が先走って行動した偶発的結果であった。しかしそれでも、彼らはアゴスティノ・ネト〔一九二二〜七九。MPLAを率いて内戦に勝利、アンゴラを独立に導く。初代大統領（一九七五〜七九）〕とマリオ・ピント・デ・アンドラーデという二人の人物の指揮下にあったことは厳然たる事実である。この二人は、「ギニア・カボベルデ独立アフリカ人党」（PAIGC）のリーダーであるアミルカル・カブラルと同じく、「同化民《アシミラードス》」〔本書三四七頁訳注**参照〕であった。

彼らリーダーたちは、マルクス主義、およびホーチミンと毛沢東から、とりわけ後者二人から「持久戦」*** やゲリラに関する戦略思想を借りていた。彼らの企ては革命的なものであったが、ヴェトナムの場合と同じく、主権確立へ向けてはいくつかの段階を想定していた。この独立運動にはもうひとつ、フランス・ヴェトナムの関係と比較しての類似点もあった。アンゴラの独立運動が、フランス領ギニアの独立**** から大きな刺激を受け、ローデシア〔南ローデシア（ジンバブエ）〕での諸事件（本書三五四〜三五六頁参照）やコンゴの民族運動家パトリス・ルムンバの暗殺（本書三七七頁訳注＊参照）からは大きなショックを受けていたこと、また、この国の独立運動がポルトガル本国と衝突したのは、ポルトガルがふたたび植民地経営に熱を入れ始めたときであったこと、こうした点にそれは表れている。当時、ポルトガル人の入植者数はアンゴラで二五万人強、モザンビークで一三万人という記録的な数字に達していた。

一九六一年の軍事基地襲撃事件は、人種の調和という神話を破り捨てた。そのときから戦争が始まり、ギニア・ビサウ（ポルトガル領ギニア）もこれに加わった。一九七三年にカブラルが暗殺されると、今度はモザンビークのサモラ・マシェル〔一九三三〜八六。初代大統領（一九七五〜八六）〕率いる「モザンビーク解放戦線」（FRELIMO）が、大なり小なりローデシア〔南ローデシア（ジンバブエ）〕のアフリカ人たちと共闘しながら、民族解放闘争に突入していった。彼らは、本国ポルトガルのどんな勢力からも支持を受けていなかった。

ほかにいくつか、北アフリカでの状況を彷彿させる特徴がある。まず、アンゴラ、ギニア・ビサウ、モザンビーク等、ポルトガル植民地の民族運動指導者たちは、流れに乗り遅れた自分たちだけを残して、アフリカ世界が次々に独立してゆくのを見て、いらだちを隠せなかった。その心情は、リビア、チュニジア、モロッコの独立をまのあたりにしたアルジェリアの人々の心情を想起させる。次に、ことにアンゴラにおいてであるが、いくつかの民族解放運動組織は、アルジェリアにおけるFLNとMNAとの対立と同じように、仮借のない抗争に入っていった。ただし、北アフリカとの違いは、アンゴラでは権力とイデオロギーの抗争のうえにさらに部族間の争いが相乗りした状態となったことである。それゆえ、アンゴラの民族運動は、ただひとつではなく、いくつもの組織によって展開され、それらは部族固有の諸宗教が同居するアン

* FLN掃討のため、攻撃地域からの強制移住・退去が行なわれた。しかも、作戦終了後も帰還が許されなかったり、荒廃して戻れる状態ではなくなったりした村が頻出した。
** 一九六〇年一月二四日から二月一日までの一週間。一月二四日、アルジェでピエ・ノワールの直接行動派は、マシュー将軍の解任撤回を求めてデモを組織し、ピエール・ラガイヤルド（本書三六八頁訳注**参照）は大学にバリケードを築いた。デモ隊は機動憲兵隊と衝突、多くの死傷者をだし、その後、反徒たちは街の中心部の塹壕キャンプに立てこもった。しかし二九日、ド・ゴール将軍は、反徒たちの主張を非難・拒絶、二月一日、落胆した暴徒らは降伏し、バリケードを放棄した。
*** 毛沢東は、戦後の革命運動戦略に決定的な影響を与える『持久戦論』（一九三八）を著している（本書四六五頁参照）。
**** 政権に復帰したド・ゴールは、一九五八年九月、新しい第五共和政憲法を制定したが、その施行に際して、フランスの従属下にある植民地に対し、憲法を承認してフランスとの統合関係を継続するか、フランス連合のなかの独立国（連合加盟国）となるか、あるいは一切の援助なく完全に独立するかの選択を迫った。住民投票が実施された植民地においては、フランス領ギニアだけが完全独立の道を選び、一九五八年一〇月ギニア共和国が誕生した。

ゴラ社会のように、互いに異なり、相争う様相を呈していた。しかしながら、ほかのポルトガル植民地と同様、アンゴラにおける人種間の断絶は、一般的に見られる人種間の断絶とは異なる性質をもっていた。その断絶はしばしば「同化民《アシミラードス》」と「原住民《インディージェノス》」とのあいだに生じた。同化民は必ずしも先住民族の反乱の指揮を執るわけはなく、先住民族と切り離されていた。少なくとも、ＭＰＬＡの場合がそうである。彼らは都市を基盤とした革命的組織で、そのリーダーたちはリスボンも知っているし、国防国際警察（ＰＩＤＥ）〔サラザールの独裁体制を支えたポルトガルの秘密警察〕の監獄も経験していた。それに対し、ホールデン・ロベルト〔一九二三～二〇〇七。アンゴラの民族運動家、政治家〕率いるバコンゴ人*だけの運動組織「北部アンゴラ人民同盟」（ＵＰＮＡ）〔その後、「アンゴラ人民連合」（ＵＰＡ）となる〕が他と大きく異なるのは、この組織はアンゴラの住民の一五パーセントしか掌握していないにもかかわらず、拡張主義的傾向をもっていたことである。ＵＰＮＡ（＝ＵＰＡ）はバコンゴ人ばかりの均質的な組織で、革命思想をもたず、ＭＰＬＡとの抗争の際には旧ベルギー領コンゴ〔現コンゴ民主共和国〕のバコンゴ人に支援を求めてもいる。

　ポルトガルは、このＵＰＡとＭＰＬＡとの抗争のおかげで、一九六一年を何とか凌いだ。この年は両組織が互いに集団虐殺を繰り返した年で、八〇〇〇人から五万人のアフリカ人と、少なくとも一八〇〇人の白人が虐殺されたといわれている。結局、北の組織（ＵＰＡ）は敗北し、バコンゴ人の一部住民はこぞって旧ベルギー領コンゴのレオポルトヴィル（現キンシャサ〔現コンゴ民主共和国の首都〕）に避難した。そしてホールデン・ロベルトはそこに汎アンゴラ亡命政府を創設し（一九六二）、その母体となった組織「アンゴラ国民解放戦線」（ＦＬＮＡ）はアフリカの何ヶ国かに承認もされた。しかし、そこから離反者が現れた。ジョナス・サヴィンビ〔一九三四～二〇〇二。アンゴラの政治家、軍事指導者〕は、ＦＬＮＡだけでなくＭＰＬＡをも狙っていた中南部の大部族オビンブンドゥ人と手を結んだのである。

　反ポルトガル独立運動がインドシナ地域を含むほかのあらゆる独立運動と異なるのは、前者の戦いが二重に国際化されていた点にある。ＵＰＡ＝ＦＬＮＡが、コンゴ・レオポルドヴィル**経由でアメリカからの支援を受けていたのに対し、ＭＰＬＡはソ連とキューバから財政・軍事的援助を受けていた。一九六六年、フィデル・カストロ〔一九二六～二〇一六。キューバの政治家・革命家〕は次のように述べている。「人民は自分の為すべきことを分かっていた。なぜなら、人民は自分の敵はただひとつだと知っていたからだ。それは、われわれの海岸でわれわれを攻撃し、われわれの大地でわれわれを攻撃する敵である。しかも、ほかの国の人民を攻撃しているのもこの同じ敵なのである。それゆえ、われわれはこう宣言する。どこであろうと、革命運動はキューバの戦士を頼りにすることができるだろう」と。たしかに、キューバの戦士たちはアンゴラにやって来て、ＭＰＬＡの側に立って戦った。しかし中国は、中ソ対立の情勢下にあったため、「アンゴラ全面独立国民連合」（UNITA）〔サヴィンビが一九六六年に結成した反政府武装組織〕のほうに援助を与えた。ところが、UNITAはすでに近隣の南アフリカ共和国からも支援を受けていた。かくしてアンゴラは、世界のヘゲモニーを争う三つの陣営が、互いにぶつかり合う小宇宙と化した。しかも時を同じくして、国連は一九七〇年の国連二五周年記念の声明において、ポルトガルと南アフリカ共和国とローデシア〔南ローデシア（ジンバブエ）〕を、激しく非難した。

同じ頃、ギニア・ビサウ（ポルトガル領ギニア）では、「ギニア・カボベルデ独立アフリカ人党」（PAIGC）が「解放区」を作ることに成功していた〔一九七一年、PAIGCは領土の四分の三を解放し、七三年九月独立を宣言〕。かくしてスピノーラ将軍***〔一九一〇～九六。ポルトガル領ギニア総督（一九六三～七三）〕は、この地でポルトガル軍を指揮していた経験から、宗主国がいかに努力しようとも、あるいはたとえ国家予算の半分を植民地紛争に割こうとも、軍事的な解決は不可能であることを悟った。こうして軍部と国民の感情が一体となり一九七四年四月の「カーネーション革命****」が成し遂げられ、生き残りを図るサラザール独裁体制に終止符が打たれた…。

ポルトガル軍事革命政権の代表となったスピノーラ将軍は、出口なき植民地戦争を停止する声明をだした。将軍はポルトガルの改革を成就させ、ヨーロッパとの関係を結び直したいと望んだ。アンゴラの独立運動組織と行なわれたさまざまな交渉をつねにリードしていたのも軍である。たしかに、ピエ・ノワールと同じく、ポルトガルの入植者たちも立ち去ることになった。ただしその数は、モザンビークではアンゴラほど多くなく、「同化民《アシミラードス》」が政権を掌握したカボベルデではそれよりもさらに少ない。しかし、ここアンゴラでは、一九六一年から一九七四年にいたる非常に長い植民地戦争の末、まさしく軍こそが民主主義を導き入れ、ようやく平和を作りだしたのである〔一九七五年、アンゴラ共和国独立〕。

---

* コンゴ人とも。本書一八一頁訳注＊参照。

** 一九六〇年にベルギー領コンゴから独立したコンゴ共和国（六四年コンゴ民主共和国、七一年ザイール共和国、九七年コンゴ民主共和国と改称）の別称。

*** スピノーラは参謀次長在任中の一九七四年二月、植民地政策を批判する本の刊行により解任される。これを機にポルトガル本国ではスピノーラに同調する軍部が四月に決起し、ポルトガル革命（カーネーション革命。後述）が成立した。革命後、スピノーラは臨時大統領に就任するが若手将校団と対立し九月に辞任。

**** サラザール－カエターノ独裁体制を打倒したポルトガル革命のこと。市民から渡されたカーネーションを革命軍兵士らが銃口に挿したことにちなむ。

ペルーの「センデーロ・ルミノーソ」——混合主義的運動

一九九二年、アビマエル・グスマン〔一九三四〜。ペルーの革命運動組織「センデーロ・ルミノーソ」の指導者〕が軍によって逮捕された。フジモリ大統領〔一九三八〜。ペルーの政治家。在任一九九〇〜二〇〇〇〕は彼を檻に入れ、リマの民衆にその姿を見せて、もはやグスマンが危険人物ではなくなったことを分からせようとした。ところが、「センデーロ」の運動は、その後も引き続き活動を活発化させる。それは、「センデーロ」の運動が、事実上いくつもの伝統に根ざしていたからである。その思想的位置づけを試みるなら、「センデーロ」の運動がもつ意味もおのずと明らかになるであろう。

ホーチミンと毛沢東をレーニンの模倣者・継承者と考えるならば、それをさらに継ぐ者たちは第三世代の民族主義的革命家と呼ぶことができる。彼ら第三世代は、論法と技法を、レーニンの旧型ヨーロッパモデルからも、ホーチミン・毛沢東の旧型反植民地主義モデルからも、同時に借りている。ポル・ポト〔本名サロット・サル。一九二八〜九八。カンボジアの政治家、カンボジア共産党（クメール・ルージュ）書記長〕はこの「第三世代」をカンボジアで体現して見せたが、今日その存在をもっとも力強く表現している場所は、南アメリカのアンデス地域である。中央アメリカではむしろキューバ型が優位にあるが、コロンビア、ボリビアといったアンデス地域、とりわけペルーでは、まさしく諸要素の混交した運動が展開されている。すなわち、一方にはペルー社会を植民地社会と見なすホセ・マリアテギ〔一八九四〜一九三〇。ペルーの作家、政治家。ペルーの諸問題をマルクス主義的立場から分析、大きな影響を与えた〕に代表されるマルクス主義理論があり、他方にはそうした理論と融合する実践としてテロリストの活動がある。ペルーにおけるテロリストの実践は、レーニン的なスローガンを打ち立てている点で、「アルジェリア民族解放戦線」（FLN）のテロリズムを想起させる。これは、コロンビアにおけるテロリズムの実践がゲリラ活動を中心としているのとは異なる特徴である。

じつのところ、「センデーロ・ルミノーソ」（「輝く道」）は毛沢東主義者を自称し、しかも「四人組*」と連帯する純粋かつ厳格な毛沢東主義者を以って自らを任じている。彼ら「センデーロ」は、アンデス山中で、「裏切り者」鄧小平〔一九〇四〜九七。中国の政治家。毛沢東の文化大革命から開放政策へと舵を切った。以下に記される「犬」は鄧小平の象徴〕への憎しみを表現するために、木々に犬を吊し、「彼の同類はこのような運命をたどる」と警告する。また「センデーロ」は、「アルバニアの変節漢ども**」にも、そしてもちろん世界革命を裏切ったモスクワにも、敵意を表す。国外で彼らを支持する唯一の仲間は、コロンビアの毛沢東主義的共産党および一二ほどの各国革命家グループだけであり、「センデーロ」は彼らとともに「センデーロ・アンテルナシオナル」や、マルクス、レーニン、毛沢東の次という意味で「第四の剣」という名の運動体を組織している。

「センデーロ」はその理論と実践の源を基本的には毛沢東主義から汲みあげている。また、それだけでなく、さまざまな革命発生地からも汲みあげている。まず、毛沢東主義からは、「持久戦」（もちろんこれは、少なくとも農民の戦いから始まるものである）という中心概念を借りている。農民の戦いの先に、これを引き継ぐ都市ゲリラの戦いがあり、もしくは、そこに合流しうる都市ゲリラの戦いがある、という構図である。「センデーロ」は毛沢東による「水のなかの魚」の原理***にも依拠する。実際、「センデーロ」の運動は、延安（中国中央部陝西省の都市）での毛沢東のように****、その原理にしっかりと結びついている。すなわち、「センデーロ」は、農民とともに労働し、日常を過ごし（「センデーロ」の出身階層は、貧しい学生、ことに農民の子どもが中心である）、国の代表者や役人（「センデーロ」を攻撃する者であろうとなかろうと）を愚弄して追放する。そればかりか「彼らがいなくなれば」政府も国も怖くない、という気持ちを農民たちに抱かせるため、その者たちを処刑する。政府や国を引き継ぐのはまさに農民であり、「センデーロ」なのである。

「センデーロ」は、トロツキズムの軍事組織化の性向もある程度受け継いでいる。「センデーロ」の運動において、何人かの闘士による分派が形成されたことは、その影響によるものと思われる。絶えざる強迫的な緊張感を作りだすためには、つねに行動的である必要があるからだ。

「センデーロ」は、ラテン・アメリカのマルクス主義の父ホセ・マリアテギからは運動の本質に関わる思想を借りている。すなわち、ペルー社会（ないしはコロンビア社会）の現状を次のように定義する思想である——ブルジョワ階級が欠如しているために国家官僚主義を必要とする半植民地社会、ないし半封建社会…。ここにこそ「センデーロ」の運動における本質がある。一九三〇年代における中国の実践活動やスローガンをそのまま今日のペルーに移し変え、中国とペルーを類似させて見ることは、たしかに革命の根と型を「センデーロ」の運動に与えはするが、それだけではやはり、いくらか不自然なのである。

* 毛沢東の教条的指導に従って文化大革命を推進させた江青（一九一四〜九一）、張春橋（一九一七〜二〇〇五）、姚文元（一九三一〜二〇〇五）、王洪文（一九三五〜九二）のこと。

** バルカン半島南西部のアルバニアは共産党独裁の社会主義国であったが、一九九〇年末、諸党派の存立する民主主義へ移行している。

*** 毛沢東のゲリラ戦術理論にある「人民は水であり、解放戦士はそのなかを泳ぐ魚である」のこと。

**** 一九三七年、中国共産党は長征によりここ延安に本拠を移し、抗日戦争から解放戦争までを戦い抜いた。

「センデーロ」は、その多くの特徴からして、たしかに独立戦争を率いた他国の民族運動組織と同様の性質をもつように見える。ただ、マルクス主義に依拠しているにもかかわらず、ヴェトミン的であるよりも、その共通した諸特徴からはむしろアルジェリアのFLNやカンボジアのポル・ポト的な性質をおびる。なによりも、テロリズムと恐怖支配とを組み合わせた実践活動からして、そう思わせるものがある。

「センデーロ」による第一段階の運動（テロリズム）は、FLNによるそれと同じく、テロの意味が伝わるような標的に向けて行なわれた。つまり、選挙の投票箱の破壊、権力を象徴する警察署や裁判所などへの攻撃、大土地所有者の処刑、多国籍企業への襲撃、などである。続く第二段階の運動は、第一段階を補完するもので、「解放区」を作りだすためにはいずれ排除しなければならない当局の下位の役人を標的に行なわれた。さらに第三段階においては活動範囲をアヤクーチョ地方（南部の山岳地域）に特定化した。昔から行政が行き渡らないこの貧しい地方に反権力組織を打ち立て、武装蜂起の名のもとに「国家テロル」（人民支配の原理としてのテロ・恐怖政治）という上からの力でその権威を行使しようとしたのである。こうしてテロリズムと「国家テロル」は相互補完的な働きをしながら「センデーロ」の運動を確実に広げ、内部の連帯を強化していった。

だが「センデーロ」の場合、アルジェリアでは武装蜂起と同時に開始された第四段階、すなわち「無差別」テロリズムという方向には進まなかった。いやむしろ、「センデーロ」は「無差別」テロを禁じ、無差別テロを実行した責任者を処刑さえしている。それは、「センデーロ」が地域の住民全体のなかに、つまりあたかも「水のなかの魚」（解放戦士）のようになった農民たちのなかに、しっかりと根を張っていたことを意味する。アヤクーチョ地方もそうであり、何万人ものメスティーソやインディオが、「鎮圧の犠牲」となった亡骸の葬列のあとに続いた。この地方は「センデーロ」の運動の発祥地であり、運動の創始者はカント（一七二四〜一八〇四。ドイツの哲学者）を専門とする「同志ゴンサロ」こと元哲学教授アビマエル・グスマンである。「センデーロ」の組織は、彼が大学（アヤクーチョ・ワマンガ大学）の人事部長として何人かの人物を採用したとき、それらの人々が最初の中核となり、ペルー共産党から分離した組織の一分派として創設された（一九六四）。

ところで、先に記した「無差別」テロの禁止という方針は、同じ「センデーロ」が「罪もない人々」をおおぜい殺していることと対置した場合、いかにも都合のよい理論のように見える。しかし、それは主義主張《ドクトリン》と戦略のしからしむるところにほかならない。もし「センデーロ」の運動が必然的に拡大してゆく運動だと信ずるなら、「無差別」テロという最終的手段は無用の長物となるであろうし、そもそもこの手段をとったなら、ある種のインテリ階層の共感も失われるであろう。すでにインテリ階層は、いわば「選別的」な現行のテロに充分怯え、その行き過ぎを非難しているのだ。ただし、それは力強い非難ではない。というのも、インテリ階層の分析は、多くの領域で「センデーロ」の分析と一致しているからである。この点に関しては、あとでふたたび述べよう。

話を「センデーロ」の主義主張《ドクトリン》に戻せば、その論理によると、彼らのテロによる「犠牲者」は革命の成就に反対して行動する「犬ども」に限定されるのであり、したがって方針に基づき達成される正義は「無差別」テロによって成就されるものではない。ここで、「センデーロ」を理解するために参照すべきは、ボルシェヴィキの革命においてチェーカー*が果した役割であろう。チェーカーを見れば、「センデーロ」の主義主張《ドクトリン》が了解可能になる。ジェルジンスキー〔一八七七〜一九二六。ソ連の官僚政治家。チェーカー創設とともにその議長に就任。一九二二年の廃止までチェーカーを主宰〕によれば、サン・ジュスト〔一七六七〜九四。フランス革命期の政治家。ロベスピエール〔一七五八〜九四〕とともに行動した急進派〕がやったのように、チェーカーは判断せず、襲来する。チェーカーは、ある市民が潔白であるか有罪であるかなど知る必要はないし、その人間の「意見」が如何なるものであるかも知る必要はない。その人間の役割すなわちその運命は、どの階級に属しているかによって決まるのだ。すでにサン・ジュストは、国王の裁判において、ただ王座にあるという事実だけでルイ一六世は有罪である、と書いた。それと同様、ある農民が、意識的であろうとなかろうと、ただ国家あるいは行政府の政策に尽くしたという事実だけで、その者は有罪なのであり、襲われねばならないのである。

具体例を示せば、もし「センデーロ」が「町を飢えさせる」ことを命じたなら、そのときから農民は、耕作や栽培を自分の生活のためだけに限定しなければならず、それに従わなければ、どんな者でも有罪となり、殺されねばならない。あるいはまた、「合法的」権力が命じる圧力に逆らい、コカの栽培を放棄し食料生産のためだけに畑を耕した農民も、やはり殺されねばならない。一九八七年一一月中旬、こうして一七名の農民が処刑された。そのため、「センデーロ」は治安当局から「麻薬テロリスト」の異名を付けられている。「センデーロ」はコカの生産を維持したいと考えていた。売却収入から活動資金を得ていたからである。

こうしてみると、「センデーロ」が農民に対して行なうテロは、一見無差別のようで実際にはそうではない。機能的に行なわれている。しかし、はたして誰がその違いを認識しえようか。「センデーロ」が犯す犯罪行為の暴力性と極度の残忍性は、そこに住む人々を打ちのめし、呆然とさせる。農民

＊「反革命・サボタージュ取り締り全ロシア非常委員会」のこと。一九一七年の一〇月革命後、ロシアに創設。一九一八年頃の動乱期には、裁判所での手続きなしに、逮捕・拘留・処罰を行なう権限が与えられていた。

にとってもっとも恐るべきもの、それは農民たちを保護するといいながら彼らを戦禍に巻き込む軍隊なのか、それともほとんど致命的な「センデーロ」のテロのほうなのか、もはや判然としない。実際、民主的な選挙によって誕生したペルー政府は、「センデーロ」を武力制圧するやり方をめぐり苦しい立場に立たされていた。一九八〇年代初頭、ベラウンデ〔一九一二〜二〇〇二。ペルーの政治家、大統領（一九六三〜六八、八〇〜八五）〕は、「外国の陰謀」*といういい方をすることもあった。なるほど国際人権NGOのアムネスティ・インターナショナルは国家による犯罪だけを告発する団体だと自認しているが、その活動趣旨に従うならば、「センデーロ」の犯罪について云々するまえに、まずはこのペルー国軍の「汚点」をこそ逸早く公表し、告発すべきだったのではないか。もっとも、「センデーロ」の犯罪のほうがはるかに数は多く、残忍だったのではあるが…。

「センデーロ」が真の権力、対抗勢力としていまだ認められていない地域（彼らの拠点であるアヤクーチョ地方やそれ以南の山岳地方の一部地域以外）では、彼らはあからさまな行動で人々に不安を与え続けていた。電話線を切断したり、リマでやったような、発電所や電力網を吹き飛ばして都市を闇に沈めたりと、お得意の心理攻撃を展開していた。たとえアラン・ガルシア〔一九四九〜。ペルーの政治家、大統領（一九八五〜九〇、二〇〇六〜一一）〕が精力的で人気ある大統領だとしても、民主主義政体は恐ろしく脆弱だったし、国軍が山岳地帯に派遣されたとしても無力であるように思われた。リマの警察は、まったく驚くべきことに、公共サービス機関すら効果的に守ることができず、自分たち自身を守るために警察署を小型要塞化する始末であった。軍や民兵は市中の詰所や兵舎で夜を過ごすことを避け、より安全と思える野営を選んだ。そのうえ、政府が農地改革の恩恵を多くの農民に享受させようとすると、今度はまた別の問題がもちあがった。恩恵を受けた者たちは、以後、「センデーロ」の指名する「犠牲者」になる危険を負う身となったのである。それはまさに、スーステルの改革によって受益者となったアルジェリア農民が、FLNの襲撃対象にされたのと同じであった。

しかし、アルジェリアのケースとの類似はそこまでだ。というのも、ペルーは、ことばの本来の意味で、植民地型の社会ではないからである。たしかに、この社会には、一方にインディオがおり、他方に紛れもないクレオールがいる。だが、力と金のピラミッドの頂点にいるクレオールたちは、軍政改革（つまり一九七〇年代のペルー「革命」）によって大変な試練を受けてきた。今日では、彼らのヘゲモニーも、その正当性も、ひどく揺らいでおり、メスティーソの台頭によって、徐々に彼らは弾劾を受ける立場に追いやられている。メスティーソは、クレオールたちが国内の資本を安全なマイアミ〔アメリカ東南部、フロリダ半島南端〕に移そうとすることを、また財政上のスキャンダルに汚れていることを、さらには「合法的な」贈収賄に勤しんでいることを糾弾する。

　一方、人口の過半を占めるメスティーソは、徐々に、行政、軍、大学、旅行関係業務、医師団等々に少しずつ浸透し、国のさまざまな事業に参画するようになっている。彼らこそ、田園部で農地改革の恩恵を受けた者にほかならない。今ではそのメスティーソが、本国の標準スペイン語を話し、ヨーロッパ風に装い、端的にいえば「クレオール化」している。そのために、ペルーは「クレオール社会」だといわれる。とにかく、メスティーソを中心としたこの「クレオール社会」は西洋的でありたいと思っている。たとえ本来のクレオール（とりわけスペイン血統である「貴族階級」）が口では「ペルーでは、われわれはみなメスティーソだ」といいながら他から孤絶し、リマよりマイアミでの生活を好んでいるとしても、メスティーソを中心とするこの「クレオール社会」のほうは、より西洋的でありたいと思っているのである。しかし、広く隈なくマジョリティーを構成しているメスティーソ社会も、社会階級や民族という点ではきわめて多様である。したがって、その一部には、「クレオール社会」に完全には同化していない地域や、農地改革の恩恵に浴すことのない山岳地域もある。そうした地域の人々が、貧困により山岳部を離れ都市スラム街を拡大させている人々とつながり、「センデーロ」の活動には打ってつけの沃土を形成している。

　この国でもっとも貧しい地方のひとつであるアヤクーチョ地方の、反乱の拠点となったところでは、一世紀半まえの独立内乱の時代と似たような、敵対の構図を形づくる力の組み合わせが存在している。往時、インディオはスペインと同盟して、「クレオールの反乱」と戦った。今日、あたかも彼らインディオは、スペインの代わりにクレオールおよびクレオールと同化したメスティーソと「公正な」同盟を結んだかのように事態は展開している。往時と違うのは、今度は「クレオールの反乱」とではなく、社会から疎外されたメスティーソたちによる「センデーロの反乱」と戦っているということだ。

　このように戦いの構造をあえて図式化してみれば、少なくとも、「センデーロの反乱」が「インディヘニスモ〔中南米先住民族の政治経済的な地位向上と文化復権をめざす運動〕を支持する」ものでないことは明らかである。たとえ「センデーロ」の根本的理論のいくつかが、マリアテギをとおしてインディヘニスモから引きだされたものだとしても、あるいはまた、その理論がインディヘニスモを讃えたものだとしても、インディヘニスモを支持するものでは

＊　ペルー大統領ベラウンデのいう「外国の陰謀」とは、「センデーロ」鎮圧のためにペルー国軍が武力制圧によって多大な民間犠牲者をだしたというのは事実無根で、そうした主張は革命を支援しようとする外国勢力が仕組んだ陰謀である、との主旨。

ない。もっとも、このインディヘニスモが政府側、反政府側、知識人、少数党派など、あらゆる陣営から等しく支持されていたことは間違いない。メスティーソとして大規模なインディオの反乱を主導した自称「最後の皇帝《インカ》」トゥパク・アマルー二世に言及することは当時の流行であった。フェデリーコ・ガルシアの映画『トゥパク・アマルー二世』（一九八四）は、リマとクスコの映画館を満員にした。観客のほとんどはメスティーソかインディオであった。この映画でトゥパク・アマルー二世は、植民地主義に対するインディオ最後の反乱を起こしたのち、共闘するスペイン人に裏切られ、一七八一年に決定的な敗北を喫して処刑される。

しかしここで問題なのは、映画監督によって創作が行なわれていることである。というのも、トゥパク・アマルー二世の敗北にはこれ以外の原因がいくつかあり、とりわけインディオの分裂ということが重要な要因をなしていたからである。彼らインディオは今ほど一体化していなかった。そもそも、彼らの歴史はスペイン人の到来から始まったわけではない…。現在も見られる分裂のなかには、到来以前の遙か昔から続いてきた遺産もある。これまで見てきたように、ペルーにおける対立の性質は、容易には読みとることのできない地層の重なり合いのなかに存在しているのだ。だとすれば、トゥパク・アマルー二世のこのエピソードが選択されたということは、ペルーの知識人や芸術家のなかに罪の意識が存在し続けていることを物語っているといえよう。彼らは、クレオールもしくはクレオール化したメスティーソであり、征服者としての一連の歴史を形づくってきた者たちにほかならない。ある観点から見れば、そうした彼らのとらえ方が、長らくことばだけの活動にとどまってきた革命組織にとっての行動の理由を支えてきた。ところが「センデーロ」の場合は、実践に移ってから、いかに残虐非道なやり方で事を行なおうと、ほとんど、あるいはまったくその行動実践の理由を説明していない。そうすることによって、「センデーロ」はクレオールやメスティーソに、革命の側に立つのか合法的権力の側に立つのか、決断を迫っているのである。

革命運動の別の形態としては、中央アメリカで今も息づいている「解放の神学」がある。これに息吹を与えたのは、一九六二年から六五年の第二回ヴァチカン公会議*と一九六八年のメデリン会議**である。「解放の神学」の運動は、民衆主体のラス・カサス主義の運動を受け継ぎながら、さらにそれを乗り越えようとするものである。この運動の実践者たちは、国の制度的暴力に真っ向から立ち向かおうとした。なぜなら、何百万人もの貧しい人々がその制度的暴力の犠牲となっており、一般人であれ聖職者であれ、キリスト教徒たろうとする者にとってそのような制度は、教会権力と同様に耐えがたいものと判断されたからである。彼らの政治闘争への参加は、士の戦争」が行なわれているといってもいいほどなのである。

革命闘争を標榜するカストロ主義が顧みられなくなってしまっただけに、また、チリにおいてアジェンデ〔一九〇八～七三。政治家、大統領（一九七〇～七三）〕が非業の死を遂げ、彼のもとでなされた挑戦的な社会の刷新（議会制民主主義に基づく社会主義への移行）が終焉を告げてしまっただけに***、ますます活発化していった。ニカラグアのサンディニスタ革命****には、カトリック教徒たちが密接に関わり、グアテマラと同様、教会は抑圧された人々の側に立って闘った。しかし高位聖職者の一部には、ヨハネ・パウロ二世〔第二六四代ローマ教皇。在位一九七六～二〇〇五〕の後ろ盾を得て、こうした革命的な政治活動を問題視する者もいた。これによるカトリックの分裂は、アメリカから潤沢な資金援助を得て活動するプロテスタント諸組織に有利な材料を与えた。プロテスタント組織は、日常的に役立つような社会奉仕活動を展開することで人々を味方につけ、彼らを政治的に中立化させていった。

このように、中央アメリカのいくつかの国では、「教会同

---

* ローマで開かれたカトリックの公会議。それまでの中央集権的で排他的な体質から、より柔軟で寛容な方向に変化した。また、第三世界の社会改革を求める信徒や聖職者に力を与えた。

** コロンビアのメデリンで開かれたラテン・アメリカ司教協議会。貧困と人権抑圧に苦しむ中南米の人々を解放する方途について話し合われた。

*** 一九七〇年、アジェンデは社会党、共産党などのいわゆる人民連合を後ろ盾に大統領選挙に当選し、議会制民主主義の体制を堅持しながら、社会主義的な政策を次々に実施に移そうとした。しかし、一九七三年九月一一日、軍部によるクーデタが起き、大統領官邸で戦闘中に自殺した。

**** 一九七九年のニカラグア革命を指す。ソモサ大統領（一九二五～八〇。在任一九六七～七二、七四～七九）の独裁政権をキューバ革命の影響を受けた「サンディニスタ民族解放戦線」（FSLN）が打倒したことからこう呼ばれる。「サンディニスタ」は、ニカラグアの軍人、革命家サンディーノ（一八九五～一九三四）にちなむ。

第10章

解放か脱植民地化か

脱植民地化とは、同時に「主権の交代」を意味する。この「主権の交代」が、もっぱら植民地の諸民族による解放闘争によって成就したかといえば、そうでもない。ヨーロッパがアメリカ大陸に進出し始める一六世から、はやくもヨーロッパの宗主国には奴隷売買や奴隷制に反対する人々の動きがあった。その傍らでは、ヴォルテールのような人々が、「植民地はわれわれに何をもたらすのか」という疑問を提示していた。ただ、こうした問題意識や疑問が「主権の交代」に何らかの影響を与えたとしても、それはごく限られた範囲のものでしかなかった。

植民される側の国にとっては、間接的にであれ、列強の敵対関係が植民地政策をめぐる大国からの重圧を緩和させる効果につながることもあった。たとえば一九世紀のシャム（タイ）や中国は、そうした列強間の力関係を利用している。しかし、この敵対関係は、のちのちになって、また別種の二次的結果をもたらすことにもなる。

二〇世紀にも同じ図式を見ることができる（もちろん別様の形式でだが）。とりわけ一九四五年以後の米ソ二大国の外圧がこれにあたる。植民地化の時代が終焉を迎えるのも、その影響によるところが大きい。スエズ危機は、まさにこの二大国の外圧が事件の中心的役割を演じている（一九五六）。

旧ソ連における一九八九年から一九九一年にかけての内部崩壊は、体制の危機に関する歴史的データをまたひとつ作ってくれた。ところで、この地域ではロシア人以外のすべての民族が、そろってこのような結果を望んでいたのだろうか。

植民地支配に対する抵抗運動の度合いは、歴史の時期によってさまざまに変化している。たとえば、ブラック・アフリカでもヴェトナムでも、征服された当初の抵抗は激しかったが、征服者側が政策を展開するにつれて、鎮静化していくこともあった。とりわけキリスト教の伝道は、鎮静化に大きな役割を果たした。しかし、第二次大戦後まもなく、ふたたびこの抵抗運動が力強く甦る。この時期は、ケニアやマレーシアなどの熱帯諸国で、きわめて明瞭な形で変化が起きた。農業生産をあらゆる面から厳密に管理し、収穫向上に全力をあげようとする、いわば「第二次」植民地占領ともいうべきものが始まったのである。

フランス支配下のマグレブ地域（モロッコ、チュニジア、アルジェリア）でふたたび民族主義を燃え立たせたのは、どちらかというと、二つの大戦で忠誠を尽くしながら報われなかったアラブ人たちの政治的失望である。彼らの民族主義は終息しつつあると思われていた。しかし、消滅するどころか、一九四五年以降は、入植者らがあらゆる政治的改革に反対したために、ふたたび激しくなるのである。

征服以前から存在していた社会的枠組みと、征服以後に作りあげられた新しい社会的枠組みとの両方に依拠する植民地権力の場合、植民地がどうなるかは、現地の人々が抵抗するか、気力を失うか、蜂起するかといった、熱意の強度によって決まる。とくにイギリスの場合がそうであり、歴史的結果としては植民地権力の側が武器を置き、敗北している。インドでは、それは段階的に実現された。フランスの場合、モロッコとチュニジアでは最後は暴力となった。イギリス支配下のマレーシアやケニアでは本物の戦争になった。アルジェリアのように、国づくりの方向決定に現地住民を関わらせなかったところでは、触れるまでもない。

とはいえ、植民地解放運動が現地民の手のみに委ねられている場合、占領者に対して軍事的勝利を得ることは稀である。なぜなら、ことにブラック・アフリカがそれに当たるが、この場合、軍事的劣勢が火を見るより明らかで、武力衝突は必然的な結末しかもたらさないからである。それでも、ケニアやビルマ（ミャンマー）、ヴェトナムのような成功例はある。一方、ほかの理由によって成功しない場合もある。解放運動が推進勢力、反対勢力、中道勢力の三者のあいだで分裂しているようなケースである。別の型としては、被抑圧者自身が抑圧者となって分裂するケースもある。たとえば、旧ソ連においてアブハーズ人を支配していたグルジア人のケースがそれである。[＊] このような形の分裂は、植民される側のあいだに生じた亀裂の根強さが植民する側と戦う際の団結力以上のものであるとき、より解消はむずかしい。そうした例は、ナイジェリアやスーダンにおけるムスリムと非ムスリムとの関係、ソ連に対してのアゼルバイジャン人とアルメニア人との関係〔ナゴルノ・カラバフ紛争。本書五二五頁訳注＊＊参照〕に見られる。

最後に、宗主国の政策によって民族運動の高まりにブレーキがかけられたり、その高まりが別の方向にそらされたりする事例もある。たとえば、イギリスが成立させた西インド諸島連邦[＊＊]や南アラビア連邦[＊＊＊]のケース、また、フランスが創設したフランス連合〔本書四三一頁訳注＊参照〕のケースがそれである。

＊　アブハーズ人は、おもに黒海の東岸に面する旧ソ連・アブハジア自治共和国に居住する。自治共和国の人口約五四万人のうち、彼らの割合は一八パーセントにすぎず、四六パーセントをグルジア人が占める。そのためソ連によって、一九三一年以来、アブハジア自治共和国はグルジア共和国の一部に編入されていた。

＊＊　西インド諸島連邦は、一九五八年、ジャマイカ、トリニダード・トバゴ、バルバドス、グレナダ、セントクリストファー・ネイヴィス、アンティグア・バーブーダ、セントルシア、セントヴィンセント・グレナディーン、ドミニカ、モンセラートが参加して発足し、六二年にジャマイカとトリニダード・トバゴが脱退したのを機に解体した。

＊＊＊　一九六二年成立。翌年、イギリス保護領アデンが加わる。一九六七年、連邦は南イエメン人民共和国として独立し、九〇年にはイエメン・アラブ共和国（北イエメン）と合併しイエメン共和国として統一。

以上の事例とは逆に、植民地化による事態の推移が宗主国側の命運に大きな影響を与える場合もある。植民地の問題に対して――もちろんただそれだけではないが――、これまでの姿勢を変えるか否かの選択を迫られるとき、それが本国側の命運を左右することになる。かつて、バークやロックは、イギリス本国とアメリカ入植者とのあいだで争いが起きたとき、植民地支配がイギリスの民主主義的な政策実施にとっていかに悪影響を与えるかに気づいた。時代が下って、フランス第三共和政のときには〔一八七〇～一九四〇〕、植民地問題が共和政体を神聖化したり、一部の王政主義者が共和政体を支持したりする源となり、国が政治的に分裂する引き金となった。一方、植民地の人々、あるいはヨーロッパ人の支配を受けねばならない人々は、自分たちの抵抗があったからこそ、一九〇五年の第一次ロシア革命も、一九五八年のフランスでのクーデタ〔第四共和政崩壊、ド・ゴールによる第五共和政の成立〕も成就しえたのだと気づかないわけにはいかない。もちろん、彼らはアルジェリアで地下武装組織OASが創設（一九六一）された理由も、反ド・ゴール派の将軍たちが反乱（一九六一）を起こした理由も、自分たちの行動の結果であることを承知している。ポルトガルの独裁者サラザールがド・ゴール政権下の大臣ピエール・メスメル〔軍事大臣（一九五九～六九）、首相（一九七二～七四）〕にその頃打ち明けた話によれば、もしポルトガル帝国が没落していたら、フランスの体制も存続することはなかったろう、ということであった（メスメルによる筆者への証言）〔本書四六〇頁～四六三頁参照〕。

宗主国の視点――植民地は儲かるのか

帝国主義は「採算に合う」のか――この疑問をどのように提起すべきか。これこそ、賭けられたものの大きさを表す、したがって、政治家や歴史学者の心をさいなむ疑問であった。この疑問が提起されたのは、じつは、かなり早い。しかし、この問いが中心的テーマとなるのは、二〇世紀になってからである。最初の提起は、第一次大戦前夜、自由貿易に関するイギリスの経験からもたらされた。貿易は、一九世紀中頃に大きなターニングポイントを迎えた。それまで、植民地と本国との貿易構造は重商主義時代のままであり、航海法や特恵関税が相変わらず存続していた。当時、イギリスはすでに高度に工業化しており、原材料を輸入し工業製品を輸出していた。最大の貿易相手国はインドで、この一国だけで植民地貿易の三分の一を占めていた。輸出品目は、かの「麻薬、染料、贅沢品」である。輸入貿易の花形商品はインドのインディゴ〔青の染料〕、セイロン（スリランカ）のコーヒーと紅茶、アンティル諸島の砂糖であり、それに続くのがカナダの木材であった。大英帝国（イギリス連邦）全体ではイギリス本国による総輸出品の約三分の一を受け入れていたが、イギリス本国全体の総輸出そのものは停滞していた（フランソワ・クルゼ「商業と帝国―第一次世界大戦時の自由貿易におけるイギリスの経験『アナール E.S.C.』＝Crouzet 1964-2 p.281-311 参照）。

最初の大きな変化は、まずもって、イギリス本国における食料品の需要が増大したことによって生じる。国の産業が転換したことと人口増大（一八五一年の二一〇〇万人から一九一一年の四一〇〇万人へ）がその背景にあった。この食料需要に続いて、ゴム、石油といった新しいニーズが加わる。カナダ、オーストラリア、ニュージーランドなどの移住植民地側は、小麦や食肉などをイギリス本国に供給して、貿易に占める自国の地位をこれまでよりもはるかに高めた。しかし、この変化の到来には二つの新たな要因が関係していた。ひとつは蒸気機関の普及（五〇パーセントから七五パーセントへ）によって海上輸送のコストが下がったこと、もうひとつは鉄道建設にともなう移動・移送手段の飛躍的発展である。鉄道建設はカナダ、オーストラリア、インドで同時に起こり、イギリス植民地主義の尖兵となった。鉄道整備が可能だったのはそこに莫大なイギリス資本が投下されたからである。一八六五年から一八九四年のあいだに集められたロンドン資本の六〇パーセントは、この目的のためとされている。ただし、生産を増大させたのは現地の企業家たちである。つまりイギリス資本のおもな機能は、現地経済を始動、発展させる前提条件を創出することにあったのである。

したがって、そうした資本の輸出はイギリス本国への投資を犠牲にしてなされたわけだが、そのおかげで新しい国々、とりわけイギリス自治領〔カナダ、オーストラリア、ニュージーランドなど〕は発展し、本国から物を買うことが可能となった。そこに機能障害が生じ始めるのは、カナダがアメリカから生産財を調達するようになってからである。

貿易構造の変化によってもっとも利益を得たのは移住植民地のほうである。実際、イギリス本国の輸入品全体に対して大英帝国が占める割合は、食肉が一パーセントから二五パーセントへ、小麦は〇・五パーセントから四八パーセントへと上昇した。ただし、（とくにアンティル諸島の）砂糖はヨーロッパの甜菜との競争により、またセイロンのコーヒーはブラジルとの競争によって低下し、インドのインディゴについてはやはりヨーロッパの化学製品にその地位を奪われた。全体として、一八五四年から一九一三年までのあいだに、イギリス本国の総輸入に対して大英帝国が占める割合は、かろうじて二二パーセントから二五パーセントへと増加しただけであった。これら旧植民地からの輸入量の減少は状況を一変させた。本国における帝国内からの輸入量は他地域からのそれに比べてほとんど拡大しないにもかかわらず、その価格においては前者は後者の四倍となった。また、本国の帝国内向け輸出総額は他地域向け輸出総額の八倍にも増大した。

重要なのは、他地域への輸出が減少しているときでさえ、帝国内への輸出は伸びたことである。帝国内への輸出は世界的な経済繁栄期（たとえば一八六八年から一八七二年）には低下するものの、不況期には上昇し、バランスを維持した。

帝国内から本国への輸出品がかつてのような繊維製品ではなく生産財〔最終製品を生産するのに必要な材料や部品・装置等〕に比重を移し、帝国内で鉄道が整備されるようになると、たちまち帝国内の市場では他地域との競争が激化した。とりわけカナダがそうであった。それでも、電気製品、機械、自動車はもっぱらイギリス本国から輸入された。一方、自治領が食料や原材料を輸出した場合、その収益から得られる配当の一部は本国に流れた。

このような経済体制のおかげで、イギリスは、多国間決済において世界金融システムの中心的位置を占めることとなった。そうしたシステムは、この時代以前には部分的に存在していたにすぎない。

その後、イギリスと植民地とのあいだのこの「第一のパートナーシップ」は深刻な危機を迎えるが、それに代わって築かれたのが、独立国アメリカとのあいだの「第二のパートナーシップ」である。アメリカは「シティ」に金融の主導権を握らせ、帝国内における「自給自足《セルフ・サフィシェンシー》」、つまり帝国外の世界に対する「帝国の自立性」を擁護した。

経済的発展と領土拡張政策の相関関係について見るなら、見かけだけのものがところどころに見られる。たしかにディズレーリの時代*やチェンバレンの時代**には、いわば同周波の波が重なるような形で、相関性が存在した。しかし、このことは帝国内に形成されたリレー機能ほど重要ではない。イギリス経済が世界的覇権を握るためにより大きな貢献をしたのは、このリレー機能にほかならない。しかも、植民地拡張主義が狂乱した時代、新たに帝国に加えられた領土は、南アフリカ連邦を除けば、とりたてて経済的利益のない地域ばかりである。このことは、心理的な動機が経済的な誘引よりも大きな機能を果たしていたことを意味する。

第一次大戦とその後の世界恐慌（一九二九）は帝国の崩壊を決定的なものとした。ことにオタワ協定***以降、イギリスでは経済不況にあらがうため、また帝国外の国々との競争に耐えるために孤立した帝国を形成しようという夢が具体的に動きだすのだが、この命題にとって必要な条件である帝国の「自給自足《セルフ・サフィシェンシー》」は、まもなく帝国の「不自給不自足《セルフ・アンサフィシェンシー》」となって現れ、イギリス経済の没落を確実なものとした…。帝国内の自治領が一段と自立性を高め始める現実とは裏腹に、厳密な意味での植民地帝国を復活させようと腐心するイギリス政治の流れは、もはや出口なきところまで追い込まれていた。大英帝国が「このように閉鎖されたシステムのなかに閉じこもること」（アンドレ・ジークフリート『二〇世紀イギリスの危機』＝Siegfried 1931）自体、当時の世界の流れのなかではそもそも不可能なことだったのである。

もちろん、帝国の没落を加速したのは、それに続く第二次大戦の試練である。

大英帝国は、一九三九年時点ではまだ、アメリカに比肩しうる「諸国間《インター・ネイションズ》」交易と、ドイツと対等の先進工業力を保持していた。つまり、資本輸出に関しては、ロンドンはまだ最重要の位置を占めていた。ところが、四年にわたる戦争で過剰な動員を行なったために、国の様相が変わってしまった。イギリスは帝国内植民地の債務者に転落したのである。たとえば、かつてイギリスに対して債務者であったインドは、大戦後、一〇億ポンドの債権者となった。しかもイギリスは、その後の冷戦と中東紛争によって国家予算の赤字に苦しみ続けることになる。ちなみに、工業分野の競争相手であるドイツや日本、さらにはイタリアは、そのような負担に苦しむことなく戦後復興を遂げることができた。大蔵大臣ヒュー・ドルトン〔一八八七〜一九六二。イギリス労働党の政治家〕の著書『絶頂期とその後―回顧録（一九四五〜一九六〇）』(Dalton 1962) を読むと、一九四〇年代末に生じたイギリスの経済財政危機は、インド、ビルマ、セイロン、パレスチナの大英帝国からの離脱を少なからず促進する要因となったことが分かる。また、経済の弱体化と、民族主義運動を抑圧するために費された軍事行動のコストは、一九六〇年以後の多くの独立を加速させる結果にもなった。

他の植民地では、こうしたイギリスの経済的困難が統合と離脱という両面的性格をもつ結果を生じさせた。いわばイギリスの道筋を逆方向から歩んだ形での結果である。つまり、イギリスは原材料や完成品をドルで支払うことなく手に入れるために、ポンド経済ゾーンに組み込まれた熱帯の植民地を頼りにするようになるのだが、それによってこれらの諸国のなかには生産物に対する厳しい統制を受ける国がでてくる。これが「第二次」植民地占領と呼ばれたもので、ことにゴム生産のマレーシアやブラック・アフリカで、それが見られる。ポンド経済ゾーンに組み込まれているこれらを含む植民地では、世界貿易においてイギリス経済との緊密な連帯関係を続けねばならない。そのために、とりわけオーストラリア、南アフリカ連邦、インドでは経済の再編成という事態が生じた。これまでこの三国は、イギリス本国としか交易関係をもって

* 第二次ディズレーリ内閣当時（一八七四〜八〇）。スエズ運河会社の株を取得するなど帝国主義的政策を推進した。

** チェンバレンがソールズベリー保守党内閣の植民地大臣に就任した時期（一八九五〜一九〇三）。ボーア戦争を遂行するなど、イギリス帝国の統合を推進した。

*** 一九三二年、オタワでのイギリス帝国経済会議で締結された協定。自由経済から帝国産品ごとにイギリス製品を保護するため、帝国内産品に対する特恵関税を定めた。

いなかったのである。一方、イギリス人にとり、こうした経済再編によって支払うべき代償は、現地における権力の移譲であった。かくして、これらの国々は半独立国となった。もっとも、マレーシア、ガーナ、ナイジェリアは一九五〇年代中頃からすでに独立への道を歩み始めていたが、その原因を宗主国の弱体化に直接求めることはできない。独立という結果には、さまざまな「間接的な」要因も絡んでいるのである。

一九六一年、イギリスがヨーロッパにおける共同体建設に加わる決定をしたことは、*この選択にいかなる留保が含まれていようとも、またたとえ「大英帝国特恵関税」が依然イギリス政府の政治的ドグマであり規範であったとしても、イギリスが帝国に対し相対的に距離をおこうとしていた意志の表れである。一九五〇年から一九七〇年までのあいだに、イギリス総貿易量の帝国内貿易に占める割合は、半分から四分の一へと減少した。ここに、世界的な貿易再編の新たな流れを、あるいは一種の経済関係の解体を見ることができる。これは、イギリス自身が、かつて一時代を築いた商業関係システムに興味を失い始め、その古いシステムに代わってヨーロッパ・アメリカ・日本という新しいパートナーとダイナミックな関係を築き始めたことを表すものでもある。かつてイギリスがその中心に君臨した世界システムはこうして終わりへと向かいつつあった。

このような流れにおいては、海外領土が古い政治システムのなかで拘束を受け続け、イギリスへの依存関係を維持しなければならない必然性などもはやない。かくして、旧システムに代わってさまざまな多国籍企業が、巧みに活動の場を広げていくことになる。

フランスでは、植民地問題の経済面に関する分析は「帝国にかかるコスト」というもっと無骨なやり方でなされた。一九三〇年までのフランスにとって、帝国は果たして「お得な買い物」だったといえるだろうか。一九一三年のフランスは、植民地征服のための予算として、年に一般歳出の二〇パーセントを費やした。その維持管理のために、憲兵や公務員の給与などにも年間約七パーセントの一般歳出を費やした。当時、インドシナ銀行では六九パーセント、ワルグラ鉱山〔アルジェリア中央部〕では一二〇パーセントもの利益率を実現していた。一九一三年から一九二九年まで、フランスにとって帝国は、第一の商業的パートナーであり、かつ第一の貸方となっていた。帝国は、国家にとって費用はかかるが、民間企業には利益をもたらすものであったのだ。

しかし、一九二九年の世界恐慌を機に、フランスと帝国の関係は冷め、離婚手続きが始まる。その第一原因は、繊維や食品など、植民地を最良の販路としていた産業が衰退したことである。また、植民地に対する関心のあり方が、いわば以前とは逆のカーブを描いたことにも原因がある。つまり、こうである。植民地帝国主義が経済的活力と手を結び旺盛な働きを示していた時代、世論は政府の植民地政策に多少とも批判的であった。しかし、あとになって世論がその試みに賛意を示すようになると、そのときにはすでに実業界の一部が植民地から離れ始めていた、というわけである。さて、そうなってフランスは身軽になっただろうか。

第二次大戦終結後、フランスは国家としてさまざまな経済的犠牲を払いながら植民地政策を実施していた。たとえば、北アフリカ対する本国からの直接的財政補助は、一九四八年から一九五一年のあいだに四倍にもなっている。また、同じ時期、フランスの対外投資額の一五パーセントが海外領土に振り向けられ、一九五五年にはそれが二〇パーセントに達している。ジャック・マルセイユの計算によれば、フランスの納税者が納めた税金の九パーセントが海外領土での支出に使われている——「ゆえに、フランス政府は、この財政的努力の増大を人々に誇示するどころか、むしろ隠すことに腐心したようだ」。とすれば、フランスの行政側と指導的地位にある現地人とのあいだで増していた誤解は、いっそう大きなものとなったにちがいない。フランス行政側のひとりは、「この政策によって得られる《精神的》利益は、諒承された物質的犠牲（膨大な予算の投入）の大きさに見合っていない」と考えていた。それは、たとえば北アフリカにおいて、この政策的努力によってもたらされる恩恵の大部分が入植者や公務員、とりわけ企業にもたらされてしまうため、アラブの人々にはその恩恵が自覚されないことが多い、ということである。もっとも、全住民を対象に恩恵をもたらすような目に見える形での影響がなかったかといえば、そうではない。しかし、それを正しく見定めることは困難であった。入植者側の生活水準は、三世代のあいだに目に見えてよくなるのが分かった。本国人の生活水準に比べ、もちろんアラブ人の生活水準に比べても、より早く向上したことだけは間違いない。このような植民地の特典をどのように評価すべきだろうか。

これと同時期、植民地の総輸入に占める本国産品の割合は上昇していた。一九三八年に二七パーセントだったものが、一九五二年には四四パーセントを占めた。海外領土のために働くフランス国内の労働者数は四五万人にのぼった。まさにこの事実が、帝国擁護論者の論拠のひとつであった。彼らは、もし植民地を失えば、失業者の大波がフランス本国を襲うと強調した。

金融関係組織は、総じて植民地問題に対し慎重な構えを崩さなかった。ごく稀には、植民地の独立に賛成する企業も存

＊ イギリスがヨーロッパ経済共同体（ＥＥＣ）に加入申請したのは一九六二年である。しかし、このときはド・ゴールによる反対にあって実現していない（六七年にも再度失敗）。イギリスの参加はド・ゴール政権終息後、ヨーロッパ共同体（ＥＣ）として組織が拡大・発展する一九七三年である。

在した。たとえば、アメリカの大手金融機関であるモルガン銀行と提携関係にあった、ゼリジャ鉱山〔モロッコ北東部の鉛・亜鉛鉱山〕のウォーカー企業グループがそうである。しかし、大部分の「大手企業」は中立的立場をとった。概して中小企業は、多くの入植者たちと同じく、独立に反対していた。

この入植者たちは、まるでかつての「植民地党」〔本書一二二頁参照〕の生き残りのように、本国の植民地政策は敗北主義であると糾弾していた。つまり、彼らは共産主義者と反植民地主義者だけを標的にしていたのではなく、フランス海外領土中央委員会のガブリエル・ピュオーの考えに則って、まさに植民地主義者のなかの「敗北主義者」をも標的にしていた。敗北主義者と指弾された者のなかには、植民地への過重負担ゆえに「国内でなされるべき投資」が減じられていると考える政府内関係者もいた。

ところで、このような「国内でなされるべき投資」を重視することがカルティエリスム*と呼ばれるものの基盤である。その理論は、レーモン・カルティエが主宰する家庭向け週刊誌『パリ・マッチ』誌上で斬新な切り口を見せ、一躍有名になった。もっとも、これと本質的に同じ考えをもつ者はすでに存在していた。たとえば、ピエール・ムーサ〔一九二二〜。フランス政府の高級官僚でフランス海外省官房長〕やレーモン・アロン〔一九〇五〜八三。社会思想家、ジャーナリスト。博識と鋭い洞察力によって広範なジャンルの著作を手がけた〕である。しかしこちらの声のほうは、こうした反響をまき起こすことはなかった。

レーモン・カルティエの見解によれば、現在安定し繁栄しているスイスやスウェーデンは、これまで一度も植民地をもったことがなく、植民地帝国を廃したオランダにおいては、かつて帝国であったときよりも確実に豊かになっている。

「オランダにとって東インド〔インドネシア〕は、石油、ゴム、コメ、茶、コーヒー、スズ、コプラ〔ココヤシの種子の胚乳を乾燥させたもの。マーガリン、石鹸などの原料〕、香辛料がとれる宝の山であり、国の土台をなすものだ、と、あたかも公理のごとく考えられていたのに、最悪の条件のなかで植民地を失った。〔…〕だが、オランダがかつて以上の繁栄と心地よさを味わうには、数年もあれば充分だった。もしオランダが、国内工場の近代化やゾイデル海〔最大の干拓事業が行なわれているオランダの内海〕の干拓事業に着手する代わりに、ジャワ島に鉄道を敷設したり、スマトラ島中にダムを造ったり、ボルネオ島の一夫多妻の男に家族手当を支給したりしていたならば、このような状況改善は得られなかったであろう」。

レーモン・カルティエはまた、ブラック・アフリカについてのルポでは次のような表現で国の浪費を指摘し、世論の反響を得た。

「ひょっとして、ニジェール川行政局を作るより、ロワール川〔フランス中央部〕行政局を作ったほうがよかったのではないか。ロメ〔西アフリカ、トーゴの首都〕の大病院はヌヴェール〔フランス東部、ブルゴーニュ地方〕に建設したほうがよかったし、ボボ・ディウラッソ〔西アフリカ、ブルキナファソ南西部〕の高校はタルブ〔フランス南西部、ミディ・ピレネー地方〕に建てたほうがよかったのではなかったか」。

入植者側に立ちド・ゴールの政策を批判してきたジョルジュ・ビドーの場合は、万事を「金勘定する人間の目」で見るフランス当局のやり方を非難した。しかしそんな彼でも、ことアルジェリアに関しては、「サハラの石油によって、収支バランスは儲けのほうに傾くだろう」と明言していた…。

民族のアイデンティティーと属領の役割

フランス

一方には、植民地からの経済的撤退とフランスの果たすべき道義的役割の遵守によってフランスの偉大さを残存させようと考える人々がいた。他方には、国家の役割の「放棄」や「凋落」に反対する潮流を作りだそうとする一団があった。後者の流れが現れるのは、基本的には一九四〇年のフランスの敗戦、あるいはそのしばらくまえに開催された一九三一年の植民地博覧会〔本書一一頁参照〕からである。彼らは、帝国を空間的広がりととらえ、その広大さこそがフランスに偉大さを与えると考えた。ファシズム体制を敷いたペタンにとって必要だったものは、ド・ゴールにとっても、つまり、あのブラザヴィルにおいて当時の共和主義の枠組みのなかでさまざまな改革を約束したド・ゴールにとっても、やはり必要なものだった。＊＊フランス植民地主義とその成果を言祝ぐ映画や著作が増えるのは、まさに一九三〇年から一九五〇年のあいだである。一九五四年になってもまだ、フランソワ・ミッテラン〔当時内務大臣〕は、「フランドルからコンゴまで法というものがあり、ただひとつの国家、ただひとつの議会がある」と公然と述べていた。

冷戦時代にあっては、国防とはすなわち共産主義の「ソ連

＊　フランスのジャーナリスト、レーモン・カルティエの主張にちなむ。植民地向け投資の国内産業育成への充当、植民地における非人道的行為への批判を骨子とする。

＊＊　ド・ゴールは、一九四四年一月のブラザヴィル会議で、フランス植民地帝国の結束を強く呼びかけた。また植民地の地位の問題も取りあげたが、その具体的内容には触れなかった。本書四一三頁訳注＊＊＊および五〇八頁参照。

の脅威」に備えることを意味した。ここから、インドシナ戦争を戦う基本的な意味も引きだされる。なぜなら、ホーチミンは一九四三年に解散したコミンテルンに早くから属しており、インドシナ戦争においてもなお共産党に所属していたからだ。とすれば、帝国を防衛し、帝国の安全を確保するとはすなわち、フランスが監視人を務める西欧と西欧文明を守ることにほかならない。マグレブで植民地反乱が盛んになったとき、「フランスを防衛する」ことは「世界革命に対して共和主義的秩序を守る」ことを意味した。こうした立場はしばしば軍の上層部に見られた。彼らは帝国を「安売り」することを嫌っていた。しかし、政治家のなかには、スーステルのような人間もいた。彼は反革命主義者とも急進革命主義者とも接触のある改革主義者だった。スーステルは、フランスがアルジェリアにおいてその果たすべき義務も、その存在を正当化しうる改革も、何ら遂行していないことを充分に知っていた。だから彼はアルベール・カミュ〔一九一三～六〇。アルジェリア出身のフランスの作家〕同様、アラブ人のために正義を求めた。曰く、

「アルジェリアの、あるフランス人の名がもしピエールなら、彼はわれわれの愛情を受けとる権利がある。なぜなら、彼はずっとわれわれ同胞のひとりだったからだ。その名がもしアントニオ〔スペイン系〕なら、彼には二倍の権利がある。彼はわれわれのなかに入ることを選んだからだ。そして、もし彼の名がラシード〔アラブ系〕であるのなら、彼には三倍の権利がある。なぜなら、彼を困難で危険な道に引きずり込んだのはわれわれだからである」(Soustelle 1957)。

しかし、アラブ人がスーステルの正義を拒絶すると、彼は、アラブ人は誰かに操られているのだと考えた。最初は共産主義とソ連によって、次にはナーセルによって。

この見方を大方の右翼が共有した。やがて彼らと手を結ぶことになるジョルジュ・ビドーのような中道派の政治家たちも共有するようになる。よりニュアンスを含んではいるが、作家ジャック・ロラン〔一九一九～二〇〇〇。反サルトル、反ド・ゴールの作家〕、あるいは歴史学者ラウール・ジラルデといった人々も共有するようになる。

少なくともアルジェリアにおいては、戦争と鎮圧の繰り返しのなかで、指導的立場にあった人々も否応なく、この反共あるいは反ナーセルの抵抗戦線に合流してくる。マルティノー・デプラからミッテランまで、さらには社会主義者のモレやロベール・ラコストまでもが。

全体として、フランスの政治においてはこの方向が現実的に優位を占めていた。

たしかに、脱植民地化への変化はド・ゴールすなわちフランス共和国権力のなかから発せられたものではない。しかし、

この変化の根底にあるのは反植民地主義ではない。この変化は、自由を求める人々の戦いによって形づくられたのである。ことにアルジェリアにおいてはそうである。ブラック・アフリカにおいても同様、独立は反植民地主義に多くを負っていたわけではない。ただし、ブラック・アフリカの場合、脱植民地化という大事業が成し遂げられたのは、当時の海外領土大臣ガストン・デフェールやド・ゴールのおかげであることは確かである。これについてはあとで触れることにしよう。

イギリス

たしかに、イギリス人には、広大な帝国を領有していることへの誇りがあった。しかし、植民地に対する本国の態度は、その地に白人入植者が居住しているか否かで違ったものになっていた。つまり、大英帝国には二種類の帝国ヴァージョンがあった。ひとつは、おもに白人入植者が居住する、むしろ帝国というよりイギリス連邦（ただし、カナダのインディアン、オーストラリアのアボリジニ、ニュージーランドのマオリといった先住民族は考慮に入れないことにして）といったイメージの帝国ヴァージョン、もうひとつは、カーゾン卿が想定しているような、インドを帝国の至宝と考える帝国ヴァージョンである。しかし、いずれのケースでも反英運動が起こり、とりわけそこでイギリス国民が直接的に巻き込まれた場合には、イギリスは激しい態度で反発を示した。たとえばキプロス、ジブラルタル、ケニア、ローデシア、マルビナス（フォークランド）諸島のケースがそうである。

ところで、帝国が体現していた価値観は、貴族院の威光喪失、戦後の民主化、とりわけ「福祉国家《ウェルフェア・ステイト》」の創設によって崩れていったと見ることができる。しかも、人々の気持ちのなかに、力強さに代わって感傷主義《センチメンタリズム》が作用し始めたことで、帝国は公益企業であり収入の手段にすぎないと見なされる傾向も強まった。こうしてすべてが変わりつつあった。

真の社会民主主義は「福祉国家」によって根付くものであり、帝国主義とは両立しえない。帝国主義を後退させれば必然的に経済が変わり、その後退によってのみ「福祉国家」は成立可能となる。じつは、このような考え方は、多くのイギリス人が昔からもっていた確信と重なる。つまり人々は、支配階級は帝国のおかげで、権力の座に就き続ける基盤を与えられた、と考えてきた。自由貿易提唱者であるコブデン（一八〇四～六五。実業家。植民地主義を象徴するクリミア戦争（一八五三～五六）、第二次アヘン戦争（一八五七）に反対した）やグラッドストンの考え（コブデンの運動を支持して保護主義に基づく穀物法を廃止させ（一八四六）、第二次アヘン戦争に関する政府の外交政策を批判した）を受け継ぐ者たちは、一九世紀初めから、今後の戦争は帝国主義の覇権争いから生みだされる、と確信していた。こうして、第二次大戦が終わると、植民地問題に異なる態度をとる左派の労働党が現れ、彼らは一九四七年から一九四八年にかけて、インドの民族運動に対してと同様パレスチナの民族運動に対しても譲歩する姿勢を示すのである。もっとも、左派の労働党にとってはそれ以外に選択の余地がなかったことも事実である。続いて彼らは、「帝国」にではなく、スエズ危機においてイーデンがとったような「冒険主義的政策」に反対し、有色人種との関係を損なわずにイギリスの偉大さを存続させる「連邦《コモンウェルス》」には賛成の意志を示す。試練となったのは、一九六〇年代初めの中央アフリカ危機である。このとき、ローデシアは白人の人種差別政策のために行き詰まった連邦体制からの半離脱を掲げ、イアン・スミス南ローデシア政府は一方的に独立を宣言した。しかしイギリス労働党政府はこの独立を認めず、他のイギリス連邦諸国もこれに追従した〔本書三五四〜三五六頁参照〕。

帝国解体の屈辱をもっとも忍ばねばならなかったのは、一九五一年から一九六四年まで権力の座に就いた保守党である。最初の屈辱は、オーストラリアとニュージーランドが、イギリスを蚊帳の外において、アメリカと同盟を結ぶために「出発してしまった」ことだ（一九五一年のアンザス条約〔サンフランシスコで締結された三国間の太平洋安全保障条約（ANZUS）のこと〕）。これは、第二次大戦中チャーチルの選択した戦略がのちになって招き寄せた結果にほかならない。大戦中、チャーチルはオーストラリアよりシンガポールの防衛を優先させた。オーストラリアの人々はチャーチルのこの対応を決して許さなかった。イギリスの屈辱は続く。ケニアにおける一連のマウマウの反乱（一九五二年に激化）、「中央アフリカ連邦」の創設（一九五三）、スエズ危機（一九五六）、イラク・ファイサル国王体制崩壊〔イラク・軍事クーデタによる国王ファイサル二世（在位一九三九〜五八）の処刑〕による中東でのイギリスの威信の終焉（一九五八）…。その後も、マレーシア、ガーナ、シエラレオネ、タンガニーカの独立（一九五七〜六一）、カリブ海諸島（ジャマイカ、トリニダード・トバゴ）の独立（一九六二）と続く。スエズ危機に関しては、アメリー卿〔一九一九〜九六。イギリス保守党の重鎮〕に煽られた首相イーデンが彼に背中を押されてエジプトへの軍事介入を決断した。しかしスエズ組〔イギリス、フランス、イスラエルの三国〕の負けが決まると、イーデン引責辞任後の保守党は腰砕けとなった。結局、保守党政権を引き継いだマクミラン首相が、エジプトのスエズ運河所有権を認めて、この戦いの幕引きを行なった。

以来、保守党は、植民地解放を受け入れなければならなくなった。ただ労働党とは異なり、保守党に関しては、帝国の清算を望んだと疑われることはなかった…。

イギリスの場合もフランスの場合も、植民地解放ないしは脱植民地化はかならず外的圧力によって導かれている。第二次大戦のさなか、アメリカは日本が果たした役割*とは別に、スタフォード・クリップスやチャーチルによるイギリスのインド政策を「植民地体制の永続化をめざすもの」として公然と批判し、大英帝国の未来にのしかかる暗雲をさらに重いものにした…。一九四二年夏、ガンディー逮捕後に発生した数々の騒乱は、もちろんアメリカの圧力によるものではまったくなかったが、ロンドン政府はそのときはじめて、この強力な同盟大国から批判、反発、脅威が生じてくるのを目にすることになる。アメリカは帝国主義的などんな野心とも無縁なのだと自らに暗示をかけ、ラテン・アメリカに対する自らの政策が一種の間接的植民地化であることを自覚することもなく、この植民地保有大国にお説教をしたのである。大国イギリスに代わって、まさに自分たちがリーダー役を引き受けるかのような態度で。こうしたアメリカの態度は、スエズ危機の直後に現れることになる。

フランスの植民地支配もまた、第二次大戦中パレスチナからマダガスカルまでフランスに取って代わろうとしていたライバル国イギリスと同様、外からの脅威を受けた。戦争に敗れたフランスはなるほど大変傷つきやすく、帝国内部の政策においても、やはりその線の細さを感じさせた。フランス支配に対しては、チュニジアのブルギバも、モロッコのスルタンも、アルジェリアのファラハート・アッバースも、ホーチミンと同じ選択を行なった。つまり、ファシズムの脅威と闘い、そのあとフランスから期待しうる譲歩を獲得するためにアメリカを頼る…というものである。一九四二年一一月、マーフィー〔一八九四〜一九七八。アメリカの外交官。フランス勢力下の北アフリカでアメリカ外交の可能性を調査〕が北アフリカに上陸したとき、ファラハート・アッバースは、モロッコのスルタンがルーズヴェルトと会ったように、マーフィーと会見をもった。しかし、アメリカ側にとっての最大の関心事は何よりもまず戦争に勝利することであったから、このときマーフィーは感触のよいことばを口にする程度に収めた。にもかかわらず、北アフリカのフランス人入植者たちはこの会見に自分たちの未来に対する脅威を充分に感じた。だから、少なくともモロッコのフランス人入植者は、一九五〇年から一九五二年にかけて発生した事件〔スルタンを求心力にした反仏民族運動の高まり〕の責任の一端をアメリカ人の行動に見ようとしたのである。

アルジェリアにおいては、その責任はむしろソヴィエト、共産主義にあるとされた。しかし当時、イギリス側でもフランス側でも、アメリカとソ連がスエズで互いに手を握ろうとしていたことなど誰ひとり考えもおよばなかった。**

国際的な背景——スエズと帝国の翳り

帝国の翳りには、相互に関連しあう三つの総合的原因があ

* 日本軍はチャンドラ・ボース率いるインド国民軍とともにイギリス軍と戦った。本書四二四〜四二五頁参照。
** イギリス・フランス・イスラエルのスエズ侵攻に対し、アメリカは不支持を表明、ソ連は侵攻国への軍事介入の可能性を示唆して強く牽制した。

った。その第一は、植民地化を受けた人民の側からの要求。第二は、領土拡張の利点に対する宗主国側からの疑問、第三は、競争相手国側や挑戦的な新興勢力側からの外的圧力である。

アメリカ合衆国およびソヴィエト連邦の台頭とアラブ人による民族主義の表明は、スエズ危機という時間軸で交差した。これによってフランス帝国とイギリス帝国は、すでに始まっている不可逆的な解体を決定的なものとした。

それにしても、フランスとイギリスは、数世紀にわたり互いに国力の上昇を競い合い、帝国の拡大に拍車をかけ合ってきた関係にあったというのに、植民地に関して初めて手を組ぶ段にいたると、それがまさに植民地喪失のときだったというのは何とも皮肉な話である。

一九五〇年代初め、冷戦は最高潮に達していた。アメリカは朝鮮半島において、縛られていた自分の手を戦争によって自らふりほどいたわけだが、その手でヴェトナムにも介入しようとしていたかに見える。アメリカはヤルタ協定以来、お人好しの騙され役を演じさせられてきたという気持ちが強く、*中国の次には中東が共産化に突き進むのではないかと懸念していた。すでにモサッデクが石油を国有化したイランでは、警告灯が赤く点灯していた。たしかにシャー（イラン国王）の権力はこの危機を乗り越え旧に復してはいたが、**一九五四年、モスクワとダマスカス（シリア）とのあいだで武器の売却が合意されたことは、ソ連が「暖かい海」のほうへ、すなわち東方の産油地域へ進出し始めたことを意味した。

ワシントンの指導者たちは、リガ〔ラトビアの首都。中央部でバルト海に臨む〕の精神、つまりヤルタ会談の結果に怒りを示すバルト諸国の精神に教えられて、ソ連の拡張主義には強い警戒心を抱いていた。***その先頭に立ったのがフォスター・ダレス〔一八八八〜一九五九。冷戦時代のアメリカの代表的外交官〕である。彼は、ソ連および共産主義中国の包囲を狙った「封じ込め」政策を展開する。アメリカが支配する軍事基地群を基盤に各国と軍事同盟を結び、そのネットワークでソ連・中国を包囲するという政策である。すでに東欧、北朝鮮（朝鮮民主主義人民共和国）、中国を影響下におくソ連の拡張主義のさらなる進展を阻止すること、そしてイラン（トゥーデ党〔一九四一年に創立されたイランの共産党〕）、エジプト、インドネシアなどで活発化する各国共産党の動きを阻止することがダレスの狙いであった。

この役割を担うことになるのが、西方では北大西洋条約機構（NATO）****、極東では東南アジア条約機構*****（SEATO）、東方（近東）ではバグダッド条約機構（のちの中東条約機構［METO］******）である。以後、ワシントンにとって、これらの条約機構に加盟しているか、またどのような覚悟でこれに参加しているかが、パートナー国に対する評価の判断基準となる。かくして一九五四年八月、フランス国民議会がヨーロッパ防衛共同体条約（CED）への批准を拒否したことは、アメリカのなかに、フランスに対する容易に消えない警戒心を生じさせた。フランスはこの拒否がもたらした結果をスエズ危機において味わうことになる。さらに東方では、アメリカは、イラクとヨルダンを中東条約機構に加盟させるためにイギリスを頼りにした。この条約機構の構想は中東防衛機構（MEDO）と呼称された時期〔イギリスは一九五〇年から「中東コマンド」、次いで「中東防衛機構」と呼ばれる組織を構想した〕もあったが、そのときはアメリカ自らがイラン、トルコ、エジプトに対して条約加盟を交渉している。その交渉の場において、フォスター・ダレスはナーセル大佐と出会った。ダレスにとって、状況は有利だった。というのも、ナーセル率いるエジプト軍人（自由将校団）たちは、イギリスの傀儡となっているファルーク王*******〔在位一九三七〜五二〕に対するクーデタを準備する段階で、アメリカとたえず接触を重ねていたからである。ところが、フォスター・ダレスがナーセルに、ソ連を念頭に「自由世界」は連帯する必要があるという話をすると、ナーセルは、「わたしにとって、あなたがたのいう自由世界の連帯とは、植民地主義と植民地支配を指すと理解している」と応えたという。「イギリスが退去した

* ルーズヴェルト、チャーチル、スターリンによるヤルタ会談（一九四五。ヤルタはウクライナ南部の都市）では、戦後の国際秩序について大枠の合意が図られた。しかしこのヤルタ以降、アメリカは、東欧やアジアの共産化によって自ら描いていたヴィジョンを大いに損なわれただけでなく、スターリンのソ連が東欧諸国を自国の勢力下におこうとしていることに強い不満と不信を抱いていた。

** 一九五一年、モサッデクは石油国有化法を可決させイギリスのイラン支配を終わらせたが、一九五三年にはイギリスがイラン石油を国際市場から締めだしたため、イランは経済危機に陥った。これを機に国王派の親英勢力が反動クーデタを起こし、モサッデクは失脚した。

*** ヤルタ会談開催時、バルト諸国はすでにソ連の支配下にあったが、会談ではこの地域の独立の問題は議題にのぼることすらなく、この地域に対するソ連の支配はいわば既定の事実として承認されたに等しいものとなった。

**** 一九四九年、ベルギー、カナダ、デンマーク、フランス、イギリス、アイスランド、イタリア、ルクセンブルク、オランダ、ノルウェー、ポルトガル、アメリカの一二ヶ国の加盟によって発足した西側諸国の軍事同盟。その後ギリシア、トルコ、西ドイツ、スペインが加盟した。なお、一九八〇年代末以降の東欧民主化後は、共産圏に対する防衛という本来の目的から大きく変化し東欧諸国がいっせいに加盟、二〇〇九年以降は二八ヶ国となっている。

***** 一九五四年、オーストラリア、フランス、イギリス、フィリピン、ニュージーランド、パキスタン、タイ、アメリカの八ヶ国によって発足し、一九七七年解体。

****** 一九五五年二月、イラクとトルコは反共産主義を念頭においた相互防衛条約（バグダッド条約）に調印する。この条約にイギリス、イラン、パキスタンが加わり、同年一一月に中東条約機構（METO）を結成する。一九五九年イラクが脱会して中央条約機構（CENTO）と変わり、アメリカがオブザーバーとして参加したが、一九七九年解体。

******* ムハンマド・アリー朝第一〇代国王（エジプト最後の国王）。イギリスの後見下にあった一九五二年、自由将校団のクーデタにより廃位。

あかつきには」、場合によってはＭＥＤＯに加盟してもよいだろう、ということであった（ハサネイン・ヘイカル『カイロの記録』＝Heikal 1973 p. 9-43 頁参照）。

アメリカにとって、エジプトを測る試金石はＭＥＤＯに加盟するか否かであった。一方、ナーセルにとって、アメリカを測る試金石は武器を供与するか否かであった。武器はイギリスを排除するためにも、イスラエルと戦争をするためにも必要であった。フォスター・ダレスは供与をためらった。そこでナーセルは、中国経由でソヴィエトに武器を注文することにした。そしてソヴィエトは、アメリカを刺激しないよう、チェコスロバキアの名前でその注文を受けることにした。

米ソの競り合う時代が始まっていたのである。

「彼らはエジプトに武器を与えるが、われわれはエジプトに繁栄を供与するだろう」――フォスター・ダレスがこのように反応したのは、いつかエジプトの国家的大事業、アスワン・ハイ・ダムの建設にこぎつけたいというナーセルの夢と関係していた。このプロジェクトの建設コストは一〇億ドルもの莫大な予算をともなった。かねてより世界銀行が強い通貨で二億ドル分の、そしてイギリスとアメリカがそれぞれ七〇〇〇万ドルの事前貸与をナーセルに申し出ていたが、たとえ世界銀行が融資分担金を増額したとしても、必要総額から見ればほど遠い状況にあった。

ところで世界銀行の融資条件には、エジプト政府の支出に対する一種の管理権限が付与されていた。このことは、エジプトにとってはかつての不快な経験、すなわち、負債によって徐々にフランスとイギリスに、続いてイギリス一国に隷属を余儀なくされた一八八〇年代を思い起こさせるものであった。そのためナーセルは、世界銀行総裁ユージン・ブラック（一八九八〜一九九二。アメリカの銀行家。在任一九四九〜六三）の熱心な働きかけにもかかわらず、この融資条件を拒否した。そればかりか、ここ数年来のやり方を一新し、直接ソ連に援助を求めた。同時に、共産主義中国を承認し、シリアと軍事協定を結ぶなどしてアメリカへの「非友好的な」姿勢に拍車をかけた。一方、この動きに対してフォスター・ダレスは、エジプトとの緊張関係から派生する西欧世界への石油供給の影響は取るに足りないものと予測し、また、蔣介石に近い中国人ロビーやイスラエルに肩入れしているユダヤ人ロビーからの圧力もあったことから、貸与の取り消しを決定した（一九五六年七月一九日）。その際ダレスは、世界銀行の譲歩を行き過ぎだと考えていたイギリスとの信頼関係を保つために、そして他のアラブ世界にショックを与えないよう配慮するために、取り消しの理由は債務国エジプトの返済能力に関する信頼度（の低さ）に帰因すると説明した。アメリカの取り消しにイギリスも追随した。アメリカの対応をあらかじめ覚悟していたナーセルは、取り消しそのものより、この「侮辱的」説明のほうが屈辱的だった。

この侮辱に応えて、ナーセルは一週間後、アスワン・ハイ・ダムに出資するため、英仏が事実上支配してきたスエズ運河会社を接収し、スエズ運河の国有化を決定する声明をだす〔国民への「国有化宣言」は一九五六年七月二六日〕。スエズ運河がアスワン・ハイ・ダムの建設資金を調達してくれるだろう。

これはアメリカよりもイギリスに対する打撃を狙ったものである。ところで、このときナーセルは、スエズ問題に関してフランスがイギリスに同調するとは想像していなかった。しかし、雷鳴のごとくとどろいたこの国有化問題は、ナーセルが援助する「アルジェリア民族解放戦線」（ＦＬＮ）に苦しめられていたギー・モレのアルジェリア政府に、軍事介入の思いがけない口実を提供したのである。なるほど、国有化を声明するナーセルの演説は、挑発的な調子を含んでいた。

「わたしには、世界銀行総裁ユージン・ブラックのなかに、もうひとりのフェルディナン・ド・レセップス〔スエズ運河の建設者〕が見えてきました。わたしの記憶から当時〔スエズ運河の建設時。一八五九〜六九〕の事実を申しあげますと、エジプトは、一一パーセントの株式を所有し〔実際には当初の株式所有率は四四・四パーセント〕、工事の実施には一二万人の雇用を約束し、八〇〇万リーブルを費やしました…。当時エジプトの利益のために創設されたエジプトの会社は、イギリスに一億ドルの利益をもたらしましたが、その利益からわれわれに還元された額はわずか三〇〇万ドルのみ…。われわれの権利を取り戻しましょう。運河はエジプトのものなのですから…」。

ナーセルの演説は、聴衆の喝采を受けて、高笑いで締めくくられた（一九五六年七月二九日付『エコノミスト・エジプシアン』紙より）。

この笑い声は、アメリカ中央情報局（ＣＩＡ）から資金提供を受けていたラジオ放送局『アラブの声』によってマグレブ諸国に伝えられた。さらにパリとロンドンにも伝えられ、こちらでは怒りの声を呼び起こした。

イーデンのイギリス政府は、まだアメリカのような、輝けるナンバー・ツーに甘んじるつもりはなかった。とはいえ、帝国の解体は明々白々であり、一九四七年に始まったエジプトからの撤退はまさしく帝国衰退の象徴となった〔イギリス軍のエジプト撤退完了は一九五六年六月〕。

それでもイギリスは、エジプトとスエズ運河を二度にわたって「防衛した」のは自分たちであると自負していた。一度目は一九一七年、オスマン・トルコ軍に対して（パレスチナでの攻勢）、二度目は一九四二年、ロンメル*（四九三頁）〔一八九一〜一九四四。ドイツ陸軍の北アフリカ派遣軍総司令官〕のドイツ軍とイタリア軍に対して（北アフリカでの反攻）。イギリスのいい分はこうだ。エジプトはギリシア、ローマ、ビザンティン、アラブ、トルコ、フランスと、次々に占領下におかれてきたがゆえに、ファラオ〔古代エジプトの称号〕の時代以後、自由であったためしがないと考えうる、したがってイギリスは、エジプトをよりよく防衛するために、これを支配しているのである、と（ヴァレンタイン・チロル『エジプト問題』＝Chirol 1921 参照）。さてしかし、第二次大戦中のエジプト人にとっては、イギリスのいう「保護」などまったく必要としなかったであろう。それは一九四一年のロンメルの勝利を讃えるあの大騒ぎが証明している…。だからこそイギリスは、戦争が終結したならエジプトから撤退するべきと判断したのである。ところが、一九四七年にカイロから撤退を開始したあとも、イギリス軍はトルコやアラブ世界に向けられた外国勢力の軍事的脅威に備えるという理由づけで、イスマイリア〔エジプト北東部の行政区。スエズ運河の北三分の一を含む〕とスエズ運河地域を再占領しようと考えていた。明らかにソ連を問題にしての措置だが、しかし、これはやはり口実らしかった。

イギリスがエジプトからの撤退を、予告期限内に、いや期限よりも早く開始したにもかかわらず、一九五二年七月のクーデタ（エジプト革命）で権力の座に就いたナギーブ*〔ナーセルとともに自由将校団を率いてエジプト革命を成功に導く〕、ナーセル両将軍とイギリスとの関係は、急速に悪化の道をたどった。イギリスとしてはこれまでどおり、スエズとエジプトにおいて特権的代父のような役割を果たしたいと、また何よりも、エジプトを味方につけておきたいと願っていた。そのためイギリスは、意のままにならぬこの新参の指導者たちを、招かれざる客と見なした。イギリスは彼らの評判低下によって人心が乖離することを望み、彼らが民族主義政党「ワフド党」**や共産党を排除したこと、また「ムスリム同胞団」を迫害していることを理由に（じつは、「ムスリム同胞団」はナーセルを暗殺しようとした）、二人に独裁者というレッテルを貼ろうとした。

アスワン・ハイ・ダム建設計画によって表に現れたイギリスの嫌悪と反発は、こうした政治的な流れのなかで生じた。要するに、イギリスとしては、相手国との合意に基づく撤退ではなく、撤兵を強いられ已むなく引きあげるような感じを抱いていたわけである。一方、ナギーブとナーセルは、イギリスと同盟を結ぶ国に対して、ことにイラクに対して敵意を増大させていた。この文脈で、エジプトでは「最後のイギリス兵が撤退するのを祝う、無礼なお祭り騒ぎ」が生じ、それが旧占領国の怒りをいっそう掻き立てる結果となった。

ともあれ、イギリスは直ちに反応し、スーダンの独立を認めた（一九五六）。その手続きは迅速に行なわれ、かつてインド、エジプト、マレーシアに対して引き延ばしを図ったのとは比ぶべくもなかった…。イギリスの狙いは明らかだった。エジプトとスーダンとの臍帯を断ち切ることである。実際、ナーセルは民族自決の手続き原理を巧みに用い、一種のスーダン＝エジプト共同統治を維持させたいと考えていた。それは結局、かつてのスーダンが「エジプト人入植者のために土地を、エジプト軍のために兵を、ナイルの水のために安全を」提供していた時代と同じ時代に戻ることを意味していた。簡潔にいえば、エジプト副王イスマーイール・パシャの時代〔在位一八六三～七九〕のようにスーダンがエジプトの属国になることを意味していたのだ。

　スーダンの独立を祝う祭典やイギリス人スーダン総督ゴードン・パシャの英雄的な死（一八八五）を顕彰する式典が催された。これらは同時に示威行動でもあったわけで、イギリス・エジプト間の対立をいっそう悪化させかねない行為であった。事実、ナーセルは、多くのエジプト軍人（自由将校団）がそうであるようにスーダン国内に人脈をもち、あらゆる手を使って独立の期日を遅らせようと努めた。ことに彼は、スーダンがエジプト支配下に入る以前にできた「アンサール」〔「支持者」の意〕や「ハティマ」〔「コーランの暗誦者」の意〕のようなイスラーム・グループ***に干渉した。しかしながら、「帝国主義的」西欧を批判するナーセルが「自国を自由にすべきはその国民である」という民族自決の権利を率先して謳っているこのときに、彼自らがエジプトの植民地主義的な野望をあからさまに示すわけにはいかなかった。

　「なぜバグダッド条約機構に反対なのですか」——イギリス首相イーデンはナーセルと会談したとき、こう尋ねた。するとナーセルはチャーチルの後継者たる彼に、「この条約機構はアラブ世界を分裂させるからです」と答えた。イーデンはナーセル大佐の構想を理解しようとしなかった。その構想とはすなわち、まずはアラブ世界の結束、次にイスラーム諸民族の結束、最後にアフリカ世界の結束である。アンソニー・イーデンにとって、この構想は常軌を逸していると思えた。これほどの拡張主義的意図は、ナーセルをして非妥協主義と反民主主義的政治にいたらしめ、彼を「新たなヒトラー」にさせるものである…。他の西側諸国の首脳も、まもなくイーデンと同様の感想を抱く。そもそも、西側につくか東側につくか以外の政治構想などありえるはずがない——イギリス首相イーデンはそう思っていた。しかも、彼は、アラブ世界の中心はエジプトではなくイラクだと考えており、自国の利益に基づきアラブ世界を再統合するにはバグダッドを頼

*〔四九一頁〕一九四一年四月、ドイツのロンメル将軍はリビアのイギリス軍を敗走させ、イタリア軍とともに北アフリカに侵攻したが、翌年末にはイギリス軍に敗れ退却。

*　ナギーブは一九五三年、エジプト共和国成立とともに大統領に就任するが、翌年ナーセルとの権力闘争に敗れて失脚。

**　富裕層を地盤とするワフド党は、完全な民族の独立よりも、実質的な経済的権利の獲得のほうに政治的主眼があり、とくに対英関係を重視した。

***　彼らは、ムハンマド・アフマドによるマフディー（スーダンに成立したイスラーム教団）の反乱の際にはイギリス・エジプト軍と戦い（一八八一～九八）、イギリス・エジプトの統治下にあるとき（一八九九～一九五六）にはスーダンにおける民族主義運動の中核を担った。

るべきだという見通しをもっていた。だが、ここでイーデンが見ようとしなかったことがある。バグダッド条約機構に加盟したトルコやイランを見習うようエジプトに求めることは、かつてトルコから解放され、またペルシア人（イラン）をアラブ世界におけるライバルと見なすこの国にとってはまったくもって屈辱的なことなのである。

バグダッド条約機構がなぜアラブ世界を「分断する」ことになるのか。それは、一方に、トルコ人やペルシア人（イラン）などエジプトの敵対国ないしライバル国と同盟する裏切り者イラクがおり、他方に、外国勢力の介入を受けないシリアやイエメンなど真のアラブ国家と連帯するエジプトがいる、という構図になるからである。エジプトがアラブの盟主となるためには、共同統治のリーダー、つまりイギリス人から自由になる必要があった。そのためにエジプトは自らの王ファルークと「ワフド党」を倒した。イギリスから自由になること、これはヌーリー・サイード〔イラクの親英派で反共、反ナーセル。バグダッド条約機構への加盟も彼の政権下で行なわれている〕がバグダッドでやりたくともできなかったことである。ましてや、アラブ化したイギリス人で国軍総司令官グラブ・パシャ〔一八九七〜一九八一。イギリス軍人としてヨルダンのアラブ軍団（トランスヨルダン軍）をアラブ最強の精鋭軍に育てた〕を側近とするヨルダン王〔初代国王アブドゥッラー一世。在位一九四六〜五一〕には、とてもできないことであった。ただひとりそれができるとすれば、アラビアのイブン・サウド〔初代サウジアラビア国王。在位一九三二〜五三〕である。彼は油田をもち、聖地メッカとメジナを保護下においているが

ゆえに、アラブ世界を体現することができる。しかし、ナーセルと自由将校団の場合は今までにないアラブ世界を体現していた。それはアラビア服《バーヌース》を着た封建的アラブ世界ではなく、知識人や軍人からなるプチ・ブルジョワ的なアラブ世界である。古い世界に対する新しい世界、これこそ、ナーセルの革命がシリアやイラクのプチ・ブル層に、すなわち映画『壁』〔一九七九。イラクの監督ムハンマド・シュクリ・ジャミルの作品〕で活写されたこの層に、強く訴えかけた理由である。

こうして、西欧に侮辱的な姿勢をとることでナーセルの人気はさらに高まった。その流れのなかで、ヨルダン国王フサイン〔フサイン一世。在位一九五二〜九九〕は、バグダッド政府（イラク）がアンカラ政府（トルコ）と成立させたばかりのバグダット条約機構に自国が加盟することを拒否した。そしてこれと足並を揃えるように、イエメンはエジプトとの援助条約〔一九五六年四月。イエメン・サウジアラビア・エジプト相互援助条約〕に調印した。まちがいなく、イギリスにとってナーセルは第一の敵となっていた。それを充分承知すればこそ、ナーセルはスエズ運河の国有化という復讐を準備したのである。ただその際、フランスがこの問題に関心を寄せることは予期していたが、フランスがイギリスに同調し、イスラエルがエジプトに兵をだしてくるとは思いもよらなかった。

作家フランソワ・モーリアックは、『ブロック・ノート』〔一九五八。評論集〕に次のように書いている。

「スエズ地域から最後のイギリス兵が引きあげたとき、《あれあれ、やっぱりイギリス人もか》と満足そうに独り言をいっているフランス人が何人もいた。それは、イギリス植民地省のなかに、アルジェリアのニュースを読んでほくそ笑むイギリス人が何人もいるのと同じこと…。だが、最後のイギリス人がスエズをあとにした事実は、フランスにとっても大きな敗北だ。〔…〕われわれが北アフリカで受けているあらゆる打撃を、イギリス人も同じように被っているのだ」。

それから二五年後、フランス大統領フランソワ・ミッテランは、イギリス・アルゼンチン間のフォークランド紛争（一九八二）の際に逸早くイギリスとの連帯を表明したものだが、そのとき彼は、モーリアックのこの見解を思いだしていたであろうか。

いずれにしろ一九五六年時点で、フランソワ・モーリアックはすでに事態を正しく見ていた。一方、一九五六年三月、クリスチャン・ピノー〔一九〇四～九五。フランスの政治家、作家。外務大臣（一九六六～六七）〕がネルーとナーセルを訪問したときの任務は、ヌーリー・サイードのイラクが政治的圧迫を加えているシリアに対し好意的な口ぶりを示しつつ、イギリスに対しては軽蔑の念を抱いているようなそぶりを見せることであり、また、アルジェリアの状況に関してはナーセルと友好的な状況を築きあげ、彼に仲介の労をとってもらうよう意を尽くすことであった。二〇年後、クリスチャン・ピノーは、「じつをいえば、わたしは、アラブ諸国に対してとるべき政策とアルジェリア問題とを緊密に関係づけていなかった」と認めている。イーデンと同じく彼は、アラブ・イスラーム認識にうとく、相変わらず東西関係のなかで、また植民地主義の古い枠組みのなかで政治の論理を組みあげていたのである。たしかに、パリの政府内では、ネマンチャ山地〔アルジェリアのオーレス山地東側で、初期のFLNの活動拠点〕*におけるアルジェリア総督スーステルの発見以来、ナーセルが「反徒」と関係をもっていることは承知していた。しかし、それは当然のことのように思われた…。だからピノーは、「《エジプト内にFLNの幹部をずっとかくまっておくことはしない》というナーセルの断言を誓約として」受け入れ、議会でもそのことを報告したのだった。

ナーセルの証言を読むと、イーデンと同じくピノーも、ナーセルの腹の内を把握できていなかったことが分かり、興味深い。

＊　一九五五年五月、ネマンチャ山地のフランス軍はFLNの攻勢によって撤退した。アルジェリア総督スーステルは、この攻勢に組織的な作戦を読みとり、FLNはナーセルからチュニジア経由で武器を得ている、との疑念を深めた。

「彼〔ピノー〕は、わたしを相手に、アルジェリア問題に決着をつけようとした。しかし、わたしは彼に、《アルジェリアの革命に関して、わたしは責任ある立場にありませんよ…。この革命の源にいるのはアルジェリア人だけであり、革命はそのアルジェリアのなかから生まれているのです》と答えた。アルジェリアを援助しないという約束は、彼にはしなかった。《どこであれ、わがアラブの兄弟を助けることがわれわれの責務です》とはいった。すると彼は、エジプトでアルジェリア人を軍事訓練してアルジェリアに送りだしてはないかと質問してきた。これに対してわたしは、アルジェリア人と一緒に戦っているエジプト人はいない…、いま現在、訓練中のアルジェリア人もいない、と答えた」（一九五六年三月）。

数日後、中断されていたアルジェリア人への軍事訓練がそのエジプトで再開され、これをキャッチしたフランス諜報部はこの情報を嬉々として公にした。ピノーは笑いものになった。この点で、ピノーはナーセルが許せなかった。さらにその後、スーステルの後任となったロベール・ラコスト総督が、アルジェリアに一〇万人のフランス軍隊が到着することを、そしてこの兵力によって「反徒」の「最後の一五分」がやって来ること〔あとひと押しで戦いの決着がつくこと〕を告げたまさにそのとき、『アラブの声』は「アルジェリアの大義をナーセルは擁護する」とのニュースを流した。その反響には計り知れないものがあった。なぜなら当時はまだ、アルジェリアのムスリムの大半は自信をもっておらず、フランスとの統合《アンテグラシオン》がもつ価値に多くの人間が魅力を感じていたからである。しかも、FLNの行動の目的について何も知らずにいる人々も大勢いた。そうしたなかで火を噴いたFLNの闘いは、ナーセルのいうアラブ・イスラームの大義に接木されることによって、「酵母《ルヴァン》」とも「梃子《ルヴィエ》」ともなり、一気にアルジェリアのアラブ人たちを高揚させたのである。一九五五年八月、アルジェリアのコロの海岸にエジプト軍が上陸するという噂が流れたことは、「FLNの闘い」への期待がまさに神話化した証であった。アラブ人たちは噂を信じた。そしてフィリップヴィル〔コロの東方〕にいたスーステルもまた、独立を訴える地元の人々をエジプトの差し金だと思い込んだ。*

アラブ・イスラーム世界との臍帯を断ち切ること、それがフランス政府首脳の目標だった。というのも、ナーセルを倒せばアルジェリアの反乱もすぐに治まるだろうと考えたからである。ところが、かつてフェルディナン・ド・レセップスが「フランスの仕事」として発案し、フランスの皇后ウジェニーが開通式を執り行なったスエズ運河について、一九五六年七月、エジプトによる国有化宣言のニュースが流れた。何という新たな侮辱か！〔フランスはイギリスに続くスエズ運河会社の株主〕。『ル・モンド』

紙は、「まさしく反逆」という見出しをつけた。『コティディアン』紙は、「彼〔ナーセル〕はヒトラーのように行動し、ヒトラーのように死ぬだろう」と断じ、「運河を再占領しなければならない」と続けた。

運河の再占領。この責務を完遂するには、フランスはイスラエルをあてにしなければならない。

たしかに、ナーセルはイスラエルの参戦を予期していなかった〔一九五六年一〇月二九日、イスラエル軍エジプト侵攻。スエズ動乱〕。スエズ動乱後、ナーセル自らがそれを書き記している――「なぜ予期できなかったのか、それは、シリアとヨルダンがエジプトと同盟を結び、さらにイギリスが撤退したことで、イスラエルがいかに恐怖をつのらせていたか、わたしには見通せなかったからである」。その恐怖とは、敵に包囲されているという恐怖、もはや駐留イギリス軍がブレーキ役を果たさない以上、南からエジプトの攻撃がやって来るかもしれないという恐怖である。また、ナーセルはこうも考えていた。イギリスはイスラエルが助太刀に加わることを決して容認しないだろう、もしそんなことをすれば、アラブ世界は確実にイギリスから離反するからだ、と。実際、もともとイギリスは、イスラエルとの同盟を望んではいなかった。まもなく戦争が始まろうというとき、イギリスはイスラエルとの共同謀議を隠蔽するため、一種の疑似餌として、テルアビブ〔地中海に臨むイスラエル第二の都市〕を爆撃することさえ提案していたほどである。もちろん、これはイスラエルが拒否した。しかしイギリス政府は、結局フランスの圧力で、イスラエルとの同盟を諒承しなければならなかった。ナーセルが「チェコ人」〔実際にはソ連〕から武器供与を受けていること〔本書四九〇頁〕に対抗してイスラエルに武器を提供していたフランスは、英仏共通の敵エジプトをまえに、イスラエルを敵の背後にいる同盟国として役立たせようと判断していた。イスラエルを同盟国に加えること、これが、フランスがイギリス側に立って軍事介入をする条件であったのだ。

「もしフランスの介入とイギリスの後ろ楯がなかったなら、おそらくシナイ戦争〔スエズ動乱のイスラエル側の呼称〕は起こらなかったでしょう」――のちにシモン・ペレス〔一九二三～二〇一六。イスラエル労働党政治家。当時イスラエル国防次官。のちに首相（一九八四～八六、九五～九六）、大統領（二〇〇七～一四）〕は証言している。ペレスは、フランスとの武器供与に関する交渉を担当し、その後まもなくブルジェス・モーヌリー〔一九一四～九三。急進社会党政治家で当時フランス国防大臣。のちに首相（一九五七年六月～一一月）〕、ピノー、イーデン、セルウィン・ロイド〔一九〇四～七八。イギリス保守党政治家。当時外務大臣〕とともにセーヴル協定＊＊〔四九九頁〕（一九五六年一〇月）の締結に当たった人物である。

この協定の背後には、ミュンヘンの影〔一九三八年のミュンヘン協定におけるヒトラーの幻影。本書四一五頁訳注＊＊＊参照〕がくっきりと浮かんでいた。

＊　ナーセルはアルジェリアの独立を終始支持したが、フランスが恐れ想像したような国家規模の積極的な援助はしなかった。

げんにパリでは、「フランスがアルジェリア問題で苦しまされることになった元凶はナーセルだ」と考える者が多かった。「ナーセルはソ連が仕掛ける駒のひとつにすぎない」「ナーセルは新しいヒトラーであり、彼の領土拡張への欲望は卵のうちに潰しておかねばならない」。そう考える者もいた。いずれにしろフランスは、直近ではインドシナ、チュニジア、モロッコで、また一九三九年以前ではナチス・ドイツによるオーストリア併合（一九三八）やラインラントの再軍備[*]（一九三五）等で、屈服につぐ屈服を続けてきた。であるからには、もうこれ以上の譲歩はしたくなかった。ナーセルの介入を恐れるイスラエルについていえば、第二次大戦にたとえるなら、いわばヒトラーに対する小さなチェコスロバキアの役割を演じていた。そしてイーデンの考えも同じようなものだった。彼は二〇年前からラインラント・コンプレックスに悩まされており、今やいたるところにナーセルの手が動いていると思い込んでいた。たとえば、一九五六年ヨルダンでのグラブ・パシャの更迭にも（これは本当である）、一九五〇年から一九五五年ケニアでのマウマウの反乱にも（これは事実と異なる）、ナーセルの手を見ていた。

一方、ナーセルの側はイギリスの弱みを突いてきた。運河を通行する船の三分の一はイギリスの船である。この通路が塞がれたなら、イギリスにとっては石油不足が生じることもありえた。チャーチルがそうだったように、イーデンもイギリスが「オランダの二の舞」になることは望まなかった〔一九四二年、オランダは日本軍にほとんど抵抗することなくジャワ（インドネシア）を失った〕。それゆえ、たとえ介入にともなうリスクを冒してでも、とりわけイスラエルの支援を受けるというリスクを冒してでも、イーデンは軍事介入を決断する方向へと向かったのである。

直ちに軍事行動の検討に入った。しかし、イギリスが即座に行動するには無理があったようだ。イギリスは、自国の核武装や植民地専門の軍隊については万全の態勢を整えていたが、この種の事態に即応する特別な部隊を用意していなかった（それは、北アフリカで泥沼にはまり込んでいるフランスにとっても同じだった）。また、一九四四年九月のアルンヘムの戦いでパラシュート降下作戦が失敗した悲惨な記憶[**]もイギリスの覇気を鈍らせていた。国内では国連の要請がなければ行動したがらない労働党の慎重姿勢のために、イーデン自身が身動きできない状態となっていた。一方、フランスはその反対だった。共産党およびマンデス・フランスを取り巻く人々を除けば、みな行動へと気がはやっていた。社会党政府にとっては一刻も早く軍事介入の正当な口実を得て、ナーセルの頭を打ち据えたかった。すべては国家的利益とスエズ運河会社の個人株主の利益とを分離できるか否かにかかっていた。ロベール・ラコスト総督にしてからが、「アルジェリアでは反徒の鎮圧は順調に進んでおり《最後の一五分》にさしかかっている」と述べておきながら、「もしナーセルが開始したこの動乱において彼が勝利するようなことにでもなれば、アルジェリアの戦争は出口の見えないものになるだろう」と語るほどであった。

しかし、このような空気に包まれていたのはわずかの期間にすぎない。というのも、まったく意外なことに、アイゼンハワーがイーデンに、またフォスター・ダレスがピノーに、ナーセルを本来の道に戻すには別の方法を見いだす必要があり、わが国（アメリカ）がその役割を引き受ける、といってきたからである。アメリカは、この問題を単なる「船舶の自由航行」の問題に狭めようと考えていた。「ナーセルには会社を国有化する権利がある」との判断からであるが、それはナーセルの一連の行動の背景から国有化問題だけを分離するためであった。同時にフォスター・ダレスは、「スエズ運河利用国連盟」の設立に向けて動きだしていた。軍事力の非行使を謳うこの連盟構想が実現すれば、イギリスとフランスは行動の自由を奪われることになる…。これに対しフランス・イギリス両国は、運河にエジプトの船舶を往来させるにはエジプト一国の力だけでは無理であることを思い知らせるため、自国の水先案内人を本国に召還しつつあった。

ナーセルはアメリカの態度が何を意味するのか自問し始めていた。フォスター・ダレスは次のように声明し、アメリカの立場を明確にすることでこれに答える——「わが国の政治と旧列強の利益防衛、この二つが同一視されることをわが国は拒否する」。

イギリスにとってこの侮辱的なことばは、一九四二年のインド騒乱とガンディー逮捕のとき、フランクリン・D・ルーズヴェルトの口にした同様の発言を思いださせた。それゆえに、イギリス政府はこれまでの考えを修正し、以前からフランス政府が準備していたイスラエルとの同盟を決意したのである。セーヴル協定はこうして秘密裏に締結された。

イスラエルにとって参戦の決断は重大であった。が、「これほどの好機は二度とめぐって来るまい」とも思われた。イギリスの構想は、まずイスラエルにエジプトを攻撃させ、次いで平和を守るために自分たちが介入する、というものであ

＊＊（四九七頁）　パリ西郊セーヴルで、ナーセルのスエズ運河国有化を阻止するため、イギリス、フランス、イスラエル三国が軍事介入することを決めた秘密協定。

＊　一九三五年、ヒトラーはヴェルサイユ条約（一九一九。第一次大戦終結後のドイツ・連合国間の講和条約）の破棄とドイツの再軍備を一方的に宣言し、翌三六年、ドイツとフランス・ベルギー間の国境地帯ラインラント（ドイツ西部、ライン川沿岸地域）の非武装化を決めたロカルノ条約（一九二五）を公然と破って同地に進駐した。

＊＊　連合軍は、オランダ南東部のアルンヘム一帯を掌握するために大部隊を投入したが、作戦は失敗し大半の兵士が失われた。

った。であるから、この構想はアラブ人の目から見れば、イスラエルと共同することで西側諸国は「自らの手を汚さずに」済まそうとしている、と見えるだろう。ベングリオン〔一八八六～一九七三。イスラエル初代首相（一九四八～五三、五五～六三）〕とシモン・ペレス〔シオニズム運動の中心的存在〕はこの屈辱的提案を、「イスラエルの安全を保障する」ものであるがゆえに、受け入れた。これによりフランスとイギリスは「東方（近東）における自国の影響力を取り戻すことになるだろう」。戦争の主導権をイスラエルにゆだねることで、両国は戦わずして戦争に勝つ考えであった。重厚なフランス・イギリス無敵艦隊《アルマダ・インベンシブレ》は業績を横取りしさえすればいいのである。

一九五六年一〇月二九日、予定どおり、イスラエル軍はエジプト北東部シナイ半島に侵攻し、不意を衝かれたエジプト軍はまもなく潰走した〔スエズ動乱（第二次中東戦争）の始まり〕。予定どおり、ダヤン〔一九一五～八一。イスラエルの軍人、政治家。当時イスラエル軍参謀総長〕の戦車部隊はアカバ湾〔紅海北東、シナイ半島とアラギア半島をへだてる〕に到着し、そして予定どおり、イギリス空軍掩護部隊が配置につき、フランス軍も支援の準備を完了した。英仏両国からエジプトに最後通牒が発せられ、イスラエルは英仏の行動に足並みを揃えた。英仏があえて想定しなかったこと、それはイスラエルの攻撃を受けたナーセルが殉教者の役を演じる可能性についてである。本音をいえば、フランスもイギリスも、アラブ世界をまえにして自分たちがユダヤ人国家と連帯しているように見られることだけは避けたかった。だから、両国軍の本格的な上陸作戦は一一月六日ということになった〔英仏軍のエジプト出兵は一〇月三一日〕。ところがこの猶予期間の設定が致命的となった。アラブ諸国が騒ぎ立てたため、一一月一日に国連緊急総会が開かれ、翌二日フォスター・ダレスがこの軍事介入の即時停止決議案を採択させたのである。さらに一一月五日、今度はソ連のブルガーニン〔一八九五～一九七五。首相（一九五五～五八）〕が、ギー・モレ、イーデン、ベングリオンにソ連軍の介入を示唆する威嚇的な「覚書」を送ってきた。もし派兵を終息させないなら、ソ連はあらゆる種類の近代破壊兵器を投入する用意がある、というのだ。

それでも英仏軍は出兵を続け、スエズへ向けて進んでいたが、一一月七日、ついに英仏両政府は、国連、アメリカ、ソ連の命令に屈して結局進軍を停止せねばならなくなった〔イスラエルが国連の停戦命令を受諾したのは一一月五日〕。

これは最大級の失敗であり、まさに「外交のディエン・ビエン・フー」であった。責任者は完全に信用を失った。イーデンは引責辞任し、政界を去った。ギー・モレは事件の肯定的な面だけアピールすることに終始した――つまり、イスラエルを救ったのだと。

イスラエルは、成功の途上で押し止められるという苦杯をなめたにしろ、フランスに対してはいくばくか感謝の念を抱いていた。自国が脅威にさらされていると考えるイスラエルにとって、この作戦は国家が生き残るために意味があった。

しかし、イギリスにとっての一九五六年の動乱は、大国としてのステータスを失った、もはやアメリカの賛同なしには行動しえない国という自国の現実を教えるものとなった。この失墜を裏書きするように、一九五八年七月、イラクの親英派ヌーリー・サイード首相が失脚すると、イギリス軍はバグダッドから撤退することになる。また、このスエズでの敗北は、イギリスが旧帝国領土とのあいだに維持してきた絆を解くことにもなる。実際、ネルーのインドは、イギリスが「植民地主義」という攻撃的な過去に舞い戻ったことを激しく非難した。またこの敗北は、とりわけアラブ世界において、いくつかの国がまとまって「アイゼンハワー・ドクトリン」〔反共産主義路線〕に移行するという形でも現れた。「モスクワや共産主義者に率いられた勢力が脅威をおよぼしてきた際にはアメリカが支援を保証する」というのがこのドクトリンの内容であった。* 標的とされたのはシリアである。シリアはナーセルの盟友であり、ソ連製の武器で武装し、レバノンを狙っていた。一年前は逆にイラクがシリアを併合しようと脅かしていたのだから、これは明らかな情勢の逆転である。

こうしてスエズ危機はアラブ世界におけるイギリス植民地体制の終焉を刻印した。

一方、フランスとアルジェリア民族運動にとってのスエズの試練は、決定的であると同時に逆説的な結果をもたらした。インドシナ、モロッコ、チュニジアで繰り返し挫折を味わったフランスの軍人たちは、この敗北により、とことん闘う術を知らない、あるいはそうする勇気のない政府に怨恨を抱き続けた（先のブルガーニンの「威嚇」がただの威嚇そのものであり、ソ連軍のブダペスト介入〔ハンガリー事件。一九五六年一〇月～一一月〕を隠蔽するための茶番であったことが、その後まもなく分かった）。この敗北はやがてフランス第四共和政を崩壊にいたらしめる役割を果たすわけだが、そうした本国の事情とは別個に、アルジェリアにおいては直ちにその影響が表れた。ナーセルの勝利は、ムスリム民衆の心を熱く燃え立たせたのである。これによりアルジェリア問題は急速に国際化していった。そして、レバノンを例外とするアラブ・アジア諸国のすべての国が、アルジェリアの立場に与していった。

ところが皮肉なことに、ナーセルの勝利によって、今度は

* 一九五八年二月一四日、かつてイギリスの影響下にあったヨルダンとイラクは、アイゼンハワー・ドクトリンに従って統合し、アラブ連邦協定を仮調印する。これは、親ソ路線をとるアラブ連合共和国（同年二月二二日に成立したエジプトとシリアの合邦国家。同年三月にはイエメンも参加）に対抗するものとして、アメリカが結成を促したもの。また、一九五九年三月五日には、バグダッド条約機構（中東条約機構）の加盟国であるトルコ、イラン、パキスタンがアメリカとそれぞれ相互防衛条約に調印している。

FLNのリーダーたちの疑り深い愛国心が不安を募らせることになった。いよいよもってカイロが本気になり、アラブの民族闘争に強大な影響力をおよぼし始めるのではないか…。だから、FLNのアルジェ撤退作戦とアルジェリア問題のマグレブ化が、もっと正確にいえば、アルジェリア民族革命運動の中央拠点をアルジェから北アフリカ方面へ移すという事態が生じたのである。こうして、FLNのファラハート・アッバース（アッバース率いるUDMA一九五六年四月FLNに合流。本書四五六頁参照）を首班とするアルジェリア共和国臨時政府の本部がチュニスにおかれることになった（一九五八年九月ナーセルの計らいで亡命政府をカイロに樹立し、六〇年にチュニスに本部を移す（～六二年））。しかし、そのためにフランスとチュニジア大統領ブルギバとの関係は硬化することになる。結局、フランス側では、マンデス＝サヴァリー＝デフェールの穏健派が、エジプトおよび「アラブ連盟」とのバランスを保つべく西に自らの植民地（モロッコ、アルジェリア、チュニジア）による北アフリカ三国連盟のようなものを実現させ、「平和をマグレブ全体に」という構想にいたるのに対し、ラコスト＝ブルジェス＝モレの急進派は、スエズ危機が原因で、「戦争をマグレブ全体に」という帰結に行き着くのである。

しかし、とりわけスエズの現実的な結果は、第三世界の表舞台への登場となって現れた。それ以前、バンドン会議*までは、第三世界の国々には自国のアイデンティティーや固有の発展についての正当性を訴える以上に、重大な問題があった。つまりこれらの国々には自国の存立のために米ソの対立を利用し活用せねばならないという特殊な課題があった。バンドン会議の参加国には、東西をめぐり一方の陣営から他方の陣営に移るかもしれないという「威嚇」（それを東西両陣営は「駆け引き」と呼んだ）以外にほとんど外交手段はなかった。

スエズ危機によって白日のもとにさらされた最初の新しい事実、それは、貧しい国々にも今後は切り札がある、ということである。この場合の切り札とは、西欧から奪い返すことのできた運河を指す。しかも、貧しい国々はまもなく第二の切り札をもつことになる。それは、モサッデクのイランが大国から完全には守り切れなかったもの、石油である。

さらに重要なことがある。ある種の歴史決定論的な見方が予告したのと違って、イスラーム諸国は共産主義のほうには流れなかった。それどころか、西欧型の国家以上とはいわないまでも、それと同じくらい、共産主義とは正反対の方向に進んだのである。しかも、イスラーム諸国は民族的使命（アラブ、アルジェリアなど）やイスラーム的使命をただ単に主張したのではない。イスラーム諸国は次のことを証明してみせたのである。すなわち、社会というものは、その社会に固有の歴史と、たとえばイスラームのような「共同体の歴史と一体になった歴史」のそれぞれを同時に紡ぎだすことができるのだ、と。この観点から見れば、たしかにアラブ世界は、ナーセルのなかに、このアラブ再生にとって必要な水先案内人あるいはヒーローの姿を見た。だが、スエズ後、エジプトとシリアの合邦宣言〔一九五八年二月一日〕によって加速したはずのアラブ世界の統一は、アラブ連合共和国の成立〔同年二月二二日〕にまで進展したにもかかわらず、成就しなかった。** エジプトには、ピエモンテ〔イタリア北西部〕やプロイセンが統一において見せたような役割を果たすことができなかったのである。*** この結末は、他のアラブ世界が、彼ら固有のものとされるひとつのアイデンティティーのなかでよりも、他の世界との関係のなかで連帯を見いだそうとし始めたことの表れなのか。たしかに、その後アラブ世界はイランとの戦争のなかでふたたびアラブのアイデンティティーを見いだすにしても、イラクとの戦争においては同じアラブでありながら、このアイデンティティーは分裂するのである…。**** 以後、アラブ統一の好機は消え去ったようだ。

　スエズ危機は、アルジェリア問題をマグレブ全体に広げる一方で、アルジェリアに住むフランス人入植者（ピエ・ノワール）および軍人たちの態度を硬化させる結果をも招いた。それが、一九五八年五月一三日のクーデタにつながる。(原注) ド・ゴールはどういう考えなのか。植民地人民による解放闘争が引き寄せた時代の転換点をまえに、彼の立場はあいまいで、側近にすらよく見えなかった。イギリスでは、脱植民地化政策は保守党の党員たちを動揺させ、すでにアンソニー・イーデンは首相を辞任していた。

　チャーチルとド・ゴールの反応を比較し、両者の歩みをた

---

* バンドン会議はインドのネルー首相の主導によって、一九五五年四月、アジア・アフリカの二九ヶ国が参加してインドネシアのバンドンで開かれたもの。反帝国主義、反植民地主義を訴え、アジア・アフリカ諸国の連帯を謳い、平和一〇原則を採択した。

** 一九六一年九月、シリアで反エジプト派によるクーデタが起き、エジプトとシリアは分裂、アラブ連合共和国は完全に消滅した。

*** ピエモンテを領有していたサヴォワ家は、一八世紀サルディニア島を得てサルディニア王国を成立させ、さらに一九世紀半ば、イタリア諸邦を統合する形でイタリアの統一を成し遂げた。またプロイセンは、一九世紀初頭のナポレオン帝国崩壊に大きな役割を果たし、ウィーン会議後ドイツの中心勢力となったのち、一九世紀半ば以降はビスマルクのもとで普墺戦争、普仏戦争に勝利し、ドイツ諸邦を併合してドイツ帝国を形成した。

**** アメリカの後ろ楯によってイランの王位に就いたパーレビ国王（在位一九四一〜七九）は、アメリカと軍事協定を結ぶ（一九五九）など親米政策をとり、一九六〇年にはアラブ世界共通の敵であったイスラエルを承認した。これに対してエジプトを中心とする「アラブ連盟」は、イスラエルに対するのと同じボイコットをイランに対しても実施することを決定した。ここで述べている「イランとの戦争」とは、この冷たい戦争を指している。また、「イラクとの戦争」とは、一九九一年の湾岸戦争を指すものと思われる。アラブ諸国のうち、この戦争においてイラク支持にまわったのはアラファト（一九二九〜二〇〇四）のパレスチナ国家だけであった。

（原注） 本書三五六頁以下〔とくに三五九頁訳注****および四五九頁〕参照。

どってみると、一九五八年以降に英仏本国でとられた脱植民地化政策とはいかなる結果から生まれたものなのかが見えてくる。アルジェリアの場合、それは解放戦争の結果であった。しかし英仏領のブラック・アフリカや、大英帝国のほかの地域では、これとは別の経過をたどることによって導かれた。交渉が武装闘争に優先した。本国が交渉に応じるほど、東方（近東）での余波は強烈となった…。状況は、あたかもヨーロッパが完全に権力の座から身を引いたかのように変化していった。以後、米ソ二大国が世界を統御し、そのなかから第三世界の台頭の兆しが見えてくる。

脱植民地化に直面したチャーチルとド・ゴール

第二次大戦中、チャーチルはいった。「わたしは、帝国を清算するために首相になったわけではない」と。チャーチルにとって、帝国は彼の栄光そのものだった。一八九九年の植民地化に関する自著『ザ・リヴァー・ウォー』以来、ひたすら彼は、過剰な愛国主義、つまりジンゴイズムを非難してきた。そして英国保守党《トーリー》員（つまり民主主義者）たろうとしてきた。それはたとえば、一九〇〇年南アフリカでのボーア危機のとき、戦争の真っ只中にありながらキッチナー型の「すぐに砲門を開こうとする人間*」を非難したことにも表れている。しかしながら、ことインドに関しては、依然として古い帝国主義者のものいいをするのである——「かつてアイルランドで何があったか、そしていまエジプトで何が起こっているかを見れば、たしかに、はるか彼方の属領において譲歩云々の問題に関わろうとする者を非難することはできない…。しかし、インドでは、イギリスは真の権力であり続けなければならない」。じつは一九二〇年代後半、インド副王アーウィン卿やボールドウィン（一八六七〜一九四七。イギリス保守党政治家、一九二三〜三七年にかけて三たび首相）は、インドをうまく保持する手段として、インドに自治領の資格を与えるという譲歩を考えていた。このときチャーチルはこれを机上の空論と一蹴し、譲歩を与えてはならないと強く主張した。のちに彼が気づいたことは、インドで妥協した者たちはヒトラーとも同じように妥協した者たちだ、ということである。

もし、インド生まれのイギリス人作家ラドヤード・キプリングや、文学が揶揄するあの「ブリンプス大佐」（イギリス人漫画家デイヴィッド・ロー（一八九一〜一九六三）が描く、帝国主義時代の典型的右翼軍人）に代表される「インド防衛連盟**」に集う者たち、あるいはイギリス・インド連邦（UBI）の設立をめざす者たち、こうした人々を現実主義者とするなら、チャーチルはロマン主義者であった。彼は「改正インド統治法案***」（一九三五）に反対したが、それは政治的な理由からだけではなかった。彼にとって帝国は、イギリスの歴史そのものをなし、とりわけ彼自身の青春そのものをなしているからである。彼はこのときもこう考えていた。ヒトラーの軍国主義が危険度を増し、あちこちでナショナリズムが高揚しているときに、ボールドウィンやホア〔一八八〇〜一九五九。保守党政治家、外務大臣（一九三五）。インド統治法の取りまとめ役を務めた〕のような政治家によってインドに自治領の地位が与えられるとするなら、それは国家を弱体化させる譲歩にほかならない、と。しかし保守党のなかで彼の考えへの反対票は八三八にのぼり、賛成票は三五六しか集めることができなかった。たしかに彼は、何度か口をすべらせるという過ちを犯し、そのためにインドとの関係悪化を招いていた。たとえば、彼はこんなことを口にしている。

「あの扇動的な弁護士ふぜいのマハトマ・ガンディーが、東洋ではおなじみの一種の苦行僧を演じて不服従の市民運動を組織し、副王宮〔インド総督府〕の階段を半裸で闊歩しながらイギリス王室の代理人〔インド副王〕と対等に話すのを見ていると、気がもめるし、吐き気さえ催してくる」。

もっとも、一九三五年の改正インド統治法が可決されると、チャーチルはガンディーに対する態度を改めた。チャーチルは、ハリジャン・ストライキ****（ムスリムも参加）を歓迎し、そこにこのインド人指導者の高邁な精神を読みとるのである。ところが、時を経て、ルーズヴェルトがアメリカの第二次大戦参戦〔一九四一年一二月〕後に「大西洋憲章〔同年八月〕はインドにも適用される」と明言したのを知ると、チャーチルは激怒する*****。

* キッチナーは第二次ボーア戦争（一八九九〜一九〇二）の指揮官となり、戦闘員・非戦闘員の区別なく平定を行なったため、多くの民間ボーア人が難民化した。

** 一九三三年イギリスで設立された、インド独立阻止を推進する圧力団体。キプリングやチャーチルも所属していた。

*** インド統治法は、一八五八年インドが東インド会社からイギリス王領に移管されて以降にイギリス議会で制定されたインド統治に関する基本法。その後、民族運動、独立運動の広がりとともに、何度かの改正がなされている。一九三五年の改正では、それまでの「両頭制度」から、より民主的な地方分権的制度に変えられた（本書四二三頁訳注＊＊参照）。

**** 「ハリジャン」とは被差別民の「不可触民」に対する新たな呼称としてガンディーが用いた名詞で、「神の子」を意味する。一九三二年、イギリスは分割統治政策の一環として「不可触民」の分離選挙制度を作ろうとしたが、「不可触民」の存在をインド最大の悪弊と考えるガンディーは、これに反対して断食ストに入った。

***** 本書四三七頁訳注＊＊＊参照。ルーズヴェルトとチャーチルが発表したこの憲章では、領土不拡大などを約す声明がだされたが、チャーチルは、例外としてインドとビルマをこの宣言の適用外としていた。

これによってインドにおけるイギリスへの風当たりは非常に大きなものとなるだろう…。チャーチルはしぶしぶ、当時の国璽尚書スタフォード・クリップスに自分の代替案をもたせてルーズヴェルトのもとへ派遣する。結局その提案は拒否されるが、チャーチルにとって時間稼ぎにはなった。チャーチルにも、いずれインドに独立を認めざるをえなくなる日が来ることは分かっていた。だからこそ、彼は自らシムラ会議*を組織して、その日のための準備を開始していたのである。

そして彼のあとを引き継いだ労働党政権が、この問題を解決することになったわけである。

チャーチルは、戦争のさなかにインド独立を認めることについては猛烈な拒否反応を示していた。実際、かつて国民会議派に属していた穏健なテージ・バハドゥール・サプルー〔一八七五～一九四九。インドの政治家〕に、チャーチルはそのような姿勢で対応している。チャーチルは、戦時内閣のなかで唯一の、いわばワンマン的「インド防衛連盟」主義者であったが、彼自身の政府であってみれば、誰ひとりあえてこの問題には口出ししなかったものと思われる。ヤルタ会談〔一九四五年二月〕でルーズヴェルトが、「旧植民地を、いずれ創設される国連の委任統治領のようなものにしてはどうか」と提案したときも、チャーチルはこれにはっきりと反対し、「大統領のおことばですが、わたしには片言隻句も賛成しかねます」と話を遮っている…。たとえいかなる情況になろうとも、彼には四〇も五〇もの国々が大英帝国の問題に鼻を突っ込んでくるなど容認しがたかった…。この問題に関しては微塵も譲歩する気はなかったと思われる。彼はスターリンに、「もし、クリミア半島を、夏の別荘地にするために国際管理下におきましょうといったら、あなたはどう思いますか」と尋ねてさえいるし、ルーズヴェルトが「インドは一七八三年から一七八九年のアメリカのように、徐々に代議員を選挙し、民主化してゆくはずだ」と主張したのに対しては、「問題も時代も違っているのだから比較にならない」と反論もしている。

要するにチャーチルは、インド人には民主主義の実践はむずかしいと考えていたのではないか。おそらく、「パパのインド」を守り続けたい「耄碌じいさん」**（レオ・アメリー〔一八七三～一九五五。チャーチル政権時のインド・ビルマ担当大臣（一九四〇～四五）〕）のようになっていたのだろう。チャーチルのあとを引き継いだ首相アトリー〔一八八三～一九六七。在任一九四五～五一〕が、ビルマの将来について、「ビルマはイギリス連邦内にとどまるか、それとも脱退するか、自らの運命は自ら決断しなければならない」と演説したとき（一九四六年一二月二〇日）、チャーチルはこの演説の意味をしっかりと理解した。チャーチルは、反対派のリーダーとなって立ちあがり、こう弁じたのである。

「チャタム卿〔ウィリアム・ピット。通称、大ピット〕の大いなる政府時代〔一八世紀半ば、ピットは国務大臣としてインド・北アメリカ植民地戦争を強力に指導、勝利に導く〕

には、われわれは、《わが財産となっている領土を失わぬよう迅速に行動する術を知るべし》といわれたものである。ところが、今日のまことに尊敬すべき政府にあっては、その逆を為さんとしているかのごとくである。わが祖先が払った労苦と犠牲を一顧だにもせず、帝国が瓦解していこうとしているのを放置している。われわれはビルマを日本から開放した。ところが、それからまだ一年経つかどうかというのに、われわれはそれを永劫放棄するのに何と性急なことであろうか」。

ド・ゴールについては、チャーチルのような一貫性は見られない。彼の帝国についての言動は、情況の変化に直面するたびに、つまり彼が主役を演じたアルジェリア戦争のさまざまな展開に応じて、何から何まで変わっているからである。ド・ゴールを権力の座に担ぎあげた人々、とりわけジャック・スーステルなどは、ド・ゴールの過去の行動から、その偉業をあらためて蘇らせようと考えていた。ところが、そうした判断は誤りであった。結局はピエ・ノワールも他の人々も、ド・ゴールに裏切られたと考えたのであるから…。一方、ド・ゴール自身はその『回顧録（希望の回想）』〔一九七〇年の死により未完〕のなかで、出来事に対する自身のものの見方や対処の仕方にある種の一貫性を保たせながら、自分の「歴史」を再構築している。

本当のところを見てみよう。

第二次大戦中、ド・ゴールとチャーチルは、アメリカとの関係の点では植民地問題について互いにははっきりとした暗黙の了解があり、連帯関係にあった。シリア事件では両国の古くからの敵対関係（原注）が目覚め、決裂にいたる恐れもあるにはあったが、それもこの二人にとっては「残念な不測の出来事」***程度のことにすぎない。アルジェのソヴィエト大使であったアレクサンドル・ボゴモロフ〔一九〇〇〜六九〕は、英仏両国の基本的関係についてじつに明晰な診断を下している。一九四四年一月一九日付スターリン宛の手紙によればこうある。

* 独立をめぐるインドとの膠着状態を打開するため、一九四五年六月、北部のシムラで国民会議派、ムスリム連盟などが参加し開かれた会議。

** レオ・アメリーは、大英帝国内インドにこだわる保守党政治家として知られる。インドで生まれ、父親はインド森林管理委員会の役人だった。ここは、父祖伝来の財産を墨守しようとする時代遅れの人間をあてこすっている。

（原注） 本書一六二〜一六五頁参照。

*** 一九四一年八月、イギリスがド・ゴールを除外して、フランスのヴィシー派とのあいだでシリアにおける休戦条約を結んだことで、シリアの統治権がフランスからイギリスへ移ったことを指す。無視されたド・ゴールは、チャーチルに大きな不信を抱く（本書一六四頁参照）。

「ド・ゴールがジロー将軍派*を徐々に厄介払いしようとしていること、イギリスが――アメリカではありません――ド・ゴール将軍派の対独レジスタンスに武器を送る手はずになっていること、また、北アフリカならびに中東に関しては英仏間に基本的合意〔強調はボゴモロフ。以下同〕があること、以上はいずれも明らかです。チャーチルは、過去の誤解を水に流すため、アメリカの希望に反してド・ゴールを支持しています…。〔…〕かくのごとく、アングロ・サクソンはわがソヴィエト連邦に敵対してしばしば連帯を組むのですが、こと植民地問題に関してはそうではないわけです。大英帝国がフランスとの盟約を望むのは、アメリカに対抗するためです。ド・ゴールはそのことを完全に理解しており、彼もまた、アメリカに対抗して、全面的にイギリス支持の側に立ちます」(原注)。

ド・ゴールによるブラザヴィルの演説（一九四四年一月三〇日〔戦後のフランス植民地を決定するブラザヴィル会議での演説〕）が画期的だったのは、それがアフリカ人をまえにした発言として、植民地の地位の問題を取りあげたからである。しかし、その内容は、「われらがアフリカの開発、アフリカ住民の人間としての向上。フランスの主権行使については、新たな基礎が築かれたのち、それに則って定められる」とだけ述べるあいまいなものだった。帝国への帰属問題については何も触れなかった。要するに、それはいうまでもない事柄〔市民権は認めるが自治・独立は容認しない〕、という含みなのである。こうしてド・ゴールはブラザヴィルの演説を「未来を告知する憲章」とした。その姿勢は、「完全な市民権をもつアルジェリアのムスリムの数の拡大」を謳った一九四三年一二月の決定、不承不承ながらも入植者たちが受け入れざるをえなかったあの決定と同じく、革新的ではあった。これは間違いない。また、憲法制定議会の定員五二二名のうち六三名の代議士を海外領土から迎え入れ、うち二五名は植民地側からの代表としたことも確かに評価できる。そのなかにはウーフェ・ボワニー（コートジボワール）やレオポルド・S・サンゴール（セネガル）、ジョセフ・ラセタ博士〔一八八六～一九七九〕（マダガスカル）、エメ・セゼール（マルチニック）らがいた。第二次憲法制定議会にはファラハート・アッバースの「アルジェリア宣言民主同盟」（UDMA）から一一人の代表を迎え入れもした。しかしながら、ド・ゴールは一九四五年五月のセティフ事件〔本書二八一頁訳注**参照〕を咎めているわけではない。唯一、イヴ・シャテニョー〔一八九一～一九六九。フランスの政治家。セティフ事件当時のアルジェリア総督（一九四四～四八）〕を非難したのみである。インドシナ地域に関しては、弱腰のジャン・サントニやルクレールに共感を示しながらも、実際に現地でド・ゴールの代弁者となったのはむしろ強硬派であるアルジャンリュー提督のほうである。ところで、このアルジャンリューこそ、ホーチミンと反目した人物にほかならない。

一九四七年から一九五八年の「雌伏《しふく》」期間に、ド・ゴールは「フランス国民連合」**（RPF）を創設した（一九四七）。そのそもそもの動機は、もしフランス帝国の崩壊がこのまま加速するようなら、「援助を求める必要がある」ことをまずフランス国民に訴えねばならなかったからであろう。つまり、アメリカの庇護を受ける必要があったということである。ド・ゴールは、いく度もフランス連合〔本書四三一頁訳注＊参照〕について自らの構想を語ったが、語るたびに、「フランス連合の植民地に対していっそう大きな《自治権付与》を」という好意的な道筋を示した。ところが、ことアルジェリアに関しては、フランスがそれを保持する必要がある、と彼は力説するのである。一九四七年のアルジェリアが「不確実な状況」に陥っていること、彼にはそれが面白くなかった。とくに、フランスが「事態の激化」に屈した形になっているだけにますます面白くなかった。***一九六〇年以降に書かれた『回顧録』のなかで、ド・ゴールは当時を振り返り、アルジェリアを独立国家として成立させるために事を進めていたかのように述べているが、これに同意することはむずかしい。当時の彼の発言記録には、それらしきことは一言半句も存在していない。

インドシナ地域に関してはどうか。ド・ゴールは、「フランスはアメリカが朝鮮半島で行なっているのと同じ戦い、つまり共産主義者に対する戦いをここで行なっているのだ」と繰り返し述べていたが、一九五四年になって、敵と交渉する必要があると判断すると、ピエール・マンデス・フランスがジュネーヴで調印した協定****にあえて反対はしなかった。一方、北アフリカのチュニジアとモロッコに関しては、フランスの国益に反する者を処罰することでこの地域との連携を維持すべきだと考えていた。彼は「放棄」という言葉を口にしていない。しかし、望ましい解決は「現体制の手の届く範囲」に

* 第一次大戦以来の古参将軍アンリ・ジローは、一九四三年六月にド・ゴール将軍とともに国民解放フランス委員会共同議長、同年七月にはフランス軍総司令官に就任するも、ド・ゴールとの意見対立から辞任している。

（原注）マルク・フェロー『ペタン』（Ferro 1987）所収の未発表テキスト。

** 挙国一致的労働と革新のための連合を謳う右翼的運動組織（実質的には政党）。

*** 一九四七年九月、フランス議会はアルジェリア人の不満を鎮めて植民地経営を続けるため、「アルジェリア組織法」を国会に上程し、採択している（本書二八一頁訳注＊＊＊参照）。

**** ヴェトナム、ラオス、カンボジアの独立やヴェトナムの南北分離などを取り決めたジュネーヴ協定のこと（本書四三三頁訳注＊参照）。ソ連、アメリカ、中国などの思惑がからみ、ヴェトミンは北緯一七度線の軍事境界線と南北統一選挙の先送りを認めるこの協定に調印せざるをえなかった。

はない、とも考えていた。

こうしたド・ゴールの考えは、チャーチルが繰り返し述べていたことと同じである。あるいは、「一九五八年五月一三日事件」〔本書三五九頁訳注＊＊＊および四五九頁参照〕に関わったミシェル・ドゥブレやジャック・スーステルがフランスのために考えていたことと同じである。しかし、ド・ゴール将軍がピエ・ノワールたちに向かって「諸君の気持ちは分かっておる」といったとき〔本書三五九頁参照〕、ドゥブレにしろスーステルにしろ、将軍のその後の行動を他の人々以上に理解できていたわけではない。一方、ピエ・ノワールは用心深かった。ド・ゴールに対しては、不安を抱きつつ信頼も寄せていた。当のド・ゴールはといえば、彼がそれまでの政府を指弾してきたのは、その「放棄」にではなく（ただし、モロッコの基地放棄については除外〔本書四四〇頁参照〕）、その政策の欠如に対してであった。ド・ゴール自身は、政策をどのように考えていたのだろうか。

「アルジェリアにはただひとつのカテゴリーの住民しかいない。つまり、同一の権利と同一の義務をもった完全な市民権を有するフランス人である」。こうド・ゴールがだし抜けに述べたとき＊、のちに彼が『回顧録』で明かしているように、彼は一九五九年九月一六日の宣言〔この日ド・ゴールは、アルジェリアの民族自決政策を発表〕を予告するつもりでいたわけではない。彼はただ、「統合」という考えを繰り返し述べていたのである。しかし、フランスとアルジェリアがひとつの全体をなす、つまり一〇〇人のアルジェリア人代議士をパリの国会に送りだすことについては明確にしなかった。二年前、統合のメリットを力説したスーステル総督との別れを惜しみ「スーステル、スーステル」と叫んでいたピエ・ノワールたちは〔本書三六五頁参照〕、今回のド・ゴールのことばをよく理解した。しかし、ド・ゴール本人は、「アルジェリアには一〇〇〇万人のフランス人がいる」と口にしつつも、このまま行けばピエ・ノワールは大多数を占めるアラブ人のなかに埋もれてしまう、との意見にまた戻るのである。一九五八年六月六日のモスタガネム〔アルジェリア北部、地中海に臨む〕での演説は「フランスのアルジェリア万歳」で終わったが、相変わらずあいまいさを残している＊＊。しかしながら、彼がまずアルジェリアの独自性に言及し、その次にアルジェリアとフランスの連合を訴えたこのやり口を見れば、たとえその口調が不明瞭であったとしても、今後どういう選択がなされるかはすぐに明らかとなるであろう。ことばにはそれなりの重みがある。いったん民族自決が口にされてしまえば、結局、一九六〇年一一月＊＊＊の「アルジェリア人のアルジェリア」つまりアルジェリア共和国に行き着くしかないのである。それは、とりもなおさず、ジャック・スーステルとの訣別、「アルジェリアのフランス人」との訣別、すなわち「オイルランプの暖かさと帆船の栄光」＊＊＊＊の時代との訣別を意味した。ド・ゴール将軍は、自ら掲げた「勇者の平和」の訴えが即座の効果をもたらさないことが分かると、マリ連邦（セネガルとスーダン〔旧フランス領スーダン。現スーダンとは無関係。〕の独立を認める（一九六〇年六月）という間接的な道をとることになる。*****

ド・ゴールの発言をさかのぼること数十年、一九四七年のあの年、バタヴィア〔現ジャカルタ〕沖に停泊中の白い大型船のうえで、永遠にオランダ領インド東〔インドネシア〕から去ろうとしている入植者たちの一団がいた。その憔悴した顔を見て、彼らこそ、一五年後に遭遇するピエ・ノワールの運命の予兆であると、誰が予測したであろうか。

だが、そこに悲劇の前兆を予見していた者もいた。たとえば、アルベール・カミュである。彼はいわば半分アルジェ、半分オランの人であるが、******「正義か母か」と迫られればわたしは母をとる、ときっぱりいう。カミュにとって、「正義」とはアラブ人の権利である。入植者とフランス政府は彼らの権利を踏みにじっている。だから彼はいち早くアラブ人を弁護した。そのゆえに、彼の発言は同じフランス人たちの恨みを買った。しかし、アルジェリアの危機によって母親や入植者たちがアルジェリアから立ち去ることを強いられるとしたら、彼にとってそれは、「正義」の問題以上に断固認めがたいことであった。そのゆえに、彼の発言は知識人たちの怒り

---

* 一九五八年六月一日、ド・ゴール内閣成立。この発言はその直後の六月四日、アルジェで行なわれた演説による。このとき初めてド・ゴールは、アルジェリアの独立運動を沈静化させるため、アルジェリア人と本国人が同一の権利をもつことを約した。

** 演説の終わりにド・ゴールは、「モスタガネム万歳、アルジェリア万歳、共和国万歳、フランス万歳」と叫んでマイクを離れるや、まもなく戻って「フランスのアルジェリア万歳」と叫び、演壇を去っている。

*** アルジェリアの民族自決を問う国民投票を、フランス本国とアルジェリアにおいて翌年（一九六一年）一月初頭に行なうことが公示された日。一九六一年一月八日に実施され、民族自決策が承認された。後述。

**** 「古き良き時代」という意味。一九六〇年六月一四日植民地独立に関する会見でド・ゴールが発言したことば。文脈は次のとおり。「オイルランプの暖かさと帆船の栄光と御者付き馬車の時代の魅力、これらを懐かしむのとまったく同じく、在りし日の帝国にノスタルジーをしみじみ感じるのはしごく自然なことである」。

***** ド・ゴールは、「アルジェリア民族解放戦線」（FLN）に「勇者の平和」を呼びかけ、アルジェリアに平和を実現したうえで独立について話し合いたいと考える一方で、FLNを過激なテロリスト集団のように見なし正式な交渉相手とすることをためらっていた。そのため、FLNはド・ゴールの呼びかけを無視する。道筋を見失ったド・ゴールは、ともかくアルジェリア人に独立の実現性を示し、話し合いの下地を作りしたいと考える。ここで述べられているのは以上の文脈に関することである。

****** カミュの代表作『異邦人』の舞台はアルジェ、『ペスト』の舞台はオラン。カミュはアルジェリアのモンドヴィ（現ドレアン）近郊生まれ。父はフランスからこの地に渡ってきた農場労働者。母はスペイン系の大家族の娘としてアルジェに実家をもち、カミュを育てた。

を買った。その筆頭がジャン・ポール・サルトルであり、彼はカミュを「歴史感覚」がないとして軽蔑した（一九五七）。

この「歴史感覚」というものを、ド・ゴールはもっていた。彼はアルジェリアの独立が不可避であることを知っていた。しかし、独立の結果アルジェリアのフランス人（ピエ・ノワール）たちの運命がどうなるかについて、彼は予測しえたであろうか。いずれにせよFLNの民族主義者たちは、一九五〇年から一九五六年のあいだ、もしアルジェリアが独立すればこの国のフランス人の権利は他のすべての住民と同等になると人々に信じさせておいた。この点についていえば、スンマーム会議はFLNのこの方針を大きく転換させるものとなった。* 一方、ピエ・ノワールら反独立派の地下武装組織（OAS）の活動も二つのコミュニティー（ピエ・ノワールとアルジェリア人）間の溝を深くしていた。その溝を埋めるためにアルジェリア人側が何かをするということはなかった。

本国のフランス人はといえば、フランス軍による拷問行為に対しては当然ながらすぐさま断罪したが、FLNのテロ活動に対してはひと言の非難のことばももち合わせていなかった。テロの犠牲者には気の毒だが、このテロ活動は植民地暴政に対する仕返しだ、そう考えていた…。

ド・ゴールは、FLNとの戦争を終結させるために率先してことに当たった。軍事作戦は、ディエン・ビエン・フーのような壊滅的敗北にはまだほど遠いところにあった。そこで彼は、まずシ・サラー**〔一九二八～六一。本名ムハンマド・ザムーン。厭戦気分の強いアルジェリア第四軍管区の司令官〕と、次いでFLNと接触をもった。そして、問題解決を早めるために「アルジェリア共和国」という表現を用い、民族自決についての是非を問う国民投票へと向かっていった。一九六一年一月八日、この投票の結果、フランス本国では有効投票の七五パーセントが、またアルジェリアでは同じく六九パーセントが独立に賛成したが、アルジェリア大都市部では反対票が賛成票を上回った。*** この日、ビドーとスーステルはド・ゴールと袂をわかった。

このときサラン将軍は、シャル、ジュオー、ゼレール〔一八九八～一九七九〕の各将軍らと決起する意を固めた。この反乱を陰で支えたのがOASである。この組織はロベール・マルテル、ラガイヤルド、スシニ〔一九三三～〕ら「バリケードの一週間」〔本書四六〇頁参照〕を主導した者たちが創設したとされるテロ組織である。ド・ゴールは兵たちに呼びかけ、将軍らの反乱〔一九六一年四月二二日に始まる、いわゆる四人の「将軍たちの反乱」のこと〕を頓挫させることはできたが、OASは生き残った。このテロ組織は「殺したい人物を、すきな時に、すきな場所で」暗殺する。一九六一年の夏、テロと対テロ報復によって耳目を奪うような行動が頻発した。犠牲者も増えた。しかしOASの暗殺の標的とならないアルジェリア在住フランス人の一部にとっては、その年の秋は希望の季節となった。彼らはエヴィアン〔フランス南東部の温泉地エヴィアン・レ・バン〕で着手された停戦交渉が暗礁に乗りあげるよう願っていた。すでにテロは本国にまで拡がっていた。一九六二年の一月から二月のあいだ、フランス本国では一〇〇人以上がテロの犠牲者となり、アルジェリアではFLN側、OAS側、反OAS側合わせて八〇〇人以上の犠牲者をだした。

一九六二年三月一八日、エヴィアンにおいてフランス・アルジェリア停戦協定（エヴィアン協定）が調印され、四月八日には国民投票によってこれが承認された。しかしOASはこれにテロと放火で応えた。バブ・エル・ウェド地区〔アルジェ市北のOAS活動拠点〕の建物にたてこもり、アルジェ図書館に火を放った…。しかしピエ・ノワールたちの国外脱出は、OASによる禁止命令と猛り狂った戦いにもかかわらず、「将軍たちの反乱」の失敗以来すでに始まっていた。シャルとサラン両将軍は二度目の反乱〔一九六二年二月。本書五一五頁訳注＊参照〕で逮捕され、スーステルとビドーは姿を消していた…。ピエ・ノワールの国外脱出は一九六二年四月と五月にはピークに達した。軍は彼らを安全に出発させるために働いた。だがハルキ〔本書四二七頁訳注＊参照〕のなかには、見捨てられ、脱出できず、悲劇的な運命に突き落とされた者もいた。本国行きのシャンズィ号とヴィル・ドラン号の船上では、引揚者たちがピアフ〔一九一五～六三。フランスのシャンソン歌手〕の歌う「そう、わたしは何も後悔しない」〔一九六〇。邦題は「水に流して」〕のリフレインを口ずさんでいた。それはまだ、エンリコ・マシアス〔一九三八～。アルジェリアのコンスタンチーヌで生まれ育ったピエ・ノワール。この一九六二年に妻とともにフランスに脱出〕が「失われた故郷」〔一九六二年発表の「さらば、わが故郷」のなかの一句〕の郷愁を歌うまえであった。

ド・ゴールとブラック・アフリカの脱植民地化

スエズ危機直後の一九五六年一一月時点で、早くもド・ゴールはモロッコの王位継承者ムーレイ・ハッサン皇太子〔一九二九～九九。ハッサン二世としてモロッコ国王（一九六一～九九）〕にこう語っていた。「人々が望むか否かにかかわらず、アルジェリアは独立するでしょう。ならば、すべてはやり方次第となるでしょう」。また、ジャン・アムルーシュ〔一九〇六～一九六二。アルジェリアの詩人・作家〕に対しては、「長く

＊　一九五六年八月、アルジェリアのカビール地方スンマームで、秘密裏にFLNの最高幹部会議が開催された。これにより、FLNの組織は名実ともに革命政府と呼ぶにふさわしい体裁を整えた。しかも、意思統一と組織固めは、彼らの闘争形態をさらに激化、強化させることにもなった。ことにアルジェでは、この会議以降テロが活発化することになる。

＊＊　一九六〇年六月、ド・ゴールはシ・サラー以下、第四軍管区幹部三人をエリゼ宮に呼んで会談をもった。

＊＊＊　この国民投票では、棄権票が四分の一を上回ったといわれる。アルジェリア大都市部において反対票が過半数を越えたのは、むろんそこにピエ・ノワールが集中していたからである。

かかるでしょうね。被害が、たくさん被害がでるでしょうね」ともいっていた。そのことばどおりとなった。エヴィアン協定の道のりは険しく、一九六二年二月にふたたび起こる「将軍たちの反乱」*を乗り越えて進まなければならなかった。決起したシャル将軍は、この反乱ではピエ・ノワールの一般市民に訴えかけた。そのままいけば、危機はいっそう悲劇的な結末を迎えていたかもしれない。しかしシャル将軍はサラン将軍とは異なり、OASを指揮下におくという道はとらなかった。かくして、OASは瓦解した。

二人の先駆者、ミッテランとデフェール

このアルジェリアと比べると、フランス領ブラック・アフリカの脱植民地化はずっと円滑に進んだ。ド・ゴールは、前任者たちが道筋を拓いてくれたおかげで、一滴の血も流すことなく、脱植民地化をやり遂げることができた。ある意味で、この道筋における本国のパイオニアはフランソワ・ミッテランであった。彼はフランス海外領土省の大臣〔在任一九五〇～五一〕として、「狭き道を経て栄光に《アド・アウグスタ・ペル・アングスタ》」という原則を地でいった。すなわち、一方では、アルブーシエ〔一九〇八～七六。セネガルの共産主義政治家。のちのコートジボワール初代大統領ウーフェ・ボワニーが総裁を務めた「アフリカ民主連合」（RDA）の副総裁〕のような共産党路線の政治仲間から旧容共派ウーフェ・ボワニーを引き離しつつ、ウーフェ・ボワニーら「アフリカ民主連合」**（RDA）のリーダーたちと緊密な関係を結ぶ。また他方では、フランス海外領土大臣として、自己の信じる政策を、「本国各界の無関心と全国的な無頓着を利用して、後戻り不可能な地点までもってゆくこと」に成功する。フランス領ブラック・アフリカにおいては、本国側が代議制や擬似代議制の政治体制に踏み込んだとしても、政治的影響力をもつ入植者と衝突することはなかった。それはたしかに事実だ。ブラック・アフリカの入植者たちは、子孫を現地に残すことが稀だったからである。

ウーフェ・ボワニーは次のように語っている。「フランス領ブラック・アフリカにおける政治情勢の流れは、われわれが《レジスタンス民主社会主義連合》（UDSR）〔一九四五年、対独レジスタンスを母体に、フランソワ・ミッテランが創設した社会党系の小政党〕について理解し、その政治的意義を知り、UDSRがわれわれに信頼を表明することによってできあがったものである」（一九五五）。つまり、アフリカのリーダーたちは、本国フランスの政治政党と対等な形で協働することができたのである。この点が、アルジェリアの場合との違いであった。しかも、こうした例はUDSRだけではない。「労働者インターナショナル・フランス支部」（SFIO）〔フランス社会党の前身〕も、RDAのライバル政党「海外領土独立党」（のちのセネガル初代大統領レオポルド・セダール・サンゴールが結成）と緊密な関係を結んで協力しあっていた。ただ、SFIOのほうは大変用心深かった。これは、そもそもSFIOは議会で一定の勢力をもつ政党であるため、UDSRほどアフリカ選出議員を必要としなかったことにもよる。

社会主義者の海外領土大臣ガストン・デフェールがひとつの政治哲学を表明したのは、一九五六年二月六日のあのアルジェにおける事件***の政治的停滞期に当たり、タイミングとしてはそれなりの成果があった。「フランス人は海の向こうではあまりにもたびたび、必要なときに必要な行動ができないという印象を与えてきたし、実際、情勢に翻弄されてもきた。[…]もしこのブラック・アフリカでわれわれが先手を打つ［強調は引用者］ことができたなら、われわれはこの地域で信頼と調和のムードをふたたび醸成することができるだろう」。この精神こそ、フランス領ブラック・アフリカに大幅な自治を認める基本法づくりへと向かわせた。その法案はピエール・アンリ・テジャン〔一九〇八〜九七。フランスの政治家。中道左派の「人民共和運動」（MRP）の創設者で党首〕によって準備された。そしてデフェールは、「ブラック・アフリカの人々は北アフリカで何が起こっているのかを注意深く見ているがゆえに」この法案を採択させた。

改革の基本は、ブラック・アフリカやマダガスカルのすべてのフランス領に、普通選挙と単一選挙母体〔この法案以前、住民は社会的地位により二つの選挙母体に振り分けられていた〕を導入することである。選挙による植民地政府評議会の創設とそのメンバーからなる「大臣」の選出、選挙による海外領議会の設置とその権限の拡大、これらが念頭におかれた。こうして植民地総督府の権限が弱められ、各海外領土の立法権が拡大されてゆく。この動きに対し、サンゴールは「バルカン半島化《バルカニザシヨン》だな」〔「領土の細分化」を指す〕と反駁し、ウーフェ・ボワニーは「走るまえに、まず歩きだすってことだろう」と事の流れを評した。海外領土たるアフリカの人々にとっては、その第一歩が問題だった。しかし自治の形態からいっても、また海外領土相互の結びつきやフランスとの関係の性質からいっても、各海外領土の温度差は高く、個々ばらばらに分裂していた。

「信頼と調和のムードをふたたび醸成する」、そうガストン・デフェールはいった。事実、マダガスカルでは蜂起と鎮圧が、モロッコではスルタンの追放が、そしてチュニジアでは（続いてアルジェリアでは）フェラガ〔民族解放闘争のパルチザン〕の出現があり、以来、一部のアフリカのリーダーたちは不安を募らせ用心深くなっていた。ポルトガル植民地に典型的に見られた状況への不安もあった。すなわち、本国の党派抗争に同

* ここでいう、ふたたびの反乱とは、サラン将軍が発した無差別テロ指令（一九六二年二月二三日）に続くOASのテロ活動を指す。その目的は「リベラルな職業にあるムスリムの最良分子を掃滅すること」にあった。

** 一九四六年一〇月、フランス領西アフリカ（現在は八ヶ国に分離独立）で結成されたアフリカ人の政党。

*** 新アルジェリア大臣（総督）カトルーの就任に反対したピエ・ノワールが、来訪した首相ギー・モレに対して大量のトマトを投げつけた事件。本書四五三頁訳注**参照。

化しイデオロギー化した政治的黒人エリートと、誰にも支配されない自立的な民族的抵抗運動家との、あまりにも大きな文化的へだたりへの不安である。民族的抵抗運動家たちは明らかにフランス文化圏にとどまろうとしていた。汎アフリカ主義運動にはしぶしぶ参加していたにすぎなかった。反対に、黒人エリートによる活発な活動は、フランス本国の政治的流れの一環のなかで行なわれていた。しかし、彼らが渇望したのは、地元における権力の拡大であった。彼らにとってそれは、たとえばギニアにおけるように、党のリーダーたちと伝統的な族長たちとの「示し合わせ」が指弾されるまえに行なわれるべきものとされていた。

一方、国連は、フランス植民地のこうした政治状況を疑問視し始めていた。国連がその疑問を最初に提起したのは、(フランスの統治する)国際連盟時代の委任統治領トーゴとカメルーンに対してである。一九二二年トーゴはフランスの委任統治領として自立し共和国となったのち、フランス連合に入った。一九四六年には国連(国際連合)の信託統治領、一九五六年八月にはふたたびフランス連合内の自治共和国となり、同年一〇月の住民投票においてもこの地位が確認された。しかし一九五八年、トーゴは再度、自立した共和国になることを国連に求めた。このため、国連はフランスのフェリックス・ガイヤール政府に、住民投票によって意思を問う基本原則の手続きに入るよう同意させた。そして国連の監視下のもと一九五八年四月に住民投票が行なわれ、その結果を受けて同年九月、トーゴは一九六〇年四月に共和国として独立することが決定した。ただ、このような経緯の結果として、旧イギリス領トーゴと旧フランス領トーゴにまたがるエウェ人〔クワ系言語を話す部族でガーナ南部、トーゴ南部、ベナン南部に居住〕を統合するにはいたらなかった。すなわち、シルヴァヌス・オリンピオ〔一九〇二～六三。「トーゴ統一委員会」を主宰し、フランス共同体(本書五一九頁訳注**参照)からの離脱と独立をめざしたのち、首相(一九五八～六〇)、初代大統領(一九六一～六三)〕を代表とするこの地域のリーダーたちの諸要求には、二つに引き裂かれたエウェ人の存在があったのである。*

これと同じ問題が、カメルーンの二つの地方の再統合をめぐっても生じていた。イギリス領カメルーン(西カメルーン)の北部地方はナイジェリアとの合邦を望み、南部地方はフランス領カメルーン(東カメルーン)との統合を希望していた。結局、一九六〇年に国連の監視下で北部と南部のそれぞれが住民投票を行ない、両住民の意思はそれぞれ実現される結果となった。**しかしその間、フランス領カメルーン(東カメルーン)においては信託統治政府に対する抗議運動がとくに激しく行なわれた。一九五五年の時点で、政党の数は八四にものぼっていた。これは、多様な民族構成をなす住民たちのなかにさまざまに異なる政治的要求が根づいていたことを意味する。東カメルーンの住民が形式上統一しているのは、フランスによる支配の結果にほかならなかった。そのなかから一九四八年以降に台頭してきた「カメルーン人民同盟」

（UPC）というひとつの政党が支配的地位を獲得するようになる。この党は、共産主義に近いイデオロギーをもつ革命派政党で、カイロの反植民地主義派とのつながりをもっていた。彼らの性急な民族主義は、一九五五年に数度の大暴動となって現れた。こうした暴動は当初UPC自身が禁じていたものだが、結局テロと武装闘争を生みだすにいたり、一九六〇年までテロは続くことになる。

フランスは、アン・ニオベ〔一九一三～五八。反帝国主義を掲げてUPCを創設、フランスと敵対し、一九五八年九月フランス軍によって殺害された〕率いるこのUPCに対処するため、北部出身のムスリムであるアマドゥー・アヒジョ〔一九二四～八九。一九六〇年のカメルーン独立とともに初代大統領（一九六〇～八二）〕の穏健派政党を頼りにしていた。彼は国連をとおしてフランス信託統治下の独立を完了させた人物である。つまり、この独立はフランス政府との密かな協議を経た結果によるものであった。そのため逆説的なことに、この独立はUPCと一部の住民から裏切り行為のように受けとめられ、独立宣言以降もふたたび激しい内戦を繰り返すことになった。

以上見てきたように、フランス領ブラック・アフリカでは、UPC率いるゲリラによって長い戦闘が生じたカメルーンを別とすれば、脱植民地化は国連か民族主義運動の主導のもと

＊　トーゴの植民地化は、一八八四～八五年ベルリン会議の結果、一八九九年ドイツ領トーゴランドとして始まった。しかし第一次大戦後の一九二二年、国際連盟は東三分の二をフランスが、西三分の一をイギリスが統治する国際連盟の委任統治領とし、さらに第二次大戦後の一九四六年、国連（国際連合）はトーゴを引き続き仏英が統治する国連の信託統治領とすることを決定した。その頃からこれに反発する民族主義運動が高まり、ことに両信託統治領にまたがって居住するエウェ人の統一運動が盛んになったため、一九五六年イギリスとフランスは住民投票で独立の意思を問うた。その結果、フランス領トーゴは、エウェ人の期待どおり独立を選択したが、イギリス領トーゴのほうは、予想に反して、イギリス領ゴールドコースト（黄金海岸、現ガーナ）との合体を選択した。しかも、イギリス領ゴールドコーストは、一九五七年ガーナ共和国として独立したため、旧イギリス領トーゴは以後ガーナの一部となった。

＊＊　カメルーンは、一八八四年ドイツの保護領となり、その支配下に入っていたが、第一次大戦後の一九二二年、国際連盟は西部をイギリスが、東部をフランスが統治する国際連盟の委任統治領とすることを決定した。この体制は第二次大戦後の一九四六年、国連の場においても承認され、それぞれ両国が統治する国連の信託統治領となった。しかし、トーゴ同様に民族運動が高揚すると、ド・ゴールのブラザヴィルの宣言（本書四一三頁訳注＊＊＊および五〇八頁参照）に従ってフランス領カメルーン（東カメルーン）は一九五七年自治国家となり、一九六〇年にはカメルーン共和国として独立を達成した。一方、イギリス領カメルーン（西カメルーン）は、南部と北部で別々に住民投票が実施され、一九六一年、北部はナイジェリア（一九六〇年イギリスから独立）と合邦することが、また南部は独立してカメルーン共和国（旧東カメルーン）とともに連邦を形成することが決まった。こうしてカメルーン連邦共和国ができたが、その後一九七二年、中央集権化によって連邦制は廃止となり、単一共和国として現カメルーンの成立にいたっている。

で、交渉によって平和裏に実現することができた。ここでは、フランスの政治家たちは、取り返しのつかない事態が起こるまえに時宜を得た行動をとることができたし、あるいはカメルーンのアヒジョの例に見られるように、荒々しい国交断絶を嫌う穏健な現地勢力を見いだすことができたのである。

したがって、ド・ゴールがアフリカ人とマダガスカル人に「自由な連合」か「分離」かの選択権を提示したとき、それはたしかに驚嘆の念を呼び起こすものではあっても、じつのところ、彼にとってはいつでも賭けができるよう土壌はすでに充分に耕されていたといえる。ド・ゴールは、冷ややかに遇されたアルジェとは対照的に、温かく受け入れてくれたブラザヴィルの時代*に培われたであろう愛情をブラック・アフリカに対して注ぎ、それをことばで示してもいる。ド・ゴールの演説は一九四〇年から一九六九年までのあいだに八一〇回を数えたが、内二四六回、つまり三〇パーセント以上はブラック・アフリカについて言及したものである。「われわれは今、連合した民族が形づくる大きな共同体へと向かっています」――こうド・ゴールは繰り返し述べているが、そこでの表現はサンゴールの表現とも、ウーフェー・ボワニーの表現ともぶつかり合うことがなかった。なぜなら、それは、連邦を形成するという表現を柔らかくぼかしたいい方であったからだ…。ブラック・アフリカについてド・ゴールはこうも述べている――「この共同体は、ひとつの時代から別の時代へと、歴史が移り変わっていくための手段です」「フランスは、大きな譲歩を好みます。それによってフランスがかつての姿を取り戻すからです」。

ド・ゴールは自らの方針を率直な態度で実行することができた。ブラック・アフリカにはアルジェリアでぶつかるような障害もなく、また交渉する相手にはアラブ人がフランスに対して抱くような怨恨もなかったからである。

一九五八年九月二八日、フランス共同体**への加盟を問う住民投票がフランス領各国内において実施された。加盟賛成七四七万一〇〇〇票に対して反対一一二万票、うち六三万六〇〇〇票はギニアのものだった。ギニアについては、セク・トゥーレ〔一九二二～八四。ギニアの民族運動家。ギニアを完全独立に導いた功労者で初代大統領（一九五八～八四）〕が「選択権を恵んでもらう」ことを拒絶し、国民に「否」を表明するよう訴えた結果の表れである〔ギニアは同年一〇月二日に独立を宣言〕。こうしてフランス共同体はフランス以外に一二ヶ国を数え、加盟各国はそれぞれ国内自治権をもつことになった。しかし、共通の制度が機能しないうちに、共同体内部では再組織化の動きが始まる。セネガルとスーダン〔旧フランス領スーダン。現スーダンとは無関係〕はフランス共同体に加盟して数ヶ月後にはマリ連邦を形成するにいたり〔一九五九年四月〕、独立を求めることになる〔マリ連邦の独立は一九六〇年六月。同年八月セネガルは単独で独立を宣言、九月スーダンもマリ共和国として独立を宣言〕。フランス・アフリカ共同体の持続を願っていたと思われるウーフェ・ボワニーはこの流れに抵抗した。しかし他の国々はセネガル、スーダンに追随した。「往ってしまう、往ってしまう」――そうド・ゴールはつぶやいた。彼は、国々が往くままに、その動きを容認した。

ベルギー領コンゴとゴールドコースト、ひとつの対照性

スエズ動乱の衝撃波は、中東やマグレブのさまざまな事件に直接影響をおよぼすと同時に、ブラック・アフリカの民族運動にも強い刺激を与えた。にもかかわらず、それによってブラック・アフリカの民族運動が、いかなる状況においても断固「アルジェリア民族解放戦線」（FLN）を支援する、という動きに向かったかといえば、そうではない。FLNからの呼びかけはあったものの、黒人たちは、アラブ人イスラームに対して不信の念をもっていたからである。一方、ヨーロッパ人にとってこのスエズの衝撃波は、新しい時代の始まりを告げる徴にほかならなかった。

この受け止め方は、ことにベルギー人に顕著に見られた。彼らはそれまで、自国領コンゴ（ザイール〔現コンゴ民主共和国〕）においてあらゆる脱植民地化の動きと無縁に過ごしてきた。一九四五年から一九五九年まで、ベルギー領コンゴは平穏であり、ベルギー人入植者数は三万五〇〇〇人から一一万五〇〇〇人へと増加していた。だから、脱植民地化の問題は自分たちには関わりのないことだと思えた。公衆衛生政策でもベルギー領コンゴは模範となっていたから、ベルギー人は自らを、植民する側として最良の部類だと自認していた。とりわけ教会による管理の行き届いた学校がどんどん増え、多くの場合、社会的な発展はこうした学校を介してなされた。とはいえ、宗教教育が主であり、大学に在籍するアフリカ人はほとんどいなかった。一方、「強制労働」の時代から「住民の保護監督」の時代へと移行するなか、都市部では「進歩人《エヴォリュエ》」***と呼ばれる管理職タイプの現地住民が増え始めた。そこで、ベルギーの植民地行政機関は「優良市民」の証明書を発行することで住民を管理下におき、こうした社会現象に対応した。証明書の取得は、教育を受けた住民の目標となった。

このように、一九五九年一月の都市暴動の勃発まで、表面

* 第二次大戦中の自由フランス政府の拠点は、まずフランス領コンゴのブラザヴィルにおかれ（一九四〇年一〇月二七日）、次にアルジェリアのアルジェに移った。アルジェにはその後まもなくフランス共和国臨時政府が設置される（一九四四年六月三日）。

** フランス共和国と旧フランス領諸国からなる共同体。フランス連合に代わる組織。

*** 読み書きができ、ヨーロッパ式生活スタイルをもつ現地住民のこと。しばしば植民地行政の協力者となる。

上この国には一種の平和的無気力状態が存在していた。ベルギー人は、暴動に対処する備えをまったくしていなかった。しかし、この暴動によって世界各地で発生している紛争の実態を知り、彼らは即座に植民地体制の終わりを決断するにいたった。「ベルギーはコンゴを、諸特権を行使できる主権国家として、また独立に関する諸条件を自ら確定できる民主国家として認める意向である」――この声明は、コンゴにとってはまったく思いもよらぬ贈り物となり、完全な歴史的反転となった。ベルギーがこれほど敢然と過去に訣別するとは、世界中のどの国も予想すらしていなかった。むろん、アフリカ人自身も…。かくして、一種の政治的裂け目がパートナーたるアフリカ人たちの眼前に現れたわけだが、彼らにはそれを越える準備がまったくできていなかった。

ブラック・アフリカのフランス領やイギリス領では、脱植民地化によって、現地の軍（これが脱植民地化による最大の受益者である）や役人や政治指導者が利益に浴すということがあったが、コンゴにおいては、このような展開のためにこの種の現象は何も起こらなかった。独立しつつあるこの国に君臨していたのは、相変わらずブリュッセルから指示を受けるベルギー人たちであり、旧権力から首尾よく分離しえたのは教会だけであった。一九六〇年、もはやそれまでの植民地国家は存在しない。だが、それに代わるものもまた、存在しなかった。かくして内戦時代の幕が切って落とされた。まず、ベルギー人官吏に対して未曽有の暴力が振るわれた。次に、コンゴ共和国（ザイール〔現コンゴ民主共和国〕）初代大統領カサヴブと、革命家でマルクス主義者の初代首相パトリス・ルムンバとのあいだに戦闘が生じた。さらにはモイーズ・チョンベ〔一九一九〜六九。コンゴ（ザイール）の政治家〕のもとで同国のカタンガ州が分離され、それが独立国家として宣言されるという事態に発展し、内戦は恒常化した。*

コンゴ内戦が国際化する通筋はすでにできあがっていた。ベルギー人にとって、あの一九五九年一月の危機は、まさに悪夢そのものであり、「おとぎ話の終わり」（ジャック・ヴァンデルリンデン〔フランスの比較法学者〕）にほかならなかった。

一九五七年三月に行なわれたゴールドコースト独立祝典（イギリス連邦内の自治領からガーナへ）のニュース映画（ニューズリール）を見た者にとって、コンゴ独立とのコントラストはいかにも鮮やかである。その夜、祝賀ムードが盛りあがるなか、モーニングを着たアフリカ人の政府高官たちとエレガントな装いの黒人女性やイギリス人女性とが、ビギン〔アンティル諸島の四拍子の民族舞踏〕の音楽にあわせて華やかに踊っていた。その激しい音楽のリズムに乗せて、真昼のように煌々とかがり火がともるなか、一隻の丸木舟が新首都アクラのはるか沖へと進んでいった。「自由《リバティー》」ということばがライトモチーフとして繰り返され、エンクルマ（初代ガーナ首相）とイギリス女王の二人の肖像画が照明に浮かんでいた…。

　イギリス植民地省は、インドやインドネシア、そしてヴェトナムで起こった諸事件の教訓を生かしていた。サラワク〔ボルネオ島北部を占めるマレーシアの一地方〕でアジアの出来事をつぶさに見てきたアーデン・クラーク総督〔一八九八〜一九六二。イギリス植民地省高級官吏。在任一九五七三月〜六月〕は、ゴールドコーストに着任すると、一九五〇年の反英騒動で投獄されていたエンクルマを直ちに出獄させ、選挙で勝たせてやった〔一九五一。エンクルマ、ゴールドコーストの首相に選任〕。何と模範的な行動であったことか！　植民地省のイギリス人たちが、西アフリカの民族運動に対して好感を抱き始めていたことは確かだ。というのも、この民族運動のリーダーたちは、オックスフォードかアメリカの大学で立派に学業を修め、英語圏における汎アフリカ主義運動に積極的に参加していたからである。また、ロンドンの政策を「黒人解放に過度に好意的なもの」と批判するヨハネスバーグやケープの南アフリカ白人入植者と比べ、彼らはイギリスの伝統に対して遥かに親密さを抱いていたからである。一方でイギリスは、アラブ世界とじかに接する東アフリカ諸国に関し（正誤の判断はさておき）これまで以上に懐疑的な目で情勢を見ていた。そこでは黒人、インド人、白人のあいだで争いが頻発し、解決不能の様相を呈していた。それでもイギリスはそれを解決しなければならない。なぜなら、イギリスが中東から撤退すれば、結果としてアフリカが最前線に押しだされることになるからである。労働党のスタフォード・クリップスが述べるように、そうなれば、「イギリス通貨《スターリング》の未来は、アフリカ自身の手腕、アフリカの自己発展能力にかかってくる」のである。

　東アフリカでは、一方には経済発展の再活性化という要請があり、他方には「直接・間接の植民地行政」から「代議制」への移行によって生じる、政治的な意思疎通をめぐる初期的困難があった。前者は、「第二次」植民地占領とも呼びうるもので、アフリカ社会が国際市場に組み入れられることにより、必然的に植民地主義的システムが農村の隅々にまで

＊　一九六〇年六月にベルギーから独立したコンゴ（ザイール）は、首相にルムンバ（中央集権派、汎アフリカ主義者）、大統領にカサヴブ（地方分権派、親ベルギー派）という対立の構図を抱え、しかも、軍隊内での反乱に対してベルギーが軍事介入し、またルムンバも国連軍の出動を要請したために、独立直後から国内は無秩序の状態に陥った。この混乱のなか、ベルギーの支援を受けたコナカ党党首モイーズ・チョンベが、銅鉱山に恵まれた最重要地域カタンガ州の分離独立を宣言したため、コンゴ情勢はいっそう複雑化、深刻化した。さらに同九月、ソ連の支持に力を得たルムンバが閣議でカサヴブ大統領の解任を決議、対してカサヴブもルムンバ首相を罷免、最高権力者どうしが互いを否定する異常事態となった。この拮抗状態は、軍の実権を握ったセセ・セコ・モブツ（一九三〇〜九七。第二代大統領、在任一九六五〜九七）のカサヴブ支持によってけりがつけられた。ルムンバは失墜し、ほどなく殺害された。しかし混迷は以後も長く続くことになる。

深く浸透するという結果を招来させた。また後者は、代議制への移行により、伝統社会の首長たちと新しいリーダーたち（商人、教員、疎外された民族集団の代表など）とが激しく対立するという事態を招いた。こうした社会的矛盾がもっとも露わになったのが東アフリカである。ウガンダでもタンガニーカでもケニアでも、この矛盾のために、民族主義者が次々と立ちあがった。そしてこの矛盾のために、対立する集団間に警戒心が生まれ、有権者への監視が行なわれた。代表権をもつ部族が多数存在すること、また入植者による圧力団体《ロビー》が組織され始めたことから、イギリスがこれらを考慮し、「事を進めるのに時間をかけすぎるのは急ぐことよりも悪い」と判断していたのは確かである。それでも、ガーナとタンガニーカの独立の間隔は四年、ガーナとケニアの独立の間隔は六年という歳月を費す結果となった*。

一九六〇年はアフリカの年となる。イギリスの脱植民地化はアフリカ西部では成功したが、東部では失敗が明らかとなった。結局のところイギリスは、アフリカに関しては二つの政策のあいだで葛藤した。ひとつは、たとえ一握りの数にすぎなくても、政権は白人に委ねておくという政策、もうひとつは、彼らがしかるべき形で残した制度の使い方をたとえ現地住民が「知らず」あるいは「使いたがらない」としても、ともかく政権は現地住民に移譲するという政策である。

南アフリカの黒人やインド人の運動に新たな飛躍をもたらしたのは、ことにネルソン・マンデラの「アフリカ民族会議」（ANC）に代表される、自立したアフリカの圧力である。この組織は一九一二年に誕生したが〔結成時の名称は「南アフリカ原住民民族会議」。一九二三年に改称〕、とりわけ一九四七年以降は南アフリカ政府による厳しい弾圧を受けねばならなかった。一九七四年頃のフォルステル首相〔在任一九六六〜七八。一九七八年から七九年まで大統領。アパルトヘイト政策の堅持を主張〕時代にも、あきらかにナチスの理論からその原理を援用した人種差別システムが徹底的に実施されていたし、アフリカーナー〔南アフリカ共和国生まれのオランダ白人。ボーア人〕たちは自分たちの政策の根拠をこのナチスの理論に見いだしていた。また、一九四八年から政権の座にあった「キリスト教国民党」にいたっては、黒人排除政策を実行するために、その立法化も行なった。この政策がもつ性格は、国内におけるパスポートの提示**や人種間の通婚禁止などに象徴される。

これに対して、黒人やインド人による抵抗運動は直ちに立ちあがった。彼らは反植民地主義の革命思想家フランツ・ファノンの著作や、それ以上にアメリカのブラック・パンサー〔武装戦闘思想をもつ急進的黒人組織〕の声明と行動に強い影響を受けていた。彼らが行なう非暴力運動に対しては教会がこれを後押しした。しかし、政府が武力弾圧をもって応えたことから（もっとも激しい弾圧のひとつは一九七六年の「ソウェトの虐殺」***である）、ブラック・パンサーの理論に従って武装蜂起を考える者も数多く現れた。さらに、それまでずっと反経営側かつ反黒人側に立っていた強大な白人労働組合も、「不幸な人々を擁護する」という組合本来の考え方を、よりふさわしい方向へと転化しつつあった。

国連によるアパルトヘイト政策非難（一九五二以降）、南アフリカ共和国のイギリス連邦からの脱退（一九六一）および国連からの追放（一九七四）——南アフリカに降り注ぐこうした数々の試練によって、同国の白人のなかには、政治についての考え方を改め、それまでほとんど見られなかったがリベラル派陣営に賛同する者たちも増えていった。反対に、ジンバブエでも見られたことだが、黒人政権の側から白人の利益を尊重するという動きも現れ始めた。ところがそこでは、その黒人たちが分裂していた。ズールー人はコーサ人と「アフリカ民族会議」（ANC）が主導的地位にあることを問題にしていた。

そんなとき、デ・クラーク大統領〔一九三六〜。在任一九八九〜九四。南アフリカ共和国の政治家〕が、やり方を変えねばならないと決断したのである。彼は、二〇年以上も監獄に入れられていたネルソン・マンデラを自由の身にする。これによって政治プロセスの口火が切られ、一九九四年、自由選挙が実施される。すべての人間に「ワン・マン、ワン・ヴォート」（一人一票）——これはまさしく、黒人が多数派になることを約束するものであり、国家の統治に黒人が参加することを保証するものであった。

なんと長い紆余曲折を経たことであろうか…。

旧ソ連——分裂というより内部崩壊

ソヴィエト連邦にも、たしかに分離・独立の考えをもつ民族運動が存在した。ことにバルト諸国（リトアニア、エストニア、ラトビア）において、またウクライナ、アルメニア、グルジア（現ジョージア）においてそれは存在した。しかし、ブレジネフ〔一九〇六〜八二。書記長在任一九六四〜八二〕の時代、アンドロポフ〔一九一四〜八四。書記長在任一九八二〜八四〕の時代、チェルネンコ〔一九一一〜八五。書記長在任一九八四〜八五〕の時

＊　ガーナは一九五七年、タンガニーカは一九六一年、ケニアは一九六三年に独立している。タンガニーカは一九六四年にザンジバルと合邦し、新たにタンザニアとなる。。

＊＊　人種を隔離するため一〇の黒人居住区を作り、白人居住区に入るにはパスポートの提示を義務づけた。

＊＊＊　一九七六年六月、ヨハネスバーグ郊外の黒人居住区ソウェトで、授業でのアフリカーンス語（ボーア人の言語）強制をきっかけとして、高校生の蜂起が始まった。まもなくそれが広範な通学拒否運動へと拡大を見せたため、政府は強硬な弾圧に乗りだした。結果、黒人学生約七〇〇人が死亡、また翌年には、蜂起の中核を担った黒人学生運動家ビコ（一九四六〜七七）が逮捕され、拷問によって殺された。

代を通じて、独立という考えは誰にとっても単なる夢物語にすぎないように思われた…。しかも、この「夢物語にすぎない」という表現は、ミカエル・ゴルバチョフによってソヴィエトの自由化が進行していたまさにそのときでさえ、バルト諸国の人々自身の口からでていたのである…。

　ゴルバチョフの頭には、ソ連は連邦条約によって脱植民地化のプロセスに着手しなければならないという考えがあった。このプランが、一九八九年の自由選挙施行*によって目覚めた民族主義運動に飛躍を与えた。事実、ソ連内部で「改革派」と「保守派」が、つまり具体的には「人民戦線《ナロードヌィ・フロント》」と「インターナショナル戦線《インテルン・フロント》」が対立していたまさにそのとき、アルメニアでは「カラバフ、カラバフ」の叫びがあがり、すでに封殺されたか超克されたと思われていた民族国家への思いが湧きあがっていたのである。**

　以後、ソヴィエト帝国の隅から隅まで、民族国家を希求する波が打ち寄せてきた。ゴルバチョフは、国家元首としての規範的な立場をとり、連邦全体のまとまりを維持継続することを最優先して、もっとも闘争的な集団に対しては譲歩を選んだ…。また彼は、保守派のクーデタを防ぐために、サラン将軍に軍を委ねたド・ゴールや、コルニーロフ将軍〔一八七〇〜一九一八。ロシアの陸軍大将で反革命運動指導者。一九一七年、軍事独裁を狙ってクーデタを起こすも失敗〕に委ねたケレンスキー〔一八八一〜一九七〇。ロシアの政治家。臨時政府首相（一九一七）〕と同じ行動をとった。つまり、保守派をうまくコントロールするために、政府を保守派で固めたのである。しかし、クーデタを防ぐことはできなかった。

　重要なのは、そこにボリス・エリツィンが登場し、最高権力者としての地位を逆転させたことである。まさに彼の目的は、ロシア共和国初代大統領〔就任一九九一〕としての自らの地位を、ソヴィエト連邦初代大統領ゴルバチョフ〔就任一九九〇〕の地位の上におくことにあった。彼の戦略はソ連を消滅させることにあったのであり、結果的に、その戦略はソ連を脱植民地化することとなった。つまり、エリツィンは、ソ連のなかでロシアの主権を宣言することにより、また共産党を解体してその体制から脱却することにより、事実上、多くの共和国に自由を与えた。そして、次にそれらの共和国がロシアと同じ行動をとることで、ソ連の構造が空洞化することを狙い、ついにはソ連大統領（ゴルバチョフ）を辞任へと追い込んだ。その後エリツィンのロシアは、独立した共和国諸国にロシアとの連合を呼びかけ、すべてではないが、多くの共和国がそれに応じた。こうしてグルジアとバルト諸国を除いた独立国家共同体（SNG／英語ではCIS）が生まれ（一九九一年一二月。グルジアは一九九三年加盟）、同時に、この波に影響されてロシア連邦内部でも、タタールスタン〔一九四四〜八七年の名称はタタール共和国〕、チェチェンなどいくつかの共和国が、ロシア政府との関係を見直すにいたったのである。

　しかし全体的に見るなら、この「遠心的な」動きは中心部から始まった。この現象は、まったくこれまでの「歴史」にないことである。

さて、こうしてソ連は、いわば地震で引っくり返されて骨折したわけだが、一九九三年以降、その裂け口は縮まり、昔からの絆の相当数がふたたび結びなおされてゆくのを確認することができる。

一九九一年の保守派のクーデタ***、これを「反乱」と呼ぶなら、ほとんど内容にそぐわない。この陰謀は、体制そのものを体現し、権力機構を動かしていた文民および軍人の指導者たちによって起こされたものであるからだ。ともあれ、このクーデタの失敗のあと、CISや他の旧ソ連諸国における情勢は、さまざまな問題を提起せずにはおかなかった。というのも、ソ連が瓦解してからも、あるいはソ連の秩序全体を束ねていた共産党が解体・消滅したのちも、ソ連に特徴的な共通の問題は存続し続けたからである。バルト諸国さえも襲った経済機構の腐敗をはじめ、いくつかの全体的現象からどの共和国も逃れられない限り、問題は存続するほかない。各共和国内においては、体制が変わっても、モスクワ中央政府との距離に応じて政治家の三〇パーセントから九〇パーセントがそのまま居すわった。これが、大部分の旧人民民主主義国家〔東ヨーロッパの旧社会主義諸国〕との違いであり、旧ソ連において各共和国内あるいは各共和国間を貫く権限と談合のネットワークがそのまま生き続けた理由である。結局のところ、固有の状況を作りだしていたのは、モルドヴァ〔モルダヴィア〕や、カフカスや、バルト諸国や、中央アジアに発生した民族間紛争であった。

* この自由選挙は一九八八年の憲法改正にともなうもの。これによってソ連の最高決議機関は、単一候補の信任投票しかなかったこれまでの最高会議から、複数候補の選挙による人民代議員大会へと移った。

** ソヴィエト連邦アゼルバイジャン共和国ナゴルノ・カラバフ自治州は、住民の九割をアルメニア人が占め、一九二三年の自治州設立当初から、アルメニアへの帰属替えを求める運動が盛んであった。一九八八年、沈潜していたこの民族的要求は、ソ連におけるペレストロイカ（経済・政治組織の改革と再構築）の進展とともに再表面化し、同年二月、アルメニアへの帰属替えを求めるアルメニア系住民（アルメニア人）とそれに反対するアゼルバイジャン系住人（アゼリー人）とのあいだの暴動へと発展した（本書五二七頁訳注**参照）。同年六月、アルメニアは、一方的にナゴルノ・カラバフ自治州のアルメニアへの編入を議会で決議するが、アゼルバイジャンはこれを認めず、両国の対立が深刻化した。さらに、一九九一年九月、ナゴルノ・カラバフはナゴルノ・カラバフ・アルメニア共和国としてアゼルバイジャンからの独立を宣言。アゼルバイジャンはこれを承認せず、カラバフ問題は現在もなお未解決のままである。

*** 一九九一年八月、ソ連の枢要ポストにいた保守派グループは、休暇中のゴルバチョフを別荘に監禁して非常事態を宣言するクーデタを決行した。これに対して、改革派の先頭に立っていたロシア共和国大統領エリツィンは、保守派と真っ向から対決する姿勢を鮮明に示し、クーデタを粉砕した。

ロシア政府はそうした状況を大変危険なものと判断し、ロシア軍のロシア共和国領内への撤収を最優先事項としたほどである。ところがその一方で、ロシア政府は、一九九二年になってもなお、かつて東ヨーロッパに君臨していた軍事的威信の神話を相変わらず続けようとし、いろいろと理由をつけては、これら旧人民民主主義諸国からの軍の撤退を遅らせた。千島列島においても同じ措置がとられるかもしれない。

ロシア共和国においては、ボリス・エリツィンと議会派との権力闘争*の陰で、民族問題に関わる別の内部紛争が続いて起こっていたが、それらの紛争はしばしば旧ソ連から誕生した国々との国境を越える広がりをもちながら、あるところでは民族的アイデンティティーの意識を強化し、またあるところでは逆に、その意識を薄める結果となった。この現象は逆説的で多様な要件に因っていることが多く、結果を見極めるためには、これらの紛争全体を個々に分析し整理する必要がある。

ここでは、メカニズムをよりよくとらえるために、ここまでの手法とは逆に、周辺から出発して中心にいたることにする。

第一命題　ムスリムの共和国諸国においては、それぞれの独立宣言以前から、自治が行なわれていた。それゆえ、ゴルバチョフがソ連の第一書記として権力の座に就いても、本質的に、ウズベキスタンの指導者たちはウズベク人であり、アゼルバイジャンの指導者たちはアゼリー人〔アゼルバイジャン人〕であって、独立前後の政治状況に変化はないといえる。数年前にアルメニア人の虐殺が起こったとき**、ゴルバチョフは、「なぜアゼルバイジャンの治安軍はそれを止めるために介入しなかったのか」と驚いた。それに対するアゼルバイジャン側の説明は、「アゼリー人が、アルメニア人保護のために同じアゼリー人に向かって引き金を引くことなどない」、というものだった。アゼルバイジャンの治安軍は、「ソヴィエトの軍」である以上にはるかに「アゼリー人のもの」なのだ。また、カザフスタンのアルマ・アタ〔現アルマトイ。キルギスに近い南東部〕における例では、ゴルバチョフがペレストロイカ反対派のある人物を解任し別の人物にすげ替えただけで、暴動が起こった***。ゴルバチョフ第一書記には、反対派の人物がカザフ人で、彼に替わる人物がロシア人であるということが、どのような意味作用をもつのか、よく分かっていなかったのだ。結局のところ、ムスリムの共和国はこうして徐々に自治的になっていった。それはアルメニアについても、グルジアについても同様であった。

第二命題　ムスリムの共和国諸国にとって、独立は必ずしも分離主義的な意思を意味するものではなかった。これらの諸国は、たとえばフランス政府と分離にいたるまでの諸段階を乗り切った一九五〇年代のチュニジアやモロッコのように、分離主義的な独立というものを必ずしも頭に描いていたわけではなかった。むしろ中央アジアでは、共和国のリーダーたちは旧ソ連の中央権力機構に基づいて自らの権限を維持しようとしていた。その意味で、ここで問題となるのは、一種の逆向きの分離主義であった。クーデタ〔ゴルバチョフを監禁したクーデタのこと。本書五二五頁訳注＊＊＊参照〕に加担したソ連の財務大臣パブロフ〔一九三七～二〇〇三。クーデタの時点ではソ連首相〕が、ウズベキスタンの政府機関およびマフィアと緊密な関係をもっていたのも、それを示している。

こんな状況であったならば、クーデタに先立つ年、ゴルバチョフとエリツィンとのあいだで抗争が生じたとき、共和国のリーダーたちが、連邦を維持しようとしたゴルバチョフの側に立ったことは何ら驚くにあたらない。なぜエリツィンに反対したかといえば、エリツィンはロシアの主権を宣言することによって、各共和国に分離へのプロセスを始動させようとしたからである。むろんそれは、これらの共和国が中央に対してもっていた「利点」の失効を意味した。したがって、ムスリムの共和国諸国、少なくともその中枢部の人間が、その後、総じて「クーデタ加担者」である反ゴルバチョフの保守派側に身をおいたのも、驚くことではないのである。

第三命題　ロシアで「自由への入り口」と賞賛されたペレストロイカも、ムスリムの共和国諸国ではロシアとの伝統的な社会関係の未来にとって、危険なものと認識されていた。「ソヴィエト大統領も昔の汗（ハーン）と何ら変わらない存在だ」「共産主義のせいでロシアとの伝統的な社会関係は永

＊　一九九三年九月、エリツィン大統領と対立したハズブラートフ最高会議議長（一九四二～）、ルツコイ副大統領（一九四七～）らの議会派は、大統領を弾劾してルツコイを大統領代行に任命した。これに対しエリツィンは、同年一〇月三日非常事態宣言をだし、議会派が立てこもるビルを包囲して砲撃を加えた。このため議会派は屈服、エリツィンは大統領の権限をいっそう強化することに成功する。

＊＊　一九八八年二月、アゼルバイジャンのナゴルノ・カラバフ自治州スムガイトで、アルメニアへの帰属替えを要求するアルメニア人とこれ反対するアゼリー人が衝突、アルメニア人二六名、アゼリー人六名が死亡した（スムガイト事件）。この事件以降、両民族の対立は深刻化し、民族浄化的様相を帯びてきた。ことに一九九二年の戦闘以降（一九九一年九月、ナゴルノ・カラバフはアゼルバイジャンの承認を得ぬまま独立を宣言。本書五二五頁訳注＊＊参照）、アルメニアとナゴルノ・カラバフからは、大挙してアゼリー人がアゼルバイジャンに避難、あるいは追放される結果を生みだした。このため、アゼルバイジャンでは難民の数が急増している（約一〇〇万人）。

＊＊＊　一九八六年一二月、カザフスタン共和国中央委員会第一書記を長らく務めてきたカザフ人のディンムハメド・クナーエフ（一九一一～九三）が解任され、代わってロシア人のゲンナジー・コールビン（一九二七～九八）が就任した。これに反対して、アルマ・アタ市内で学生を中心とする数百人のデモが組織され、治安部隊とのあいだに衝突が起きて暴動となった。

12.カレリア(ペトロザヴォーツク)
13.コミ(シクティフカル)
14.トゥヴァ(キジル)
15.ブリヤート(ウラン・ウデ)
16.ヤクート(ヤクーツク)

グルジア内
17.アブハジア(スフミ)
18.アジャリア(バトゥーミ)

アゼルバイジャン内
19.ナヒチェヴァン(ナヒチェヴァン)

ウズベキスタン内
20.カラカルパクスタン(ヌクス)

自治州

……境界　●首都

連邦共和国内
21.アディゲ(マイコープ)
22.チェルケス(チェルケスク)
23.ゴルノ・アルタイ(ゴルノ・アルタイスク)
24.ハカス(アバカン)
25.ユダヤ(ビロビジャン)

グルジア内
26.南オセチア
(ツヒンヴァリ)

アゼルバイジャン内
27.ナゴルノ・カラバフ
(ステパナケルト)

タジキスタン内
28.ゴルノ・バダフシャン
(ホログ)

ソヴィエト連邦の行政区分と民族性（1944～87）

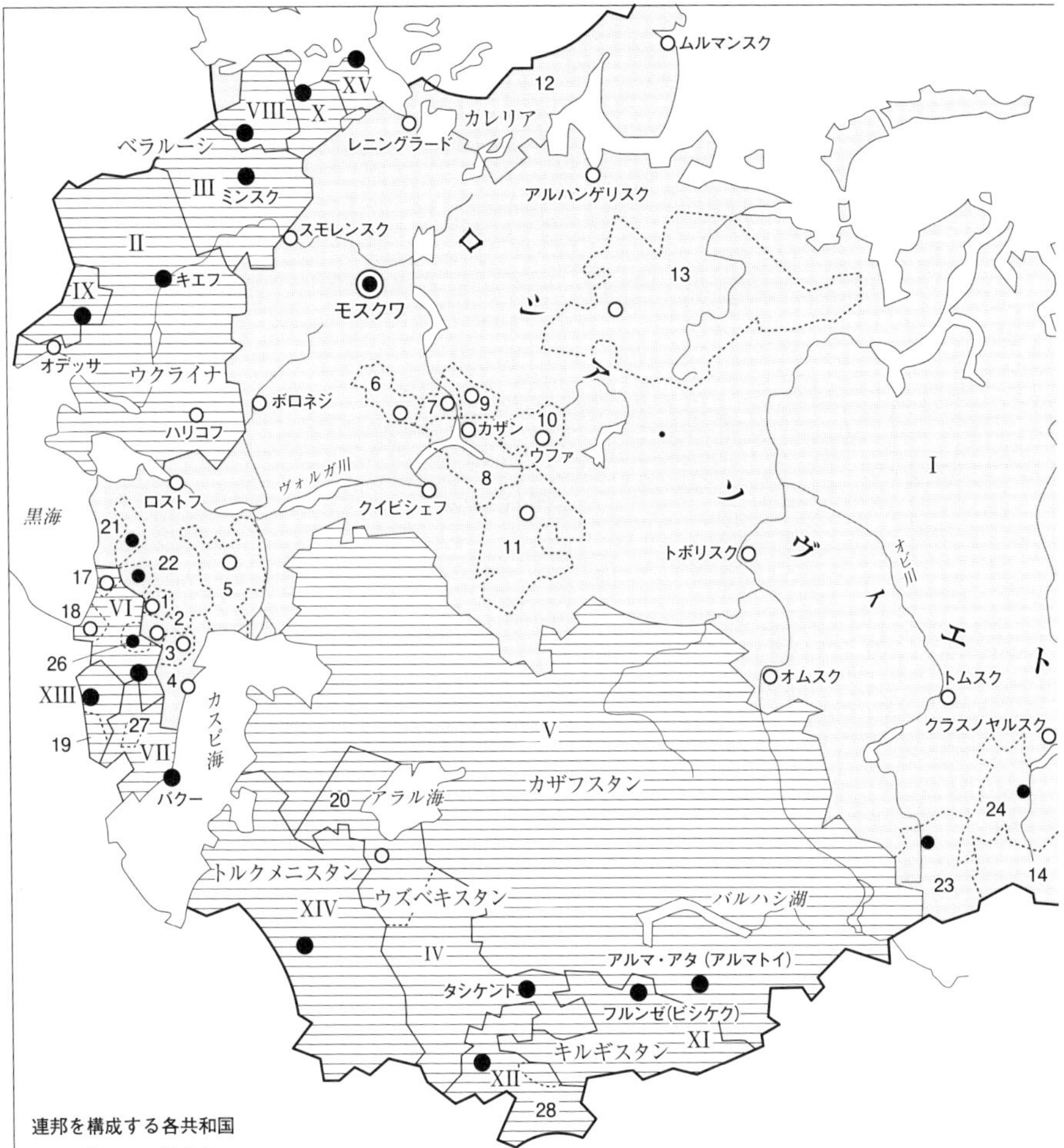

連邦を構成する各共和国

――国境　**●首都**

I.ロシア・ソヴィエト連邦社会主義共和国（モスクワ）
II.ウクライナ（キエフ）
III.ベラルーシ（ミンスク）
IV.ウズベキスタン（タシケント）
V.カザフスタン（アルマ・アタ）
VI.グルジア（トビリシ）
VII.アゼルバイジャン（バクー）
VIII.リトアニア（ビルニュス）
IX.モルダヴィア（キシニョフ）
X.ラトビア（リガ）
XI.キルギスタン（フルンゼ）
XII.タジキスタン（ドゥシャンベ）
XIII.アルメニア（エレヴァン）
XIV.トルクメニスタン（アシハバード）
XV.エストニア（タリン）

自治共和国

……境界　**○首都**

1.カバルダ（ナリチク）
2.北オセチア（オルジョニキーゼ）
3.チェチェン・イングーシ（グロズヌイ）
4.タゲスタン（マハチカラ）
5.カルムイク（エリスタ）
6.モルドヴァ（サランスク）
7.チュヴァシ（チェボクサリ）
8.タタール（カザン）
9.マリ（ヨシュカル・オラ）
10.バシキール（ウファ）
11.ウドムルト（イジェフスク）

出典：l'Atlas Hachette, *Histoire de l'humanité*, ©Hachette, 1992 をもとに訳者作成。

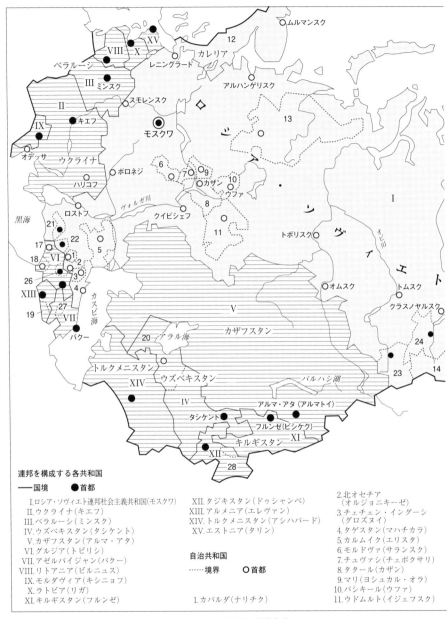

遠に続いてゆくのではないか」――そのように見られていたのである。おまけにモスクワは、グラスノスチ〔「情報公開」「公開性」の意。ペレストロイカのもとでの情報政策〕によって、ウズベキスタンでケシ栽培が行なわれていることを理由に、マフィアの麻薬密売を「ウズベキスタン特有の現象」と決めつけた。また、ムスリムたちがモスクの必要性を主張すると、モスクワ自体が東方正教会との接近を公然と図っているにもかかわらず、ムスリムのほうだけを指弾した。イスラーム諸国からの要求はすべて、テヘランに向かって忠誠を誓おうとする兆候と見なされた。

　ロシアのこのような態度は、結果的に、イスラーム的な政治運動やイスラーム的に変形された政治思想をさまざまに発展させることとなった。その多様性のおかげで、各共和国は隣国とのアイデンティティーの違いをより鮮明にさせることにもなった。たとえばそれは、タジキスタンに君臨するシーア派の原理主義から、ほとんど無宗教に近いアゼルバイジャンのイスラームにいたるまで、そのあいだには単にスンニ派ではないという違いを超えて、それぞれの宗派にはさまざまな地域差があることにも窺われる。このように各共和国のアイデンティティーの違いが強化される現象によって、「トルキスタン」の再統合*に反対する人々や、トルコ、イラン、パキスタンなど隣接する大国への吸収（すなわちイスラーム的集合体への吸収）に反対する人々も増えている。さらにつけ加えるなら、イランその他で起きているイスラーム革命の急速な拡大と、ソヴィエトの共和国諸国内で起きている危機の緩慢な拡大とは、同じ速度《テンポ》で生じているわけではない。おそらくこのことは、ソヴィエトのイスラーム諸民族がトルコ、イラン、パキスタンのほうへ、後戻りできない漂流を始めることを予告するものである。

第四命題　ロシア南部国境近辺に位置する共和国諸国の人々は、ロシア人の引揚げが独立宣言よりもはるかに先行して行なわれていた点で、ポスト・コロニアルな状況に満足していた。しかもこの大移動は、ことさら劇的なドラマもなく行なわれたのであるから、別の状況であったならば、これを成功した脱植民地化と呼べたかもしれない。ただしかし、これらの共和国のなかには、「《自分たちのための》ロシア人」を手放さなかったり、「新しいロシア人《海外協力派遣員》」に助力を訴えてきた国もある。また、状況が異なるのはカザフスタンで、この共和国だけはロシア人とカザフ人の人口がほぼ同数であるため、あらゆる面で責任が分担されてきた。それゆえに、両民族間では際限のない紛争が今も生みだされている。

　逆に、いくつかの共和国においては、独立にいたってから、民族紛争が再燃したところもある。ことにカフカス地方の諸国がそれにあたる。すなわち、アルメニア人とチュルク・アゼリー（トルコ・アゼルバイジャン）人、グルジア人とアブハーズ人等々による民族紛争がそれにあたるが、これらは帝政ロシアやソヴィエト時代と変わらない激しさを示すようになっている。なかでもグルジア人とアブハーズ人の紛争には、この地域特有の状況を見ることができる。グルジア人はロシア人からの解放に不安をつのらせるあまり、自分たちがアブハーズ人に対して、逆に一種の植民地的権力を行使していることに気づかなかった。したがって、そこにはポスト・コロニアルではなくプレ・コロニアル的な状況が生まれていたのである。このような国境地域における紛争に対して、ロシア人はふたたび調停者の役割を担うことになる。

第五命題　ムスリムの共和国諸国やカフカスの共和国諸国（グルジア、アルメニア、アゼルバイジャン）で見られたのと同質の現象がロシアのシベリアにおいても確認できるとすれば、そこには特別の意味があることを知る必要がある。一九九二年の春、クラスノヤルスク〔ロシア連邦中部〕で開かれたシベリア会議において、ある代表が、「われわれが離脱するのはロシアからではなく、その政府からである」と宣言した。別の代表は、この会議はモスクワに対して圧力をかける手段として開かれる旨を強調した。二人の発言は特徴的である。この会議は、一面において、中央権力と地方代表機関との対立が次第に大きくなっていることを表していた。それはモスクワの政府代表である行政のトップが会議に欠席していた点からもうかがえる。その反面、シベリアのソヴィエト国営の共和国（トゥヴァ共和国〔アジアの中央部で、モンゴルに隣接〕、サハ共和国〔あるいはイアクチ・サハ共和国。旧ヤクート。北東シベリア〕、ブリヤート共和国〔バイカル湖東辺部〕など）は、「分離独立派」の一派でないことを示すため、自分たちの欠席について釈明、弁明した。エヴェンキ人〔ロシア東部を中心にシベリア全体に居住する民族。旧称ツングース人〕は、「自分たちは領土的独立から民族的独立への移行を目標としているが、その国家は、シベリアではなく、ロシアの枠組みにおいてである」と強調した。

これらのデータを第二命題と突き合わせてみれば次のことが明瞭になる。すなわち、要求を申し立てる人間の精神において、国家の問題は、必ずしも民族的な構成要素をもつわけではないし、必ずしも分離独立への意思によって解決される

＊　カザフスタン、キルギスタン、トルクメニスタン、ウズベキスタンは、西トルキスタンと総称される地域内のチュルク系民族国家群で、その国境は民族分布によるものではなく、ロシア革命後、ソ連によって人為的に引かれたものである。そのため、統合を含め種々の民族的欲求がある。また、一九五五年に中国領新疆ウイグル自治区となった地域は、東トルキスタンとも呼ばれ、ソ連の後援によって東トルキスタン共和国が建国されていた時期があり（一九四四〜四九）、中国帰属を拒否する住民は、現在も独立運動を展開している。運動グループのなかには、最終的に東西トルキスタンの統合を理想としている組織もある。

わけでもないということである。たしかに、リトアニアをはじめバルト諸国における分離独立の意思は、人々を動かす不可欠の原動力だった。激しいロシア感情を抱くエストニア人が、ペレストロイカの初期にはあえてその意思を表明しなかったとしても、その後この意思は、きわめて迅速かつ隅々にまで拡がっていった。この意思は、バルト諸国全体の人々、そしてグルジア人、ウクライナ人、さらにはアルメニア人など、要するにキリスト教徒の心のなかで確実に優位を占めていった。しかし、他の共和国諸国での分離独立への意思はこれほど明瞭ではなかった。一方、ロシア連邦の内部にありながら、タタールスタン共和国は自ら主権者たらんとした。タタール人かロシア人かにかかわらずタタールスタン共和国の指導者らは、資源を自分たちの意のままにしたいと望んだのである。また、シベリアでは、これと同じ要求がロシア人、ヤクート人〔ロシア連邦東部、ヤクート共和国（現サハ共和国）の先住民族〕、ブリヤート人から同時に発せられた。

このように、独立国家共同体（CIS）の加盟各国を見た場合、いわゆる国家的、植民地的な状況全体に共通する要因をなしているのは、権力集中に対する敵意の問題であり、議決に関わる中央集権の問題である。ある意味では、今日でもなお変わることなく続いている古い敵対関係をそこに再発見することができる。敵対の一方には共産党時代に一体化していた中央権力とその行政機関があり、もう一方には一九一七年以前のゼムストヴォ*やそれ以後のソヴィエト**のような代議制機関がある。ところで、ゼムストヴォもソヴィエトも、たとえ代議員の資格をもつ者（ゼムストヴォ）や実質的な代表権をもつ者（ソヴィエト）の能力がどれほどのものであろうとも、地方行政単位レベルでの権能以上の権限を一度として越えることができなかった。周知のとおり、一九一七年以来、ソヴィエト連邦の歴史は、下部からの権力吸引によって説明され、その経験は直接民主主義を表すものとされる。また、その歴史は上部からの権力行使によっても説明され、その経験は民主的権力集中を賞賛し実践するものとされる。一九八八年、ゴルバチョフがやろうとしたのは、ソヴィエト〔議会〕の刷新であった。つまり、彼は、代議員にその権利と権力を返還しようとしたのである。ところが、一九九三年から一九九四年にエリツィンがやったのは、その権利と権限の抹消である。この矛盾は何を意味しているのだろうか。

真の問題は、上部の人間も下部の人間も、権力の分割を知らなかったことである。それゆえにロシア大統領エリツィンは、自治区や地方で、自ら選んだ代表者（つまり、いわば密使となる地方長官《ナメスニク》***）を指名しようと目論み、中央（モスクワ）で任命した知事を地方へ派遣することになったのだ。その意味で、真の地方自治はいまだ存在していない。サンクト・ペテルブルクの市長ソブチャク〔一九三七〜二〇〇〇〕は、「あんなソヴィエト〔議会〕など力がないのだから無益だ」「実際、ソヴィエト〔議会〕のもつただひとつの能力は、決定を妨害することだけだ」といい切ってはばからない。単純化してまとめれば次のようにいえるだろう。一九一七年当時、地方のソヴィエト〔議会〕は非識字者や教育のない人々によって構成され、全権力はエリートたちが握っていたが、今日では、地方のソヴィエト〔議会〕は教育も能力もある人々によって構成されてはいるが、やはり、法的能力も、権力に「もの申す」以外の実権ももっていないのだ、と。

かくして、選挙で選ばれた下部の人間は、自ら法を立て、施行し、判決を下すこと、すなわち、立法・行政・司法の三権を手にすることを夢見るが、権力の分割を知らない。そして中央が、下部の無力を尻目に、立法し、施行し、判決を下す…。そのもとでは、民族のアイデンティティーに関わる諸問題は単に、権力問題の変遷過程における多種多様な事項のひとつにすぎない。これがわれわれの第六命題である。

このように、現在においても、下部代議制権力（つまり先般までのソヴィエト〔議会〕であり、明日は別のものとなる権力）と中央権力との対立のために、他の多くの問題は陰に隠されている。この状態は、地方の議決機関に三権という真の権力が与えられない限り、変わらない。

ペレストロイカ以後もクーデタ以後も、その構成においてほとんど変化のなかった地方権力システムは、現在のところ、反政府派と分離主義派（民族的アイデンティティーに基づく）と改革反対派によって中心的骨格が形成されている。旧ソ連の地方議会議長の八〇パーセントが共産党執行部の出身者で占められている。エリツィンと議会との流血沙汰（一九九三年九月〔本書五二七頁訳注＊参照〕）が片付いたからには、彼らはいずれ淘汰されることも考えられるだろう。＊＊＊＊

奇妙な経過ではあるが、ソ連時代の特権身分《ノーメンクラトゥーラ》は、各地方の市民の利益向上を名目に、民族のアイデンティティーや反中央集権派のナショナリズムに訴えかけながら、代議制権力を

＊　革命以前のロシア地方議会、地方自治機関。地主、都市居住民、農民の三身分のなかから納税額で選挙人資格が決められ、代議員を選出した。実権を握っていたのは貴族であった。

＊＊　革命後のあらゆるレベルの議会。ソヴィエトの原義は「評議会、会議」。

＊＊＊　帝政期ロシアなどでの地方行政官。中央から派遣され、地方の行政全般に責任をもったが、報酬は所轄地域から徴収した。

＊＊＊＊　二〇一六年現在、州知事、地方議会議長のほとんどは元ソ連共産党員である「統一ロシア」党員が指名しており、地方自治は中央に掌握されている。プーチン大統領（一九五二〜。ロシア連邦第二代大統領〔二〇〇〇〜〇八〕、第四代大統領〔二〇一二〜〕）の地方自治制度改革（二〇〇〇年以降）により、エリツィン政権時に生じた権力の分散が抑え込まれている状態である。

介して勢力の巻き返しを図った。ついこのままゴルバチョフを倒そうとした市場経済反対派に、エリツィンが譲歩せざるをえなくなったのはそのゆえである。エリツィンは、右に左に揺れながらだましだまし政治を進めたが、結局は彼もまた、打倒した政敵である前任者ゴルバチョフと同じ政治的帰結に行きつくのである。

ここまで述べてきた命題によって次のことが明らかになる。すなわち、民族のアイデンティティーの奥底や民族国家《ナション》の誕生にはしばしば民族的、民族言語学的、宗教的な考えが関わるが、そこにはまた、行政的・政治的な考えや、当然ながらイデオロギー的な考えも関わっている可能性がきわめて高いということだ。もちろん、前者の考えと後者の考えが混じりあっている場合もあれば、そうでない場合もある。たとえば、チェチェン、オムスク〔連邦中部に位置する西シベリア南部の州〕、ムルマンスク〔北極海の縁海であるバレンツ海に臨む、ロシア北西部の州〕、クーバン〔連邦南部、黒海に注ぐ同名の川の周辺地域〕などにおいては、関係住民の民族性とは無関係に、自治主義はあらゆる条件と混じりあっている。

このことは、民族国家《ナション》というものが、恒久的であり、同時に過渡的なものであることを証明しているといえるだろう。

第11章

めり込んだ脱植民地化

「廃墟から、すぐに新しい秩序が生まれるだろう」「解放闘争から生じた不安定な状況は、いずれ収まるだろう」――植民地から解放された人々は当初そのように思っていた。ところが、「勝利をもたらしたヒーローである兵卒や将校の暴力・傲慢・権力欲は、ついには軍国化に行きつき、その犠牲となるのは都市に生きるさまざまな階級の人間だった〔…〕。「たとえこの動きが既存の政治体制を相対的に民主化することになっても〔…〕、それはこれまでの不平等が別の不平等に替わり、それによって何人かの出世が確実になっただけの話にすぎない〔…〕」。結局のところ、解放後に確立された諸制度は「変化に賛同した人々、つまり独立への自覚をうながしたはずの都市エリート層や中産階級に対する信用を失墜させるものだった」。

この診断はルネ・デュモン〔一九〇四〜二〇〇一。フランスの農学者。第三世界の問題を訴え続けた平和運動家、エコロジスト〕の著書『出発を誤ったブラック・アフリカ』(Dumont 1962)の、まさに要約版ともいえるものだ。ところがまったくそうではない。この診断は、今から一世紀前の、独立戦争終了後まもない時期のラテン・アメリカを述べたものであり、出典はアルゼンチンの歴史学者トゥーリオ・ハルペリン・ドンヒ〔一九二六〜二〇一四。一九六六年アメリカに移住し、オックスフォード大学教授などを歴任〕の『ラテン・アメリカ現代史』(Donghi 1972)に拠る。ここから分かるのは、植民地化された人々による解放運動も、入植者による独立運動も、少なくとも短期的には同じような結果に行きつくことがありえた、ということである。事実、右に見られる特徴のいくつかは、二〇世紀中葉以降に独立したブラック・アフリカ以外の多くの国にも見いだされる。

このような類似性が生じる原因のひとつは、植民地化以前の関係が腐敗した形で残存し、一九・二〇世紀の独立運動がこの残存物に圧倒される事態がありえたこと、同時に、独立運動以上に広がりをもつ強大な動きが当時の独立運動とぶつかり、めり込む状況がありえたことに拠る。

一方、植民地化以前の歴史に見られたいくつかの特徴的事実が、植民地化の過程で何らかの変容を生じさせながら、独立後にふたたびその姿を現すこともある。こうした例は、まずペルー高地に見ることができる。そこではヨーロッパによる征服以前の紛争が独立後に復活したが、それは、新しい征服者がいわば「その紛争をそのまま保存した」からである。植民地化以前の歴史との同様のつながりは、インドシナ地域でも見られる。ここではヴェトナムが、独立するや否や、ラオスとカンボジアに支配の手を伸ばそうとした。カフカスでも、ロシアおよびソヴィエト連邦による征服から独立して以来、昔からの紛争がやはり消えることなく存続している。この種の例は、南アフリカや中央アフリカ地域において無数の指摘することができる。

とりわけブラック・アフリカにおいては、その全域にわたり、古くから存在するさまざまな関係の網が重なり合うところに国境を作ったため、この種の紛争をしばしば悪化させる結果となった。

しかし、それ以上に重要なのは、本来なら永遠に鎮静化しえたであろう父祖伝来の争いが、植民地時代にその状況に修正が加えられて深刻化し、独立後にふたたび噴きだしているケースである。そうした事例の典型を、ジャンピエール・クレチアン〔一九三七〜。アフリカ大湖地域を専門とするフランスの歴史学者〕による歴史民俗学の研究書から知ることができる（Chrétine 1993）。ブルンジとルワンダでは、一九七二年からツチ人とフツ人の血みどろの戦いがふたたび始まった。* 両民族の対立は、ヨーロッパ人到来以前からあった伝統的な氏族社会《クラン》〔単系的な親族集団による社会〕の分化に関わるものだが、グループやカテゴリー間の反目が血みどろの様相を呈するにいたったのは、一九五〇年代から六〇年代のあいだである。「政治的支持層の構成において、どの民族に属するかを決定する民族分布図が力を得ることによって、差別と暴力と恐怖の、おそらく制御不能な歯車が回り始めた。ひとつの差異という古くからある現実的な要素と、人種という形式をとる紛争の要素、この二つの要素のあいだに介在しているのが、植民地化時代の出来事である」。

ヨーロッパのヘゲモニーからアメリカのヘゲモニーへ

一九世紀において最大の広がりをもった運動とは、いうまでもなく産業革命である。その原動力となったイギリスは、自国の工業製品を売りさばくとともにその流通を支配下におくことで、南アメリカにおけるスペインとポルトガルの地位を奪い取ったが、それにはたいした努力を要しなかった。この地で独立した新しい国々は、イギリスのすばらしい工業製品を手に入れたいと望み、そのために債務を負った。イギリスはこのビジネスに満足した。これにより両者のあいだには一種の新植民地条約が作りあげられることとなった。それはヨーロッパ人実業家の利益と独立した国々の指導者層の利害を結びつけるものであり、やがてヨーロッパ人はこれらの国の経済の一部を支配することとなった。イギリスはペルーおよびアルゼンチンの支配者になった。ドイツの資本家はグアテマラのコーヒー経済を牛耳り、アメリカの会社はキューバの砂糖キビ畑を占有した。まもなく中央アメリカの低地にも

＊　とくに一九九四年、ルワンダ大統領ハビャリマナ（一九三七〜九四。在任一九七三〜九四）の死を機に発生した大量虐殺では、数ヶ月でツチ人、フツ人含めて推定八〇〜一〇〇万人が犠牲となった。

触手が伸ばされ、そこではボストン支配のバナナ帝国が誕生した。ハイチやサント・ドミンゴ〔ドミニカ共和国の首都〕では、主要な国家収入を関税に依存する状態となり、アメリカの債権者が関税率をコントロールすることで実質的な債権の回収を行なった。

これと同じ状況、経過は、一八七〇年から一九一〇年までのエジプトやチュニジアでも見ることができる。

一九〇二年の「ベネズエラ危機*」は、アメリカ大陸におけるヘゲモニーがヨーロッパ人からアメリカ人へと移ったことを明確に示す出来事となった。この年、セオドア・ルーズヴェルト〔第二六代大統領（在任一九〇一～〇九）〕は、ベネズエラの全債権者を代表し、債務者に対し軍事力を背景とする示威行動を起こした。それは、ドイツ皇帝ヴィルヘルム二世が中国の義和団運動〔一八九九～一九〇一。本書一五七頁参照〕に遠征軍を派遣したのと同時期の介入であったが、モンロー主義〔本書一四七頁参照〕の名で行なわれたベネズエラに対するこのアメリカの干渉は、とりわけ道義的理由を正当化の根拠とした。つまり、アメリカのやり方はヨーロッパとは違うというわけである。

実際、イギリス人はこのラテン・アメリカにおいて、自分たちの経済支配に対する道徳的な、あるいはイデオロギー的な性格づけをいっさい行なっていない。アフリカにおいては「《文明》の名のもとに行動する」と言明しておきながら、ラテン・アメリカではそうはいわなかった。ラテン・アメリカではいつもどおりのビジネスが行なわれ、イギリスはそこからあがる実質的な収益に満足していた。対して、アメリカ人は、先のトゥーリオ・ハルペリン・ドンヒの指摘によれば、自分たちの独立と革命の源となった政治的倫理思想を、つまりアメリカ特有のピューリタニズムをもち込もうと考えた。

ヤンキーたちは仕事の「健全な」運営方法を南アメリカの人々に習得させたかったのかもしれない。ところが、ラテン・アメリカ人にはそれが自分たちの財政と国家を支配する偽善的な策略に思われた。たしかにそれは、商業的駆け引きを越えた、まさにアメリカによる戦略だったのである。

なるほど、教育するのに適した道徳主義は、誰の目にもあきらかな物質的利益を正当化しながら、支配－被支配の関係を永続化させる目的をもっている。主人はあくまで主人であり続けるわけだ。

「ビッグ・スティック」（大きな棍棒**）といわれる威圧政策の何ものでもないモンロー主義を掲げて、セオドア・ルーズヴェルトはキューバ（とフィリピン）をスペインの支配から「解放」した。その後アメリカは、「安全保障」を名目に中央アメリカとパナマを支配するが、これを名目とする政策は二〇世紀をとおして継続されることになる。一九一五年にハイチに〔本書四五頁参照〕、第二次大戦直後には革命下のグアテマラに軍事介入し〔反革命派勢力を支援〕、キューバのカストロの動きに対しては反革命軍のコチノス湾〔キューバ中央部南岸〕上陸を援助している***。

アメリカは、一九六〇年代から七〇年代にかけて、バナナ帝国下にある小国の政治に数多くの干渉を行ない、さらにニカラグアのサンディニスタ革命にも干渉****している。ノーム・チョムスキー〔一九二八〜。アメリカの言語学者。アメリカの政治外交に対する鋭い批判者としても有名〕によれば、アメリカ国務省やCIAがラテン・アメリカ諸国の政府に注ぎ込んだ援助金額とその国の人権犯罪とのあいだには相関関係があり、ことに一九七六年以降その傾向が顕著である（Chomsky 1979）。この一九七六年という年は、ラテン・アメリカが外国の投資に、とくに北アメリカの投資に門戸をふたたび開放した年である。この時期のアメリカによる直接・間接の援助は、「民主主義のための」闘い、「国家転覆に対抗するための」闘いを大義名分とし、アメリカが体現する厳格な倫理的諸原則に基づいて行なわれるとされていた…。

じつをいうと、こうしたアメリカの政策はスペイン語圏アメリカ諸国に限ったものではない。一九六〇年代に独立ないし解放を迎え、共産主義からの影響を監視されることとなった国々に対しても、この政策は振り向けられた。たとえばインドネシアや韓国がそうである。またヴェトナムにおいては、この政策が史上稀に見る悲惨な戦争の原因となった。リチャード・ニクソン〔アメリカ第三七代大統領（一九六九〜七四）〕はソ連の同盟国〔北朝鮮のこと〕に原子爆弾を投下することができず、世論の圧力に屈して引退を決意した（一九七三）。

さて、アメリカのこの政策にともなう「援助・支援」に話を戻すなら、その結果が生んだ最大の特徴は、最貧国グループの指導者層のなかでもっとも豊かな暮らしをしている者たちをいっそう豊かにし、その国の住人のなかでもっとも貧しい人々をいっそう貧しい立場に追いやったことである。

---

* 一九〇二年一二月、英・独・伊の三国は、累積債務の完済を求めてベネズエラの五つの港湾と海岸全域を艦隊で封鎖。アメリカが欧米両大陸の相互不干渉を旨とするモンロー宣言（一八二三）を盾に外交介入し、翌年二月に解除。

** セオドア・ルーズヴェルトの「大きな棍棒を所持しながらも穏やかに話をする」という言葉に由来する。

*** 一九六一年四月、アメリカはカストロ政権を倒すため、国内で軍事訓練を施した亡命キューバ人約一三〇〇名をコチノス湾に上陸させた。この反革命軍は上陸後まもなくキューバ軍に制圧され、大半が捕虜となった。

**** 一九七九年七月、ソモサ親米独裁政権がサンディニスタ民族解放戦線（FSLN）によって倒され、サンディニスタ共産主義政権が誕生した（サンディニスタ革命。本書四七一頁訳注***参照）。これに対して、アメリカは、一九八一年から反政府ゲリラ組織コントラに武器と資金の援助を開始、政権の打倒を図った。この隠密工作は、不法な武器輸出による資金調達が露見して、のちにレーガン政権（一九八一〜八九）のスキャンダルに発展する（イラン・コントラ事件）。

ポスト・コロニアルな関係から多国籍帝国主義へ

一九五〇年代と六〇年代に多くの国々が独立したアジア・アフリカ世界に対する西洋のその後の動きについては、「新植民地主義」と呼ぶべきだろうか、それとも「新帝国主義」と呼ぶべきだろうか。場合によっては、この二つの呼び方を同時に使う必要があるかもしれない…。

ラテン・アメリカとまったく同様、一九世紀以来ブラック・アフリカにおいても「階級の植民地化」なるものが存在してきた。一九六一年、ある市長がカメルーン首相アサレ〔一九一二〜一九九一〕に次のように述べている。「主権在民というものによって、大衆は、自分たちと何の接点もない特権階級が作りだされたことを感じとった」（前掲、ルネ・デュモン『出発を誤ったブラック・アフリカ』＝Dumont 1962 所収）。これはまさに、一九九三年にアルジェリア人が語っていたことと同じである。ただアルジェリアが他と異なるのは、国の支配において入植者に取って代わるのが、エリートたちではなかった点である。エリートにとっても大衆にとっても、この国をわがものにしてきたのは軍人と「アルジェリア民族解放戦線」（FLN）政府であった。いずれにしても、「だから、われわれは相変わらず占領され続けている」のである。

ブラック・アフリカにおいては、まさに行政が主要産業となった、といえるかもしれない。ダホメー（現ベナン）では、国家予算のうち六四パーセントが行政のために使われた（一九七〇）。ガボンでは、国会議員が六〇〇〇人にひとりの割合で選出され（フランスでは一〇万人にひとり）、議員ひとり当たりの二ヶ月分の給与が一般人の生涯所得に相当した。植民地解放から生まれる希望とは裏腹のこうした堕落には枚挙にいとまがない…。しかし、そこにもうひとつ、これらの諸国には見られないポスト・コロニアルな事柄をつけ加えねばならない。軍事費のために貧困が生みだされるという状況である。イラクにおいて国民の生活水準の向上を阻んだのがこの軍事費である。これはイラク一国に見られることではない。いくつもの国で、軍事支出のために全国民の生活水準が低下させられている。ところで、旧宗主国は自国産業の利益のために、この状況を作りだすのに大きく加担してきた。たとえばフランスやイギリスは、脱植民地化ののち、軍需を基盤とする「栄光の三〇年*」を享受した。これが、ヨーロッパと旧植民地との特別な関係を恒常化する、「新植民地主義」の第一の特徴である。そして、第二の特徴としてあげられるのが、旧植民地の新しい指導者層と旧宗主国の政財界人との癒着である。

モンゴ・ベティ〔一九三二〜二〇〇一。カメルーンの作家〕は、こうした癒着の原因を何とか突き止めようとした。どうしてこのような腐敗がカメルーン奥地のわが村にまでおよんだのか、なぜ完全にそれにやられてしまったのか…、ただただアフリカ人が悪いからなのか…、と彼は自問する。古くからあった問題なのか…、とすれば、そもそもこの問題を問うこと自体が的外れなのか…、さもなければ、自分たち旧植民地が食料生産を増やす代わりにトラクターの購入やコーヒーの増産に過剰な力を注いでしまったことが問題だったのか…、あるいはサハラの石油に見られるように、フランスやイギリスに一定の利益と独占権を与える正式な協定を結んでしまったことが問題だったのか…。いずれにせよ、ベティがそこで目にするのは、一種の植民地協定のようなものが独立後も形を変えて存続している現実である。

最後にもうひとつ、植民地時代が残した忌まわしい結果として、過去に画定された国境の不可侵原則がある。この原則のために、独立後、ことにナイジェリア、チャド、カメルーンなどのブラック・アフリカにおいては多くの悲劇的紛争が生まれることになった。

過去の植民地時代から引き継がれた旧宗主国との関係のなかで、逆向きに作用した現象もある。それは旧宗主国側が、いわば第三世界諸国の産業予備軍を求めた結果として生じたものである。一九三〇年代に始まった本国による植民地からの移民労働者の受け入れは、六〇年代の植民地解放時に大ブームとなった。ことにフランスではその傾向が高かった。その背景には、都市労働者の権利要求運動が高まるなかで経営の成否や利益率の不安定さが問題となり、一方では人の嫌がる仕事をためらうフランス人が徐々に増大する、ということがあった。そこで時のド・ゴール＝ポンピドゥー政府（一九五九年一月〜七四年四月）は、これを機に、当初は若年で独身の、したがって経営上ほとんどコストのかからない移民労働者を対象に、本国への大規模流入を容認することにした。この大量移入によって、労働市場の硬直した状況は緩和され、自国民労働者よりも流動性の高い産業予備軍が形成されることとなった。

その結果、一九七〇年代初めにおける熟練労働者の割合は、チュニジア人二三・一パーセント、モロッコ人一八パーセント、アルジェリア人一五・九パーセント、そして旧フランス植民地下の黒人九・五パーセントとなっていた（ピエール・スイリ『二〇世紀資本主義の力学』＝Souyri 1983 参照）。管理職やホワイトカラーの身分はもっぱらフランス人が占めるという、いわば本国そのもののなかに植民地があるような状況の出現

* 経済学者ジャン・フラスティエ（一九〇七〜九〇）が、同名の書のなかで、第二次大戦後から第一次オイルショックまでの時期（一九四五〜一九七三）を名づけたもの。一八三〇年の七月革命における「栄光の三日間」をもじっている。

である。ところが、海外領土からやって来た移民労働者が社会に根づくにつれ、彼らは家族をもつようになり、当然ながらその数を増していった。当初はもっぱら国家財政に有利な条件のみをもたらす存在であった彼らだが、こうなると、そうも行かなくなる。むしろ彼らプロレタリアは国家財政に重くのしかかるようになる。

イギリスにおいても、植民地化が回帰したような同様の状況が見られる。パキスタン、インドならびにカリブ海諸国からの移民労働者が、かなりの数の生産部門、とくに鉄道部門に入り、イギリス人労働者の代わりとなっている（ただしイギリスでは、これら移民労働者のなかのエリートは、「福祉国家」の医療機関や公共機関に入っている）。似たような状況はロシア共和国にも見られる。旧ソヴィエト連邦極東地域では、朝鮮人が下級労働を一手に引き受け、法的権利をもたない一種の非合法下層プロレタリアとなっているケースが多い。

ポスト・コロニアリズムや新帝国主義のもたらす結果が明らかになる時期と、アメリカのヘゲモニーが上昇する時期とは重なり合っている。それは、第二次大戦後まもなくの、脱植民地化たけなわの時期である。アメリカはこの頃、サウジアラビア、イラン、カリブ海諸国など、ヨーロッパがかつて君臨していた地域の周辺で、ヨーロッパに取って代わった。そのときまさに、新たに独立した国々は、依然としてなお欧米巨大企業に支配されている自国の大地とその地下にある富を、経済的に自国の管理下におこうと動き始めた。国有化政策の始まりである。しかもその後さまざまな紛争が起こり、その影響によって世界経済は、たとえば一九七三年の石油危機のように大きく揺り動かされることとなる。

石油危機後、欧米経済界のリーダーたちは、今や「お荷物」となった第三世界の労働力を受け入れ続けることができなくなり、企業活動の一部を、人的資源の潤沢な周辺経済地域へ投げだした。アメリカは、国内の労働者賃金が高いことから、低賃金の労働力を求めてかつての植民地・占領地であるフィリピンやシンガポール、韓国、メキシコ、ナイジェリアに次々と工場を移転した。そしてこの先例をまず日本が模倣し、台湾、香港、シンガポールに進出した。続いて、ドイツがとくにラテン・アメリカに、フランスやイギリスが東欧や旧植民地諸国に進出した。旧植民地所有国は、こうして徐々に労働力を周辺経済地域の労働者に依存することによって――つまり生産現場を移転することによって――間接的利益をあげ、一方で自国民の労働人口に占める非生産的なあるいは寄生的な部門の人々の割合を高めていった。

しかし、ここでも違いが現れた。一方には、この流れからほとんど利益を引きだせなかったアフリカの国々があり、他方には、進出企業に対して、増大する利益の一部を現地政府や地方の支配階級に分与するよう義務づけることのできたラテン・アメリカやアジアの国々がある。後者の国々は、タイミングよくグローバル化経済の波に乗り、世界経済のなかで利益を受けとる側へと成長することができた。今や、シンガポールや台湾は、経済大国に伍して世界経済の運営に加わっている。また、今日のマレーシアは、外国人労働者を受け入れるまでになっている…。

　したがって、独立以後に生じた旧植民地間の格差の問題も、植民地解放以後に旧宗主国が引きずったさまざまな問題も、単に、旧宗主国と旧植民地とのあいだの新植民地主義的な関係や新帝国主義的な関係のみで説明することはできない。これらはむしろ、たとえば一九世紀の産業革命時代のように、より広範な現象を含めて説明されるべき問題といえる。脱植民地化の問題は、この広範な現象とめり込み合っているのである。

　ガーナ独立後の初代大統領エンクルマは、早くも一九六五年に、「新植民地主義の本質は、理論的には、独立によってあらゆる特性を身につけたはずの主権国家が、現実的には、外部からの指図によって政治を行なわねばならないところに見いだされる」と書いている。これは、国家元首が「新植民地主義」の性質に判断を下した初めての定義である。彼は、旧帝国主義勢力がある段階から、かつての植民地を「内部からコントロールする」のをやめ、そこを発展させるために「外部から援助する」方向へ関心を移し始めたことに気づいた。この転換は、目に見える権力から、目に見えない統治機構すなわち国際通貨基金（ＩＭＦ）や世界銀行などの大銀行に統治の主体が代わることを意味した。エンクルマがここで述べているのは、「新植民地主義」というよりむしろ「新帝国主義」であろう。しかし、新帝国主義という用語も、経済のグローバル化によって、もはや適当ではなくなっている。「多国籍企業帝国主義」という表現もあるが、このいい方では、企業の利益と国家の利益の競合という意味あいが伝わらない。この状況をいい表すには、「多国籍帝国主義」という表現が適当ではないだろうか。

世界の画一化、その様相と結果

　植民地化以後に生じた事象のなかでも、とくに重要なのは、「世界の画一化」のプロセスが始まったことである。しかも、このダイナミックな画一化の動きのなかで、植民地化する側の諸国とそれ以外の諸国との格差がどんどん広がったことである。ジョズエ・デ・カストロ〔一九〇八～七三。ブラジルの食料・飢餓問題の専門家〕は、植民地解放期の一九六七年、ブラジルにおける貿易品の交換状況に関する特徴を明らかにしている。彼がそのとき下した診断の正しさは、一三年後、ベルギーの経済学者ポール・ベロックによって確証されることになる(原注)（Bairoch 1980）。

ところで、西洋文化の移植こそがこの画一化のメカニズムを起動させたのは事実だが、文明と文明が出会ったとき、かならずこのメカニズムが速やかに作動したかといえば、じつはそうではない。メキシコや、ことにペルーでこの画一化のメカニズムが即座に機能したことは確かだが、アメリカ大陸の一部地域の住人はまるごとそれを免れることができた。アフリカでは一六世紀から一八世紀にかけて、早くも領土併合の装置が働き始めていたにもかかわらず、画一化へ向かう動きはきわめて遅々としていた。その動きが実質的なものになるのは、ようやく一八八〇年代以後、いやむしろ一九〇〇年から一九三〇年頃になってからである。しかも、それがアフリカ人にとって真に耐えがたいものと感じられるようになるのは、「第二次」植民地化の時代（二〇世紀）に入ってから、とりわけ一九五〇年代のアンゴラと東アフリカ〔イギリス領東アフリカを指す。現在のタンザニア連合共和国、ケニア共和国、ウガンダ共和国〕でその動きが進展した時期である。*インドでは、世界的な経済画一化の波がまず沿岸都市に押し寄せたが、それが内陸に到達するのは二〇世紀も三分の一が終了してからである。これにより、インド社会の一部は、すでに拡大していた格差にともなう困難を乗り越えねばならなかった。画一化の進展は当然文化的な面にも政治的な面にもおよぶが、インドの人々はこれにきわめて強く抵抗した。その反発の強さは、今日、イスラーム世界の一部が見せているものと同等である。

これに対し極東は、まことに独特なやり方で、この植民地主義と帝国主義がもたらした脅威に応えている。極東は、必ずしも西欧的とはいえない独自の近代化形式を作りだし、その形式を守りながら、伝統的規範からの脱皮を図った。また、文明の十字路であるジャワに目を移せば、そこではすでにヨーロッパ人の到来以前から一種の「多国籍体制」が確立していた。

「世界の画一化」の動きは、言語の用いられ方、その変遷過程からも見ることができる。まず第一段階では、フランス人、イギリス人、スペイン人はもっぱら、植民地において相手に下す命令をより正確に伝達するために、先住民族の言語を学ぶ。第二段階では、彼らは先住民族に宗主国の文化を教えることに躊躇を覚えるようになる。教育によって先住民族たちが過度に目覚めることを心配したからである。第三段階では、アングロ・サクソン人、フランス人、ロシア人、とりわけソヴィエトの人間は、自分たちの技術的、経済的、政治的、文化的優位性を恒久化しようと、自国言語の教育の普及に力を注ぐようになる。そして、二〇世紀末には、さらに新たな段階が生じる。たとえば、アメリカに進出した日本企業の子会社から締めだしを食らわぬよう、今度はアメリカ人のほうが日本語を学ばねばならないのだ…。

一六世紀には、いくつもの経済世界があった。中国があり、西欧があり、イスラーム・トルコ世界があった。そこでもそれぞれ、逆戻りできない画一化は進行した。そして今日、もはや経済システムに属さない、独立した領域が存在することはほとんどなくなってしまっている。

最初に注目される画一化の現象は、一六世紀から二〇世紀のあいだに加速した。第一次大戦以前の数世代のあいだに、過去に例を見ないほど急激な、空間的距離の縮小が生じた。いまだかつて世界がこれほど小さく感じられたことはなかった。東洋と西洋との絆は、貿易とヨーロッパの拡大によってより強いものとなった。これにともなう画一化がどのような結果をもたらすのか、予測は困難だった。この画一化の問題は植民地に関してばかりではなかったからである。

実際、この時代には、ヨーロッパにおいてさえ、君主、聖職者、法、主人、家系、士官といった強固なアイデンティティーをもつ伝統的な権威のうえに、新たな権威がつけ加わった。それは匿名のコントロールできない権威であり、その一部は物の値段を突然乱高下させる膨張・拡大型の権威となって、伝統的農業を破壊したり、流行を変えたりした（たとえば食べ物や服飾の好み、やがてはレジャーの好みも変えた）。一方、変容する、まったくヨーロッパ的な技術の進歩は、それによって新しいものが生みだされるや、たちまちさらに新たな技術革新を引き起こし、ひとつまえの製品を陳腐化させたり、太古の昔からある仕事を消滅させたりした。

これらすべてのことは、進歩、科学、自由の名のもとになされた。

さて、すでに「脱植民地化」が完了した今日、これらさまざまの画一化現象は、活力にあふれた世界の中心だけでなく、遠く離れた最果ての地にまで達している。アンデスの高地でも、ブラック・アフリカの高地でも、似たような大異変が起きている。旧植民地における人民の解放とか、政治的・文化的自立に対する人民の希求とか、そういったこととはいっさ

(原注)　一九五四年、ブラジルではコーヒー豆一四袋でジープが一台買えた。一九六二年にはそれが三九袋必要となった。さて、今日はいくらであろうか。

＊　アンゴラでは、一九五一年、宗主国ポルトガルがアンゴラの地位を植民地から海外州に変え、資源開発に乗りだしたそのときに、ヨーロッパ人に対する入植奨励政策を開始した。このため、国内では反ヨーロッパの民族運動が急速に高まり、五六年には「アンゴラ解放人民運動」（ＭＰＬＡ）が結成されて六一年からゲリラ闘争を開始した（本書四六〇頁参照）。また、イギリス領東アフリカでも、一九五〇年代に民族運動が高潮期を迎えた。なかでも、一九五〇年から五五年のケニアで、イギリスによる土地収用をきっかけに起こったマウマウの反乱は、この動きを代表するものである（本書三五五頁訳注＊＊＊および三七六頁参照）。

い関わりなく、世界市場の一元化の問題によってこれらの高地は大きな被害を受けている。問題の主体が、植民する側であれ、ウォール・ストリート〔アメリカ金融の中心地〕であれ、ブリュッセル〔EU本部のあるヨーロッパ経済の中心地〕であれ、金相場であれ、この一元化によって被害を受けていることには何ら変わりがない。

　結果は似たり寄ったりだ。

　二〇世紀初め、ヨーロッパ市民の大部分は、経済を動かすメカニズムに無知であった。今では多少は認識の改善が見られるが、基本的な事情はあまり変わらない。この理解しがたい世界のなかでは、誰もが、自分に襲いかかってくる不幸から逃れたいと思ってきたのだ。ところで、一九世紀末から二〇世紀初めにかけてのヨーロッパでは、都市でも田舎でも、宗教回帰の動きが見られた。フランスではシャルル・ペギー*が、ロシアではウラジミール・ソロヴィヨフ**〔一八五三～一九〇〇。哲学者、宗教思想家、詩人〕が、また他の場所にも同じような人物たちが、数多く立ち現れていたことがこの動きの高まりを如実に物語っている。しかし、すべての人が宗教に救いを見いだせたわけではない。二〇世紀初頭に普及した三面記事満載の新聞は、人々の内に巣食う逃避願望を如実に伝えている。アルコールに溺れた者もいれば、自殺を選んだ者もいる。デュルケーム〔一八五八～一九一七。フランスの社会学者〕が一八九七年に『自殺論』を書いたのは偶然ではない。

　アルコール中毒と自殺は、「生きる目印の喪失」を表徴する最初のシグナルだった。しかし、大多数の人間は、これとは別の行動をとった。感情を爆発させたり、個人的なあるいは集団的な反抗に走ったりした。「国外移住」と「革命」は、この道筋の上に立つ二つの現象であり、不幸に対するひとつの回答の表現であった。これまで満足に論じられたことはないが、しばしばこの二つの現象は感情爆発や反抗の必然的帰結となり、密接に関係し合ってきた。だから、ロシアとイタリアは、大量の移住者を生みだす国となると同時に、バクーニン〔一八一四～一八七六。ロシアの革命家。無政府主義者らに強い影響を与えた〕やマラテスタ〔一八五三～一九三二。イタリアの無政府主義的革命家。バクーニンとの邂逅後アナーキズム運動に挺身。のちに反ファシズム統一戦線を結成〕を生んだ国となった。そして、二〇世紀の経済危機と戦争に対しても、二つの回答を示す国となったのだ。つまり、共産主義とファシズムである。

　ところで、植民地が終焉した今日、われわれが目にしているのは何であろうか。

　この時代の不確実性、経済・社会を統御できない指導者たち、この現実をまえに西洋社会では神秘主義がふたたび盛んになったり、非理性的なものが力を得たりといった現象が見られる。非西洋圏の信仰がおしなべて成功を収めるのもその反映であろう。ごく若い年齢層では、信仰の代わりに、昔であればアルコール、今ではドラッグに頼る傾向が見られる。こうした集団的動きは、国外移住と反抗が交差する地点で発生するケースも多い。また、トルコ、ペルシア（イラン）、アラブ世界では、イスラーム原理主義の復活といった現象を通じて、植民地解放後の破産的な状況に対する反発行動も現れている。

これら第一の現象と関連をもつ第二の現象は、単に個々の人間に対してだけでなく、国民、国家、民族にも影響をおよぼしている。二〇世紀初頭、産業活動の活発化と資本主義の発展によって地理上の距離はどんどん縮まり、産業革命以前には見られない経済のグローバル化現象が出現した。これによってイギリスは、一八四六年の自由化法***が自国の農業全体の運命をどのように変えるのかを知った。のちに、両大戦間期のブラジルのコーヒー生産も、一九五九年以後のキューバの砂糖生産も、このグローバル化経済によって突然致命的な打撃を被った****。

アメリカ中央銀行の高金利政策と、それにともなう途上国の債務危機は、農産物や原料の価格を暴落させた。これにより、かつて植民地であった貧困国では一九八二年以降、富裕国から借り入れた以上の資金を富裕国に返済せざるをえない事態となり、国際市場は資金移動の逆転現象に見舞われた。

国際的商取引によってひとつの国が完全に貧困化してしまうことは稀であるが、伝統的な生産活動を担ってきたある社会的階層が完全に破産してしまうことは稀ではない。それは自立的な国家の内部でも起こりうる。

今日、アフリカ諸国は国際経済における生産の特化のために、完全な破綻に追い込まれてしまっている。時代をたどれば、最初はヨーロッパが、また近年では、かなりの数の国々がこうした事態に直面してきた。どの国のどの国民も、そのようなとき、「われわれは敵に囲まれており、自国の繁栄や発展どころではなく、自国の存在そのものすら敵から恨みがましく思われている」との感情をもつ。この感情は、不満の噴出を合法的に押さえ込んできた国際ルールを、その社会が暴力で侵すや否や、一挙に高まる。一九一七年以後のソヴィエト、一九三三年以後のドイツ、一九五六年以後のエジプト、一九五九年以後のキューバ、そして一九七九年以後のイランがこれにあたる*****(五四九頁)。

このように見てくると、国民感情とは、「世界の画一化」による諸現象に直面した社会が集団的に引き起こす、リアク

* 晩年のペギーは近代社会に危機感を抱き、カトリックの立場から人類救済の道を探求した。

** 帝政末期、ソロヴィヨフは、近代社会には科学と哲学と宗教の統合が必要であると考えた。

*** この年の五月、イギリスでは小麦生産者を保護してきた「穀物法」(一八一五)が廃止され、自由貿易体制に移行した。

**** ブラジルのコーヒー、キューバの砂糖は欧米の企業によって貿易が管理され、おもに欧米の人々によって消費されるグローバル農産品である。したがって、戦争や革命(一九五九年のキューバ革命)によって輸出に障害が生じると、消費先が失われ、農業は大打撃をこうむる。

ションの一形態と考えることができる。そしてこの国民感情が最初に表れたのは「経済の画一化」によってなのである。国民感情と同様、さまざまな民族運動もそのリアクションのひとつの変形であり、もっぱら宗教的・民族的抑圧とだけ関係しているわけではない。二〇世紀に見られる諸民族の愛郷主義《パトリオティズム》と地方主義《リージョナリズム》の復活を結びつけてみれば、この辺りの事情をもっとよく理解できるかもしれない。地方主義《リージョナリズム》復活の現象を、過去においてそのものずばり観察できるのは帝政ロシアである。ロシアではツァーリの時代から早くも鉄道の敷設拡大が図られ、完成した路線に沿ってロシア人入植者の移住が次々と開始されたが、これに反対する抵抗運動を立ちあげたのは、単に、自分たちをロシア人だとは思っていないフィンランド人、タタール人、グルジア人だけではなかった。抵抗運動はロシア人との共生の歴史をもつウクライナ人、モルドヴァ人、マリ人（チェレミス人）のなかからも生まれたのである…。

　ウクライナにおいて、ロシア語の使用が問題となること、フランスにおいて、小学生が地方言語で自己表現しなければならないこと*、今日では、この二つのあいだには程度の差しかないことが理解できる。つまり、それらはともに、国家の中央集権化に抵抗するひとつの形態なのである。プロヴァンス地方〔フランス南部〕とブルターニュ地方〔フランス西部〕における一八七七年の地方主義の復権**、イタリアにおいて未解決のまま残る南部問題***、あるいはシチリア問題****、これらはみな同じ本質、すなわち愛郷主義から派生した現象である。ただし、この愛郷主義は現代に特有の現象というわけではない。

　ところで今日、長いあいだ埋もれていたものが息を吹き返し、勢いを拡げている。その事象は、コルシカ島〔地中海西部にあるフランスの地域圏〕、ベルギーのワロン語地域〔南部〕、スペイン領バスクだけに起きていることではない*****。これらの場所では、ともかく民主主義が存在することによって暴力的手段に訴える口実はことごとく封じられているが、今やこの事象は、小さなヨーロッパに限定されず、植民地の抑圧から解放された国々や、単に経済的支配から解放された国々にまで広がっている。ある一国の内部もしくは勢力地域に独自のアイデンティティーを掲げる極少民族や少数民族がいるとき、その国の権力者は、強い国家を作り自国を守るという大義名分のもと、その共同体を圧政下におく。息を吹き返し、勢いを拡げる事象はそのときから始まるのである。トルコ解放運動の指導者アタチュルクの時代〔一九二〇〜三〇年代〕******以来のクルド人、アルジェリアのカビール人、西サハラの人々などがそれにあたる。インドにおいてはいうまでもない。この国には、「自国のアイデンティティー」の名のもとで政治を独占している国民会議派を、決して容認しないきわめて多くの民族集団が存在している。

　ここにはマイノリティーの離反的遠心運動がある。それは、中央集権体制の構築へと向かう求心運動に対して提出される、マイノリティーの側からの返答にほかならない。同時にそれは、民族・集団の種類を問わず、外部世界からの圧力に対して圧迫される側が示す返答の形にほかならない。

国家が発展するにつれて、制度や官僚組織による画一化の進展が目立ってくる。西欧においては、それは一六世紀から始まり、フランス革命、テクノクラートの時代*******という画期を経て展開されてきた。このことは、政治の中枢で勢力拡大を図る社会的集団が増えてくる現象からも確認できる。時代順にその集団を見れば、まず聖職者、続いて軍人・官僚・企業幹部、次に大学教員・専門知識人、となる。当然、彼らの身分上昇は、中央と周辺との距離を、すなわち社会的な格差を、拡大させる。しかもその格差は、このシステムに組み込まれていない者すべてを外に排除しようとする方向へ進む。制度や官僚組織が一国の枠組みを超えるようになって以来、官僚

***** （五四七頁）該当年の出来事を順記すれば以下のとおり。一九一七年、ロシア革命、一九三三年、ヒトラーの国家社会主義ドイツ労働者党（ナチス党）が政権を掌握。一九五六年、ナーセルのスエズ運河国有化宣言とスエズ動乱。一九五九年、キューバ革命（カストロによる社会主義政権樹立）。一九七九年、イラン革命（ホメイニ政権〔一九七九～八九〕によるイスラーム回帰）。ホメイニ（一九〇〇～八九）はイラン革命の指導者。

* フランスにはフランス語のほかに、ドイツ語に近いアルザス語（アルザス・ロレーヌ地方）、北仏方言のワロン語（ベルギー国境付近）、ケルト系言語のブルトン語（ブルターニュ西部）、バスク人の言語であるバスク語（北部スペイン国境付近）、かつてカタルーニャの一部だった地域のカタルーニャ語（仏南部スペイン国境付近）、中世以来の南仏言語プロヴァンス語などがある。

** プロヴァンス地方は、詩人ミストラル（一八三〇～一九一四）に代表されるプロヴァンス語による文芸復興と民族意識顕揚の運動が盛んな地域。ブルターニュ地方は、公教育の場で使用禁止となっていたブルトン語復権の声が根強く、一九一〇年代から第二次大戦まではフランスからの独立運動も盛んであった。

*** イタリアは一次産業中心の南部と重工業が盛んな北部との経済格差が大きく、税負担の不公平を理由に南北の分離を望む声がある。

**** かつての両シチリア王国（南イタリアのナポリ王国とシチリア王国）地域は北部のイタリア王国に併合された経緯があるため、両シチリア文化とナポリ語の擁護を掲げて独立を求める運動が根強い。

***** それぞれ独立運動がある。コルシカ島は一七六八年まで長らくジェノヴァ領であり、フランスとは異質の文化や習慣をもっていた。ベルギーはフラマン語の北部地域とワロン語の南部地域に分けられ、経済的にはワロン語地域が優位にあって、一部住民は文化の違いばかりでなく、経済的理由からも分離独立を望んでいるといわれる。同じくスペイン領バスクも、文化や言語の違いばかりでなく、他地方が荷うべき負担をバスク地方に過重に背負わせているという不満が、独立願望の背後にあるとされる。

****** 西サハラでは、住人の過半を占めるアラブ・ベルベル系の人々が、モロッコの支配を認めず独立運動を行なっている。

******* テクノクラート（技術者または科学者出身の行政官）による支配体制で、フランスでは第一次大戦後（一九一八）からヴィシー政権（一九四〇～四四）あたりまでを指す。

組織は他のあらゆる集団を、また「後背地」を、そしてすべての地方や途上国という貧しい「プロレタリア」国家を、何であれ、犠牲にすることをいとわない。

一九世紀末、セヴェンヌ（フランス中南部の中央山塊南部）の農民は、かつてのご主人様の顔を将校の肩章のうえに見ようとした。*今日の権力は、もう郡長のうえにも国会議員のうえにもない。ブリュッセルの欧州委員会のうえにある。**こうして、目印を失った市民は、頼みの綱もなくしてしまった。

ところで、植民地化の時代が終焉を迎えると、制度や官僚組織の画一化というこの現象は、今度は新興国家や、独立を回復した国家に共通して見られるようになった。結局、植民地化と接合するこの「世界の西洋化」は、「代議制民主主義」から独裁制まで多様な形式をとりながら、政治制度そのものを画一化させたのである。ブラック・アフリカにおいても、東南アジアにおいても、伝統的な政治機能はおしなべて西洋化している。

国際会議に出席してみると分かるが、今日では「プロレタリア」国家だからといって、会議に参加する専門家の数が極端に少ないというわけではない。「プロレタリア」国家の政治専門のスタッフ数は、今や他国には引けをとらない。たとえば、小国バルバドスからは、国会議員、大使、そして元大臣である随行員まで、数多くの人間が会議に参加するようになっている。

次に、文化的統合について見てみる。これもまた、物質的統合をともなって画一化へと向かっている。ここでとくに取りあげたいのは、「コロンブスの交換」***といわれるものがその後どうなったか、ということである。今ではアメリカとヨーロッパという新旧二大陸内の枠を越え、あらゆるものが欧米人の新しい生活様式としばしば一体化している。たとえば、相互に大西洋を渡った多様な食べ物や動物（七面鳥、トウモロコシ、馬…）、あるいは、ある文明から別の文明に手渡されたもの（お茶、コーヒー、タバコ…）などである。

このような文化的統合をともなう画一化は、他の分野においても見られる…。おそらく、もっとも一般的なのは、ダンスであろう。この分野においては、世界征服はブラック・アメリカ****から始まっている。「黒いヴィーナス」ということばが象徴するように、白人男性は黒人女性にしばしば欲望を覚え、これを抑制するのと引き換えに黒人のダンスを受容するようになった。ただ、この場合、白人は黒人との踊りの違いを強調した。最初に受容したダンスは、ルンドゥー*****である。これはバントゥー人******のエロティックなダンスが起源で、一八世紀、ムラートの男女によって踊られるようになった。次に、ブエノスアイレスでは黒人のタンゴが熱狂的ブームとなった。タンゴは、他のダンスと混合したもので、エロティックな要素が少なく、性行為を連想させるところはわずかに残すのみである。このダンスは、ヨーロッパやアメリカを席巻するまえに、アルゼンチンにおいていわば国民的舞踏となった。そのあとに続くのが、ブラジルのサンバである。サンバは、ルンバとともに徐々に白人のダンスと化し、原型となったアフリカの踊りと比べると穏やかなものになっている。

黒人音楽、とりわけジャズは地球全体を席巻したが、それに比べてアフリカ美術の広がりには時間がかかった。一六世紀、アフリカから小さな像がヨーロッパにもたらされたとき、人々が口にしたのは、「奇妙な偶像」ということばだった。一八八六年、フランスのピエール・サヴォルニャン・ド・ブラザによるアフリカ探険のあと、第一回大博覧会がパリで開かれたときも、人々の口からは「偶像」とか「原始美術」という表現しかでなかった。この博覧会は三万近くもの来場者を数えたが、会場はといえば自然史博物館に附属する植物園内のオランジュリー館だった…。おのずと博覧会の位置づけがそれほど高くなかったことが分かる。一八八九年、やはりパリで、万国博覧会が開催された。主催者にとってこのときの重要な仕事は、植民地という概念を広く一般に周知させることだった。アフリカ彫刻に芸術的洗練を認めた鑑識眼のある美術品蒐集家も現れはした。しかし、これらアフリカの創作物を扱った書物の著者たちの多くは、基本的には地理学や民俗学、あるいは人類学の専門家にすぎなかった。

アフリカ彫刻の芸術性を真の意味で発見したのはヴラマンク〔一八七六～一九五八。フランスの画家〕やゴーギャン〔一八四八～一九〇三。フランスの画家〕、マティス〔一八六九～一九五四。フランスの画家〕、アポリネール〔一八八〇～一九一八。フランスの詩人〕であり、一九〇五年前後のことである。また同時期、その美について初めて論じたのはカール・アインシュタイン〔一八八五～一九四〇。ドイツの表現主義の小説家、美術評論家〕で、これは現代芸術にきわめて大きな影響を与えた。公式にアフリカ芸術が認められたとされるのは、一九一二年、『ジル・ブラス』〔一八七九年パリで創刊された日刊新聞。流行作家の新聞小説掲載で購読層を広げた〕に関する記事が掲載されたときである。その

* 貧しい農民が、その厳しい生活状況を改善してくれる者として軍人に期待をかけていた、という意味。
** 今日ではヨーロッパ連合（EU）全般の農業政策が、各地域の事情を飛び越えてここで集約的に話し合われる。
*** 「コロンブスの交換」とはアメリカの歴史学者アルフレッド・W・クロスビー・ジュニア（Crosby 1972）による命名で、旧大陸と新大陸間で行なわれてきた動植物、微生物、食文化、その他広範囲にわたる事物の交換を指す（本書二九四頁参照）。
**** ブラック・アメリカとは、ヨーロッパ人支配によってアメリカ先住民族が絶滅したのちに、アフリカ奴隷の黒人たちが地元民となっているカリブ海地域、および一九世紀以前に人口の大多数を黒人、サンボ（黒人とインディオの混血）、ムラート（黒人と白人の混血）が占めていたブラジル地域を指す。
***** ルンドゥーはブラジルで発祥した踊り。一般にギターの演奏に合わせて、カップルで踊る。
****** バントゥー人は赤道直下の森林、ザイール（現コンゴ民主共和国）やアンゴラに居住するバンドゥー系の諸族。

おかげでジャン・コクトー〔一八八九〜一九六三。フランスの芸術家〕も一九一七年に、黒人芸術について次のように綴ることができたのである。「それは幼年期や狂気に見られる、あの期待はずれのひらめきに近いのではない。人類の文明のなかでも、もっとも高貴な様式に通じるひらめきに近いのだ」。

重要なのは、こうして黒人芸術が認知されて以降、フロベール〔一八二一〜八〇。フランスの作家〕の『サランボー』の時代よりも、あるいはロチやドラクロワ〔一七九八〜一八六三。フランスの画家〕のオリエンタリズムの時代よりも*、断絶が深くなることである。それは、かつてのように、ヨーロッパ芸術に倦怠した人々が黒人芸術に精神の気晴らしを求めた時代とは異なり、芸術が文化文明を問題にするようになったからである。美が、呪術宗教を根源とする西インド諸島の絵画の影響を受けて、形よりもむしろ象徴と融合するとき、あるいは絵画において、空間構成が呪術的論理に照応するとき(たとえばエルヴェ・テレマック**〔一九三七〜。ハイチ出身の現代画家〕やエクトール・イポリット***〔一八九四〜一九四八。ハイチ出身の画家〕に代表される)、この断絶という変動はいっそう大きくなる。

一方、西洋で黒人芸術が認知されたおかげで、この黒人芸術もまた文化的統合の一翼を担うようになるのだが、この場合の文化的統合は、他のどんな画一化の潮流からも守られた。時代はくだって、アフリカ映画についても、同じ現象が見られる。アフリカ映画は、インド映画と同じく、たしかに西洋の技術手法を学んだ。だが、独自の美学的アイデンティティーは保持したのである。

もうひとつ別の現象も確認できる。画一化の流れは一六世紀から多様なプロセスをたどって始まったが、その動きを止める力は、解放を求める闘いからも、国家独立を勝ちとる闘いからも生まれなかった。このことは、経済分野についてはよく指摘されてきたが、政治体制の性質にも次のような形でおよんだのである。解放への闘いによって成立した国家は、たしかに自立を得たが、もはや社会や生産のメカニズムを独自のやり方で支配することはできない。そのため、当初見込んでいた計画の少なくとも一部は断念せざるをえない。結果、さまざまな対立が呼び起こされ、この計画の取り消しが問題化され、喧伝される。これは情報やメディアの画一化によって起こる現象である。

情報・メディアによる画一化現象は社会的にきわめて大きな影響をおよぼす点で、西洋ではすでに周知の事実である。シュプリンガー、エルサン、マードック****等々の名前がからんだ印刷メディアから文字情報が流れるとき、あるいは映像メディアから視覚情報が流れるとき、その情報はすでに画一化へと向かっているだろう。重要なのは、たとえばテレビの場合、親局から流された情報は中継局からも同じものが流されることから、メディアを支配する人々の行動とは別個に、情報の集約化にいっそう弾みがかかり、情報の画一化に拍車をかけているという事実である。その行き着く先が情報の平準化であり、現在ではすでにそうなり始めている。ＢＢＣ（イギリス）、ＴＦ１（フランス）、ＲＡＩ（イタリア）、ＣＢＳ（アメリカ）などのチャンネルが数多の「テーマ」を映像化していながら、一〇年ほどまえ（一九八〇年代半ば）からは同じ映像の数が目立つほど増えている。個性化を妨げるこのような流れは、ローカルニュースや三面記事を除けば、各チャンネルが独自に映像を撮ったり情報を押さえたりする力を衰退させている現象と呼応して進行している。ロンドンでテレビをつけても、カイロやリマでつけても、われわれは本質的に同じ映像を見る。平準化とはこういうことを指す。第三世界の側から、映像制作とは無縁の、ただ被写体となるだけの人々による抗議の声が、聞こえてきそうだ。彼らは大半が旧植民地にいて、肖像権も発言権も手にすることのできない人々である。

　ところで、一定の独自性をもつローカルラジオやビデオフィルムには、こうした平準化情報に対抗する真の意味での反－情報を流す手立てがない。

　平準化した情報に対する反－解釈というものは存在する。しかしこれはまた別のレベルの話になる。おそらく、情報の平準化が進めば進むほど、それに対する反－解釈が盛んになるのは現代の逆説かもしれない。

　このような反－解釈の現象を確かめるには、「中央の歴史解釈」という特殊な分野を見てみればよい。というのも、この「中央の歴史解釈」によって現代の情況についての解釈が指示され、その指示によって国家や民族のアイデンティティーが保護されているからである。

　たとえば、ソヴィエト連邦においては共産党が歴史解釈とその変化を体現する存在と見なされていたために、この国では長いあいだ「歴史」が権力に隷従していた。ソ連の中央権力によるこのような歴史解釈に対し反－解釈を作りあげたのは、次々と現れる反対派や異分子であり、彼らはいわば、自由主義陣営から思想を「密輸」することでそれを行なった。

＊　作家フロベールの『サランボー』は、現在のチュニジアにあった古代カルタゴを舞台にした小説で一八六二年刊。同じく作家ロチのアフリカや日本を舞台とする主要な小説は一八八〇年代。画家ドラクロワのロマン主義的東洋趣味はおもに一八三〇年代である。

＊＊　テレマックは、イラスト的描線によって人やものの一部を描いて配置し、そこに数色の色彩を配置する画風をもつ。

＊＊＊　イポリットは、ハイチの原始的呪術宗教の司祭を自認した。アミニズム的霊感に基づく子どもの絵のような単純で空想的な具象画で知られる。

＊＊＊＊　シュプリンガーはドイツの大手出版社シュプリンガー・フェアラークを経営する一家。エルサンはフランスの新聞最大手『フィガロ』紙などを経営するグループ。マードック（一九三一～）は英・米・豪にわたる報道出版界の大物経営者で、『タイムズ』『ニューヨーク・ポスト』などで知られるニューズ・コーポレーションの社主。

しかし、こうした反-歴史派は、国家や民族のアイデンティティーを保証するいかなる体制にも拠り所をもたなかったため、ソ連国内における彼らへの支持は微々たるものだった。一方、ポーランドにおいては、体制側の人間がこれまでどおりの体制の維持を信じていたまさにそのときに、反-解釈としての「連帯」（ソリダルノシチ）〔自主管理労組「連帯」。一九八〇年発足。九年後に実現する東欧の自由化への序曲となる〕が立ち現れ、その初期の計画のひとつとして、歴史をふたたび書き直すという体制転換への意思を示すこととなった。歴史の再検討というこの試みは、公式の歴史に対抗し、階級闘争によって歴史をふたたびとらえなおそうとしたドイツのメーリング〔主著『ドイツ社会民主党史』は一八九七～九八年に発表〕やフランスのジョレス〔主著『社会主義的フランス革命史』は一九〇一～〇八年に発表〕などの、一九世紀の社会主義者による運動を思い起こさせる。

だが、近年、この歴史再検討の問題を率先して提起しているのは、旧植民地の人々である。ブラック・アフリカの口誦詩人《グリオ》、そしてイスラーム諸国のウラマーや修道士《マラブー》が、支配的な情報や歴史によって記述された事実あるいは物語に対し、闘いを仕掛けている。それは同時に、支配を正当化してきた価値観と、これを支えるあらゆる価値観に対する闘いでもある。アメリカでは黒人たちが、一七九四年以来*こうした闘いを続けてきた…。また今日では、やはりアメリカで、インディアンたちが同様の運動に取り組んでおり、スペインではカタルーニャ人が、フランスではオック語系住民**が、そして世界中では女性によるさまざまな連盟組織が、同様の取り組みを行なっている。

長いあいだ、こうした反-情報を発信するもっとも有力な媒体とされてきたのが、まず口伝であり、続いて映画である。これに代わって、一九六〇年代になると、マグレブやアンデス・アメリカ（ことにコロンビア）では、都市の特権階層や植民する側の人々にしか享受されなかったラジオ受信機に対抗する形で、誰もがどこにでも携帯できるトランジスターラジオが普及し、反-メディアの役割を果した。今日では、ビデオがその役割を引き継いでいる――たとえば『ソ連における強制労働の記録』（一九七六。リトアニア）、『ブラック・ヒルズは売り物ではない』（一九七八。アメリカ・シカゴ）、『ヴァンデル工場のストの一日』（一九六八。フランス）といった記録映画を見れば、画一化された歴史認識に対抗して、どの社会も独自の反-歴史を生成してきたことがよく分かる。さらに、創作映画においては、『チェド』（一九七七。セネガル）から『トゥパク・アマルー二世』（一九八四。ペルー）にいたるまで、この種の役割を果たした作品はいくらでも見つけられるだろう。なお前者の映画は、セネガルの支配者たるイスラーム（そして知識と権力を占有する人々）を告発したもの、後者は、ペルーにおけるスペイン人の征服をインカの人々の視点から伝えたものである。

植民地化を受けた人々が積極的に自民族中心主義へと回帰

し、それによって世界観の細分化が始まっている。しかも、あたかも画一化への動きがこの細分化を包み隠すかのごとく、すべてが進んでいる。今日、カフカスやバルカンで起こっている事態の展開を見ると、そのことがよく分かる。***

ポスト植民地主義時代の特徴として最後にあげるべき現象は、歴史の「進歩」や植民地建設の「正当性」が問題視されるなかで、一九世紀以来の「科学の未来」に対する信頼が揺らいでしまったことだろう…。

この科学の時代において、科学以上に世論を魅了したのは、じつは科学を実用化した製品であった。鉄道、電信、ワクチンなどなど、科学の応用はインド人や日本人の心をとりこにした。一方、ヨーロッパでは、これらの発明の背後にある数学的論理が再発見され、統計の法則が『法の精神』に徐々に取って代わっていった。**** 二〇世紀初頭には、マルクスの「科学的」社会主義や、クロポトキン〔一八四二〜一九二一。ロシアの地理学者、無政府主義者〕の「科学的」無政府主義などが示しているように、政治的プログラムは世界を学問的に――すなわち科学的に――解釈したうえで遂行されるべきものとされた。「考え」もイデオロギーも違うレーニン、シャハト博士〔一八七七〜一九七〇。ドイツの銀行家、政治家、経済理論家〕、フランクリン・D・ルーズヴェルトが、同じ時期ケインズ〔一八八三〜一九四六。イギリスの経済学者〕の著作を読み、注釈を付けていたことは、その象徴的な例である。もっとも、そこから自立的な国家発展計画まで紡ぎだせたのは、日本だけであった。結局、二〇世紀のヨーロッパでは、それまでサーベルと演説が下していた命令を、数字とグラフが下すようになったともいえる。実際、第一次大戦後、ヨーロッパの人々は数字とグラフに付き従うことで、「もうあんなサーベルと演説のやり方には戻る気などない」と誓ったのである。

かくして、西洋でも東洋でも、テクノクラートが権力を握るにいたった*****(五五七頁)（一九四九）。ここでいうテクノクラートとは、

＊　この年の二月、フランスの国民公会で奴隷制廃止が決議され、フランス植民地全土での黒人奴隷解放が宣言された。フランス本国での完全廃止は一九四八年。

＊＊　カタルーニャ人はバルセロナを中心とするスペイン北東部カタルーニャの住人で、現在もその七割はカタルーニャ語（公用語）を話す。オック語はプロヴァンス語ともいい、一二・三世紀まで南フランスの言語であったが、オイル語を使用する北フランスの中央権力によって征服されたのち衰退した。オック語系住民とはこの言語征服に抗してオック語を伝える少数の南仏住人を指す。

＊＊＊　カフカス地域では、ソ連解体（一九九一）とともに独立したグルジア（現ジョージア）、アルメニア、アゼルバイジャンで、あるいは独立が認められなかったチェチェンで、民族紛争が起きている。また、バルカン地域では、旧ユーゴスラヴィア解体（一九九二）前後の深刻な民族対立によって、ことにスロヴェニア、コソボで、ジェノサイドが行なわれた事実は記憶に新しい。

＊＊＊＊　フランスの政治思想家モンテスキューによる『法の精神』（一七四八）は、実証的・社会学的方法論による近代政治原理の基礎とされる。

すなわち、スターリン体制*の到来とともに、社会科学と自然科学との関係をふたたび結び直さんと説く学者や政治家たちを指す。党の「学問」がありとあらゆる学問を体現するというわけだ。ソ連では、やがて経済も政治も、党の「学問」によって決定されるようになるばかりか、芸術や言語学に対してさえ、党からの指示がなされるようになる。この党の「学問」は、社会組織に権限をもつだけでなく、それが健全な精神とそうではない精神とを弁別できるという理由によって、人間の肉体組織にも権限をもつにいたる。一九三〇年代のドイツにおいては、ナチス政権が遺伝学の名のもとに、生き残るべき者と生き残るべかざる者とを分けた。これら「生物学の戦士たち」や「精神医学士たち」には、周知のあの悲劇に対する責任がある〔これにより約六〇〇万人が犠牲となる〕。つねに学者に依拠し、揺るぎない確実性を有するとされたこの「絶対」の体制は、そうした歴史的大罪によってことごとく失墜することとなった。この西洋由来の文化に比べて、植民地下にあった人々の文化は度量の大きなものに感じられた。彼らの文化への再評価もそこから始まってゆく。

　生物化学や細菌学などの研究に取り組んだパリのパスツール研究所が、部分的にフランスの植民地化政策のアリバイだったように、医学はつねに科学的権力のアリバイとして使われてきた〔本書二一一～二一二頁参照〕。科学的権力はしばしば人体と健康の名において行動する。だが、医化学者や化学医たちは、生きることの幸せとは別の目的で使われる数多の発明を隠蔽してきた…。二〇世紀初頭、医師や学者の権威は、疑いの余地がないものとして評価されていた。しかし今日、治療行為の民主化とともに、彼らの地位には修正が施されている。少なくとも西洋では、開業医はかつてもっていた象徴的権威の大部分を失っている。そこで気づくのは、同じ科学的知識の名において、たとえば、インドでは堕胎を奨励するがキリスト教圏ではそれが激しい非難を呼ぶこと、また、同じ病でありながら、黒人とイタリア人、あるいはサンフランシスコの日本人とボストンのアイルランド人とでは、同じ治療法が適用されていないことである。さらにいえば、鍼治療は科学的知識の範疇において、どのように位置づけられているのか。つまり、科学とは、ドグマ（教条、独断）的なものなのではあるまいか。科学にも信仰があり、イデオロギーがあるのではなかろうか。医師は自分の都合で学問を利用しているのではなかろうか。

　このように、科学への疑いが生まれている。科学の力とその「英知」が、専制権力者の英知のように疑われている。

　こうした時代の変化に直面して、明瞭な形かあいまいな形かはともかく、この時代に攻撃を加えるさまざまなイデオロギーが、入れ替わり立ち代わり現れだしている。まず第一にあげられるのが、エコロジーである。エコロジーは、バイブルを望まない人のためのバイブル、つまり神学者をもたない人にとっての思想的聖典となった。エコロジーは、テクノクラートの経済統合と闘い、文化の画一化とも闘う。エコロジーは右派であり続けることも、左派であり続けることも望まない。エコロジストは、旧ソ連では民族主義者でもありえた。たとえば、エストニアのエコロジストは、環境汚染と闘いながら、じつは攻撃の中心に据えられていたのはモスクワの政府だった、という具合である。彼らはまた、ラスプーチン〔一九三七〜。ロシア・シベリアの小説家〕のように工業化で汚染されたロシアの古き良き自然を讃える伝統主義者であったり、国家と闘う左翼であったりする。世界の他の地域でも同じようなケースが見られるが、忌憚のないいい方をすれば、この両義的な特徴は、それほど明瞭な形で現れているわけでもない。

　エコロジーに続いてあげられる第二のイデオロギーは、いま隆盛の原理主義である。原理主義は、もっとも保守的な民族主義者たちのあいだで勢いを得ている。その好例がグルジア（現ジョージア）である。また、とくにイランやモロッコでは、貧しいマイノリティーの出現にともなって勢いを増している。だが、原理主義はイスラームだけでなく、カトリック教徒やユダヤ教徒のあいだでも、二〇世紀の大きな時代的変化に抗して一様に立ちあがっている。

　急速に進展する経済・文化的な統合現象と、エコロジーや原理主義といったイデオロギーとが交錯して、次にあげる三つの型の争いが、新たに引き起こされたり、再燃したりしている。イデオロギー全盛の時代や圧政の時代、この三つの型の争いのために人々の精神的自由は窒息状態にさらされた。三つの型の争いとは、どのようなものなのか。

　第一の型――近年の歴史的発展が他の地域よりも比較的ゆっくり進んだ地域での争い。ここでは今、領土をめぐる争いが再燃している。昔からの争いがまた姿を現している（アルメニア人対アゼルバイジャン人、ルーマニア人対ハンガリー人、ペルシア人対アラブ人）。血の法則、人種の法則が優勢になっている。

　第二の型――急速な経済発展によって、同じ社会の内部に植民地的状況が発生した地域での争い。ここでは、反抗はとげとげしい社会的性格を帯びている（ケベック、シチリア、コルシカ、モロッコ、ペルー、ホメイニ以前のイラン、フラ

＊＊＊＊＊（五五五頁）一九四九年には、ドイツ民主共和国（東ドイツ）や中華人民共和国（中国）が成立。両国とも、権力の中枢を担うテクノクラートにより五ヶ年計画が具体化した（東ドイツは一九五一年、中国は一九五三年に開始）。

＊　スターリン体制とは、急速な工業化と農業集団化を至上目標とし、その実現のために反対派を粛正するスターリン指導下の党・官僚による支配体制をいう。一九二八年に始まるソ連の第一次五ヶ年計画（社会主義工業建設、農業集団化、国防力強化をめざす）は経済政策として一定の成果をあげたとされる。

ンス都市部のユダヤ人地区、ブラジル）。そこでの主要な問題はお金であり、所得格差によって生じる貧困の問題である。反抗に立ちあがった人々がかかげる旗印は、信仰、アイデンティティー、階級闘争とさまざまである。

第三の型――教育が進み、世界に対して開かれ、福祉国家が定着した地域での争い。ここでは、人々は自らの文化的な優越を自負し、もはや従属を認めることはない（その典型はバルト三国、スロヴェニア）。人々を反抗に駆り立てるのは文化に関わる問題である。これについては――数少ない例ではあるが――宗派の異なる者どうしの結婚（エストニア人とロシア人、スロヴェニア人とセルビア人）がどういう扱いを受けているかを見れば瞭然となろう。

この第三の型は、植民地体制における同化の問題や民族の問題を想起させる。そして、現代でもその例はたくさん見いだすことができる。

さて、ものをどう見るか《メンタリティー》についての問題が、まだ残っている。

植民する側の言説を聞くと、その大部分に、原住民を「怠け者」と見なす神話が付加されていることに気づく。例外は、「自分たちはカザフ人よりも怠け者だ…」（ユーリ・レヴァダ〔一九三〇～二〇〇六。社会科学者〕）と認める一九八〇年代のロシア人であるが、それ以前は彼らも同じ神話のなかにあった。

スペイン人、オランダ人、イギリス人は順々にこの神話を継承し、当然のごとく先住民族を否定的に定義づけた。この定義は、フィリピン人、ジャワ人、ヒンドゥー教徒たちに次々と冠せられ、フランス人その他がそれを引き継ぐ頃には、黒人やアラブ人に対しても、「あのどうしようもない怠け者たち」とのレッテルが張りつけられることになった…。

最初にこの定義を作りだした人間はガスパル・デ・サン・アグスティン〔一六五〇～一七二四。スペインの修道士。『フィリピン諸島の征服』（一六九八）の著者〕という修道士である。彼は一七二〇年、友人に宛てた手紙のなかで、「フィリピン人の三〇の悪い特質」として次のように記している。

「彼らを信用することはできない。彼らは怠惰で、いつでもぶらぶらしようとする…。恩を忘れ、貸した金を返さない…。彼らの怠惰さといえば、開けた戸を決して閉めようとはしないほどだ。仕事に使う道具を足もとに放りだしたまま、元の場所に収めない。給与を前借りして使っておいて、来なくなる。断りもせず修道院内に入って来るや、あちこちとうろつきまわり、見つけたものは何でもくすねようとする。変な座り方をして椅子を壊す。仕事の合間はずっと寝ている…」（Alatas 1977）。

一世紀後、オランダ領東インド総督ヨハネス・シベルフ〔一七四〇～一八一七。在任一八〇二～〇五〕は、ホーフェンドルフ〔一七六一～一八二二。オランダの軍人。ジャワの

〔オランダ人支配の実態を伝える報告書を出版〕の改革（先住民族への強制労働を廃止し、彼らに現物支給などの報酬を与えようとした自由改革）に反対意見を表明するため、ジャワ先住民族の「怠慢」を列記しつつ次のような論述を起草している。

「次の五つの理由により、改革の必要はない。
一、ジャワ人はきわめて怠慢で、自分たちが生きるのに必要な土地さえあれば、それ以上働こうとはしない。
二、少なくとも強制労働は彼らをより働かせるために必要である。
三、もし資本を重視する制度下で経済を自由化すれば、彼らは、お金のある限りは仕事を放擲し、お金がなくなればまた仕事に戻る、ということを繰り返すだろう。
四、そうなれば、中国人や他のヨーロッパ人たちは安い値で彼らの労働力を買うだろう。
五、仮にホーフェンドルフの改革を採用するにしても、ジャワ人支配階層にそれをどうやって理解せることができるというのか」（一八〇二。同上書）。

これは典型的な論拠の一覧にすぎず、この種の文言はいたるところで目にすることができる…。

　この「怠慢」とされるものは、植民地化に対する反抗のひとつの現れと見ることもできれば、単に慣習的なものと見ることもできるが、いずれにせよその表現形態はさまざまで、全体的な社会状況に変更が加えられたとき、その性質も変わりうる…。ところで、狭義の植民地化が終焉し、ものの見方が統合・画一化された今日では、「怠慢」を含むあらゆる表現それ自体が、この統合的画一的「倫理」によって標準化されている。旧植民地国のメディアでさえ、旧宗主国と同様、この標準化された表現をごくふつうに採用している。

　その例として、たとえば次のようなものがある。一九七一年、マレーシアを代表する政党が、執筆者一四人による共同著作『精神革命』を出版した。企画全体をコーディネートしたのは元情報大臣である。この著作は、植民地化によって頽廃したとされる国民の特徴を列挙しながらマレーシア社会を分析する。それによれば、マレー人は無責任で、怠惰で、運命論者で、敗北主義者で、理性に従うよりも情念に動かされる…。マレー人は我慢が足りず、約束を守らず、金持ちになることを念願しながら、そうなるための努力は何もしない…。要するに、ここで示されたマレー人の図式は、植民する側によって与えられた図式以上に否定的なのである。しかもこの著作では、対照的な特質をもつ国民として、「日本人、アメリカ人、ドイツ人、ユダヤ人、そして中国人」をあげ、かつてクリフォード総督〔一八六六〜一九四一。イギリス植民地省高級官僚。マレーシア・シンガポール総督（一九二七〜二九）〕が下した診断、すなわち「マレーシアの富はマレー人の手で作られたものではない」という診断を採用している。もっとも、『精神革命』がここで伝えようとしたのは、「マレー人の参加がなかったならば、この国のどんな発展も決して成し遂げられはしなかった」ということであった。

　とどのつまり、この著作が暗に下敷きにしているのは、ポール・ラファルグ〔一八四二～一九一一。キューバ出身のフランス人マルクス主義者〕の『怠ける権利』*（一八八〇）の例でもなければ、黒人やカリブ人やユダヤ人の例でもない。それはロックフェラー〔アメリカの財閥〕や中国の億万長者の例なのである。それによってマレー人の「劣等性」の責任を、もっぱら歴史的な条件に向けさせるのである。

　たしかにそうだ。

ならば、これが意味するのは、現実世界に対するこうした画一化したものの見方が、金こそ王者という空気のなかで、世界の歴史のほとんどあらゆる枠組みに浸透し、あふれでているということである。植民地化とその「終焉」を越えて、画一化の波がこの歴史に、ものすごい勢いでぶつかり、めり込んでいる。

　植民地化は終焉を告げた。けれども「植民地主義」はどうなのか。

　旧植民地国の独立後、旧宗主国にはこれらの国から大量の移民が流入した。そのため、旧宗主国内では今も、植民地時代の人種差別的な精神が生き残っている。しかし、たとえばフランスで観察されることだが、アルジェリアからやって来た人々の子孫（アラブ系二世《ブール》）は、イギリスのあのインド人医師のごとく社会的に同化したとまではいわないにしろ〔本書二一七頁参照〕、スポーツ、メディア、教育など、文化的には同化を果たしている。あたかもそれは、アラブ系二世《ブール》にとって、彼らの親たちが抱いてきた夢を実現したかのようである。

　では、旧宗主国から一歩でた海外ではどうだろうか。

　先に見たごとく、多国籍企業帝国主義と多国籍帝国主義が手を結んだり、競合したりする活動が勢いを増すにつれ、新しく独立した国々の経済はそれらの支配下におかれていった。全世界を牛耳るこのグローバル化した経済活動に参入しえたのは、旧日本領の台湾、韓国、シンガポールなど、ごくわずかにすぎない。

　別の現象に目を向けるなら、新しい事実として入植者なき植民地主義の出現があり、これにより大銀行資本と提携する一握りの現地人新興階級が生まれた。アントワーヌ・グラゼールとステファン・スミスによる『アフリカ人なきアフリカ――黒い大陸の白い夢』（Glaser et Smith 1994）には、そのようなシステムから生じる災禍と衝突が描かれている。住民の隷属という状態は、植民地化終焉後も、あるいは初期の新植民地主義後も、途上国に派遣員を送る「海外協力活動」という形で存続しているのである。それは、グローバル化の時代において、この隷属を産んだ責任の主体が誰なのか、まったく不透明になっていることを意味する。そうなると、途上国の住民は自国の指導者層に非難と怒りをぶつけるしかない。指導者をすげ替えたところで、隷属の様式自体が変わることはないのだが。

これと似たような状況は、もっとも豊かな国々の内部においても徐々に生じ始めている。グローバル化の浸透によって、すでに国家としての自主独立性の一部は完全に奪われてしまっている。しかも、その隷属状態や悲劇的結果がどの程度のものなのか、計測し比較することは明らかに不可能に近い。ところがその一方で、この地球上の国々は、もはや市場の支配や金融のヘゲモニーにあらがって闘う以外、なす術がない。すでに金融は価値判断をうながすひとつの独立した権力となっており、われわれの生産活動と共存する存在ではなくなっているからである。

金融・銀行の集中化はアメリカ人によって支配され、多国籍企業上位二〇〇社のうち七四社の経営権が彼らの手に握られている。この現実を見れば、さまざまな形態の経済・金融的帝国主義とそのアメリカ化がいかに交差しているか、了解されるだろう。

三大陸〔アジア、アフリカ、南アメリカつまり第三世界〕を射程にした時代は過ぎ去った。今やヨーロッパにおいても他の場所においても力による挑発が惹起されている。その力とは、世界のこの新たな狭小化に、すなわち「世界の意思決定センター」の集中化に拮抗しようとする力である。

そのような拮抗力を湧出してきたもの、それこそがまさにイスラームの諸世界にほかならない。

揺り返し

この揺り返しは、イスラーム原理主義の分派のひとつ、モロッコからフィリピンまでを領土というよりもネットワークで支配する「アルカーイダ」が産みだしたものだ。「アルカーイダ」は、サウジアラビアの財力やパキスタンのイスラーム原理主義者とつながることで、最初はアメリカの援助を得てアフガニスタンからソヴィエト軍を駆逐するのに一役買った（一九七九〜八九。ソ連軍のアフガニスタン侵攻）。しかし、自らのスポンサーでありヨーロッパによる植民地政策の継承者でもあるそのアメリカに攻撃の矛先を反転させた。というのも、イラクによるクウェート侵攻（一九九〇）に際し、アメリカはサダム・フセイン〔一九三七〜二〇〇六。イラクの政治家、大統領（一九七九〜二〇〇三）〕のイラク体制を国連の名のもとに叩くため、サウジアラビア首脳陣の支持を取りつけて、軍を大預言者マホメットの地

＊ 社会をマルクス主義的立場から分析しつつ、一九世紀社会の集団的精神構造を明らかにした。

〔聖地メッカを有するサウジアラビア〕に駐留させたからである（たしかに、とんでもない冒瀆だ）〔一九九一年、湾岸戦争勃発〕。

二〇〇一年九月一一日、「アルカーイダ」の組織網は前代未聞の大胆な行動にでた。アメリカの国土そのものを標的に、この国の力を象徴するニューヨーク、ワシントン（世界貿易センター）、その他に対して自爆テロを決行したのである。

当時、イスラーム諸国では、このテロは街ゆく人々から熱狂的な支持を得ていた。それほど西洋世界への遺恨は深い。しかし、独立後に成立したイスラーム諸国の政権、たとえばイランやトルコの政権は、（イスラームの近代化を選ぶか、国家の世俗化を選ぶかは、ひとまずおくとして）*事態をよくわきまえているのだ。すなわち、エジプトの「ムスリム同胞団」の後継たる原理主義およびその過激な分派を代表する不吉なテロリストがめざすところは、一方で、西洋という魔王《サタン》に聖戦《ジハード》を仕掛け、もう一方で、「イスラーム世界を分断しようとする」アラブの国々をその内部から解体することにあるのだと。

一九七九年のホメイニによるイラン革命は、イスラームが国家（イラン）に君臨《コロニゼ》することを世界に突きつけた出来事として、大きな衝撃を歴史に刻んだ。だが、二〇〇一年の衝撃波はこれをさらに上回った。とはいえ、この衝撃波はもともとの発生源がイランのシーア派〔イスラームの少数派〕であり、アラブ・非アラブ世界のスンニ派〔イスラームの多数派〕にはその一部が食い込んだにすぎなかったため、そこに革命的な響きがどれだけあろうとも、しばらくは、伝播の範囲は限られた。しかし、その革命的な響きは、たしかに西洋の左翼急進主義者の心をとらえた。彼らは、そこに、「新帝国主義とシオニズム〔パレスチナにユダヤ人の祖国を復活しようとする運動〕に抗して闘う」第三世界主義の再生を見たのだ。なかには、この衝撃波以来、あらためて第三世界主義という立場に回帰する者も現れている。

グローバル化のゆがんだ産物ともいうべきこの多頭の不吉なテロリストと闘うために、アメリカとその同盟諸国は国連の承認のあるなしにかかわらず、テロリストの聖地と見なす国々を次々と襲った。まずアフガニスタンがやられた。ここには「アルカーイダ」の首領と目されるウサマ・ビン・ラーディン〔一九五七?～二〇一一〕が身をおいていた。次いでサダム・フセインのイラクが標的となった。このイラク共和国は、世俗主義を掲げてビン・ラーディンらと敵対していた国だが、それにもかかわらず、アメリカの覇権主義に抵抗する「アラブ世界の主たる温床」と見なされた**。

原理主義を奉じるさまざまな宗派が台頭し、それによって内部から脅かされ続けるアラブ諸国は少なくない。周知のように、それらの国々は原理主義がらみの騒乱で身動きがとれなくなっている。今や騒乱はアフリカへと伝播し、コートジボワールを除いて、スーダンからアフリカ南部にまで広がっている。二〇〇一年のダーバン（南アフリカ共和国）のケースを見てみると、西洋を弾劾する一連の運動に後押しされた騒乱参加者のなかには、植民地化以来、西洋がこの地で犯してきた数々の罪を賠償金によって贖うよう主張する者まで現れている。

このような状況ゆえに、サミュエル・ハンチントン〔一九二七～二〇〇八。アメリカの国際政治学者。著書『文明の衝突』（一九九六）は世界的な議論を呼んだ〕以後、文明間の衝突が世界中を覆っていると繰り返しいわれてきた。だが、それ以上に今わたしたちが目にしているのは、文明内部における衝突なのだ。西洋が自由・民主主義モデルと共産主義モデルに分裂してきたのとちょうど同じく、今やイスラームもまた、近代化によってある種のものを国有化しようとする勢力と、その近代化をイスラーム式《イスラミゼ》に変換しようとする勢力とのあいだで、引き裂かれているのである。

＊　イランは一九七九年イラン・イスラーム共和国となり、伝統的なイスラームによる社会改革の道を歩んでいる。トルコは一九二三年トルコ共和国成立後、世俗主義を採用し西洋化を選択している。

＊＊　サダム・フセインは二〇〇三年一二月、イラク中部の隠れ家に潜伏中アメリカ軍により発見・逮捕のあと、米軍収容施設に拘置。二〇〇六年一二月イラク・バグダードの高等法廷で死刑判決を受け絞首刑。ビン・ラーディンは、ＣＩＡの捜査でパキスタン潜伏が確認された二〇一一年五月、米海軍特殊部隊の攻撃により殺害。

訳者あとがき

本書は、フランスの歴史家マルク・フェロー Marc Ferro の *HISTOIRE DES COLONISATIONS, Des conquêtes aux indépendances XIIIe–XXe siècle*, Seuil, 1994（二〇一二年に増補修正したポケット版の加筆部分を含む）の全訳である。

マルク・フェローは一九二四年、ギリシア生まれの銀行員である父親とウクライナ出身でユダヤ系の母親とのあいだにパリで生まれた。この出自のもとで、第二次大戦中は非占領区域グルノーブルの大学で勉学に勤しみつつ、次第にレジスタンス運動へとのめり込んだ。戦後は一九四八年から五六年までオラン市（アルジェリア）のリセで教鞭をとったのち、パリの理工科学校、社会科学高等研究院の教授として研究・指導に力を注ぎ、歴史研究誌『アナール』の共同責任編集者を長く務めた。フェローの活動はこうした書斎派の知的生産にとどまらず、「並行する歴史」と銘打ったテレビ番組の司会者として、人々の歪みがちな歴史認識を修正する作業に一〇年以上携わりながら、シナリオライターとしても映画の制作現場に身をおいてきた。政治的活動とも無縁ではなく、政党がらみの大統領選キャンペーンに名を連ねたことも一再ならずある。知的にも肉体的にもじつにタフな行動派として知られている。

その行動ぶりが示すように、歴史、映画に関する著書はそれこそ無数にある。中心は彼の出発点であるロシア史だが、「アラブ世界と植民地化」「両次大戦」「歴史と映画」などをテーマとした書名が並ぶ。本書との関連でその一部を紹介する。

Cinéma et Histoire, Denoël et Gonthier, Paris, 1977（『映画と歴史』）

Comment on raconte l'histoire aux enfants: à travers le monde entier, Payot, Paris, 1981（『新しい世界史――全世界で子供に歴史をどう語っているか』井上幸治監修／大野一道訳、藤原書店、二〇〇一）

De la Russie à l'URSS-Histoire de la Russie de 1850 à nos jours, Nathan, Paris, 1989（『ロシアからソヴィエト連邦へ――一八五〇年から現代までのロシア史』）

Le Choc de l'Islam, Odile Jacob, Paris, 2002（『イスラームの衝撃』）

Le Livre noir du colonialisme: XVIe–XXIe siècle, de l'extermination à la repentance, Éditions Robert Laffont, Paris, 2003（共編『植民地主義黒書――一六世紀〜二一世紀、大虐殺から改悛まで』）

Ils étaient sept hommes en guerre 1918-45 - Histoire parallèle, Robert Laffont, Paris, 2007（『戦争を指導した七人の男たち　一九一八～四五―並行する歴史』小野潮訳、新評論、二〇一五）

数百年におよぶ世界の植民地化を検証した本書は、こうした知的生産活動のいわば総決算として屹立する作品といえるだろう。もっとも、本書執筆の直接的因子はアルジェリアの教員時代、すなわち、抑圧的なナチス・ドイツとの闘いを潜り抜けた若かりしフェローが、今度は抑圧する側フランスの一員として、しかも「教える」という植民する側の身ぶりを体現する教員として北アフリカの大地に立つ二〇代後半から三〇代前半の約八年間にさかのぼれそうである。

ときあたかも、アルジェリア戦争の火ぶたが切って落とされた時期である。小柄で精力的、才気煥発な茶目っ気満点のこの教師は生徒の受けもよかったろうが、同時に、フランス憎悪に燃えあがるアルジェリア人からの攻撃対象としてつねに身の危険にさらされてもいただろう。信頼と憎しみのはざまで若きフェローはこの時代をどのように生きたのだろうか……。ともかく、支配する側・される側の一方の当事者として自覚せざるをえないフェローにとり、この地は植民地をめぐる数々の疑問や矛盾を抱かせた土地であったろうことは想像に難くない。

ところで、これぞ天の配剤というべきか、オラン市のリセでは、フェローの傍らに五歳年上の同じユダヤ系フランス人教員、アルジェリア生まれのジャン・コーエンが立っていた。本書冒頭の献辞にも登場するジャン・コーエンその人である。「オラン市にいたわたしたちは、植民地化の行く末について尋ね合ったものだ」と記されているとおり、ヨーロッパを相対化しうるこの北アフリカの地で、二人は植民地化問題の解決への隘路を共に歩んだ。すでにアルジェリア独立運動では多くの血が流されていた。これ以上の犠牲者を見ない独立の道はいかなる方法によって導きだせるのか――ムスリムとヨーロッパ人の両コミュニティーをつなぐ「アルジェリア友愛会」のメンバーとして、二人は同志たちとともに知恵を絞り続けていたに違いない。ジャン・コーエンとの友愛については、本書だけでなく二〇〇二年刊行の『歴史のタブー *Les Tabous de l'histoire*』（Nil, Paris）のなかでも触れているフェローである。少なくともジャンとマルクのあいだには、「当事者の使命」として、植民地化問題の本質的な意味をとらえようとする濃密な空気が流れていたことは容易に想像できる。

おそらくこうして、『植民地化の歴史』はアルジェリアの地で胚胎した。そしてその後数十年を経て、ここにひとつの体系として姿をなしたものがわたしたちの目のまえにある。

「歴史」のヨーロッパ中心的ヴィジョンを再生産しないよう、世界的な現象として植民地化をとらえる方針を採った、と自身が語るように（本書一三頁）、本書は数百年におよぶ収奪と抵抗の世界史を一望する巨大な絵巻物となった。近代を裏側から支えた（そして今なお形を変えてそれを支えている）陰の主役たちと、これに抵抗した（している）もう一方の主役たちの絵巻物である。

日本に住まうわたしたちにとって、ここで日本がその主役の一としてひのき舞台に現れることは予期せぬことかもしれない。それも、富国強兵に狂奔した明治近代とそれに続く強権的日本ならいざ知らず、一六世紀日本もその先駆的なアクターとなって登場しているのだから…。西洋近代の模倣ではなく、まったく独自の植民地化が、世界史のなかでどのように位置づけられているのか。この点も含めて、本書には眠っていたわたしたちの思考運動（歴史認識の作業）を再起動させる、きわめて重要な論点がいくつも埋め込まれている。

本書の問題提起をわたしたちはどのように受けとり、今後に生かすべきか。これは重大な問いである。少なくとも、フェローがフランツ・ファノンを援用して次のように書く状況は、二〇一七年のこの日本でもそっくりそのまま当てはまる――「入植者が書いた《歴史》はその宗主国の延長であるがゆえに、それは略奪された国の《歴史》ではなく、自分の本国の《歴史》なのだ」（本書一二頁）。やられた側にも歴史がある。その自明性を捨象することなく、やられた側の歴史との真摯な付き合わせが、何よりもわたしたちには求められているのではないか。

わたしが試みたいと思っていることが二つある。ひとつは日本と朝鮮半島・中国・台湾の関係史を本書の視点から読み換える作業である。たとえば、在野の歴史家山辺健太郎の仕事とフェローの仕事との付き合わせ、大衆小説家梶山季之の作品（『李朝残影』（文藝春秋新社、一九六三）ほかの再検討である。山辺は国会図書館憲政資料室に日参し、第一次資料の徹底的な渉猟によって日本の朝鮮侵略史研究の先駆者となった人である。近代世界を裏側から鳥瞰するフェローのアプローチとは対極的な、細部の基礎資料研究を貫いたのが山辺だった。他方、梶山は官能小説で人気を博しながらも、植民地官僚の息子として朝鮮半島で育った過去を終生問い続けた人である。フェローの出自とは対極にありながら、問題意識を共有する作品を残した。

試みたいことのもうひとつは、本書のような「大きな歴史」をわたしたちの内なる「小さな歴史」とつなぎ合わせる作業である。人はそれぞれ生きた分量だけの歴史をもつ。それがどれほど意識に埋め込まれているかはともかく、このいわば皮膚感覚の「過去」をモノサシにして半歩なりとも踏みだし、わたしたちの然るべき「未来」像をわたしたち自身の手で描いてゆくことが重要だと考える。もちろん、これだけでは勇み足に堕しかねない。どのような未来に向かって、どのタイミングで踏みだすべきか、それを教えてくれるものこそ、「歴史の見取り図」の描き方を見事に示した本書のような「大きな歴史書」にほかならない。

さらなる補足として二点。第一点は、本書増補版の背景に関わる。フェローが本書の初版を上梓したのは一九九四年、東西冷戦構造が崩壊してまだ三年ほどの時期である。その後、二〇〇一年の九・一一に象徴されるような無差別テロ事件が常態化する時代となった。フェローは二〇一二年再版の本書ポケット版に当然この問題を増補した。復讐への怒りに我を忘れたかのような暴力の連鎖は、いまも止まることなく、むしろいっそう激化している。旧ソ連領の民族紛争も恒常的な危機状態にある（本書最終章）。かつてフランスの保護領だったシリアの内戦犠牲者は、内戦開始（二〇一〇年三月一〇日）以来の総計がついに三一万人を超え、一日平均ほぼ一五〇人という驚愕的な数字を示している（「シリア人権監視団」による二〇一六年一二月一三日現在の数字）。世の耳目を集めたパリとその近郊で発生した連続テロ（二〇一五年一一月一三日）の犠牲者（一三〇人）を上回る数の人々が、世界の関心をほとんど呼ぶことなく、毎日のように死の世界へと送られている。フェローはその最大の構造的要因を、「多国籍帝国主義」という世界の産・官・学・軍エリートが作りだす現代「画一化」現象に見ている（本書五四〇〜五六〇頁）。まさしく、わたしたちの日常‐非日常すべてを覆っている現象の延長上に「暴力の連鎖」は存在している。座視していると、あとで臍を嚙むことになるだろう。座視するな、活路は過去から見いだせ、フェローの増補論考はそう告げているようにも思われる。

補足の第二点は、この「訳者あとがき」の冒頭で紹介したフェローの『植民地主義黒書―一六世紀〜二一世紀、大虐殺から改悛まで』（二〇〇三）にまつわることである。こちらは二一人の研究者による論文集の体裁をとっているが、フェローはおそらく『植民地化の歴史』執筆の時点からこの『植民地主義黒書』の構想をもっていた。「植民地化《コロニザション》」というフランス語がフランス人にとって一般的に肯定的な含意のある言葉であることにフェローは充分自覚的であった。それゆえ、「植民地主義」それ自体の意味を問う作業が同時に必要であると彼は考えていた。実際、『植民地主義黒書』の巻頭には「植民地化VS植民地主義」というタイトルの序文をおき、ある討論会の席上で『植民地化の歴史』の客観性について疑問が呈されたときにはいささか憤然とし、『植民地主義黒書』の上梓の理由について語ってもいる（二〇〇七年、マルク・フェローへのインタヴューへの回答。アンスティチュ・フランセ主催のテレヴィジョン討論会の席上）。つまり、本書『植民地化の歴史』は、黒書に対する白書としての作品なのである。原書で一〇〇〇頁を越える『植民地主義黒書』が、本書『植民地化の歴史』とともに日本の読者の目に触れる日の来ることを、訳者としては願ってやまない。

＊　＊　＊

本訳書は、諸言から第4章までと訳注・巻末付録を片桐が、5章から11章までを佐野が担当し、全体を片桐が調整した。ロシア関係はロシア文学の高柳聡子先生の御協力を仰ぎ、歴史用語などに関しては歴史学の磯山久美子先生の助言をいただいた。そのご厚意には感謝しきれないものがあり、お二人にはとくに記して謝意を表したい。また、フランス語以外のその他の言語、とりわけ発音表記については、じつに多くの方々の労を煩わせた。いちいち名前をお書きできないが、この場を借りて厚くお礼を申し上げたい。

そして、新評論編集部の山田洋さんがいる。この翻訳には一一年の歳月を費やした。翻訳をすすめてくださった山田さんには、この間、あらゆる面でたくさんの助言、励ましをいただいた。本書がこうして完成したのは、つねに訳者に伴走し、公私にわたり苦楽をともにしてくれた山田さんのお陰である。多謝。

二〇一七年一月二九日　調布にて

訳者を代表して　片桐　祐

カフカス地域（ロシア南西部とグルジア、アゼルバイジャン、アルメニア）の諸紛争

1992 旧ユーゴスラヴィア解体（新ユーゴスラヴィアの解体は 2003 年）

1994 南アフリカ、マンデラが大統領に就任（ブラック・アフリカにおけるアパルトヘイト政策終わる）

パレスチナ暫定自治政府発足

2001 国際テロ組織アルカーイダ、ニューヨークとワシントンを攻撃

〔訳者補遺〕

2002 アメリカ軍主導の多国籍軍、アルカーイダ掃討作戦としてアフガニスタンを攻撃

2003 イラク戦争（アメリカ・イギリス・オースラリア軍、アルカーイダ掃討の一環としてイラクを攻撃）

2004 ベスラン学校占拠事件（ロシア連邦内の北オセチアにあるロシア人学校をチェチェン独立派が占拠、チェチェンからのロシア軍撤退を求めて 344 人虐殺）

2006 アルカーイダ・イラク支部、新組織「イラク・イスラーム国」を創設

2008 ジョージア（グルジア）戦争（ジョージアからの独立を主張する親ロシアの南オセチアと独立を認めないジョージアとの紛争が拡大、ジョージアとロシアの国際戦争に発展する）

2011 シリア内戦始まる（「イラク・イスラーム国」をひとつの源流とするテロ組織「イラク・シリア・イスラーム国」がこの内戦を機に急速に勢力を拡大し、カリフ制の建国を宣言、同時に「イスラーム国」［IS］に改称）

2011〜16 無差別大量殺人をともなう国境なき国際的テロリズムが頻発

エジプト、ナーセル大統領がスエズ運河国有化を宣言。イギリス・フランス・イスラエル3国とエジプトの軍事衝突（スエズ動乱／第2次中東紛争へと発展）

1957　ガーナ独立（イギリス連邦内自治領として、アフリカでは第2次大戦後初の独立国家となる）

1958　アラブ連合共和国（エジプトとシリアの合邦。一時期イエメンも参加）成立

レバノンで汎アラブ主義の蜂起

アルジェリアでフランス軍人の反乱

アクラ（ガーナ）で第1回全アフリカ人民会議（エチオピア、ガーナ、アラブ連合共和国などが参加。ヨーロッパ諸国の植民地からの撤退を要求する声明を発表）

フランス領西アフリカ解体（モーリタニア、セネガル、ギニア、コートジボワール、ベナン、マリ、オートボルタ［現ブルキナファソ］、ニジェール）

ギニア独立

1959　ベルギー領コンゴで暴動

ブラック・アフリカで民族主義運動が隆盛

1960　アフリカ諸国独立の年

ベルギー領コンゴがコンゴ共和国（64年コンゴ民主共和国、71年ザイール共和国、現コンゴ民主共和国）として独立。コンゴ内戦始まる（65年まで）

旧ベルギー領コンゴのカタンガ州（現シャバ州／コンゴ南端）分離独立

1961　アンゴラ（ポルトガル領）で反乱

アルジェリア独立戦争終息

インド、ポルトガル領有地（ディウ、ゴア）を回復

南アフリカ独立

1962　トリニダード・トバゴ独立

アルジェリア独立

サウジアラビア、奴隷制度廃止

1963　ポルトガル領ギニア（ギニア・ビサウ）、ギニア・カボベルデ独立アフリカ人党（PAIGC）指導者アミルカル・カブラルの蜂起

アジス・アベバ（エチオピア）でアフリカ統一機構（OAU）結成

マレーシア連邦発足

ケニアとザンジバルが独立

1964　南アフリカの黒人解放指導者ネルソン・マンデラ、終身刑となる

パレスチナ解放機構（PLO）設立

モザンビーク解放戦線（FRELIMO）がタンザニアを基地として武装闘争を開始

北ローデシア（ザンビア）独立

1965〜73　ヴェトナム戦争（第2次インドシナ戦争。対アメリカ）

1966　南アフリカによる南西アフリカ（ナミビア）の委任統治終わる

1967　六日戦争（第3次中東戦争。イスラエルがエジプト［カイロ］空軍基地を急襲）

ナイジェリアのビアフラ内戦（東部州ビアフラで大量の餓死が発生）

1970　カンボジア、クメール・ルージュ（カンボジアの共産勢力）の国内闘争始まる

エジプト、ナーセル大統領死去

1971　東パキスタン、バングラデシュとして独立

1973　第4次中東戦争（エジプト軍とシリア軍、イスラエルを急襲）

パレスチナでテロリズム始まる

1974　ポルトガルで「カーネーション革命」（無血クーデタによりサラザール体制打倒）

キプロス紛争（トルコ系住民と対立するギリシア系地下組織がクーデタ）

ギニア・ビサウの独立をポルトガルが正式承認

1975　トーゴの首都ロメでロメ協定（ヨーロッパ経済共同体［EEC］9ヶ国とアフリカ・カリブ海・太平洋地域［ACP］当初46ヶ国の経済協力）締結

レバノン内戦始まる（1990年終結）

スペイン領西サハラへモロッコ国民35万人が「緑の」大行進（西サハラのモロッコへの返還を求める平和行進。スペイン、西サハラを放棄）

アンゴラ独立

スリナム独立

1978　キャンプ・デーヴィッド合意（イスラエルとエジプトがアメリカ大統領カーターの提唱により、大統領の山荘キャンプ・デーヴィッド［ワシントン近郊］で和平の道を探る）

1979　ヴェトナムのカンボジア侵攻

イランでイスラーム革命

中国、ヴェトナムへ侵攻

ソ連軍によるアフガニスタン侵入

南ローデシア（ジンバブエ）の「脱植民地化」（翌年、イギリスから正式に独立）

1980〜88　イラン・イラク戦争

1982　フォークランド（マルビナス）紛争勃発（アルゼンチンとイギリス）

イスラエルのレバノン侵攻

1985　南アフリカで対アパルトヘイト抗争（黒人の抗議行動が激化）

1988　フランス海外領ニューカレドニアとフランスとでマチニョン合意が成立（翌年からの自治拡大、10年後の住民投票［独立の可否］の実施等を決定。1998年のヌーメア合意では、民族自決についての決定を2014〜18年に再延長）

1991　ソ連解体

グルジアを除く旧ソ連の14共和国が独立国家共同体（CIS）の創設を宣言

東ヨーロッパとロシアにおける共産主義体制の廃止

を展開
　フェス条約（モロッコ、フランスの保護領となる）
1914〜18　第１次世界大戦
1914　セネガル人ブレーズ・ジャーニュ、フランス国民議会で初の黒人議員となる
1915　トルコによるアルメニア人大虐殺
1916　オスマン帝国に対するアラブ人の反抗運動
　サイクス・ピコ協定（イギリス・フランス・ロシアのオスマン帝国地域３分割秘密協定）
1917　バルフォワ宣言（ユダヤ人に対しパレスチナに「民族的郷土」の建設を認める）
　ロシア十月革命（レーニン、民族自決を布告）
1918　アメリカ大統領ウィルソンによる14ヶ条の平和原則（第１次大戦終結後の講和条件として、民族自決の部分的承認を盛り込む）
1919　レーニン発案によるコミンテルン（第３インターナショナル）の創設と各国での共産主義諸政党の誕生
　インドのガンディー、大衆的非暴力抵抗運動を始める
1920　セーヴル条約（オスマン帝国、連合国への領土割譲等を承認）
　アゼルバイジャンでバクー会議（第１回東方諸民族大会）開催
　シリア、独立を宣言
1921　モロッコのアブド・アルカリーム、スペインとフランスの植民地主義者に対して蜂起（リーフ戦争。北部のスペイン領モロッコで蜂起し、1925年に南部のフランス領モロッコへと戦闘を拡大。26年、鎮圧される）
　ジュネーブの国際労働機関（ILO）事務局、強制労働を告発
1926　チュニジアで出版報道の自由を制限する「極悪な行政命令」発布
1928　ウバンギ・シャリ（中央アフリカ共和国）西部の高サンガ地域（マンベレカデイ地方）、フランス植民地主義者に対して反乱
1929　ニューヨーク、ウォール街の「ブラック・サーズデー」（株価大暴落、世界恐慌）
1930　インドシナ共産党とフィリピン共産党の結成
　熱帯諸国で原料の市場価格暴落
1931　パリ、植民地博覧会開催
　満州事変勃発
1933　カイロで第１回「ムスリム同胞団」会議
1934　チュニジア、ネオ・ドゥストゥール党（新チュニジア立憲自由党）結成
1935　第２次イタリア・エチオピア戦争始まる（イタリアがエチオピアを侵略。翌年、併合宣言）
1939〜45　第２次世界大戦
1941　大西洋憲章（チャーチル［英］とルーズヴェルト［米］の共同声明）
　シリア・レバノン危機（ドイツによるシリア・レバノン占領を阻止するため、イギリス軍と自由フランス政府軍が両国に侵入）
1943　日本の支配下でフィリピンとビルマが独立を宣言
　モロッコでイスティクラール党（独立党）結成
1944　ブラザヴィル会議（フランスのド・ゴール、自由フランス政府の首府ブラザヴィル［コンゴ］で戦後のフランス植民地政策の方向を模索）
1945　アラブ７ヶ国が「アラブ連盟」を結成
　第２次大戦終結後、ヴェトナムとインドネシアが独立を宣言
1946　第１次インドシナ戦争始まる（対フランス）
　南アフリカでアパルトヘイト（人種隔離政策）が活発化
1947　インドとパキスタンが分離・独立
1948　ガンディー暗殺
　アメリカとソ連がイスラエル国の独立を承認（第１次中東戦争勃発）
1949　中国で共産党が政権掌握（毛沢東、中華人民共和国の成立を宣言）
　オランダがインドネシアの独立を承認。フランスがヴェトナムの独立を承認
1950　フィリピン、権力奪取を狙う人民解放軍の大規模蜂起
1950〜53　朝鮮戦争
1950〜55　ケニア、マウマウの反乱（イギリス植民地政策を転換させる）
1951　イラン首相モサッデク、アングロ・イラニアン石油会社を国有化
1952　エンクルマ、イギリス領ゴールドコースト（ガーナ）初代首相となる
　エジプト、自由将校団（ナギーブ、ナーセルら）のクーデタによりエジプト革命が成立
1952〜55　チュニジア・モロッコ危機（1956年に完全独立を果たすまでの、植民地体制との戦い）
1953　ローデシア・ニヤサランド連邦（中央アフリカ連邦）成立
1954　フランス軍の拠点ディエン・ビエン・フー（ヴェトナム）の陥落。第１次インドシナ戦争の終結と休戦に関わるジュネーヴ協定（アメリカと南ヴェトナム政権は調印を拒否）
　アルジェリア独立戦争始まる
1955　バグダッド条約機構（トルコとイラクの相互防衛条約に基づく）成立。同年、イギリス、イラン、パキスタンが参加し、５ヶ国で中東条約機構（METO）を結成。
　インドネシアでバンドン会議（第１回アジア・アフリカ会議）開催
　ラ・セル・サン・クルー協定（フランスはモロッコのムハンマド５世復位を認める）
1956　チュニジアとモロッコの独立

に対する現地住民ムスリムの大反乱）
1876　日朝修好条規締結（日本、朝鮮に開国を強要）
　エジプトの国家破産（イギリスとフランスの財政管理下におかれる）
　ベルギー国王レオポルド、「アフリカの探検と文明化のための国際協会」設立（コンゴ支配を目的とする私的組織）
1877　イギリスのディズレーリ、ボーア人が建設したトランスヴァール共和国の併合を命令
1880　オスマン帝国に対してクルド人蜂起
　フランスのサヴォルニャン・ド・ブラザ、テケ人（コンゴ）の王マココとマココ条約（保護条約）を結ぶ
1881　ボーア人、マジュバ・ヒル（南アフリカ）の戦いでイギリス軍に勝利（第1次ボーア［南ア］戦争。トランスヴァール共和国の独立が承認される）
　バルドー条約（フランス、チュニジアを保護領化）
1883　フエ条約（アンナン、フランスの保護領化を承認）
1884　ドイツ、ナミビアとトーゴとカメルーンを保護領化
　ベルリン会議（列強14ヶ国によるブラック・アフリカの分割）
　南アフリカで、最初の黒人新聞『インヴォ・ザバンツンドゥ』（民衆の声）発行
1885　インド国民会議の創設（翌年、インド国民会議派へと発展）
　フランス、マダガスカルを保護領化
1886　トランスヴァール共和国、ヨハネスバーグの建設（ゴールド・ラッシュ）
1887　フィリピンのホセ・リサール、小作料値上げ反対運動を組織し、祖国の独立運動を基礎づける
1888　ブラジルで奴隷制度廃止
　イギリス、サラワク王国（ボルネオ西北部）を保護国化
1890　ドイツ、タンガニーカ（タンザニア）を植民地化
　アルメニアで独立運動が誕生
　イギリスのセシル・ローズ、ケープ植民地首相に選出
1892　フランス、ダホメー（ベナン）を保護領化
1893　スペイン、メリリャ（現、モロッコ北部にあるスペインの飛び地）を占領
1894　アルジェにパスツール研究所開設
1895　下関条約（日本の要求に清［中国］が合意し、日清戦争終結）
1896　第1次イタリア・エチオピア戦争（アドワの戦い。イタリア、エチオピアのアドワでエチオピア軍に大敗）
1898　米西戦争（アメリカ軍政下でキューバ独立）
　アメリカ、ハワイ諸島を併合
　ファショダ事件（スーダン南東部でフランスとイギリスが衝突）
　パリ条約（アメリカがプエルトリコとフィリピンとグアムを領有）
1899～1902　第2次ボーア（南ア）戦争（トランスヴァール・オレンジ自由両共和国がイギリス支配下となり、1910年南アフリカ連邦として独立）

1900～01　清（中国）の義和団運動にヨーロッパが介入
1902～03　マケドニア、オスマン帝国に対して自治を求める暴動多発
1904　日露戦争始まる
　イギリス、ラサ（現中国、チベット自治区）占領
　ヘレロ人（南西アフリカ）、ドイツ植民地支配者に対して反乱
1905　第1次モロッコ事件（タンジール事件）。ドイツ皇帝ウィルヘルム2世、モロッコのタンジールを突然訪問し門戸開放と領土保全を要求
　中国の孫文、東京で民族・民権・民生（のちの三民主義）を掲げて「中国革命同盟会」を結成
　日露間でポーツマス条約が成立（日本、南樺太を領有し朝鮮を保護国化）
1906　スペインでアルヘシラス会議開催（第1次モロッコ事件解決のためモロッコの独立と領土保全、門戸開放などを決議）
　フランスのラペリーヌ、サハラ地域を平定
1907　ペルシア（イラン）における勢力圏をめぐる英露協商
1908　コンゴ、ベルギーの植民地となる
　アラブ世界最大のカイロ大学（エジプト）設立
　オスマン帝国、青年トルコ党の武装蜂起
1909　イラン、イギリス人の石油利権を開発するためアングロ・ペルシアン石油会社（1935年アングロ・イラニアン石油会社に改称し、現在はブリティッシュ・ペトロリアム会社）を設立
1910　清（中国）、チベットに再度軍を派遣
　フランス領赤道アフリカ（中央コンゴ［現コンゴ共和国］、ガボン、チャド、ウバンギ・シャリ［現中央アフリカ共和国］）、イギリス領南アフリカ連邦（ケープ、ナタール、トランスヴァール、オレンジ自由の4州）の設立
　韓国併合（日本が武力を背景に大韓帝国を植民地化）
1911　第2次モロッコ事件（アガディール事件）。ドイツ、モロッコのアガディールに砲艦パンター号を派遣
　イタリア、トリポリタニア（リビア）を領有
1912　アメリカの黒人運動指導者W・E・B・デュボイス、アフリカ民族会議で汎アフリカ主義の考え

ずはメキシコ
1812　ズールー人（南アフリカ東部の大部族）の王シャカ、国家と軍隊を組織
1815　ウィーン会議（ヨーロッパの領土的新秩序を決める会議）、最終議定書締結。イギリス、ケープタウン進出
1817　セミノール戦争（北アメリカ・インディアンのセミノール人対アメリカ合衆国）
1819　イギリス、シンガポール領有
1821　南アメリカの独立運動指導者サン・マルティンとシモン・ボリーバル、スペイン領アメリカ諸国の独立に貢献
　エジプト、スーダン征服
1822　フランスのシャンポリオン、古代エジプトの象形文字を解読
　ブラジル独立
　「アメリカ植民協会」、アメリカの解放奴隷によってモンロビア（現リベリアの首都）を建設
1823　ラテン・アメリカの「小国乱立」始まる
1824　イギリスとアシャンティ王国（ガーナ）との戦争で、イギリス大敗
1824〜26　第1次ビルマ戦争（インド総督アマーストがビルマに宣戦布告）
1825　ジャワ島（インドネシア）で対オランダ反乱
1826　イギリス、ゴールドコースト（現ガーナ）に進出
1828　トルコマンチャーイ講和条約（ロシア・イラン戦争停戦条約。ロシア、エレヴァン［アルメニア］とナヒチェヴァン［アゼルバイジャン］を併合）
1830　フランス、アルジェ（アルジェリア）占領
　アメリカ、「インディアン強制移住法」によりスー人をミシシッピー川以西に移住させる
1833　インド、「イギリス東インド会社」の交易独占を廃止
1836　テキサス共和国、メキシコから独立
1837　カナダ（ケベック）、フランス系住民の反乱
1838　レバノンでマロン派（キリスト教）とドゥルーズ派（イスラーム）の抗争始まる
1839　パレスチナに最初のユダヤ人入植者村
　第1次アフガン戦争（イギリス・アフガニスタン）
1840　ワイタンギ条約（イギリス、ニュージーランド先住民族マオリ人と条約を結び、ニュージーランドを直轄植民地とする）
　アヘン戦争始まる（イギリス・清［中国］）
1841　アンナン（ヴェトナム）、カンボジアを併合。併合国のヴェトナム化始まる
1842　フランス、タヒチとマルキーズ（マルケサス）諸島領有
　南京条約（清［中国］、イギリスに香港を直轄植民地として割譲
1843　イギリス、ナタール共和国（ボーア人の国／南アフリカ）に軍隊派遣
1847　リベリア独立（アフリカ初の黒人共和国）
1848　フランス人ヴィクトール・シュルシェールによる奴隷制廃止の政令（フランス）
　アルジェリアのコンスタンチーヌでオスマン帝国軍敗北、アルジェリアにおけるオスマン勢力の抵抗終わる
1849　イギリス、パンジャブ地方（インド北部・パキスタン中北部）併合
1852　フランス、カイエンヌ（フランス領ギアナ）に政治犯の徒刑場設置
1853　フランス、ニューカレドニアを併合
1854　西アフリカ出身のイスラーム改革指導者ハジ・ウマル、アニミズムを信奉する部族に対して聖戦（ジハード）を宣言
　クリミア戦争（前年、ロシア・トルコ間で勃発。聖地エルサレムにおける信徒の権利問題を機にイギリスとフランスがオスマン帝国と軍事同盟を結び、ロシアに宣戦布告）
　イギリス、オレンジ自由国（南アフリカ）の建国を承認
　フランスのフェデルブ、セネガル初代総督に任命さる
　アルジェリア、マラリア治療として初めてキニーネ使用
1857　インド、セポイの反乱（イギリス東インド会社のインド傭兵による反乱。デリーに入城しムガール帝国の復活を宣言。1858年イギリス軍、反乱を鎮圧。東インド会社の解散とムガール帝国の終焉。イギリスの直接統治始まる）
1858　スコットランド人リヴィングストンの東アフリカ探検
1859　リスボン条約（オランダとポルトガルでティモール島［インドネシア南東部］分割）
1861　アメリカ、南北戦争始まる
1863　カンボジア、フランスと保護条約を結びフランスの保護領となる
1864　ナイジェリアで、初めて黒人の英国国教会司教が誕生
1867　自治領カナダの成立（イギリス、英領北アメリカ法の発効にともなう）
　フランス、メキシコに武力干渉（メキシコの自由派がフランス軍を撃退）
　フランス、コーチシナ全域（ヴェトナム南部）を領有
1868　日本の天皇、政権を獲得（王政復古）。明治時代始まる
1869　エジプト、スエズ運河開通
1870　クレミュー法（フランス）、アルジェリア在住ユダヤ人にフランス市民権を認める
1871　アルジェリア、カビールの反乱（フランス支配

サチューセッツ（アメリカ）のコッド岬に到着
1621　オランダ、西インド会社設立
1624　オランダ、台湾占領
1624〜54　ポルトガルとオランダ、ブラジルをめぐる戦争
1625〜64　フランス、アンティル諸島進出
1626　オランダ、ニュー・アムステルダム（現ニューヨーク）建設
1632　ロシア、東シベリアのヤクーツクに進出
1634　オランダ、キュラソー島（カリブ海南部）進出
1635　フランス、グアドループ島、マルチニック島、ドミニカ島に進出
1638　フランス、セネガル進出
1641　オランダ、マラッカ（マレーシア）占領
1642　フランス、ヴィル・マリ（現モントリオール）建設
1652　オランダ、ケープタウン（南アフリカ）建設
1652〜74　オランダ・イギリス戦争（第1次1652〜54年、第2次1665〜67年、第3次1672〜74年）
1655　イギリス、ジャマイカ占領
1660　フランス、ポルトー・プランス（ハイチ）進出
1664　フランスのコルベール、東インド会社再建
1669　ポルトガル、マナウス（ブラジル北西部）建設
1682　フランスのカヴリエ・ド・ラ・サール、ルイジアナ（アメリカ南部）探検、領有宣言
1688〜97　アウクスブルク同盟戦争（ファルツ戦争）
1690　イギリス、バハマ諸島進出
1697　ライスワイク条約によりファルツ戦争終結（スペイン、フランスのエスパニョーラ島西部［現ハイチ］の領有を認める）

1702〜13　スペイン継承戦争（1702年、スペインとフランスの合体を阻止するため、イギリスをはじめとする大同盟がフランスとスペインに宣戦布告）
1704　ローマ教皇、イエズス会士の清（中国）における典礼参加を異端と裁定
1713　ユトレヒト和約（イギリス、フランス等と講和条約を締結）。スペイン継承戦争ほぼ終結
　アシエント条約（イギリス、スペイン植民地への黒人奴隷供給の独占権を獲得）
1723　フランス、マエ（インド西海岸）、ヤナム（インド東海岸）建設
1729　北アメリカ先住民族ナチェズ人、フランス人入植者を虐殺
1739〜48　アメリカ大陸におけるイギリスとスペインの植民地戦争
1741　イギリス人アンソン海将の世界大航海
1742　フランスのデュプレックス、東インド会社の貿易拠点ポンディシェリー（インド南東部）の総督として赴任
1751　イギリスのクライヴ、インドでフランス側傭兵に勝利
1755　シベリア方面への「自発的」移住民団
1756〜63　七年戦争（プロイセンのフリードリヒ2世が、ほぼ全ヨーロッパ諸国を相手に勝利）
1759　イギリスのジェームズ・ウルフ、北アメリカにおけるフランス軍との戦い（フレンチ・インディアン戦争）でケベックを攻略
1763　パリ条約（七年戦争とフレンチ・インディアン戦争の和約）
1764〜92　イギリス、ラクナウ（インド北部）進出。マイソール（インド南部）征服
1765　メキシコでクレオールの反乱
1768〜74　露土戦争（オスマン帝国領に侵攻したロシア軍とトルコ軍との戦争）
1769　ポルトガル、マザガン（モロッコ）領有を断念
1770　スペイン、フォークランド（マルビナス）諸島のイギリス人駆逐のため艦隊を派遣
1775〜83　アメリカ独立戦争
1778　カフィール（南アフリカ南東部）戦争始まる（オランダ系牧畜農民ボーア人が現地民と戦い牧草地を確保する）
1783　パリ条約（イギリスがアメリカの独立を承認）
1785〜89　フランスの首座司教ピニョー・ド・ベーヌ、アンナン（ヴェトナム）で布教
1787　フランスで、奴隷貿易の廃絶を求める「黒人の友協会」設立
1788　ボタニー湾（シドニー）にイギリスからの「流刑囚」（コンヴィクト）到着
1793　イギリスのベンガル総督コーンウォリス、インドで地税額を永久に固定するザミンダーリー制を導入
1798　アブキール湾の戦い（エジプト、ナイル河口のアブキール湾で、イギリス海軍がフランス海軍に勝利）

1801　イギリス、ハイデラバード（インド南部）のニザム（藩王国）にイギリスの宗主権を認めさせる（カルナータカを併合し南インドを平定）
　ロシア、グルジア併合
1804　ハイチ独立（世界で初の黒人独立国家）
1805　トラファルガーの海戦（スペインのトラファルガー岬の沖合で、イギリス海軍がフランス・スペイン軍に勝利）
　アルバニア人のムハンマド・アリー、エジプト副王となる
1806　ベネズエラのフランシスコ・デ・ミランダ、スペインからの独立を求めクーデタ。失敗に終わる
1807　日露間で千島紛争始まる
　イギリスで下院議員ウィルバーフォースが奴隷貿易廃止法案を成立させる
1810　ラテン・アメリカ、独立をめざす反乱の波。ま

本書関連年表

1410　フランスのピエール・ダイイ、この頃『世界の像（イマゴ・ムンディ）』を執筆
1417　明（中国）の鄭和（テイワ）の艦隊、東アフリカに到達
1418　ポルトガルのエンリケ航海王子、探索の船隊を組織
1419　エンリケ航海王子の派遣したポルトガル人、マデイラ諸島に到達
1420　カラベル船（帆船）の考案（ポルトガル、スペイン）
1433　鄭和の艦隊、最後の第７次遠征で東アフリカのモザンビークに到達
1437　ポルトガル軍、モロッコのタンジールでモーロ人に大敗。フェルナンド聖王子、人質となり首都フェスの地下牢で６年後に獄死
1445　ポルトガルのディニス・ディアス、アフリカ最西端のベルデ岬に到達。ポルガルによる最初の黒人奴隷
1455　アフリカの香辛料、初めてポルトガルへ
1462　アラブのイブン・マージド、航海術書を執筆
1465　ロシア人、シベリアに進出
　ポルトガル、ギニア湾に到達。最初の大型奴隷貿易
1466～72　ロシアの商人ニキーチン、インドを訪問
1479　アルカソバス条約（大西洋上の諸島をめぐるスペイン・ポルトガル間の領土画定）
1485　イタリアのクリストファー・コロンブス、スペイン訪問
1485～88　ポルトガルのディオゴ・カンとバルトロメウ・ディアス、喜望峰に到達
1492　ドイツ人マルティン・ベハイムの地球儀
　クリストファー・コロンブス、カリブ海到達
1493　ローマ教皇（アレクサンデル６世）の大教書（スペイン・ポルトガルによる新発見地の境界画定）
1494　トルデシリャス条約（スペイン・ポルトガルの分界協定）締結
1497　イタリアのジョン・カボット、ラブラドル半島（カナダ東部）到達
1498　ポルトガルのヴァスコ・ダ・ガマ、カリカット（インド）到達

1500　ポルトガルのペドロ・アルヴァレス・カブラル、ブラジル「発見」
1501　アメリカ大陸における最初の黒人奴隷
1505～15　アルメイダとアルブケルケ、ポルトガル帝国を建設
1508～11　スペインによるプエルトリコとジャマイカの植民地化
1510　アルブケルケのゴア（インド）占領、ムスリム住民を大量虐殺
1511～15　スペインのディエゴ・ベラスケス、キューバ征服、ハバナ建設
1518 頃　インドの宗教家カビール、ヒンドゥー教とイスラーム融合の試み
1519～21　スペインのエルナン・コルテス、メキシコ征服
1519～22　マゼラン艦隊（ポルトガル）、世界周航
1521～30　ポルトガル、ブラジル進出
1524　セビーリャ（スペイン）、新大陸交易の独占
1529　サラゴサ条約（スペイン・ポルトガル間で極東の植民地分界線を協定）
1531～34　スペインのフランシスコ・ピサロ、インカ帝国征服
1532　ポルトガル、サンパウロ（ブラジル）建設
1535　アラブ・ムスリムの大規模なサハラ交易
　スペイン、リマ（ペルー）建設
1535～38　スペインのヒメネス・デ・ケサダ、コロンビア征服
1536　スペイン、ブエノスアイレス（アルゼンチン）建設
1541　スペイン、サンチアゴ（チリ）建設
1546　スペイン、ポトシ（ボリビア）建設
1549　スペインのフランシスコ・ザビエル、来日
1557　ポルトガル、マカオ進出
1560　スペイン、カラカス（ベネズエラ）建設
1562　イギリスのジョン・ホーキンス、黒人奴隷売買
1565　ポルトガル、リオ・デ・ジャネイロ（ブラジル）建設
1571　レパントの海戦（ギリシアのレパント沖でキリスト教国連合艦隊がオスマン艦隊に大勝）
　ポルトガル、アンゴラ進出
1578　アルカサル・キヴィル（モロッコ）の戦い（遠征中のポルトガル国王セバスティアンがイスラームに大敗し、戦死）
1584　イギリスのウォルター・ローリー、ヴァージニア（アメリカ東部）到達
1588　スペイン無敵艦隊、イギリス海軍に大敗

1600　イギリス、ロンドンに東インド会社設立
1602　オランダ、東インド会社設立
1605　イギリス、バルバドス（西インド諸島東端）進出
1608　フランスのサミュエル・ド・シャンプラン、ケベック（カナダ）到達
1609　オランダ、セイロン島をポルトガル人から奪取
1619　オランダ、バタヴィア（ジャワ）建設
1620　メイフラワー号（イギリス）の冒険的航海、マ

Chrétien, Jean-Pierre, *L'Afrique des Grands Lacs*, Paris, Aubier, 2000, 410 p.
Cohen, Jean, *Chronique d'une Algérie révolue*, Paris, L'Harmattan, 1997, 93 p.
Cohn, Bernard S., *Colonialism and Its Forms of Knowledge: The British in India*, Princeton University Press, 1996, 216 p.
Cooley, John K., *Unholy Wars. Afghanistan, America and International Terrorism*, London, Pluto Press, 1999, 300 p.
Coquery-Vidrovitch, Catherine, *L'Afrique et les Africains au* XIX*e siècle*, Paris, Armand Colin, 1999, 304 p.
Dakhlia, Jocelyne, *Le Divan des rois. Le politique et le religieux dans l'islam*, Paris, Aubier, 1998, 248 p.
Davis, Mike, *Génocides tropicaux, Catastrophes naturelles et Famines coloniales (1870–1900). Aux origines du sous-développement*, Paris, La Découverte, 2001, 480 p.
Estenssoro-Fuchs, Juan Carlos, « Les pouvoirs de la parole. La prédication au Pérou : de l'évangélisation à l'utopie », *Annales*, n° 6, 1996, p.1225–1257.
Ferro, Marc, *Le Choc de l'islam* (XVIII*e*-XXI*e siècle*), Paris, Odile Jacob, 2002, rééd.2003, 248 p.
—, (dir.), *Le Livre noir du colonialisme* (XVI*e*- XXI*e siècle), de l'extermination à la repentance*, Paris, Robert Laffont, 2003, 840 p.
Georgeon, François, *Abdülhamid II, le sultan calife*, Paris, Fayard, 2003, 528 p.
Glaser, Antoine et Smith, Stephen, *L'Afrique sans Africains. Le rêve blanc du continent noir*, Paris, Stock, 1994, 312 p. (11)
Grunberg, Bernard, *L'Inquisition apostolique au Mexique*, Paris, L'Harmattan, 1998, 237 p.
Gruzinski, Serge et Wachtel, Nathan, *Le Nouveau Monde, Mondes nouveaux: l'expérience américaine*, Paris, Éd. de l'EHESS, 1996, 743 p.
Henriques, Isabel de Castro, *Commerce et Changement en Angola au* XIX*e siecle. Imbangala et Tshokwe face à la modernité*, Paris, L'Harmattan, 1995, 448 p.
Huntington, Samuel P., *Le Choc des civilisations*, Paris, Odile Jacob, 1996, 554 p.
Jennings, Eric T., *Vichy in the Tropics*, Stanford, 2001, 328 p.
Kepel, Giles, *Jihad. Expansion et déclin de l'islamisme*, Paris, Folio-Gallimard, 2000, 710 p.
Kolchin, Peter, *Une institution très particulière. L'esclavage aux États-Unis*, Paris, Belin, 1999, 304 p.
Kotek, Joël et Rigoulot, Pierre, *Le Siècle des camps*, Paris, Jean-Claude Lattès, 2000, 805 p.
Laurens, Henry, *Paix et Guerre au Moyen-Orient*, Paris, Armand Colin, 1999, 560 p.
—, *La Question de Palestine*, 2 vol., Paris, Fayard, 1999 et 2002, tome1: 719 p., tome2: 703 p.
Layton, Susan, *Russian Literature and Empire. Conquest of the Caucasus from Pushkin to Tolstoy*, Cambridge University Press, 1994, 372 p.
Meillassoux, Claude et Messiant, Christine (dir.), *Génie social et Manipulations culturelles en Afrique du Sud*, Paris, Arcantère, 1991, 314 p.
Michel, Franck, *En route pour l'Asie. Le rêve oriental chez les colonisateurs, les aventuriers et les touristes occidentaux*, préface de D. Le Breton, Strasbourg, H&A, 1995, 304 p.
« Polémiques sur l'histoire coloniale », *Manière de voir*, n° 58, Paris, Le Monde diplomatique, 2001.
Poloni-Simard, Jacques, *La Mosaïque indienne. Mobilité, stratification sociale et métissage dans le « corregimiento » de Cuenca (Équateur) du* XVI*e au* XVIII*e siècle*, Paris Éd. de l'EHESS, 2000, 514 p.
Rashid, Ahmed, *L'Ombre des Talibans*, Paris, Autrement, 2001, 284 p.
Rey-Goldzeiguer, Annie, *Aux origines de la guerre d'Algérie 1940–1945. De Mers-el-Kébir aux massacres du Nord-Constantinois*, Paris, La Découverte, 2001, 402 p.
Rivet, Daniel, *Le Maghreb à l'épreuve de la colonisation*, Paris, Hachette, 2002, 460 p.
Roy, Olivier, *La Nouvelle Asie centrale ou La Fabrication des nations*, Paris, Éd. du Seuil, 1997, 325 p.
—, *L'Islam mondialisé*, Paris, Éd. du Seuil, 2003, 209 p.
Thornton, Russell (dir.), *Studying Native America. Problems and Prospects*, Madison, University of Wisconsin Press, 1998, 464 p.
Verdès-Leroux, Jeannine, *Les Français d'Algérie de 1830 à aujourd'hui*, Paris, Fayard, 2001, 492 p.

ル・ウォーターステイン／川北稔訳『近代世界システム—農業資本主義と「ヨーロッパ世界経済」の成立』岩波書店，1981〕
—, *The Modern World System*. II. *Mercantilism and the Consolidation of European World Economy, 1600–1750*, Academic Press, 370 p. (2,3) 〔イマニュエル・ウォーラーステイン／川北稔訳『近代世界システム 1600〜1750—重商主義と「ヨーロッパ世界」の凝集』名古屋大学出版会，1993〕
—, *The Modern World System*. III. *The Second Era of Great Expansion of the Capitalist World Economy, 1730–1840*, Academic Press, 1989,370 p. (1,2,3) 〔イマニュエル・ウォーラーステイン／川北稔訳『近代世界システム 1730〜1840—大西洋革命の時代』名古屋大学出版会，1997〕
Wandjuk, Marika, *The Aborigenal Children's History of Australia*, Melbourne, 1977, 150 p. (4)
Weber, Eugen, *La Fin des terroirs. La modernisation de la France rurale*, Paris, Fayard, 1983, 840 p. (G)
Werth, Alexander, *France 1940–1955*, London, Robert Hale, 1956, 764 p. (9)
Westermann, D., *Autobiographies d'Africains*, Paris, Payot, 1943, 336 p. (6)
Wilks, I., *Asante in the 19th Century*, Cambridge Univ. Press, 1975, 800 p. (3,5)
Wieviorka, Michel, *Sociétés et Terrorisme*, Paris, Fayard, 1988, 566 p. (9)
Wilkinson, Spencer, *The Nation's Awakening*, Constable, Edinburgh, 1896. (1)
Winock, Michel, *La République se meurt, chronique 1956–1958*, Paris, Ed. du Seuil, 1978, 258 p. (9,10)
Wobeser, Gisela von, *La formacion de la hacienda en la época colonial. El uso de la tierra y el agua*, Mexico, UNAM, 1983, 212 p. (4)
Woeikof, A., *Le Turkestan russe*, Paris, Colin, 1914, 360 p. (3)
Wood, Gordon S., *La Création de la République américaine*, trad, par F. Delastre, introduction de Claude Lefort, Paris, Belin,1991, 766 p. (*The Creation of the American Republique 1776–1787*, The University of North Carolina, 1969). (7)
Wray, Harold, *Changes and Continuity in Japanese Image of the Kokutai and Attitudes and Roles toward the Outside World*, Hawaii, University of Manoa, 1971. (3)
Yazawa, Toshihiko, « Une analyse des persécutions du catholicisme en Chine », in Forest, p. 31–47. (2)
Zorgbibe, Charles, *L'Après-Guerre froide dans le monde*, Paris, PUF, 1993, 128 p. (11)

以上の著作に追加すべきものとして、古い年代の叢書を次にあげる

Peuples et Civilisation, Paris, PUF, notamment les vol. IX, *La Prépondérance espagnole*, par H. Hauser; XI, *La Prépondérance anglaise*, par P. Muret; XVIII, *L'Essor industriel et l'Impérialisme colonial*, par M. Baumont.

併せて、以下の著作も追加

Cambridge History of India (*The*), 1983, 2 vol.
Cambridge History of Islam (*The*), 1970, 804 p.
Cambridge History of Latin America (*The*), 1986, 2 vol.

参考文献補遺（1994–2004）

Bayly, Suzan, *Caste, Society and Politics in India from the 18th Century to the Modern Age*, Cambridge University Press, 1999, 412 p.
Benot, Yves, *Massacres coloniaux* (*1944–1950*). *La IVe République et la mise au pas des colonies françaises*, préface de François Maspero, Paris, La Découverte, 1994, 224 p.
Bensa, Alban, « Chroniques kanak. L'ethnologie en marche », *Ethnies*, n° 18–19, 1995, 349 p.
Botte, Roger, « L'esclavage africain après l'abolition de 1848. Servitude et droit du sol », *Annales*, n° 5, septembre 2000, p.1009–1039.
Brocheux, Pierre et Hémery, Daniel, *Indochine. La colonisation ambiguë, 1858–1954*, Paris, La Découverte, 1995, 456 p.
Burgat, François, *L'Islamisme en face*, Paris, La Découverte, 1994, rééd. 2002, 304 p.
Cantier, Jacques, *L'Algérie sous le régime de Vichy*, Paris, Odile Jacob, 2002, 417 p.

Tardits, Cl., « La scolarisation des filles au Dahomey », *Cahiers d'études africaines*, 1962, 10, p. 266–288. (4)
Tawney, R.H., *Religion and the Rise of Capitalism*, London, 1950. (6)〔リチャード・ヘンリー・トーニー／出口勇蔵・越智武臣訳『宗教と資本主義の興隆』岩波書店，1956–1959〕
Taylor, W.B., *Landlord and Peasant in Colonial Oaxaca*, Stanford Univ. Press, 1972, 287 p. (7)
—, *Drinking, Homicide and Rebellion in Colonial Mexican Villages*, Stanford Univ. Press, 1979, 242 p. (7)
Ter Minassian, A., « Le mouvement révolutionnaire arménien », *Cahiers du monde russe et soviétique*, 3 et 4, 1974. (9)
Terray, Emmanuel, « Asante au xixe siècle », *Annales E.S.C.*, mars-avril 1977, p. 311–325. (3,5)
Thobie, Jacques, *La France impériale 1880–1911*, premier volume du collectif, J. Bouvier, R. Girault, J. T., Paris, Megrelis, 1982, 326 p. (3)
—, *Ali et les 40 voleurs*, Paris, Messidor, 1985, 372 p. (3)
Thornton, John, *Africa and Africans in the Making of the Atlantic World, 1400–1680*, Cambridge Univ. Press, 1992, 309 p. (5,6)
Thrupp, S. L., « Millenial dreams in action. Essays in comparative study », *Comparative Studies in Society and History*, supplément 2, 1962, p. 11–31. (8)
Todorov, Tzvetan, *La Conquête de l'Amérique, la question de l'autre*, Paris, Ed. du Seuil, 1982, 280 p. (2)〔ツヴェタン・トドロフ／及川馥・大谷尚文・菊地良夫訳『他者の記号学—アメリカ大陸の征服』法政大学出版局，1986〕
Touchard, Jean, *Le Gaullisme, 1940–1969*, Paris, Ed. du Seuil, 1978, 370 p. (10)
Trigger, Bruce, *Les Indiens, la Fourrure et les Blancs. Français et Amérindiens en Amérique du Nord* (*Natives and Newcomers*), Boréal-Ed. du Seuil, 1985, 537 p. (2)
Tsypkin, G.V., *L'Ethiopie dans les guerres anticoloniales*, Moscou (en russe), 1988, 311 p. (3)
« Un Algérien raconte sa vie », in *Socialisme ou Barbarie*, 1959, 28 et 29. (4)
Valensi, Lucette, *Le Maghreb avant la prise d'Alger*, Paris, Flammarion, 1969, 142 p. (1)
—, *Fellahs tunisiens. L'économie rurale et la vie des campagnes aux* XVIIIe *et* XIXe *siècles*, La Haye-Paris, Mouton, 1977, 422 p. (4)
—, *Fables de la mémoire. La glorieuse bataille des 3 rois*, Paris, Ed. du Seuil, 1992, 280 p. (1)
Van Onselen, Charles, « Paternalisme et violence dans les fermes du Transvaal de 1900 à 1950 », *Annales E.S.C.*, janv.-février 1992–1, p. 5–53. (4,7)
Veinstein, Gilles, « L'Empire dans sa grandeur », in Mantran, p. 159–227. (8)
Vergès, Jacques M^{e}, *De la stratégie judiciaire*, Paris, Ed. de Minuit, 1968, 212 p. (5)
Vernadsky, George, *A Source Book for Russian History from Early Times to 1917*, Yale, 1972, 3 vol. (G)
Vidal, D., Tarabout, G., Meyer, E. (sous la direction de), « Violences et non-violences en Inde », *Purusartha 16*; Paris, EHESS, 1994, 288 p. (8)
Vidal-Naquet, Pierre, *La Torture dans la République*, Paris, Ed. de Minuit, 1972, 208 p. (5)
Vigié, Marc, *Dupleix*, Paris, Fayard, 1993, 618 p. (3)
Vincent, Bernard, *1492, « l'année admirable »*, Paris, Aubier, 1991, 226 p. (1,4)
Viollis, Andrée, *L'Afrique du Sud, cette inconnue*, Paris, Hachette, 1948, 254 p. (4)
Wachtel, Nathan, « La vision des vaincus, la conquête espagnole dans le folklore indigène », *Annales E.S.C.*, 1967–3, p. 554–586. (6)
—, La Vision des vaincus, Les Indiens du Pérou devant la Conquête espagnole 1530–1570, Paris, Gallimard, 1971 (6)〔ナタン・ワシュテル／小池佑二訳『敗者の想像力—インディオのみた新世界征服』岩波書店，1984〕
—, *Le Retour des ancêtres. Essai d'histoire régressive*, Paris, Gallimard, 1990, 690 p. (6)
Wallerstein, Immanuel, *The Modern World System*. I. *Capitalist Agriculture and the Origins of the European World Economy in the 16th Century*, Academic Press, 1974, 412 p. (2,3)〔イマニュエ

Rodinson, Maxime, « Racisme, xénophobie, ethnisme », in *L'Histoire*, sous la direction de Marc Ferro, CEPL, 1971, t. 1, p. 392–411. (1,4)
—, *Marxisme et Monde musulman*, Paris, Ed. du Seuil, 1972, 680 p. (8)
—, *L'Islam, politique et croyances*, Paris, Fayard, 1993, 320 p. (G)
Romano, Ruggiero, *Les Mécanismes de la conquête coloniale. Les conquistadores*, Paris, Flammarion, 1972, 180 p. (2,3)
Rosstiskie, *Putesestvenniki v. indii* (*XIXe-XXe s.*) (Voyageurs en Inde), Moscou, 1990, 300 p. (2)
Rovet, J., « Des puritains aux Yankees », *Annales E.S.C.*, 1973, p. 1131–1142. (7)
Rowbotham, Sheila, *Féminisme et Révolution*, Paris, Payot, 1972, 316 p. (5)
Sarinov J., *La Lutte des travailleurs du Tadjikistan pour le renforcement du pouvoir soviétique pendant la période d'activité du Comité révolutionnaire de la République de Tadjikistan*, Stalinabad, 1955, 2 vol., 83 p. (4)
Saul, S.B., *Studies in British Overseas Trade 1870–1914*, Liverpool, 1960, 246 p. (3)
Schreuder, D.M., *The Scramble for Southern Africa, 1877–1895. The Politics of Partition Reappraised*, Cambridge Univ. Press, 1980, 386 p. (3,7)
Schumpeter, Joseph, « Zur Soziologie der Imperialismen », *Archiv für Sozialwissenschaft und social Politik*, 46, p. 1–39 et 275–310, 1941; trad. fr. *Impérialisme et Classes sociales*, présentation de J.-CI. Passeron, Paris, Ed. de Minuit, 1972, 293 p. (1) 〔ジョセフ・シュンペーター／都留重人訳『帝国主義と社会階級』岩波書店，1956〕
Seton Watson, H., *Nations and States, an Enquiry into the Origins of Nations and the Politics of Nationalism*, London, Methuen, 1977, 564 p. (G)
Sicroff, Albert A., *Les Controverses des statuts de « pureté de sang » en Espagne du XVe siècle au XVIIe siècle*, Paris, Didier,1960, 318 p. (4)
Siegfried, André, *La Crise britannique au XXe siècle*, Paris, Colin, 1931, 216 p. (10)
—, « *E. Wakefield* », in *Les Techniciens de la colonisation-XIXe, XXe siècle*, 1947, p. 175–194. (4)
Singer, Barnet, « Lyautey», *Journal of Contemporary History*, 26–1, janvier 1991, p. 131–159. (3)
Sivan, Emmanuel, « Modern Arab historiography of the crusades », *Asian and African Studies*, VIII, 1972, p. 109–149. (1)
Slavin, D.H., « The French left and the Riff war 1924–1925; racism and the limits of internationalism », *Journal of Contemporary History*, 26–1, janvier 1991, p. 5–32. (5,6)
Soinbaclv, T.J., « K Voprosy o prisoedinenii srednego juza k Rossii », in *Voprosy istorii Kazakhstana i vostocnogo Turkestana*, p. 41–60, Alma Ata, 1962, 206 p. (4)
Soustelle, Jacques, *Le drame algérien et la décadence française : Répense à Raymond Aron*, Paris, Plon, 1957, 71 p. (10)
—, *Aimée et souffrante Algérie*, Paris, Plon, 1963, 305 p. (7,9)
Souyri Pierre, *La Dynamique du capitalisme au XXe siècle*, Paris, Payot,1983, 270 p. (1,11)
Souyri, Pierre-François, « Une forme originale de domination coloniale ?: les Japonais et le Hokkaido avant l'époque Meiji », *in* Martine Godet (dir.), *De Russie et d'ailleurs, Mélanges Marc Ferro*, Paris, Institut d'études slaves, 1995, p. 373–388. (2)
Spear, Percival, *The Nabobs, a Study of the Social Life of the English in XVIIIth Century India*, Oxford Univ. Press, 1963, 212 p. (4,5)
—, *The Oxford History of Modern India 1740–1947*, Oxford Univ. Press, 1965, 426 p. (G)
Spring, Derek W., « Russian imperialism in Asia in 1914 », *Cahiers du monde russe et soviétique*, 3- 4, juill.-décembre 1979, p. 305–322. (3)
Stengers, Jean, *Congo: Mythes et Réalités*, Louvain, Duculot, 1989, 283 p. (10)
Stora, Benjamin, *Messali Hadj, 1878–1974*, Paris, Le Sycomore, 1982, 300 p. (9,10)
—, *Histoire de la guerre d'Algérie*, Paris, La Découverte, 1992,160 p. (9,10)
Szyliowicz, Joseph S., *Education and Modernization in the Middle East*, Ithaca, Cornell Univ. Press, 1973, 478 p. (8)

Pierre, Michel, *Terre de la grande punition, histoire des bagnes de Guyane*, Paris, Ramsay, 1982, 316 p. (4)
Pipes, Richard, *The Formation of the Soviet Union: Communism and Nationalism, 1917–1923*, Harvard Univ. Press, 1957, 356 p. (4)
Platonov, S.F., « Inozemci na russkom severe (XVIe-XVIIIe) », in *Ocerki po istorii Kolonizacii severa i Sibiri*, Petrograd, 1922, 136 p. (p. 5–17) (en russe). (2)
Pouchepadass, J., *L'lnde au XXe siècle*, Paris, PUF, 1975, 214 p. (G)
Pouchepadass, J. et Stern, H., (sous la direction de) « De la royauté à l'Etat dans le monde indien », *Purusartha 13*; Paris, EHESS, 1991, 310 p. (2)
Pouchepadass, J. et Stern, H., « De la Royauté à l'Etat dans le monde indien », intr. au n° 13 de *Purusartha*, 1991; Paris, EHESS, p. 9–25. (1,7)
Preiswerk, Roy et Dominique, Perrot, *Ethnocentrisme et Histoire*, Paris, Anthropos, 1975, 375 p. (G)
Priollaud, Nicole (textes réunis par), *La France colonisatrice*, préface de Patrice de Beer, Paris, Messinger, 1983, 254 p. (5)
Prunier, Gérard, « L'Egypte et le Soudan (1820–1885). Empire tardif ou protocolonisation en Afrique orientale ? », *Hérodote*, 2e–3e trim. 1992, p. 169–191. (3,8)
Queiroz Mattoso, Katia, « Les marques de l'esclavage africain », in *L'Amérique du Sud aux XIXe et XXe siècles*, sous la direction d'Henri Rivière d'Arc, Paris, Armand Colin, 1993. (7)
Quested, R.K.I., *The Expansion of Russia in East Asia, 1857–1860*, Kuala Lumpur, Oxford Univ. Press, 1968, 340 p. (3)
Ramasubban, Radhika, « Imperial health in British India », in *Disease, Medecine and Empire, Perspectives on Western Medecine and the Experience of Europe-Expansion*, 1988, p. 38–60. (4)
Ramos, Guerreiro, *Introdução Crítica à Sociologia brasileira*, Rio de Janeiro, Ed. Andes Ltda, 1957. (4)
Randles, W.G.L., « Les Portugais en Angola: de la traite à la colonisation », *Annales*, 1969–2, p. 289–305. (4)
—, « Echanges de marchandises et échanges de dieux, ou chassé-croisé culturel entre Européens et Bantu », *Annales E.S.C.*, juill.-août 1975, p. 635–653. (4)
—, « "Peuples sauvages" et "Etats despotiques". La pertinence, au XVIe siècle, de la grille aristotélicienne pour classer les nouvelles sociétés révélées par les découvertes au Brésil, en Afrique et en Asie », in Colloque « Descobrimentos... », Lisbonne, 1991. (1,4)
Rani Abbakka, Bombay, IBHE, 1980, éd. Michandani, 30 p. (2)
Raulin, Henri, « Psychologie du paysan des tropiques », *Etudes rurales*, 7, 1962, p. 59–83. (1,4)
Raymond, André, « Les provinces arabes », in Mantran, 1989, p. 341- 421. (8)
—, *Le Caire*, Paris, Fayard, 1993, 428p. (8)
Rémond, René, *Introduction à l'histoire de notre temps*, Paris, Ed. du Seuil, 1970 -1974, 3 vol. (G)
Revue apologétique : doctrine et faits religieux, Paris, G. Beauchesne, N° 529, 1929. (4)
Richards, Jeffrey, *Visions of Yesterday*, London, Routledge, 1973, 390 p. (5)
Ridley, Hugh, *Images of Imperial Role*, London, Croom-Helm, 1983, 180 p. (5)
Rioux, J.-P., *La Guerre d'Algérie et les Français* (colloque, sous la direction de), Paris, Fayard, 1990, 700 p. (5,9,10)
Rioux, J.-P. et Sirinelli, J.-F., *La Guerre d'Algérie et les intellectuels français*, Bruxelles, Complexe, 1991, 405 p. (5,9,10)
Rivet, Daniel, « Le commandement français et ses réactions vis-à-vis du mouvement rifain », in *Abd el-Krim*, p. 101–137. (5)
Rivière d'Arc, H. (sous la direction de), *L'Amérique du Sud aux XIXe et XXe siècles*, Paris, Colin, 1993, 270 p. (11)
Rizzi, B., *La Bureaucratisation du monde*, Paris, Rivière, 1939. (11)

Michel, Marc, *Décolonisation et Emergence du Tiers-Monde*, Paris, Hachette, 1993, 280 p.　(G)

Miège J.-L., *Expansion européenne et Décolonisation de 1870 à nos jours*, Paris, PUF, 1973, 415 p. (G)

(Les) *Missions catholiques*, bulletin hebdomadaire, directeur-gérant Stanislas Laverrière, Paris, Challamel, 1868–1964.　(1)

Moquin, W. et Van Doren, C., *A Documentary History of the Mexican-Americans*, Praeger, 1971, 510 p.　(6)

Morazé, Charles, *Les Bourgeois conquérants*, Paris, Colin, 1957, 486 p.　(3)

Mormanne, Thierry, « Le problème des Kouriles, pour un retour à Saint-Pétersbourg », *Cipango*, Cahiers d'études japonaises, Paris, INALCO, 1, juin 1992, p. 59–90.　(3)

Morner, Magnus, *Le Métissage dans l'histoire de l'Amérique latine*, préface de H. Favre, Paris, 1971, 209 p.　(4)

Morris-Jones, W.H. et Fischer, George, *Decolonization and After*, London, Frank Cass., 1976, 329 p. (G)

Mouradian, Claire, *De Staline à Gorbatchev, Histoire d'une république soviétique, l'Arménie*, Paris, Ramsay, 1991, 360 p.　(9)

Mus, Paul, *Viêt-nam, sociologie d'une guerre*, Paris, Ed. du Seuil, 1951, 380 p.　(9)

Mutwa, Credo, *My People*, London, Blond, 1969 (Afrique du Sud), 257 p.　(2,6)

Myrdal, G., *Le Drame de l'Asie, une enquête sur la pauvreté des nations*, Paris, Ed. du Seuil, 1968, 408 p.　(11)

Naraghi, Ehsan, *Enseignement et Changements sociaux en Iran du VIIe au XXe siècle*, Paris, M.S.H., 1992, 224 p.　(4,8)

Nehru, P.J., *Ma vie et mes prisons*, Paris, Denoël, 1952, 406 p.　(9)

Neil, Bruce, *Portugal : the Last Empire*, Vancouver, David et Charles, 1975, 160 p.　(9)

Ninomiya, Hiroyuki, « L'époque moderne », p. 301–325 in *Histoire du Japon*, sous la direction de Francine Horail, Lyon, Horwath, 1990, 630 p.　(2)

Nkrumah, Kwame, *Neo-Colonialism, the Last Stage of Imperialism*, London, 1965–1971, 250 p.　(11)〔クワメ・エンクルマ／家正治・松井芳郎訳『新植民地主義』(エンクルマ選集) 理論社, 1971〕

Nolde, Boris, *La Formation de l'Empire russe: études, notes, documents*, Paris, Institut des études slaves, 1952, 2 vol., 276 et 300 p.　(2,3,4)

Nora, Pierre, *Les Français d'Algérie*, Paris, Julliard, 1961, 250 p.　(4)

Nouschi, A., *La Naissance du nationalisme algérien*, Paris, Ed. de Minuit, 1962, 164 p.　(9)

—, *Enquête sur le niveau de vie des populations rurales constantinoises de la conquête jusqu'en 1919*, Paris, PUF, 1961, 769 p.　(4)

Ortiz, Jose A., « La conquête des pays du Rio de la Plata », in *Les 500 années* (cf. Bocanegra), p. 73–78.　(2)

Panikkar, K.M., *L'Asie et la Domination occidentale*, Paris, Ed. du Seuil, 1953.　(6)〔カヴァラム・マドハヴァ・パニッカル／左久梓訳『西洋の支配とアジア　1498–1945』藤原書店, 2000〕

—, *Histoire de l'lnde*, Paris, Fayard, 1958, 396 p.　(G)

Paris, Robert, « Sur Mariategui », *Annales*, 1968.　(9)

Park, Mungo, *Voyage à l'intérieur de l'Afrique* (*1800*), Paris, Maspero, 1980, 354 p.　(1,6)

Paton, Alan, *Pleure, ô mon pays bien-aimé*, Paris, Albin Michel, 1955.　(6)

Paudrat, J.-L., « Afrique », in *Le Primitivisme dans l'art du XXe siècle*, sous la direction de W. Rubin, Paris, Flammarion,1984, rééd. 1987, p. 125–145.　(11)

Payne, Robert, *Gandhi*, Paris, Ed. du Seuil, 1972, 480 p.　(9)

Pearson, M.N., *The Portuguese in India*, London, 1987, 180 p.　(2)

Pelissier, René, *Le Naufrage des caravelles. Etude sur la fin de l'Empire portugais*, Ed. Pelissier, 78630 Orgeval, 1979, 297p.　(9)

Person, Yves, *Samori, une révolution Dyula*, Dakar, IFAN, 1968–1975, 3 vol., 2378 p.　(6)

Low, D.A., *Eclipse of Empire*, Cambridge Univ. Press, 1991, 380 p. (9,10,11)
Lyons, Maryinez, « Sleeping sickness, colonial medecine and imperialism: some connections in Belgian Congo », in *Disease, Medecine and Empire, Perspectives on Western Medecine and the Experience of Europe-Expansion*, 1988, p. 242–257. (4)
Machkin, M.N., *Les Socialistes français et les Démocrates devant la question coloniale, 1830–1871*, Moscou, 1981, 316 p. (en russe). (5)
Macleod, Roy et Lewis, Milton (édité par), *Disease, Medecine and Empire, Perspectives on Western Medecine and the Experience of European Expansion*, London, Routledge, 1988, 336 p. (3,4)
Madjarian, Grégoire, *La Question coloniale et la Politique du Parti communiste français, 1944–1947*, Paris, Maspero, 1977, 278 p. (8)
Magalhaes Godinho, V., *L'Economie de l'Empire portugais au xve et xvie siècles*, Paris, EHESS, 1969.
—, *Les Découvertes, xve, xvie: une révolution des mentalités*, Paris, Autrement, 1990, 89 p. (1,2)
Mahn Lot, Marianne, *La Découverte de l'Amérique*, Paris, Flammarion, 1970, 140 p. (1,2)
Maitra, Kiran, *Roy Comintern and Marxism in India*, Calcutta, 1991, 280 p. (9)
Malowist, Marian, « Un essai d'histoire comparée: les mouvements d'expansion en Europe aux xve et xvie siècles », *Annales E.S.C.*, 1962–5. (1,2)
Manchester, William, *Winston Churchill, rêves de gloire, 1874–1932*, Paris, Laffont, 1985, 792 p. (10)
Mandouze, André, *La Révolution algérienne par les textes*, Paris, Maspero, 1965, 275 p. (9)
Mannoni, O., *Psychologie de la colonisation*, Paris, Ed. du Seuil, 1961, 232 p. (5)
Mantran, Robert (sous la direction de), *Histoire de l'Empire ottoman*, Paris, Fayard, 1989, 806 p. (notamment les chapitres rédigés par N. Baldiceanu, G. Veinstein, A. Raymond). (8)
Marcovich, Anne, « French colonial medecine and colonial rule », in *Disease, Medecine and Empire, Perspectives on Western Medecine and the Experience of Europe-Expansion*, 1988, p. 103–119. (4)
Margarido, Alfredo, « La décolonisation », in *L'Histoire, de 1871 à 1973*, sous la direction de Marc Ferro, p. 144–170, Paris, *Les Dictionnaires du savoir moderne*, 1971. (G)
—, « Frantz Fanon, *Peau noire, masques blancs* » (comptes rendus), *Annales*, 1974–2, pp.297–302. (5)
—, « La réciprocité dans un mouvement paysan du Sud du Brésil », *Annales*, 1974–6; ainsi que comptes rendus dans la même revue (1970–1980). (4)
Markovits, CI. (sous la direction de), *Histoire de l'Inde moderne (1480–1950)*, Paris, Fayard, 1994, 728 p. (G)
Markovits, Cl, « L'Inde coloniale: nationalisme et histoire », *Annales E.S.C.*, 1982–4, p. 648–670. (8,9)
Marks, Shula et Andersson, Neil, « Typhus and social control: South Africa 1917–1950 », in *Disease, Medecine and Empire, Perspectives on Western Medecine and the Experience of Europe-Expansion*, 1988, p. 257–284. (4)
Marr, David G., *Vietnamese Anticolonialism*, Berkeley, U.P., 1971, 322 p. (6,9)
Marseille, Jacques, *Empire colonial et Capitalisme français. Histoire d'un divorce*, Paris, Albin Michel, 1985, 462 p. (10)
Mascarenhas, Joâo, *Esclave à Alger*, récit de captivité de J. Mascarenhas (1621–1626), présenté par Paul Teyssier, Paris, Chandeigne, 1993, 244 p. (5)
Maspero, François, *L'Honneur de Saint-Arnaud*, Paris, Plon, 1993, 438 p. (3)
Mauro, F., « Voyages de découvertes et premières colonisations: comportements français et portugais comparés », in Colloque de Lisbonne, juin 1991. (1)
M'Bokolo, Elikia, *Afrique noire, histoire et civilisation*, t. II, xixe-xxe siècles, Paris, Hatier Aupelf, 1993, 576 p. (G)
Merle, Marcel, *L'Anticolonialisme européen de Las Casas à Marx*, Paris, Colin, 390 p. (5)
Meyer, J.-A., *La Révolution mexicaine*, Paris, Calmann-Lévy, 1973, 328 p. (7)
Meyer, Jean, *L'Europe et la Conquête du monde, xvie-xviiie siècle*, Paris, Colin, 1990, 368 p. (anciennement: *L'Europe et les Autres, de Cortès à Washington*, Paris, Colin, 1975). (G)

—, *Le Livre blanc de l'ethnocide en Amérique*, Paris, Fayard, 1972 (collectif, notamment J. Piel), 432 p. (2)

Julien, Ch,-A. (sous la direction de), *Les Techniciens de la colonisation, XIXe, XXe siècle*, Paris, PUF, 1947a, 320 p. (3)

—, (sous la direction de), *Les Politiques d'expansion impérialiste*, Paris, PUF, 1947b, 255 p. (3)

—, « Bugeaud », in *Les Techniciens de la colonisation, XIXe, XXe siècle*, Paris, PUF, 1947c, p. 55–75. (3)

—, *L'Afrique du Nord en marche. Nationalismes musulmans et souveraineté française*, Paris, Julliard, 1952, n^lle^ éd., 1972, 440 p. (8,9,10)

Julliard Jacques, *La IVe République*, Paris, Calmann-Lévy, 1968, 378 p. (9,10)

Kabou, Axelle, *Et si l'Afrique refusait le développement...*, Paris, L'Harmattan, 1991, 160 p. (11)

Kalfon P. et Leenhardt J., *Les Amériques latines en France*, Paris, Gallimard, 1992, 156 p. (11)

Kappeler, Andreas, *La Russie, Empire multi-ethnique*, Paris, Institut d'études slaves-Irenise, 1994, 415 p. (G)

Kaspi, André, *L'Indépendance américaine, 1763–1789*, Paris, Gallimard-Julliard, « Archives », 1976, 250 p. (7)

Kateb, Yacine, *Nedjma*, et son théâtre, Paris, Ed. du Seuil, 1954. (4)

Kato, Eiichi, « Adaptation et élimination. Comment le christianisme a-t-il été reçu au Japon », in Forest, p. 79–105. (2)

Kniebiehler, Yvonne et Goutalier, Régine, « Femmes et colonisation », in *Rapport terminal au ministère des Relations extérieures et de la Coopération, Etudes et Documents*, Institut d'histoire des pays d'Outre-Mer, Aix-en-Provence, 1987, 356 p. (6)

Kolarz, Walter, *Russia and her Colonies*, London, Philip, 1952, 354 p. (3)

Kurz, B.G. et Kypy, E.I., *Rapports russo-chinois aux XVIe, XVIIe, XVIIIe siècles*, éd. d'Etat d'Uzbek (en russe), 1929. (3)

Lacouture, Jean, *Hô Chi Minh*, Paris, Ed. du Seuil, 1967, 252 p. (9)

Lacouture, Simonne et Jean, *L'Egypte en mouvement*, Paris, Ed. du Seuil, 1956, 470 p. (8,10),

Lagana, Marc, *Le Parti colonial français*, Québec, 1990, 188 p. (2)

Landes, David S., *Banquiers et Pachas, finance internationale et impérialisme économique en Egypte*, Paris, Albin Michel, 1993, 405 p. (3)

Lanternari, Vittorio, *Les Mouvements religieux des peuples opprimés*, Paris, Maspero, 1963, 395 p. (8)

Laqueur, W.Z., *Communism and Nationalism in the Middle East*, London, Routledge, 1956, 362 p. (8)

Laran, M. et Saussay, J., *La Russie ancienne*, préface de F. Braudel, Paris, Masson, 1975, 334 p. (1,3)

Lavrin, Asuncion, « Women in Spanish American colonial society », *The Cambridge History of Latin America*, II, p. 321–357. (4).

Lesure, Michel, *Lépante*, Paris, Julliard, « Archives », 1972, 280 p. (1)

—, « La France et le Caucase à l'époque de Chamil, à la lumière des dépêches des consuls français », CMRS XIX (1er et 2) juin 1978, p. 5–65. (3)

Le Thanh, Khoi, *Le Viêt-nam, histoire et civilisation*, Paris, Ed. de Minuit, 1955, 584 p. (6,8)

Lévi-Strauss, Claude, *Histoire de lynx*, Paris, Plon, 1991, 364 p. (6)

Lewis, Bernard, *Race et Couleur en pays d'Islam*, Paris, Payot, 1982 (éd. originale Harper and Row, 1971), 163 p. (5)

—, *Comment l'islam a découvert l'Europe*, Paris, La Découverte, 1984 (éd. angl. 1982), 340 p. (1,2)

—, « Watan », *Journal of Contemporary History*, 1991, 3–4, p. 523–535. (8)

Lichtheim, George, *De l'impérialisme*, Paris, Calmann-Lévy, 1972, 266 p. (éd. originale *Imperialism*, Praeger, 1971). (1)

Lombard, Denys, *Le Carrefour javanais*, Paris, EHESS, 1990, 3 vol.: 267, 423, 337 p. (3,4,8)

Gerrit W., Gong, *The Standard of Civilization in International Society*, London, Clarendon, 1984, 268 p. (1,11)
Girardet, Raoul, *L'idée coloniale en France 1871–1962*, Paris, La Table ronde, 1972, 338 p. (1,10)
Giraud, François, « Viol et société coloniale: le cas de la Nouvelle Espagne au XVIIIe siècle », *Annales*, 1986-3, p. 625–639. (4)
Girault, René, *Diplomatie européenne et Impérialisme* (en collaboration), Paris, Belin, 1979–1990. (1,3)
Godement, François, *La Renaissance de l'Asie*, Paris, Odile Jacob,1993, 380 p. (8,9,11)
Goitein, S.D., « From the Mediterranean to India », *Speculum*, 29, 1954, p. 181–197. (1,2)
Gollwitzer, Heinz, *L'impérialisme de 1880 à 1918*, Paris, Flammarion, 1970 (éd. angl. 1969), 216 p. (1,3,4,5)
Gourou, Pierre, *Les Pays tropicaux*, Paris, PUF, 1947, rééd. 1966, 270 p. (4)
Greenberger, Allen J., *The British Image of India: a Study in the Literature of Imperialism, 1880–1960*, Oxford Univ. Press, 1969, 234 p. (4,5)
Gruzinski, Serge, *La Colonisation de l'Imaginaire. Sociétés indigènes et occidentalisation dans le Mexique espagnol des XVIe-XVIIIe siècles*, Paris, Gallimard, 1988, 375 p. (cf. également à Bernaud et Gruzinski). (4,6)
Guillebaud, J.-Claude, *Les Confettis de l'Empire*, Paris, Ed. du Seuil, 1976, 250 p. (11)
Hagège, Cl., *Le Souffle de la langue. Voies et destins des parlers d'Europe*, Paris, Odile Jacob, 1992, 286p. (G)
Halévy, E., *Histoire du peuple anglais au XIXe siècle*, Paris, Hachette, 1926, vol. 1, 2 et épilogue. (1)
Hammond, T. Taylor (éd. par), *The Anatomy of Communist Takeovers* (préface de C.E. Black), Yale Univ. Press, 1975, 660 p. (3)
Hamnett, Brian R., *Politics and Trade in Southern Mexico*, Cambridge Latin American Studies, 1971, 214 p. (7)
Hamoumou, Mohand, *Et ils sont devenus harkis*, Paris, Fayard,1993, 364 p. (9)
Harbi, Mohammed, *Archives de la révolution algérienne*, Jeune-Afrique, 1981, 585 p. (9)
Hargreaves, John, *Decolonization in Africa*, London, Longman, 1988. (G)
Harrison, J.B., « Five Portuguese historians », in *Historians of India, Pakistan and Ceylan*, Oxford Univ. Press, 1961, p. 155–170. (1)
Hauser, H. et Renaudet, A., *Les Débuts de l'âge moderne*, Paris, Alcan, 1929, 634 p. (2)
Heers J., *Christophe Colomb*, Paris, Hachette, 1981, 390 p. (1,2)
Heikal, Hassanein, *Nasser: Les documents du Caire*, Paris, J'ai lu, 1973, 372 p. (10)
Hennebelle, Guy et Ruelle, Catherine, *Cinéastes d'Afrique noire*, CinémAction, 1979. (6)
Hobsbawm, Eric, *The Age of Empire*, 1987; *L'Ere des Empires, 1875–1914*, trad. fr.: Paris, Fayard, 1989, 496 p. (1,3). 〔エリック・ボブズボーム／野口健彦・野口照子・長尾史朗訳『帝国の時代』みすず書房, 1993-1998〕
Hodeir, Catherine et Pierre, Michel, *L'Exposition coloniale*, Bruxelles, Complexe, 1991, 159 p. (6)
Holland, Robert, *European Decolonization 1918–1981, an Introduction Survey*, London, 1985, 321 p. (G)
Hourani, Albert, *Histoire des peuples arabes*, Paris, Ed. du Seuil,1993, 710 p. (G)
Hughes, Robert, *The Fatal Shore* (australian), Pan Books, 1988, 688 p. (4)
Huttenbach H.R. (éd. par), *Soviet Nationality Policies, Ruling Ethnic Groups in the URSS*, Mansell, 1990, 302 p. (4)
Ienaga, Saburo, *The Pacific War, 1931–1945, a Critical Perspective on Japan's Role in WW II*, éd. angl. NY, Pantheon Books,1978, 318 p. (Tokyo 1968). (3,9) (家永三郎『太平洋戦争』岩波書店, 1968)
Ishizawa, Y., cf. Forest.
Jaulin, Robert, *La Paix blanche : introduction à l'ethnocide*, Paris, Ed. du Seuil, 1970, 424 p. (2)

野衣子訳『地に呪われたる者』みすず書房，1996〕
Favier, Jean, *Les Grandes Découvertes d'Alexandre à Magellan*, Paris, Fayard, 1991, 619 p. (2)
Favre, Henri, « Pérou, Sentier lumineux et horizons obscurs», in *Problèmes d'Amérique latine*, 1972. (9)
Femme dans les sociétés coloniales (La), Etudes et Documents, n° 19, Aix-en-Provence, 1984, 329 p.; Institut d'histoire des Pays d'Outre-Mer et du Centre d'histoire de l'expérience européenne de Leyde (Pays-Bas). (4)
Ferro, Marc, *La Révolution de 1917*, Paris, Aubier, 1967–1976, 2 vol., 804 et 680 p. (4)
—, *Comment on raconte l'histoire aux enfants à travers le monde entier*, Paris, Payot, 1981–1992, 330 p. (4,5)〔マルク・フェロー／大野一道訳『新しい世界史—全世界で子供に歴史をどう語っているか』新評論，1985〕
—, *L'Histoire sous surveillance*, Paris, 1985, « Folio-Histoire », 254 p. (6)〔マルク・フェロー／大野一道・山辺雅彦訳『監視下の歴史』新評論，1987〕
—, *Pétain*, Paris, Fayard, 1987, 527 p. (10)
Forest, A. et Tsuboï, Yoshiharu (éd.), *Catholicisme et Sociétés asiatiques*, Paris, L'Harmattan / Tokyo, Sophia University,1988, 222 p. (avec la collaboration de Yoshiaki Ishizawa, Jacques Gernet). (2)
Fourcade, Marie, « Les dénommées tribus criminelles dans l'Inde britannique. Violence coloniale, violence traditionnelle », *Purusartha 16*, p. 187–213; Paris, EHESS, 1994. (1)
Fourniau, Ch., *Les Contacts franco-vietnamiens en Annam et au Tonkin de 1885 à 1896*, Aix-en-Provence, thèse, 1983. (3)
Freyre, Gilberto, *Casa grande e senzala*, trad. fr.: *Maîtres et Esclaves*, Paris, Gallimard, 1952, 560 p. (4)〔ジルベルト・フレイル／鈴木茂訳『大邸宅と奴隷小屋—ブラジルにおける家父長制家族の形成』日本経済評論社，2005〕
Friend, Th., *The Blue-Eyed Enemy: Japan against the West in Java and Luzon*, Princeton Univ., 1988, 320 p. (8,9)
Gaikwad, V.R., *The Anglo-Indians. A Study in the Problems and Processes Involved in Emotional and Cultural Integration*, London, Asia Pub. House, 1967, 296 p. (4)
Galissot, René (éd. par), *Abd el-Krim et la République du Riff, Actes du colloque international d'études historiques et sociologiques, 18–20 juin 1973*, Paris, Maspero, 1976, 536 p. (en particulier les contributions de D.M. Hart, A. Youssoufi, R. Galissot, A. Laroui), cf. Abdallah Laroui. (3,5,6,8)
Gallo, Max, *L'Affaire d'Ethiopie*, Paris, Ed. du Centurion, 1967, 293 p. (3)
Gammer, Moshe, « Was General Klûge-von-Klugenau Shamil's Desmichels ? », *CMRS* (*Cahiers du monde russe et soviétique*), 1992. (3,4)
Gandhi, M.K., *Expériences de vérité*, Paris, Ed. du Seuil, 1950, 678 p. (8,9)
Ganiage, Jean, *Les Origines du protectorat français en Tunisie*, Paris, PUF, 1959, 776 p. (3)
—, *Histoire contemporaine du Maghreb de 1830 à nos jours*, Paris, Fayard, 1994, 822 p. (4,9)
Garsoïan, Nina, « L'indépendance retrouvée. Royaume du Nord et Royaume du Sud, IXe-XIe siècle », in *Histoire des Arméniens*, collectif sous la direction de G. Dédéyan, Toulouse, Privat, 1982, 704 p., p. 215–247. (1)
Gautier, Arlette, *Les Sœurs de solitude*, Paris, Ed. du Cerf, 1985, 284 p. (4)
Gautier, E.F., *L'Afrique blanche*, Paris, Fayard, 1939, 320 p. (1,4)
Geiss, Immanuel, *The Panafrican Movement*, London, Methuen, 1974, 570 p. (8)
Gellner, Ernest, « Pouvoir politique et fonction religieuse dans l'Islam marocain », *Annales*, 1970–3, p. 699–714. (8)
Gernet, Jacques, « Problèmes d'acclimatation du christianisme dans la Chine du XVIIe siècle », in Forest, p. 34–46. (2)
—, *Chine et Christianisme, action et réaction*, Paris, Gallimard, 1982, 320 p. (2)

Debbasch, Yvan, « Le marronage, essai sur la désertion de l'esclave antillais », *Année sociologique,* 1961, p, 1–195. (4)
Deborah Bird, Rose, *Hidden Histories* (*Black Stories from Victoria River Downs, Humbert River and Wave Hill Stations*), Canberra, Aborigenal Studies Press, 1991, 268 p. (4,5)
Décolonisations comparées, Colloque Aix-en-Provence (Université de Provence, 1993, et IHTP). (10,11)
Decraene, Philippe, *Le Panafricanisme*, Paris, PUF, « Que sais-je ? », 1959,128 p. (8)
Degregori, Carlos Ivan, « Sendero luminoso: los Hondos y mortales desencuentros », in Ballon (éd.), *Movimientos sociales y crisis*, Lima, 1986. (9)
Del Boca, A., *Gli Italiani in Africa Orientale*, Bari, Laterza, 1976, 4 v. (3)
Der Thiam, Iba, « Histoire de la revendication d'indépendance », in Ageron-Michel, p. 663–689. (7,8)
Devillers, Ph., *Histoire du Vietnam de 1940 à 1952*, Paris, Ed. du Seuil, 1952, 480 p. (8,9)
Dmytryshyn, Basile, « Russian expansion to the Pacific, 1580–1700, a historiographical review », *Siberica*, 1, 1990, Paris, IMSECO. (3)
Donghi, Tulio Halperin, *Histoire contemporaine de l'Amérique latine*, éd. fr., Paris, Payot, 1972, 324 p. (11)
Dower, John W., *War Without Mercy, Race and Power in the Pacific War*, NY, Pantheon Books, 1986,400 p. (3,7,8)〔ジョン・ダワー／斎藤元一訳『人種偏見—太平洋戦争に見る日米摩擦の底流』TBSブリタニカ，1987（改題『容赦なき戦争—太平洋戦争における人種差別』平凡社，2001)〕
Dresch, J., « Lyautey », in *Les Technichiens de la colonisation-XIXe, XXe siècle,* 1947, p. 133–156. (3)
Dreyfus, Simone, « Les réseaux politiques indigènes en Guyane et leurs transformations aux XVIIe-XVIIIe siècles », *L'Homme*, avr.-décembre 1992., n° 122–124, p. 75–99. (4)
Dubois, Colette, « L'Italie, cas atypique d'une puissance européenne en Afrique ». in *Matériaux pour l'histoire de notre temps*, n°s 32–33, *Colonisation en Afrique*, Paris, BDIC, juill.-décembre 1993, p. 10–14. (3)
Duchet, Michèle, *Anthropologie et Histoire au siècle des Lumières*, Paris, Maspero, 1971, 562 p. (5)
Duchet, Michèle et Claude, « Un problème politique: la scolarisation de l'Algérie », *Les Temps modernes*, t. 11, 1955–1956, vol. II, p. 1387–1426. (4)
Dumont, René, *L'Afrique noire est mal partie*, Paris, Ed. du Seuil, 1962, 254 p. (11)
Duverger, Christian, *La Conversion des Indiens de la Nouvelle Espagne*, Paris, Ed. du Seuil, 1987, 280 p. (4,5)
Elgey, Georgette, *La République des contradictions 1951–1954*, Paris, Fayard, 1968, 650 p. (9,10)
—, *La République des tourmentes 1954–1959*, Paris, Fayard, 1983, t.1, 674 p. (9,10)
Elliott, J.H., « The Spanish conquest and settlement of America », *The Cambridge History of Latin America*, I, p. 149–207 (2,3)
—, « Spain and America in the 16th. and 17th.», *The Cambridge History of Latin America*, p. 287–341. (2,3)
Elkin, A.P., *Les Aborigènes australiens*, Paris, Gallimard, 1967, 452 p. (4)
Emmer, P.C. et Wesseling, H.L. (éd. par), *Reappraisals in Overseas History*, Leiden Univ. Press, 1979, 246 p. (G)
Erikson, Erik H., *Gandhi's Truth on the Origins of Militant Non-violence*, NY, Norton, 1969,474 p. (9)
Esquer, Gabriel, *L'anticolonialisme au XVIIIe siècle: Histoire philosophique et politique des établissements et du commerce des Européens dans les deux Indes*, Paris, PUF, 1951, 318 p. (5)
Fabre, Michel, *Esclaves et Planteurs*, Paris, Julliard, «Archives », 1970, 300 p. (4)
Fall, Bernard B., *The Two Vietnams*, NY, Praeger, 1967. (8,9)
Fanon, Frantz, *Peau noire, Masques blancs*, Paris, Ed. du Seuil, 1952, rééd. 1972, 188 p. (4,5)〔フランツ・ファノン／海老坂武・加藤晴久訳『黒い皮膚・白い仮面』みすず書房，1998〕
—, *Les Damnés de la terre*, Paris, Maspero, 1961, 232 p. (1,4,5) 〔フランツ・ファノン／鈴木道彦・浦

Chandeigne, Michael (dirigé par), *Lisbonne Hors les murs* (*1415–1580, l'invention du monde par les navigateurs portugais*), Paris, Autrement, 1990, 285 p. (notamment les articles de Paul Teyssier, Luis de Albuquerque et Annie Marquès dos Santos et Joa Rocha Pinto). (1,2)
Chaunu, Pierre, *Séville et l'Amérique aux* XVIe-XVIIIe *siècles*, Paris, Flammarion, 1977, 368 p. (2,4)
Chauvelot, Robert, *En Indochine; aquarelles de Hubert Robert*, Grenoble, Arthaud; 1931, in-4°, 160 p. (5,6)
Chesneaux, Jean, « L'implantation géographique des intérêts coloniaux au Vietnam et ses rapports avec l'économie traditionnelle », in Berque-Charnay, p. 101–117. (4)
—, *Une lecture politique de Jules Verne*, Paris, Maspero, 1971, 194 p. (5)
Chevaldonné, François, « Notes sur le cinéma colonial en A.F.N. : naissance et fonctionnement d'un code ? », in Dallet S., *Guerres révolutionnaires.* (5)
Chirol, Valentine, *The Egyptian Problem*, London, 1921, 332 p. (8,10)
Chomsky, Noam et Herman, E.S., *The Washington Connection and Third World Fascism*, Boston South End Press, 1979, 441 p. (11)
Chrétien, J.-P., « Une révolte au Burundi en 1934 », *Annales E.S.C.*, nov.-décembre 1970. (6)
—, *Burundi, l'histoire retrouvée*, Paris, Karthala, 1993, 510 p. (11)
Cirkin, G.F, « La colonisation de la Sibérie dans la deuxième moitié du XIXe siècle », dans *Platonov* (en russe), 1927, p. 79–132. (3)
Clastres, Hélène, « Introduction » au *Voyage au nord du Brésil*, d'Yves d'Evreux, 1613–1614, Paris, Payot, 1985, 236 p. (2)
Cohen, Jean, « Colonialisme et racisme en Algérie », *Les Temps modernes*, 1955, t.11, vol. II, p. 580–590. (4)
Coles, Paul, *The Ottoman Impact on Europe*, London, Thames Hudson, 1968, 216 p. (8)
Colley, Linda, *Britains, Forging the Nation, 1707–1837*, Yale Univ. Press, 1992, 430 p. (1)
Colonna, Fanny, *Instituteurs algériens 1883–1939*, Paris, Presses de la FNSP, 1975, 239 p. (4)
Comarmond, P. et Duchet, CI. (sous la direction de), *Racisme et Société*, Paris, Maspero, 1969, 352 p. (4)
Coquery-Vidrovitch, Catherine, *Afrique noire, permanences et ruptures*, Paris, Payot, 1985, rééd. L'Harmattan, 1993, 447 p. (G)
Coquery-Vidrovitch, C. et Goerg, O., *L'Afrique occidentale au temps des Français*, Paris, La Découverte, 1993, 460 p. (G)
Coquin, F., *La Sibérie, peuplement et immigration paysanne au* XIXe *siècle*, Paris-La Haye, Mouton et Institut d'Etudes slaves, 1969, 790 p. (4)
Corm, Georges, *L'Europe et l'Orient*, Paris, La Découverte, 1989, nouvelle éd. 1991, 386 p. (1,3)
Cornevin, Marianne, *L'Apartheid, pouvoir et falsification historique*, Paris, UNESCO, 1979,156 p. (4)
Crosby Jr., Alfred W., *The Columbian Exchange, Biological and Cultural Consequences of 1492*, West Port, Greenwood Press, 1972, 270 p. (4,6,11)
Crouzet, Fr., « Commerce et Empire: l'expérience britannique de libre-échange à la Première Guerre mondiale », *Annales E.S.C.*, 1964–2, p. 281–311. (10)
Curtin, Philip, *Economic Change in Precolonial Africa. Senegambia in the Era of the Slave Trade*, Madison, Univ. of Wisconsin Press, 1975, 364 p. (2,3)
Dallet, Sylvie (sous la direction de), *Guerres révolutionnaires, Histoire et Cinéma*, Paris, L'Harmattan, 1984, 360 p. (5)
Dalton, Hugh, *High tide and after: memoirs, 1945–1960*, London, Muller, 1962, 453 p. (10)
Darwin, John, *The End of the British Empire, the Historical Debate*, Oxford, Blackwell, 1991,128 p. (10)
Davidson, Alistair, *The Invisible State. The Formation of the Australian State, 1788–1901*, Cambridge Univ. Press, 1991, 329 p. (4)

des penseurs et écrivains du siècle des Lumières », Communication au Colloque « Descobrimentos e Encontros de culturas Historia y Memoria, p. sec. XV-XIX », Lisbonne, 1991 (1,5)
Botte, Roger, « Les rapports Nord-Sud, la traite négrière et le Fuuta Jaloo à la fin du XVIIIe siècle », *Annales E.S.C.*, 1991-6, p. 1411-1455. (2,6)
Bouche, Denise, *Histoire de la colonisation française*, Paris, Fayard, 1991, 2 vol. (G)
Bouchon, Geneviève, « Les musulmans de Kerala à l'époque de la découverte portugaise », *Mare Luso Indicum*, Genève, Droz, 1973, t. II, p.1-60 (2)
—, *Mamale de Cananor, un adversaire de l'Inde portugaise*, Genève, Droz, 1975, 228 p. (2)
—, « Le premier voyage de Lopo Soares en Inde, 1504-1505 », *Mare Luso Indicum*, Genève, Droz, 1976, t. III , p. 56-84. (2)
—, *L'Asie du Sud à l'époque des Grandes Découvertes*, Londres, Variorum Reprints, 1987, 334 p. (2)
Boughedir, Ferid, « Cinémas du Maghreb », *CinémAction*, 1981. (5,6)
Boulanger, Pierre, *Le Cinéma colonial*, Paris, Seghers, 1975, 290 p. (5,6)
Bourdieu, Pierre, *Travail et Travailleurs en Algérie*, Paris, PUF, 1958. (4)
Bourges, Hervé et Wauthier, Claude, *Les Cinquante Afriques*, Paris, Ed. du Seuil, 1979, 2 vol, 680 p. et 684 p. (G)
Bouvier, J., Girault, R., Thobie, J., *La France impériale 1880-1914*, Paris, Megrelis, 1982, 320 p. (3,5)
Boxer, M.C.R., *Mary and Misogyny. Women in Iberian Expansion Overseas 1415-1815. Some Facts, Fancies and Personalities*, London, Duckworth, 1975, in-8°, 142 p. (4)
Braudel, F., *La Méditerranée à l'époque de Philippe II*, Paris, colin, 1948, 1160 p. (1,2,3)〔フェルナン・ブローデル／浜名優美訳『地中海』藤原書店，1990-1995〕
—, *Civilisation et Capitalisme*. t. 1: *Les Structures du quotidien*. t. 2: *Les Jeux de l'échange*. t. 3: *Le Temps du monde*, Paris, Colin, 1979,736,832 et 606 p. (2,3)〔フェルナン・ブローデル／村上光彦訳『物質文明・経済・資本主義―15～18世紀 1. 日常性の構造』みすず書房，1985。山本淳一訳，同「2. 交換のはたらき」1986-1988。村上光彦訳，同「3. 世界時間」1996-1999〕
Bromberger, Merry et Serge, *Les 13 Complots du 13 mai*, Paris, Fayard, 1959, 444 p. (7)
Brunschwig, Henri, *Mythes et Réalités de l'impérialisme colonial français, 1871-1914*, Paris, Colin, 1960, 200 p. (3)
—, *L'Avènement de l'Afrique noire*, Paris, Colin, 1963, 246 p. (3,5)
—, *Le Partage de l'Afrique noire*, Paris, Flammarion, 1971, 186 p. (3)
Cahen, Michel, *Villes et Bourgs en Afrique lusophone*, Paris, L'Harmattan, 1988. (4,9)
Cain, P.J. et Hopkins, A.G., *British Imperialism*, Longman, 1993, 2 vol. (G)
Callick, Rowan, *Le Casse-tête juridique du droit des aborigènes*, trad. du *Financial Times*, Courrier international, p. 18-19, n° 143. (1)
Carlier, Omar, « *Socialisation et sociabilité; les lieux du politique en Algérie 1895-1954* », Oran, URA-SC, 1992. (9)
Carré, O. et Michaud, G., *Les Frères Musulmans, 1928-1982*, Paris, Gallimard, « Archives », 1983, 240 p. (8)
Carrère d'Encausse, Hélène, *Réforme et Révolution chez les musulmans de l'Empire russe*, Paris, Colin, 1966, 312 p. (8)
Carrère d'Encausse, Hélène et Schram, Stuart, *Le Marxisme et l'Asie*, Paris, Colin, 1965,494 p. (8)
Cerkasov, P.P., *La Chute de l'Empire colonial français, 1939-1985* (en russe), Moscou, 1985, 326 p. (9,10)
Cervenka, Zdenek, *The Unfinished Quest for Unity: Africa and the OAU*, London Friedmann, 254 p. (10)
Césaire, Aimé, « Discours sur le colonialisme », *Présence africaine*, 1955. (1)〔エメ・セゼール／砂野幸稔訳『帰郷ノート／植民地主義論』平凡社，1997〕
Chaffard, Georges, *Les Carnets secrets de la décolonisation*, Paris, Calmann-Lévy, 1965, 342 p. (9,10)
Charmley, J., *Churchill. The End of Glory, a Political Biography*, London, 1993,742 p. (9,10)

Univ. Presse, 1980, p. 29–41. (1,11)
Balandier, Georges, *Sociologie actuelle de l'Afrique noire*, Paris, PUF, 1963, 532 p. (6,8)
Ballhachet, Kenneth, *Race, Sex and Class under the Raj*, London, Weidenfeld, 1980, 200 p. (4)
Bancel, N., Blanchard, P. et Gervereau, L. (sous la direction de), *Images et Colonies (1880–1962)*, Paris, ACHAC, 1993, 304 p.,800 ill. (5)
Barnadas, Joseph M., « The Catholic Church in colonial Spanish America », *The Cambridge History of Latin America*, I, Cambridge University Press, 1984, p.511–541. (4)
Bastide, Roger, *Les Amériques noires, les civilisations africaines dans le nouveau monde*, Paris, Payot,1968, 236 p. (4,11)
Bataillon, M. et André, Saint Lu, *Las Casas et la Défense des Indiens*, Paris, Julliard, « Archives », 1971, 278 p. (5)
Bataillon, Marcel, « Les colons du Pérou contre Charles V: analyse du mouvement pizarriste (1544–1548) », *Annales*, 1967–3, p. 479–495. (7)
Baumont, Maurice, *L'Essor industriel et I'lmpérialisme colonial (1878–1904)*, Paris, PUF, 1949, 628 p. (3,6)
Bayly, C. A., *The Local Roots of Indian Politics, Allahabad 1880–1920*, Oxford Univ. Press, 1975,314 p. (9)
—, « English-language historiography on British expansion in India and Indian reactions since 1945 », Reappraisals in Over-seas History, Wesseling et Emmer éd., Leiden, 1979, p. 21–54. (6,9)
Benassar, B. et Benassar, L., *1492, un monde nouveau?*, Paris, Perrin, 1991, 272 p. (1,2,6)
Benassar, Bartolomo, *Histoire des Espagnols VIe- XXe siècle*, Paris, Laffont, 1985,1128 p. (2,4)
Bender, Gerald J., *Angola under the Portuguese*, London, Heinemann, 1978, 288 p. (3,4,9)
Bennigsen, Alexandre, *Russes et Chinois avant 1917*, Paris, Flammarion, 1974,186 p. (3)
Bennigsen, Alexandre et Quelquejay, Ch., *Les Mouvements nationaux chez les musulmans de Russie*, Paris, Mouton, 1960. (8)
Benot, Y., *La Révolution française et la Fin des colonies*, Paris, La Découverte, 1989.272 p. (3)
—, *La Démence coloniale sous Napoléon*, Paris, La Découverte, 1992,408 p. (3)
Bernard, Carmen et Gruzinski, Serge, *Histoire du Nouveau Monde*, Paris, Fayard, 2 vol., 1991 et 1993. (2,4)
Berque, Augustin, « Les paysans à Hokkaydo. La chaîne culturelle d'une colonisation », Paris, *Annales*, 1974–6, p. 1425–1449. (2)
Berque, Jacques, Charnay, J.-P., *De l'impérialisme à la colonisation*, Paris, Ed. de Minuit, 1965, 504 p. (1,3,4)
Bessis, Sophie (sous la direction de), « Finalement, pillons-nous vraiment le Tiers-Monde ? », *Panoramiques*, 1992, articles de Guy Henebelle, J.-C. Guillebaud, G. Cormi, et al. (11)
Bethell, Leslie, *The Cambridge History of Latin America*, 1: 1984, 646 p.; 2:1984, 912 p.; 3: 1985, 942 p. (2,3,4,7)
Beti, Mongo, *La France contre l'Afrique. Retour au Cameroun*, Paris, La Découverte, 1993, 208p. (11)
Beyssade, P., *La Ligue arabe*, Paris, Planète, 1968, 308 p. (8)
Bidwell, R., *Morocco under Colonial Rule*, London, Frank Cass., 1973, 349 p. (3,8)
Blum, Alain, *Naître, vivre et mourir en URSS*, Paris, Ed. du Cerf, 1993. (10)
Blussé, L., Wesseling, H.L., Winius, G.D. (éd. par), *History and Underdevelopment*, Leiden, MSH, 1980, 160 p. (articles de P. Bairoch, Van Dam, Zhang-Zhi-Lian). (1,11)
Bobrie, F., « Finances publiques et conquêtes coloniales: le coût budgétaire de l'expansion française de 1850 à 1913 », *Annales E.S.C.*, 1976–6, p. 1225–1244. (10)
Bocanegra, G. et Ortiz, J.A., *Les 500 Années de l'Amérique latine 1492–1992* (collectif), Paris, Ed. Page et Image, 1993, 322 p. (3,4)
Boisvert, Georges, « Intégration et évaluation des grandes découvertes portugaises dans les œuvres

参 考 文 献

以下の著者たちの作品にはとくに示唆を受けた。感謝申しあげる。
イマニュエル・ウォーラーステイン、シャルル・ロベール・アジュロン、ソランジュ・アルベーロ、リンダ・コリー、アルフレド・マルガリド、ナタン・ワシュテル。

（　）内の数字は関連する章を示す。（　）内の G は全体に関わるもの。

Abd el-Malek, Anouar, *La Pensée politique arabe contemporaine*, Paris, Ed. du Seuil, 1970, 380 p.（8）

Abdallah Laroui, *Abd el-Krim et la République du Riff*, Actes du colloque international d'études historiques et sociologique,18–20 janvier 1973, Paris, Maspéro, 1976, 536p.（6）

—, *L'Histoire du Maghreb*, Paris, Maspero, 1970, 390 p.（6）

—, *Les Origines sociales et culturelles du nationalisme marocain, 1830–1912*, Paris, Maspero, 1977, 482 p.（8）

Ageron, Charles-R. *Politiques coloniales au Maghreb*, Paris, PUF, 1973, 290 p.（3,4,6）

—*L'Histoire de l'Algérie contemporaine 1870–1954*, Paris, PUF, 1979.（3,4,9）〔シャルル・ロベール・アジュロン／私市正年・中島節子訳『アルジェリア近現代史』白水社，2002〕

—« Les colonies devant l'opinion publique française 1919–1939 », *Revue française d'histoire d'Outre-Mer*, 1990, 286, p31–73.（10）

—*La décolonisation française*, Paris, Colin, 1991.（9,10）

Ageron, Ch.-R. et al., *Histoire de la France coloniale*, Paris, Colin, 1991, 2 vol.（1,2,3,4,5,9,10）

Ageron, Ch.-R. et Michel, Marc, *L'Afrique noire française à l'heure de l'indépandence*, Paris, CNRS, 1993（notamment les rapports généraux de T. Bah, P. Isuart, E. M'Bokolo, R. Girault, Y. Paillard, E. Soumonni).（10）

Alatas, Seyd Hussein, « Religion and modernization in South East Asia », *Archives européennes de sociologie*, 1970, p. 265–297（surtout pour la Malaisie).（8）

—*The Myth of the Lazy Native*, London, Frank Cass., 1977, 268 p.（4,11）

Alberro, Solange, *Les espagnols dans le Mexique colonial, histoire d'une acculturation*, Paris, Colin, 1992, 132 p.（4）

Albertini, Rudolf von, *Europaïsche Kolonialherrschaft 1880–1940*, Zurich, 1976.（G）

Aldrich, Robert, *The French Presence in the South Pacific, 1842–1940*, London, 1989.（3）

Amin, Samir, *Impérialisme et Sous-développement en Afrique*, Paris, Anthropos, 1976, 444 p.（11）

Amselle, J.-Loup, *Logiques métisses. Anthropologie de l'identité en Afrique et ailleurs*, Paris, Payot, 1990, 252 p.（3,11）

Ansprenger, Franz, *The Dissolution of the Colonial Empires*, London, Routledge, 1989, 338 p.（9,10）

Arendt, Hannah, *L'Impérialisme*, éd. originale 1951; trad. fr. Paris, Fayard, 1982.（1）〔ハンナ・アーレント／大島通義・大島かおり訳『全体主義の起源 2　帝国主義』みすず書房，1972〕

Ashe, Geoffrey, *Gandhi, a Study in Revolution*, London, Heinemann, 1968, 404 p.（8,9）

Aubin, Jean, « L'ambassade du prêtre Jean à D. Mauvel », *Mare Luso Indicum*, Paris, III, 1976, p. 1–56.（2）

Augé, Marc, *Génie du paganisme*, Paris, Gallimard, 1982.（6,8）

Bailyn, Bernard, *The Ideological Origins of the American Revolution*, Cambridge, Harvard Univ. Press, 1967.（7）

Bairoch, P., « Le bilan économique du colonialisme », *History and Underdevelopment*, Leiden, Leiden

ン、1939（F）フランス　261
『ババトゥーと三つの忠告 *Babatou et Trois Conseils*』ジャン・ルーシュ、1976（D）フランス　6
『ブラック・ヒルズは売り物ではない *The Black Hills Are not to Sell*』サンドラ・オサワ、1978（D）アメリカ　554
『ペペ・ル・モコ *Pépé le Moko*』〔邦題：望郷〕ジュリアン・デュヴィヴィエ、1937（F）フランス　260
『ベンガルの槍騎兵 *Les Trois Lanciers du Bengale*』ヘンリー・ハサウェイ、1935（F）アメリカ　4
『訪問者たち *Les Visiteurs*』〔邦題：突然の訪問者〕エリア・カザン、1972（F）アメリカ　11

マ行

『マルテの家 *La Maison du Maltais*』ピエール・シュナール、1938（F）フランス　4
『無言の呼び声 *L'Appel du silence*』レオン・ポワリエ、1936（D）フランス　4
『無法者たち *Les Hors-la-loi*』テムフィク・ファレス、1969（F）アルジェリア　310
『燃えあがるアルジェリア *L'Algérie en flammes*』ルネ・ヴォーティエ、1958（A）フランス　9
『もし騎兵たちが *Si, les cavaliers*』マハマン・バカベ、1982（F）ニジェール　309

ヤ行

『豊かな思い出 *Mémoire fertile*』ミシェル・ハレイフィ、1980（F）パレスチナ　8
『夜明け *Aube*』オマール・ハリフィ、1960（F）チュニジア　4
『夜は陽を恐れる *La Nuit a peur du soleil*』ムスタファ・バディ、1965（F）アルジェリア　310
『四枚の白い羽根 *Les Quatre Plumes blanches (The Four Feathers)*』〔原題：四枚の羽根／邦題：サハラに舞う羽根〕ゾルタン・コルダ、1939（F）イギリス　262

ラ行

『ラ・バンデラ *La Bandera*』〔邦題：地の果てを行く〕ジュリアン・デュヴィヴィエ、1935（F）フランス　196, 260, 261
『ラ・マルセイエーズ *La Marseillaise*』ジャン・ルノワール、1938（F）フランス　260
『ル・ブレッド *Le Bled*』ジャン・ルノワール、1929（F）フランス　260

ワ行

『我を忘れた大地 *Terre en transes*』グラウベル・ローシャ、1967（F）ブラジル　11

カ　4
『為替 *Le Mandat*』サンベーヌ・ウスマン、1968（F）セネガル　6
『ガンガ・ディン *Gunga Din*』ジョージ・スティーヴンス、1939（F）イギリス　194, 263
『ガンジー *Gandhi*』リチャード・アッテンボロー、1982（F）イギリス　9
『基調は赤 *Le Fond de l'air est rouge*』クリス・マイケル、1977（A）フランス　**全体**
『クラブ・タンブール *Le Crabe-Tambour*』ピエール・シェンデルフェール、1977（F）フランス　9
『グランド・ダーバー *Grand Durbar*』1911（D）イギリス　14
『狂った主人たち *Maîtres fous*』ジャン・ルーシュ、1955（D）フランス　6
『黒い汗 *Sueur noire*』シド・アリ・マジィフ、1971（D）アルジェリア　310
『軽騎兵の突撃 *La Charge de la brigade légère*（*The Charge of the Light Brigade*）』マイケル・カーティズ（ミハーイ・ケルテス）、1936（F）アメリカ　260, 262, 263
『ゴア *Goha*』ジャック・バラティエ、1958（F）フランス　4
『故郷を失った人々 *Les Déracinés*』ラミーヌ・メルバー、1976（D）アルジェリア　310
『コンドルの血 *Le Sang du condor*』ホルヘ・サンヒネス、1969（F）ボリビア　11

サ行

『最後の光景 *La Dernière Image*』ムハンマド・ラクダール・ハミナ、1986（F）フランス・アルジェリア　200, 220
『最初の教師 *Le Premier Maître*』アンドレイ・ミハイロフ・コンチャロフスキー、1965（F）ソ連　4
『さらば、植民地 *Adieu, colonies*』アンリ・ド・チュレンヌ、1970（A）フランス　9
『シェヌーア山の女たちのヌーバ *La Nouba des femmes du mont Chenoua*』アシア・ジェバール、1977（F）アルジェリア　6
『灼熱の時 *L'Heure des brasiers*』フェルナンド・ソラナス、1973（D）アルゼンチン　11
『一七番目の平行線 *Dix-septième Parallèle*』ヨーリス・イヴェンス、1967（A）フランス　9
『白い騎兵隊 *L'Escadron Blanc*』ジョゼフ・ペール&アウグスト・ジェニーナ、1936（F）イタリア　3
『人生はわれらのもの *La vie est à nous*』ジャン・ルノワール、1936（D）フランス　260
『ズールー *Zulu*』サイ・エンドフィールド、1964（F）アメリカ　3
『西洋 *L'Occident*』アンリ・フェスクール、1927（F）フランス　261
『ソ連における強制労働の記録 *Document sur travail forcé en URSS*』1976（D）リトアニア　554
『ソロモン王の洞窟 *Les Mines du roi Salomon*』アラン・クォーターメイン、1950（F）アメリカ　4

タ行

『タロット占い *Le Grand Jeu*』ジャック・フェデー、1934（F）フランス　196, 260
『チェド *Ceddo*』サンベーヌ・ウスマン、1977（F）セネガル　308, 554
『トゥパク・アマルー二世 *Tupac Amaru II*』〔邦題：革命児トゥパク・アマル〕フェデリーコ・ガルシア、1984（F）ペルー　297, 470, 554
『東洋の顔 *Visages d'Orient*（*The Good Earth*）』（原題：大地）シドニー・フランクリン、1937（F）アメリカ　261
『突風 *Bourrasque*』ピエール・ビヨン、1935（F）フランス　261

ナ行

『名前なき戦争 *La Guerre sans nom*』ベルトラン・タヴェルニエ&パトリック・ロトマン、1992（D）フランス　9
『苦い砂糖 *Sucre amer*』ヤン・ル・マソン、1963（D）フランス　8
『ノン、あるいは支配の虚しい栄光 *Non, ou la vaine gloire de commander*』マノエル・ド・オリヴェイラ、1990（F）ポルトガル　29

ハ行

『白人奴隷 *L'Esclave blanche*』マルク・ソルキ

映画索引

（本書執筆において参考にした映画の作品リスト。太字は章番号）

カッコ内の記号は以下のとおり。
A：資料映像、モンタージュ映画
D：ドキュメンタリー、ルポルタージュ
F：フィクション

ア行

『アギーレ—神の怒り *Aguirre, der Zorn Gottes*』ヴェルナー・ヘルツォーク、1972（F）ドイツ　65
『アジアの嵐 *Tempête sur l'Asie*』フセヴォロド・プドフキン、1928（F）ソ連　**4**
『アトランチス *L'Atlantide*』〔邦題：女郎蜘蛛〕ジャック・フェデー、1921（F）フランス　**3**
『アパルトヘイト *Apartheid*』ジャン・ミシェル・ムーリス、1993（A）フランス　**4**
『アフリカの女王 *African Queen*』ジョン・ヒューストン、1951（F）アメリカ　**4**
『アラビアのロレンス *Lawrence d'Arabie*』デヴィッド・リーン、1962（F）イギリス　**3**
『あるアフリカ騎兵の物語 *Le Roman d'un spahi*』ミシェル・ベルンハイム、1936（F）フランス　196, 261
『アルジェの戦い *La Bataille d'Alger*』ジッロ・ポンテコルヴォ、1966（F）イタリア・アルジェリア　**9**
『アルジェリア 1954、ある被植民地人の反乱 *Algérie 1954. La révolte d'un colonisé*』マリー・ルイーズ・デリアン&マルク・フェロー、1970（A）フランス　**9**
『アルジェリア戦争 *La Guerre d'Algérie*』イヴ・クリエール&フィリップ・モニエ、1972（A）フランス　**9**
『イエメン戦士のなかのあるフランス女性 *Une Française chez les guerriers du Yemen*』トロエレ&デファルジュ、1963（D）フランス　**8**
『医学の物語 *Une Histoire de la médecine*』ジャン・ポール・アロン&マルク・フェロー、製作ジャン・ルイ・フルニエ&ピエール・ゴージュ&クロード・ド・ジヴレ、1980（D）フランス　217
『イット *Itto*』ジャン・ブノワ・レヴィ＋マリー・エプスタン、1934（F）フランス　196
『インドシナ　四五年 *Indochine 45*』マルク・フェロー、1965（D）フランス　415
『インドネシアが呼んでいる *L'Indonésie appelle*』ヨーリス・イヴェンス、1946（D）フランス　**8**
『ヴァンデル工場のストの一日 *Un jour de grève aux usines Wonder*』ピエール・ボノー&ジャック・ヴィルモン、1968（D）フランス　554
『ヴェトナム、亥の年 *Vietnam, année du cochon*』エミリオ・デ・アントニオ、1968（A）アメリカ　**9**
『燠火の日々の記録 *Chronique des années de braise*』ムハンマド・ラクダール・ハミナ、1975（F）アルジェリア　310
『オーレスの風 *Le Vent des Aurès*』ムハンマド・ラクダール・ハミナ、1966（F）アルジェリア　310
『オーレス山地の二〇歳 *Avoir vingt ans dans les Aurès*』ルネ・ヴォーチエ、1972（F）フランス　**9**

カ行

『カイマン森の誓い *Le Serment du bois caiman*』シャルル・ナジュマン、1992（D）フランス　186
『カーツーム（ハルツーム）*Khartoum*』バジル・ディアデン、1966（F）イギリス　263
『壁 *Les Murs*』ムハンマド・シュクリ・ジャミル、1979（F）イラク　494
『カムバック、アフリカ *Come Back Africa*』ライオネル・ロゴージン、1959（F）南アフリ

マ行

ナ行

ハ行

サ行

カ行

テーマ別索引

ワ行

ン

ヤ行

ラ行

マ行

ナ行

ハ行

タ行

サ行

カ行

歴史地名索引

（民族名・国名・国民名・共同体名を含む）

ア行

ワ行

マ行

ハ行

ナ行

タ行

カ行

人名・著作名索引

ア行

著者紹介

マルク・フェロー（Marc Ferro）

1924年パリ生まれ。グルノーブル大学生のときに対独レジスタンスに参加。その後アルジェリアのリセ、国立理工科学校、国立社会科学高等研究院で教鞭をとる。また歴史研究誌『アナール』の共同責任編集者を長く務めた。本来の専門はロシア史、ソ連史および現代史だが、植民地化・植民地主義、アラブ世界、両次大戦、歴史と映画など、幅広い領域にわたる著作がある。こうした研究・著述の一方で、テレビ番組「並行する歴史」の制作者、司会者をこなし、さらに、自身でも映画制作に携わるような行動的知性をもつ。邦訳に『監視下の歴史』（井上幸治監訳、新評論、1987）、『新しい世界史』（井上幸治監訳、藤原書店、2001）、『戦争を指導した七人の男たち』（小野潮訳、新評論、2015）がある。

訳者紹介

片桐　祐（かたぎり・ゆう）

1951年、新潟県に生まれる。早稲田大学卒業、青山学院大学大学院博士課程単位取得退学。現在、青山学院大学他非常勤講師。専攻、19世紀フランス・ロマン派文学。主な著書に、『バルザック「人間喜劇」全作品あらすじ』（共著、藤原書店、1999）、主な訳書に、ジャン・ド・マレッシ『毒の歴史』（共訳、新評論、1996）、バルザック『砂漠の情熱』（水声社、2007）などがある。

佐野栄一（さの・えいいち）

1951年、北海道に生まれる。青山学院大学卒業、青山学院大学大学院博士課程単位取得退学。現在、流通経済大学教授。専攻、フランス文学。主な著書に、『バルザックを読むII　評論篇』（共著、藤原書店、2002）、「バルザックの出発」（『ユリイカ』1994年12月号）、『バルザック「人間喜劇」ハンドブック』（共著、藤原書店、2000）、訳書に、バルザック『柘榴屋敷』（水声社、2010）などがある。

植民地化の歴史

征服から独立まで／一三～二〇世紀　（検印廃止）

2017年3月31日　初版第1刷発行

訳　者　片　桐　　祐
　　　　佐　野　栄　一
発行者　武　市　一　幸

発行所　株式会社　新　評　論

〒169-0051 東京都新宿区西早稲田 3-16-28
http://www.shinhyoron.co.jp

TEL 03（3202）7391
FAX 03（3202）5832
振替 00160-1-113487

定価はカバーに表示してあります
落丁・乱丁本はお取り替えします

装幀　山田英春
印刷　理想社
製本　松岳社

ISBN978-4-7948-1054-0
Printed in Japan

新評論の話題の書

大森美紀彦	《被災世代》へのメッセージ	四六 236頁	1800円	ISBN978-4-7948-1034-2 〔16〕	【これまで，そしてこれから／〈単身者本位社会〉を超えて】「どうして日本の社会はこうなってしまったのですか」。大震災を経験した多感な子ども達の問いに大人はどう向き合うか。
三好亜矢子・生江明編	3.11以後を生きるヒント	四六 312頁	2500円	ISBN978-4-7948-0910-0 〔12〕	【普段着の市民による「支縁の思考」】3.11被災地支援を通じて見えてくる私たちの社会の未来像。「お互いが生かされる社会・地域」の多様な姿を十数名の執筆者が各現場から報告。
藤岡美恵子・中野憲志編	福島と生きる	四六 276頁	2500円	ISBN978-4-7948-0913-1 〔12〕	【国際NGOと市民運動の新たな挑戦】被害者を加害者にしないこと。被災者に自分の考える「正解」を押し付けないこと——真の支援とは…。私たちは〈福島〉に試されている。
ミカエル・フェリエ／義江真木子訳	フクシマ・ノート	四六 308頁	1900円	ISBN978-4-7948-0950-6 〔13〕	【忘れない，災禍の物語】自然と文明の素顔，先人の思索との邂逅・遭遇，人間の内奥への接近等，無数の断面の往還を通じて，大震災を記憶することの意味を読者とともに考える。
綿貫礼子編／吉田由布子・二神淑子・Л.サァキャン	放射能汚染が未来世代に及ぼすもの	四六 224頁	1800円	ISBN978-4-7948-0894-3 〔12〕	【「科学」を問い，脱原発の思想を紡ぐ】落合恵子氏，上野千鶴子氏ほか紹介。女性の視点によるチェルノブイリ25年研究。低線量被曝に対する健康影響過小評価の歴史を検証。
綿貫礼子編	オンデマンド復刻版 廃炉に向けて	A5 360頁	4600円	ISBN978-4-7948-9936-1 〔87,11〕	【女性にとって原発とは何か】チェルノブイリ事故のその年，女たちは何を議論したか。鶴見和子，浮田久子，北沢洋子，青木やよひ，福武公子，竹中千春，高木仁三郎，市川定夫ほか。
矢部史郎	放射能を食えというならそんな社会はいらない、ゼロベクレル派宣言	四六 212頁	1800円	ISBN978-4-7948-0906-3 〔12〕	「拒否の思想」と私たちの運動の未来。「放射能拡散問題」を思想・科学・歴史的射程で捉え、フクシマ後の人間像と世界像を彫琢する刺激にみちた問答。聞き手・序文＝池上善彦。
菅原康雄・三好亜矢子	仙台・福住町方式 減災の処方箋	四六 216頁	1800円	ISBN978-4-7948-1001-4 〔15〕	【1人の犠牲者も出さないために】震災の教訓を生かすとはどういうことか。自治・共生・支援の日常実践。ある小さな町内会からの重要なメッセージ。「防災とは支え合いです」。
関満博	東日本大震災と地域産業Ⅰ	A5 296頁	2800円	ISBN978-4-7948-0887-5 〔11〕	【2011.3～10.1／人びとの「現場」から】茨城・岩手・宮城・福島各地の「現場」に，復旧・復興への希望と思いを聴きとる。20世紀後半型経済発展モデルとは異質な成熟社会に向けて！
関満博	東日本大震災と地域産業Ⅱ	A5 368頁	3800円	ISBN978-4-7948-0918-6 〔12〕	【2011.10～2012.8.31／立ち上がる「まち」の現場から】3・11後の現場報告第2弾！復興の第二段階へと踏み出しつつある被災各地の小さなまちで、何が生まれようとしているか。
関満博	東日本大震災と地域産業Ⅲ	A5 368頁	3800円	ISBN978-4-7948-0959-9 〔13〕	【2012.8.31～2013.9.11／「人の暮らしと仕事」の未来】震災後1年半～2年半の新たな取り組み。生活と生業を甦らせ、新たな価値を創出する不屈の力に、成熟社会への示唆を学ぶ。
関満博	東日本大震災と地域産業Ⅳ	A5 368頁	3800円	ISBN978-4-7948-0987-2 〔14〕	【2013.9.11～2014.9.11／「所得、雇用、暮らし」を支える】3年半を経ての課題を語る被災者、避難者の方々の声に耳を澄ませ、仕事と暮らしの再建に向けた指針を探り出す。
関満博	東日本大震災と地域産業Ⅴ	A5 464頁	5000円	ISBN978-4-7948-1028-1 〔16〕	【2014.9.11～2016.3.11／福島の被災中小企業の行方】大熊町、双葉町、浪江町、南相馬市、飯舘村、楢葉町、富岡町、いわき市。「働く現場」からの入魂の震災復興5年史、完結編。

価格は消費税抜きの表示です。